普通高等教育工商管理类专业精品教材

中央财经大学商学院　中央财经大学MBA教育中心　组编

数据、模型与决策

DATA MODELS & DECISIONS

李连友　付红妍　编著

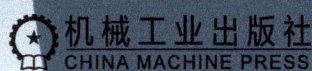

"数据、模型与决策"是一门关于如何收集、整理和显示数据,通过建立模型来分析、解释数据以得出结论,并利用结论进行决策的艺术和科学。本书紧紧围绕数据、模型和决策三者之间的上述逻辑关系,首先概括地介绍了收集和显示数据的方法,包括各种调查方法、表示法和图示法等;其次,重点详细介绍了通过各种不同的数学模型对数据进行分析的方法,包括代表性数据的测度与评价、概率及其分布、抽样分布与参数估计、假设检验、方差分析、相关分析与回归分析、时间序列的数据分析、指数分析等;再次,通过最优化模型简单介绍了运筹学有关线性规划和非线性规划的内容;最后,介绍了决策分析的相关内容。

本书的最大特点是紧紧围绕数据、模型与决策的思维逻辑安排内容,使读者沿着这一思路循序渐进地掌握相关知识;此外,不过于追求数学语言的完美和数学公式的推导,保证只要具备基本数学知识的学生都可以学习。

本书适合于经济与管理类院校 MBA "数据、模型与决策"和"统计学"两门课程教学使用,也适合 MPA 相关课程教学使用,还可以作为高校本科及以上"统计学"课程的教学参考书。

图书在版编目(CIP)数据

数据、模型与决策/李连友,付红妍编著 . —北京:机械工业出版社,2014.1(2025.8重印)
普通高等教育工商管理类专业精品教材
 ISBN 978-7-111-44510-4

Ⅰ.①数… Ⅱ.①李… ②付… Ⅲ.①决策模型-高等学校-教材
Ⅳ.①C934

中国版本图书馆 CIP 数据核字(2013)第 251059 号

机械工业出版社(北京市百万庄大街22号 邮政编码100037)
策划编辑:易 敏 责任编辑:裴 泱 刘 静
版式设计:霍永明 责任校对:刘怡丹
封面设计:鞠 杨 责任印制:李 昂
涿州市殷润文化传播有限公司印刷
2025 年 8 月第 1 版第 8 次印刷
184mm×260mm・24 印张・637 千字
标准书号:ISBN 978-7-111-44510-4
定价:53.80 元

电话服务 网络服务
客服电话:010-88361066 机 工 官 网:www.cmpbook.com
          010-88379833 机 工 官 博:weibo.com/cmp1952
          010-68326294 金 书 网:www.golden-book.com
封底无防伪标均为盗版 机工教育服务网:www.cmpedu.com

前言

"数据、模型与决策"作为一门数量分析方法方面的课程,是工商管理硕士(MBA)的必修课。本书是为适应这门课程的教学需要,由中央财经大学商学院策划编写的 MBA 课程系列教材之一,是我们对 MBA 教育的一点贡献。

尽管"数据、模型与决策"公认是"应用统计学"与"运筹学"的整合,但是从国内外已公开出版的多本教材看,不同作者对这一名称的认知不同、教学对象不同以及侧重点不同,到目前为止在教材的编排体系、所包含的内容等方面并未统一。这也充分体现了高等教育应当因材施教、百家争鸣的特点,是一种正常现象,而且,这种现象将继续保持下去。

我们认为,"数据、模型与决策"虽然是"应用统计学"与"运筹学"的整合,但是单独将"应用统计学"称为"数据、模型与决策"也未尝不可。

本书包括三部分,共 11 章。每部分及各章的主要内容如下:

第一部分(第 1 章):数据、模型与决策概述。这一部分重点就有关数据、模型与决策的一些基本概念和三者之间的辩证关系进行了阐述,为后面的学习奠定基础。

第二部分(第 2~9 章):主要讨论了数据收集、整理、显示和分析方法,包括:

第 2 章,数据的获取与特征描述:主要介绍了属于描述统计部分的获取一手数据和二手数据的方法;描述数据特征的表示法、图示法,以及代表性数据的测度和评价方法等。

第 3 章,概率与概率分布:主要介绍了概率的基本知识、离散型随机变量的概率分布和连续型随机变量的概率分布等。

第 4 章,抽样分布与参数估计:主要专注于各种不同抽样方法、抽样分布和总体参数估计方法的讨论。

第 5 章,参数的假设检验:主要讨论了单个总体和两个总体有关总体均值、总体比例和总体方差在各种不同情况下的假设检验问题,包括大样本和小样本、总体方差已知和总体方差未知时的各种参数假设检验的方法。

第 6 章,方差分析:主要介绍了有关方差分析的一些基本概念、单因子方差分析和双因子方差分析的方法。

第 7 章,数据的相关分析与回归分析:主要介绍了相关分析、一元线性回归和多元线性回归的基本方法等。

第 8 章,时间序列的数据分析:主要讨论了数据在时间方面的一些表现形式,各种与时间序列有关的数据特征的测度,包括各种构成要素的测度,各种水平特征、速度特征的测度,以及在此基础上对未来的预测等。

第 9 章,指数分析:主要介绍了指数的基本概念、常用的分类、各种指数的编制理论和方法等。

第三部分（第10章和第11章）：主要讨论了最优化模型和决策分析的核心内容，属于运筹学的范畴。

第10章，最优化模型：主要就最优化模型所涉及的一些基本概念、几种最优化模型的数学建模、求解方法等基本内容进行了讨论。

第11章，决策分析：主要讨论了决策的基本问题，包括决策的含义、类型和决策步骤等；并对无概率下的决策分析、有概率下的决策分析，以及风险决策的敏感性分析等内容作了介绍。

我们深知，本书所讨论的以上内容仅仅是通行的数据、模型与决策教材中很少的一部分。作为作者，当然希望所编著的教材在体系上能够越完整越好，内容上越全面越好。但是，一个不得不考虑的重要因素是，受课时所限，不可能也不应该将大量在课堂上不讲授的内容都纳入到教材中。因此，我们在编著本书时，力求在具体内容与授课时间两方面平衡取舍，最终形成这样一种体系。

本书的特点有四：一是紧紧围绕数据、模型与决策的思维逻辑安排全书内容，使读者沿着这一思路循序渐进地掌握相关知识；二是不过于追求数学语言的完美和数学公式的推导，保证只要具备基本数学知识的学生都可以学习这门课程；三是语言通俗易懂，尽量贴近商务与经济活动管理工作的实际；四是书中大部分凡是能够用 Excel 求解的内容都予以介绍，在部分章节中还介绍了 SPSS 专业统计软件的使用方法。其中，Excel 除了第 3、4、5、6 章用的是 2010 版，第 10 章用的是 2003 版外，其余章节用的是 2013 版；SPSS 用的是 19.0 版。

本书适合于经济与管理类院校 MBA "数据、模型与决策"和 "统计学"两门课程教学使用，也适合 MPA 相关课程教学使用，还可以作为高校本科及以上 "统计学"课程的教学参考书。

本书第 1、3、4、5、6 和 10 章由李连友教授编写，杨阳、吴蓓和周纯晓协助编写；第 2、7、8、9 和 11 章由付红妍副教授编写，侯思、何刚协助编写。最后由李连友对全书进行了审定。

本书能够编著完成并得以出版，得到了中央财经大学商学院（MBA 教育中心）领导的大力支持与帮助，在此深表谢意。

自动议编著本书至最终书稿的形成，历时两年有余。在最初的编著过程中，张忠元博士一直参与了有关本书编著的指导思想、基本思路和大纲的讨论。同霞博士对书稿进行了认真而细致的审阅。

最后，要特别指出，我们在编著本书过程中参考了大量国内外知名学者的著作，特地将这些作者的名字、著作列在书后的参考文献中。

在此，对上面所提到的所有人员表示最衷心的感谢！

我们制作了配套 PPT，使用本书做教材的教师可联系编辑索取，邮箱：cmp9721@163.com。

李连友　付红妍
于中央财经大学

目录

前言

第 1 章
数据、模型与决策概述 / 1
1.1 工商管理中的数据 / 5
1.2 与数据有关的几个基本概念 / 10
1.3 工商管理中的模型 / 13
1.4 工商管理中的决策 / 13
1.5 数据、模型与决策的关系 / 16

第 2 章
数据的获取与特征描述 / 19
2.1 数据获取 / 20
2.2 数据特征描述（一）——表示法与图示法 / 23
2.3 数据特征描述（二）——代表性数据的测度 / 33
2.4 数据特征描述（三）——代表性数据的评价 / 37
2.5 数据特征描述（四）——数据分布的偏态与峰度 / 42
2.6 利用 Excel 进行数据的整理与描述 / 43

第 3 章
概率与概率分布 / 48
3.1 概率 / 49
3.2 离散型变量的概率分布 / 58
3.3 连续型变量的概率分布 / 72

第 4 章
抽样分布与参数估计 / 85
4.1 抽样 / 86
4.2 几种常用的抽样方式 / 89
4.3 抽样分布 / 93
4.4 参数的点估计 / 97
4.5 参数的区间估计 / 98
4.6 必要样本容量的确定 / 113

第 5 章
参数的假设检验 / 123
- 5.1 假设检验的基本问题 / 124
- 5.2 单个总体参数的假设检验 / 130
- 5.3 两个总体均值、比例和方差的检验 / 143

第 6 章
方差分析 / 159
- 6.1 方差分析的基本问题 / 160
- 6.2 单因子方差分析 / 162
- 6.3 双因子方差分析 / 171

第 7 章
数据的相关分析与回归分析 / 183
- 7.1 数据的相关分析 / 184
- 7.2 简单线性回归分析 / 189
- 7.3 简单线性回归分析实例 / 196
- 7.4 多元线性回归分析 / 200
- 7.5 非线性回归分析 / 205

第 8 章
时间序列的数据分析 / 212
- 8.1 时间序列数据 / 213
- 8.2 时间序列数据的描述分析 / 217
- 8.3 时间序列数据的成分分析 / 222
- 8.4 随机时间序列分析简介 / 252

第 9 章
指数分析 / 270
- 9.1 指数的基本问题 / 272
- 9.2 单一指数研究方法 / 277
- 9.3 总指数研究方法 / 278
- 9.4 指数模型分析 / 286
- 9.5 常用指数简介 / 293

第 10 章
最优化模型 / 299
- 10.1 约束条件下最优化的基本问题 / 300
- 10.2 线性最优化模型 / 302
- 10.3 整数线性最优化模型 / 317

10.4 非线性最优化模型 / 322

第 11 章
决策分析 / 328
11.1 决策分析的基本问题 / 329
11.2 无概率下的决策分析 / 331
11.3 有概率下的决策分析 / 337
11.4 风险决策的敏感性分析 / 342

附录
常用统计数表 / 347
附录 A 二项分布表 / 347
附录 B 泊松分布表 / 356
附录 C 标准正态分布表 / 362
附录 D t 分布表 / 363
附录 E χ^2 分布表 / 366
附录 F F 分布表 / 368
附录 G 随机数表 / 373

参考文献 / 374

CHAPTER 1

第1章

数据、模型与决策概述

学习目标

1. 掌握数据的概念和种类。
2. 掌握有关总体、个体、样本、变量等一些基本概念。
3. 了解模型的含义、作用和类型。
4. 掌握决策的概念、类型和步骤。
5. 了解数据、模型与决策之间的关系。

导入案例

从泰坦尼克号事件中的数据谈起[一]

数字工作者经常犯的一个毛病，就是常把数据当做代数问题来处理。在计算机软件多如牛毛的今天，许多人只是把所有数据往计算机软件包里一丢，再对计算机输出的一些有用没用的结果作一通胡乱解释。

须知道，数字本身是没有意义的。从事数据、模型与决策相关工作的工作者，应当从纷繁复杂的数据中，遴选出那些有用的信息，再通过建立符合客观实际的数学模型并加以求解，得出对决策有所帮助的结论，并将这一结论运用到决策实践中去。在这一过程中，数据的背景资料是非常重要的。

下面我们将结合泰坦尼克号沉船事件中的数据，谈谈如何收集、整理和描述这些数据，并运用这些数据对事故进行分析与判断。

1. 前言

泰坦尼克号（也译作铁达尼号）超豪华邮轮对每位乘客的详细资料都有记载，其中包括每位乘客的年龄、性别和所在舱位等。面对这些数据，我们不禁会提出如下一些问题：在乘客的各种变量中，哪种变量是影响生存的最重要因素？是否存在特定属性下生还概率明显不同的情况？

2. 历史背景

泰坦尼克号是19世纪末20世纪初人类科技与工艺的登峰造极之作，同时也是为了满足当时人们自信与奢华的需求而打造的。

这艘由英国白星海运公司所拥有的超豪华邮轮，由汤姆斯·安德鲁负责设计。船上装置极其堂皇，可称得上是融汇了当时的科技及精湛艺术结晶的"海上浮宫"。整条船有16个防水隔舱，双层船底，因此被认为是不沉之船。泰坦尼克号1911年5月31日下水，经过数月的试航后，1912年4月10日做首次航行，船长为E.J.史密夫，搭载了两千多名当时社会不同阶层的乘客，于当日正午离开了南汉普顿港，预定渡过北大西洋，直达美国纽约。

3. 船体内部资料

长度：约268m（约相当于3个足球场的长度）。

甲板：9层（包括最下层甲板），分为A、B、C、D、E、F、G和G下的锅炉房。

宽度：28m。

高度：入水深60.5ft，水面至烟囱175ft（相当于11层楼高）。

乘客：头等舱329人，二等舱285人，三等舱710人。

工作人员：899人。

发动机：2个直接起动转化发动机（4个气缸，30000hp[二]，75r/min），1个低压涡轮增压器（16000hp，165r/min）。

螺旋桨：3个。其中，中间规格为16ft；左右各1个，规格为23ft 6in。

总重量：46328t。

实际排水量：24900t。

锅炉：29个。

燃料：每日825t煤。

气压：215psi[三]。

密室：16个，伸展至F甲板。

总运载量：3547人。

救生艇：20艘。其中，16艘木制和4艘折叠（可运载1178人）。

救生设施：3560件救生衣和49个救生圈。

[一] 案例改编自：《从铁达尼号沉船资料谈起》，作者林共进，收入中国统计杂志社《生活中的统计学》，由中国统计出版社于2010年出版。

[二] 马力，1马力=735W。

[三] 磅/英寸，1psi=0.006895MPa。

全速：24n mile/h。

4. 乘客背景

其船舱分为头等舱、二等舱和三等舱。作为最高级别的头等舱，搭乘的大多为当时的贵族阶级、富翁。这些人通常会有随从跟着，如他们的仆役、护士、女婢，甚至司机等。

二等舱和三等舱的乘客大多来自不同的国家以及各种不同的社会阶级。对他们的大多数人而言，这趟旅行几乎都是他们一生中第一次搭船长途旅行的经历，甚至是第一次的旅行经历。这些人大部分都向往着美国这块新大陆，期待着能够在这块土地上再创辉煌；另外有些人则单纯是属于返乡的旅客。

5. 航线与沉没点

泰坦尼克号的处女航是从英国的南汉普顿先航行到法国与爱尔兰，目的地是美国的纽约。1912年4月14日深夜，泰坦尼克号以23n mile/h的高速航行在大西洋上。深夜11点40分，当泰坦尼克号航行于北纬41°46′、西经50°14′，在新凡兰岛南部400mile处，忽然撞上游离冰山。冰山像一把锋利的钢刀在客轮左舷撕开一个大裂口，5个防水隔舱顿时破裂，船上一片混乱。到了4月15日凌晨2点20分，这艘巨轮悲哀地结束了其短促的生命，1500多名乘客葬身海底。

6. 事后发展

科学家推测，可能是冰山撞凹了约$3m \times 9m$的钢板，使铆钉因此而崩脱，海水便由接缝处灌入。但原因似乎并不如此单纯。比较钢板边缘的接缝处和船沉没前船员所看到的受损状况记录，令人觉得难以理解，而且船不到3小时就沉没了，速度也太快。1985年海洋地质学家拜勒德在深约3844m的海底找到了泰坦尼克号。令人惊讶的是，在海底找到的泰坦尼克号已断成两截，船头和船尾的距离相当远，并且到处散落着各种碎片。研究结果发现，泰坦尼克号的钢板太脆，以至于碰到冰山后，钢板没有弯曲，而是直接断裂。因为当时的人受到科学技术水平的限制，没有脆性断裂的概念，通常认为只要通过抗拉强度的测验就可以了，所以造成这一重大悲剧的发生。

7. 资料描述

泰坦尼克号具有2208笔有关生死、年龄、性别和船舱等级四种类型的资料。表1-1是各种资料的部分数据。其中，生死栏中的S表示存活，D表示死亡；年龄栏中的A表示成人，C表示小孩；性别栏中的F表示女性，M表示男性；船舱等级栏中的1、2和3分别表示头等舱、二等舱和三等舱，C表示船员。

表1-1 泰坦尼克号有关生死、年龄、性别和船舱等级部分资料表

生死	年龄	性别	船舱等级
D	A	F	1
D	A	F	1
D	A	M	1
D	A	M	1
S	A	M	1
S	A	M	1
S	A	F	1
S	A	F	1
S	A	F	1
S	A	F	1
S	A	F	1

8. 数据分析

根据上述基本资料,可以采用如下三种通常采用的数据分析方法分别对其进行分析:

(1) 条形图法。条形图法就是在一个坐标上将不同的变量用柱形固定宽度置于横轴,用柱形高度表示变量值的一种描述数据的方法。

在泰坦尼克号沉船事件的案例中,四组变量的不同条形图分别见图 1-1a、1-1b、1-1c 和 1-1d。

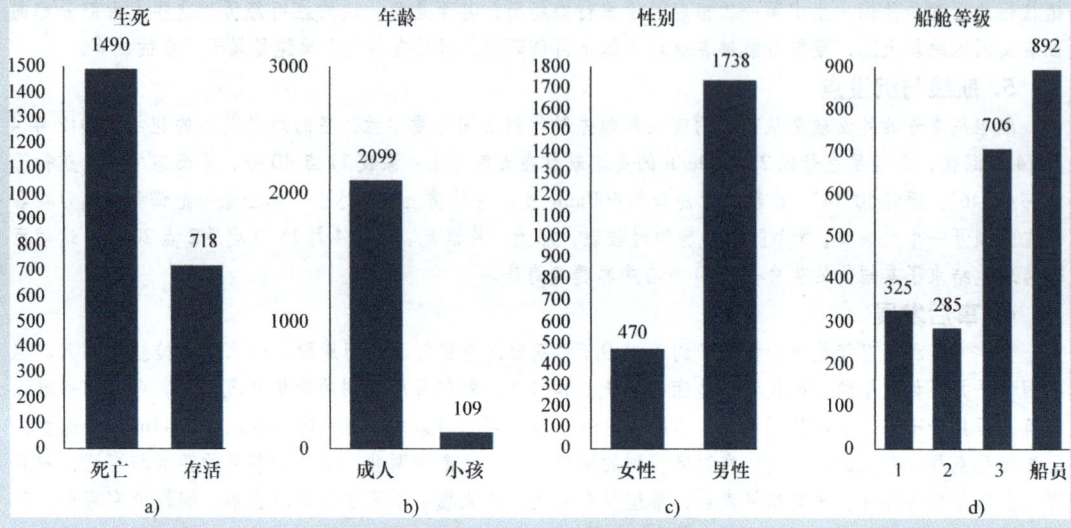

图 1-1 四组不同变量的条形图

从图 1-1 中可以大致看出各栏的分布情形:生死比率大约为 1:2;成人和小孩的比率约为 20:1;男女比率约为 3.5:1;三等舱人数比头等舱与二等舱的总和还要多。

(2) 交叉分类表法。交叉分类表是数据分析中比较常用的一种方法。它把两个变量中的一个放在横行,另一个放在纵列,通过交叉列表反映两种变量之间是否存在一定的关系。

如何判断交叉分类表中两个变量之间是否存在交互关系呢?我们以泰坦尼克号中生死与性别交叉分类表为例加以说明,如表 1-2 所示。

表 1-2 生死与性别交叉分类表 (单位:人)

	男性	女性	合计
存活	374	344	718
死亡	1364	126	1490
合计	1738	470	2208

我们知道,在全部 2208 人之中有 718 人存活,1490 人死亡,生死比率约为 1:2。试想,如果生死与性别没有关系,那么不管男性或女性他(她)们的生死比率都应该是 1:2 左右。但通过表 1-2 可以看出,在 470 名女性中有 344 人存活,126 人死亡,生死比率约为 2.7:1;同样,在 1738 名男性中有 374 人存活,1364 人死亡,生死比率约为 0.27:1。这代表着生死与性别有着密切的关系,而且可以推断,在救援过程中,优先让女性脱离危险。

其余有关生死与年龄、生死与船舱等级之间的关系也可以用交叉分类表的形式表现。

(3) 树状分类法。树状分类法是在同一总体的若干个分类中,按重要程度从高到低依次进行多重分类。其结果由于呈树状而得名。

以泰坦尼克号为例,在决定生死的诸多因素中,最重要的变量是性别。所以树状分类首先将所有数据按性别不同一分为二:男性在左,女性在右。其次,再在不同性别中分别按决定生死的最重要因素

（其中，男性为年龄，女性为船舱等级）进行第二层分类。以此类推，直至将所要分析的因素都考虑到为止。

对于泰坦尼克号中影响生死的一些因素，绘制树状分类图如图1-2所示。

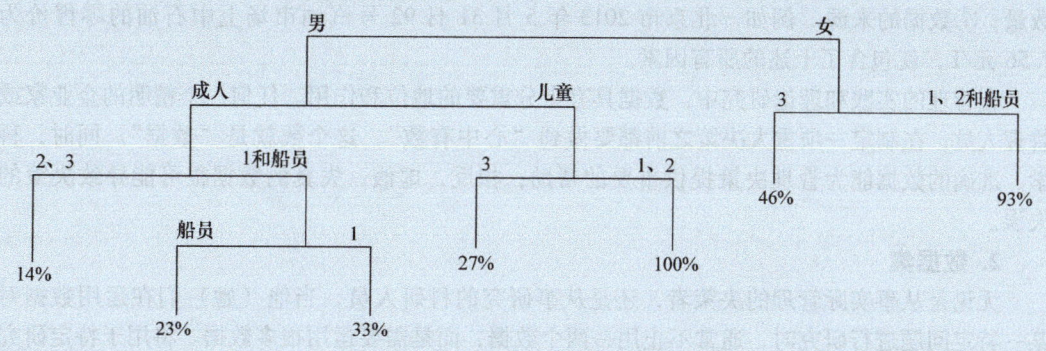

图1-2　决定生死因素树状分类图

注：图中的1、2、3分别代表头等舱、二等舱和三等舱

从上述树状分类图可以清楚地看出，在男性方面最重要的因素是年龄。其中决定男性儿童生死的最主要因素是船舱等级：头等舱和二等舱的男性儿童全部生还，而三等舱的男性儿童却只有27%的生存率。在右面的女性资料中，决定生死的最主要因素是船舱等级，三等舱的生存率只有46%，而头等舱、二等舱和女性船员的生存率高达93%。

总而言之，女性与儿童的确有比较高的生存率。由此可以推断，这应当与当时的急救措施是让妇孺优先登上救生艇有一定的关系。

另一个值得注意的是三等舱。三等舱的生存率似乎不如其他舱等高，其中女性只有46%，男性儿童只有27%。除了其他原因外，也可以合理地推断当时船舱裂洞有可能是在三等舱。

简单的数据分析工具便可以勾勒出泰坦尼克号当时沉船的大致轮廓。当然，数据、模型与决策中会有更多、更为复杂的数据分析方法可以使用。这里仅就几种简单的数据分析工具加以说明，以起一个导入的作用。

在本章中，我们以系统的方式简要介绍数据、模型和决策及其相互关系，为后面各章详细叙述奠定基础。

1.1　工商管理中的数据

1.1.1　数据和数据集

1. 数据

数据是经过收集、整理和概括后，用以反映某种事实的概念和数字。通俗地说，数据就是人们通常所说的"数出有据"。正确理解数据的含义，需要把握好以下两点：

首先，工商管理中的数据不同于数学中的数字。工商管理中的数据是一个具体的数，而数学中的数是一个抽象的数。要真正做到数出有据，就必须使每个具体数据客观、真实地反映它所要表达的事实在具体时间、具体空间和具体条件下的数量表现。数学中的数字则不同，一个函数式中的每个数字可以代表任何含义。

其次，数据从大的方面看是由两个要素构成的，即反映某种事实的概念和反映该种事实状况的数字。具体说，一个完整的数据必须包括以下七个要素：①某种事实的概念或名称；②数据的计量单位；③数据的概括或计算方法；④数据的时间范畴；⑤数据的空间范畴；⑥数据的数量；⑦数据的来源。例如，北京市2013年5月31日92号汽油市场上中石油的零售价为7.56元/L，就包含了上述的所有因素。

在管理的实践和理论研究中，数据具有十分重要的地位和作用。任何一个精明的企业家或管理人员，在制定一项重大决策之前都要做到"心中有数"，这个数就是"数据"。同时，科学、准确的数据能为管理决策提供重要的帮助；相反，虚假、失真的数据很可能导致决策的失误。

2. 数据集

无论是从事实际管理的决策者，还是从事研究的科研人员，当他（她）们在运用数据对某一特定问题进行研究时，通常不止用一两个数据，而是需要运用很多数据。将用于特定研究而收集的所有数据的集合称为**数据集**。天天基金网是国内访问量比较大、用户影响较大的网站，表1-3是一个包含了10只基金信息的数据集，它们是该网站2012年7月26日公布的982只基金业绩排行榜中的一部分。

表1-3　10只基金业绩排行表

序号	基金代码	基金简称	最新净值	累计净值	周增长率（%）	月增长率（%）	本年收益率（%）
1	000011	华夏大盘精选	7.3260	11.0060	-0.8400	-3.2500	1.5300
2	070002	嘉实增长	4.7630	5.3640	-1	0.7800	9.2200
3	070006	嘉实服务增值	3.7550	4.1350	-1.6500	0.6200	6.7700
4	162204	泰达宏利精选	3.3185	4.3985	-0.3100	1.7200	2.4300
5	340006	兴全全球视野	3.2729	3.2729	-0.8600	-0.7100	2.9100
6	110002	易方达策略成长	3.2220	4.2120	-0.8300	-0.1300	2.2300
7	260104	景顺内需增长	3.2090	4.3450	-0.8000	0.9400	-2.5800
8	510230	国泰金融ETF	2.8660	0.8140	-2.3500	-3.1800	2.8700
9	240008	华宝收益增长	2.8279	2.8279	-0.4300	3.4000	10.8500
10	159911	鹏华民营ETF	2.5128	0.7614	-1.4000	-4.3900	-1.1300

资料来源：天天基金网站，2012年7月26日。

注：因表的宽度所限，本表删除了原表中日增长值和日增长率两项内容。

1.1.2　数据的测量尺度

研究者在收集和汇总数据时，应当依据由低到高的测量标准，分别按分类尺度、顺序尺度、间距尺度和比率尺度对数据进行度量，并得出以下四种不同类型的数据。

1. 分类数据

分类数据是按最低标准进行度量，只用于划分现象类别的数据。分类数据的一个例子是篮球运动员身上的号码。该号码只用来区别场上的运动员，而不是对运动员能力、价值的鉴别。也就是说，假设场上有两名运动员，其中一人的号码为5，另外一人的号码为10，则并不表示10号运动员的能力一定是5号的2倍。在商务与经济活动中，有许多数据都是分类数据。例如表1-3中的基金代码和基金简称等。其他常见的分类数据有人的"性别""民族""出生地"

"职业"等,公司的"规模""主营业务""信誉程度""所属行业"等。

2. 顺序数据

顺序数据是按次低标准度量,除了具有分类数据的功能外,还可以为所研究对象进行排序的数据。例如,表1-3中的"序号"就是一个顺序数据,它按基金的最新净值从高到低排序。

从表1-3的例子中还可以看出,利用顺序数据只能为所研究的对象排序,而不能确定各序数之间的相等区间,即排在第1位的华夏大盘精选与排在第2位的嘉实增长,以及排在第2位的嘉实增长与排在第3位的嘉实服务增值之间的相等区间(后面类推)。

有些研究者在问卷调查的备选答案中就常使用顺序数据的形式。例如,银行在对客户进行有关工作人员服务满意度调查方面经常设计的备选答案是:

您对工作人员的服务态度感到_____ _____ _____
(请在横线上打√)   满意   比较满意   不满意

在上述三个选项中,所有人都会同意"满意"要比"比较满意"好,而"比较满意"又要比"不满意"好,但几乎所有受访问者都不可能会认为二者之间的差是相等的。

3. 间距数据

比分类数据和顺序数据更高一个类别的数据是间距数据。间距数据是一种除了具有顺序数据的所有特征外,给出数据之间具体距离的数据。间距数据是对顺序数据间的距离的测度。这种测度通常使用自然的或物理的单位作为计量尺度,如人口用"人"来度量、温度用摄氏的或华氏的"度"来度量、重量用"克"来度量等。

间距数据表现为连续数据时,其之间的差所代表的距离是相等的。这方面的一个例子是使用摄氏温度对气温进行度量,连续数字如21℃、22℃、23℃……之间的温度差数是一样的。同时,由于连续数据之间的差是相等的,因此,只要给出一个度量单位,就可以准确地指出两个计数之间的差值。例如,一个地区年平均气温是15℃,而另一个地区的年平均气温是20℃,就可以容易地指出两个地区年平均气温相差5℃。

间距数据的另一个特点是,两个数值之间只能计算差值,而它们的比值没有意义。比如,在上面有关两个地区之间气温差的例子中,可以说两个地区年平均气温相差5℃,却不能说后一个地区的年平均气温是前一个地区的1.33倍。

需要指出的是,在使用间距数据时,零点的选定只是为了方便或惯例,而不是通常所指的自然数或固定的零点。也就是说,零只是坐标上的一个点,并不表示该现象没有或不存在。这方面最常见的一个例子就是,当某天的气温为0℃时并不是说这天就没有温度。又如,一个学生数学的考试成绩为0分,并不能代表这名学生没有数学成绩或没有任何数学知识。

4. 比率数据

比率数据是一种除了具有间距数据某些特征之外,有绝对零点并且两个数字间的比值具有意义的数据。它是最高度量标准的数据。比率数据的一个例子是当公司一名员工的月收入是3000元,而得知另一名员工的月收入是1500元时,则不仅可以说前者月收入比后者多1500元,还可以说前者的月收入是后者的2倍。也就是说,在这个例子中,不仅数据之差有意义,其比值也具有实际意义。

比率数据中的绝对零点是指零是固定的,代表不具有所研究特征的数据的值。比如,当一名员工与他受聘的公司解除劳务合同关系时,他从该公司得到的收入就为0。换句话说,该员工就不具有所研究特征数据(收入)的值。此外,由于零点是代表一个固定数值,因此它不能被任意指定。

1.1.3 各种不同度量标准数据的比较

上述各种不同数据之间既有联系也存在着差别。首先，从度量标准的级别看，图1-3给出了从低到高的关系图。

其次，从各种数据的使用范围看，图1-4给出了四种类型数据使用范围的关系。

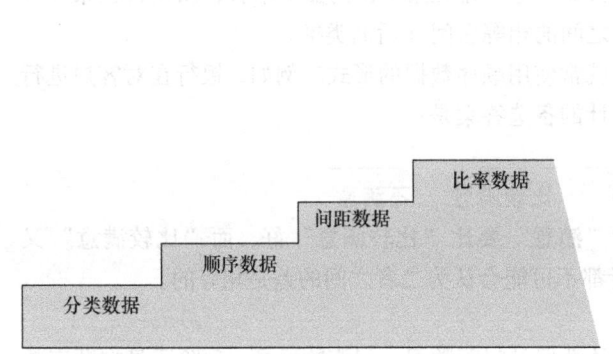

图1-3 不同度量标准数据层次关系图　　图1-4 四种类型数据使用范围的关系图

图1-4中的同心正方形表示高级别的数据可以使用低级别的统计方法进行分析，而低级别的数据不能使用高级别的统计方法进行分析。例如，对于分类数据和顺序数据，尽管两种数据都不能进行任何数学运算，但顺序数据除了具有分类数据可以将研究对象区分为不同类别的功能外，还可以比较不同计量结果的好坏、大小等，其统计分析方法的使用范围比分类数据广泛一些。而对于第三个层次的间距数据来说，除了可以对研究对象进行分类和排序以外，还可以通过加减数学运算确定出不同顺序间的准确差值。显然，它的使用范围要比分类数据和顺序数据都广泛，但仍不能通过乘除运算来确定数值间的比值。作为最高级别的比率数据则具备了数据的所有功能，即除了可以将研究对象区分为不同类别、对不同类别进行排序和计算出各类别数据之间的差值外，还可以通过乘除的数学运算来确定数值间的比值。因此，比率数据是应用范围最广泛的数据。

1.1.4 数据的其他类型

数据除了可以按不同测量尺度区分为分类数据、顺序数据、间距数据和比率数据外，还可以按其他不同的标准对其进行分类。在工商管理中，有用的数据分类还有以下几种。

1. 质量数据和数量数据

质量数据和数量数据是按照数据所反映现象（或事物）的不同特征划分的，也是对不同测量尺度数据的进一步概括。

质量数据是指为某一现象（或事物）的性质提供标记或名称的数据。表1-4是某公司一项关于员工对某项政策观点的调查数据表，其中可以看到被访者的工作证号、性别、受教育程度和观点等都是质量数据。质量数据包括**分类数据**和**顺序数据**。

由于质量数据都来自不太精确的度量，因此，在分析使用这类数据时，只需了解总体中每种类型个体的标记、顺序以及各自的分布频数或比率就够了。另外，有时即使质量数据用数字代码表示，但对其进行加、减、乘、除等数学运算也是没有意义的。

表1-4 某公司员工对某项政策观点的调查数据表

员工工作证号	性别	受教育程度	观点	月收入/元
001	男	高	支持	6000
002	男	中	说不准	4850
003	女	高	支持	5760
004	男	高	支持	5700
005	女	低	反对	2930
⋮	⋮	⋮	⋮	⋮
499	男	中	支持	3900
500	男	低	反对	3240

数量数据是指明现象（或事物）的数量为多少，或者有多少个的数据，包括**间距数据**和**比率数据**。表1-4中月收入的数据就是数量数据。

对于数量数据进行数学运算可以得到满足分析和决策需要的有意义的结果。例如，对于表1-4中500名员工的月收入，可以先求和观察他们的月总收入是多少；然后再通过计算其均值反映他们月收入的一般水平。

2. 横截面数据、时间序列数据和面板数据

在工商管理活动中，为更好地分析、使用各种数据，还可以按时空要素将数据区分为横截面数据、时间序列数据和面板数据。

横截面数据是在同一时点或是大约在同一时点所收集到的不同空间的数据。例如，表1-3中的数据是横截面数据，因为它们描述的是10只基金8个变量在同一时间上的状况。

时间序列数据是在若干个时期或时点上收集到的数据。其中，如果数据所反映的为现象在一段时期内的数量表现，则这类数据称为时期数据。例如，表1-5中的数据就是一些时期数据。它们反映了万科A（000002）2007~2011年这五年间历年主营业务利润的状况。

表1-5 万科A（000002）2007~2011年主营业务利润的状况

年　份	2007	2008	2009	2010	2011
主营业务利润/万元	1080349.93	1145263.18	1076371.51	1501624.74	2077580.01

资料来源：新浪财经网。

如果数据所反映的为现象在某一时点的数量表现，则这类数据称为时点数据。图1-5就是一个由时点数据构成的时间序列。该时间序列中的每个数据都反映了北京当日市场上93号汽油（现为92号）的价格。

为了便于收集和应用好时间序列数据，有必要对时期数据和时点数据进行区分。二者主要的区别在于：对不同时间的时期数据进行加总可以得出有意义的结果；时点数据则不同，将不同时点的数据加总在一起是没有意义的。

面板数据是将横截面数据和时间序列数据综合起来的一种数据。由于面板数据有时间序列和截面两个维度，当它按两个维度排列时，整个表格像是一个面板。例如，表1-6有关华北五省、市、区2005~2011年的货物进出口总额情况就是一张反映面板数据的表格。

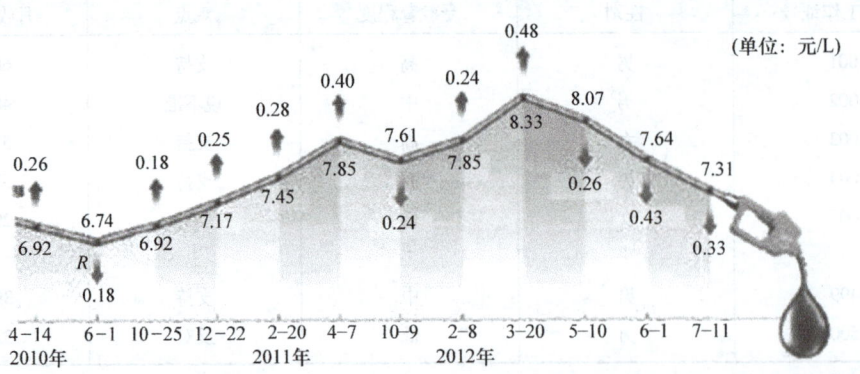

图 1-5 北京市 2010 年 4 月 14 日～2012 年 7 月 11 日的汽油价格走势图

资料来源:《新京报》, 2012 – 07 – 11。

表 1-6 华北五省、市、区货物进出口总额（按经营单位所在地分）

(单位：亿元)

地区	2005 年	2006 年	2007 年	2008 年	2009 年	2010 年	2011 年
北京	1255.1	1580.4	1930.0	2716.9	2147.3	3017.2	3894.9
天津	532.8	644.6	714.5	804.0	638.3	821.0	1033.9
河北	160.7	185.3	255.2	384.2	296.3	420.6	536.0
山西	55.5	66.3	115.8	144.0	85.7	125.8	147.6
内蒙古	48.8	59.6	77.4	89.2	67.7	87.3	119.4

资料来源：国家统计局编.《2012 中国统计摘要》. 中国统计出版社, 2012.

1.2 与数据有关的几个基本概念

1.2.1 个体、变量和变量值

当根据所要解决的问题去收集有关数据时，首先应当清楚所确定的个体是什么。所谓**个体**，就是指收集数据的实体。在表 1-3 中，每只基金就是一个个体。10 只基金就是 10 个个体，它们的名称被列在表的第 3 列。

变量是根据需要，对个体中所感兴趣的那些特征名称的定义。换言之，变量就是反映个体特征的名称。表 1-3 中共有以下 8 个变量：

- 序号
- 基金代码
- 基金简称
- 最新净值
- 累计净值
- 周增长率（%）
- 月增长率（%）

- 本年收益率（%）

变量依据其所描述个体特征的不同可以区分为品质变量和数量变量。**品质变量**是描述个体有关属性特征的变量。例如，人的"性别"就是一个品质变量，其变量值为"男"和"女"。表1-3中的基金"序号"和"基金简称"也都是品质变量。**数量变量**是描述个体有关数量特征的变量。例如，人的"身高""体重"等是数量变量，表1-3中的"最新净值"等后面几栏也都是数量变量。

变量依据其取值的不同，可以区分为离散型变量和连续型变量。**离散型变量**是指有限个数值或诸如0，1，2，…之类无限可列值的变量。例如，在调查中央财经大学在校本科生平均每个班大约有多少名学生时，这里每个班的人数就是一个有限数值的离散型变量。

作为离散型变量的另一个例子，来看有关汽车到达一个收费站数量的试验。这里，我们感兴趣的变量是一天中到达该收费站的汽车数。显然，一天中到达该收费站汽车数的可能取值是整数数列0，1，2，…。所以，该变量就是一个可以取这个无穷可列数列中任一数值的离散型变量。

以下试验也会产生离散型变量：
- 随机抽选30名喝软饮料的人，调查他们当中喜欢无糖软饮料的人数。
- 随机调查100家企业，判定其中照章纳税的企业个数。
- 从某种产品中随机抽选15件，检查其中的次品数。
- 从北京街头随机调查1000名行人，访问他们赞成北京实行人口准入制的人数。

从上面的试验中可以看出，无论是人还是产品或是企业，试验中每次只可能得到0、1、2、3等数值，不可能得到诸如1.5人、3.7件产品等数值。因此，离散型变量常产生于计数的试验中，而不是测量的试验中。

如果某一变量可以取某一区间或多个区间中的任意数值，则该变量称为**连续型变量**。例如，某个跑100m的田径运动员所用的时间可以是10min 8s和10min 12s之间的任何时间。一天中气温的变化可以在13～20℃之间。

以下试验也会产生连续型变量：
- 观察在商场购物出口两顾客间隔的时间。
- 抽样测量"三元"牌软包装鲜牛奶每袋的重量。
- 测量某种新款家用轿车的长度。

从上述试验中可以看出，无论是时间还是重量或是长度，试验中每次取值都可以是在某一区间内的任意数值。所以连续型变量是无间隔的变量。它产生于测量的试验中，而不是计数的试验中。

一旦对连续型变量进行了测量和记录，有时会因为将其变量值进行四舍五入而演变成虚构的离散型变量。例如，人们在介绍本人的年龄时很少有人会将自己出生的年月日甚至时辰都说得那么全面，而往往只说出自己是哪年出生或是有多大年龄就可以了。因此，实际的商务与经济活动中，人们经常会将一些原本是连续型的变量当做离散型变量来处理。尽管如此，从理论上讲，此类被作为离散型变量处理的连续型变量仍为连续型变量。

确定一个变量是离散型还是连续型的方法之一，就是把该变量的变量值想象为在一条线段上的点。选择两个代表该变量的点，假如两点之间的线段上所有的点都能代表随机变量可能值，则该变量就是连续型的，反之就是离散型的。换句话说，如果一个变量的取值可以带小数位，则该变量就是连续型变量；如果一个变量的取值只能是整数，则该变量就是**离散型变量**。

由于大部分研究是建立在用样本数据推断总体数据的基础上，并且由于依据样本产生的变量都是随机的，因此变量通常称为**随机变量**，简称为**变量**。

在收集和利用数据时，正确区分变量和变量值是十分必要的。**变量值**是置于每个变量后面，说明变量是什么、怎么样或是多少的那些具体的语言或数字。以表1-3中"最新净值"这一变量为例，在它后面分别有7.3260，4.7630，等10个变量值。

1.2.2 总体和样本

在收集、分析和运用数据时，需要注意的一个重要问题就是，必须明确每种数据所涵盖的范围。这就涉及与此有关的两个重要概念，即总体和样本。

1. 总体

总体是由统计研究所涉及的那些同质个体（也称单位）所形成的集合。它界定了统计研究的范围。

总体可以是广义的，如"兴发公司2012年所有员工"；也可以是狭义的，如"兴发公司2013年新招聘的员工"。

总体可以是一群人，如"利客公司所有雇员"；也可以是物，如"迅达通讯设备有限公司2012年生产的所有电话机"；还可以是时间，如一周是由7个昼夜（个体）构成的；等等。因此，可以把总体定义为想要研究的任何事物。

总体根据其所包含的个体数目是否可数，可以分为有限总体和无限总体。**有限总体**是指总体的范围能够被明确界定，个体的数目是有限可数的总体。例如，表1-3给出的就是一个由10只基金所组成的有限总体。**无限总体**是指所包含的个体数目无限多且不可数的总体。例如，在一项试验中，每一次试验可以看做是此项试验总体中的一个个体。如果试验需要无限次地进行下去，则由每次试验构成的总体就是一个无限总体。

将总体区分为有限总体和无限总体的意义在于，一方面，对于不同的总体可以采取不同的收集数据的方法。如果我们关心的是一个有限总体，在获取总体参数时既可以采取普查的方法，也可以采取抽样推断的方法。相反，如果我们关心的是一个无限总体，由于个体的数目无限多和不可数，则在获取总体参数时只能依靠抽样的方法了。另一方面，如果是采取抽样的形式来收集数据，通过这种区分可以判别在抽样中每次抽取的样本是否独立。对于有限总体，每当抽取一个样本单位后，总体中未被抽取的元素就减少一个，前一次的抽样结果往往会对后面的抽样结果产生影响，因此每次抽取不是独立的。对于无限总体，由于总体中的元素非常多，每次抽取一个样本单位几乎不会影响下一次的抽样结果，因此每次抽取可以看做是独立的。

描述总体特征的数据称为**参数**。参数常用希腊字母表示，例如总体均值用 μ 表示，总体比例用 P 表示，总体方差用 σ^2 表示等。

2. 样本

样本是总体的一部分，是从总体中抽取的用于代表总体的那部分个体所形成的集合，也可以把它看做是大的总体中的一个小总体。由于某些原因，人们多数情况下是对样本而不是总体进行研究。例如在对一批某种品牌饮料的口感进行质量检验时，质量监督人员不可能将这批饮料全部进行检验，他（她）会从生产线上随机抽取一定数量的饮料作为样本，品尝它们的口感，以判断整批饮料的口感状况。

从样本的定义可以看出，人们关心样本的目的不在于样本本身，真正感兴趣的则是由样本所代表的总体。例如，假设质量监督人员从饮料生产线上随机抽取36罐饮料进行检验，质量监督人员最终要根据这36罐饮料检测的结果对整个一批饮料作出结论。

构成样本的个体数目称为**样本容量**。在抽样理论中，通常将样本元素的数目大于或等于

30个的样本称为**大样本**,小于30个的样本称为**小样本**。

用来描述样本数量特征的概念称为统计量。统计量常用英文字母表示,如样本均值用 $\bar{x}$ 表示,样本比例用 p 表示,样本方差用 S^2 表示等。

1.3 工商管理中的模型

1.3.1 模型的含义和作用

解决问题和制定决策是管理的重要一环。其中,决策过程的分析阶段包含定性分析和定量分析两种基本方式。在运用定量分析方法时,分析人员首先要根据所要解决的问题收集数据;再通过建立模型并对其进行求解、分析得出结论;最后,根据分析结论提出解决问题的对策建议。由此可见,模型在定量分析中具有十分重要的作用,它是定量分析的工具和基础。分析人员如果能够根据所要解决的问题建立一个科学、适用的模型,则对正确分析问题和解决问题是十分有益的。反之则反是。

所谓模型,就是对客观实体或事件的描述,它具有不同的表现形式。例如,幼儿园的孩子们用积木所搭的各种房子就是真房子的模型。

1.3.2 模型的类型

从不同角度看,可以有各种各样不同类型的模型。在通常情况下,学者们将模型区分为以下三种:[⊖]

形象模型,即对客观事物所建的实实在在的复制品。像儿童所搭的积木房子,还有玩具车等均属于这类模型。

还有一种模型被称为**模拟模型**,此类模型尽管也是一种物理实体,却不是真实物体的仿制品。比如,汽车里的速度表、温度计等就属于模拟模型。指针的位置真实地展示了汽车的速度,温度计指针所处的刻度也是真实温度的体现。

另外一种模型就是**数学模型**,它是运用一系列符号和数学关系对事物所进行的描述。例如,当人们描述产品总成本、单位成本和产量三者之间的关系时,如果用语言表述则为:产品总成本等于单位成本乘以产量。如果转而用数学模型描述,则首先需要定义一些符号,分别用 Z 代表总成本,z 代表单位成本,q 代表产量,于是三者之间关系的数学模型则表现为:

$$Z = zq$$

数学模型是定量分析中的关键环节,也是要学习和研究的重点。

1.4 工商管理中的决策

1.4.1 决策的含义

决策是一个多义词。时至今日,有关决策的定义不下上百种,决策的复杂性决定了人们对

[⊖] 参阅:(美)戴维.R 安德森,等著. 于淼,等译. 数据、模型与决策. 北京:机械工业出版社,2003.

其不可能有一个统一的看法。但是，要科学地理解决策概念，有必要考察决策专家赫伯特．A．西蒙在决策理论中对决策内涵的观点。西蒙认为，**决策**是指组织或个人为了实现某种目标而对未来一定时期内有关活动的方向、内容及方式的选择或调整过程。㊀按照西蒙"管理就是决策"的观点，科学决策是现代管理的核心，决策贯穿整个管理活动。而且，决策是决定管理工作成败的关键。决策是任何有目的的活动发生之前必不可少的一步工作。

1.4.2 决策的类型

决策从不同角度可以区分为多种类型。从定量分析与决策的关系角度，以下两种有关决策的分类很重要。

1. 程序化决策和非程序化决策

这是按决策的性质不同所作的划分。

程序化决策是一种经常重复发生，能按原先已经规定的程序、处理方法和标准进行的决策。例如，在大学里面，每学期的中段，教学主管部门（教务处）就会根据各专业的培养方案下达下一学期的教学计划任务，各教学单位则会根据教学计划任务，将每门课程的教学任务落实到具体教师身上，然后再上报给教学主管部门，教学主管部门最后在本学期将要结束时公布下一学期的课程安排（课程表）。这种年复一年、循环往复的工作流程就是一个典型的程序化决策。类似的还有：工厂里每天按生产计划生产产品；商店里每天按点开门和关门；等等。

非程序化决策是管理中首次出现或偶然出现的、无先例可循的非重复性的决策。例如，某个地区突然遭受地震灾害，这个地区的最高领导层如何处理抗震救灾相关事务，一家零售商准备在其他地区再开一家连锁店，有关地址的选择、规模大小的抉择等，都属于非程序化决策。在管理中，非程序化决策难度显然要比程序化决策大得多。

2. 确定型决策、不确定型决策和风险型决策

这是按决策问题的可控程度划分的。

确定型决策是在决策所需的各种情报资料已完全掌握的条件下所作出的决策。例如，前面所提到的高校教学主管部门每学期下达教学计划的决策就属于这一类决策，它是在掌握了下学期一切与教学有关的信息情况下，包括培养方案、可用教室的数量、教师人员状况等情况下所作出的一种决策。

不确定型决策是在资料无法加以具体测定，而客观形势又必须要求作出决定的决策。例如，前面提到的一家零售商准备在其他地区再开一家连锁店的决策就属于这一类决策，其中与决策有关的客流量的多少、服务对象的定位、商店规模的大小等资料在新连锁店没有建成投入运营前都无法具体确定，只能根据前期的市场调查和可行性分析研究作出大致的研判。

风险型决策则是决策方案未来的自然状态不能预先肯定，可能有几种状态，每种方案的自然状态发生的概率可以作出客观估计，但不管哪种方案都有风险的决策。例如，决定将一笔资金投到哪几只股票上就是一个带有一定风险的决策。不论资金投到哪只股票，都不会像存在银行那样获得可以实现确定的利息，而是有一定风险。其中，对于所要投资股票的风险，可以根据以往的信息作出较为客观的估计。

1.4.3 制定决策的步骤

尽管对决策的步骤有着多种不同的定义，但是美国辛辛那提大学戴维．R. 安德森等教授在

㊀ （美）郝伯特 A. 西蒙，著．詹正茂，译．管理行为．北京：机械工业出版社，2004.

他们的《数据、模型与决策》一书中所给出的决策五个步骤是很值得借鉴的。这五个步骤分别是：

(1) 明确问题，定义问题。
(2) 找出一组备选方案。
(3) 制定分析这些备选方案所用的准则。
(4) 评价备选方案。
(5) 选择一个备选方案。

现在举个例子来说明整个决策过程是如何进行的。假设现在有一笔 200 万元左右的资金要投资到北京的房地产方面，希望通过这笔投资在未来 10 年内获得理想的回报。经过几番查询后，终于有四套位于不同地点、价位和户型各不相同的房屋成为选择的目标。这时，该如何作出决策呢？

依照上述决策的五个步骤，我们可以分别将其描述如下：

首先，这里的问题是你要将一笔 200 万元左右的资金投资到房地产市场上去，通过投资获取可观的回报。

其次，你所拥有的是四种备选方案。假如这四种备选方案如表 1-7 所示。

表 1-7　住房投资四种选择方案

备选方案	位置	单价/万元	面积/m²	户型
方案 1	三环以内，濒临大型写字楼，小公司多	3.5	57	一居
方案 2	四环以内，学区房	3.2	64	两居
方案 3	五环以内，繁华商业区	2.7	75	两居
方案 4	五环以外，紧邻森林公园	1.9	105	三居

接下来就是决策的第三步，如何制定出分析备选方案所用的准则。尽管各类房屋所处的位置是一个很重要的因素，但有关购买房屋的问题不是一个单准则决策问题，而应该是一个兼顾位置、价格、面积和户型等多准则决策问题⊖。很显然，多准则决策问题要比单准则决策问题复杂得多。

第四步就是要根据多准则来评价各种备选方案。假如对四种方案所作的评价列表如表 1-8 所示。

表 1-8　为评价住房投资选择方案所列数据

备选方案	位置	单价/万元	面积/m²	户型
方案 1	好，容易出租	适中	适中	一般
方案 2	好，容易出租	适中	偏小	好
方案 3	一般	偏高	适中	一般
方案 4	一般	偏高	适中	好

决策的最后一步，就是选择一种备选方案。面对上述分析评价，也许很难作出最后的决策。因为从评价结果看，没有哪种方案体现出绝对的最优。此时，假设根据以往的经验和房价未来的走势及其他因素选择了方案 2。于是，一个完整的决策过程就结束。

⊖ 顾名思义，所谓单准则决策，就是只依赖一个准则所作的决策；多准则决策即为综合考虑多种因素，依赖多个准则所作的决策。

1.5 数据、模型与决策的关系

从前述有关数据、模型与决策的有关内容的讨论中可以清楚地看到，三者之间是一个有机联系的整体，它们是定量分析与制定决策中不可分割的组成部分。

在管理实践中，任何一项决策都是从构造问题开始的。在构造问题时，可以运用定量分析的方法，将那些笼统的问题转化成量化的清晰而明确的问题。在此基础上，根据分析问题和建立模型的需要去收集数据，就成为定量分析和制定决策的一项重要工作。

数据是分析问题和建立模型的基础。真实而可靠的数据既是对客观事物的正确描述，也是通过模型得出科学结论的重要保证。相反，根据失真和错误的数据而进行的定量分析永远也无法得出对决策有所帮助的结论。

根据所定义的问题建立模型，再通过输入数据进行求解是整个定量分析的精髓。这里的关键在于，如何针对不同的问题建立适合的模型。模型越接近实际，分析出的结果对决策的价值就越大。

最后，管理者将对模型解的优劣作出判断。一旦模型通过了验证，便可以将其运用到管理实际中去。管理者有理由根据模型的解作出决策，从而完成整个决策过程。由此可见，无论是数据或是模型都是为决策服务的，决策才是收集和解释数据以及建立和求解模型的目的和归宿。

本章小结

本章对数据、模型与决策中的基本问题进行了概述，主要介绍了一些基本概念，包括数据、各种不同类型的数据、个体、变量、总体、样本、模型、决策等；并阐述了数据、模型与决策三者之间的关系。此外，通过泰坦尼克号沉船事件的案例，介绍了分析数据的一些简单方法和应注意的问题，为后面章节的展开铺路。

思考与练习题

1. 什么是数据？一个完整的数据应当包括哪几个要素？
2. 工商管理中通常需要用到哪些类型的数据？
3. 模型的含义是什么？它有哪几种类型？
4. 什么是决策？在通常情况下，一个完整的决策过程需要经过哪几步？
5. 简要叙述数据、模型与决策的关系。
6. 一家生产软饮料企业的质量检验人员，某日从该企业 4 条生产线中上共随机抽取 36 盒软饮料以检验产品包装的重量。根据这一事实回答下列问题：
   (1) 此项研究的总体、个体和样本各是什么？
   (2) 此项研究的变量是什么？
   (3) 此项研究所确定的变量是品质变量还是数量变量？
   (4) 此项研究所确定的变量是离散型变量还是连续型变量？
   (5) 指出此项统计研究的参数和统计量。
7. 某市场调研公司正在测试一个新推出的体育用品电视广告节目的效果。作为该测试的一部分，这个广告节目在北京电视台体育频道每晚体育新闻节目前播放。两天后，该公司进行了电话调查，获得了观看此电视广告的人数和看过此广告的人对该广告印象的信息。
   (1) 此项研究的总体是什么？
   (2) 此项研究的个体是什么？
   (3) 此项研究的样本是什么？

(4) 解释在这种情况下为什么要使用样本。
8. 说出下列研究中的总体和个体。
(1) 调查某企业的产品数量。
(2) 了解某个教室能容纳多少学生。
(3) 一次举行了6场的辩论赛。
(4) 普查经济开发区土地利用情况。
9. 说出下列哪几个变量是品质变量，哪几个变量是数量变量。
(1) 性别。
(2) 年龄。
(3) 身高。
(4) 相貌。
(5) 数据、模型与决策课程考试成绩。
(6) 数据、模型与决策课程考试成绩排名。
10. 指出下列活动中研究人员所感兴趣变量的名称、类型以及通过什么方法获取统计数据。
(1) 一交通民警为了解某个路口车流量情况，某日该交通民警在下班高峰时间利用1h（下午5:00~6:00）观察该路口通过的汽车数量。
(2) 某银行储蓄所前台营业员下班前汇总自己一天所进行的交易笔数。
(3) 气象台的研究人员利用仪器观测、记录一天的气温变化情况。
(4) 医生利用血压计为病人测量血压。
(5) 商场收款台工作人员交班前清点自己收款的数额。
(6) 某绿化大队丈量该队为一居民住宅小区绿化的面积。
11. 在医疗保健业激烈的市场竞争中，医院为了提高服务质量，管理者有时会在病人出院一段时间后向他们发出服务满意度调查表。下面一些问题是调查表中经常涉及的内容。按不同的数据度量标准，从这些问题中会得出哪种类型的数据？
(1) 请问您出院多少天了？_____
(2) 您在住院期间大部分时间主要住在哪类病房？
_____ 冠状动脉护理中心　　　　_____ 内科病房
_____ 特护病房　　　　　　　　_____ 外科病房
_____ 妇产科病房
(3) 在选择医院时，您认为医院的地理位置重要吗？（仅选择一项）
_____ 非常重要　　　　　　　　_____ 比较重要
_____ 不太重要　　　　　　　　_____ 根本不重要
(4) 在选择医院时，您首要考虑的因素是（仅选择一项）
_____ 医疗水平　　　　　　　　_____ 服务态度
_____ 医疗价格　　　　　　　　_____ 距离远近
(5) 您第一次住院时的年龄是_____。
(6) 为您的主治医生的医术打分。
_____ 医术高明_____ 很好_____ 好_____ 一般_____ 差
(7) 在下面从1~7的坐标上，标出护士的护理水平。
差　1　2　3　4　5　6　7　优
12. 把下列数据区分为分类数据、顺序数据、间距数据和比率数据。
(1) 调查问卷的识别号。
(2) 任意一场中超足球联赛出售的门票数。
(3) 根据营业收入确定的公司在同行业中的排序。

17

(4) 公司的收支数额。
(5) 公司员工的证件号码。
(6) 消防部门遇到火警的反应时间。
(7) 公司职员的年龄。
(8) 班级学生的平均考试成绩。

13. 依据本章开篇案例中的有关数据，利用交叉分类表法分别对泰坦尼克号乘客生死与年龄、生死与船舱等级之间的交互关系作出分析。

14. 张先生一家原先住在北京二环以内的一个胡同里。根据北京市的旧城改造规划，他们将在不久的将来需要搬离原来的住址，同时会从政府那儿得到一笔价值为800万元的拆迁款。张先生计划除了拿出其中的200万元用于购置新房外，其余的600万元用于投资。但是在目前状况下，张先生苦于不知将该笔款项投资于哪个或哪些领域。他想寻找一家资深的投资顾问公司咨询一下。

假如你是一家投资顾问公司的顾问，在接受张先生的咨询时将会怎样去做呢？

CHAPTER 2

第 2 章

数据的获取与特征描述

学习目标

1. 熟练掌握数据获取的渠道。
2. 熟练掌握数据特征描述——表示法与图示法及适用范围。
3. 熟练掌握数据特征的描述——代表性数据的测度方法及适用范围。
4. 熟练掌握数据特征的描述——代表性数据的评价及适用范围。
5. 掌握数据分布的偏态与峰度。
6. 掌握利用 Excel 进行数据的整理与描述。

导入案例

大数据和大营销[一]

2012年5月18日，腾讯宣布架构重组，将现有业务重新划分成企业发展事业群（CDG）、互动娱乐事业群（IEG）、移动互联网事业群（MIG）、网络媒体事业群（OMG）、社交网络事业群（SNG）和技术工程事业群（TEG），并成立腾讯电商控股公司（ECC）专注运营电子商务业务。腾讯的架构调整，对应的正是当下互联网最炙手可热的六大商业模式。

重组之前的4月24日，腾讯正式公布了其社会化营销平台，宣称揭开了"大数据"转向广告层面变现的序幕。"对于腾讯来说，我们在这几方面作了很多努力……Facebook是通过用户在社交中的行为把人进行划分，可以针对人不同的属性做广告，这种社交媒体的广告现在还是一个没有挖掘的宝藏，这也是非常值得我们思考的。"

Facebook，世界最大的社交网络之一，市值约869亿美元，85%收入来自广告。腾讯，中国最大的社交网络之一，市值约560亿美元，90%收入来自个人用户增值服务。对腾讯来说，仅仅补上社交广告这一课，它的理论市值就可以实现成倍增长。国内社交网站为什么不成功呢？一则关于Facebook CEO扎克伯格的小故事或许能说明些问题：

此前，扎克伯格并不愿在Facebook上发布广告。他曾表示，绝不会为了收入而牺牲产品。Facebook不愿只是提供传统的广告，它鼓励各大品牌公司与用户沟通，向用户们讲述自己的品牌故事。扎克伯格相信，这样的互动方式比其他网络广告更具亲和力。

现在，Facebook精准广告技术赢得了众多企业的青睐，Facebook根据用户的注册资料信息推送相对精准的广告内容，并且使用社交网络构建的人与人之间的关系有利于传播广告信息，将广告转化为内容，为广告商提供有效的广告解决方案。

于是，马化腾拿出了"大数据营销"。

什么是大数据？腾讯网络媒体总裁刘胜义定义为："如果信息的复杂性、大小已经大到我们很难用一种普通数据工具去描述的时候，那么不管在采集还是在管理以及预算上，我们都可以把它称为大数据。"

"大数据"是随着IT技术的发展、企业信息化的发展产生的很多用户交易数据，特别是互联网社交化的兴起，用户在网上的很多行为数据、关系数据、UGC（用户产生的内容）等。而腾讯要做的是，通过腾讯社交网络所积累下来的数据，经过分析可以挖掘、勾勒出这是一群怎样的人。在新营销平台用户管理界面上，广告主能清晰地了解自己的粉丝群体特征，通过分析海量数据，可将用户进行精确分类，实现广告的精准匹配。Facebook 90%的营收来自于广告。而腾讯90%的营收来自于用户的付费。因此，腾讯社交网络拥有巨大的潜力，并可以借此获得广告营收。

腾讯的数字营销能否为腾讯闯出一条新路来，社交媒体广告何时才能开花结果，目前都还不得而知。我们所知道的是，腾讯已经在开始行动了。

不管是大数据，还是一般数据，不管是大数据营销，还是数据的分析与预测、决策，都需要从最初的数据获取开始，然后进行整理、分析，进而决策。本章主要围绕这样的内容展开：从哪里获取所需数据？用什么方法获取数据？获得后应如何作基本的整理与分析？这些数据为我们提供了一些什么样的信息？

2.1 数据获取

用数据说话，是实施量化管理、进行定性分析和定量分析的依据，更是科学决策的基础。那么从哪里获得所需数据？这是数据获取主要解决的问题，也就是数据来源问题。

[一] 案例根据中国MBA网2012年7月26日所刊登文章整理后而得。

众多的、来源各异的数据，不管是看到、听到的或者使用的数据，归纳起来，无非有两种：一是从数据本身的来源看，最初都是来源于直接的调查或实验。二是从使用者的角度看，数据则来源于两种渠道：其一是使用者直接的调查和实验，这是数据的直接来源，称之为一手数据或原始数据；其二是来源于他人调查或实验的数据，对使用者来说，这是数据的间接来源，称之为二手数据或间接数据。

2.1.1 二手数据

二手数据也叫做二手资料，是因其他目的已经被他人收集好了的资料。对于数据使用者来说，除了可以通过调查、观察、实验获得一手数据外，还可以通过一些渠道获得二手数据。二手数据主要是公开出版或公开报道的数据，也有些是尚未公开出版的数据。

通常，对于大多数数据使用者，特别是个体使用者，亲自去做调查、搜集一手数据往往是不可能或不必要的，因而常使用二手数据。

二手数据来源广泛，大致分为内部二手资料和外部二手资料两种。

1. 内部二手资料

内部二手资料是指可在组织或机构的内部得到的资料。例如，可以公开公司的内部报告、财务报告、公司刊物、上市公司披露的各种信息等；也有不公开的，如企业的营销计划、发展战略、产品供销存数据、企业数据库等。内部二手资料涵盖了会计账目、销售记录、各类报告，如市场营销调研报告、审计报告和为以前的管理问题所购买的调研报告等信息资料等；也包括企业的数据库、企业信息管理系统、企业决策支持系统、企业数据仓储等。

2. 外部二手资料

外部二手资料一般是指来自被调查的企业或公司以外的信息资料。外部二手资料从国外、国内均可获得，包括政府机构、行业协会、专门调研机构、大众传播媒介和一些国际组织等提供的资料。[⊖]

2.1.2 一手数据

一手数据是指来自直接调查或观察、实验的数据，是由调研者按照定义的调研问题为具体、明确的目的而专门搜集的。

调查是取得商务与经济活动数据的重要手段。在我国，政府统计主要是以周期性普查为基础，以经常性抽样调查为主体，综合运用全面调查、重点调查等方法，并充分利用行政记录等资料。对于调查，从不同的角度有不同的分类。比如根据调查组织实施的主体不同，可以分为政府统计调查（如国家统计调查、部门统计调查、地方统计调查）和民间统计调查及涉外调查等；根据调查范围不同，可以分为全面调查和非全面调查；根据调查间隔的时间不同，可以分为经常性调查和一次性调查；根据获取资料的方式不同，可以分为自填式、人员面访、电话调查、网络调查、小组座谈等。各种不同内容的调查适用于不同的条件，服从于不同的调查目的。下面仅就收集一手资料的方式和方法展开讨论。

1. 普查和抽样调查

在商务与经济活动中，收集一手资料较为常用的方式是普查和抽样调查。

普查是为某一特定目的而专门组织的一次性全面调查。世界各国一般都定期地进行有关项目的普查，以便掌握有关国情、国力的基本信息，或全面、系统提供和反映某一方面情况的数

⊖ 资料来源：国家统计局社情民意调查网。

据。普查资料常被用来说明现象在一定时点上的全面情况，一般需要规定统一的标准时点。普查数据的准确性、标准化程度均较高，可以进行统计汇总、分类比较，反映社会总体的一般特征，因此它可以为抽样调查或其他调查提供基本的依据。目前我国国务院规定人口普查、农业普查每10年进行一次，即分别在尾数逢0和6的年份实施；经济普查每5年进行一次，在尾数逢3和8的年份实施。

在通常情况下，像全国性的人口普查、经济普查等一些大规模的普查，需要建立专门的普查机构，配备大量的普查人员，对调查单位进行直接登记，持续时间比较长；而为满足某种紧迫需要而进行的"快速普查"，如物资库存普查等，则可以利用调查单位的原始记录和核算资料，发放调查表，由登记单位填报。这种普查适用于内容比较单一、涉及范围较小的情况。

抽样调查[⊖]是一种非全面调查，它是根据调查的理论，从全部调查对象中，随机抽选一部分样本单位进行观察，取得样本调查数据，并据以推断总体特征的一种调查方法。抽样调查具有投入少、适应面广、时效性强，准确性较高等特点。它常常用于对某些现象不可能进行普查的情况，如对产品质量的检查；或虽可以普查但调查主体人、财、物资源有限，抽样调查可取得事半功倍的效果等情况，如城市和农村居民的收支情况调查、物价调查、民意调查等。

2. 观察和实验

观察法是指研究者有目的、有计划地在自然状态下，通过感官或借助于一定的科学仪器，就调查对象的行为、状态和过程，边观察边记录以收集信息的方法。观察法在市场调研中用途很广。像购物形态观察、行走路线标示、交通流量观察、电视收视情况观察、信用卡扫描、客户等数据库记录等，对于货架排列、商品摆放、刺激购物者的购物冲动具有微妙的影响。观察法通常是定量调查的一个重要方法。

观察法的一般做法为：选择观察地点，由训练有素的观察员或调查人员，利用感觉器官或设置一定的仪器，观测和记录消费者购物时的行为和举动，通过观察消费者的行为来测定品牌偏好和促销的效果。其他采用观察法的例子有：有助于户外广告价格确定或商店、修理厂选址等的交通流量观察；有助于广告价格确定的电视收视情况观察；有助于了解购买力和购物习惯的信用卡扫描及客户等数据库记录等。人力资源管理中，管理人员直接到现场，亲自对特定对象（一个或多个工作人员，如装配线工人）进行观察，收集、记录其有关工作的内容，如工作间的相互关系、工作环境、条件等信息，最后把取得的信息归纳整理和分析。

观察法从不同角度可以分为不同类别，包括：直接观察与间接观察；定量观察和定性观察；人员观察与仪器观察等。观察法可以观察到调查对象的真实行为特征，排除霍桑效应，但是只能观察到外部现象，无法观察到调查对象的一些动机、意向及态度等内在想法。

实验法是一种特殊的观察调查方法，是在特殊的实验场所、特殊的状态下，对调查对象实验而取得相关数据的一种方法。其主要目的是查明原因和结果之间的关系，实验法也是取得自然科学数据的主要手段。实验法在心理学、教育学、传播学、市场调查中应用的定义不尽相同。比如心理学史上最出名的事件之一，对管理理论有相当贡献的霍桑实验，就是一种典型的实验法的应用。

实验法也有不同的分类，如：根据实验条件不同，分为自然实验法和实验室实验法；根据实验目的的不同，分为对比实验法、析因实验法、模拟实验法等；根据场所不同，分为室内实验法和市场或外部的市场实验法等。在市场实践中，实验法常用的方式包括市场测试和神秘购物

⊖ 详细内容见抽样分布与参数估计。

者测验。其中神秘购物者测验一般用来收集有关商店、营业厅的销售或服务人员如何对待顾客方面的数据,在顾客满意度调查、开发产品的深层用途方面发挥着重要作用,收集的信息可靠性也较高,并可以通过信息识别出公司企业的优势和薄弱环节,为业务培训和政策的修订提供依据。目前,实验法被银行、公交系统、连锁店、商场等组织广泛应用。

不管选择使用哪种方法,具体对每一个被访者采集数据时,要有采集方法。除观察实验外,主要是访谈调查,即调查者与被调查者直接或间接接触以获得数据的方法,常用访问调查、邮寄调查、电话调查、计算机辅助调查、座谈会、个别深入访谈等,此外还有报告法、日记调查等。

要准确收集一手数据,应从源头入手,根据调查项目、目的、内容事先拟出调查计划,对调查的各个方面、各个阶段作出全面的考虑和安排,并应科学设计,撰写出调查企划书。

2.2 数据特征描述(一)——表示法与图示法

前面讨论了从哪里获取所需数据,用什么方法获取数据,接下来主要介绍获得数据后如何作基本的整理与分析,数据展现出什么特征,提供了什么样的信息。数据特征描述的方法很多,以下主要介绍表示法与图示法。

2.2.1 表示法

表是用来表现数据资料的一种重要工具,各种表格,如调查表、汇总表或整理表、分析表、时间数列表、相关分析表等,各行各业中工作中都会使用,是实际工作中最常用的一种形式。

广义统计表是用纵横交叉线条来绘制的表格。本部分主要讨论获得调查数据后常用的一些展现数据的表格,包括统计表、频数分布表、交叉表等。

1. 统计表

统计表是最为常用的一种表格。统计表可以表现原始数据,也可以根据实际需要,把相互关联的数据按照一定的要求进行整理、归类、汇总,并按照一定的顺序进行排列。表2-1为一具体示例。

表 2-1 2012 年年末人口数及其构成 ← 表头

指标	年末数/万人	比重(%) ← 列标题
全国总人口	135404	100.0
其中:城镇	71182	52.6
乡村	64222	47.4
其中:男性	69395	51.3
女性	66009	48.7
其中:0~14岁(含不满15周岁)	22287	16.5
15~59岁(含不满60周岁)	93727	69.2
60周岁及以上	19390	14.3
其中:65周岁及以上	12714	9.4

(行标题) (数据资料)

资料来源:《中国2012年国民经济和社会发展统计公报》。 ← 表外附加

(1)统计表的构成。统计表主要由表头、行标题、列标题(纵栏标题)和数据资料(指标数值)四个部分构成。表头一般应包括表号、总标题及数据的计量单位等内容。其中总标题应位于表的正上方,说明统计表的主要内容;表号应置于总标题前,如表2-1。行标题和列

标题说明表中所研究问题的类别名称或指标名称或变量名称，其中行标题一般位于表的左边，通常是一些类别名称或分组；列标题位于表的右上方，通常是一些指标或变量，但两者位置并不固定。行标题和列标题交叉对应的部分就是数据资料。有些统计表在表的下方还有附加部分，其作用在于对表中的一些指标或数据作必要的说明和解释，或注明数据的来源等。

统计表构成也可以从内容来看，包括主词和宾词两个部分。主词就是统计表所要说明的对象或分组，即被研究总体的各个组成部分，宾词就是用来说明主词的统计指标及数据。

统计表的表头、行标题（主词）、列标题和数据资料（宾词）等内容，显示了如下的信息：这是反映什么内容的统计表，有没有详细分组，有哪些相关的研究数据。比如表 2-1 中，2012 年年末人口数及其构成反映了总人口及基本情况；表中有多个简单分组并平行排列，其中的城镇、农村人口情况在一定程度上反映了城镇化建设中的问题；通过其中的男性和女性人口情况，进一步可以计算出人口性别比，以反映人口的性别分布；其中的年龄情况，进一步可以计算劳动力负担系数；而其中的老年人基本情况，能反映老年人口及更深入的社会保障问题等。

使用统计表主要是集中而有序地表现数据，反映数量之间的关系及变化规律，便于资料的汇总和审查，便于计算和分析。

（2）统计表的设计技巧。

统计表在设计和制作中要遵循科学、实用、美观、简练的原则，各部分设计应注意以下几点：

1) 标题内容要简明扼要，便于阅读和比较。总标题明确概括出时间（When）、地点（Where）和何种数据（What）等的内容。

2) 统计表的结构要合理，长宽比例要适当。一般为横长方形，上下两端封闭且为粗线，左右两端开口，即左右两边应采用无边线的"开口式"，表中线条宜少为好。

3) 表中的数字一般为右对齐，有小数点时，应以小数点对齐，且小数点的位数应统一。当统计表某处不应出现统计数据时，用"—"表示；当该栏数字不足本表最小单位，忽略不计时，用"…"表示；"NA"，即 Not Available，代表此栏无现成的统计数字；"est."，即 Estimated 代表含义是据估计。当表中某项数字恰与上下左右另一数字相同时，不能用"同上"或""""代替，必须写上数字。

4) 统计表的栏目多时要编号，一般主词部分按甲、乙、丙排列；宾词栏则按（1）、（2）等次序编号。

5) 表中数据计量单位相同时，可放在表的右上角标明，不同时应放在每个指标后或单列出一列标明。

6) 表中资料需要说明的，应放在附加部分。重要的统计表编制完毕经审核后，制表人和主管负责人要签名，加盖公章，以示负责。

2. 频数分布表

某公司为研究销售人员的销售状况，抽查了其中服装类某一周末 30 人的销售情况，如表 2-2 所示。

表 2-2 是根据原始调查资料录入 Excel 的结果，在通常情况下，原始数据大多以 Excel 形式保存。随着数据量的增加，很难从表面理解其包含的全部意义，需要从数据中提取信息，并转化成可利用的形式。其中，频数分布表就是一种常用的描述统计数据基本的形式。

如果按照数据某种特征进行分类，并把所有类别全部列出来，同时统计出每一类别的频数，对应排列在一起，就形成一张频数分布表。表 2-3 就是按性别（定性变量）分类所得的频数分布表。

表 2-2 销售人员的销售情况

员工编号	性别	年龄	工作年限/年	销售数/件	销售额/元
1	女	48	10	80	4000
2	男	40	7	35	1750
3	男	38	5	30	1500
4	女	42	5	65	3250
5	女	32	3	40	2000
6	女	36	4	76	3800
7	女	52	6	50	1250
8	男	47	9	46	2300
9	男	26	2	55	2750
10	女	36	4	53	2650
11	女	45	6	46	2300
12	男	55	10	60	3000
13	男	48	10	59	2950
14	女	37	7	40	2000
15	女	46	8	35	1750
16	男	38	6	39	1950
17	男	36	5	48	2400
18	女	35	4	101	5050
19	男	35	4	78	3900
20	女	46	7	65	3250
21	男	42	5	57	2850
22	女	32	4	62	3100
23	女	38	6	84	4200
24	男	29	3	69	3450
25	男	38	6	102	5100
26	女	37	5	95	4750
27	女	41	7	86	4300
28	男	39	6	73	3650
29	女	36	5	81	4050
30	女	38	7	93	4650

表 2-3 销售人员的性别频数分布表

性别	人数/人	比例
男	13	0.43
女	17	0.57
合计	30	1.00

当然，可以根据研究需要，按照不同的特征（变量）进行分组或分类。表2-4就是按照销售数（定量变量）进行分组的频数分布表。

表2-4 销售分组表

销售数/件（上组限不在内）	频数/人	百分比（%）	累计百分比（%）
40以下	4	13.3	13.3
40~55（含40）	7	23.3	36.6
55~70（含55）	8	26.7	63.3
70~85（含70）	6	20.0	83.3
85~100（含85）	3	10.0	93.3
100以上	2	6.7	100.0
合计	30	100.0	—

数值型数据分组编制频数分布表时，操作的基本步骤如下：

（1）要确定分多少组合适。分组的基本要求是要能反映出数据的分布特征，H. A. Sturges 提出的组数 K 的经验公式为：

$$K = 1 + \frac{\lg n}{\lg 2}$$

式中，n 为全部数据的个数。组数通常在 5~15 组之间。本例中可以考虑分 6 组。

（2）确定各组的组距。其具体方法为：找出全部数据中的最大值和最小值，利用已经确定的组数来得到参考组距，即组距 =（最大值 - 最小值）/组数。本例中组距 =（102 件 - 30 件）/6 = 12 件。实际使用中，建议每组的组距相同；为方便计算和比较，每组组距一般为 5 或 10 的倍数。本例中组距取 15。

（3）统计出各组的频数并编制频数分布表。提示几点：

1）第一组最小组（常常由小到大排列）必须包括最小的数据值，最后一组必须包括最大的数据值；第一组最小组和最后的最大组可以选择开口式，用"××以下""××以上"表示。

2）分组时根据数据特点，可以选择连续排列（相邻组的组限重叠，如 30~40、40~50），也可以选择间断排列（相邻组的组限间断，如 30~40、41~50），但连续型数据必须连续排列。

3）统计频数时，重叠的组限要遵循"上组限不在内"原则，即恰好等于某一组的上限的数据值不算在本组内，而计算在下一组，每一个数据属于且只属于一组（见表2-4的第一列）。

4）在频数统计出来后，可以计算频率、累计频数（频率）等。频数的累计可以从小到大进行，也可以从大到小进行，见表2-4最后一列。

根据研究目的需要和数据类型，对数据进行分组或分类，可得到数据频数分布表。从表中可以进一步了解调查总体的基本状况。

3. 交叉表

通常，由两个或两个以上变量交叉分类的频数分布表称为列联表，两个变量交叉分类习惯称为交叉表。交叉表是归纳两个变量数据的方法，可以更详细地观察两个变量及较详细的数据分布情况，如表2-5所示。

表 2-5　性别和销售数交叉表

			销售数分组						总计
			40 件以下	40~55 件	55~70 件	70~85 件	85~100 件	100 件以上	
性别	男	人数/人	3	2	5	2	0	1	13
		性别比重	23.1%	15.4%	38.5%	15.4%	.0	7.7%	100.0%
		销售数比重	75.0%	28.6%	62.5%	33.3%	.0	50.0%	43.3%
		占总人数的比重	10.0%	6.7%	16.7%	6.7%	.0	3.3%	43.3%
	女	人数/人	1	5	3	4	3	1	17
		性别比重	5.9%	29.4%	17.6%	23.5%	17.6%	5.9%	100.0%
		销售数比重	25.0%	71.4%	37.5%	66.7%	100.0%	50.0%	56.7%
		占总人数的比重	3.3%	16.7%	10.0%	13.3%	10.0%	3.3%	56.7%
总计		人数/人	4	7	8	6	3	2	30
		性别比重	13.3%	23.3%	26.7%	20.0%	10.0%	6.7%	100.0%
		销售数比重	100.0%	100.0%	100.0%	100.0%	100.0%	100.0%	100.0%
		占总人数的比重	13.3%	23.3%	26.7%	20.0%	10.0%	6.7%	100.0%

表中不仅给出了频数，同时给出了各自相应的比例。以"性别 男"这一栏看，第一行给出的是频数，即男性在各个组别的销售情况，3 表示销售在 40 件以下的男性有 3 人；第二行 23.1% 表示的是行百分比，表明销售 40 件以下的 3 个男性在全部男性中所占比例；第三行 75.0% 为列百分比，表明 3 个男性在销售 40 件以下的这个组别中所占的百分比；第四行中的 10.0% 为总百分比，表明销售 40 件以下的男性在全部人员中所占百分比。第二栏为女性情况，第三栏为男女综合情况。

在实际应用中，也通常使用 Excel 中的数据透视表功能，进行列联表的制作。数据透视表不仅可以从复杂的数据中提取有用的信息，而且可以非常灵活地对数据表的重要信息按使用者的习惯或分析要求进行汇总和作图。

2.2.2　图示法

图也是展现数据最常用的一种方式，非常直观、醒目。图有很多种，不同的数据应选择适合的图形，才能准确反映数据特征。下面介绍一些商务与经济活动中常用的图形。

1. 条形图

条形图是用宽度相同的条形的高度或长短来表示各类别数据的图形。有单式条形图、复式条形图等形式。图 2-1 是一幅表现我国 2012 年第三产业数据的条形图。

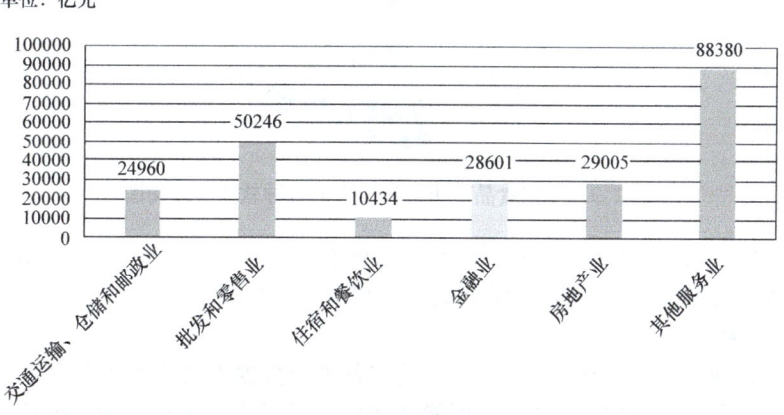

图 2-1　2012 年国内生产总值初步核算第三产业数据条形图
资料来源：国家统计局网站。

当然，也可以画复式条形图，对比分类变量的取值在不同时间或不同空间上的差异或变化趋势，如图2-2所示。

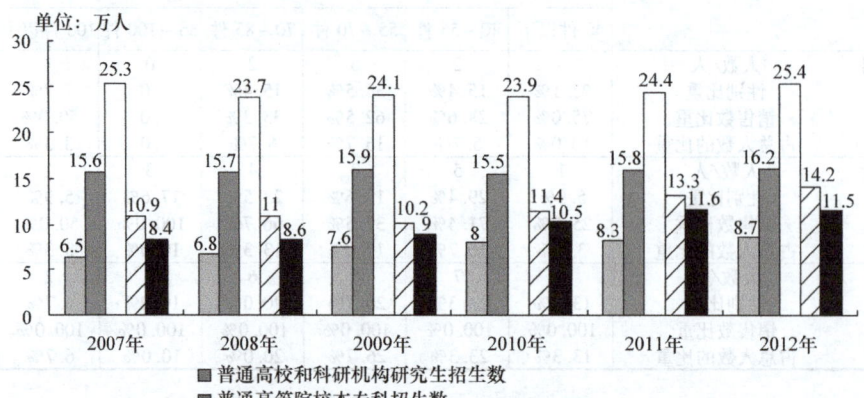

图2-2 复式条形图
资料来源：北京统计信息网。

条形图应用范围非常广泛，常常用于反映分类数据的频数分布。条形图中的数值可以是频数或频率。

2. 圆形结构图

圆形结构图也称饼图，是用圆形及圆内扇形的角度来表示数值大小的图形。图2-3是一家食品商店某日出售的各种软饮料结构图。

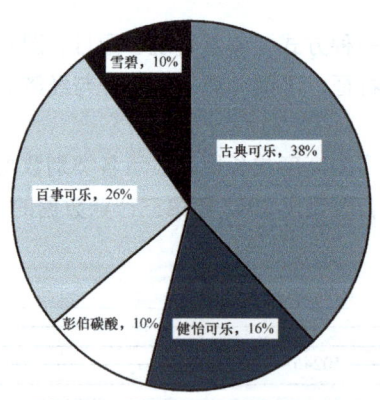

图2-3 一家食品商店某日出售的各种软饮料结构图

绘制圆形结构图时，扇形面积可以是频数或频率，常用各组所占的百分比表示。饼图主要用于表示样本或总体中各组成部分所占的比例，研究结构性问题。

3. 帕累托图

帕累托图也叫做**排列图**或**主次因素图**，是按各类别数据出现的频数多少排序（一般为降序）后绘制的柱形图。例如，旅游客人可能在住旅馆时对旅馆进行投诉，包括服务态度、接待方式、语言的投诉等，也包括对房间有关设施设备的投诉，如空调不灵、水龙头损坏等，也有对管理水平的投诉,如住客在房间受到骚扰、财物在店内丢失、服务不一视同仁等。图2-4所示是某旅馆一年内客人投诉原因的帕累托图。

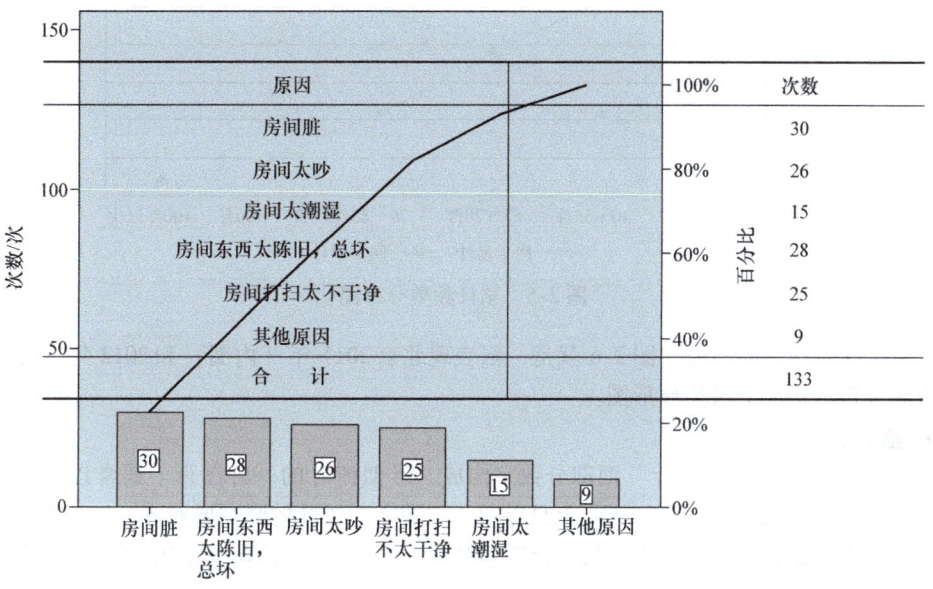

图 2-4 旅馆投诉帕累托图

帕累托图主要用于展示分类数据的分布,能使管理者更关注重要的类别,特别是有缺陷或者不规范的项目。图中右侧为累计百分比,可以看到累积到某一类别时的百分比数值。管理者根据图中显示的排序数及百分比的变化,可以针对性地采取改进措施,进行改进或者优化。帕累托图在质量控制和服务管理中有广泛应用。

4. 累计频数分布图

累计频数(次数)分布图分为向上累计图和向下累计图。向上累计说明 ×× 组以下的次数一共是多少;向下累计说明 ×× 组以上的次数一共是多少。例如,可以根据表2-4计算出表2-6中的相关数据。

表 2-6 销售数分组累计次数计算表

分组	频数/人	向上累计/人	向下累计/人
40 件以下	4	4	30 = 4 + 7 + 8 + 6 + 3 + 2
40 ~ 55 件	7	11 = 4 + 7	26 = 7 + 8 + 6 + 3 + 2
55 ~ 70 件	8	**19** = 4 + 7 + 8	**19** = 8 + 6 + 3 + 2
70 ~ 85 件	6	25 = 4 + 7 + 8 + 6	11 = 6 + 3 + 2
85 ~ 100 件	3	28 = 4 + 7 + 8 + 6 + 3	5 = 3 + 2
100 件以上	2	30 = 4 + 7 + 8 + 6 + 3 + 2	2
合计	30	—	—

表2-6中,向上累计的19,代表销售数70件以下的一共有19人;向下累计的19,表明销售数在55件以上的一共有19人。根据表2-6可得累计频数分布图如图2-5所示。

5. 环形图

环形图的特点是中间有一个"空洞",样本或总体中的每一部分数据用环中的一段表示,

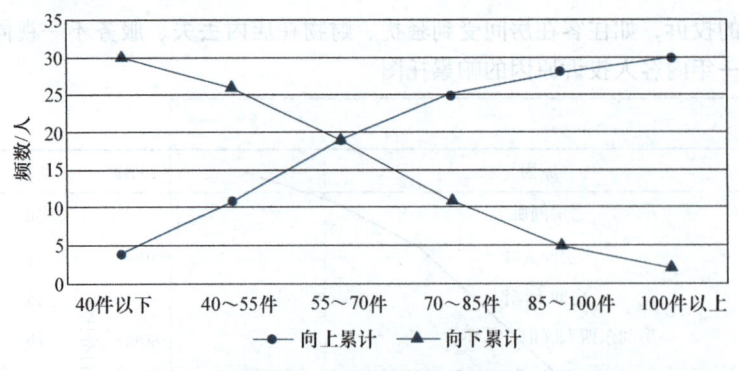

图 2-5 累计频数分布图

环形图也用于结构比较研究。图 2-6 就是一幅表现北京 2011 年（内圈）和 2012 年（外圈）社会消费品零售额构成的对比环形图。

6. 茎叶图

茎叶图是由"茎"和"叶"两部分数字构成、形似树叶的一种图形。通常以数据的高位数值做树茎，低位数值做树叶，树叶上只保留一位数字。树叶的竖列要对齐，以计算各组的次数。例如可以根据表 2-2 中的年龄数据绘制茎叶图，如图 2-7 所示。从图中可以明显看到年龄的分布特征。

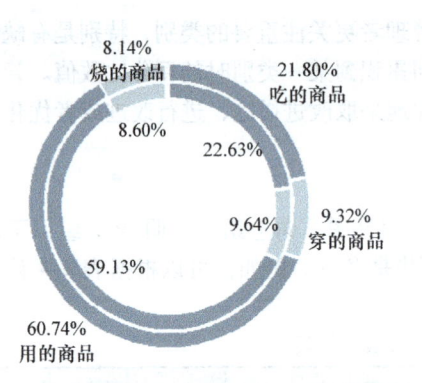

茎	叶
2.	6 9
3.	2 2
3.	5 5 6 6 6 6 7 7 8 8 8 8 8 9
4.	0 1 2 2
4.	5 6 6 7 8 8
5.	2
5.	5

strem width：10 each leaf：1 case（s）

图 2-6 社会消费品零售额构成的对比环形图
　　数据来源：北京市统计信息网，整理而得。

图 2-7 年龄茎叶图

本例中，茎代表数据的第一位数字，叶代表数据第二位数字（树叶上只保留一位数字，通常列对齐）。

茎叶图不仅能反映数据的分布状况，而且能给出每一个原始数值，如第一个数据为（2 + 0.6）×10 = 26，很好地保留了原始数据的信息。不过茎叶图通常适用于小批量数据，大批量数据需要用直方图。

7. 箱线图

箱线图由一组数据的 5 个特征值绘制而成，形状上由一个箱子和两条线段组成。一组数据的 5 个特征值分别是：最大值、最小值、中位数 M_e 和两个四分位数（下四分位数 Q_l 和上四分位数 Q_u）。箱线图也称为 Median/Quart/Range，主要显示未分组的原始数据的分布。例如，根据表 2-2 年龄的数据，可画出的箱线图如图 2-8 所示。

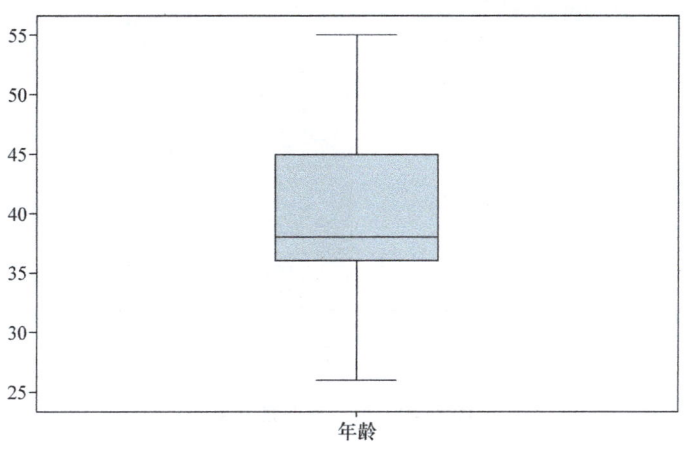

图 2-8 年龄数据的箱线图

箱线图需先根据三个四分位数 Q_l、M_e、Q_u 画出中间的箱子,由 Q_u 至 $Q_u+1.5$ IQR(其中 IQR $= Q_u - Q_l$)区间内的最大值向箱子的顶端连线,由 Q_l 至 $Q_l-1.5$ IQR 区间内的最小值向箱子的底部连线,箱线图两条线的长度可以有不同的选择。例如,如果没有数据值大于 $Q_u+1.5$ IQR,那么该线长度以数据最大值为端点,而处于 $Q_u+1.5$ IQR 至 Q_u+3 IQR 范围内的数据用圆圈标出,大于 Q_u+3 IQR 的用星号标出。同理,$Q_l-1.5$ IQR 至 Q_l-3 IQR 范围内的数据用圆圈标出,小于 Q_l-3 IQR 的用星号标出。图形中是否有标注,可以帮助探测数据是否有异常值。

也可以绘制多批数据比较箱线图,可以同时进行多个数值信息的比较。

实际中,最常见的应用箱线图的是股票分析中的 K 线图。K 线图依据开盘价、收盘价、最高价、最低价 4 个数据绘出。图形如图 2-9 所示。

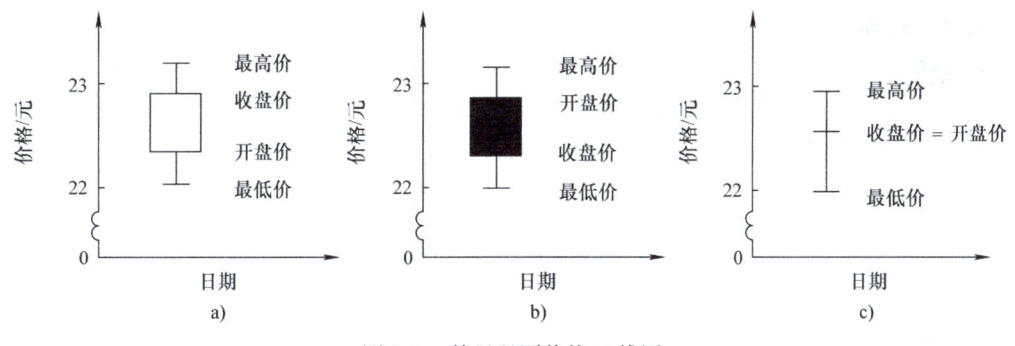

图 2-9 某只股票价格 K 线图

为满足不同需要,K 线图按时间可以细分。

对于分组的数值型数据,常常选择的图形是直方图及折线图。

8. 直方图与折线图

将分组后的数据在直角坐标中表现出来,横轴表示数据分组,纵轴表示频数或频率,各组与相应的频数就形成了一个**直方图**。将直方图的中每个组的组中值连接,向横轴延伸,就形成了**折线图**。图 2-10 和图 2-11 是根据表 2-4 分组数用 Excel 画出的直方图和折线图。

直方图对数据分布作了直观的描述。

直方图和折线图都描述了数据的分布特征,直方图用矩形描述每一组,矩形的高度表示每一组的频数或百分比,宽度则表示各组的组距;折线图是根据每个组的组中值与频数画出的,

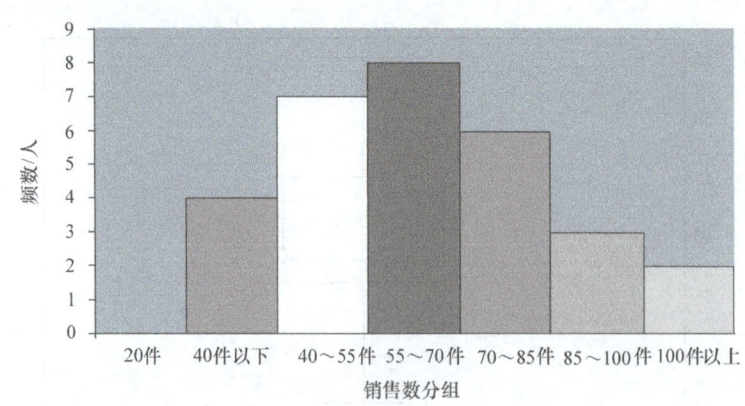

图 2-10 销售数的直方图

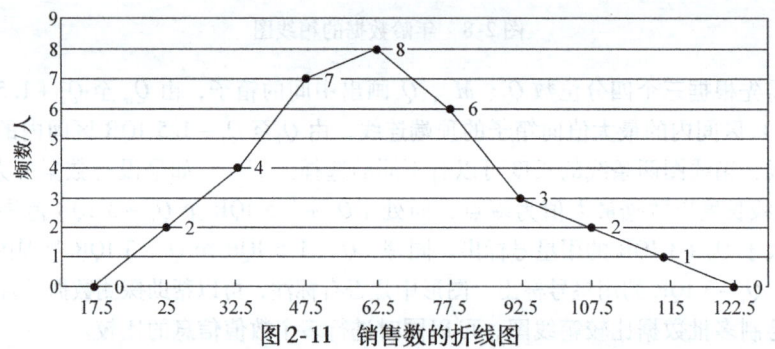

图 2-11 销售数的折线图

与直方图不同,它可以同时比较两个或多个频数分布。直方图与条形图也不同,直方图的各矩形通常是连续排列,条形图则是分开排列;条形图主要用于展示分类数据,直方图则主要用于展示数值型数据。

9. 线图

线图是表示时间序列数据趋势的常用图形。时间一般绘在横轴,数据绘在纵轴。图 2-12 说明了 2012 年居民消费价格较 2011 年的涨跌幅度。

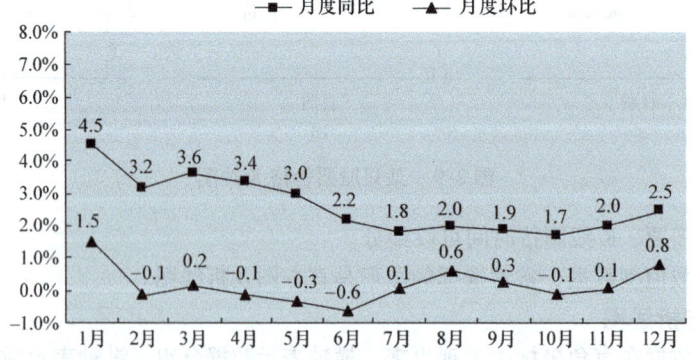

图 2-12 2012 年居民消费价格较 2011 年的涨跌幅度

资料来源:《中国 2012 年国民经济和社会发展统计公报》

从图 2-12 中可以明显看出趋势变化。

10. 二维散点图

二维散点图是主要展示两个变量之间关系的图形。一般用横轴代表变量 x,纵轴代表变量

y，由坐标及其散点形成二维数据图，常见于广告费用和销售额之间、成本与产量之间等关系的研究。假如人力资源主管要分析年龄与销售额之间是否有关系，图 2-13 是根据表 2-2 中的数据绘制的，从图中可以看出，二者之间的关系并不大。

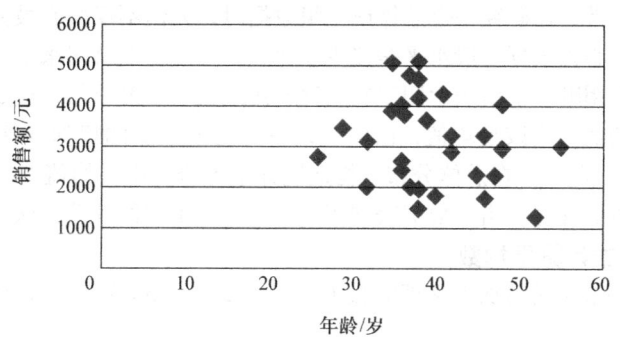

图 2-13　年龄与销售额的散点图

如果是三个变量，也可以画气泡图来分析三个变量之间的关系。

11. 雷达图

雷达图也称为蜘蛛图（Spider Chart），是同时显示多个变量的图示方法，用于多变量数据的分析，也用于研究多个样本之间的相似程度。多变量的图示方法很多，除雷达图外，还有脸谱图、星座图、连接向量图等，其中，雷达图较为常用。图 2-14 根据北京大兴区居民消费支出构成数据（来源：大兴统计信息网），将 2001 年（黑色线条）与 2012 年（彩色线条）的 8 项支出构成进行了对比。

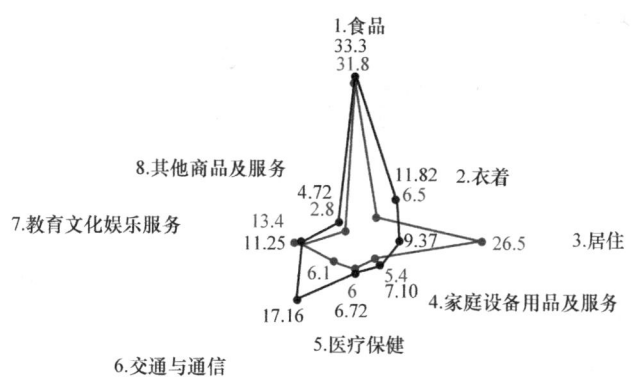

图 2-14　大兴区居民消费支出构成的雷达图

从图中明显看出，衣着、交通与通信的支出比 2001 年明显提高，说明了社会的发展和生活的变化；而居住的支出则有所下降。

2.3　数据特征描述（二）——代表性数据的测度

除了可以用上述一些统计图表来直观地展现数据的特征外，还可以通过把这些数据加以概括，以某些代表性的数据来描述它们的特征。这一节讨论一些常用代表性数据的测度方法。

33

2.3.1 均值

均值也称平均数,是一组数据相加后除以数据的个数得到的结果,是最常用的反映集中趋势的主要测度值。通常,在研究一个总体或一组数据时,人们不仅关心最大值、最小值、中心位置的值等,更会关心该数据一般水平是多少。比如,对于一个公司来讲,有很多职工,每个职工收入不同,那么用哪一个值表示职工收入呢?用最大值、最小值,还是其中某个值?作为最为常用的代表性的值,应该是均值,由它可以得到对该数据的概括性认识(具体应用时会根据具体情况选择)。此外,在总体分布、构造统计量等研究中,均值都非常重要。均值或平均数要依据数值型数据计算,由于数据表现不同,均值有不同的计算方法。

1. 利用原始数据计算平均数

原始数据指的是未经任何加工整理的数据。以表 2-2 中 30 名员工的销售数为例说明,如表 2-7 所示。

表 2-7 30 名员工的销售数　　　　　　　　　　　　　(单位:件)

80	35	30	65	40	76	50	46	55	53
46	60	59	40	35	39	48	101	78	65
57	62	84	69	102	95	86	73	81	93

表 2-7 中的数据属于未经整理的数值型原始数据。要知道 30 个人的平均销售数是多少,需把 30 个数据相加后除以 30 得到。由于采用相加再平均,所以也称算术平均;而计算时依据原始数据,因此也称简单算术平均数。本例中均值为 63.43,说明 30 人的平均销售数是 63.43 件。

简单均值的计算公式为:

$$\mu = \frac{X_1 + X_2 + \cdots + X_N}{N} = \frac{\sum_{i=1}^{N} X_i}{N} \tag{2-1}$$

$$\bar{x} = \frac{x_1 + x_2 + \cdots + x_n}{n} = \frac{\sum_{i=1}^{n} x_i}{n} \tag{2-2}$$

式中,μ 代表总体均值;N 代表总体的数据个数;X_1,X_2,$\cdots$,X_N 分别代表总体的各个数据;$\bar{x}$ 代表样本均值;n 代表样本单位数,x_1,x_2,$\cdots$,x_n 分别代表样本的各个数据。

2. 分组数据计算平均数

分组数据计算平均数是将原始数据分组而得到的平均数,如表 2-8 所示。

表 2-8 30 名员工销售数分组及相关计算

分组	频数 (f)/人	组中值/件	组中值×频数
40 件以下	4	32.5	130.0
40~55 件	7	47.5	332.5
55~70 件	8	62.5	500.0
70~85 件	6	77.5	465.0
85~100 件	3	92.5	277.5
100 件以上	2	107.5	215.0
合计	30	—	1920

基本步骤是：①计算各组的组中值，用组中值作为各组的代表值；②分别用各组组中值乘以该组的人数计算出每个组的总销售数量；③各组相乘后的结果相加；④用第三步骤相加结果除以总人数。本例结果为：1920/30 = 64，说明30名员工的平均销售数是64件。注意这个结果和原始数据计算的结果63.43件略有不同，主要是因为分组造成的，组中值作为每个组的代表值，是假定数据在组中均匀分布或对称分布的，如果实际值与该假定不吻合，误差会比较大。

总体和样本的加权均值计算公式分别为

$$\mu = \frac{X_1 F_1 + X_2 F_2 + \cdots + X_K F_K}{F_1 + F_2 + \cdots + F_K} = \frac{\sum_{i=1}^{K} X_i F_i}{\sum_{i=1}^{K} F_i} \tag{2-3}$$

$$\bar{x} = \frac{x_1 f_1 + x_2 f_2 + \cdots + x_k f_k}{f_1 + f_2 + \cdots + f_k} = \frac{\sum_{i=1}^{k} x_i f_i}{\sum_{i=1}^{k} f_i} \tag{2-4}$$

式（2-3）和式（2-4）中的 F 和 f 分别代表总体的权数和样本的权数，k 为组数。

在表2-8和式（2-3）、式（2-4）中，频数 f 或 F 在计算中起到了权衡轻重的作用，因此把频数也称为权数或权重，计算中考虑了这个因素，因此式（2-3）、式（2-4）也称加权算术平均。

算术平均数有着广泛的应用，也有良好的数学性质，如各变量值与均值的离差之和等于零、各变量值与均值的离差平方和最小等。并且平均数因对每一个观测值都加以利用，可以获得更多的信息。但平均数对极端值很敏感，当数据中有极端值时，平均数的代表性会差一些。因此使用平均数作为代表值时，要考虑是否有极端值存在，客观评价数据的代表性。

2.3.2 分位数

分位数是用于衡量数据的位置的量度。在一组数据中，通常会关心中心位置的值是多少，并用它来代表数据的一般水平，也会关心1%，2%，…，99%位置的值会是多少，因此有百分位数、四分位数、十分位数等。

1. 百分位数

百分位数是将所有原始数据从最小值到最大值划分为100等分，99个分割点的对应值就为百分位数。如果用 p 表示所求的百分位数，比如以 p_1，p_2，…，p_{99} 代表第1，第2，…，第99百分位数，则一组 n 个观测值按数值大小排列，处于 $p\%$ 位置的值称第 p 百分位数。百分位则用第几百分位来表示，百分位数是对应于百分位的实际数值。对于无大量重复的数据，百分位数提供了有关各数据项如何在最小值与最大值之间分布的信息。

常通过下面的步骤来计算第 p 百分位数。

第一步：以递增顺序排列原始数据（即从小到大排列）。

第二步：位置确定，需要计算指数 i。

$$i = \left(\frac{p}{100}\right) n \tag{2-5}$$

第三步：①如果 i 不是整数，将 i 向上取整，大于 i 的下一个整数即为第 p 百分位数的位置；②如果 i 是整数，则第 p 百分位数是第 i 项与第 $(i+1)$ 项数据的平均值。

例如：根据表2-7的数据，确定第85百分位数。

首先将数据进行排序：

30	35	35	39	40	40	46	46	48	50
53	55	57	59	60	62	65	65	69	73
76	78	80	81	84	86	93	95	101	102

计算指数 $i = (85/100) \times 30 = 25.5$，则第 85 百分位数是大于 25.5 位置的下一个整数，即 86。第 85 百分位说明有 85% 的人的销售数小于 86 件，15% 的人销售数大于 86 件。

2. 中位数

中位数（Median，用 M_e 表示）作为对变量中心位置度量的方法在实际中频繁使用。将所有数据按升序（从小到大的顺序）排列时，位于中间位置的数值即为中位数。当观测值数量为奇数时，中位数就是位于中间的那个数值；当观测值数量为偶数时，定义中位数为相邻两个观测值的平均数。中位数就是第 50 百分位数。

中位数的计算简单，对极端值不敏感，特别是数据中存在极端值或呈现偏斜分布时，中位数很好地代表了一组观测值的中点。一些国家政府发布的人口年龄的平均值、个人收入等多采用中位数。中位数计算主要用于数值型数据、顺序数据，但不能用于分类数据。本例中中位数为 61，表示一半的人销售数比 61 件高，另一半的人销售数低于 61 件。

3. 四分位数

实际中，人们常常将所有数值按大小顺序排列，分成四等份，处于三个分割点位置的数值就是四分位数。

第一个也是最小的四分位数，称为下四分位数，是第 25 百分位数，用 Q_1 或 Q_l 表示；第二个即中点位置的四分位数，就是中位数，是第 50 百分位数，用 M_e 表示；第三个也是最大的四分位数，称为上四分位数，是第 75 百分位数，用 Q_u 或 Q_3 表示。

计算 3 个四分位数，可以分别通过计算第 25、第 50 和第 75 百分位数得到。

2.3.3 众数

众数（Mode，用 M_o 表示）是数据中出现频率最高的数据值，也是定性数据的重要度量值。有时，出现频数最大的数值可能是两个或两个以上，太多众数出现，众数可能失去作为代表性的意义。

众数能够提供人们最感兴趣的数据，即哪个类别或数据值出现最多。正因为如此，在数据量较大并有明显的集中趋势时众数才有意义。表 2-7 的数据中，众数为 35，说明销售数量为 35 件的人是最多的。

均值、中位数、众数及四分位数等可以通过软件计算求得，表 2-9 为 Excel 计算的结果。

表 2-9 均值、中位数、众数的计算结果

销售数	
平均数	63.43333
标准误差	3.789484
中位数	61
众数	35
标准差	20.75586

(续)

销售数	
方差	430.8057
峰度	-0.94691
偏度	0.254005
区域	72
最小值	30
最大值	102
求和	1903
观测数	30
置信度（95.0%）	7.750366

根据表中的结果，可以进一步分析。

如果一组数据是对称分布，则均值、中位数、众数是相等的。当数据为右偏时，均值一般比众数要大；当数据为左偏时，均值一般比众数要小。常见情况如图 2-15 所示。

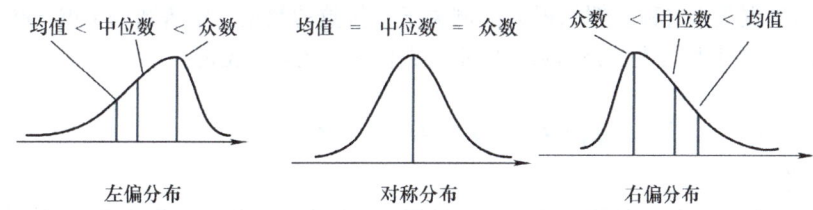

图 2-15　众数、中位数和算术平均数的关系

通过表 2-9 的结果（平均数为 63.43，而中位数为 61，最小众数为 35），可以判断该组数据右偏，说明销售数量低的人略多。

2.4　数据特征描述（三）——代表性数据的评价

上一节中的数据特征描述的测度，常用的包括均值、分位数、中位数和众数等，那么如何评价这些测度值对一组数据的代表性呢？例如，有两组数据：

甲组：50　　60　　70　　80　　90
乙组：60　　65　　70　　75　　80

如果选择均值作为两组的测度值，得到结果都是 70。但可以看到，70 对两组数据的代表性不同。直观上看，乙组数据更集中在均值周围，分散程度小些，所以乙组均值的代表性更大。也就是说，即使集中程度的度量值（代表值）相同，而如果两组数据的差异与分布不同，则使得均值的代表性会不同。如果有大量的数据，那怎么判断呢？这就需要借助变异指标来评价。常用的变异指标主要有极差、四分位差、平均差方差、标准差和变异系数等。

变异指标从另一个侧面说明数据代表性测度值的代表程度。如果数据变动大，则均值的代表性、均衡性、稳定性就低；反之，就高。

2.4.1 极差和四分位差

1. 极差

极差也称**全距**,是一组数据的最大值与最小值之差,是一种最简单的最容易计算的变异程度的度量值。

极差易受到异常值的影响,常用于数值型数据,常用字母 R 表示,公式为:

$$R = \max x_i - \min x_i \tag{2-6}$$

前例中甲组极差为40,乙组极差为20,说明乙组均值代表性更好。

在实际中,极差常用于工业产品的质量控制方面,如以全距规定产品规格的上、下限;又如在股票方面,最高价与最低价的记录说明了当天成交价的变动范围。

极差在社会生活中也常见,比如很多比赛中评委打分,常见去掉几个最高分和最低分,计算平均得分,算得的结果通常称为切尾均值。切尾均值降低了极值造成的影响,代表性更好。

2. 四分位差

四分位差也称内距或四分位距(用 IQR 或 Q_d 表示),是第三四分位数 Q_u 与第一四分位数 Q_l 的差值,即 IQR = $Q_u - Q_l$。它反映了在中间50%的数据的离散程度,在一定程度上克服了异常值的影响。其数值越小,中间的数据越集中。四分位差一般用于衡量中位数的代表性,也用来判断分析数据是否对称。例如根据前例关于销售数的数据,销售数的 IQR = 80 件 - 46 件 = 34 件。四分位差不是很大,该组数据的中位数代表性还是不错的。

2.4.2 平均差、方差、标准差、变异系数和 Z 分数

1. 平均差

平均差是一组数据值与其均值之差的绝对值的平均数。平均差利用全部数据计算,充分考虑了每一个数值离中的情况,实际上是对离差进行平均。为避免正负离差抵消使总离差为零,对各离差取了绝对值。平均差常用 M_d 表示,计算公式为:

未分组数据:
$$M_d = \frac{\sum_{i=1}^{N} |X_i - \overline{X}|}{N} \text{ 或 } M_d = \frac{\sum |X - \overline{X}|}{N} \tag{2-7}$$

分组数据:
$$M_d = \frac{\sum_{i=1}^{K} |X_i - \overline{X}| f_i}{\sum_{i=1}^{K} f_i} \text{ 或 } M_d = \frac{\sum |X - \overline{X}| f}{\sum f} \tag{2-8}$$

平均差主要用于数值型数据。数据间差异程度越大,平均差也就越大,均值的代表性就越差。由于平均差取的是绝对值,这在数学处理上不够方便,因此它的使用受到了影响。

2. 方差和标准差

方差和标准差是测度数值型数据离散程度或差异水平,评价数据代表性测度值的最常用、最重要的指标。**方差**是一组数据中各数值与其算术平均数离差平方的平均数,**标准差**是方差的平方根。

需要说明的是,由于数值型数据可以表现为原始数据和分组数据,而在研究时可以直接对总体进行研究,或者从中选择一部分样本进行研究,因此,计算方差和标准差时选择公式会不同。

根据总体数据计算的,称为总体方差或总体标准差,用 σ^2 表示总体方差,用 σ 表示总体

标准差；根据样本数据计算的，称为样本方差或样本标准差，用 s^2 代表样本方差，用 s 代表样本标准差。计算公式整理如表2-10所示。

表2-10 标准差和方差的计算公式

	总体		样本	
	方差	标准差	方差	标准差
未分组数据	$\sigma^2 = \dfrac{\sum_{i=1}^{N}(X_i - \overline{X})^2}{N}$	$\sigma = \sqrt{\dfrac{\sum_{i=1}^{N}(X_i - \overline{X})^2}{N}}$	$s^2 = \dfrac{\sum_{i=1}^{n}(x_i - \bar{x})^2}{n-1}$	$s = \sqrt{\dfrac{\sum_{i=1}^{n}(x_i - \bar{x})^2}{n-1}}$
分组数据	$\sigma^2 = \dfrac{\sum_{i=1}^{K}(X_i - \overline{X})^2 f_i}{\sum_{i=1}^{K} f_i}$	$\sigma = \sqrt{\dfrac{\sum_{i=1}^{K}(X_i - \overline{X})^2 f_i}{\sum_{i=1}^{K} f_i}}$	$s^2 = \dfrac{\sum_{i=1}^{k}(x_i - \bar{x}) f_i}{\sum_{i=1}^{k} f_i - 1}$	$s = \sqrt{\dfrac{\sum_{i=1}^{k}(x_i - \bar{x})^2 f_i}{\sum_{i=1}^{k} f_i - 1}}$

注意：表中样本方差的分母为 $n-1$。实际中，一般总体方差通常是未知的，用样本方差推断出来。即在多数情况下，总体标准差是通过随机抽取一定量的样本并计算样本标准差估计的。

在表2-9中，计算的样本标准差为20.75586，方差为430.8057。

以表2-11以表2-8的数据为例，说明方差和标准差的计算过程，便于更好地理解标准差的含义。

表2-11 标准差和方差计算表

分组	频数 (f)/人	组中值/件	组中值×f	$x - \bar{x}$ ($\overline{X}=64$)	$(x - \bar{x})^2$	$(x - \bar{x})^2 f$
40件以下	4	32.5	130.0	-31.5	992.25	3969
40~55件	7	47.5	332.5	-16.5	272.25	1905.75
55~70件	8	62.5	500.0	-1.5	2.25	18
70~85件	6	77.5	465.0	13.5	182.25	1093.5
85~100件	3	92.5	277.5	28.5	812.25	2436.75
100件以上	2	107.5	215	43.5	1892.25	3784.5
合计	30	—	1920	—	—	13207.5

根据公式，样本方差 = 13207.5/(30 - 1) = 455.431，样本标准差 = 21.34。

标准差与方差不同，它具有与原始数据相同的计量单位，因此在分析实际问题时多用标准差，意义更清楚。

方差和标准差是对均值代表性的评价指标，是各数据偏离均值距离的平均数，一个较大的标准差代表大部分数值和其均值之间差异较大；一个较小的标准差代表这些数值较接近均值。

从指标间关联与应用上，当知道了均值和方差、标准差后，就可以知道一组数据服从什么分布。比如，将标准差与正态分布联系来看，在标准正态分布中，落入正负一个标准差范围内的概率为68.26%，落入正负两个标准差之内的概率为95.44%，落入正负三个标准差之内的概率为99.72%。可以用均值和方差进行数据标准化（Z分数）；可以对比不同总体均值的代表性（离散系数）；还可以构造统计量，进行区间估计、假设检验等一系列推断统计的分析。

在商务与经济活动中，成功利用 σ 指标进行分析和管理最为典型的是 6σ（六西格玛）管理。对于控制产品质量来说，标准偏差大的产品其质量波动大，工艺因素不稳定，不均衡。在生产控制中，通过标准偏差计算，可以有效地控制和评价产品质量，一般企业的产品瑕疵率大约是 $3\sigma \sim 4\sigma$，如果企业不断追求品质改进，达到 6σ 的程度，绩效就几近于完美地满足顾客要求，在1000000个机会里，只找得出3.4个瑕疵。6σ 作为品质管理概念，其目标是在生产过程中降低产品及流程的缺陷次数，提升品质。通用电气公司成功地进行了实践，总结了全面质量管理的经验，使 6σ 成为一种提高企业业绩与竞争力的管理模式，使其从单纯的一个流程优化概念，衍生成为一种管理哲学思想。它不仅仅是一个衡量业务流程能力的标准，而且成为一种应对动态的竞争环境、提升企业竞争力、取得长期成功的企业战略。众多跨国企业的实践证明六西格玛管理是卓有成效的。

3. 变异系数

变异系数又称离散系数，是对数据相对离散程度的测度。离散系数不同于全距、平均差、标准差，这些都带有与原数据相同的计量单位，如果对两组数据进行离散程度比较，则要求两组数据性质相同、计量单位相同、均值相同。也就是说，标准差虽常用，但标准差并不是全能的，当度量单位或平均数不同时，即当对比不同总体均值的代表性时，必须用变异系数。变异系数消除了数据水平高低和计量单位的影响，使得对比结果真实反映总体的离散程度。哪一组的离散系数越小，哪一组均值的代表性越强。

变异系数通常用 V 或 CV 表示。具体可以根据平均差、标准差等分别计算，计算公式分别为：

平均差系数：

$$V_{M_d} = \frac{M_d}{\bar{x}} \tag{2-9}$$

标准差系数（也称标准差率）：

$$V_\sigma = \frac{\sigma}{\bar{X}} \text{或} V_s = \frac{S}{\bar{x}} \tag{2-10}$$

变异系数常用在总体均值不等的两组数据的离散程度的比较上，反映两个总体均值的代表性大小。若两个总体的均值相等，则用变异系数与标准差或平均差比较结果是等价的。

比如财务管理中风险管理和金融风险研究中常用期望报酬率和标准差。标准差反映了各种可能的报酬率偏离期望报酬率的平均程度。标准差越小，各种可能的报酬率与期望报酬率平均差别程度就小，获得期望报酬率的可能性就越大，风险就越小；反之，获得期望报酬率的可能性就越小，风险就越大。对于两个期望报酬率相同的项目，标准差越大，风险越大，标准差越小，风险越小。但对于两个期望报酬率不同的项目，其风险大小就要用标准差率来衡量。

4. Z 分数

得到两个重要指标均值和标准差后，可以用这两个值进行数据标准化，即计算数据中每一个数值的标准分数，也就是 Z 分数或标准化值，它是某个数据值与其均值的离差除以标准差的结果，常用 Z 表示。其公式为：

$$Z_i = \frac{X_i - \bar{X}}{\sigma} \text{或} Z_i = \frac{x_i - \bar{x}}{s_{n-1}} \tag{2-11}$$

Z分数主要用于对变量的标准化处理。标准化值给出了一组数据中每个数值的相对位置，即每个数值是在高于或低于均值几倍的标准差的位置，通俗地说就是离均值有多远。如果某个数值计算出的Z值为1.6，那么这个数值肯定比均值要大，大多少？1.6倍的标准差的距离，即该数值是在高于均值1.6倍的标准差的位置。

比如，某人参加两个科目考试，第一科目大家的平均分数为80.2分，标准差为9.52分；第二个科目平均分数为72.30分，标准差为7.26分。如果此人在第一科目中得分91分，第二科目得83分，则哪个科目考得更好呢？

由于两个科目平均数和标准差不同，不能直接比较，需要比较标准化后的数值。

$$Z_1 = \frac{91 \text{分} - 80.2 \text{分}}{9.52 \text{分}} = 1.135$$

$$Z_2 = \frac{83 \text{分} - 72.30 \text{分}}{7.26 \text{分}} = 1.474$$

可以得出结论，第二科目比第一科目考得更理想。可见，两个不同的数据在标准化后就有了进行比较的基础。

如果一组数据中所有数值都进行标准化处理，高于或低于均值3倍标准差的数值很少，也就是Z值大都在（−3，+3）之间，即在均值加减3个标准差的范围内几乎包括了全部数据。而对于在正负3个标准差之外的数据值，统计上称为离群点。因此，标准分数可以确定任意数据值在所处数据集当中的相对位置，以判断一组数据是否有离群点，帮助识别异常值。根据标准化处理得到的结果，有下面的**经验法则**：

当一组数据对称分布时，

约有68.26%的数据在均值加减1个标准差的范围之内。

约有95.44%的数据在均值加减2个标准差的范围之内。

约有99.72%的数据在均值加减3个标准差的范围之内。

如果一组数据不是对称分布，经验法则就不再适用，这时可使用**切比雪夫不等式**，它对任何分布形状的数据都适用。

对于任意分布形态的数据，根据切比雪夫不等式，至少有$1 - 1/k^2$的数据落在k个标准差之内，约有$1/k^2$的数据落在平均数k倍标准差范围外。其中k是大于1的任意值，但不一定是整数。

如果$k = 1.5, 2, 3$，则：

至少有56%的数据落在均值加减1.5个标准差的范围之内。

至少有75%的数据落在均值加减2个标准差的范围之内。

至少有89%的数据落在均值加减3个标准差的范围之内。

切比雪夫不等式提供的是"所占比例至少是多少"。它可以用于任何数据集中，尤其在数据不对称分布及需要估计落在均值指定标准差范围内数据的个数时。比如，销售数量均值为63.43，标准差为20.75586，要估计（$\bar{x} \pm 2s$）范围的比例或数值，即在（63.43 ± 2 × 20.75586）内的人数，至少比例为75%，也就是30人中至少有23人。

标准分数也帮助检测异常值（异常点、野点、离群点）。如果异常值是一个有效的观测值，不应轻易地将其从数据集中予以剔除，应考虑具体情况，分别对待；如果异常值是一个错误的数据，应该修正该数据。

标准分数常用于对多个具有不同量纲的指标进行处理。比如建立模型时，常常需要将各个变量的数据进行标准化；而在构造统计量时会经常使用这个方法，如标准正态分布就是一个标准化的结果。在回归分析、质量控制中，标准分数得到了更广泛的应用。

2.4.3 几个常用代表性数据的比较

数据的代表性测度值（如均值、中位数、众数），代表性好不好，需要进行评价，其评价指标包括极差、平均差、方差、标准差、变异系数、四分位差、异众比率等，如果对一组数据代表性测度值进行评价，那选哪一个评价指标呢？这时要考虑数据类型和评价指标自身的特点。

从各自特点看，极差易受极端值影响，未考虑数据的分布，是比较粗略的测度值；四分位差虽不受极端值的影响，但只反映中间50%数据的离散程度；平均差虽能全面反映一组数据的离散程度，但数学性质较差，实际应用较少；方差和标准差是数据离散程度的最常用测度值，常用它们对代表性指标进行评价；变异系数可用于比较不同组别或计量单位不同的数据的离散程度，是数据相对离散程度的常用测度值。此外，异众比率主要对众数代表性进行评价。

从数据类型看，测度不同类型的数据应选择不同的指标。分类数据选择异众比率，即非众数组的频数占总频数的比例，用于衡量众数的代表性；顺序数据，选择四分位差，可以用于衡量中位数的代表性；数值型数据，选择极差、平均差、方差和标准差，衡量均值的代表性；不同组别离散程度对比时，选择相对离散程度指标——离散系数；要获得一组数据中每个数值的相对位置，选择标准化值。

2.5 数据特征描述（四）——数据分布的偏态与峰度

2.5.1 偏态

数据呈现不对称分布时，称为偏态分布。数据分布的不对称性称为偏态。

对于偏态分布的偏斜方向，可以利用均值、中位数和众数的关系进行判别。

对于偏斜的程度（也包括方向）的测度，常用偏态系数，它是对数据分布不对称性的一种测度值，用 SK 表示。对于未分组数据，SK 可以采用以下公式计算：

$$\text{SK} = \frac{n \sum (x_i - \bar{x})^3}{(n-1)(n-2)s^3} \tag{2-12}$$

对于分组数据，SK 可以采用以下公式计算：

$$\text{SK} = \frac{\sum_{i=1}^{K}(X_i - \bar{X})^3 f_i}{N\sigma^3} \text{ 或 } \text{SK} = \frac{\sum_{i=1}^{k}(x_i - \bar{x})^3 f_i}{ns^3} \tag{2-13}$$

若偏态系数 SK = 0，则数据为对称分布；若偏态系数 SK > 0，则为右偏或正偏分布；若偏态系数 SK < 0，则为左偏或负偏分布。

偏态系数的绝对值越大，偏斜越严重。若 SK 的值与 0 的差异不大，说明数据为轻微偏态分布；若 SK 的值大于 1 或小于 -1，则为严重偏斜；当 SK 的绝对值大于 2 时，偏斜程度很大。对于表 2-9 中的数据，其 SK = 0.254005，说明该组数据为右偏，偏斜程度不大。图 2-16 为偏态示意图。

图 2-16a 为左偏分布（也称负偏分布），SK < 0。图 2-16b 为右偏分布（也称正偏分布），SK > 0。实际中，偏态系数的计算通常由计算机软件完成。

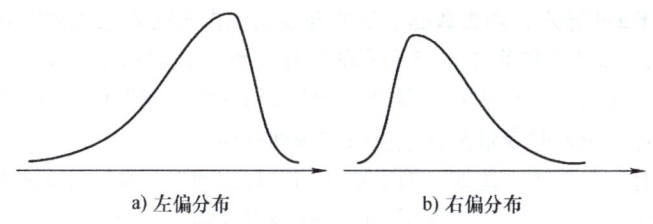

a) 左偏分布　　　　b) 右偏分布

图 2-16　偏态示意图

2.5.2　峰度

峰度是指次数曲线的高矮形态，即数据分布的扁平或尖峰程度，通常用峰度系数来测度。峰度系数是数据分布峰度的度量值，一般用 K 表示。对于原始数据和分组数据其常用的计算公式分别为：

$$K = \frac{n(n+1)\sum(x_i - \bar{x})^4 - 3[\sum(x_i - \bar{x})^2]^2(n-1)}{(n-1)(n-2)(n-3)s^4} \quad (2\text{-}14)$$

$$K = \frac{\sum_{i=1}^{k}(x_i - \bar{x})^4 f_i}{ns^4} - 3 \quad (2\text{-}15)$$

数据分布的扁平或尖峰程度是与标准正态相比较而言的。根据公式不同，判断标准有以下两种：

(1) $K=3$ 峰度适中（正态分布），$K<3$ 为扁平分布，$K>3$ 为尖峰分布。
(2) $K=0$ 为峰度适中（正态分布），$K<0$ 为扁平分布，$K>0$ 为尖峰分布。

表 2-9 中 $K = -0.94691$，-0.94691 说明该组数据为扁平分布，数据分布较为分散。数据分布峰度示意图如图 2-17 所示。

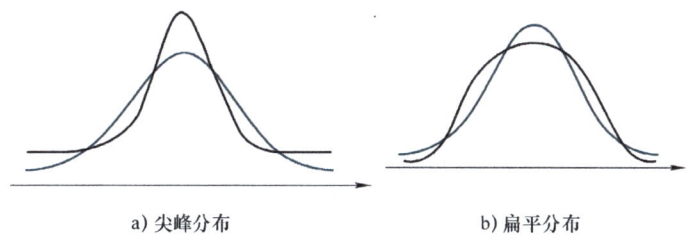

a) 尖峰分布　　　　b) 扁平分布

图 2-17　峰态分布示意图

图 2-17a 中，峰度系数 $K>0$，与正态分布相比，该分布一般为尖峰、肥尾，肩部较瘦。
图 2-17b 中，峰度系数 $K<0$，与正态分布相比，该分布一般为扁平、瘦尾，肩部较胖。实际中峰度系数的计算通常由计算机软件完成。

2.6　利用 Excel 进行数据的整理与描述

2.6.1　利用 Excel 录入、保存数据

生活在信息时代，工作和生活中要频繁地与数据打交道，对数据进行处理，并保存大量数据，Excel 电子表格会满足这些需求，并很好地帮助人们来完成。通常，统计年鉴中的数据，

一般可以直接通过 Excel 导入；调查数据、实验与观察数据则需要录入到 Excel 表格中。

需要注意的是，Excel 工作表中也有不同的数据类型，如数值型、文本型、公式。数值型数据可以参与运算。文本型、非数值类型的、说明和解释性的数据可进行一般性描述，文本型数据不可以参与运算。录入时变量及其数值通常按列排列。

录入数据时也有一些技巧，比如，如果要在同一行或列内重复填充某些数据，可以使用行或列重复填充的方法，当然，也可以使用 <Ctrl + C> 和 <Ctrl + V>。

录入或导入后的数据，就可以直接单击 Excel 工具栏的"保存"来保存数据。

2.6.2 利用 Excel 表现和描述数据

Excel 本身就是电子表格，也可通过编辑，满足人们的需要。同时，Excel 提供了强大的图形编辑能力，可以制作出非常优秀的常用图形。当然，直接生成的 Excel 图形通常都需要经过一定的修改才能符合实际需要。其具体方法为：单击工具栏或插入菜单中的"图标向导"按钮，启动"图表向导"。单击后就可以得到"图表向导"的对话框和可供选择的图表类型。从中选择需要绘制的图表类型，按步骤完成即可。

除图形外，Excel 提供了更多的数据处理功能，如数据排列、筛选、数据透视表、规划求解、各种函数计算等。特别注意的是公式，它以"="号开头，它可以是简单的数学式，也可以是包含各种 Excel 函数的式子。另有与统计数据处理有关的"数据分析"模块。它就是"工具"菜单下"数据分析"中的"描述统计"选项（或 2007 版中的"数据"下的"数据分析"）。其具体方法为：单击工具栏"数据"中的"数据分析"，（若没有该选项，单击工具栏中的下拉菜单，单击"加载宏"，找到"分析工具库"，在其格内打钩选中，再重新单击工具栏，找到"数据分析"）；在"数据分析"中，找到"描述统计"，如图 2-18 所示。

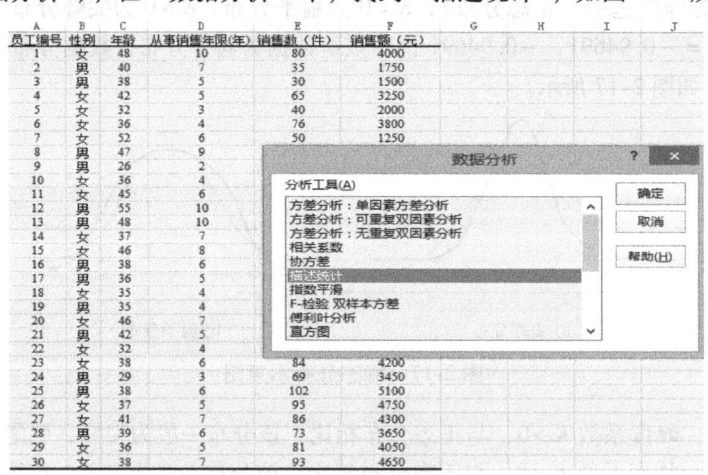

图 2-18 Excel"描述统计"

单击"描述统计"和"确定"按钮，出现图 2-19 中的对话框。

在输入区域中输入要研究的变量值，本例为销售数；如果变量名称也在输入区域中，则需要在"标志位于第一行"内打钩；单击"输出区域"，选择一个空白的区域，便于放置输出的结果；按照要求，可以单击汇总、置信度等选择，再单击"确定"，结果就会出现，过程如图 2-20 所示，结果见前面的表 2-9。

也可以通过 SPSS 等其他软件进行数据分析。Excel 和 SPSS 计算的描述统计量结果一致，表现方式略有不同。

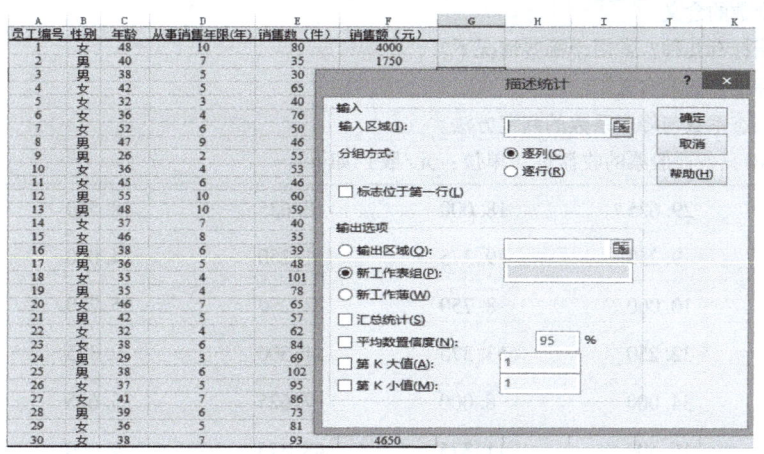

图 2-19　Excel"描述统计"对话框（一）

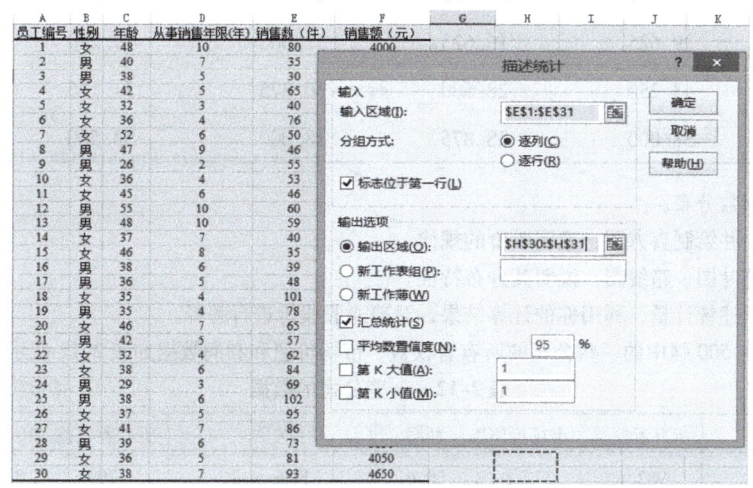

图 2-20　Excel"描述统计"对话框（二）

本章小结

本章的主要内容是数据的来源与描述，包括：数据的来源、获取方式与具体方法；数据获取与分析中常用的表格、常用的图形；数据特征描述及评价指标与方法，包括代表性数据的常用测度值、代表性数据的评价指标、数据分布的偏态与峰度；利用 Excel 进行数据的整理与描述的方法，此外，还提及了如何根据具体问题收集数据，并进行基本特征的描述分析。本部分为数据分析的基础，实际中应用十分广泛。

思考与练习题

1. 数据的来源有几种？
2. 什么是二手数据？从哪些渠道获得？
3. 什么是一手数据？常用的收集一手资料的方式有几种？各自的含义是什么？
4. 统计表主要由哪几部分构成？统计表的设计技巧有哪些？
5. 什么是频数分布表？什么是列联表？
6. 数值型数据分组编制频数分布表时，其基本步骤是什么？
7. 从数据类型角度，说明各种常用的图形。
8. 均值或平均数的含义是什么？简述几种均值计算方法及适用范围。
9. 简述百分位数、中位数和四分位数的含义。

10. 简述众数的含义。
11. 变异指标有几种？常用于哪些情况下？
12. 理解标准分数的含义。
13. 简述偏态系数与峰度系数的判定方法。
14. 某天40只普通股票的收盘价（单位：元/股）如下：

29.625	18.000	8.625	18.500
9.250	79.375	1.250	14.000
10.000	8.750	24.250	35.250
32.250	53.375	11.500	9.375
34.000	8.000	7.625	33.625
16.500	11.375	48.375	9.000
37.000	37.875	21.625	19.375
29.625	16.625	52.000	9.250
43.250	28.500	30.375	31.125
38.000	38.875	18.000	33.500

（1）构建频数分布。
（2）分组，并绘制直方图，说明股价的规律。
（3）绘制茎叶图、箱线图，说明其分布特征。
（4）计算描述统计量，利用你的计算结果，对普通股股价进行解释。
15. 《财富》500强中的一些公司的所有者权益、市场价值和利润数据如表2-12所示。

表2-12　一些公司的数据　　　　　　　　　　　　　　　（单位：千美元）

公司	所有者权益	市场价值	利润	公司	所有者权益	市场价值	利润
AGCO	982.1	372.1	60.6	Federated	5709	8301.4	662
AMP	2698	12017.6	2	Fortune Brands	4097.5	5639.2	263.1
Apple Computer	1642	4605	309	GAP	1573.7	39644.9	824.5
Baxter International	2839	21743	315	Hormel Foods	813.3	2710.1	139.3
Bergen Brunswick	629.1	2787.5	3.1	Ingersoll–Rand	2707.5	8209.2	509.1
Best Buy	557.7	10376.5	94.5	Ingram Micro	1399.3	2555.6	245.2
Charles Schwab	1429	35340.6	348.5	Kimberly–Clark	3887.2	26881.4	1165.8
CMS Energy	2216	4546.6	285	Kmart	5979	8539.3	568
Coca–Cola	2438	15704.9	142	KN Energy	1223.8	1432	60
Colgate–Palmolive	2085.6	26810.2	848.6	Kohl's	1162.8	11790.5	192.3
Comcast	3815.3	26746.1	972.1	Lowe's	3136	22635.3	482.4
Conagra	2778.9	15169.4	613.2	Marketspan	3000	3850.7	51.3
Conseco	5273.6	11725.7	588.1	Maytag	507.6	4828.7	280.6
Delta Air Lines	4023	9773.7	1001	Mead	2252	3155.8	119.7
Dollar General	725.8	7193.1	182	Mellon Bank	4521	19251.3	870

（续）

公司	所有者权益	市场价值	利润	公司	所有者权益	市场价值	利润
Nike	3261.6	15824.9	399.6	Shaw Industries	797.4	3110.3	20.6
Nordstrom	1316.7	5683.2	206.7	Staples	1514	2995.2	280
Nucor	2072.6	3734.3	263.7	Sunoco	1514	2995.2	280
OfficeMax	1138.1	1014.6	42.6	SuperValue	1201.9	2701.5	230.8
Owens & Minor	161.1	299.6	20.1	Tenneco	2504	5220.2	255
Phelps Dodge	2587.4	2797.3	190.9	Thermo Electron	2248.1	2218.9	181.9
Qualcomm	957.6	5862.1	108.5	Walgreen	2849	30324.7	511
Republic Industries	5424.2	6190.9	499.5	Westvaco	2246.4	2225.6	132
Safeco	5575.8	5655.6	351.9	Whirlpool	2001	3729.4	325
Safeway	3082.1	27700.7	806.7	Xerox	5544	35603.7	395

（1）构建所有者权益和利润变量的列联表。对利润数据按 $0\sim200$，$200\sim400$、…，$1000\sim1200$ 分组，对所有者权益数据按 $0\sim1200$，$1200\sim2400$，…，$4800\sim6000$ 分组。

（2）计算（1）中列联表的行百分数。

（3）利润和所有者权益之间存在什么关系？

（4）构建市场价值和利润变量的列联表。

（5）计算（4）中列联表的行百分数。

（6）绘制市场价值和所有者权益变量之间关系的散点图，并评价这两个变量之间的关系。

16．收集一些与你学习或工作有关的相关数据，包括定性数据与定量数据。说明收集的方法，并选择适合的图形展示收集到的有关数据。选择一个定量变量对数据作分组处理，并对定量数据作描述分析，说明该数据的特征与具体含义。

CHAPTER 3

第 3 章

概率与概率分布

学习目标

1. 较为熟练地掌握概率以及与概率有关的重要定义。
2. 熟练掌握概率的三种分配方法、基本性质和运算规则。
3. 熟练掌握离散型随机变量主要概率分布的理论和方法,并学会将其运用到管理实践的决策问题中。
4. 熟练掌握连续型随机变量主要概率分布的理论和方法,并学会将其运用到管理实践的决策问题中。

数据、模型与决策
Data, Models & Decisions

导入案例

北京市电脑体育彩票

北京市电脑体育彩票（以下简称北京体彩），是由北京市体育彩票管理中心开展的一项旨在推动全民健身运动等的公益事业活动。北京体彩一直坚持走自己的发展道路，形成了自己的特色，从最初只有36选7的一种玩法发展到现在拥有超级大乐透、七星彩、排列三、排列五、胜负彩、足球单场、顶呱刮即开票等十余种玩法，适应了社会不同年龄和不同兴趣爱好的人群。其中，36选7采用的是运动项目型组合式游戏玩法。其具体玩法如下：

购买者可从36个运动项目中任意选取不重复的7个项目，组成一注彩票，进行游戏，每一注有一次中奖机会。也可一次选择7个以上的项目组成复式票，进行游戏。一张复式票包含着多注彩票（每注仍为7个项目，但每注的7个项目都不同），复式票的选项最多为16项。

这相当于从1~36个数中任选不同的7个数（单式）或7个以上的数（复式）组合。

组织机构每期开出7个正选项和1个特别项。

所购彩票与开奖结果对照，符合以下情况即为中奖：

特等奖：选中全部7个正选项。
一等奖：选中6个正选项加特别项。
二等奖：选中6个正选项。
三等奖：选中5个正选项加特别项。
四等奖：选中5个正选项，或者选中4个正选项加特别项。
五等奖：选中4个正选项，或者选中3个正选项加特别项。

假如你购买了一注号码为1, 3, 4, 6, 7, 8, 9的彩票，你的中奖机会有多大？

这个问题需要概率论的知识来解决。

本章将就有关概率及其分布的一些知识展开讨论，以帮助商务决策。

3.1 概率

工商管理中的决策，往往是基于对决策问题的不确定性分析。例如：对于所销售的商品，如果提高价格，则销售量下降的可能性有多大；某项新投资盈利的可能性有多大；等等。要回答管理决策中的这些不确定性问题，就要涉及有关概率及概率分布的一些基本理论和方法。

3.1.1 试验、事件和概率

1. 试验

在概率论中，把可以产生明确结果的过程定义为**试验**。一个试验通常必须同时满足以下四个条件：①过程的结果可能不止一个；②过程结束后有且只有一个明确的结果；③在过程未结束之前不知会出现哪一个结果；④过程可以重复进行。

2. 事件及其几个基本概念

一个试验的可能结果称为**事件**。由于试验和结果都是随机的，因此，概率论中通常分别将试验和事件称为**随机试验**和**随机事件**。表3-1是几个有关试验及其结果的例子。

表3-1 几个有关试验及其结果的例子

试验	试验结果（事件）
投掷一枚硬币	正面、反面
抽取部分产品检验	合格、不合格
进行一场足球比赛	获胜、失利、平局
销售一件产品	购买、不购买

在表3-1中，以第一个投掷一枚硬币的试验为例，该试验的结果（事件）有两种：硬币的正面朝上或反面朝上。

如果一个事件不能再分解成两个及两个以上的事件，则就将这个事件称为**基本事件**。例如，在投掷一枚硬币时，出现正面朝上或反面朝上就是该试验中的两个基本事件。

概率论也将基本事件称为样本点，一个由所有样本点（基本事件）形成的集合就是样本空间。比如，投掷一枚硬币和投掷一枚色子的样本空间分别为｛正面，反面｝和｛1点，2点，3点，4点，5点，6点｝。

在随机事件中有时会出现两种极端情况，分别是必然事件和不可能事件。必然事件是在一次试验中必然发生的事件。比如，在投掷一枚色子的试验中，点数小于7就是一个必然事件。由此可见，从集合角度看必然事件相当于全集。在一次试验中一定不出现的事件称为不可能事件。再以投掷一枚色子的试验为例，出现点数大于7就是一个不可能事件。从集合的角度看，不可能事件相当于空集。

3. 事件的概率及其分配方法

概率是对某个事件将会发生的可能性进行度量所得到的一个数值。所以，利用概率就可以度量出表3-1中所有事件可能发生的程度。

事件的概率总是介于0~1之间。事件的概率越接近于1，则表明事件发生的可能性就越大；相反，事件的概率越接近于0，则表明事件发生的可能性就越小。比如，对于甲乙两队的一场足球比赛这一事件，如果赛前某预测机构的预测结果为甲队获胜的概率几乎为0，则可以理解为甲队几乎不可能获胜；相反，如果预测甲队获胜的概率为85%，则意味着甲队极有可能赢球；如果预测机构声称甲乙两队获胜的概率各为50%，则意味着两队获胜的机会是均等的。

既然概率是一个介于0~1之间的数值，那将如何求出它呢？这实质是一个如何在样本空间分配概率的问题。古典法、频率法和主观法是分配概率最为常用的三种方法。

无论是采用哪种分配概率的方法，都必须同时满足如下分配概率的两个基本要求：

（1）分配给每个事件的概率都必须在0和1之间，其中包括0和1。如果以A_i表示第i个事件，$P(A_i)$表示它的概率，对一次试验的n个事件则有：

$$0 \leqslant P(A_i) \leqslant 1 \quad (i=1, 2, 3, \cdots, n) \tag{3-1}$$

（2）所有事件的概率之和必须等于1，即：

$$\sum_{i=1}^{n} P(A_i) = 1 \tag{3-2}$$

分配概率的**古典法**就是指将某一可能有n种结果（事件）的试验中每种结果都分配相同概率（$1/n$）的一种求概率的方法。这种分配概率的方法适用于等可能性事件的情形。比如，人们最早使用这种方法计算从一副标准的52张扑克牌中抽出某种花色的概率，也用这种方法计算投掷一枚色子出现某种点数的概率。⊖

分配概率的**频率法**就是指在试验被大量重复时，通过计算各个事件出现次数的比率来分配概率的一种方法。

⊖ 从一副含有红桃、梅花、方片和黑桃四种花色的52张标准扑克牌中（每种花色都有13张牌），随机抽取一张某花色扑克牌的概率为13/52或1/4。同理，抛掷一枚质地均匀含有6个面的色子时，出现任何一点的概率均为1/6。

数据、模型与决策
Data, Models & Decisions

例如，研究位于北京市北三环中路边上的一家洗车店的等候问题，研究人员每天上午10点记录等候的车辆数，连续记录30天。得到的结果如表3-2所示。

表3-2 某洗车店每天10点时等候的车辆数

等候车辆数/辆	天数/天
0	3
1	6
2	9
3	6
4	4
5	2
合 计	30

这些数据分别表明，在30天中有3天没有车辆等候，有6天有1辆车在等候，等等。如果在n次试验中有k种结果，利用分配概率的相对频数法为每个结果分配概率采用的公式是：

$$P(A_i) = \frac{n_i}{n} \quad (i=1, 2, \cdots, k) \tag{3-3}$$

根据式（3-3），可以分别计算出表3-2中每种结果的概率（见表3-3）。

表3-3 某洗车店每天10点时等候车辆数的概率

等候车辆数/辆	概率
0	0.10
1	0.20
2	0.30
3	0.20
4	0.13
5	0.07
合 计	1.0

分配概率的主观法是指在不存在等可能事件和无法进行长期重复试验的情形下，完全依据人们的主观意识来分配概率的方法。例如，某城市3名气象高级工程师在会商一次暴雨是否会降临该市时，有两种可能的结果：

A_1 = 会降临

A_2 = 不会降临

甲工程师认为暴雨降临的概率为0.7，因此他令$P(A_1)=0.7$，$P(A_2)=0.3$；乙工程师认为暴雨降临的概率为0.8，于是她令$P(A_1)=0.8$，$P(A_2)=0.2$；而丙工程师则认为暴雨降临的概率与张工程师相同。这就是一个主观分配概率的问题。

从这个例子不难看出，像一次暴雨是否会降临该市所涉及的事件是无法重复试验的，每次降雨的概率也不会是相同的，因此分配概率的古典法和频率法在这里都是无效的。分配概率的人只能根据经验、直觉、知识和可以获得的信息，为试验结果将发生赋予一定的可信程度。

由于主观法表示的是某个人的可信程度，不同的人对同一试验结果可能会分配不同的概率。

在商务活动中，有时即使可以利用古典法或频率法分配概率，但是如果能够同时提供主观

法的概率估计，并将几种方法结合使用，往往会得到最佳的概率估计。⊖

3.1.2 概率的基本性质与运算法则

在了解了与概率有关的一些基本概念后，为进一步在工商管理中更好地运用概率，还需要掌握概率的基本性质与运算法则。

1. 事件的补

事件的补，也称事件的逆或对立事件，是指在给定一个事件 A 的情形下，所有不属于事件 A 的样本点所组成的事件。事件 A 的补记为 $\bar{A}$。

图 3-1 称为文氏图，它解释了事件 A 的补的含义。整个矩形区域表示样本空间，包含了所有可能的样本点。矩形中的圆形区域表示事件 A，包含了只属于事件 A 的样本点。其余的阴影部分表示 A 的补，包含了所有不属于事件 A 的样本点。

在任何概率的应用中，事件 A 或它的补 $\bar{A}$ 必须发生，由此便有：

$$P(A) + P(\bar{A}) = 1 \quad (3-4)$$

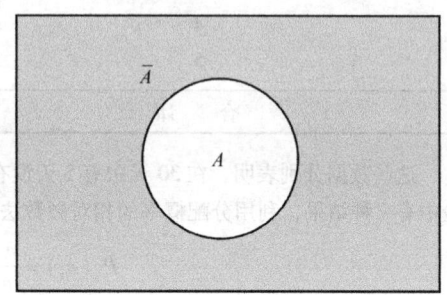

图 3-1 事件 A 的补是矩形区域中的阴影部分

利用式（3-4），在事件 A 的补的概率已知的情况下，就可以很容易地计算出事件 A 的概率，即：

$$P(A) = 1 - P(\bar{A}) \quad (3-5)$$

例如，公司的人力资源部经理看完新员工岗前培训计划完成情况报告后指出，该公司还有 30% 的新员工没有参加岗前培训时，如果用 A 表示事件"新员工参加过培训"，$\bar{A}$ 表示"新员工没有参加过培训"，由式（3-5）很容易得到：

$$P(A) = 1 - P(\bar{A}) = 1 - 0.3 = 0.7$$

也就是说，该公司已有 70% 的新员工参加了培训。

2. 概率的加法法则

在运用概率从事商务活动时，如果对两个事件中至少有一个事件发生的概率感兴趣，就需要用到概率的加法公式。也就是说，对于事件 A 和 B，想知道事件 A 或 B，或事件 A 和 B 同时发生的概率。

要想很好地利用概率的加法公式求出某一事件发生的概率，首先需要弄清与事件组合有关的两个概念，即事件的并和事件的交。

对于两个事件 A 和 B，两个事件的并就是属于事件 A，或属于事件 B，或同时属于 A 和 B 的所有样本点构成的事件，记为 $A \cup B$。图 3-2 形象地描绘了事件 A 和 B 的并。

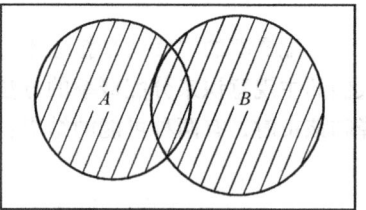

图 3-2 事件 A 和 B 的并是图中的阴影部分

例如，假如某大学为每位想要取得学位的学员规定的标准是，每门课程的成绩都要达到 70 分以上，且毕业论文成绩必须为良以上。在该校学位委员会为 80 名 MBA 学员评定学位时，发现其中有 75 人课程成绩达到要求，76 人毕业论文符合规定，78 人或达到课程成绩要求，或达到毕业论文要求。

⊖ 许多教科书习惯地将用古典法、频率法和主观法分配的概率分别称为古典概率、统计概率和主观概率。

对于两个事件 A 和 B，两个**事件的交**是指同时属于事件 A 和 B 的样本点构成的事件，记为 $A\cap B$。图 3-3 形象地描绘了事件 A 和 B 的交。

上述有关授予学位的问题中，有 2 人同时没有符合学位标准的两项规定，就是两个事件的交的应用例子。

在运用概率的加法法则时，除了要弄清事件的并和事件的交两个基本概念外，还要对互斥事件的含义有所了解。所谓**互斥事件**，是指两个事件 A 和 B 不可能同时发生的事件。图 3-4 就是一个描绘两个互斥事件的文氏图。

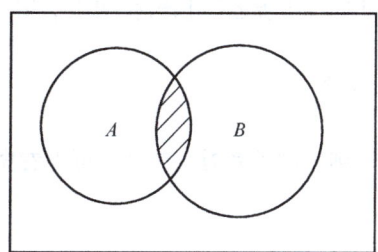 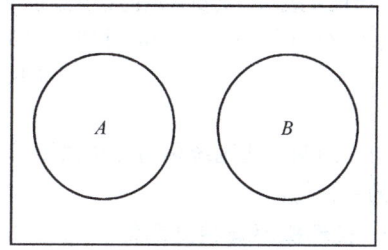

图 3-3　事件 A 和 B 的交是图中阴影部分　　　　图 3-4　互斥事件

在日常的商务活动中，人们经常会遇到许多互斥事件的例子。比如，一件产品要么是合格品，要么是废品，它不可能同时既是合格品又是废品；对于一个单位所招聘的员工，从性别方面区分要么是男员工，要么是女员工；等等。

有了上面三个有关事件的概念，就可以利用以下两种概率加法法则计算出不同情况下某种事件的概率。

法则一：对于任意两个事件求其之和概率的法则

假设事件 A 和 B 为任意两个随机事件，它们和的概率等于两个事件分别的概率之和减去两个事件的交的概率，用公式表示可以写为：

$$P(A\cup B) = P(A) + P(B) - P(A\cap B) \tag{3-6}$$

例如，在前文有关授予学位的例子中，假如令事件：
A 为达到成绩要求；B 为达到毕业论文要求
由分配概率的频率法可以得到下面的三个概率：

$$P(A) = \frac{75}{80} = 0.94$$

$$P(B) = \frac{76}{80} = 0.95$$

$$P(A\cup B) = \frac{78}{80} = 0.98$$

现在的问题是，假如从 80 名 MBA 学员中随机抽取一名，问该学员能够获得学位的概率是多少？显然这是两个事件交的问题，也就是要知道 $P(A\cap B)$ 是多少。利用式（3-6）可以得到：

$$P(A\cap B) = 0.94 + 0.95 - 0.98 = 0.91$$

这一计算结果说明，从 80 名 MBA 学员中随机抽取一名，他（她）能够取得学位的概率为 0.91。

法则二：对于求两个互斥事件之和概率的法则

对于两个互斥事件，由于它们的交不含有样本点，使得 $P(A\cap B) = 0$。因此，两个互斥事件之和的概率等于两个事件概率之和。写成公式则为

$$P(A \cup B) = P(A) + P(B) \qquad (3\text{-}7)$$

例如，康乐体育俱乐部同时从甲、乙两家乒乓球厂购进1000个乒乓球供会员训练使用。已知从甲厂购进620个，其余从乙厂购进。问某日一名会员在领取一个乒乓球使用时，他拿到的乒乓球是甲厂或乙厂生产的概率是多少呢？

从上述已有的信息可以了解到，该俱乐部既然是从两家厂商购进乒乓球同时供会员使用，具体到一个乒乓球不是甲厂生产就是乙厂生产的，而不可能同时为两个厂商生产的。这明显是一个对两个互斥事件之和求概率的问题。

如果用 A 表示该会员领取的乒乓球是甲厂生产这一事件，用 B 表示是乙厂生产这一事件，则 P（A）和 P（B）分别为0.62和0.38。根据式（3-7）我们得到

$$P(A \cup B) = 0.62 + 0.38 = 1.00$$

上面的两个法则统称为加法法则。不过从法则二与法则一的关系看，法则二可以看做是法则一的一种特例。

3. 条件概率与独立事件

在许多情况下，某个事件发生的可能性经常会受到另外一个相关事件发生与否的影响。比如，有些单位规定当具有本科学历和学士学位的管理人员要想从基层管理岗位再往更高的层次晋升时，就必须具有研究生学历和硕士以上的学位。假如刘先生已从事基层管理工作五年多，最近又取得了工商管理硕士学位，刘先生进一步晋升的概率有多大呢？

显然，刘先生是否会得到晋升要受到是否获得硕士以上学位这一相关规定的影响。现在，刘先生已经获得了工商管理硕士学位，意味着这个事件已经发生。在此条件下，再判断他是否可以得到进一步晋升的可能性就可以看做是一个条件概率了。

条件概率就是在确知与所求事件概率有关的另一事件已经发生的情况下，该事件将要发生的概率。假设有一个事件 A，概率为 P（A），另有一个与事件 A 相关的事件 B 已经发生，此时事件 A 发生的条件概率就记为 P（A | B）。其中，符号"|"表明是在已知事件 B 已经发生的情况下，考虑事件 A 发生的可能性。P（A | B）读作给定事件 B 下事件 A 的概率。例如，在前面的例子中，可以把刘先生已经获得工商管理硕士学位这件事定义为事件 B，在这一事件已经发生的前提下，求刘先生进一步晋升的概率就为 P（A | B）。

由于增加了新的条件，在一般情况下，P（A | B）≠ P（A）。

作为条件概率的另一个应用实例，考虑某市一所重点高中对城区和郊区考生的录取情况。2012年共有1500名考生报考该所高中，其中城区1200名，郊区300名。最终该校录取了405名考生，其中城区360名，郊区45名。

在得知上述录取结果后，一名郊区考生家长指出该校在招生录取中对郊区考生不公平。其依据是城区被录取的考生数量远远高于郊区。该校有关负责人在回应这一质疑时声称，郊区考生被录取得少并不是因为歧视郊区考生，而是因为所有考生中郊区考生的数量原本就相对少一些。

怎样对这一问题作出分析呢？

首先，把上述有关数据列表如表3-4所示。

然后，我们用条件概率的方法对这一问题进行分析。

令事件：

C = 城区考生　　　　J = 郊区考生

A = 某考生被录取　　$\bar{A}$ = 某考生未被录取

表3-4　某市一所重点高中2012年新生录取情况　　　　　　　　　（单位：名）

	城 区	郊 区	合 计
录取人数	360	45	405
未被录取人数	840	255	1095
合 计	1200	300	1500

将表3-4各项有关数据除以1500，可以得到如下有用的概率信息：

$$P(C \cap A) = \frac{360 \text{名}}{1500 \text{名}} = 0.24$$

这一结果表明，随机抽取一名考生，他（她）是城区并且被录取的概率是0.24。

$$P(J \cap A) = \frac{45 \text{名}}{1500 \text{名}} = 0.03$$

这一结果表明，随机抽取一名考生，他（她）是郊区并且被录取的概率是0.03。

$$P(C \cap \bar{A}) = \frac{840 \text{名}}{1500 \text{名}} = 0.56$$

这一结果表明，随机抽取一名考生，他（她）是城区并且未被录取的概率是0.56。

$$P(J \cap \bar{A}) = \frac{255 \text{名}}{1500 \text{名}} = 0.17$$

这一结果表明，随机抽取一名考生，他（她）是郊区并且未被录取的概率是0.17。

由于上述概率都分别表示的是两个事件交的概率，所以这些概率通常被称为**联合概率**。将所分析问题中的所有联合概率汇总成一张表，就把这张表称为**联合概率表**。

上面例子的联合概率表如表3-5所示。

表3-5　某市一所重点高中2012年新生录取情况的联合概率表

	城区（C）	郊区（J）	合 计
录取（A）	0.24	0.03	0.27
未被录取（$\bar{A}$）	0.56	0.17	0.73
合 计	0.80	0.20	1.00

在联合概率表中，分别列出了横行各列合计栏的概率，即$P(C)$和$P(J)$，以及纵列各行合计栏的概率$P(A)$和$P(\bar{A})$。由于上述四种概率都位于联合概率表的边缘处，所以通常将这些概率称为**边际概率**。

通过表3-5可以发现，边际概率既可以由相应的行或列所有联合概率相加得到，如：

$$P(C) = P(C \cap A) + P(C \cap \bar{A}) = 0.24 + 0.56 = 0.8$$
$$P(A) = P(C \cap A) + P(J \cap A) = 0.24 + 0.03 = 0.27$$

也可以通过相应行或列的合计数除以总数求得，如$P(C) = \frac{1200 \text{名}}{1500 \text{名}} = 0.8$，$P(A) = \frac{405 \text{名}}{1500 \text{名}} = 0.27$。

由边际概率可以看到，在1500名考生中，有80%是城区考生，20%为郊区考生；同时，有27%的考生被录取，未被录取的考生有73%。

有了以上这些联合概率和边际概率的信息后，就可以利用条件概率进行分析。

某位考生在是城区考生的条件下被录取的概率为：

$$P(A \mid C) = \frac{360 \text{名}}{1200 \text{名}} = 0.3$$

上述条件概率是通过计算表3-4中数据的频率，也就是用频率法得到的。除此之外，能否直接通过事件的概率求出呢？假如将 $P(A|C)$ 的分子和分母同时都除以总计数1500，则有：

$$P(A|C) = \frac{360\text{名}}{1200\text{名}} = \frac{360\text{名}/1500\text{名}}{1200\text{名}/1500\text{名}} = \frac{0.24}{0.8} = 0.3$$

从上面的计算结果和计算过程看，可以得出如下结论：条件概率可以通过事件的概率直接求出，而且分子360名/1500名是联合概率表3-5中的事件 A 和 C 的联合概率 $P(C \cap A) = 360$名/1500名=0.24，分母是表中的边际概率 $P(C) = 1200$名/1500名=0.8。即

$$P(A|C) = \frac{P(C \cap A)}{P(C)} = \frac{0.24}{0.8} = 0.3$$

将上述讨论推广到一般事件，则对于任何两个事件 A 和 B，计算其条件概率的公式为

$$P(A|B) = \frac{P(A \cap B)}{P(B)} \tag{3-8}$$

或

$$P(B|A) = \frac{P(A \cap B)}{P(A)} \tag{3-9}^{\ominus}$$

将式（3-8）和式（3-9）分别用另一种形式写出，即有

$$P(A \cap B) = P(B)\, P(A|B) \tag{3-10}$$

$$P(A \cap B) = P(A)\, P(B|A) \tag{3-11}$$

式（3-10）和式（3-11）统称为概率的乘法公式。在利用条件概率解决实际问题时，可以根据具体给出的信息选择适当的公式。

讨论完条件概率的求解方法，再回到前面关于某市一所重点高中在录取新生时是否存在对郊区考生不公平这个问题中来。

表3-5中第一行的边际概率表明，在1500名考生中该校的整个录取率为27%。这里判断是否对郊区考生不公平的关键是要求出 $P(A|C)$ 和 $P(A|J)$ 这两个条件概率。也就是说，如果给定考生是城区，则要看他（她）被录取的概率有多大；同理，如果给定考生是郊区，则他（她）被录取的概率又是多大。如果两个条件概率相等，那么有关在录取中对郊区考生不公平的质疑是毫无根据的。相反，如果 $P(A|C)$ 大于 $P(A|J)$，就无法否定前面家长有关对郊区考生不公平的质疑。

由于在前面的讨论中已知 $P(A|C)$ 为0.3，现在只要根据表3-5中有关的概率值和条件概率式(3-8)计算出 $P(A|J)$ 后，对二者作一比较就可以了。

$$P(A|J) = \frac{P(A \cap J)}{P(J)} = \frac{0.03}{0.20} = 0.15$$

由此会得出怎样一种结论呢？城区考生的录取概率为0.3，是郊区考生录取概率0.15的两倍。除去其他条件，单从数据方面看，这一结果为支持郊区考生家长的质疑提供了有力的证据。

在计算条件概率时，如果事件是独立的，情况就十分简单。所谓**独立事件**是指这样的两个事件，它们当中一个事件发生与否并不影响另一事件发生与否。

因此，对于任意两个事件 A 和 B，如果

$$P(A|B) = P(A) \tag{3-12}$$

或

$$P(B|A) = P(B) \tag{3-13}$$

⊖ 式（3-9）中的分子严格意义上讲应当为 $P(B \cap A)$，但概率论中 $P(A \cap B) = P(B \cap A)$，所以式（3-9）和（3-8）的分子可以写成同样的形式。

则事件 A 和 B 是相互独立的。否则，两个事件是相关的。

结合上面高中招生的例子，根据计算结果可以得出结论，一位考生是否被录取这一事件与该生是城区还是郊区这一事件之间是相关的。

4. 贝叶斯定理

贝叶斯定理（贝叶斯公式）主要通过综合运用加法公式和乘法公式，来计算在事件为互斥，且它们的并构成整个样本空间情形下的比较复杂的概率。

我们在讨论条件概率时曾经指出，当获得新的信息后对概率进行修正是概率分析的重要手段。在通常情况下，分析首先从对所关心事件的概率[1]给出一个基本估计开始，然后，当从有关的资料中得到了有关该事件的某些补充信息时，就可以根据这些新增信息对先验概率进行修正更新，并得到所谓的后验概率。

从先验概率开始到后验概率结束，这一过程就是通过运用贝叶斯定理完成的。

作为应用贝叶斯定理的一个实例，下面来看一下某个制造企业两台机床同时各自加工同一种零件的情况。

由于操作两台机床的工人生产效率的差异，该企业有 52% 的零件由第一个工人生产，其余 48% 由第二个工人生产。此外，根据以往统计资料显示，两个工人所生产零部件的合格率也不同，第一个工人所生产零部件的合格率为 96%，第二个工人为 98%。

假如将两个工人所生产的零件混合在一起存入仓库里，从中随机抽取一件，问题是：

（1）这个零件是不合格品的概率是多少？

（2）如果抽到的是一件不合格品，它由第一个工人生产或第二个工人生产的概率各是多少？

现在，令 A_1 表示事件"零件由第一个工人生产"，A_2 表示事件"零件由第二个工人生产"；H 表示事件"零件合格"，B 表示事件"零件不合格"。如果随机抽取一个零件，可以由已给出的信息设定先验概率

$$P(A_1) = 0.52 \quad P(A_2) = 0.48$$

条件概率分别为

$$P(H|A_1) = 0.96 \quad P(B|A_1) = 0.04$$
$$P(H|A_2) = 0.98 \quad P(B|A_2) = 0.02$$

第一个问题不难理解，求随机抽到一个零件是不合格的概率，其实就是求 $(A_1 \cap B)$ 和 $(A_2 \cap B)$ 两个事件中至少有一个出现的概率。

由于 $(A_1 \cap B)$ 和 $(A_2 \cap B)$ 是两个互斥事件，所以根据概率的加法法则有

$$P(B) = P(A_1 \cap B) + P(A_2 \cap B)$$

其中，根据前面已有的信息，可以用概率的乘法公式分别计算 $P(A_1 \cap B)$ 和 $P(A_2 \cap B)$，即

$$P(A_1 \cap B) = P(A_1) P(B|A_1) = 0.52 \times 0.04 = 0.02$$
$$P(A_2 \cap B) = P(A_2) P(B|A_2) = 0.48 \times 0.02 = 0.01$$

于是得

$$P(B) = P(A_1 \cap B) + P(A_2 \cap B) = 0.02 + 0.01 = 0.03$$

这一结果意味着，在上述各种已知条件下随机抽取一个不合格零件的概率为 0.03。

对于第二个问题，就是分别求 $P(A_1|B)$ 和 $P(A_2|B)$。

$$P(A_1|B) = \frac{P(A_1 \cap B)}{P(B)} = \frac{0.02}{0.03} = 0.67$$

$$P(A_2|B) = \frac{P(A_2 \cap B)}{P(B)} = \frac{0.01}{0.03} = 0.33$$

这一结果意味着，在抽取一个零件为不合格的前提下，有可能由第一个工人或第二个工人生产的概率分别为 0.67 和 0.33。

---

[1] 对事件一开始所给出的概率估计称为先验概率。

在这个例子中，$P(A_1|B)$ 和 $P(A_2|B)$ 是在已给出先验概率（$P(A_1)=0.52$ 和 $P(A_2)=0.48$），并获得新的信息（事件 B 发生）之后再重新加以修正的概率，所以它们是两个后验概率。

将上述计算后验概率的过程加以整理，便很容易得到适于两个事件情形下的贝叶斯定理，即

$$P(A_1|B) = \frac{P(A_1)P(B|A_1)}{P(A_1)P(B|A_1)+P(A_2)P(B|A_2)} \tag{3-14}$$

$$P(A_2|B) = \frac{P(A_2)P(B|A_2)}{P(A_1)P(B|A_1)+P(A_2)P(B|A_2)} \tag{3-15}$$

利用式（3-14）和式（3-15）以及本例中的有关概率值，即可得到

$$P(A_1|B) = \frac{P(A_1)P(B|A_1)}{P(A_1)P(B|A_1)+P(A_2)P(B|A_2)}$$

$$= \frac{0.52 \times 0.04}{0.52 \times 0.04 + 0.48 \times 0.02}$$

$$= \frac{0.02}{0.02+0.01} = 0.67$$

$$P(A_2|B) = \frac{P(A_2)P(B|A_2)}{P(A_1)P(B|A_1)+P(A_2)P(B|A_2)}$$

$$= \frac{0.48 \times 0.02}{0.52 \times 0.04 + 0.48 \times 0.02}$$

$$= \frac{0.01}{0.02+0.01} = 0.33$$

对于 n 个互斥事件 A_1，A_2，…，A_n，且它们的并构成整个样本空间，就可以利用以下贝叶斯定理式（3-16）计算事件 A_1，A_2，…，A_n 的后验概率。

$$P(A_i|B) = \frac{P(A_i)P(B|A_i)}{\sum_{i=1}^{n}P(A_i)P(B|A_i)} \tag{3-16}$$

式（3-16）也称为逆概率公式[⊖]。

3.2 离散型变量的概率分布

第 1 章给出了变量的概念，以及由于变量的取值不同分为连续型变量和离散型变量。实际上，由于每种变量的取值是不确定的，也可以把变量看做是随机的。如果将变量的概念与试验结合起来，则随机变量就是将每一个可能出现的试验结果赋予一个数值，其取值取决于试验结果。并且，如果试验结果可以取有限多个数值或无限可数多个数值（如 0，1，2，3，…），那么就将这类试验结果称为离散型变量。相反，如果试验结果可以在某一区间或多个区间内任意取值，那么就将这类试验结果称为连续型变量。

⊖ 概率论之所以将贝叶斯定理也称为逆概率公式，是因为它所计算的概率与全概率公式所要解决的问题正好相反。概率论将 $P(B) = \sum_{i=1}^{n}P(A_i \cap B) = \sum_{i=1}^{n}P(A_i)P(B|A_i)$ 称为全概率公式。其直观意义就是，某一事件 B 的发生可能会有各种可能的原因 A_i（$i=1, 2, \cdots, n$）。如果 B 是由原因 A_i 引起，则 B 发生的概率是 $P(A_i \cap B)$（$i=1, 2, \cdots, n$）。将每一个 A_i 发生可能导致 B 发生的概率加总即得到全概率公式。

本节着重讨论有关离散型随机变量的概率分布（简称离散型概率分布）问题，下一节则讨论连续型随机变量的概率分布（简称连续型概率分布）问题。

3.2.1 离散型概率分布的基本问题

1. 概率分布和概率函数

随机变量的**概率分布**就是对随机变量取不同值的概率的描述。

离散型变量只取离散的值，比如色子的点数、次品的个数、得病的人数等。每一种取值都有某种概率。离散型变量取特定值的概率称为**概率函数**。

对于离散型变量 x，其概率分布是通过概率函数来定义的，记作 $f(x)$。

作为离散型随机变量及其概率分布的例子，来看一家小型童装店在一个月内的销售情况。统计数据显示，在过去 30 天的营业时间里（该店售货员实行轮休，整个商店不关门歇业）每天销售的数量是，有 3 天的销售量为 0 件，5 天为 1 件，4 天为 2 件，10 天为 3 件，6 天为 4 件，2 天为 5 件。假如选择这家童装店某一天的销售情况做试验，就可以定义随机变量 x 为一天销售的童装数量，分别可以取 0，1，2，3，4，5。用概率函数 $f(0)$ 表示销售童装数量为 0 件的概率，$f(1)$ 表示销售童装数量为 1 件的概率，以此类推。于是，可以将随机变量的取值、各种取值对应的频数和相应的概率函数列入表 3-6。

表 3-6 一家童装店日销售数量的概率分布

每天销售的数量/件 x	频数/天 f	概率函数 $f(x)$
0	3	0.10
1	5	0.17
2	4	0.13
3	10	0.33
4	6	0.20
5	2	0.07
合计	30	1.00

有了随机变量的概率分布，决策者就可以容易地了解到各种感兴趣事件的概率。比如，通过表 3-6 就可以清楚地发现，一天最有可能卖出童装的数量是 3 件。因为在过去的 30 天时间里，有 1/3 的时间卖出的童装数量是这一数字，在所有概率函数中这个概率函数最大。

任一离散型随机变量的概率函数都必须同时满足以下两个条件：

$$f(x) \geq 0 \tag{3-17}$$

$$\sum f(x) = 1 \tag{3-18}$$

也可以利用图示的方式描述概率分布。例如，将某童装店一天所卖服装数量画成概率分布图，就可以在一个坐标轴的横轴上放置变量 x 的值（一天所卖童装的数量），纵轴表示相应的概率（一天能卖出多少件童装的概率），最终形成图 3-5 的形式。

2. 概率分布的数学期望、方差和标准差

对于随机变量，除了要了解它的概率分布外，掌握它的某些数字特征也十分必要，其中，数学期望和方差是随机变量的两个最重要的数字特征。

随机变量的**数学期望**也称**均值**，是对随机变量中心位置的一种度量。离散型随机变量的数学期望为

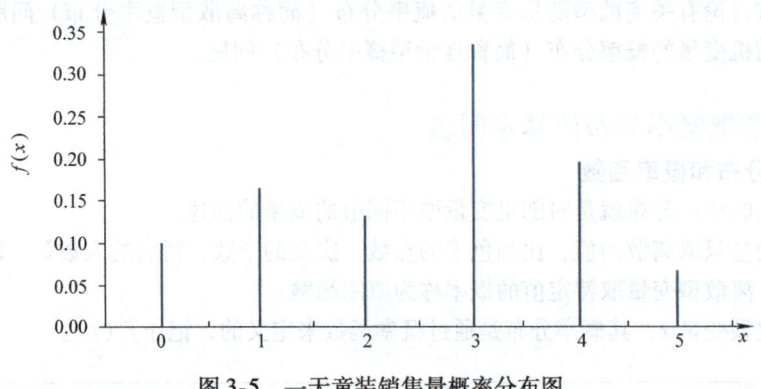

图 3-5 一天童装销售量概率分布图

$$E(x) = \mu = \sum xf(x) \tag{3-19}$$

式（3-19）表明，要计算离散型随机变量的数学期望，只要先用所有可能的取值 x 分别乘以相应的概率函数 $f(x)$，再将它们加总就可以了。

仍以童装店的销售情况为例，通过利用式（3-19）和将计算过程列成表 3-7 来计算过去 30 天每天销售数量的数学期望。

表 3-7 一家童装店每天销售数量的数学期望的计算

每天销售的数量/件 x	概率函数 $f(x)$	$xf(x)$
0	0.10	0.00
1	0.17	0.17
2	0.13	0.26
3	0.33	0.99
4	0.20	0.80
5	0.07	0.35
合　　计	1.00	2.57

$$E(x) = \sum xf(x) = 0 \times 0.10 + 1\text{件} \times 0.17 + \cdots + 5\text{件} \times 0.07 = 2.57\text{件}$$

获得这一信息后就可以知道，尽管每天销售的童装数量不尽相同，但随着时间的推移，该童装店可以预期每天平均销售的数量为 2.57 件，也可以说是 3 件左右。

如果考虑到一个月有可能销售童装的总量，则可以用该期望值乘以一个月的天数（假如为 30 天），即

$$Q = E(x) \sum f = 2.57\text{件}/\text{天} \times 30\text{天} = 77.1\text{件} \approx 77\text{件}$$

式中，Q 代表一个月预期销售的童装件数。

这一结果就意味着，如果该童装店在未来 30 天时间内仍按过去的销售水平经营，则未来一个月的预期销售数量为 77 件。

方差是每一个随机变量取值与数学期望的离差平方的均值，是用来测度随机变量取值的离散程度的。

虽然数学期望给出了随机变量的均值，但这种均值能否真实地反映随机变量取值的一般水

平,正如第 2 章用方差测度数据的变异性一样,还需要对其变异性或分散程度进行度量。这里,将方差用式(3-20)表示。

$$\text{Var}(x) = \sigma^2 = \sum (x - \mu)^2 f(x) \tag{3-20}$$

式中,Var 和 σ^2 表示方差,$x - \mu$ 表示离差,它是测度随机变量某一特定取值与数学期望的距离,是计算方差的关键。

利用式(3-20)计算童装店销售量方差的过程如表 3-8 所示。

表 3-8 一家童装店每天销售量的方差的计算

每天销售的量 x	离差 $(x-\mu)$	离差平方 $(x-\mu)^2$	概率函数 $f(x)$	$(x-\mu)^2 f(x)$
0	-2.57	6.61	0.10	0.6610
1	-1.57	2.47	0.17	0.4199
2	-0.57	0.33	0.13	0.0429
3	0.43	0.19	0.33	0.0627
4	1.43	2.05	0.20	0.4100
5	2.43	5.91	0.07	0.4137
合　　计	-0.42	17.56	1.00	2.0102

通过表 3-8 看到,该童装店一天销售量的方差为 2.0102。

由于方差把随机变量所取值的计量单位也给平方了⊖,这在商务活动中没有实际意义的。因此,方差只能作为单独从数学分析角度测度变量取值变异性大小的一种工具。要想在商务活动中既有实际经济意义,又能从数学角度进行计算分析,最常用的测度工具则是**标准差**,即方差的算术平方根,其计算公式为

$$\sigma = \sqrt{\sigma^2} \tag{3-21}$$

在童装店销售量的案例中,一天童装销售量的标准差为

$$\sigma = \sqrt{\sigma^2} = \sqrt{2.0102}\text{件} = 1.42 \text{ 件}$$

这一标准差的含义就容易解释,它表明该童装店每天卖出的服装数量与数学期望平均相差 1.42 件。

3.2.2 二项分布

二项分布是一种重要的离散型概率分布,在工商管理中具有广泛的用途。实际上,二项分布与二项试验密切相关。

1. 二项试验

二项试验是一种试验结果只有两种且具有以下性质的试验:

(1) 试验由一系列相同的 n 个试验组成。

(2) 每次试验只有两种可能的结果,把其中所感兴趣那个结果称为"成功",另一个结果称为"失败"。⊖

(3) 每次试验出现成功的概率都是相同的,用 p 表示;失败的概率也都相同,用 $(1-p)$ 表示⊜。

⊖ 例如,童装店的销售量计量单位为"件",经过计算方差后所得的计量单位为"件²"。
⊖ 国内有些教科书有时也将"成功"和"失败"分别称为"是"和"非"。
⊜ 由于二项试验只有两种可能结果,因此 $p + (1-p) = 1$。有些教科书也将失败的概率用 q 表示,即 $q = 1 - p$。

(4) 试验是相互独立的。

如果一个试验具有上述（2）、（3）和（4）的性质，则称该试验为**贝努里试验**㊀。

2. 二项分布的含义

在二项试验中，通常对 n 次试验中出现成功的次数感兴趣。现在，令 x 代表 n 次试验中出现成功的次数，则 x 的可能取值分别为 1，2，…，n。显然，x 是一个离散型随机变量。与 x 相对应的概率分布称为**二项概率分布**（简称**二项分布**）。

例如，假设人群中左撇子的概率为 8%，现在从全世界范围内无放回地随机抽取 20 个人进行观察。这就是一个二项试验和二项分布的问题。因为：

（1）试验是由 20 次的相同试验所组成，每次试验都是随机抽取 1 个人，观察其是否为左撇子。

（2）每次试验都有两种可能结果：是左撇子或不是左撇子。定义左撇子为"成功"，不是左撇子为"失败"。

（3）在每次试验中都假定出现左撇子的概率 $p = 0.08$，不是左撇子的概率 $1 - p = 0.92$。

（4）因为这个总体很大，所以假如一个人是左撇子不会影响另一个人是左撇子的概率，所以每次抽选一个人可以看做各次试验是相互独立的。

综合上述分析，可以认为这个试验符合二项试验的性质。这里感兴趣的变量 x 是在 20 次试验中出现左撇子的次数。x 的可能取值分别为 0，1，2，…，20。与之相对应的概率分布就是一个二项分布。

从上面的讨论中可以看到，二项分布是一种与二项试验存在密切关系的概率分布。而且，二项试验又是在贝努里试验的基础上发展而成的。与二项试验和贝努里试验的关系一样，由贝努里试验中随机变量产生的概率分布称为**贝努里分布**或 **0 – 1 分布**。贝努里分布是二项分布的一种特例，其形式如表 3-9 所示。

表 3-9　贝努里概率分布表

试验结果	x	$p(x)$
成功	1	p
失败	0	$(1-p)$
合计	—	1.0

3. 二项概率函数

在二项分布的应用中，感兴趣的是在 n 次试验中 x 次成功的概率。用来计算这一概率的公式通常被称为**二项概率函数**。

二项概率函数的计算公式为

$$f(x) = C_n^x p^x (1-p)^{(n-x)} \tag{3-22}$$

式中，n 代表试验次数；x 代表 n 次试验中成功的次数；p 代表一次试验中成功的概率；$1-p$ 代表一次试验中失败的概率；C_n^x 代表 n 次试验中恰有 x 次成功的试验结果的个数。

$$C_n^x = \frac{n!}{x!(n-x)!} \tag{3-23}$$

有了二项概率函数，就可以利用它计算出在 n 次试验中 x 次成功的概率，以便得到二项概率分布。

㊀ 有的教科书译成伯努利试验。

现在，仍以前面从全世界范围无放回随机抽取 20 人进行观察，发现左撇子人数的概率为例，讨论一下恰有 4 人是左撇子的概率。

利用式（3-23）计算得

$$f(x) = C_n^x p^x (1-p)^{(n-x)} = C_{20}^4 \, 0.08^4 \times 0.92^{(20-4)} = 0.0523$$

这一结果意味着，在全世界范围无放回随机抽取 20 人，其中恰有 4 人是左撇子的概率仅为 0.0523[⊖]。

4. 二项分布表的使用

尽管利用手工、计算器或统计软件可以容易地计算出在 n 次试验中 x 次成功的概率，但有时利用已编制好的二项分布表则显得更为简便易行。

附录 A 是一个二项分布表。从中可以看到，表的最左边两列，分别给出了 n 和 x，随后各列分别给出了 p 的不同数值。当所要求的概率函数中的 n、x 和 p 为已知时，便可以通过此表直接查出所要计算的概率函数。

现在可以利用附录 A 来验证一下左撇子案例中的 20 次试验中有 4 次成功的概率。通过查表，可以得到其概率也为 0.0523。

5. 二项分布的均值和标准差

二项分布的均值和标准分别为

$$\mu = np \tag{3-24}$$

$$\sigma = \sqrt{np(1-p)} \tag{3-25}$$

例如，已知人群中左撇子的概率为 0.08，在 20 个人中预期就有左撇子的人数和标准差分别为

$$\mu = np = 20 \text{ 人} \times 0.08 = 1.6 \text{ 人}$$

$$\sigma = \sqrt{np(1-p)} = \sqrt{20 \times 0.08 \times 0.92} \text{ 人} = 1.21 \text{ 人}$$

由于人数是一个离散变量，不可能取小数，所以在这个例子中，可以把数学期望和标准差分别近似看做 2 人和 1 人。

此外，前面提到的 0-1 分布作为二项分布的一个特例，其数学期望和标准差分别为

$$E(x) = \mu = p \tag{3-26}$$

$$\sigma = \sqrt{p(1-p)} \tag{3-27}$$

6. 利用 Excel 计算二项分布的概率

Excel 可以用来计算二项分布（包括单一的和累积的概率）。下面用一个例题说明具体的操作步骤。

例如，张先生经过长期观察发现，他所持有的一只股票每天上涨的概率为 0.6（下跌的概率为 0.4）。于是，他想利用二项分布求出该只股票 20 个交易日中上涨 5 天的概率值和上涨小于或等于 5 天的概率值。

根据上述信息可知，这里的各项参数分别为 $n=20$，$x=5$，$p=0.6$。

步骤一：在 Excel 标准工具栏中选择"粘贴函数" f_x。

步骤二：在"粘贴函数"对话框中选择"统计"。

步骤三：再在"统计"的对话框中选择二项分布"BINOMDIST"，单击"确定"按钮。于是，出现如图 3-6 所示的对话框。

⊖ 读者可以利用式（3-23）分别将 x 的所有可能取值，即 0，1，2，…，20 的概率函数求出，以便得到此类的二项分布。

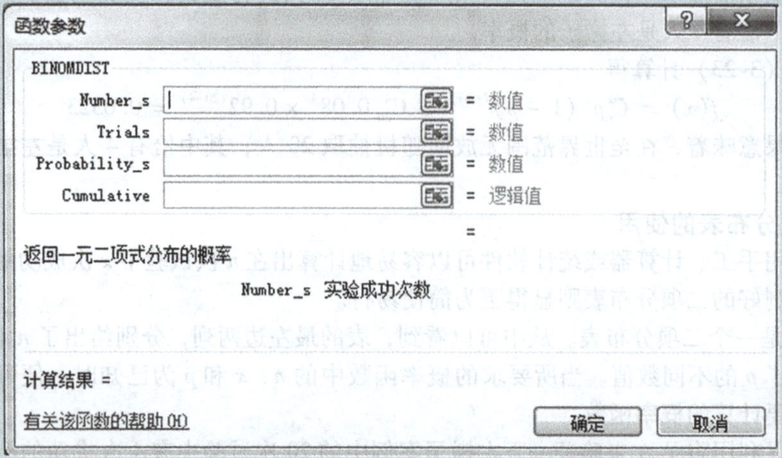

图 3-6 Excel 的 "BINOMDIST" 对话框

图 3-6 中每个文本框变量的含义如下：

第一个文本框：Number _ s——试验成功的次数。

第二个文本框：Trials——独立试验次数。

第三个文本框：Probability _ s——一次试验中成功的概率。

第四个文本框：Cumulative——累积，用来确定是要计算单一概率还是累积概率。

步骤四：在第一个文本框键入 x 的值（5）；在第二个文本框输入 n 的值（20）；在第三个文本框（一次试验中成功的概率）输入 p 的值（0.6）。

步骤五：在第四个用来确定计算累积概率还是单一概率的文本框中输入所要计算概率的逻辑值。

① 如果要计算单一概率，则在第四个文本框中输入 "false"，右侧立即给出计算结果（0.001294494），如图 3-7 所示。

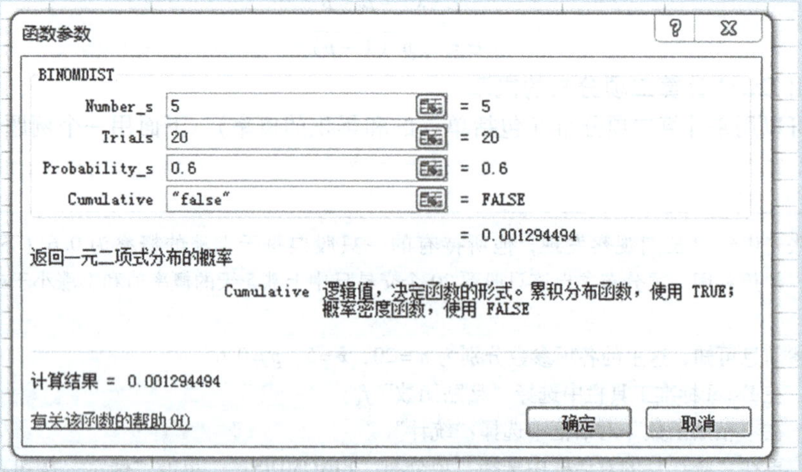

图 3-7 用 Excel 计算的二项分布单一概率结果

② 如果要计算累积概率，则在第四个文本框中输入 "true"，累积概率给出的结果为 $x \leqslant 5$ 的累积概率（$x = 0, 1, 2, 3, 4, 5$）。计算结果（0.001611525）如图 3-8 所示。

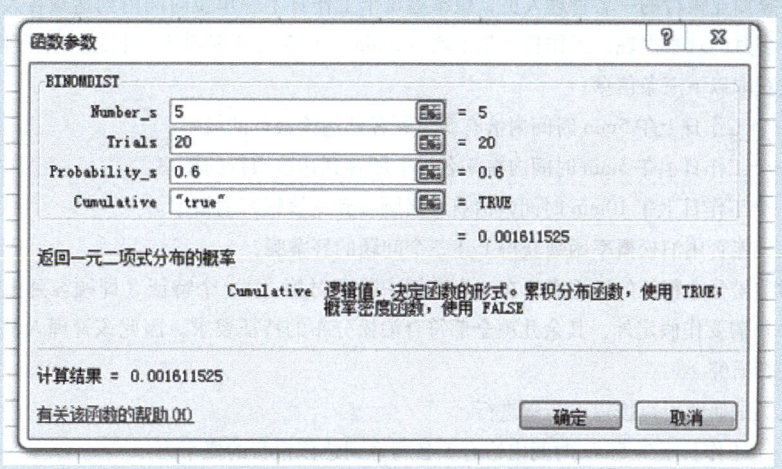

图3-8 用Excel计算的二项分布累积概率结果

3.2.3 泊松概率分布

在工商管理中，另一个比较常用的离散型概率分布就是泊松概率分布（简称泊松分布）。它主要被用于描述某事件在特定时间或空间中发生的次数。

下面是一些典型的泊松分布的例子：

(1) 某一公司每季度发生的事故次数。
(2) 每10万人中患有某种罕见疾病的人数。
(3) 在农村每个县被废弃耕地的数量。
(4) 每辆新车喷漆出现斑点的数量。
(5) 个人使用的打印机每个季度出现故障的次数。
(6) 银行柜台单位时间内到达顾客的数量。

1. 泊松分布的特征

泊松分布具有以下特征：

(1) 它是一种离散型概率分布。
(2) 在互不相交的时间或空间区间段内发生的事件相互独立。
(3) 描述在某一时间或空间段事件发生的次数。
(4) 每个时间段发生的次数从0到无穷大。
(5) 每个相同间隔的时间段中发生的次数保持不变。

2. 泊松分布的概率函数

当了解了泊松分布具有上述特征后，便可用下面的公式计算出某事件在一个区间上发生 x 次的概率。

$$f(x) = \frac{\lambda^x e^{-\lambda}}{x!} \tag{3-28}$$

式中，$f(x)$ 是泊松概率函数，代表某事件在一个区间上发生 x 次的概率；λ 代表长期平均值；e 为2.71828。

例如，某家商业银行的一名管理人员，想掌握每个工作日上午单位时间内到达顾客人数的规律。他经过长达两个多月的观察发现，工作日上午平均每5min就有3名顾客到达。于是，该管理人员想借助于泊松概率函数获取以下三条信息：

(1) 在一个工作日上午5min时间内恰有5名顾客到达该银行的概率。
(2) 在一个工作日上午5min时间内有9名以上顾客到达该银行的概率。
(3) 在一个工作日上午10min时间内恰有8名顾客到达该银行的概率。

该管理人员能否用泊松概率函数获得上述三个问题的答案呢？

从上面对泊松分布特征的讨论看，在这个案例中除了对第（2）个特征（即顾客到银行办理业务是相互独立事件）需要作假定外，其余几项全部符合泊松分布的特征要求。因此该管理人员可以采用他所选定的方法进行研究。

该管理人员的研究可以按以下步骤进行：

(1) 在一个工作日上午5min时间内恰有5名顾客到达该银行的概率为

$$f(x=5 \mid \lambda=3) = \frac{\lambda^x e^{-\lambda}}{x!} = \frac{3^5 \times 2.71828^{-3}}{5!} = \frac{243 \times 0.0498}{120} = 0.1008$$

这一数据表明，在该银行一个工作日上午平均每5min有3名顾客到达的情况下，5min时间内恰有5名顾客到达的概率为0.1008。

(2) 对于第二个问题，理论上讲需要计算 $x=10, 11, 12, 13, \cdots$ 的值。实际上，当一个事件的概率为0时则表明该事件不可能发生。因此这里只要计算到对于 $\lambda=3$，概率等于0所对应的 x 值即可。然后，将所计算的概率相加便可得到 $x>9$ 的概率。

$$f(x=10 \mid \lambda=3) = \frac{\lambda^x e^{-\lambda}}{x!} = \frac{3^{10} \times 2.71828^{-3}}{10!} = 0.0008$$

$$f(x=11 \mid \lambda=3) = \frac{\lambda^x e^{-\lambda}}{x!} = \frac{3^{11} \times 2.71828^{-3}}{11!} = 0.0002$$

$$f(x=12 \mid \lambda=3) = \frac{\lambda^x e^{-\lambda}}{x!} = \frac{3^{12} \times 2.71828^{-3}}{12!} = 0.0001$$

$$f(x=13 \mid \lambda=3) = \frac{\lambda^x e^{-\lambda}}{x!} = \frac{3^{13} \times 2.71828^{-3}}{13!} = 0.0000$$

$$f(x \geq 10 \mid \lambda=3) = 0.0011$$

这一结果意味着，假设一个工作日上午平均每5min有3名顾客到达该银行，则一个工作日上午5min时间内几乎不可能有10名以上顾客同时到达。

(3) 对于第三个问题，由于该管理人员把研究的时间拉长了一倍，则单位时间内到达的人数也应当随之增加一倍。于是这个问题就变成计算假设在10min时间内平均有6名顾客到达的情形下，10min时间内恰有8名顾客到达的概率，即：

$$f(x=8 \mid \lambda=6) = \frac{\lambda^x e^{-\lambda}}{x!} = \frac{6^8 \times 2.71828^{-6}}{8!} = \frac{1679616 \times 0.002478762}{40320} = 0.1033$$

计算结果表明，假设在10min时间内平均有6名顾客到达的情形下，10min时间内恰有8名顾客到达的概率为0.1033。

该银行的管理人员可以根据以上计算结果所获得的数据信息，安排柜台工作的员工人数。

以上所举的例子是有关如何利用计算公式解决时间方面的泊松分布问题。在实际商务活动中，还可以利用泊松概率函数解决空间方面的问题。

例如，假定我们关心的是某城市火车站站前广场重新整修后半年内发生重大损坏的问题。假设广场上任意两个面积相等的空间范围内，出现一处损坏的概率相等，任意一个单位面积内是否出现损坏与另一个单位面积内是否出现损坏无关，则这个问题符合泊松分布的特征，可以利用泊松概率函数计算出该问题的概率。

通过调取站前广场管理单位的检查记录发现，在重新整修后的第一个季度内，平均每 $100m^2$ 范围内有两处受到损坏。现在想知道，在广场某一处的 $200m^2$ 的范围内出现损坏的概率是多少。

由于我们关心的是面积为 $200m^2$，而根据上面提供的数据 $\lambda = 2$ 处损坏$/100m^2$，在 $200m^2$ 范围内受损坏的 $\lambda = 2$ 处$/100m^2 \times 200m^2 = 4$ 处。根据泊松分布的概率函数有：

$$f(x=0 \mid \lambda=4) = \frac{\lambda^x e^{-\lambda}}{x!} = \frac{4^0 \times 2.71828^{-4}}{0!} = 0.0183$$

这一结果表明，在 $200m^2$ 范围内没有受损坏的概率仅为 0.0183。由此可以得出结论，在 $200m^2$ 范围内没有受损坏处几乎是不可能的。换句话说，在这样大的范围内至少有一处受到损坏的概率为 0.9817。

3. 泊松分布的均值和标准差

泊松分布的均值和方差都是 λ。其中，均值是通过多个随机样本的研究所得出的在一个间隔中（时间间隔或空间间隔）事件发生次数的长期均值。

由于泊松分布的方差也为 λ，所以标准差为 $\sqrt{\lambda}$。

4. 泊松分布表的使用

如同二项分布一样，尽管用泊松分布概率函数可以计算 x 取某一具体数值时的概率，但通过查泊松分布表就变得更为简便。

附录 B 是一个泊松分布表。表中列出了与 λ 值所对应的每个 x 值的概率[⊖]。每个不同的 λ 决定了一个不同的泊松分布。当一个间隔中事件发生次数的长期均值 λ 给定时，通过该表即可查出发生 x 次的概率。例如，在前面银行到达顾客数量的案例中，在已知 $\lambda = 3$ 的情形下，发生次数 $x = 5$ 的概率则为 0.1008。这与前面利用概率函数公式计算的结果相同。

5. 利用 Excel 计算泊松分布的概率

泊松分布和累积泊松分布的概率都可以利用 Excel 进行计算。下面用一个实例说明其计算步骤。

例如，北京一家三级甲等医院急诊室一天接诊的病人次数服从泊松分布，接诊次数的平均值为 20 次，问该急诊室一天内接诊人次为 15 和小于等于 15 的概率各是多少？

步骤一：在 Excel 标准工具栏中选择"粘贴函数" f_x。

步骤二：在"粘贴函数"对话框中选择"统计"。

步骤三：在"统计"的对话框中选择泊松分布"POISSON"，单击"确定"按钮。于是，出现如图 3-9 所示的对话框。

图 3-9 中每个文本框的含义分别为：

第一个文本框：X——事件出现的次数。

第二个文本框：Mean——均值（正数）。

第三个文本框：Cumulative——累积，用来确定是要计算单一概率还是累积概率。

步骤四：在第一个框中输入 x 值（15），在第二个框中输入 λ 值（20），在第三个用来选择是计算单一概率还是累积概率的框中输入相应的品质变量值。

① 如果计算单一概率，键入"false"，结果如图 3-10 所示。

⊖ 表中所给出的概率值都是在取了小数点后 4 位仍为大于 0 的概率值。

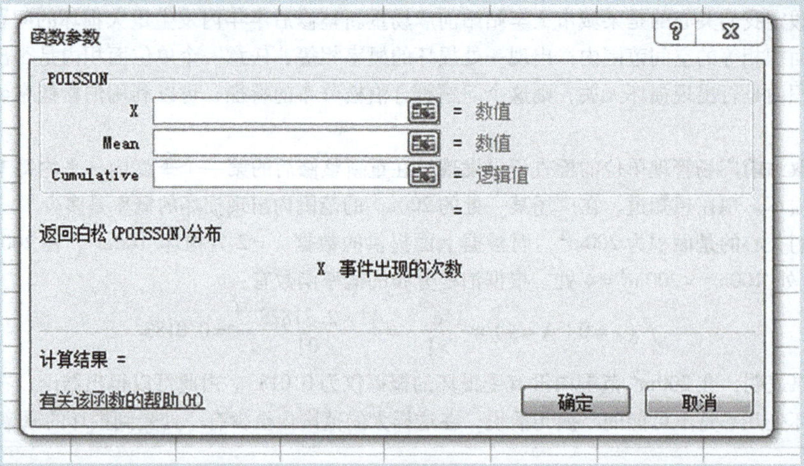

图 3-9 Excel 的 "POISSON" 对话框

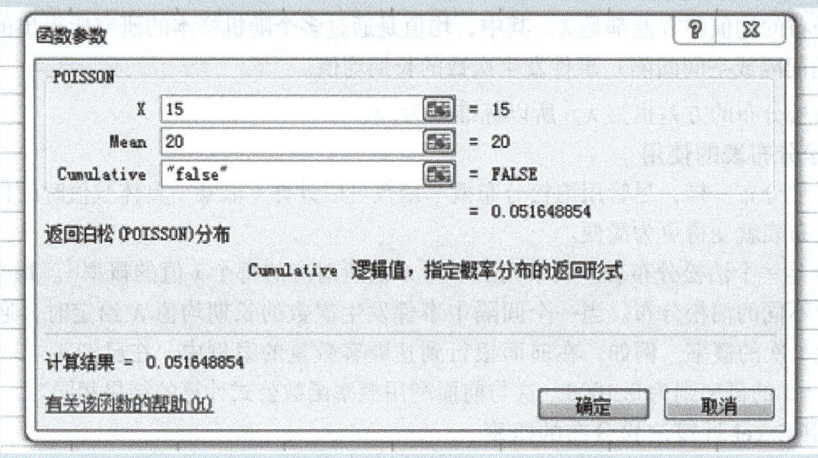

图 3-10 用 Excel 计算泊松分布单一概率的结果

② 如果计算累积概率，键入"true"，结果如图 3-11 所示。

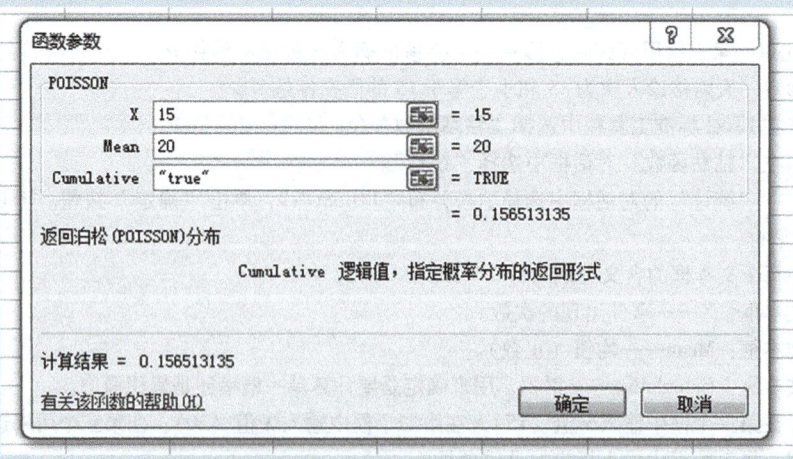

图 3-11 用 Excel 计算泊松分布累积概率的结果

图 3-10 和图 3-11 中的结果分别表示，当 x 值为 15、λ 值为 20 时该急诊室一天内接诊人次为 15 和小于或等于 15 的概率。

3.2.4 超几何概率分布

离散型变量还有一种分布被称为超几何概率分布（简称**超几何分布**）。它是一种与二项分布既有联系又有区别的离散型概率分布。

前面讨论的二项分布只适用于放回试验（相互独立的事件），超几何分布则适用于无放回试验（相互不独立的事件）。

表3-10列出了二项分布与超几何分布之间的联系与区别。

表3-10 二项分布与超几何分布之间的联系与区别

二项分布	超几何分布
离散型分布	离散型分布
每个结果包括成功或失败	每个结果包括成功或失败
每次试验成功的概率相同	每次试验成功的概率不同
每次试验之间相互独立（放回试验）	每次试验之间相互不独立（无放回试验）
总体是无限的	总体是有限的，并已知
总体中成功的数目未知	总体中成功的数目已知

1. 超几何分布的概率函数

对于超几何分布，其概率函数为

$$f(x) = \frac{C_r^x C_{N-r}^{n-x}}{C_N^n} \tag{3-29}$$

式中，$f(x)$ 代表 n 次试验中 x 次成功的概率；x 代表成功的次数；n 代表试验次数；N 代表总体中元素（单位）的个数；r 代表总体中成功元素的个数；C_r^x 代表从总体的 r 个具有成功标志的元素中抽取 x 个元素的抽取方式数；C_{N-r}^{n-x} 代表从总体（$N-r$）个具有失败标志的元素中抽取（$n-x$）个元素的抽取方式数；C_N^n 代表从一个容量为 N 的总体中抽取 n 个元素的抽取方式数。

2. 利用超几何分布概率函数解决实际问题举例

为了说明如何利用超几何分布概率函数进行计算，来考虑下面一个实际应用的例子。

假设已知北京主要的18家计算机公司中，有12家位于中关村。采用无放回抽样方法，从18家公司中随机抽取3家，问：

（1）其中恰有1家位于中关村的概率是多少？
（2）其中至少有1家位于中关村的概率是多少？

在这个例子中，已经给出的信息分别为

$N = 18$；$n = 3$；$r = 12$

对于第一个问题，需要计算的就是当 $x = 1$ 时的概率有多大。将上述已知条件直接代入式（3-29）有：

$$f(1) = \frac{C_r^x C_{N-r}^{n-x}}{C_N^n} = \frac{C_{12}^1 C_{18-12}^{3-1}}{C_{18}^3} = \frac{\frac{12!}{1!\ 11!} \frac{6!}{2!\ 4!}}{\frac{18!}{3!\ 15!}} = 0.2206$$

对于第二个问题，实际上是包含了以下三种情况

$x = 1$，$x = 2$，$x = 3$

要计算随机抽取的3家计算机公司中至少有1家位于中关村的概率，实际上就是计算上述三种情况的概率之和，即

$$f(x \geq 1) = \frac{C_{12}^1 C_6^2}{C_{18}^3} + \frac{C_{12}^2 C_6^1}{C_{18}^3} + \frac{C_{12}^3 C_6^0}{C_{18}^3}$$
$$= 0.2206 + 0.4853 + 0.2696$$
$$= 0.9755$$

上述两个计算结果分别说明，在已知 18 家主要计算机公司中有 12 家位于中关村的情况下，采用无放回抽样的方式随机抽取 3 家公司，其中恰有 1 家位于中关村的概率为 0.2206，至少有 1 家位于中关村的概率则为 0.9755。

3. 超几何分布的均值与标准差

超几何分布的均值与标准差分别为

$$\mu = n\left(\frac{r}{N}\right) \tag{3-30}$$

$$\sigma = \sqrt{n\left(\frac{r}{N}\right)\left(1 - \frac{r}{N}\right)\left(\frac{N-n}{N-1}\right)} \tag{3-31}$$

例如，在前面计算机公司的例子中，

$$\mu = n\left(\frac{r}{N}\right) = 3 \times \frac{12}{18} = 2$$

$$\sigma = \sqrt{n\left(\frac{r}{N}\right)\left(1 - \frac{r}{N}\right)\left(\frac{N-n}{N-1}\right)} = \sqrt{3 \times \frac{12}{18} \times \left(1 - \frac{12}{18}\right) \times \left(\frac{18-3}{18-1}\right)} = 0.77$$

4. 如何利用二项分布概率函数近似计算超几何分布概率函数

由于超几何分布有 N、n 和 r 三个参数，且它们可以组合出许多种结果，所以不太可能像二项分布那样列出超几何分布的结果表，只能利用超几何分布公式计算概率。

从上面所举例子的计算过程可以发现，利用超几何分布公式计算概率既复杂又浪费时间。在实际中，可以考虑在抽样比 $n/N \leq 5\%$ 和无放回抽样的情况下，利用二项分布的计算结果近似地代表超几何分布的精确结果。

例如，某批产品共有 100 件，其中合格品为 95 件，不合格品为 5 件。现在从该批产品中分别采用放回抽样和不放回抽样方式各抽取 4 件产品。试问，恰有 1 件是不合格品的概率有多大？

从这个例子所给出的信息看，对于两种不同的抽样方式适合分别采用二项分布概率函数和超几何分布概率函数进行计算。其中

$$N = 100, \quad n = 4, \quad r = 5, \quad p = \frac{r}{N} = \frac{5}{100} = 0.05$$

采用放回抽样时恰有 1 件为不合格品的概率为

$$f(1) = C_n^x p^x (1-p)^{(n-x)} = \frac{4!}{1! \; 3!} \times (0.05)^1 (1-0.05)^3 = 0.1715$$

采用无放回抽样时恰有 1 件为不合格品的概率为

$$f(1) = \frac{C_r^x C_{N-r}^{n-x}}{C_N^n} = \frac{C_5^1 C_{100-5}^{4-1}}{C_{100}^4} = \frac{\frac{5!}{1! \; 4!} \frac{95!}{3! \; 92!}}{\frac{100!}{4! \; 96!}} = 0.1765$$

对照以上两种计算结果，由于采用两种不同的抽样方式，按照严格意义上的计算公式计算，二者只相差 0.005。

正如前面所说，在无放回抽样情况下如果采用超几何概率函数计算其精确的结果就显得格外繁杂。相反，这里由于 $n/N = 4/100 = 4\% < 5\%$，所以可以用二项分布概率函数的值近似地代表超几何分布的精确结果，从而减轻了计算的负担。

5. 利用 Excel 计算超几何分布的概率

利用 Excel 计算超几何分布的概率，需要经过几个步骤（以下面的问题为例）。

例如，假定现有 25 只样本股票的交易数据，其中属于上海证券交易所的有 15 种，属于深圳证券交易所的有 10 只。为减少工作量，现需要从这 25 只股票中选出 10 只进行详细研究，则 10 只股票中有 5 只属于上海证券交易所的概率多大？

根据题意，抽样时采用无放回方式，因此对应分布应为超几何分布，可以用 Excel 的 HYPGEOMDIST 函数求对应的概率值。

此例题中的几个变量值分别为：$x=5$，$n=10$，$r=15$，$N=25$。

步骤一：在 Excel 标准工具栏中选择"粘贴函数"f_x。

步骤二：在"粘贴函数"对话框中选择"统计"。

步骤三：在"统计"的对话框中选择超几何分布"HYPGEOMDIST"，单击"确定"按钮。于是，出现如图 3-12 所示的对话框。

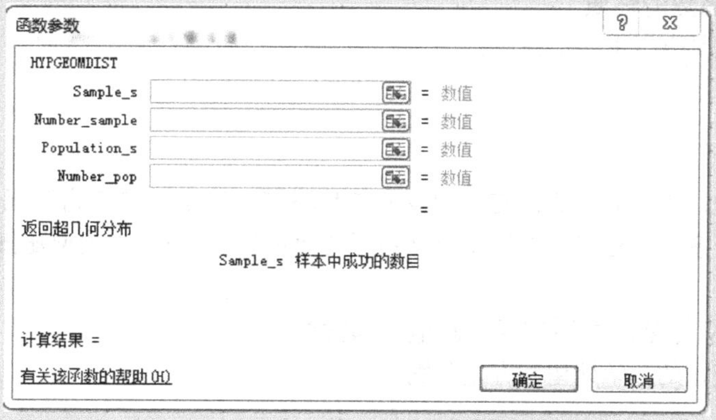

图 3-12　Excel 的"HYPGEOMDIST"对话框

图 3-12 中 4 个文本框的含义分别如下：

第一个文本框：Sample_ s——样本中成功的次数（x）。

第二个文本框：Number_ sample——样本容量（n）。

第三个文本框：Population_ s——总体中成功的次数（r）。

第四个文本框：Number_ pop——总体容量（N）。

步骤四：分别在第一个文本框中键入 5，在第二个文本框中键入 10，在第三个文本框中键入 15，在第四个文本框中键入 25。计算结果如图 3-13 所示。

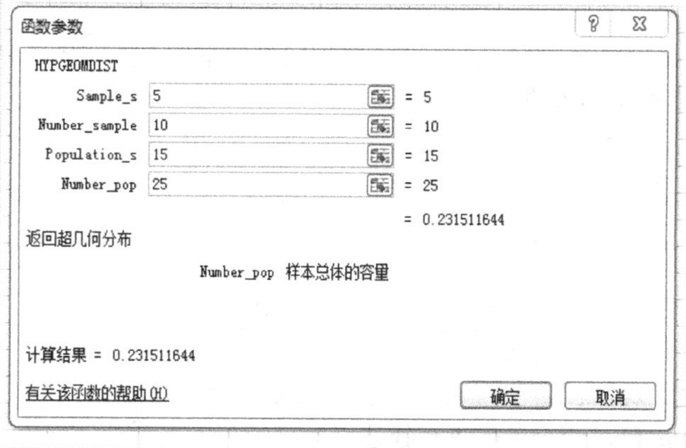

图 3-13　用 Excel 计算超几何分布概率的结果

3.3 连续型变量的概率分布

3.3.1 连续型概率分布的基本问题

1. 概率密度函数

连续型随机变量与离散型随机变量的最重要区别在于，二者在计算概率的方法上有所不同。由于连续型随机变量可以在某一区间或整个实数轴上取任意一个值，所以不可能像对一个离散型随机变量那样，直接给出随机变量取某个特定值的概率，而是先给出一个概率密度函数（也记作 $f(x)$），再通过计算给定区间上 $f(x)$ 曲线下的面积以得到相应的概率。把用来表示连续型随机变量的函数 $f(x)$ 称为**概率密度函数**。

2. 概率密度函数的性质

概率密度函数具有以下两个性质：

(1) $f(x) \geq 0$ (3-32)

(2) $\int_{-\infty}^{+\infty} f(x)\,\mathrm{d}x = 1$ (3-33)

需要指出的是，与离散型随机变量的概率函数不同，这里的概率密度函数 $f(x)$ 并不是一个概率。由于在任意一个特定点上的曲线 $f(x)$ 下的面积为 0，所以连续型随机变量任一特定取值的概率都为 0。

3. 连续型随机变量的数学期望（均值）和方差

连续型随机变量的数学期望和方差分别为

$$E(x) = \int_{-\infty}^{+\infty} x f(x)\,\mathrm{d}x = \mu \tag{3-34}$$

$$\mathrm{Var}(x) = \int_{-\infty}^{+\infty} [x - E(x)]^2 f(x)\,\mathrm{d}x = \sigma^2 \tag{3-35}$$

在工商管理中，常用的连续型随机变量的概率分布有正态概率分布、均匀概率分布和指数概率分布。

3.3.2 正态概率分布

正态概率分布（简称**正态分布**），是一种随机变量的概率密度函数由均值和标准差决定、图形呈钟形的概率分布。

正态分布有着广泛的实际应用，是描述连续型随机变量最重要的概率分布。

1. 正态分布的密度函数及其特征

正态分布的形态如图 3-14 所示。

其概率密度函数为

$$f(x) = \frac{1}{\sigma\sqrt{2\pi}} \mathrm{e}^{-\frac{(x-\mu)^2}{2\sigma^2}} \tag{3-36}$$

式中，$f(x)$ 代表正态分布的概率密度函数；μ 代表均值；σ 代表标准差；π 为 3.14159；e 为 2.71828。

从式（3-36）可以看出，由于 π 和 e 为两个常数，实际上正态分布可以由 μ 和 σ 两个参数进行描述。

正态分布具有以下几个特征：

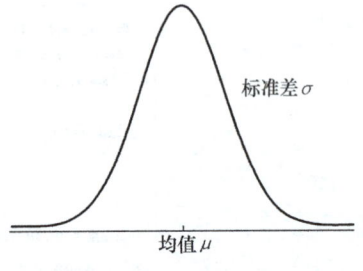

图 3-14 正态分布的钟形曲线

（1）正态分布是一种连续型概率分布。

（2）正态分布是一个对称分布。正态分布以均值为中心，均值左边的曲线形状是均值右边曲线形状的镜像。

（3）正态分布有一个完整的家族。家族中的不同分布是由 μ 和 σ 的不同决定的。其中，分布的均值可以是任意数值：负数、零或正数。图 3-15 显示了具有相同标准差的三个不同均值的正态分布形态。标准差决定了正态分布的宽度和平坦程度。图 3-16 显示了两个具有相同均值、不同标准差的正态分布形态。从中可以发现，标准差越大分布的曲线越宽、越平坦，表明数据之间具有更大的变异性。

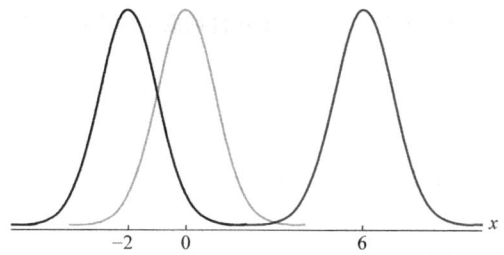 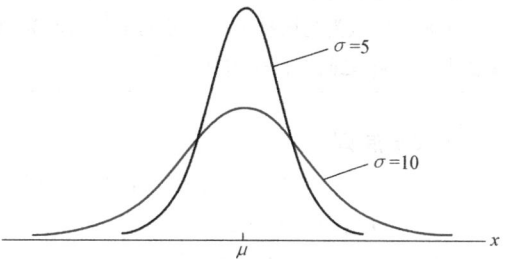

图 3-15　具有相同标准差的三个不同均值的正态分布形态　　　　图 3-16　两个具有相同均值、不同标准差的正态分布形态

（4）正态分布是一个单峰分布。其最高点在均值处，同时均值也是分布的众数和中位数。

（5）正态分布是一种以横轴为渐近线的分布。曲线的尾端向左右双方无限延伸，且理论上永远不会与横轴相交。

（6）正态随机变量的概率由正态曲线下的面积给出。正态分布曲线下的总面积为 1。

由于利用正态分布的概率密度函数计算曲线下的面积（概率）既困难又浪费时间，实际中可以利用标准正态分布表（见附录 C）研究、分析有关的正态分布问题。

2. 标准正态概率分布

如果一个连续型随机变量服从均值 $\mu = 0$、标准差 $\sigma = 1$ 的正态分布，那么这个正态分布就称为标准正态概率分布（简称标准正态分布）。

由于 $\mu = 0$ 和 $\sigma = 1$，标准正态分布的概率密度函数公式要比正态分布的概率密度函数公式简单得多，具体为

$$f(x) = \frac{1}{\sqrt{2\pi}} e^{-\frac{x^2}{2}} \tag{3-37}$$

标准正态分布的重要意义在于，它可以将任何一个一般正态分布通过线性变换转化成标准正态分布，并通过查已有的标准正态分布表求出相应的概率。其转化公式为：

$$Z = \frac{x - \mu}{\sigma} \tag{3-38}$$

式（3-38）通常称为 Z 分布函数。Z 分布就是一个均值为 0、标准差为 1 的正态分布。

有了式（3-38）和标准正态分布表，就可以将任意一个正态分布转化成标准正态分布，再通过查表得到其概率。

例如，当已知一批甲种产品的重量均值为10kg、标准差为2kg时，就可以利用上面的方法，求出随机变量x在10~12kg之间取值的概率。

首先，令 $x_下 = 10\text{kg}$，$x_上 = 12\text{kg}$。⊖

其次，用式（3-38）分别求出 $Z_下$ 和 $Z_上$：

$$Z_下 = \frac{x_下 - \mu}{\sigma} = \frac{10\text{kg} - 10\text{kg}}{2\text{kg}} = 0$$

$$Z_上 = \frac{x_上 - \mu}{\sigma} = \frac{12\text{kg} - 10\text{kg}}{2\text{kg}} = 1$$

由此，求x在10kg和12kg之间的概率问题就转化为求Z在0和1之间的标准正态分布的概率问题。

最后，通过附录C，看到当 $0 \leq Z \leq 1$ 时，$p(0 \leq Z \leq 1) = 0.3413$。

于是可以认为当该批甲种产品的重量均值为10kg、标准差为2kg时，从中随机抽取1件产品，其重量在10~12kg之间的概率为0.3413。

3. 3σ 原则

3σ原则是一个在管理中被广泛用于质量控制的重要原则。这一原则实质上是将随机变量x的取值控制在均值的 ±3σ 以内。

当任意一种正态分布被转化为标准正态分布后，由标准正态分布表可求得：

（1）随机变量x有0.6826的概率处于均值加减一个标准差范围内，即

$$p(\mu - \sigma \leq x \leq \mu + \sigma) = 0.6826$$

（2）随机变量x有0.9544的概率处于均值加减两个标准差范围内，即

$$p(\mu - 2\sigma \leq x \leq \mu + 2\sigma) = 0.9544$$

（3）随机变量x有0.9972的概率处于均值加减三个标准差范围内，即

$$p(\mu - 3\sigma \leq x \leq \mu + 3\sigma) = 0.9972$$

这说明，当把随机变量x的取值控制在 ±3σ 范围内时，有99.72%的数值将落在此范围内，超出这个范围的数值可能只有0.28%，已经非常小。这也是在管理中把数据的质量控制在 ±3σ 范围内，而且将超出这一范围的数据称为异常数据的缘由。

图3-17显示了上述三个取值范围曲线下的面积。

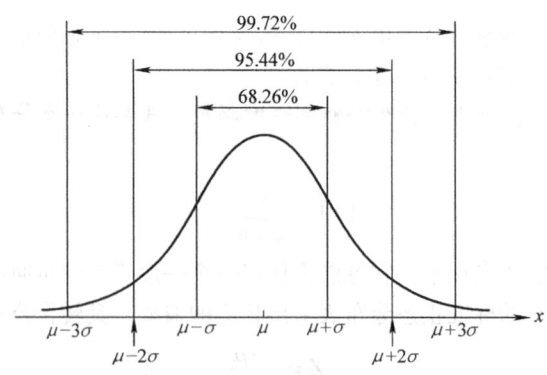

图3-17 正态概率分布曲线下的面积

⊖ 当随机变量x在一个区间范围内取值时，此处沿用描述统计中的做法，将这一数值范围最小的数值称为下限，用符号表示即 $x_下$，最大数称为上限，即 $x_上$。

4. 利用 Excel 计算正态分布的概率

正态分布曲线的概率问题也可以利用 Excel 解决。下面通过一个实例具体说明用 Excel 解决此类问题的操作步骤。

例如，上海证券交易所一只股票的收益率呈现均值为 5%、标准差为 2% 的正态分布。现在，一个证券分析师想要通过 Excel 确定该只股票收益率小于或等于 4% 的概率。

由题意可知，该证券分析师解决问题所需要的三个变量及其数值分别为

$$x = 0.04, \mu = 0.05, \sigma = 0.02$$

步骤一：在 Excel 标准工具栏中选择"粘贴函数"f_x。
步骤二：在"粘贴函数"对话框中选择"统计"。
步骤三：在"统计"的对话框中选择正态分布"NORMDIST"，单击"确定"按钮，Excel 显示出如图 3-18 所示的对话框。

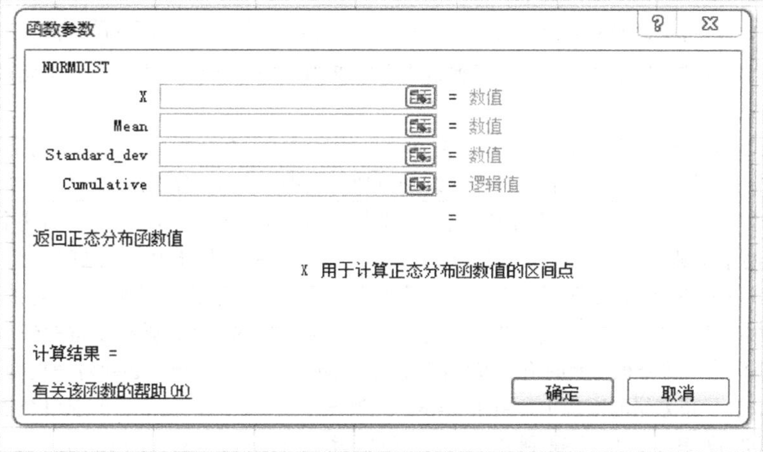

图 3-18 Excel 的"NORMDIST"对话框

步骤四：分别在 4 个文本框中输入 x 的值（0.04）、均值（0.05）、标准差的值（0.02）和逻辑值（"true"）⊖。

最终，利用 Excel 计算的收益率小于或等于 4% 的正态分布概率值如图 3-19 所示。

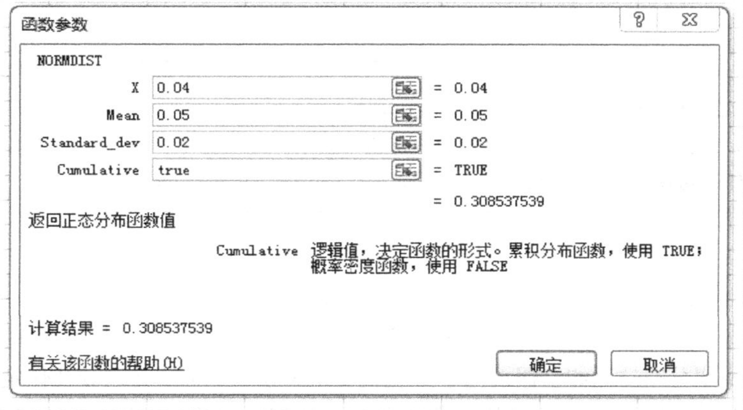

图 3-19 用 Excel 计算的由正态分布左侧开始累积概率的结果

⊖ 正态分布第四个文本框逻辑值中包含两个选项：当计算由正态分布左侧开始的一个累积概率值时，在对话框中键入"true"；当计算 x 对应的概率密度函数值时，在对话框中键入"false"。

3.3.3 用正态分布曲线解二项分布问题

数理统计学已经证明，随着样本容量的不断变大，无论 p 值如何，二项分布越来越趋向于正态分布。因此，当 n 很大（超出一般二项分布表所给出的范围），而又无法借助计算机帮助的情况下，对于一些特定的二项分布问题，可以运用正态分布函数去近似地求解其概率值。

比如，假定一家公司的历史数据表明，该公司发票差错的概率为 0.1。现抽出 100 张发票组成一个样本，想知道有 8 张发票存在差错的概率是多少。

利用正态分布函数解决二项分布问题可以按照以下几个步骤进行：

第一步，需要将二项分布的两个参数 n 和 p 分别转换成正态分布的两个参数 μ 和 σ。其中 $\mu = np$

$$\sigma = \sqrt{np(1-p)}$$

在有关公司发票差错概率的问题中，$n = 100$，$p = 0.10$，由此得到

$$\mu = np = 100 \times 0.10 = 10, \quad \sigma = \sqrt{np(1-p)} = \sqrt{100 \times 0.10 \times 0.90} = 3.0$$

第二步，当完成这一转换后，还应当按照以下两个准则检验由此得到的正态分布能否作为二项分布的一个很好近似：

准则一：检验 $\mu \pm 3\sigma$ 区间是否位于 $0 \sim n$ 之间。也就是说，只有当所有可能的 x 值位于 0 与 n 之间，对于一个二项分布问题才可以接受正态分布曲线的近似。其中，0 和 n 分别是二项分布的上下限。

准则二：检验 np 和 $n(1-p)$ 是否分别大于 5。即如果 $np > 5$ 且 $n(1-p) > 5$，说明这个近似就很好。

依据以上两个准则，由于区间 $\mu \pm 3\sigma = 10 \pm 3 \times 3.0 = 1 \sim 19$ 处于 $0 \sim n$ 之间，且 $np = 10 > 5$，$n(1-p) = 100 \times 0.90 = 90 > 5$，证明用正态分布函数解决二项分布问题可以得到一个很好的近似。

第三步，对离散型变量进行连续性修正。由于对于连续型概率分布，随机变量取任何单个数值的概率都是 0，为确保将二项分布问题的绝大多数信息正确地转化为正态分布，必须对随机变量 x 进行 ± 0.5 的修正。比如，在发票差错的案例中，由于 $x = 8$，经过连续性修正后，就由一个求单个值的概率变成求 $7.5 \sim 8.5$ 区间的概率了，从而得到离散型二项概率分布 $p(x=8)$，可以用连续型正态分布 $p(7.5 \leq x \leq 8.5)$ 来近似。

第四步，计算正态分布的概率来近似代表二项分布的概率。在发票差错的案例中，

当 $x = 8.5$ 时，$z = \dfrac{x - \mu}{\sigma} = \dfrac{8.5 - 10}{3} = -0.50$

当 $x = 7.5$ 时，$z = \dfrac{x - \mu}{\sigma} = \dfrac{7.5 - 10}{3} = -0.83$

查标准正态分布表，可得 8.5 左侧曲线下的面积为 0.3085；7.5 左侧曲线下的面积为 0.2033。由此得到 7.5 与 8.5 之间的面积为 $0.3085 - 0.2033 = 0.1052$。

以上计算结果意味着，上述公司发票出现差错概率为 0.1 的情况下，如果随机抽出 100 张发票，其中有 8 张发票有问题的概率为 0.1052。

3.3.4 均匀概率分布

均匀概率分布（简称均匀分布）也称矩形分布，是随机变量在等高度的每一区间上取值概率都相同的概率分布。比如，假设用一个随机变量 x 表示一辆从北京驶往保定的私家轿车运行时间，从大量的实际运行数据中得出的结论为，在 $100 \sim 120 \text{min}$ 之间，任何 1min 间隔内运行时间的概率相等，则随机变量 x 服从的就是一种均匀分布。

1. 均匀分布的概率密度函数及其图形

如果用 (a, b) 表示随机变量 x 的取值区间，均匀分布的概率密度函数则为

$$f(x) = \begin{cases} \dfrac{1}{b-a} & a \leqslant x \leqslant b \\ 0 & 其他 \end{cases} \quad (3\text{-}39)$$

均匀分布的图形为一种长方形,具体如图 3-20 所示。

2. 均匀分布函数的概率

由于均匀分布属于一种连续型概率分布,如同正态分布一样,其概率只能通过计算该函数某一区间的面积求得。从图 3-20 可以看出,由长方形的长 ($b-a$) 和高 $\dfrac{1}{(b-a)}$ 所围成的面积为 1。由此可以确定出随机变量 x 在 (x_1,x_2) 区间取值的概率为

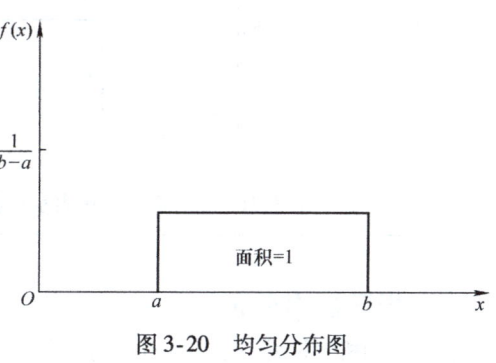

图 3-20 均匀分布图

$$p(x) = \dfrac{x_2 - x_1}{b - a} \quad a \leqslant x_1 \leqslant x_2 \leqslant b \quad (3\text{-}40)$$

3. 均匀分布的均值和标准差

均匀分布的均值和标准差分别为

$$\mu = \dfrac{a+b}{2} \quad (3\text{-}41)$$

$$\sigma = \dfrac{b-a}{\sqrt{12}} \quad (3\text{-}42)$$

当了解了均匀分布的概率密度函数、分布函数的概率以及数学期望和标准差后,再来看一下前面提到的一辆私家轿车从北京驶往保定的例子。

从该例子可以获知,随机变量 x 在的取值区间 (a,b) 为 (100,120),即 20min,这也就是长方形的长度。长方形的高度,即概率函数 $f(x) = \dfrac{1}{120-100} = \dfrac{1}{20}$。

现在要问,一辆私家轿车从北京驶往保定所用时间在 100~110min 之间的概率有多大?根据式 (3-40) 则有

$$p(x) = \dfrac{x_2 - x_1}{b-a} = \dfrac{110 - 100}{120 - 100} = 0.50$$

由此,可以得出结论认为,通过大量数据证明一辆轿车从北京驶往保定所需时间在 100~120min 之间的情况下,任意一辆轿车通过这段路程所用时间在 100~110min 之间的概率为 0.50。而且,它们的均值和标准差分别为

$$\mu = \dfrac{a+b}{2} = \dfrac{100\text{min} + 120\text{min}}{2} = 110\text{min}$$

$$\sigma = \dfrac{b-a}{\sqrt{12}} = \dfrac{120\text{min} - 100\text{min}}{\sqrt{12}} = 5.77\text{min}$$

这就意味着,所有私家轿车从北京驶往保定所用时间的均值为 110min,具体每一辆轿车所用时间与所有轿车所用时间的平均数平均相差 6min 左右。

上面的例子所求概率如果用图形表现,则如图 3-21 所示。

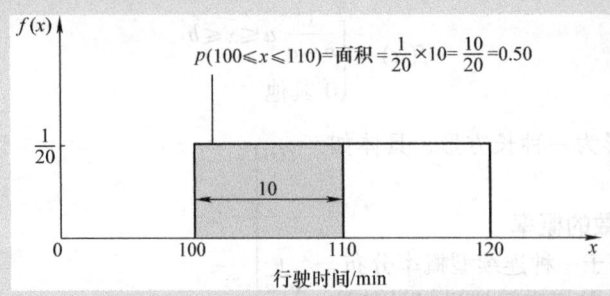

图 3-21　蓝色部分面积表示行驶时间在 100～110min 之间的概率

3.3.5　指数概率分布

连续型随机变量另一个非常有用的分布就是指数概率分布（简称指数分布）。指数分布与泊松分布有着密切的关系。如果说泊松分布给出的是一个事件在某个区间出现次数的适度描述的话，那么指数分布给出的则是一个事件出现两次之间区间长度的描述。在商务活动中，诸如分析家用电器大故障发生的次数、装载一辆货车所需的时间等，都可以用指数分布来描述这些事件。

1. 指数分布的特点

指数分布具有下面几个特点：
（1）指数分布是一种连续型概率分布。
（2）指数分布有一个家庭族。
（3）指数分布是右拖尾的分布。
（4）随机变量 x 的值由 0 到无穷。
（5）指数分布的顶点总在 $x=0$ 处。
（6）指数分布曲线随着 x 的不断增大而趋于递减。

2. 指数分布的概率密度函数及其图形

指数分布的概率密度函数为

$$f(x) = \lambda e^{-\lambda x} \qquad x \geq 0, \lambda > 0 \tag{3-43}$$

式中，λ 是均值 μ 的倒数（$\lambda = \dfrac{1}{\mu}$）。它作为一个参数决定着指数分布的状态。每一个特定的 λ 值就会确定一个不同的指数分布。由此就存在一个指数家族。图 3-22 就是一个由 4 个不同 λ 值构成的指数分布家族图。

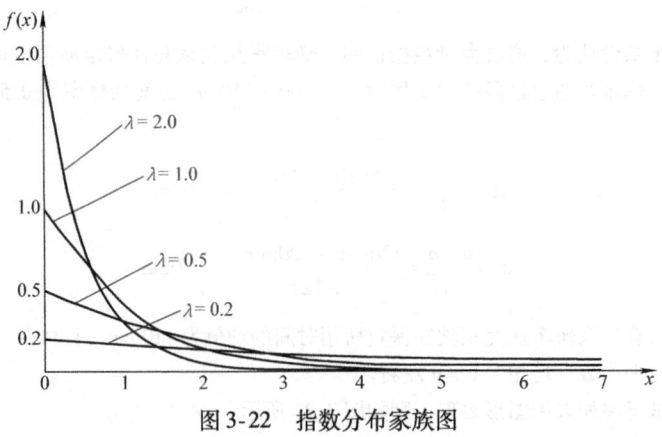

图 3-22　指数分布家族图

3. 指数分布的概率、均值和标准差

与其他任意连续型概率分布一样,通过确定指数分布曲线下两点间的面积就可以计算出指数分布的概率。具体来说可以分别通过以下两个公式,计算当 $x \geqslant x_0$ 和 $x \leqslant x_0$ 时指数分布的概率。

$$p(x \geqslant x_0) = e^{-\lambda x_0} \tag{3-44}$$

$$p(x \leqslant x_0) = 1 - e^{-\lambda x_0} \tag{3-45}$$

式中,$x_0 \geqslant 0$,代表概率问题中到达或发生间隔的期望数。

指数分布的均值和标准差相同,均为 $\frac{1}{\lambda}$。

4. 用指数分布解决实际问题举例

当了解了指数分布的定义、特点、概率密度函数、概率的算法,以及均值和标准差后,人们关注的焦点自然集中到如何利用这种分布解决商务经济活动中的实际问题。在此,我们通过一家生产企业在统计质量控制中对指数分布的实际应用来回答这一问题。

一家生产电冰箱的企业自成立以来一直利用统计技术对产品质量进行控制。在生产过程中,质量检验人员经常会对组件进行随机抽取并测试。从质检人员所作的测试记录看,在生产线上平均每 30min 就产生 1 个残次品。

根据上述这些信息,质检人员想知道以下三种情况下的概率各是多少:

(1) 任何两个残次品之间产生的时间少于 20min 的概率。
(2) 任何两个残次品之间产生的时间少于 40min 的概率。
(3) 任何两个残次品之间产生的时间在 20~40min 之间的概率。

由于指数分布是用来描述两次事件发生之间的时间间隔的,显然上述问题可以用指数分布来解决。通过给出的信息可知,由于 μ 为 30min,于是,λ 值则为

$$\lambda = \frac{1}{\mu} = \frac{1}{30} = 0.0333$$

首先,来看第一个问题。在这个案例中,由于所求的是间隔少于 20min,即 $x_0 \leqslant 20$ 的概率,运用指数概率公式有

$$p(x \leqslant 20) = 1 - e^{-\lambda x_0} = 1 - \frac{1}{2.71828^{0.0333 \times 20}} = 0.4862$$

上述计算结果表明,在平均每 30min 出现 1 件残次品的情况下,在 20min 时间内出现残次品的概率为 0.4862。

其次,可以按照上述同样的办法计算出产生两个残次品之间的时间少于 40min 的概率。即

$$p(x \leqslant 40) = 1 - e^{-\lambda x_0} = 1 - \frac{1}{2.71828^{0.0333 \times 40}} = 0.7361$$

最后,由于第三个问题是计算任何两个残次品之间产生的时间在 20~40min 之间的概率,可以通过计算第二个问题的概率和第一个问题的概率的差值得出,即

$$p(x \leqslant 40) - p(x \leqslant 20) = 0.7361 - 0.4862 = 0.2499$$

5. 利用 Excel 计算指数分布的概率

利用 Excel 的 "EXPONDIST" 可以计算指数的概率。具体计算步骤可通过以下的具体实例加以说明。

例如，一家生产某种型号电器元件企业的质量监测数据统计显示，一件样品为残次品的概率服从泊松分布，在生产线上平均每20min就产生1.38个残次品。质量检测人员想根据这些信息确定任何两个残次品之间产生的时间少于15min的概率。

根据以上所提供的信息可以确定，利用指数分布可以求出任何两个残次品之间产生的时间少于15min的概率。其中，$x = \dfrac{15}{20} = 0.75$，$\lambda = 1.38$。

此问题在Excel的具体操作步骤为：

步骤一：在Excel标准工具栏中选择"粘贴函数"f_x。

步骤二：在"粘贴函数"对话框中选择"统计"。

步骤三：在"统计"的对话框中选择正态分布"EXPONDIST"，单击"确定"按钮，Excel显示出如图3-23的对话框。

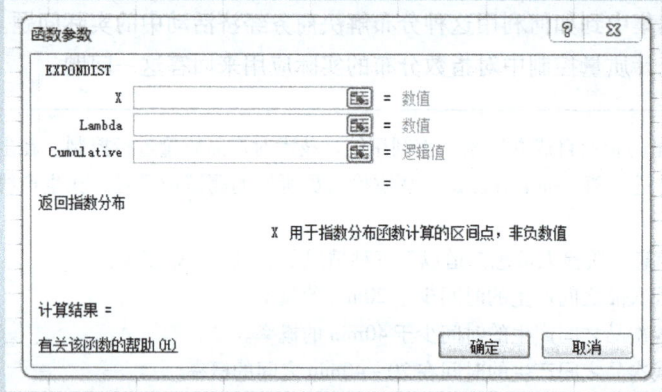

图3-23 Excel的"EXPONDIST"对话框

步骤四：分别在三个变量的文本框中键入x的值（0.75）、λ的值（1.38）和一个逻辑值（"true"）⊖。最终，利用Excel计算的指数分布概率约为0.6448（见图3-24）。

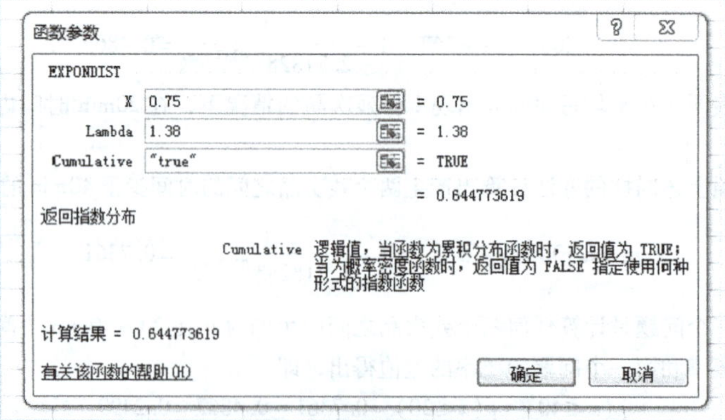

图3-24 用Excel计算的由指数分布左侧开始累积概率的结果

⊖ 指数分布第三个文本框逻辑值中包含两个选项：当计算由指数分布左侧开始的一个累积概率值时，在文本框中键入"true"；当计算x对应的概率密度函数值时，在文本框中键入"false"。

数据、模型与决策
Data, Models & Decisions

本章小结

本章介绍了概率的基本概念、概率的三种分配方法以及概率的基本性质和运算规则；对于可以获得一些附加信息的情况，介绍了如何运用贝叶斯定理来计算修正概率或后验概率。

有关随机变量的概率分布，着重介绍了离散型变量中的二项分布和泊松分布，连续型变量中的正态分布、均匀分布和指数分布。每种分布重点就概率分布的形状、特点、应用条件、求解概率的方法（公式）、期望值和方差（标准差）等内容作了详细介绍。

思考与练习题

1. 什么是概率？概率的分配方法有哪几种？
2. 一家食品制造公司对4种不同的包装设计进行了研究。假设消费者选择每种设计的可能性是相同的，则分配给每种包装设计的概率各是多少？公司为了了解消费者对各种设计的喜欢程度，在一次实际调查中要求100名消费者选择出他们所喜欢的设计，得到如表3-11所示的数据。

表 3-11　调查数据

设　计	喜欢的人数/人
1	10
2	15
3	45
4	30
合　计	100

上述这些数据是否验证了消费者选择每种设计的可能性是相同的这一假设？试解释之。

3. 一副扑克牌52张，从中随机抽取1张，问抽出红桃或抽出K的概率是多少？
4. 一名学生数学考试及格的概率为2/3，英语考试及格的概率为4/9，两门中至少有一门及格的概率为19/27，试求两门都及格的概率。
5. 一项对254个公司总经理的特殊待遇的调查结果表明，155人有iPad4，152人有俱乐部会员卡，110人既有iPad4又有俱乐部会员卡。
（1）设 A 表示事件"有iPad4"，B 表示事件"有俱乐部会员卡"。求 $p(A)$、$p(B)$ 和 $p(A\cap B)$。
（2）用（1）部分的概率，计算某公司总经理至少有一项特殊待遇的概率。
（3）用（1）部分的概率，计算某公司总经理没有任何一项特殊待遇的概率。
6. 一批产品有70%的一级品，进行重复抽样检查（即有放回抽样），共取5件样品，求：
（1）取出5件恰有2件一级品的概率 p_1。
（2）取出5件至少有2件一级品的概率 p_2。
7. 贝叶斯定理和条件概率在医学诊断中可以得到广泛应用。具体可以是，对于某种疾病，医生可以根据一些因素给出先验概率的估计，再由诊断所获取的信息对先验概率作出修正，得出后验概率。

现假定某人被认为患 Z_1 和 Z_2 两种疾病之一。其概率分别为 $p(Z_1)=0.7$ 和 $p(Z_2)=0.3$。医学研究给出了伴随该种疾病发生的三种症状（分别用 S_1、S_2 和 S_3 表示）的概率分别如表3-12所示。

表 3-12　相关概率

疾病	症　状		
	S_1	S_2	S_3
Z_1	0.15	0.15	0.20
Z_2	0.80	0.15	0.04

假如医生发现病人有某种症状后，他可以求助于某种疾病的后验概率。给定下列医学结果，计算每

种疾病的后验概率。

(1) 病人有症状 S_1。

(2) 病人有症状 S_2。

(3) 病人有症状 S_3。

(4) 对于（1）中有症状 S_1 的病人，假设医生又发现了症状 S_2。问 Z_1 和 Z_2 的后验概率是多少？

8. 一家电子设备制造公司计划将其产品打入欧洲市场。该公司销售部门经理预计，其产品进入欧洲市场后的销售前景可能会有两种状况，一是销路好，二是销路差，并且各自的概率分别为 0.6 和 0.4。为了慎重，该公司又委托一家市场调查公司对欧洲市场的有关情况进行调查。由该调查公司过去的实绩来看，当市场销路好时，该公司所调查的结果有 90% 的准确率；当市场销路差时，该公司调查结果的准确率则为 80%。

根据以上信息，分别计算在调查公司给出市场销路好和差的调查结果条件下，该电子设备制造公司在欧洲市场上销售状态的后验概率，并绘制出后验概率分布表。

9. 考虑一个抛两次硬币的试验。

(1) 列出所有试验结果。

(2) 定义一个随机变量，用以表示抛掷两次硬币出现正面的次数。

(3) 这个随机变量是离散型的还是连续型的？

(4) 对于每种试验结果，给出随机变量的取值。

10. 以下数据是北京某大学 2012 年 9 月份 30 天内 4 个中等学术报告厅的使用情况：有 10 天没有使用报告厅；有 3 天只使用 1 个；有 8 天使用 2 个；有 5 天使用 3 个；有 4 天 4 个学术报告厅都被使用。

(1) 使用频率的方法，对一天中学术报告厅的使用个数编制概率分布。

(2) 绘制概率分布图。

(3) 给出这个概率分布应当满足有效的离散型概率分布的条件。

11. 中央财经大学统计与市场调查研究中心以前组织的一项调查表明，有 65% 的金融业务顾客对服务于他们的主要金融机构非常满意。该中心时隔一段时间后，想要再组织一次同样的调查。在假定顾客满意度比例不发生变化的情况下，中心工作人员想知道如果随机抽取 40 名金融顾客，其中恰好有 25 个顾客对他们的主要金融服务机构非常满意的概率是多少？

12. 当一台新机器投入使用时，生产出的产品有 2% 是次品。假定随机抽取 5 个该机器生产的产品，并且我们对发现的次品数目感兴趣。

(1) 抽取 5 个产品是一个二项试验吗？试解释之。

(2) 如果抽取 5 个产品是一个二项试验，描述该项试验所需的条件。

(3) 用公式分别计算没有发现次品和恰好发现 1 个次品的概率。

(4) 利用二项分布表计算恰好发现 3 个次品的概率。

(5) 利用 Excel 求解恰好发现 5 个次品的概率。

(6) 计算该二项分布的均值和标准差。

13. 中国国际航空公司的一家预售票处在 1h 内收到 48 次电话。

(1) 如果要用概率分布的方法求解在某一时间间隔内收到若干次电话的概率，应当用何种概率分布？为什么？

(2) 假如能用泊松分布的原理回答第（1）个问题，需要满足哪些条件？

(3) 求该预售票处工作人员在 5min 时间内恰好收到 3 次电话的概率。

(4) 求该预售票处工作人员在 15min 时间内恰好收到 10 次电话的概率。

(5) 如果现在没有电话打进来，工作人员想利用 5min 时间离开岗位办点私事，他有多大把握因此而不耽误工作？

(6) 假如工作人员现在刚接到一个电话，而且估计这次通话大约需要 5min。你估计一下，这位工作人员结束本次通话后会有多少个电话正在等待打进来？没有电话等待的概率又是多少？

14. 一家中石化加油站的历史数据表明，每个工作日的上午，在15min时间间隔内到达该加油站的汽车平均数量是10辆。该加油站管理人员想知道：

(1) 在一个工作日上午的15min时间间隔内，正好有5辆汽车到达该加油站的概率。

(2) 假如管理人员是利用泊松分布概率函数公式计算得出问题(1)的概率，你分别用泊松分布表和Excel来验证一下他所计算的结果。

15. 北京市一家大型超市户外墙面上的油漆广告经常出现陈旧现象。假定该广告的维护人员关心某一部分墙面广告经过重新喷漆6个月后又会出现陈旧的状况。根据过去的记录显示，该广告每 $10m^2$ 重新喷漆6个月后，平均会有2处陈旧。根据以上信息：

(1) 现在维护人员刚结束对该墙面某一 $30m^2$ 广告的重新喷漆，他想知道这块广告6个月后没有出现陈旧的概率会是多少？

(2) 该维护人员要知道上面的结论，在具体计算时必须满足哪些假设？

(3) 计算该问题的均值和标准差。

16. 中央财经大学MBA 2012级P1班一个学习小组共有10名同学。其中有6人平时喜欢喝雪碧，另外4人喜欢喝可乐。在一次小组聚会上，他（她）们随机抽取3人作为一个样本，计算了以下两个概率：

(1) 正好有两个人喜欢喝雪碧的概率。

(2) 两个或两个以上的人喜欢喝可乐的概率。

假如你想知道以上两个概率各是多少，那你应当利用什么样的概率函数公式计算呢？这种概率分布与哪种概率分布存在着密切联系？它们之间又有哪些区别？

用Excel计算结果来验证一下以上用手工计算的结果是否准确。

17. 观察正态概率分布曲线，并简述其几个基本特征。

18. 假定 z 是标准正态分布的随机变量，利用标准正态分布表计算下面的概率：

(1) $p(0 \leq z \leq 0.84)$。

(2) $p(-1.58 \leq z \leq 0)$。

(3) $p(z > 0.45)$。

(4) $p(z \geq -0.23)$。

(5) $p(z < 1.20)$。

(6) $p(z \leq -0.71)$。

19. 某省高招办的一名研究人员经过统计发现，该省2012年所有报考一本的文科考生平均分数为494分，标准差是100分。该人员想知道以下几个概率：

(1) 全省所有文科考生考试分数在均值至600分之间的概率是多少？

(2) 一个考生获得大于700分的概率有多大？

(3) 一个考生的考试分数少于或等于550分的概率是多少？

(4) 一个考生的考试分数少于400分的概率是多少？

(5) 所有考生的考试分数在300~600分之间的概率是多少？

(6) 用Excel分别计算(4)和(5)。

20. 一项随机抽样调查的资料显示，家住在北京且在北京上学的大学男生的月生活费服从正态分布。他们除了周末回家吃用以外，有86.65%的人住校期间月生活费少于449元，标准差为36元。问：

(1) 这些大学生在校月生活费的均值是多少？

(2) 月生活费处于正态分布曲线顶部10%那部分学生的具体费用是多少？

21. 一家电池制造商的质量保证计划中有一项内容是进行电池寿命的检测。对于5号碱性电池，用在钟表上的平均寿命为8500h。电池的使用寿命服从标准差为100h的正态分布。试回答下列问题：

(1) 大约68%的电池会在什么时间的区间内失效？

(2) 大约95%的电池会在什么时间的区间内失效？

(3) 几乎所有的电池会在什么时间的区间内失效？

22. 新毕业的大学本科生首次任职月收入服从均值为4000元、标准差为100元的正态分布。如果某大学有1500名本科毕业生（扣除升学和出国留学以后的毕业生数），他（她）们首次任职月收入在3360～4800元之间的人数大约是多少？

23. 在什么时候可以使用正态分布近似求解二项分布问题？使用该项统计方法的基本准则是什么？

24. 某家庭财产保险公司进行的一项研究表明，在一般情况下，遭盗窃的私家房主中有75%的人无法找回他们失窃的物品。在过去的一年中，某地区共发生了200起盗窃私家财物案件。

（1）试问在过去一年某地区共发生的200起盗窃私家财物案件中，至少有150起案件所涉及的财物无法找回的概率是多少？

（2）试问在过去一年某地区共发生的200起盗窃私家财物案件中，至少有180起案件所涉及的财物无法找回的概率又是多少？

25. 一条生产易拉罐的生产线，生产一个易拉罐的时间服从27～39s的均匀分布。

（1）写出这一分布概率密度函数的公式。

（2）写出这一分布函数概率的公式。

（3）计算这一分布函数的均值和标准差。

（4）假设某一特定生产所花费的时间为30～35s，这种生产发生的概率是多少？

（5）假如某一特定生产所花费的时间少于30s，这种生产发生的概率又是多少？

26. 简要描述指数分布的特征。

27. 大型超市通常情况下在每天下午5点30分～6点30分期间很忙，因为此期间多数工作的人下班后会在回家的路上停下来购物。一家超市的管理人员经过长期观察发现，在这段时间内每分钟平均有0.8名顾客达到收款台。假定到达收款台的顾客人数服从泊松分布。

（1）如果一个收款员刚刚给排在最后一位的顾客结完账，那么下一位顾客到来前至少需要1min的概率是多少？

（2）假定这个收款员想去经理室问个问题，大约需要3min。那么在下一个顾客到来前，她能赶回来的概率是多少？

28. 产品的使用寿命通常服从指数分布。假定这种分布也适用于一台电视机的寿命，则在某种型号的电视机平均寿命为12年的情况下：

（1）一台电视机的寿命小于或等于6年的概率是多少？

（2）一台电视机的寿命大于或等于15年的概率是多少？

（3）一台电视机的寿命在5～10年的概率是多少？

（4）给出该种型号电视机寿命的均值和标准差。

（5）用Excel分别计算（1）、（2）和（3）。

CHAPTER 4

第4章

抽样分布与参数估计

学习目标

1. 掌握抽样的基本原理和几种主要的抽样方式。
2. 掌握样本均值抽样分布和样本比例抽样分布的基本理论、各自期望值和标准差的计算方法，以及分布特征。
3. 掌握总体参数的点估计方法。
4. 掌握总体参数的区间估计方法，并学会利用其解决实际问题。

> **导入案例**
>
> ### 北京市出租车涨价问题
>
> 近年来,随着北京市区范围的不断扩大和人口(包括常住人口和流动人口)的骤增,打车难越来越成为困扰人们出行的一大社会问题。为缓解打车难的现状,北京市政府出台了提高出租车价格的政策,以刺激出租车驾驶员的积极性。
>
> 出租车价格在原来的基础上究竟提高多少算合理?除了要考虑各方的利益平衡外,决策的重要依据之一是有关出租车运行的大量统计数据。据报道,"根据2012年计价器数据统计,乘客乘坐距离在3km以内的占27.6%,3km以上的占72.4%。综合测算,乘客次均乘坐距离约为8km,次均支出约为25.6元。"(《北京晚报》,2013年5月24日)。现在的问题是,尽管已经有了乘客的平均乘车距离和平均每次支出费用的数据,这只是一个点估计数据,如果要以95%的置信度来估计次均乘坐距离和次均支出费用的置信区间,那应当如何做呢?
>
> 假如一家交通问题的研究机构要对北京市出租车乘客的乘车距离和支出费用问题展开调查,调查的总体是每天在北京市打车的所有乘客。它们将如何抽取样本,以及根据抽样分布理论去完成相应的工作呢?
>
> 本章将围绕上述问题,对抽样、抽样分布和参数估计的有关问题展开讨论。

4.1 抽样

4.1.1 抽样及其原因

在商务与经济活动中,有时为了从样本中收集数据并得出有关总体分布的结论,经常会使用抽样的方法。例如,一位研究者想确定小微公司的融资情况,他可在众多可供选择的小微公司中,利用简单随机抽样的方法确定一小部分公司作为样本,通过发放精心设计的调查问卷,了解这些公司诸如融资渠道、成本,以及融资过程中都遇到哪些困难等问题,然后对收集到的资料进行分析处理,并得出对全部小微公司融资状况基本认识的相应结论。管理层及决策制定者可以根据研究结果制定相应的对策,以改善整个小微公司的融资状况,充分发挥它们在经济活动中的作用。

抽样就是为了进行抽样推断,根据一定的原则和方法,从总体中抽取一部分个体(或单位)组成样本。抽样推断的目的在于,从样本所包含的信息中获取有关总体的信息。

广泛使用抽样而不是普查来收集制定决策所需的信息,主要是基于以下几个方面的原因:

(1)对于给定数量的问题,进行抽样要比普查节约得多。例如,进行一个5分钟的电话采访,对100个客户采访的成本显然低于对10万个客户这一总体进行普查的成本。

(2)除了可以节约成本外,对于上述电话采访的问题,抽样较普查的另一个显著优点在于,抽样很小的采访数量还可以节约大量时间,提高获取数据的时效性。在当今市场变化莫测、新竞争新思想不断涌现的情况下,使用抽样可以迅速获得所要的数据,以便为决策提供支持。

(3)在实际研究过程中,有些研究对被研究的产品或项目具有破坏性。例如,要检测一批新出厂荧光灯管的使用寿命,会使被检测的产品不再具有可用性。对这类产品的研究如果使用普查,那就不会有可以出售的产品了。所以,测试这类产品的唯一方法只能是抽样。

(4)有些时候,在资源一定的情况下进行抽样比普查能得到更多更详细的信息。把有限的资源集中投放到少数调查单位上面,不仅可以扩大研究范围,还可以加强研究问题的深度。

比如，一个商业机构用10万元对它的5万个客户进行一项研究，如果用普查而不是抽样的方式收集信息，就很难收集广泛而详细的信息。相反，如果采用抽样的方式，研究机构就可以通过从5万个客户的总体中进行随机抽样，然后通过训练有素的采访者与少量的被调查者进行一对一的交互式访谈，这样，研究者用同样的资金可以在每个样本单位上花费更多的时间，从而可以得到更广泛和更详细的有用信息。

（5）对于一些无法确定总体所包括的单位数量是多少时，要了解总体的某些信息只能依赖于抽样。在现实生活中，一个餐馆中午前来就餐的顾客人数始终是一个无限总体。要了解顾客从订餐到取得食物等候的时间和对餐馆服务态度的满意度等信息，只有采取抽样的方式获得。

（6）对一些总体特别大、采用普查所耗费时间特别长、动用普查人员特别多的情况，运用抽样所获取的信息去推断总体，往往会取得比普查更理想的结果。

4.1.2 抽样框

抽样研究的对象是由众多个体（或称单位）构成的目标总体。**样本**是依据目标总体的清单、图或目录等，从总体中抽取若干个体所组成的小总体。这种清单、图或目录等被称为**抽样框**。比如，要用抽样的方式研究所有上市公司的财务状况，那么所有上市公司就是一个目标总体，其中每个上市公司就是一个个体或单位，所有上市公司名录就是一个抽样框。

理论上，抽样框中的单位与目标总体中的单位之间存在着一一对应的关系。但实际上，抽样框与目标总体之间有时会一致，如上述的上市公司名录与上市公司总体之间的关系就是一致的。有时二者之间会有区别，比如，假设目标总体是居住在北京的所有家庭，一个可行的抽样框是北京市所有居民区的门牌号码。在此种情况下，抽样框与目标总体有什么区别呢？有些门牌号码可能没有居民居住，有些门牌号码可能有家庭居住但没有登记，有些门牌号码可能一个号码住着几个家庭，还有些家庭可能在不同的门牌号码下进行了多次登记（一户多房），等等。重复登记的抽样框包括所有目标总体中的单位和额外单位，登记不全的抽样框所包含的单位要少于目标总体中的单位。研究者在抽样前的主要任务就是要搞清抽样框与目标总体之间的关系，尽量缩小二者之间的差别。

4.1.3 有放回抽样与无放回抽样

从抽样方法角度区分，抽样主要有有放回抽样与无放回抽样两种类型。

有放回抽样就是将某个个体（单位）从总体中抽取后，对其作完某种标记后重新放回总体中参加下一次抽选，如此反复进行，直至抽取的个体数量达到样本容量的要求为止。有放回抽样的特点是，每一个样本单位始终在一个固定规模的目标总体中抽取，每个单位之间是相互独立的，每个具体单位是否被抽中的概率是相等的，一个单位在总体中可能会被重复抽中。所以，此类抽样方法也称为**重复抽样**。

无放回抽样就是目标总体中的某个单位一旦被抽中，就将其放在一边不能参加下一次抽选，如此反复进行，直至抽取的个体数量达到样本容量的要求为止。无放回抽样的特点是，每一个样本单位始终在目标总体的单位数量不断发生变化的情况下抽取，每个单位之间不是独立的。一个单位一旦被抽中就不会参加下一次抽选，所以，此类抽样方法也称为**不重复抽样**。

有放回抽样方法因为每次抽取时满足独立性，因此在理论分析上比较简单。但在实际中，最常用的还是无放回抽样。在通常情况下，只要提到简单随机抽样，我们就假定是无放回抽样。

4.1.4 有限总体抽样和无限总体抽样

总体从包含个体（或单位）数量的多少来看，可以区分为有限总体和无限总体。有限总体就是总体容量 N 中所包含的个体数量是有限个，或者说是可以计数的总体。从有限总体中所进行的抽样称为有限总体抽样。

在商务与经济活动中，尽管大多数领域属于有限总体，但是，在有些情况下总体也可能是无限的，或者尽管从理论上讲是有限的，但由于总体中所包含的个体数量非常多，实际上把它作为无限总体来处理。无限总体就是总体容量 N 中所包含的个体数量是无限个，或者无法计数的总体。从无限总体中所进行的抽样称为无限总体抽样。

确定抽样是有限总体抽样还是无限总体抽样，对于如何进行抽样推断十分重要。因为从不同总体中进行抽样，在进行区间估计时所采用的计算公式也不同。

4.1.5 随机抽样与非随机抽样

从抽样组织方式角度区分，抽样主要有随机抽样与非随机抽样两种类型。

随机抽样也称概率抽样，就是严格按随机原则，即保证总体中每个单位都有同等机会被抽中的原则抽取样本单位的抽样组织方式。例如，多数人认为体育彩票的中奖者是随机抽号产生的。随机抽样的最大优点是，在根据样本资料推断总体时，可用概率的方式客观地测量总体参数的可靠程度，从而使这种推断建立在科学的基础上。正因为此，随机抽样在商务与经济活动的研究中被广泛应用。常用的随机抽样方法主要有简单随机抽样、分层随机抽样、系统抽样、整群抽样和多阶段抽样等。其中，简单随机抽样是最基本的随机抽样方式，其他几种随机抽样都是在简单随机抽样基础上拓展出来的。

非随机抽样也称非概率抽样，是指抽样时不是遵循随机原则，而是按照研究人员的主观经验或其他条件来抽取样本单位，总体中每个单位被选作样本单位的概率不一定相同的一种抽样方式。例如，人们经常会发现，一些电视媒体记者就某一社会普遍关注的热点问题，为了得到受访观众的观点或意见，往往采用在街头选取愿意接受采访的观众这种方便抽样的方式进行报道。在非概率抽样中，由于不明确抽样框或每个具体的总体单位，因此不可能事先给定发生的概率。常用的非随机抽样有方便抽样、滚雪球抽样、判断抽样和定额抽样等。

在通常情况下，如果没有加以特殊说明，统计教科书中所讨论的统计方法都基于数据来自随机样本。这些统计方法不适合用于分析来自非随机抽样所采集的数据。

4.1.6 抽样误差

抽样误差是样本统计量的值与总体被估计参数之间的差。对于样本均值、样本比例和样本标准差而言，它们的抽样误差分别为 $(\bar{x}-\mu)$、$(p-P)$ 和 $(s-\sigma)$。

在随机抽样中，通常包含两种抽样误差。一种是随机抽样误差，就是当抽选的样本不能很好地代表总体时所产生的抽样误差。随机抽样误差具有一定的偶然性，在随机抽样中可以对其进行计算分析。另一种抽样误差则是非随机抽样误差。它是抽样误差中除了随机抽样误差以外的误差。产生非随机抽样误差一般与以下几种因素有关：抽样调查时由于丢失数据、登录错误、输入错误，以及分析错误时所产生的误差；使用不恰当的测量工具所产生的误差；由于设计有缺陷的问卷或概念表达不清所产生的误差；由于被调查者不愿配合所产生的误差；等等。

研究者意欲用随机抽样所获取的信息更准确地推断被估计的参数，其中一项很重要的任务就是要尽量增强样本的代表性，以降低随机抽样误差。同时，通过加强对抽样工作者的培训，提高受访者配合调查的自觉意识等，以更好地控制非随机抽样误差。

由于目前尚未有很好的计算非随机抽样误差的方法，教科书中所讨论的统计方法都假设不存在非随机抽样误差。

4.2 几种常用的抽样方式

4.2.1 随机抽样

1. 简单随机抽样

简单随机抽样也称单纯随机抽样、纯随机抽样，是指从总体 N 个单位中随机抽取 n 个单位作为样本，使每个单位被抽中的概率相等的一种抽样方式。它是所有随机抽样方式中最基本、最常用的一种抽样方式。

简单随机抽样通常采用抽签法或随机数表法具体抽取样本单位。下面用一个具体例子分别阐述两种抽取样本单位的方法。

先科计算机公司的人事部门最近想对该公司 3000 名员工的基本情况进行摸底，其中包括员工们的平均年收入和男女性别比例。现在，他们不想通过采用普查的方式获取以上每个员工的相关资料，而是想利用抽样的方式，通过抽取样本容量为 30 名员工的资料来推断全部 3000 名员工的有关情况。

（1）抽签法。用抽签法抽取样本单位，可以按以下两个步骤完成抽样工作：

第一步，抽样的准备工作。

首先，将 3000 名公司的员工编号（号码从 0001，0002，…，到 2999，3000）。

其次，将每个号码写在大小相等、薄厚相同的纸片上，并揉成均匀的球状。

最后，将所有纸球放入圆形容器中摇匀。

第二步，具体抽样。

首先，从 3000 个纸球中随机抽取 1 个，作好编号记录，然后将其放在一边。

其次，从剩下的 2999 个纸球中再抽取另 1 个，作好记录后，再放在一边。

以此类推，直至抽够 30 个为止。

由此就构成一个无放回抽样的简单随机样本。

如果是采用有放回抽样，第一步的准备工作与无放回抽样完全一样，只是在第二步具体抽样时，每次将抽到的员工编号作完记录后，再放回圆形容器内参加下一次抽选，以此类推，直至抽够 30 个为止。

抽签法简便易行，如果总体的个体数量不多时，适宜采用这种方法。

（2）随机数表法。**随机数表**也称乱数表，是统计工作者用计算机随机生成 0~9 十个数字组成的，并保证表中每个位置上的数字都以等概率出现的数表。附录 G 就是一张转载自美国辛辛那提大学戴维·安德森教授等编著的《商务与经济统计精要》中的随机数表。参看表中的第一行，6，3，2，7，1，…，每个数字都是随机的，而且出现的概率相等。表中每组数据之间的空格只是为了阅读方便而给出的。对于先科计算机公司的抽样问题，在将每名员工进行编号的基础上，利用这张表即可抽取 30 名员工组成一个样本。

使用随机数表，可以从表中任意一组数据开始抽取第一个号码，然后依次按顺序抽取剩余的号码。由于在计算机公司员工的例子中，员工的总人数为 3000 人，它有 4 位数字，而且最大数为 3000，因此，可以从表中抽取四个为一组的随机数，并且将处于 0001~3000 的数字确

定为有效数字加以保留,大于 3000 的数字确定为无效数字放弃掉。从附录 G 第一行抽取的前十组数字分别为:

6327 1599 8671 7445 1102 1514 1807 1458 6839 3108

显然,上述十组数字中,6327,8671,7445,6839 和 3108 五组数字大于 3000,应当剔除掉,剩余的 1599,1102,1514,1807 和 1458 等五组数字处于 0001~3000 之中,成为有效的号码被抽中,应当予以保留。这样的抽样过程继续进行,就可以抽取由 30 名员工组成的一个样本。

2. 分层随机抽样

分层随机抽样的基本原理是:首先,将总体中的所有个体分成若干组(这些组通常称为"层");其次,再从每一层中抽取一个简单随机样本;最后,将每一层简单随机样本合成为一个样本。图 4-1 展示了对一个总体所分成的 i 层。

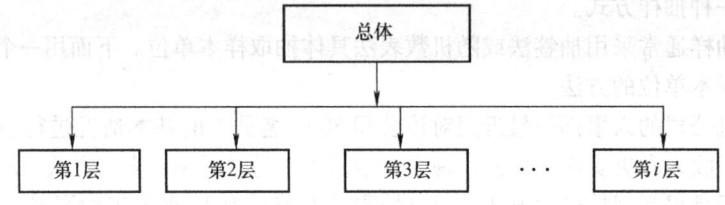

图 4-1 分层随机抽样图

分层随机抽样的应用价值取决于层内个体的同质性。当每层内个体间的差异较小时,分层随机抽样的效果要好于其他随机抽样。因此,当统计工作中采用分层随机抽样估计总体参数时,应当尽可能使每一层内的个体比较接近。

由于分层随机抽样是在各层之间采取普查,而在各层内部采用随机抽样,所以抽样误差的大小主要取决于层内各个体之间的差异性。如果层内个体是同质的,那么分层随机抽样就可以利用相对较小的样本容量获取与简单随机抽样同样的结果。正是由于分层随机抽样具有以上优点,在实际中该抽样方式得到广泛的应用,比如对城区、近郊、远郊和农村不同人群有关某一电视节目收视率的调查,对某一区域内不同地形如平原、丘陵和山区农产品产量的调查,对不同文化程度的人群对政府某项政策支持程度的调查等,都可采用分层随机抽样的方式。

分层随机抽样既可以按比例进行,也可以不按比例进行。如果从每一层中抽取的样本容量百分比都分别与相对应的每一层总体百分比相同,则将这种抽样称为**等比例分层随机抽样**。例如,据北京市工商行政管理局公布的数据,截至 2012 年 12 月底,全市市场主体存量为 146.44 万户,其中企业 76.78 万户,个体工商户 69.11 万户,外国(地区)企业常驻代表机构 0.55 万户。企业、个体工商户和外国(地区)企业常驻代表机构占市场主体存量的百分比分别为 52.43%、47.19% 和 0.38%。⊖ 假如在北京市按市场主体的类型,即企业、个体工商户和外国(地区)企业常驻代表机构进行分层抽样,以了解不同市场主体的运营情况。当确定的样本容量为 1000 时,那么按等比例分层随机抽样的要求,在选取的样本中就应当分别包括 524 户企业、472 户个体工商户和 4 个外国(地区)企业常驻代表机构。如果所选取的样本中所包括的企业数和个体工商户的数量分别不是 524 户、472 户和 4 个,这种抽样被称为不等比例分层随

⊖ 参阅北京市工商行政管理局网站 2013 年 2 月 20 日发布的分析报告《2012 年北京市市场主体发展情况分析》。该报告中未提及的市场主体类型为外国(地区)企业常驻代表机构。据报告中的数据推算,此类市场主体的数量为 0.55 万个,占全市市场主体存量的 0.38%。

机抽样，即不等比例分层随机抽样是指从每一层中抽取的样本容量百分比不都分别与相对应的每一层总体百分比相同的抽样。在实际抽样中，究竟采用等比例分层随机抽样或是不等比例分层随机抽样，可以根据被研究总体的具体情况而定。如果总体经过分层后，有些层内部个体差异比较大，有些层内差异比较小，为缩小抽样误差此时就应当采用不等比例分层随机抽样，增大对那些层内差异比较大的层的抽样比例。比如，在上面的企业和个体工商户抽样调查的例子中，就适宜采用不等比例分层随机抽样的方式，多抽一些个体工商户，因为不同个体工商户之间的差异要大于企业。相反，如果不同层的内部差异不是很大，即可采用等比例分层随机抽样。

3. 整群抽样

整群抽样首先要求将总体分成若干个不同的组（这些组通常称为"群"），再从这些不同的群中抽取一部分群组成一个简单随机样本的抽样方式。图 4-2 描述的是一个总体被分成 m 个群。

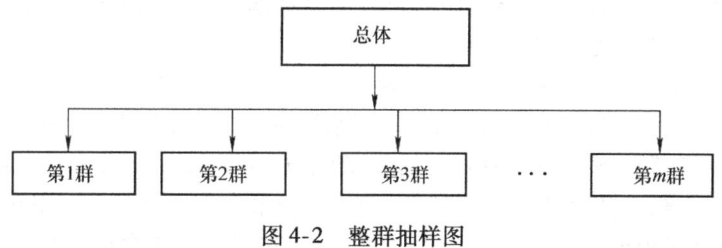

图 4-2 整群抽样图

整群抽样的应用价值取决于群内个体的差异性。当每群内个体间的差异较大时，整群抽样会取得较好的效果。因此，当统计工作中采用整群抽样估计总体参数时，应当尽可能使每一群内的个体之间具有一定的差异性，以增强样本的代表性。

由于整群抽样是在各个群之间采取抽样调查，而在被抽中的各个群的内部采用普查，所以抽样误差的大小主要取决于各个群之间的差异性。如果各个群之间很近似，被抽中各个群的内部个体之间又具有很大的差异性，那么整群抽样就可以利用相对较小的样本容量获取与简单随机抽样同样的结果。

整群抽样的两个突出优点是方便和成本低。不难理解，在实际抽样中，群很容易通过划分得到。例如，对于不同的整群抽样，可以根据所选择的具体变量按城镇、公司、家庭、学校或地理区域等标志进行分群。这些群可以很方便地获得。同时，由于研究范围被缩小到群，抽样成本显然要比其他抽样方式低，尤其在需要进行全国范围的抽样时更是如此。

然而，整群抽样也有缺点。那就是如果被抽中的群中的个体间具有近似性，使用整群抽样就不如简单随机抽样有效。

4. 系统抽样

系统抽样也称为等距抽样或机械抽样，是将总体中所有个体先按某种标志排队，然后再按相同的间隔抽取 n 个个体组成一个样本的抽样。假定总体中个体的数量为 N，样本容量为 n，抽样的间隔为 k。则 k 值将由下面的公式决定。

$$k = \frac{N}{n} \tag{4-1}$$

当 k 的结果为小数时，应当取其整数。

系统抽样的缺点是不能减少抽样误差。但是，正是因为系统抽样具有方便易行的优点，它在商务与经济统计中也得到了广泛的应用。例如，假设要对北京市 76.78 万户企业进行抽样调查,确定的样本容量为1000户。在此种情况下,无论是采取简单随机抽样或是分层随机抽样都需要花费很多时间,也较为复杂。如果将这些企业目录按汉语拼音字母顺序排列,按照式(4-1)计算出 $k = 767800 \text{ 户}/1000 \text{ 户} = 767.8 \approx 768$,即每隔大约768户企业就抽出一户人选样本,通过1000次抽选后就可组成一个由系统抽样组成的、样本容量为1000户企业的样本。

进行系统抽样除了要选择好排队标志外,另一项重要的工作就是如何在 $1 \sim k$ 之间选出第1个作为样本单位的个体。一旦第一个入选样本的个体被确定,那么后面的每一个入选的个体将随之被确定。在通常情况下,系统抽样要求利用随机数表在 $1 \sim k$ 之间随机抽取第1个入选样本的个体。例如,在对北京市76.78万户企业所进行的系统抽样例子中,假设利用随机数表在 $1 \sim 768$ 号企业之间随机抽取的第1户企业为58号企业,那么就可以以58号企业为起点,每隔768户企业就抽取一户企业入选样本。这样,入选样本的第2户企业即为826号企业(58+768),入选样本的第3户企业则为1594号企业,以此类推。由于系统抽样中的第1个入选样本的个体是随机抽取的,所以,通常假定系统抽样也具有简单随机抽样的特征。

系统抽样除了具有方便易行的优点外,由于入选样本的个体在总体中是均匀分布的,它很容易使人们看出选样计划是否得以顺利实施。

采用系统抽样需要避免的一个重要事项就是,尽可能不要使排队的对象在被研究变量的数值方面具有周期性。假如数据具有周期性,使用系统抽样就会出现问题。例如,一家商场共有3层营业厅,每层有50个营业员。这样,就由150名营业员构成了一个总体。根据各层营业厅所报的营业员名单看,它们都是按营业员的月工资收入由高到低排序的。现在,如果按30的间隔从150名营业员中进行系统抽样,不难想象所得到的样本要么全部是由月工资收入偏高的员工组成,要么全部是由月工资收入偏低的员工组成,要么全部是由月工资收入平平的员工组成。显然,这样的样本是不具有代表性的。所以,进行系统抽样要尽量保证总体中的个体是随机排列的。读者可以思考一下,要避免上述情况的出现,应当按什么样的标志对各楼层营业员进行排队呢?

4.2.2 非随机抽样

非随机抽样在抽选样本单位时不使用概率,是一种非概率抽样方法。其抽样误差也不是客观决定的。所以,它不适用本书介绍的统计推断方法来分析所抽取的样本。但是,在日常的商务与经济活动中,人们经常采用一些非随机抽样的方法对总体作出分析判断,在此也介绍以下五种常用的非随机抽样方法。

1. 方便抽样

顾名思义,**方便抽样**就是研究者依据抽选的方便程度来确定样本单位的一种抽样技术。研究者经常选择那些愿意配合的、容易得到的个体作为样本单位。经常可见的一种现象是,媒体记者为获取社会公众对政府某项政策的支持程度,常常采用街头拦访的形式选取那些愿意配合的公众进行采访。又如,在进行一项挨家挨户采访的方便抽样时,样本中可能包括更多的是没有狗的家庭、交通较为便利的家庭、待人热情友善的家庭。

方便抽样具有抽取样本相对容易的优点,但无法保证样本对总体的代表性。因此,在用从方便样本中所得到的结果对总体作出推断时要特别谨慎。

2. 滚雪球抽样

滚雪球抽样的原理是,首先确定一个或一批受访对象,然后再由这些受访对象推荐另外一些受访对象,这样像滚雪球一样一轮一轮地推荐,样本容量不断增大,直至达到要求为止。通过滚雪球抽样,能够方便、有效地确定研究对象,避免由于难以确定研究对象而对分析问题产生的影响。例如,要分析农村女子到某一城市做保姆后的生存情况,即可采用此种抽样方法。

3. 判断抽样

判断抽样是研究者根据个人的判断,选择他(她)认为能够代表总体的个体组成样本的一种抽样方法。例如,某记者可以在每年一度的全国"两会"期间,选取3~5名他认为能够代表所有人大代表或政协委员观点的代表或委员进行采访,然后将这些代表或委员的采访结果报道出去。由于判断抽样的质量依赖于抽样人员的判断,没有客观的评价标准,所以在利用判断抽样的样本所得的结论推断总体时要特别小心。

4. 典型抽样

典型抽样也称为**典型调查**,是研究者在对所研究总体全面分析的基础上,有意识地从中抽选一部分具有典型性的个体组成样本,并进行进一步研究的一种抽样方式。典型抽样具有样本容量小、成本低,入选样本的个体是有意识筛选出来的,便于从研究个体入手来认识事物一般性和普遍性等优点。进行典型抽样的关键是要根据研究的目的,将那些具有典型性的个体选入样本,然后,再采用解剖麻雀的方法进行深入的分析研究,最终得出对事物一般性认识的结论。例如,媒体记者在揭露某些违法食品的生产加工过程时,经常采用典型抽样的方式,选择部分具有代表性的地下食品黑加工点,从食品生产原料的采购、加工、运输和销售等进行全过程报道,使人们对不法生产经营食品的全过程有所了解。

5. 重点抽样

重点抽样也称为**重点调查**,是研究者从总体中只抽选一部分重点个体组成样本的抽样方式。这些重点个体的数目可能很少,但它们被研究的变量值占总体变量值的比重却很高。研究者一旦掌握了这些重点个体(样本)的情况,便对总体的基本情况有所了解。例如,假如某个研究者想了解某一年度全国轻型客车生产的基本情况,他只要将全国所有生产轻型客车厂商(总体)中产量前10名的厂商作为样本进行研究就可以了。因为据中国汽车工业协会行业信息部2013年1月25日在其网站上发布的消息称,2012年,在轻型客车生产企业中,金杯股份、江铃、南汽、东风、江淮、北汽福田、厦门金旅、金龙联合、福建新福达和上汽商用车公司10家企业共销售30.84万辆,占轻型客车销售总量的91.32%。重点抽样对研究者及时了解基本情况、为决策部门提供事物发展的基本趋势具有重要的作用。

4.3 抽样分布

在统计推断过程中,首先需要从总体中随机抽选出 n 个个体组成样本,并对样本数据进行统计计算。然后再用样本计算结果推断出总体参数。要正确统计计算样本数据,其前提条件为必须知道统计量的值是如何分布的。样本统计量所有可能值构成的概率分布称为**抽样分布**。

在本节中,分别研究样本均值($\bar{x}$)和样本比例(p)的抽样分布。

4.3.1 样本均值($\bar{x}$)抽样分布

1. 样本均值($\bar{x}$)抽样分布的含义

在统计推断中,样本均值($\bar{x}$)是一个最常用的统计量。研究者为了能够计算出某一样本均值发生的概率,必须知道样本均值的分布。**样本均值($\bar{x}$)抽样分布**就是样本均值($\bar{x}$)所有可能取值的概率分布。

样本均值的分布特征依赖于总体的分布类型。在识别样本均值分布特征时,通常可以考虑以下两种情形:

（1）总体分布已知且为正态分布。当总体是正态分布时，无论样本容量为多少，$\bar{x}$ 的抽样分布一定是正态分布。

（2）总体分布未知。当总体分布未知时，就要借助于统计学中的中心极限定理来确定 $\bar{x}$ 的抽样分布。

中心极限定理的基本含义为：当样本容量足够大（$n \geq 30$）时，不论总体分布的类型如何，从总体中抽取的简单随机样本的 $\bar{x}$ 的抽样分布都可以近似地看成正态分布。

图 4-3 直观地揭示了中心极限定理对于三种不同总体是如何起作用的。第一行给出了三种分布不同的总体，后续每一行分别给出了在给定样本容量时 $\bar{x}$ 的分布情况。显然，在三种总体分布都不是正态分布的情况下，随着样本容量的不断增大，$\bar{x}$ 的抽样分布也发生了变化：当 $n=2$ 时，三种样本 $\bar{x}$ 的抽样分布分别呈现出与其对应的总体分布不同的形状；当 $n=5$ 时，三种样本 $\bar{x}$ 的抽样分布都开始呈现对称分布形状；$n=30$ 时，三种样本 $\bar{x}$ 的抽样分布都可以近似看成正态分布。

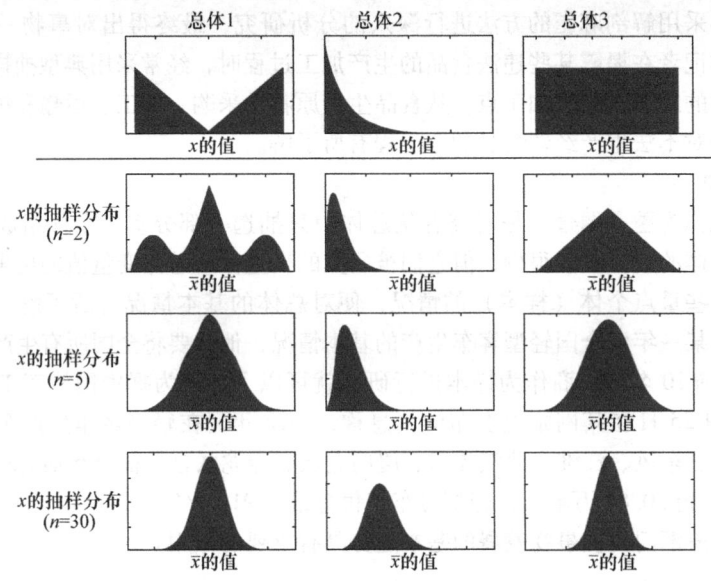

图 4-3　三种总体在各自不同样本容量下 $\bar{x}$ 的抽样分布的关系图

上述表明，要使用中心极限定理，一般的统计实践都假定：在绝大多数情况下，当样本容量是大样本（$n \geq 30$）时，$\bar{x}$ 的抽样分布都可以近似看成正态分布。

2. 样本均值的期望值和抽样分布的标准差

在简单随机抽样中，由于从某个容量为 N 的总体中可以随机抽取许多个（如 m 个）样本容量为 n 的简单随机样本⊖，所以通常对所有可能由每个简单随机样本得到的均值（$\bar{x}$）和它们的期望值（$E(\bar{x})$）感兴趣。数理统计已经证明，所有随机变量 $\bar{x}$ 的均值 $\bar{\bar{x}}$ 就是 $\bar{x}$ 的期望值，而且这个期望值与总体均值（μ）是相等的，即

$$E(\bar{x}) = \bar{\bar{x}} = \mu \tag{4-2}$$

样本均值 $\bar{x}$ 抽样分布标准差 $\sigma_{\bar{x}}$ 实际上就是求所有样本（共有 m 个）均值与总体均值（μ）之间的标准差。从理论上讲，$\sigma_{\bar{x}}$ 的计算公式为

⊖ 在通常情况下，如果采取不考虑顺序的无放回抽样方式，从容量为 N 的总体中所抽取样本容量为 n 的简单随机样本数量（m）为 C_N^n。

$$\sigma_{\bar{x}} = \sqrt{\frac{\sum (\bar{x} - \mu)^2}{m}} \tag{4-3}$$

式中,$\sigma_{\bar{x}}$代表样本均值$\bar{x}$抽样分布标准差;m代表简单随机抽样中所有可能组成的样本数。

式(4-3)只是一种理论公式,在实际抽样中,一方面总体均值(μ)总是一个未知需要对其作出估计的参数;另一方面,在实际抽样中不可能也不需要把所有的样本(m个)全部都抽出来。所以,依据式(4-3)是无法计算样本均值$\bar{x}$抽样分布标准差的,还需要依据后面将要讨论的公式计算。

简单随机样本$\bar{x}$抽样分布的标准差,依赖于抽样方式是有放回抽样还是无放回抽样的,以及抽样是无限总体抽样还是有限总体抽样。如果用$\sigma_{\bar{x}}$表示简单随机样本$\bar{x}$抽样分布的标准差,则有放回抽样(或无限总体抽样)和无放回抽样(或有限总体抽样)情况下$\sigma_{\bar{x}}$分别为

$$\sigma_{\bar{x}} = \frac{\sigma}{\sqrt{n}} \tag{4-4}$$

$$\sigma_{\bar{x}} = \frac{\sigma}{\sqrt{n}} \left(\sqrt{\frac{N-n}{N-1}} \right) \tag{4-5}$$

式(4-4)和式(4-5)中,σ表示总体标准差;N表示总体容量;n表示样本容量。

比较式(4-4)和式(4-5)可以发现,无放回抽样(或有限总体抽样)的$\sigma_{\bar{x}}$比有放回抽样(或无限总体抽样)的$\sigma_{\bar{x}}$多了一个校正因子$\sqrt{(N-n)/(N-1)}$,这是因为,在其他条件相同的情况下,由于无放回抽样(或有限总体抽样)的抽样误差总是要小于有放回抽样(或无限总体抽样)的抽样误差,在计算无放回抽样(或有限总体抽样)的$\sigma_{\bar{x}}$时将有放回抽样(或无限总体抽样)的$\sigma_{\bar{x}}$乘上这样一个校正因子即可达到保证无放回抽样(或有限总体抽样)的抽样误差小于有放回抽样(或无限总体抽样)抽样误差的目的。

但是,在许多实际抽样问题中,我们发现在总体容量N很大,抽样比($f=n/N$)很小的情况下,校正因子$\sqrt{(N-n)/N-1}$的取值接近于1,式(4-4)和式(4-5)的计算结果十分接近。此时,可以忽略两种不同抽样方式给$\sigma_{\bar{x}}$带来的差异。在通常情况下,如果抽样比$f=n/N \leq 0.05$,即可利用式(4-4)计算无放回抽样(或有限总体抽样)的抽样分布标准差。

例如,在前面有关先科计算机公司的例子中,由于$N=3000$,$n=30$,$f=n/N=30/3000=0.01<0.05$,所以尽管采用无放回抽样从3000名员工中随机抽取30名作为样本,也可以用$\sigma_{\bar{x}} = \sigma/\sqrt{n}$来计算样本均值的抽样分布标准差。假如已知3000名员工年平均收入的标准差为3900元,则

$$\sigma_{\bar{x}} = \frac{\sigma}{\sqrt{n}} = \frac{3900 \text{ 元}}{\sqrt{30}} = 712.04 \text{ 元}^{\ominus}$$

上述是假定总体标准差为已知。但在实际抽样中,由于总体标准差是一个未知的待估参数,依据式(4-4)和式(4-5)是无法计算出$\sigma_{\bar{x}}$的。根据数理统计基本原理,当样本标准差S为总体标准差的无偏估计量时,即可利用S代替σ。于是有

$$\sigma_{\bar{x}} = \frac{S}{\sqrt{n}} \tag{4-6}$$

式(4-6)是统计推断中常用来计算样本均值$\bar{x}$抽样分布标准差$\sigma_{\bar{x}}$的公式。

⊖ 这个例子如果用无放回抽样(有限总体抽样)式(4-5)计算,较有放回抽样的误差只少了3.45元。

4.3.2 样本比例（p）抽样分布

在商务与经济活动中，很多时候需要用样本比例（p）去推断总体比例 P。例如，在前面有关先科计算机公司的例子中，如果要知道在 3000 名员工中的男女性别比例，在总体数据未知又不想采取普查的情况下，就只好用抽样的方法得到样本中男性（或女性）员工占样本全部员工的比例，然后再用这一比例去推断所有员工的性别比例。

样本均值由样本中一组数的平均计算得到，而样本比例则是通过计算样本中具有某一特征（统计研究的对象）的个体数量占样本容量的比重得到，即

$$p = \frac{n_1}{n} \tag{4-7}$$

式中，p 代表样本比例；n_1 代表样本中具有某一特征的个体数量；n 代表样本容量。

1. 样本比例抽样分布的含义

样本比例抽样分布是指样本比例所有可能取值的概率分布。

如同样本均值一样，由于从一个特定总体中可以随机抽取若干个样本，每个随机样本都可以根据研究的对象计算一个样本比例，这样，每个样本比例可能取值所形成的概率分布就成为样本比例的抽样分布。

有关样本比例抽样分布的类型，照样可以根据与样本比例相关的中心极限定理得出如下结论：当样本容量很大时，可以将样本比例的抽样分布近似地看成正态分布。

至于多大的样本容量可以被认定为很大，这与在识别样本均值时将样本容量（$n \geq 30$）看做是大样本不同。在通常情况下，统计界普遍认为，只要满足 $nP \geq 5$ 和 $n(1-P) \geq 5$[○]，就可以认定样本容量很大。

例如，在先科计算机公司的例子中，假如知道在 3000 名员工中的男员工的比例为 0.6，则 $nP = 30 \times 0.6 = 18$，$n(1-P) = 30 \times (1-0.6) = 12$。因此，可以认为这里的样本容量 30 是一个很大的样本，并将样本比例抽样分布近似看成正态分布。

2. 样本比例的期望值和抽样分布标准差

样本比例的期望值 $E(p)$ 就是所有样本比例可能取值的平均值，它与总体比例的均值相等，即

$$E(p) = \bar{p} = P \tag{4-8}$$

式中，$E(p)$ 代表样本比例的期望值；$\bar{p}$ 代表样本比例的均值；P 代表总体比例的均值。

样本比例抽样分布的标准差 σ_p 要依赖于有放回抽样（或无限总体抽样）还是无放回抽样（或有限总体抽样）来确定，分别如下。

$$\sigma_p = \sqrt{\frac{P(1-P)}{n}} \tag{4-9}$$

$$\sigma_p = \sqrt{\frac{P(1-P)}{n}} \left(\sqrt{\frac{N-n}{N-1}} \right) \tag{4-10}$$

式（4-9）和式（4-10）中，σ_p 代表样本比例的抽样分布标准差；P 代表总体比例。

如果采用的是有放回抽样（或无限总体抽样），就需要用式（4-9）计算 σ_p，如果采用无放回抽样（或有限总体抽样），则要用式（4-10）计算 σ_p。但是，如同样本均值的情形一样，当抽样比（$f = n/N$）很小，即 $f = n/N \leq 0.05$ 时，就可以忽略两种计算公式的差异，用其中较为简单的式（4-9）。

在实际抽样中，总体比例（P）通常是一个未知的待估计的参数，所以通常用样本比例（p）

○ 上述两式中的英文大写 P 代表总体比例。

代替总体比例。也就是说，式（4-11）才是实际抽样中常用于计算样本比例抽样分布标准差（σ_p）的公式。

$$\sigma_p = \sqrt{\frac{p(1-p)}{n}} \tag{4-11}$$

式中，p 代表样本比例。

例如，在先科计算机公司的例子中，假如在通过无放回简单随机抽样所抽取的 30 名员工中，有 18 名为男性员工，则 σ_p 为

$$\sigma_p = \sqrt{\frac{p(1-p)}{n}} = \sqrt{\frac{0.6 \times (1-0.6)}{30}} = 0.09$$

0.09 这一数字说明，在先科计算机公司 3000 名员工中，如果采用无放回简单随机抽样，在样本容量为 30 的情况下，所有样本男性比例的平均数与总体比例平均相差 0.09。

4.4 参数的点估计

本章的前三节介绍了抽样和抽样分布的相关知识。抽样的目的是通过计算样本数据，用样本统计量的值推断总体参数。这里的**样本统计量**是指样本的某一特征，如样本均值 $\bar{x}$、样本标准差 S 和样本比例 p 等。**参数**是总体一种待估计数据的描述，如总体均值 μ、总体标准差 σ 和总体比例 P 等。对于某项研究来说，参数是一个未知的、唯一确定的量，而统计量的值则是已知的随机数值。

在利用样本统计量的值估计总体参数时，有点估计和区间估计两种方法。本节主要介绍点估计。

点估计，顾名思义，就是指用样本统计量一个特定的值（一个点）作为相应总体参数的估计值。用公式可以表示为

$$\hat{\theta} = \theta \tag{4-12}$$

式中，$\hat{\theta}$ 代表样本统计量的点估计值，它既可以代表样本均值 $\bar{x}$，也可以代表样本比例 p 和样本标准差 S 等；θ 代表参数，它既可以代表总体均值 μ，也可以代表总体比例 P 和总体标准差 σ 等。

例如，在先科计算机公司的例子中，假定已经抽取了一个由 30 名员工组成的简单随机样本，他们的年收入及其性别如表 4-1 所示。

表 4-1 先科计算机公司 30 名员工组成的简单随机样本资料

序号	年收入/元	性别	序号	年收入/元	性别
1	49500	男	16	61200	男
2	50800	男	17	62050	男
3	57650	女	18	55320	女
4	56840	男	19	57680	男
5	49780	女	20	49980	女
6	55560	男	21	52670	女
7	54370	男	22	51730	男
8	59330	女	23	59940	男
9	60540	男	24	62000	女
10	62020	男	25	58710	男
11	57680	女	26	54320	女
12	60020	女	27	58820	男
13	53430	男	28	61270	男
14	57760	男	29	60090	男
15	55490	女	30	59950	女

有了上面表 4-1 中 30 个个体的有关数据，就可以通过计算样本的 $\bar{x}$、s 和 p，分别推断总体的 μ、σ 和 P。

样本的均值 $\bar{x} = \dfrac{\sum x}{n} = \dfrac{1706500}{30}$ 元 $= 56883.33$ 元

样本的标准 $s = \sqrt{\dfrac{\sum(x-\bar{x})^2}{n-1}} = \sqrt{\dfrac{449970466.8}{29}}$ 元 $= 3939.06$ 元

样本的比例 $p = \dfrac{n_1}{n} = \dfrac{18}{30} = 0.6$

通过上述计算，就可以用 $\bar{x}$、s 和 p 三种样本统计量所得的结果分别作为总体参数 μ、σ 和 P 的点估计值，即通过对先科计算机公司 3000 名员工进行无放回简单随机抽样，在样本容量为 30 的情况下，可以认为 μ、σ 和 P 的点估计值分别为 56883.33 元、3939.06 元和 0.6，从而完成了点估计统计过程。

点估计的特点是，它只对某一特定样本自身具有代表性。对于同一个总体，在样本容量和抽样方法一定的情况下，如果进行不同的随机抽样，这些样本的点估计就有可能不同。而且，也不能希望它们正好等于对应的总体参数的值。

正是因为点估计具有这些特点，为了保证用于估计总体参数的点估计值准确可靠，就必须要求用一定的优劣标准对点估计量进行评判。常用的优劣标准有无偏性、有效性和一致性等。

4.5 参数的区间估计

4.5.1 区间估计的基本问题

前面介绍了分别作为总体参数 μ、σ 和 P 的点估计 $\bar{x}$、s 和 p。然而，点估计只是一个单一的值，更有用的信息是通过计算得出总体参数可能出现的一个范围。在这样一个范围内的取值称为**区间估计**。

区间估计与点估计的重要区别在于，区间估计由于给出了一个区间范围，它可以包含绝大多数不同随机抽样的点估计值。因而，它的用途比点估计要广泛得多。

区间估计是在事先给定的概率保证程度下，根据样本统计量的抽样分布，确定一个可能包括未知总体参数的区间。其中，事先给定的概率表示与区间估计相联系的估计把握程度。这种估计把握程度如果用百分数表示，如 90%、95% 等，通常称为**置信水平**；如果用小数表示，如 0.90、0.95 等，则通常称为**置信系数**。可能包括总体参数的区间称为**置信区间**。

在对总体参数进行区间估计的过程中，由于样本是随机抽取的，所以作为总体参数估计量的样本统计量是一个随机变量，它有各种不同的可能取值和一定的抽样分布，而且由于样本统计量包含了样本中关于总体参数的有关信息，所以，它的分布往往和总体参数有一定的关系。

由此，就存在如下两种情况：

（1）如果事先能够确定出一个样本统计量取各种可能值的概率及其概率分布，那么就可以由这个概率分布计算出样本统计量在总体参数周围某个区间内取值的概率。

（2）与第一种情况相反，如果事先给定一个概率作为区间估计的置信水平或置信系数，也可以求出样本统计量的取值区间。将这个区间进行适当的变换便可得到一个包含总体参数的区间。

如果将总体参数记为 θ；样本统计量记为 $\hat{\theta}$；根据样本统计量的抽样分布计算的置信区间

记为$[\hat{\theta}_L, \hat{\theta}_U]$，其中，$\hat{\theta}_L$称为置信下限，$\hat{\theta}_U$称为置信上限；事先给定的概率（置信水平或置信系数）为$(1-\alpha)$。其中，α代表总体参数没有落在置信区间的概率，通常称为区间估计风险。在实践中，α常取0.05或0.01。于是，即有下述等式成立

$$P(\hat{\theta}_L \leqslant \theta \leqslant \hat{\theta}_U) = 1 - \alpha \qquad (4\text{-}13)$$

式（4-13）中的θ既可以是总体均值，也可以是总体比例或其他参数。同理，$\hat{\theta}$既可以是样本均值，也可以是样本比例或其他样本统计量。

对于置信区间$[\hat{\theta}_L, \hat{\theta}_U]$与置信水平$(1-\alpha)$之间的关系，通常可以从两个方面来理解。一方面，对于在一次统计研究中反复进行多次的抽样来说，每次抽样都可以得到一个样本，根据样本的资料，都可以计算出一个总体参数的置信区间。㊀在这些置信区间当中，不能保证每个置信区间都能够将总体参数包含在内。有些包含，而有些可能就不包含。其中，包含总体参数的置信区间的概率为$(1-\alpha)$，不包含总体参数的置信区间的概率为α。例如，假如事先给出包含总体参数的置信区间的概率为95%，那么对于由15次抽样而计算的15个置信区间中，就大约有14个置信区间包含了总体参数，而其余一个有可能就没有将总体参数包含在总区间范围内。

另一方面，在实际抽样中不可能进行多次抽样。因此，对于一次具体的抽样而言，由于只有一个样本，只能计算出一个置信区间。这个置信区间包含了总体参数的概率为$(1-\alpha)$，而有α的可能性没有包含总体参数。

区间估计的置信区间是由点估计加减一个误差边际构成的，即

$$\text{置信区间} = \text{点估计} \pm \text{误差边际} \qquad (4\text{-}14)$$

误差边际也称抽样极限误差或允许误差，是为了计算总体参数的区间估计，对点估计加上或减去允许误差最大界限的值。

4.5.2 总体均值的区间估计

由式（4-14）可知，总体均值的区间估计就是在样本均值点估计的基础上，加减一个相应的误差边际。其中，样本均值的抽样分布起着非常重要的作用。对于不同概率分布的总体和不同的样本容量，样本均值的抽样分布也有所不同，所以需要区分不同的情形加以讨论。

1. 单个总体均值的区间估计

（1）大样本情形下总体均值μ的区间估计。在大样本（$n \geqslant 30$）情形下，计算总体均值的置信区间又可以分为两种情况：总体标准差σ已知时总体均值μ的区间估计，以及总体标准差σ未知时总体均值μ的区间估计。

1）总体标准差σ已知时总体均值μ的区间估计。尽管在大多数计算区间估计的实践中σ是未知的，但有时在抽样前可以根据大量的有关历史资料估计出总体标准差，并将其视为总体标准差σ是已知的。在这种情形下，总体均值μ的区间估计即为

$$(\hat{\theta}_L \leqslant \mu \leqslant \hat{\theta}_U) = \left(\bar{x} - z_{\alpha/2}\frac{\sigma}{\sqrt{n}} \leqslant \mu \leqslant \bar{x} + z_{\alpha/2}\frac{\sigma}{\sqrt{n}}\right) \qquad (4\text{-}15)\text{㊁}$$

㊀ 根据前面的讨论，从理论上讲可以抽取N^n个样本，也就可以计算出N^n个置信区间。

㊁ 式（4-15）和后面的式（4-16）都是对无限总体抽样或有放回抽样，或即使是有限总体抽样或有放回抽样，只要抽样比$f = n/N \leqslant 0.05$的情况下，用来计算总体均值的区间估计。如果是有限总体抽样或有放回抽样，当抽样比$f = n/N > 0.05$时，则应当分别在每个边际误差上乘以一个校正因子。

式（4-15）中的 $z_{\alpha/2}\dfrac{\sigma}{\sqrt{n}}$ 代表估计总体均值时的误差边际。其中，$z_{\alpha/2}$ 是标准正态分布上侧面积为 $\alpha/2$ 时的 z 值，$\dfrac{\sigma}{\sqrt{n}}$ 为样本均值抽样分布的标准差，即 $\sigma_{\bar{x}}$。

例如，在前面先科计算机公司的例子中，假定根据历史资料得知，3000 名员工年均收入的标准差为 3900 元，在样本容量 $n=30$ 个时，样本均值 $\bar{x}=56883.33$ 元，并给出置信水平为 95% 的情况下，根据标准正态分布表得知，$z_{\alpha/2}=1.96$，计算出先科计算机公司 3000 名员工年均收入区间估计为

$$\left(\bar{x}-z_{\alpha/2}\dfrac{\sigma}{\sqrt{n}}\leqslant\mu\leqslant\bar{x}+z_{\alpha/2}\dfrac{\sigma}{\sqrt{n}}\right)$$

$$\left(56883.33-1.96\times\dfrac{3900}{\sqrt{30}}\leqslant\mu\leqslant56883.33+1.96\times\dfrac{3900}{\sqrt{30}}\right)$$

$$(55487.73\leqslant\mu\leqslant58278.93)$$

计算结果表明，在已知总体标准差为 3900 元、样本容量为 30 个人、置信水平为 95% 的情况下，先科计算机公司 3000 名员工的年均收入大约在 55487.73～58278.93 元之间。

对于大多数常用的置信系数 $(1-\alpha)$，通过表 4-2 给出 $z_{\alpha/2}$ 的值。

表 4-2　大多数常用置信系数的 $\alpha/2$ 值

$1-\alpha$	α	$\alpha/2$	$z_{\alpha/2}$
0.9000	0.1000	0.0500	1.645
0.9500	0.0500	0.0250	1.960
0.9545	0.0455	0.02275	2.000
0.9900	0.0100	0.0050	2.576

2）总体标准差 σ 未知时总体均值 μ 的区间估计。尽管前面介绍了在总体标准差 σ 已知时，总体均值 μ 区间估计的计算方法，但在大多数的应用中，总体标准差 σ 都是未知的。在大样本的情况下，为了获取总体标准差 σ 未知时的区间估计，根据数理统计的原理，可以用样本标准差 s 代替总体标准差 σ，于是，便得到

$$(\hat{\theta}_L\leqslant\mu\leqslant\hat{\theta}_U)=\left(\bar{x}-z_{\alpha/2}\dfrac{s}{\sqrt{n}}\leqslant\mu\leqslant\bar{x}+z_{\alpha/2}\dfrac{s}{\sqrt{n}}\right) \tag{4-16}$$

例如，在前面先科计算机公司的例子中，经过抽取一个样本容量 $n=30$ 的简单随机样本，通过计算，样本均值 $\bar{x}=56883.33$ 元，$s=3939.06$ 元，在给出置信水平为 95% 的情况下，根据标准正态分布表得知，$z_{\alpha/2}=1.96$，计算出先科计算机公司 3000 名员工年均收入区间估计为

$$\left(\bar{x}-z_{\alpha/2}\dfrac{s}{\sqrt{n}}\leqslant\mu\leqslant\bar{x}+z_{\alpha/2}\dfrac{s}{\sqrt{n}}\right)$$

$$\left(56883.33-1.96\times\dfrac{3939.06}{\sqrt{30}}\leqslant\mu\leqslant56883.33+1.96\times\dfrac{3939.06}{\sqrt{30}}\right)$$

$$(55473.76\leqslant\mu\leqslant58292.91)$$

3）利用 Excel 进行大样本下的总体均值区间估计。

第一步，进入 Excel 表格界面，选择“数据”，然后选择“分析”组中的“数据分析”。

第二步，在“分析工具”中选择“描述统计”，并在“输入区域”中输入数据，选中“汇总统计”，如图 4-4 所示，单击“确定”。得到结果如图 4-5 所示，其中，样本均值位于 C3 单元格中，样本均值的标准误差位于 C4 单元格中。

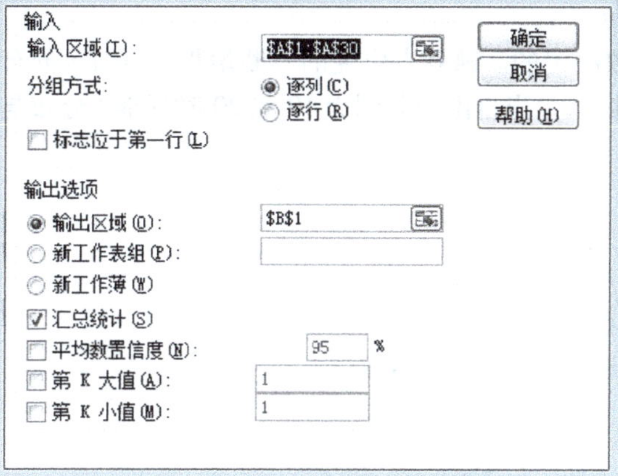

图 4-4　Excel 描述统计对话框

平均	56883.33
标准误差	719.1714
中位数	57680
众数	57680
标准差	3939.064
方差	15516223
峰度	-0.89731
偏度	-0.50589
区域	12550
最小值	49500
最大值	62050
求和	1706500
观测数	30

图 4-5　Excel 描述统计计算结果

第三步，选择单元格 D3，在其中输入公式“=1.96*C4”，得到误差边际值为 1409.576，在 E3 单元格中输入公式“=C3-D3”，在 F3 单元格中输入公式“=C3+D3”，即可得到员工年均收入的区间估计为（$55473.76 \leqslant \mu \leqslant 58292.91$）。

（2）小样本情形下总体标准差 σ 未知情形下总体均值 μ 的区间估计。在小样本（$n<30$）的情况下，样本均值 $\bar{x}$ 的抽样分布依赖于总体的概率分布。由于目前人们只对正态总体情况下小样本的区间估计进行了研究，所以这里只讨论正态总体情况下利用小样本对总体均值 μ 的区间估计。

如果总体服从正态分布，且总体标准差 σ 已知，无论是大样本还是小样本，均可以利用式（4-15）计算总体均值 μ 的区间估计。也就是说，在小样本情况下，如果总体均值服从正态分布，并且总体标准差 σ 已知，就可以运用式（4-15）估计总体均值 μ 的置信区间。但是，如果总体标准差 σ 未知，要用样本标准差 s 代替总体标准差 σ 计算总体均值 μ 的区间估计，就需要根据 t 分布的概率分布来建立总体均值 μ 的置信区间了。

因此，这一部分讨论的是在小样本和总体标准差 σ 未知情形下，总体均值 μ 的区间估计问题。

***t* 分布**，也称学生分布⊖，是一个标准正态变量和一个与其相互独立且被自己的自由度⊖相除后的 χ^2 变量的平方根之比所构成的随机变量概率分布，即

$$t=\frac{z}{\sqrt{x/n}} \tag{4-17}$$

式中，t 代表分布；z 代表随机变量服从标准正态分布，即 $z \sim N(0, 1)$；x 代表自由度为 n 的

⊖ t 分布是由英国学者戈塞特（W. S. Gosset，1876—1937）创立的。由于戈塞特在发表此分布时使用了“学生”的笔名，所以此分布通常也称为学生分布。

⊖ 自由度是统计学和计量经济学中一个比较复杂的概念，在此不加讨论。对此感兴趣的读者可以参阅有关书籍。

χ^2 分布，即 $x \sim \chi^2(n)$。

在小样本情形下，由样本均值 $\bar{x}$ 标准化的随机变量所服从的分布是一个自由度为 $(n-1)$ 的 t 分布，即

$$t = \frac{\bar{x} - \mu}{s/\sqrt{n}} \sim t(n-1) \tag{4-18}$$

某一特定的 t 分布是由其自由度这个参数决定的。随着自由度的不断增加，标准 t 分布与标准正态分布之间的差异越来越小。图 4-6 揭示了当自由度分别为 10 和 20 时标准 t 分布与标准正态分布之间的关系。

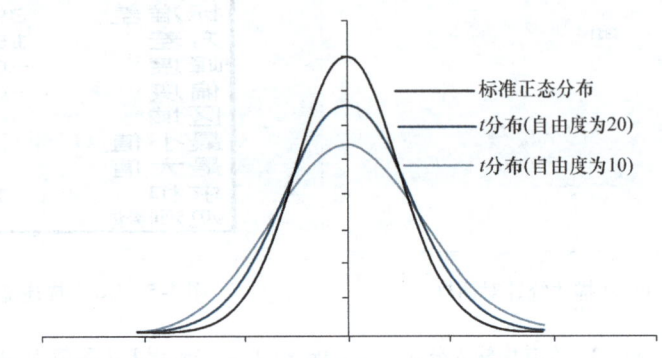

图 4-6　标准正态分布与自由度为 10 和 20 的 t 分布的比较

如同用 $z_{0.025}$ 来表示标准正态分布右侧尾部面积为 0.025 的 z 值一样，在标准 t 分布中，用 $t_{0.025}$ 表示标准 t 分布右侧尾部面积为 0.025 的 t 值。在通常情况下，用 $t_{\alpha/2}$ 表示标准 t 分布右侧尾部面积为 $\alpha/2$ 时的 t 值。

本书附录 D 给出了标准 t 分布右侧尾部面积的数值表，从中可以看出，随着自由度 $(n-1)$ 的不断增大，t 值也越来越接近 z 值。例如，对于自由度为 20 的 t 分布，其 $t_{0.025} = 2.086$，当自由度增大到 30 时，$t_{0.025} = 2.042$ 就越接近 $z_{0.025} = 1.96$。当自由度为 ∞ 时，t 值就是 z 值。

对 t 分布有了初步了解后，就可以利用 t 分布来建立在小样本情形下总体均值 μ 的置信区间。

假设总体服从正态分布，从总体中随机抽取小于 30 个个体组成一个样本，在事先给定置信水平 $(1-\alpha)$ 和用样本标准差 s 代替总体标准差 σ 时，总体均值 μ 的区间估计为

$$(\hat{\theta}_L \leqslant \mu \leqslant \hat{\theta}_U) = \left(\bar{x} - t_{\alpha/2} \frac{s}{\sqrt{n}} \leqslant \mu \leqslant \bar{x} + t_{\alpha/2} \frac{s}{\sqrt{n}} \right) \tag{4-19}$$

式中，$t_{\alpha/2}$ 表示在自由度为 $(n-1)$ 标准 t 分布右侧尾部面积为 $\alpha/2$ 时的 t 值。

例如，达华无线电仪器仪表厂于 2013 年 3 月 15 日收到一家供货方发来的一批电子元件共 1000 件。供需双方在订货合同中约定，如果该批电子元件的平均使用寿命达到了 1000h 以上，购方可以认为产品质量达到了要求可以收货。如果低于 1000h，则将作为不合格产品予以退货。该批电子元件到货后，厂里的质检人员随机抽取了 10 件进行检验。测得的各元件使用寿命如表 4-3 所示。

表 4-3　10 件电子元件的使用寿命　　　　　　　　　　（单位：h）

序号	1	2	3	4	5	6	7	8	9	10
寿命/h	1200	1365	1420	1296	1304	1258	1310	1182	1450	1225

假设该质检人员将这批电子元件使用寿命的概率分布看做是服从正态分布,她想在95%的置信水平下对这批电子元件的平均使用寿命作出区间估计。

对于这样一个问题,由于随机抽检的是一个小样本,且没有历史资料作为总体标准差,所以需要利用 t 分布进行区间估计。

具体工作的步骤如下:

首先,根据样本数据计算出样本均值和样本标准差:

$$\bar{x} = \frac{\sum x}{n} = \frac{13010h}{10} = 1301h$$

$$s = \sqrt{\frac{\sum (x-\bar{x})^2}{n-1}} = \sqrt{\frac{72560}{10-1}}h = 89.78988h$$

其次,查在给定置信系数 $(1-\alpha) = 0.95$ 的条件下,自由度 $(n-1) = (10-1) = 9$ 时,t 分布右侧尾部面积为 $\alpha/2$ 的 t 值。经查附录 D 得

$$t_{\alpha/2} = t_{0.025} = 2.262$$

最后,将前两步结果代入式(4-18),计算出该批电子元件平均使用寿命的区间估计为

$$\left(\bar{x} - t_{\alpha/2}\frac{s}{\sqrt{n}} \leq \mu \leq \bar{x} + t_{\alpha/2}\frac{s}{\sqrt{n}}\right)$$

$$\left(1301 - 2.262 \times \frac{89.78988}{\sqrt{10}} \leq \mu \leq 1301 + 2.262 \times \frac{89.78988}{\sqrt{10}}\right)$$

$$(1236.768 \leq \mu \leq 1365.232)$$

计算结果表明,在置信水平为95%时,通过对10件电子元件的抽检,可以认为该批电子元件(共1000件)的平均使用寿命在1236.768~1365.232h之间,符合产品质量要求,可以接收这批货物。

下面介绍利用 Excel 进行小样本下的总体均值区间估计。

第一步,进入 Excel 表格界面,选择"数据",然后选择"分析"组中的"数据分析"。

第二步,在"分析工具"中选择"描述统计",并在"输入区域"中输入数据,选中"汇总统计"复选框和"平均数置信度"复选框,并输入"95",如图4-7所示,单击"确定"按钮。得到的结果如图4-8所示。

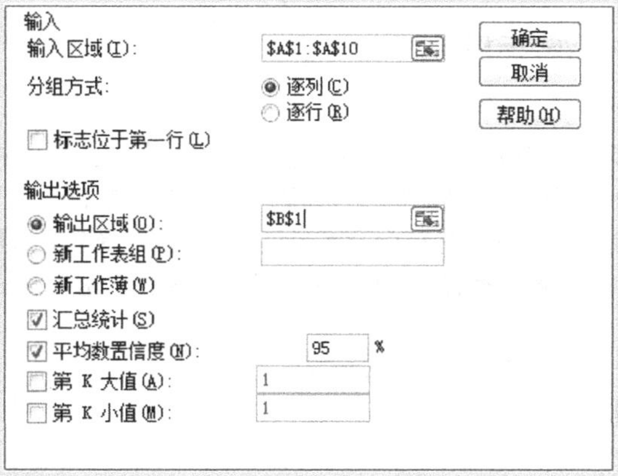

平均	1301
标准误差	28.39405
中位数	1300
众数	#N/A
标准差	89.78988
方差	8062.222
峰度	-0.80831
偏度	0.38793
区域	268
最小值	1182
最大值	1450
求和	13010
观测数	10
置信度(95.0%)	64.23181

图 4-7 Excel 描述统计对话框

图 4-8 Excel 描述统计结果

样本均值位于 C3 单元格中,误差边际值位于 C16 单元格中,为 64.23181。

第三步,在 D3 单元格中输入公式 "=C3-C16",在 E3 单元格中输入公式 "=C3+C16",即得到均值的区间估计为 $(1236.768 \leq \mu \leq 1365.232)$。

2. 两个总体均值之差的区间估计

在实际应用中，有时需要对两个总体均值之差作出估计。比如，当人们在探讨两座大致相同的城市哪座更适于生活时，不免要对比分析两座城市人均消费支出的差异；在决定究竟采购哪家企业的同类产品时，就需要对两家企业同类产品的某个质量指标均值水平的差异作出估计；等等。这些问题都涉及对两个总体均值之差 $(\mu_1 - \mu_2)$ 进行区间估计。下面就两个总体均值之差区间估计的几种情况进行讨论。

（1）大样本情况下，总体方差 σ_1^2 和 σ_2^2 已知时 $(\mu_1 - \mu_2)$ 的区间估计。在大样本情况下，两个样本均值之差 $(\bar{x}_1 - \bar{x}_2)$ 的抽样分布可以近似地看成正态分布。由此，$(\bar{x}_1 - \bar{x}_2)$ 的期望值和抽样分布标准差分别为

$$E(\bar{x}_1 - \bar{x}_2) = \mu_1 - \mu_2 \tag{4-20}$$

$$\sigma_{(\bar{x}_1 - \bar{x}_2)} = \sqrt{\frac{\sigma_1^2}{n_1} + \frac{\sigma_2^2}{n_2}} \tag{4-21}$$

在此基础上，就可以用下面的公式建立总体方差 σ_1^2 和 σ_2^2 已知时两个总体均值之差的区间估计：

$$\left[(\bar{x}_1 - \bar{x}_2) - z_{\alpha/2}\sqrt{\frac{\sigma_1^2}{n_1} + \frac{\sigma_2^2}{n_2}} \leq (\mu_1 - \mu_2) \leq (\bar{x}_1 - \bar{x}_2) + z_{\alpha/2}\sqrt{\frac{\sigma_1^2}{n_1} + \frac{\sigma_2^2}{n_2}}\right] \tag{4-22}$$

（2）大样本情况下，总体方差 σ_1^2 和 σ_2^2 未知时 $(\mu_1 - \mu_2)$ 的区间估计。通过式（4-19）可以看出，要想利用该式建立两个总体均值之差的置信区间，必须事先知道 σ_1^2 和 σ_2^2 各是多少，这在现实生活中多数情况下是很难做到的。当两个总体标准差未知时，可以采用与单个总体均值区间估计相同的方法，即用样本的标准差来估计总体的标准差。所以，$\sigma_{(\bar{x}_1 - \bar{x}_2)}$ 的点估计如下

$$\hat{\sigma}_{(\bar{x}_1 - \bar{x}_2)} = s_{(\bar{x}_1 - \bar{x}_2)} = \sqrt{\frac{s_1^2}{n_1} + \frac{s_2^2}{n_2}} \tag{4-23}$$

于是，就可以用下面的公式建立大样本情况下，总体方差 σ_1^2 和 σ_2^2 未知时 $(\mu_1 - \mu_2)$ 的区间估计。

$$\left[(\bar{x}_1 - \bar{x}_2) - z_{\alpha/2}\sqrt{\frac{s_1^2}{n_1} + \frac{s_2^2}{n_2}} \leq (\mu_1 - \mu_2) \leq (\bar{x}_1 - \bar{x}_2) + z_{\alpha/2}\sqrt{\frac{s_1^2}{n_1} + \frac{s_2^2}{n_2}}\right] \tag{4-24}$$

例如，北京一家大型百货公司在市中心经营长达 55 年后，于 2010 年 12 月在北京远郊开了第一家连锁店。该公司的销售部门经理已经注意到，在某一商店畅销的商品在另一商店不一定总是同样畅销。这位经理经过分析认为，发生这种情况的原因有可能在于，两个地区的顾客在年龄、性别、受教育程度、收入等方面存在着差异。于是，该部门经理邀请一家市场调查咨询机构对两个地区顾客在上述几方面的差异进行了调查。

其中，有关两地区顾客年龄差异方面的调查，调查机构设计的方案如下：

N_1 代表总体 1，指所有光顾市中心商店的顾客。

N_2 代表总体 2，指所有光顾远郊商店的顾客。

μ_1 代表总体 1 的均值，即所有光顾市中心商店顾客的平均年龄。

μ_2 代表总体 2 的均值，即所有光顾远郊商店顾客的平均年龄。

$(\mu_1 - \mu_2)$ 代表两个总体均值的差异。

为了估计两个总体均值的差异，该调查咨询机构分别从总体 1 中抽取 n_1 个顾客组成一个简单随机样本，从总体 2 中抽取 n_2 个顾客组成另一个简单随机样本。考虑到市中心顾客和远郊顾客在年龄构成方面

的差异性（即远郊顾客之间的差异可能会大于市中心顾客之间的差异），他们分别从总体1和总体2中抽取30和40个顾客作调查，即

$$n_1 = 30, \ n_2 = 40$$

调查的结果如表4-4所示。

表4-4 两个不同样本的数据资料

n_1					n_2				
序号	年龄/岁	序号	年龄/岁		序号	年龄/岁	序号	年龄/岁	
1	31	21	39		1	30	21	29	
2	42	22	45		2	31	22	33	
3	33	23	48		3	28	23	43	
4	28	24	33		4	35	24	30	
5	26	25	29		5	34	25	30	
6	32	26	27		6	27	26	29	
7	21	27	35		7	24	27	39	
8	47	28	44		8	31	28	33	
9	33	29	42		9	40	29	27	
10	35	30	36		10	38	30	37	
11	30				11	41	31	33	
12	45				12	33	32	32	
13	50				13	35	33	34	
14	36				14	37	34	29	
15	47				15	46	35	35	
16	28				16	33	36	33	
17	39				17	29	37	31	
18	42				18	30	38	40	
19	44				19	32	39	43	
20	38				20	36	40	34	

经过对表4-4中数值的计算得：$\bar{x}_1 = 36.83$ 岁，$s_1 = 7.59$ 岁；$\bar{x}_2 = 33.53$ 岁，$s_2 = 4.90$ 岁。

在给定置信系数 $(1-\alpha) = 0.95$ 的情况下，用式（4-24）建立的置信区间为

$$\left[(\bar{x}_1 - \bar{x}_2) - z_{\alpha/2} \sqrt{\frac{s_1^2}{n_1} + \frac{s_2^2}{n_2}} \leq (\mu_1 - \mu_2) \leq (\bar{x}_1 - \bar{x}_2) + z_{\alpha/2} \sqrt{\frac{s_1^2}{n_1} + \frac{s_2^2}{n_2}} \right]$$

$$\left[(36.83 - 33.53) - 1.96 \sqrt{\frac{(7.59)^2}{30} + \frac{(4.90)^2}{40}} \leq (\mu_1 - \mu_2) \leq (36.83 - 33.53) + 1.96 \sqrt{\frac{(7.59)^2}{30} + \frac{(4.90)^2}{40}} \right]$$

$$(3.30 - 3.11) \leq (\mu_1 - \mu_2) \leq (3.30 + 3.11)$$

$$[0.19 \leq (\mu_1 - \mu_2) \leq 6.41]$$

经过以上的调查和计算，该市场调查咨询机构可以向百货公司销售部门经理表明，在95%的置信水平下，该公司市中心商店所有顾客的平均年龄与远郊商店所有顾客平均年龄差异的区间估计是0.19～6.41岁。

下面介绍利用Excel进行大样本情况下、总体方差 σ_1^2 和 σ_2^2 未知时、$(\mu_1 - \mu_2)$ 的区间估计。

第一步，进入Excel表格界面，选择"数据"，然后选择"分析"下的"数据分析"，在"分析工具"中选择"描述统计"，出现如图4-9所示的对话框。

第二步，在"输入区域"中输入样本1的数据，输出区域中输入C1，并选择"汇总统计"复选框。单击"确定"按钮，得到结果如图4-10所示。

样本1的均值位于单元格D3，方差位于单元格D8，样本容量位于单元格D15。同样可以得到样本2

的描述统计结果，如图 4-11 所示，其中均值位于单元格 F3，方差位于单元格 F8，样本容量位于单元格 F15。

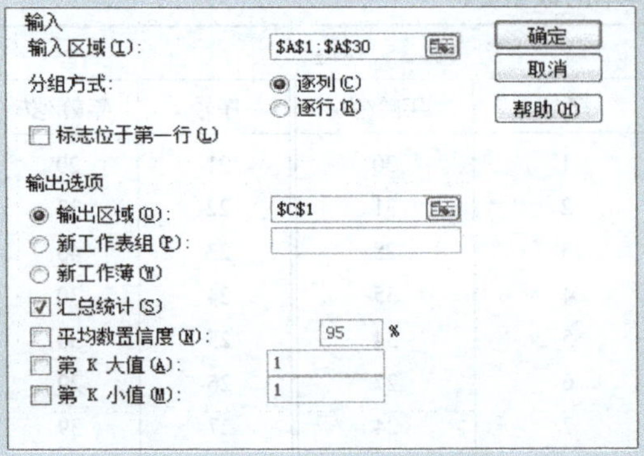

图 4-9　Excel 描述统计对话框

平均	36.83333
标准误差	1.385544
中位数	36
众数	42
标准差	7.588936
方差	57.59195
峰度	-0.91001
偏度	-0.0698
区域	29
最小值	21
最大值	50
求和	1105
观测数	30

图 4-10　Excel 描述统计样本 1 的结果

平均	33.525
标准误差	0.775413
中位数	33
众数	30
标准差	4.904145
方差	24.05064
峰度	0.063277
偏度	0.625154
区域	22
最小值	24
最大值	46
求和	1341
观测数	40

图 4-11　Excel 描述统计样本 2 的结果

第三步，在单元格 D18 中输入公式“ = D3 - F3”，得到 $\bar{x}_1 - \bar{x}_2 = 3.3$，在单元格 D19 中输入公式“ = 1.96 * SQRT（D8/D15 + F8/F15）”，得到误差边际值为 3.11。在单元格 E18 中输入公式“ = D18 - D19”，在单元格 F18 中输入公式“ = D18 + D19”，即可得到两个总体均值之差的区间估计为（$0.19 \leq \mu_1 - \mu_2 \leq 6.41$）。

（3）小样本情况下，两个总体均值之差（$\mu_1 - \mu_2$）的区间估计。有些时候，在估计两个总体均值之差的置信区间时，不一定要求两个样本都为大样本。在至少有一个样本容量 <30 的情况下，就要用 t 分布建立两个总体均值之差的置信区间。

如果要建立小样本情况下两个总体均值之差的区间估计，就必须对两个总体以及分别从这两个总体中抽取的样本作出如下两种假定：①两个总体都服从正态分布；②两个总体的方差相等，即 $\sigma_1^2 = \sigma_2^2 = \sigma^2$。

有了以上两种假定，不管样本容量为多大，两个样本均值之差（$\bar{x}_1 - \bar{x}_2$）的抽样分布就服从正态分布。同时，（$\bar{x}_1 - \bar{x}_2$）的抽样分布的标准差又可以写成如下形式：

$$\sigma_{(\bar{x}_1 - \bar{x}_2)} = \sigma \sqrt{\frac{1}{n_1} + \frac{1}{n_2}} \tag{4-25}$$

如果总体方差 σ^2 已知，就可以直接用式（4-25）来建立两个总体均值之差的置信区间。但是，在多数情况下总体方差 σ^2 是未知的，此时就必须用两个样本均值的方差 s_1^2 和 s_2^2 对 σ^2 作出估计。具体做法是，通过计算两个样本均值方差的加权平均数，用这个平均数 $\overline{s^2}$ 作为 σ^2 的点估计，即

$$\sigma^2 = \overline{s^2} = \frac{(n_1 - 1)s_1^2 + (n_2 - 1)s_2^2}{(n_1 + n_2 - 2)} \tag{4-26}$$

$\sigma_{(\bar{x}_1 - \bar{x}_2)}$ 的点估计为

$$\hat{\sigma}_{(\bar{x}_1 - \bar{x}_2)} = s_{(\bar{x}_1 - \bar{x}_2)} = \bar{s}\sqrt{\frac{1}{n_1} + \frac{1}{n_2}} \tag{4-27}$$

通过以上讨论，我们就可以用 t 分布来建立两个总体都服从正态分布、两个总体方差相等

但未知、小样本（n_1 和 n_2 中，至少有一个 <30）情况下两个总体均值之差的区间估计。t 分布的自由度为 (n_1+n_2-2)。其公式如下：

$$\left[(\bar{x}_1-\bar{x}_2)-t_{\alpha/2}\bar{s}\sqrt{\frac{1}{n_1}+\frac{1}{n_2}} \leqslant (\mu_1-\mu_2) \leqslant (\bar{x}_1-\bar{x}_2)+t_{\alpha/2}\bar{s}\sqrt{\frac{1}{n_1}+\frac{1}{n_2}}\right] \quad (4-28)$$

例如，北京一所高校学生就业指导中心为考察金融学专业本科毕业生和经济学专业本科毕业生毕业后第一年平均年薪的差异，从金融学专业本科毕业生中随机抽取了25人，从经济学专业本科毕业生中随机抽取了12人，调查结果是金融学专业的本科毕业生就业后第一年的平均年薪为6.41万元，方差为0.36，经济学专业的毕业生平均年薪为5.17万元，方差为0.44。假设两类专业毕业生的年薪均服从正态分布，且两类专业毕业生的第一年年薪的波动基本相同，试以95%的可靠性估计两类专业毕业生第一年平均年薪的差异。

这是一个在小样本情况下，对两个总体均值之差进行区间估计的问题。根据上述背景资料中所提供的假设，满足用 t 分布来建立两个总体均值之差区间估计的条件。于是，定义总体1为金融学所有毕业刚一年的毕业生；总体2为经济学所有毕业刚一年的毕业生。

根据以上所提供的信息，可以将其中相关已知条件列表如表4-5所示。

表4-5 某高校两类不同专业毕业生第一年就业年薪样本数据

总体	样本容量/个	样本均值/万元	样本均值方差
总体1（金融学）	$n_1=25$	$\bar{x}_1=6.41$	$s_1^2=0.36$
总体2（经济学）	$n_2=12$	$\bar{x}_2=5.17$	$s_2^2=0.44$

$$\bar{s}=\sqrt{\frac{(n_1-1)s_1^2+(n_2-1)s_2^2}{(n_1+n_2-2)}}=\sqrt{\frac{(25-1)\times0.36+(12-1)\times0.44}{25+12-2}}\text{万元}=0.62\text{万元}$$

在给定95%的置信水平下，$t_{0.025}(35)=2.030$，两个总体均值之差的区间估计为

$$\left[(\bar{x}_1-\bar{x}_2)-t_{\alpha/2}\bar{s}\sqrt{\frac{1}{n_1}+\frac{1}{n_2}} \leqslant (\mu_1-\mu_2) \leqslant (\bar{x}_1-\bar{x}_2)+t_{\alpha/2}\bar{s}\sqrt{\frac{1}{n_1}+\frac{1}{n_2}}\right]$$

$$\left[(6.41-5.17)-2.030\times0.62\times\sqrt{\frac{1}{25}+\frac{1}{12}} \leqslant (\mu_1-\mu_2) \leqslant (6.41-5.17)+2.030\times0.62\times\sqrt{\frac{1}{25}+\frac{1}{12}}\right]$$

$$[0.80 \leqslant (\mu_1-\mu_2) \leqslant 1.68]$$

经过统计调查和推断，我们有95%的把握认为，该所高校金融学和经济学两类不同专业本科毕业生第一年平均年薪相差0.80~1.68万元。

4.5.3 总体比例 P 的区间估计

1. 单个总体比例 P 的区间估计

经济决策者和研究者经常需要对所面临的问题作出总体比例估计。比如，对于许多行业来说，估计市场份额对它们就很重要，因为大多数公司的决策都与其市场份额的大小有关。又如，政府的某项政策能否得到普通公民的支持，人们也对支持者所占的比例感兴趣。

对总体比例 P 进行区间估计，需要用到样本比例 p。因此，样本比例 p 的抽样分布对于计算总体比例 P 区间估计十分重要。

由中心极限定理可知，对于大样本 p 的抽样分布，可以近似看成为正态分布。并且，当 $pn \geqslant 5$ 和 $n(1-p) \geqslant 5$ 同时成立时，可以用正态分布作为样本比例 p 的抽样分布。

如果一次抽样全部满足了上述条件，那么就可以用样本 p 来估计总体比例 P，并用样本比

例 p 的抽样分布对抽样误差作出概率解释。

可以用与 4.5.2 中大样本情形下总体均值 μ 区间估计相似的方法估计总体比例，即在给定置信水平 $(1-\alpha)$ 时，总体比例 P 的区间估计为

$$(\hat{\theta}_L \leq P \leq \hat{\theta}_U) = \left(P - z_{\alpha/2}\sqrt{\frac{P(1-P)}{n}} \leq P \leq P + z_{\alpha/2}\sqrt{\frac{P(1-P)}{n}} \right) \quad (4\text{-}29)$$

式中，P 为总体比例。

利用式（4-29）计算总体比例 P 的区间估计时，必须知道 P 的值。但是，由于 P 的值正是想要估计的值，所以基于样本比例 p 是总体比例 P 的无偏估计这一原理，我们可以用样本比例 p 代替总体比例 P。于是，可以将式（4-29）改写为

$$(\hat{\theta}_L \leq P \leq \hat{\theta}_U) = \left(p - z_{\alpha/2}\sqrt{\frac{p(1-p)}{n}} \leq P \leq p + z_{\alpha/2}\sqrt{\frac{p(1-p)}{n}} \right) \quad (4\text{-}30)$$

式（4-30）是用来估计在大样本情形下，给定置信水平 $(1-\alpha)$ 时总体比例 P 置信区间的常用公式。

例如，在前面先科计算机公司的例子中，经过抽取 30 名员工组成一个简单随机样本，统计计算得到男性员工所占比重的样本比例为 0.6，即

$$p = \frac{n_1}{n} = \frac{18 \text{ 名}}{30 \text{ 名}} = 0.6$$

在给定置信水平为 99% 的情况下，总体比例的区间估计为

$$\left(p - z_{\alpha/2}\sqrt{\frac{p(1-p)}{n}} \leq P \leq p + z_{\alpha/2}\sqrt{\frac{p(1-p)}{n}} \right)$$

$$\left(0.6 - 2.576 \times \sqrt{\frac{0.6(1-0.6)}{30}} \leq P \leq 0.6 + 2.576 \times \sqrt{\frac{0.6(1-0.6)}{30}} \right)$$

$$(0.3696 \leq P \leq 0.8304)$$

计算结果表明，有 99% 的把握可以认为，在该公司 3000 名员工中，男性员工所占比重大约在 36.96% ~ 83.04%。

下面利用 Excel 进行总体比例的区间估计。

第一步，进入 Excel 表格界面，数据位于单元格 A1：A30，在单元格 A31 中输入公式"= COUNTIF（A1：A30," 男"）/30"，算出男性员工所占比例为 0.6。（此处所用公式为 $p = n_1/n$）

第二步，在单元格 A32 中输入公式"= NORMSINV（0.995）"，得到 $z_{0.005} = 2.576$。

第三步，在单元格 A33 中输入公式"= A32 * SQRT（A31 *（1 - A31）/30）"，即可得到误差边际值为 0.2304。（误差边际值 $= z_{\alpha/2}\sqrt{p(1-p)/n}$）

第四步，在单元格 A34 中输入公式"= A31 - A33"，在单元格 A35 中输入公式"= A31 + A33"，即可得到总体比例的区间估计为（$0.3696 \leq P \leq 0.8304$）。

2. 两个总体比例之差的区间估计

在许多商务与经济统计应用中，人们还会对比较两个总体比例的差异感兴趣。当两个总体的比例都未知时，就需要分别从两个总体中抽取样本单位组成两个独立的样本，通过样本比例数据估计两个总体比例之差的置信区间。

为了能够利用两个独立样本比例之差来估计两个总体比例之差异，首先需要确定两个样本比例之差的抽样分布。

用 p_1 代表第一个样本比例，p_2 代表第二个样本比例；用 n_1 代表第一个样本容量，n_2 代表第

二个样本容量;用 P_1 代表第一个总体比例,P_2 代表第二个总体比例。(p_1-p_2) 的抽样分布特征为

$$期望值\ E(p_1-p_2) = P_1 - P_2 \tag{4-31}$$

$$标准差\ \sigma_{(p_1-p_2)} = \sqrt{\frac{P_1(1-P_1)}{n_1} + \frac{P_2(1-P_2)}{n_2}} \tag{4-32}$$

由式(4-32)可以看出,要对两个样本比例之差的抽样分布标准差作出估计,必须事先知道两个总体比例 P_1 和 P_2 各是多少。但是,实践中 P_1 和 P_2 是未知的。根据在讨论单个总体比例置信区间估计的做法,同样可以分别用 p_1 作为 P_1 的估计值代替 P_1,p_2 作为 P_2 的估计值代替 P_2。于是便得到 $\sigma_{(p_1-p_2)}$ 的点估计量如下

$$\hat{\sigma}_{(p_1-p_2)} = s_{(p_1-p_2)} = \sqrt{\frac{p_1(1-p_1)}{n_1} + \frac{p_2(1-p_2)}{n_2}} \tag{4-33}$$

如果样本容量很大,即当 n_1p_1、$n_1(1-p_1)$、n_2p_2 和 $n_2(1-p_2)$ 都同时大于等于 5 时,(p_1-p_2) 的抽样分布可以近似看成是正态分布。

有了以上这些基础条件,就可以利用下面的公式对两个总体比例之差的区间作出估计。

$$[(p_1-p_2) - z_{\alpha/2} s_{(p_1-p_2)} \leqslant (P_1-P_2) \leqslant (p_1-p_2) + z_{\alpha/2} s_{(p_1-p_2)}] \tag{4-34}$$

例如,千禧信息发展有限责任公司是一家从事 IT 产品销售的企业,目前在全国许多地区都设立了分销机构。公司财务部门想对华北和东北两个地区分销机构的财务工作质量作一个比较。它们通过随机地从两个地区分销机构准备的发票中分别抽取部分发票组成样本,对样本的差错率进行检查,以便对两个地区分销商财务发票差错率之差的置信区间作出估计。

假设,用 1 代表华北地区,2 代表东北地区;n_1 代表华北地区的样本容量,n_2 代表东北地区的样本容量;n_{11} 代表华北地区样本中发票出现错误的数量,n_{21} 代表东北地区样本中发票出现错误的数量。来自两个地区的独立样本提供了如下信息:

$$n_1 = 300\ 个,\ n_{11} = 42\ 个\quad n_2 = 255\ 个,\ n_{21} = 23\ 个$$

两个地区样本比例分别如下:

$$p_1 = \frac{n_{11}}{n_1} = \frac{42\ 个}{300\ 个} = 0.14,\quad p_2 = \frac{n_{21}}{n_2} = \frac{23\ 个}{255\ 个} = 0.09$$

两个地区分销商发票差错率之差的点估计为

$$p_1 - p_2 = 0.14 - 0.09 = 0.05$$

两个地区分销商样本发票差错率之差抽样分布标准差的点估计为

$$s_{(p_1-p_2)} = \sqrt{\frac{p_1(1-p_1)}{n_1} + \frac{p_2(1-p_2)}{n_2}} = \sqrt{\frac{0.14 \times (1-0.14)}{300} + \frac{0.09 \times (1-0.09)}{255}} = 0.026$$

两个地区分销商发票差错率之差的 95% 的区间估计为

$$[(p_1-p_2) - z_{\alpha/2} s_{(p_1-p_2)} \leqslant (P_1-P_2) \leqslant (p_1-p_2) + z_{\alpha/2} s_{(p_1-p_2)}]$$
$$[0.05 - 1.96 \times 0.026 \leqslant (P_1-P_2) \leqslant 0.05 + 1.96 \times 0.026]$$
$$[0.00 \leqslant (P_1-P_2) \leqslant 0.10]$$

计算结果表明,千禧信息发展有限责任公司在华北和东北地区分销商发票差错率之差在 0~10.0% 之间的置信度为 95%。

4.5.4 总体方差 σ^2 的区间估计○

由于总体的变异性也是总体分布的一个重要特征,所以除了对总体均值和总体比例进行估

○ 在实际应用中,有时也需要对总体比例的方差作出估计,其方法与总体均值方差的估计方法类似。这里仅讨论有关总体方差的区间估计问题。

计外,还需要估计总体的方差。总体方差 σ^2 是反映总体中所考察变量取值散布程度的指标,可用来衡量生产过程的稳定性和加工精度等,其点估计量是样本方差 s^2。显然,总体方差 σ^2 的区间估计需要根据其点估计量 s^2 的概率分布进行,这里只给出正态总体方差的区间估计。

1. 单个总体方差的区间估计

如果所考察随机变量的总体分布为正态分布,由抽样分布理论可知,对于来自该总体的一个简单随机样本,其样本方差 s^2 与总体方差 σ^2 比值的 $(n-1)$ 倍服从自由度为 $(n-1)$ 的 χ^2 分布,即有

$$\frac{(n-1)s^2}{\sigma^2} \sim \chi^2(n-1) \tag{4-35}$$

在给定置信概率 $(1-\alpha)$ 的情况下,通过查自由度为 $(n-1)$ 的 χ^2 分布表可得两个分位数 $\chi^2_{1-\alpha/2}$ 和 $\chi^2_{\alpha/2}$,分别可称为 χ^2 分布的 $1-\alpha/2$ 分位数和 $\alpha/2$ 分位数,使得

$$P\left(\chi^2_{1-\alpha/2} \leqslant \frac{(n-1)s^2}{\sigma^2} \leqslant \chi^2_{\alpha/2}\right) = 1-\alpha \tag{4-36}$$

将该式左边括号中的不等式变换,可以得到

$$P\left(\frac{(n-1)s^2}{\chi^2_{\alpha/2}} \leqslant \sigma^2 \leqslant \frac{(n-1)s^2}{\chi^2_{1-\alpha/2}}\right) = 1-\alpha \tag{4-37}$$

由此可得到总体方差 σ^2 的置信区间为

$$\left(\frac{(n-1)s^2}{\chi^2_{\alpha/2}}, \frac{(n-1)s^2}{\chi^2_{1-\alpha/2}}\right) \tag{4-38}$$

例如,达华无线电仪器仪表厂的产品质量检验人员对最近收到的供货方发来的一批电子元件质量进行了抽检。通过对 10 件产品抽检的结果是,平均使用寿命为 11000h,样本均值方差 s^2 为 8200。该检验员想在 95% 的置信水平下,确定出该批电子元件平均使用寿命方差的置信区间。

假如这批电子元件的使用寿命服从正态分布,则 $(n-1)s^2/\sigma^2$ 服从自由度为 $(n-1) = 9$ 的 χ^2 分布。在 95% 的置信水平下,查 χ^2 分布表(见附录 E),得 $1-\alpha/2$ 分位数和 $\alpha/2$ 分位数分别为 $\chi^2_{1-\alpha/2} = \chi^2_{0.975} = 2.700$ 和 $\chi^2_{\alpha/2} = \chi^2_{0.025} = 19.023$,将 $s^2 = 8200$ 和这两个分位数值代入上述正态总体方差置信区间的公式,得到这批电子元件平均使用寿命方差的置信区间为

$$\left[\frac{(n-1)s^2}{\chi^2_{\alpha/2}}, \frac{(n-1)s^2}{\chi^2_{1-\alpha/2}}\right]$$

即

$$\left[\frac{(10-1) \times 8200}{19.023}, \frac{(10-1) \times 8200}{2.700}\right]$$

$$[3879.51, 27333.33]$$

由此,该检验员可以认为,在 95% 置信水平下这批电子元件平均使用寿命的方差在 3879.51 ~ 27333.33 之间。

下面利用 Excel 进行单个总体方差 σ^2 的区间估计。

例如,表 4-6 是中国白酒行业 10 家上市公司 2013 年 5 月 20 日收盘价的市盈率数据。

表 4-6 白酒行业 10 家上市公司的市盈率

序号	股票代码	股票名称	市盈率/倍
1	000858	五粮液	149.14
2	002304	洋河股份	38.34

(续)

序号	股票代码	股票名称	市盈率/倍
3	600809	山西汾酒	32.81
4	002646	青青稞酒	21.25
5	600519	贵州茅台	18.34
6	600779	水井坊	19.96
7	600702	沱牌舍得	15.74
8	600559	老白干酒	15.21
9	000995	皇台酒业	13.60
10	000568	泸州老窖	11.13

资料来源：中证指数有限公司网，2013年5月20日。

将上述10家白酒行业上市公司作为样本，利用Excel对我国白酒行业所有上市公司平均市盈率方差的95%置信区间作出估计。

第一步，进入Excel表格界面，数据位于A1：A10，在单元格A11中输入公式"=VAR.S（A1：A10）"，得到样本方差$S^2=1722.897$。

第二步，在单元格A12中选中"公式"下的"插入函数"，随后在"函数类别"中选择"统计"，选中函数"CHISQ.INV"，在弹出的对话框的"Probability"文本框中输入左尾概率0.025，在"Deg_freedom"文本框中输入自由度"9"。即可得到$\chi^2_{1-\alpha/2}=2.7003895$（见图4-12）。

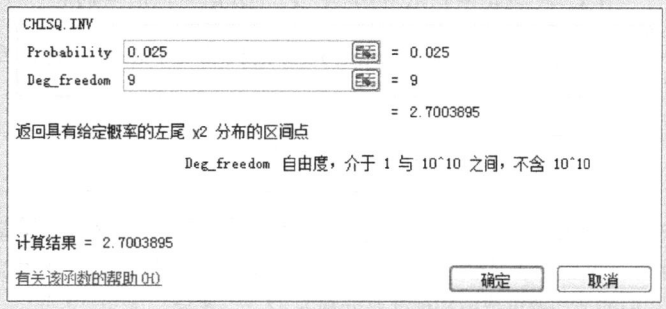

图4-12 Excel $\chi^2_{1-\alpha/2}$ 计算结果

第三步，在单元格A13中选中"公式"下的"插入函数"，随后在"函数类别"中选择"统计"，选中函数"CHISQ.INV.RT"，在弹出的对话框的"Probability"文本框中输入右尾概率0.025，在"Deg_freedom"文本框中输入自由度"9"，即可得到$\chi^2_{\alpha/2}=19.0227678$（见图4-13）。

图4-13 Excel $\chi^2_{\alpha/2}$ 计算结果

第四步，在单元格A14中输入公式"=9*A11/A13"，在单元格A15中输入公式"=9*A11/A12"，即可得到总体方差的区间估计为（$815.13\leq\sigma^2\leq5742.16$）。

2. 两个正态总体方差之比 σ_1^2/σ_2^2 的区间估计

在一些商务与经济统计中，可能需要对两个不同总体方差之比作出估计。例如，在生产过程中有时需要比较一下两个不同生产工序产品质量方差、两个不同装置的温度方差等。在进行两个总体方差之比的区间估计时，需要满足的条件包括：两个样本必须是相互独立的，其中一个来自总体 1，另一个来自总体 2；两个总体均服从正态分布。

当两个样本容量 n_1 和 n_2 的独立简单随机样本分别取自两个正态总体，样本 1 均值的方差 s_1^2 是总体 1 方差 σ_1^2 的点估计量，样本 2 均值的方差 s_2^2 是总体 2 方差 σ_2^2 的点估计量，则有

$$\frac{(n_1-1)s_1^2}{\sigma_1^2} \sim \chi^2(n_1-1), \frac{(n_2-1)s_2^2}{\sigma_2^2} \sim \chi^2(n_2-1) \tag{4-39}$$

它们的比值服从分子自由度为 (n_1-1)、分母自由度为 (n_2-1) 的 F 分布，即

$$F = \frac{\frac{(n_1-1)s_1^2}{\sigma_1^2}/(n_1-1)}{\frac{(n_2-1)s_2^2}{\sigma_2^2}/(n_2-1)} = \frac{s_1^2/s_2^2}{\sigma_1^2/\sigma_2^2} \sim F(n_1-1,n_2-1) \tag{4-40}$$

在给定置信水平 $(1-\alpha)$ 情况下，统计量 F 落入以下区间的概率为

$$P[F_{1-\alpha/2}(n_1-1,n_2-1) \leq F \leq F_{\alpha/2}(n_1-1,n_2-1)] = 1-\alpha \tag{4-41}$$

两个总体方差比值的置信区间为

$$\left[\frac{s_1^2}{s_2^2}\frac{1}{F_{\alpha/2}(n_1-1,n_2-1)}, \frac{s_1^2}{s_2^2}\frac{1}{F_{1-\alpha/2}(n_1-1,n_2-1)}\right] \tag{4-42}$$

由于 $\frac{1}{F_{1-\alpha/2}(n_1-1,n_2-1)} = F_{\alpha/2}(n_2-1,n_1-1)$，所以式（4-42）可以改写为

$$\left[\frac{s_1^2}{s_2^2}\frac{1}{F_{\alpha/2}(n_1-1,n_2-1)}, \frac{s_1^2}{s_2^2}F_{\alpha/2}(n_2-1,n_1-1)\right] \tag{4-43}$$

例如，一所财经大学 2012 级的本科生中共有 2500 名学生选修了应用统计学课程。一名统计学老师为了对比分析理科生和文科生在学习这门课程中的差异，分别从理科生和文科生中随机抽取了 25 名和 16 名学生。他（她）们的平均考试成绩和标准差分别为 82 分、8 分、78 分、7 分。

这名老师想在假设所有两个总体均服从正态分布的情况下，估计出两个总体标准差之比的 98% 的置信区间。

用总体 1 表示所有选修了统计学的理科生，总体 2 表示所有选修了统计学的文科生。

$$n_1=25, n_2=16; \bar{x}_1=82, \bar{x}_2=78; s_1^2=64, s_2^2=49。$$

由于 $1-\alpha=0.98$，所以 $\alpha=0.02$。

查 F 分布表得

$$F_{\alpha/2}(n_1-1,n_2-1) = F_{0.01}(24,15) = 3.29, F_{\alpha/2}(n_2-1,n_1-1) = F_{0.01}(15,24) = 2.89$$

两个总体方差之比的 98% 的置信区间为

$$\left[\frac{s_1^2}{s_2^2}\frac{1}{F_{\alpha/2}(n_1-1,n_2-1)}, \frac{s_1^2}{s_2^2}F_{\alpha/2}(n_2-1,n_1-1)\right]$$

$$\left[\frac{64}{49} \times \frac{1}{3.29}, \frac{64}{49} \times 2.89\right]$$

$$[0.397, 3.775]$$

将上述置信区间的上下限分别开方，即可得出 σ_1/σ_2 的 98% 置信区间为 $[0.630, 1.943]$。

因此，这位老师有 98% 的把握认为，该校所有选修统计学的理科生和所有选修统计学的文科生平均考试成绩标准差之比在 0.630～1.943 分之间。

下面利用 Excel 进行两个总体方差之比 σ_1^2/σ_2^2 的区间估计。

例如，表 4-7 是我国房地产行业 10 家上市公司 2013 年 5 月 20 日收盘价的市盈率数据。

表 4-7 房地产行业 10 家上市公司的市盈率

序号	股票代码	股票名称	市盈率/倍
1	000897	津滨发展	1639.27
2	000965	天保基建	1418.14
3	000979	中弘股份	906.09
4	600158	中体产业	729.80
5	600159	大龙地产	638.85
6	000909	数源科技	610.56
7	600094	大名城	522.81
8	600890	中房股份	510.06
9	600007	中国国贸	443.03
10	600133	东湖高新	281.44

资料来源：中证指数有限公司网，2013 年 5 月 20 日。

将表 4-6 中 10 家白酒行业上市公司作为一个样本，将上述 10 家房地产行业上市公司作为另一个样本，利用 Excel 对我国白酒行业所有上市公司平均市盈率方差和房地产行业所有上市公司平均市盈率方差之比的 95% 的置信区间作出估计。

第一步，进入 Excel 表格界面，样本 1 的数据位于 A1：A10，样本 2 的数据位于 B1：B10。在单元格 A11 中输入公式"=VAR.S（A1：A10）"，在单元格 B11 中输入公式"=VAR.S（B1：B10）"，即可得到样本 1 的方差 s_1^2 为 1722.897，样本 2 的方差 s_2^2 为 190305.1。

第二步，在单元格 C1 中选中"公式"下的"插入函数"，函数类别选择"统计"，随后选择函数名"F.INV.RT"，在弹出的对话框中的"Probability"文本框中输入 $\alpha/2$ 的值 0.025，在"Deg_freedom1"文本框中输入样本 1 的自由度 9，在"Deg_freedom2"文本框中输入样本 2 的自由度 9，如图 4-14 所示，即可得到 $F_{\alpha/2}(9,9)=4.025994158$。

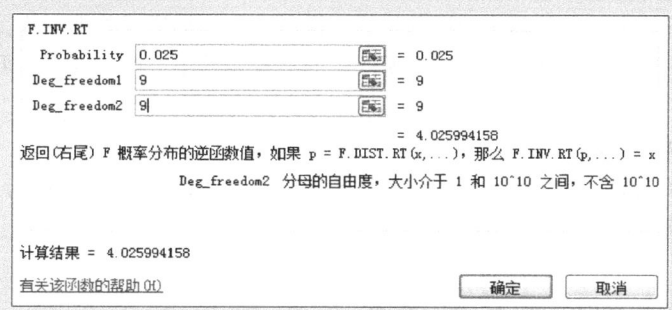

图 4-14 Excel $F_{\alpha/2}(9,9)$ 计算结果

第三步，在单元格 D1 中输入公式"=（A11/B11）/C1"，在单元格 E1 中输入公式"=（A11/B11）*C1"，即可得到方差之比 σ_1^2/σ_2^2 的估计区间为 [0.00225, 0.03645]（此处根据式（4-43）得来）。

4.6 必要样本容量的确定

前面所讨论的都是在样本容量已知的情况下，有关总体均值 μ 和总体比例 P 的区间估计问题。在实际应用中,有时需要在具体抽样前首先确定样本容量,即确定从总体中随机抽取多少个样本。因此,这部分就讨论在估计总体参数 μ 和 P 两种情况下,如何确定必要的样本容量。

4.6.1 必要样本容量的含义及其制约因素

必要样本容量是指一次抽样中,在满足估计总体参数要求的前提下,既不过大也不过小的样本容量。

在通常情况下,尽管样本越大越有利于提高估计的精度[⊖],但是过大的样本同时也会增加抽样的成本,从而与抽样的经济性特点相悖。相反,如果样本容量过小,尽管节约了抽样成本,但同时也会降低估计的精度。由此可见,在一次抽样中,过大或过小的样本容量都是不合适的。

在确定必要样本容量时,必须考虑到以下几个制约必要样本容量的因素。

1. 总体方差的大小

总体方差的大小主要取决于总体内部各个体之间差异性的大小。总体内部各个体之间差异性越大,总体方差就越大,此时就需要相对较大的样本容量。相反,总体内部各个体之间差异性越小,总体方差也就越小,此时只需要相对较小的样本容量。

2. 给定的置信水平

在一次具体抽样前,总是要先给定置信水平。当其他条件一定时,置信水平越高,则需要的样本容量就越大。相反,所需要的样本容量就越小。

3. 规定的误差边际大小

为保证抽样的质量或较高的估计精度,在通常情况下人们总是事先对估计的误差边际作出规定。所规定的误差边际越小,越需要较大的样本容量;所规定的误差边际越大,则所需要的样本容量就越小。

4. 不同的抽样方式

在通常情况下,由于简单随机抽样和整群抽样所产生的抽样误差大一些,所以需要适当大一些的样本容量;而分层抽样和系统抽样所产生的抽样误差小一些,因而也可以适当缩小样本容量。

5. 不同的抽样方法

在其他条件相同情况下,由于有放回抽样的抽样误差要比无放回抽样大,所以有放回抽样通常要比无放回抽样需要更大一些的样本容量。

4.6.2 估计总体均值样本容量的确定

在对总体均值作出估计时,要确定必要的样本容量 n,应当首先给出用户可以接受的误差边际 $z_{\alpha/2}\dfrac{\sigma}{\sqrt{n}}$ 或 $z_{\alpha/2}\dfrac{\sigma}{\sqrt{n}}\sqrt{\dfrac{N-n}{N-1}}$,而误差边际的大小又取决于事先给定的置信水平 $(1-\alpha)$。由此可见,如果在事先给定置信水平 $(1-\alpha)$ 和用户可以接受的误差边际 $z_{\alpha/2}\dfrac{\sigma}{\sqrt{n}}$ 或 $z_{\alpha/2}\dfrac{\sigma}{\sqrt{n}}\sqrt{\dfrac{N-n}{N-1}}$ 的情况下,有放回抽样(或无限总体抽样)的必要样本容量 n 可以由以下公式计算:

⊖ 估计的精度是指置信区间的长度。置信区间的长度越短,估计的精度越高;相反,置信区间的长度越长,则估计的精度越低。

$$E_{\mu_0} = z_{\alpha/2} \frac{\sigma}{\sqrt{n}}$$

$$n_{\mu_0} = \frac{z_{\alpha/2}^2 \sigma^2}{E_{\mu_0}^2} \tag{4-44}$$

式中，n_{μ_0} 代表有放回抽样（或无限总体抽样）时估计总体均值所需要的必要样本容量；E_{μ_0} 代表有放回抽样估计总体均值时的误差边际。

由前面讨论的内容可知，对于无放回简单随机抽样，由于样本均值抽样分布标准差要比有放回抽样多一个校正因子 $\sqrt{\frac{N-n}{N-1}}$，所以用样本均值估计总体均值所需要的必要样本容量 n 也略有不同。其具体计算公式为

$$E_{\mu_1} = z_{\alpha/2} \frac{\sigma}{\sqrt{n}} \sqrt{\frac{N-n}{N-1}}$$

$$n_{\mu_1} = \frac{z_{\alpha/2}^2 \sigma^2}{E_{\mu_1}^2} = \frac{n_{\mu_0}}{1 + \frac{n_{\mu_0}}{N}} \tag{4-45}$$

式中，n_{μ_1} 代表无放回简单随机抽样（或有限总体抽样）时估计总体均值所需要的必要样本容量；E_{μ_1} 代表无放回抽样估计总体均值时的误差边际。

从式（4-44）和式（4-45）可以看出，要使用它们确定估计总体均值时所需要的样本容量，都必须事先知道总体均值的标准差 σ。在此，将确定必要样本容量时所需要的总体均值标准差 σ 称为**总体均值标准差 σ 的计划值**。但在大多数情况下，σ 的计划值是未知的。为解决这一难题，实践中可以从以下几种方法中选择一种处理之。

（1）使用历史上进行过同样或类似的抽样的样本标准差作为 σ 的计划值。

（2）事先抽取一个预备样本作试验性研究。用该样本的标准差作为 σ 的计划值。

（3）利用对总体的熟知和经验，对 σ 的计划值作出判断。通常的做法是，首先根据对总体中极大值和极小值的估计计算出数据的全距，再用这个全距的 1/4 值作为 σ 计划值的近似值。

讨论了上述这些内容后，可以用下面的例子说明，如何在估计总体均值时确定必要的样本容量。

一项研究表明，北京市六环内居民 2011 年公交出行方式的平均距离为 10.8km（《北京晚报》，2013 年 1 月 23 日，北京市城市规划设计研究院，高扬）。假定就此问题也作一项研究，以验证这一结论是否正确。在设计该项研究时，指定如果采用有放回抽样，对公交出行平均距离的估计误差边际不超过 0.5km，置信水平为 95%。

由上面所给定的已知条件可以看出，$E_{\mu_0} = 0.5$，$z_{0.05/2} = 1.96$。只要确定了总体均值标准差 σ 的计划值，就可以分别用式（4-44）和式（4-45）确定有放回抽样和无放回抽样的情况下，估计总体均值所需要的样本容量了。

由于研究者之前已做过此类研究，因此完全可以利用该研究抽样时所得的样本标准差作为此次总体

㊀ 由无放回抽样误差边际和有放回抽样必要样本容量公式推导出两种必要样本容量之间的关系，其过程较为复杂。在此直接给出结果。感兴趣的读者可以参考相关书籍。对比式（4-44）和式（4-45）可以发现，后者比前者略小一点。当总体容量 N 很大时，二者几乎相同。

均值标准差 σ 的计划值。假如该项数值为 2.5km，即 σ 的计划值 $s=2.5\text{km}$[1]，则有放回抽样和无放回抽样情况下的必要样本容量分别如下。

在有放回抽样（或无限总体抽样）情况下

$$n_{\mu_0} = \frac{z_{\alpha/2}^2 \sigma^2}{E_{\mu_0}^2} = \frac{1.96^2 \cdot 2.5^2}{0.5^2} 人 = 96.04 人 \approx 97 人$$

在无放回抽样情况下，由于北京六环以内的人口规模过大，给计算带来很大不便。在此，假设要对 100000 人的人群进行无放回抽样，则

$$n_{\mu_1} = \frac{n_{\mu_0}}{1+\frac{n_{\mu_0}}{N}} = \frac{96.04}{1+\frac{96.04}{100000}} 人 = 95.95 人 \approx 96 人$$

对比以上两种计算结果可以发现，在总体容量为 100000 人时，两种抽样方法所需的样本容量只差 1 人。而且，由于有放回抽样所需的必要样本容量要略大于无放回抽样，在通常情况下，尽管理论上可以分别用两种不同的公式确定样本容量，但实际应用中一般都是按无放回抽样的方法抽取样本单位，用有放回抽样的公式确定估计总体均值所需的必要样本容量。[2]

4.6.3 估计总体比例样本容量的确定

当探讨了估计总体均值所需必要样本容量的确定方法后，确定估计总体比例所需必要样本容量的方法就简单得多。可以根据前面介绍的基本原理，只是用总体比例标准差代替总体均值标准差即可。由此，可以得到有放回抽样和无放回抽样情形下，估计总体比例所需必要样本容量的计算公式分别如下：

有放回抽样（或无限总体抽样）情形下

$$E_{P_0} = z_{\alpha/2}\sqrt{\frac{P(1-P)}{n}}$$

$$n_{P_0} = \frac{z_{\alpha/2}^2 P(1-P)}{E_{P_0}^2} \tag{4-46}$$

式中，n_{P_0} 代表有放回抽样估计总体比例所需的必要样本容量；P 代表总体比例的计划值；E_{P_0} 代表有放回抽样时研究者可以接受或期望的误差边际。

无放回抽样（或有限总体抽样）情形下

$$E_{P_1} = z_{\alpha/2}\sqrt{\frac{P(1-P)}{n}}\sqrt{\frac{N-n}{N-1}}$$

$$n_{P_1} = \frac{z_{\alpha/2}^2 P(1-P)}{E_{P_1}^2} = \frac{n_{P_0}}{1+\frac{n_{P_0}}{N}} \tag{4-47}$$

式中，n_{P_1} 代表无放回抽样（或有限总体抽样）估计总体比例所需的必要样本容量；P 代表总体比例的计划值；E_{P_1} 代表无放回抽样（或有限总体抽样）时研究者可以接受或期望的误差边际。

---

[1] 由于从有关媒体的报道中无法得知这项研究所进行的调查样本标准差的真实数据，为讨论方便，在此假设样本标准差为 2.5km。

[2] 由于有放回抽样所需的必要样本容量要略大于无放回抽样，故按有放回抽样确定的必要样本容量同时也可以满足无放回抽样的需要。

类似于估计总体均值所需必要样本容量的确定方法，在给定置信水平和误差边际的情况下，只要确定了总体比例的计划值，就可以分别用式（4-46）和式（4-47）计算出有放回抽样和无放回抽样情形下，估计总体比例所需的必要样本容量了。在实践中，通常可以从以下四种方法中择其一种来确定总体比例的计划值。

（1）使用历史上进行过同样或类似的抽样的样本比例 p 作为 P 的计划值。
（2）事先抽取一个预备样本作试验性研究，用该样本的样本比例 p 作为 P 的计划值。
（3）利用对总体的熟知和经验，对 P 的计划值作出判断。
（4）在上述方法都不适用的情况下，将 P 的计划值定为 0.5。

再回到前面有关北京市六环以内居民出行方式研究的案例上。该研究同时还发现，"自 2007 年北京市实施公交票价优惠政策以来，公共交通出行比例确实由 2006 年的 30.2% 提高到 2011 年的 44%，但细看就发现，小汽车出行比例由 31.6% 上升到了 33%，自行车出行比例由 27.7% 下降到 15.1%。"由此，他得出结论认为，"这就意味着公交票价的优惠政策并未能实现小汽车出行向公共交通转移的期待，而是把自行车出行转移至了公共交通"。

同样，假如要用抽样的方法验证一下有关 2011 年北京市居民自行车出行的比例为 15.1% 这一结论的正确性，在给定置信水平为 95%、所期望的误差边际为 2% 的情况下，该抽选出多少人进行调查呢？在这个问题中，可以把其调查结论作为总体比例的计划值，即 $P = 15.1\%$。于是，在有放回抽样（或无限总体抽样）情况下

$$n_{P_0} = \frac{z_{\alpha/2}{}^2 P(1-P)}{E_{P_0}{}^2} = \frac{1.96^2 \times 15.1\% \times (1-15.1\%)}{2\%^2} \text{人} = 1231.22 \text{人} \approx 1232 \text{人}$$

在无放回抽样（或有限总体抽样）情况下，假如仍从 100000 人当中抽取一部分作为样本，则

$$n_{P_1} = \frac{n_{P_0}}{1 + \frac{n_{P_0}}{N}} = \frac{1231.22}{1 + \frac{1231.22}{100000}} \text{人} = 1216.25 \text{人} \approx 1217 \text{人}$$

对比以上两种计算结果可以发现，采用不同的抽样方式所需样本容量之间相差 15 人。这比估计总体均值时两种不同计算方法得出的结果差要大一些。具体采用哪个数据作为最终要抽取的人数，可以根据具体情况和预算来确定。

4.6.4 利用 Excel 确定必要的样本容量

1. 用 Excel 估计总体均值样本容量的确定

第一步，进入 Excel 界面，在单元格 A1 中输入总体均值标准差 σ 的值 2.5，在单元格 A2 中输入误差边际的 E_{μ_0} 的值 0.5。

第二步，在单元格 A3 中输入公式" = 1.96^2 * A1^2/A2^2"，即可得到有放回抽样下的样本容量的估计值为 96.04，因此取值为 97（此处所用公式为 $n_{\mu_0} = \frac{z_{\alpha/2}{}^2 \sigma^2}{(E_{\mu_0})^2}$）。

第三步，在单元格 A4 中输入公式" = A3/（1 + A3/100000）"，即可得到无放回抽样下样本容量的估计值为 95.95，因此取值为 96（此处所用公式为 $n_{\mu_1} = \frac{n_{\mu_0}}{1 + \frac{n_{\mu_0}}{N}}$）。

2. 用 Excel 估计总体比例样本容量的确定

第一步，进入 Excel 界面，在单元格 A1 中输入总体比例 P 的值 0.151，在单元格 A2 中输

入误差边际值 E_{p_0} 的值 0.02。

第二步，在单元格 A3 中输入公式"= 1.96^2 * A1 * (1 - A1) /A2^2"，即可得到有放回抽样的情况下样本容量的估计值为 1231.22，因此取值为 1232（此处所用公式为 $n_{p_0} = \dfrac{z_{\alpha/2}^2 P(1-P)}{(E_{F_0})^2}$）。

第三步，在单元格 A4 中输入公式"= A3/(1 + A3/100000)"，即可得到无放回抽样情况下样本容量的估计值为 1216.25，因此取值为 1217（此处所用公式为 $n_{p_1} = \dfrac{n_{p_0}}{1 + \dfrac{n_{p_0}}{N}}$）。

4.6.5 确定必要样本容量的原则

前面分别讨论了估计总体均值和估计总体比例所需的必要样本容量的确定方法，而且不同的抽样方式也会使必要样本容量的具体数据发生变化。在实际应用中，究竟应当采用哪个数据作为最终确定的必要样本容量，要根据具体的研究任务确定。一般的原则为，对于一次抽样，为了同时既满足估计总体均值的需要，又满足估计总体比例的需要，应当选择数值大的那个样本容量作为最终确定的必要样本容量。例如，在前面举例所得的 4 个样本容量数据中，为同时满足估计两个总体参数的需要，最终的必要样本容量应当确定为 1232 人。

本章小结

本章重点讨论了有关抽样、抽样分布和总体参数估计等内容。

抽样相对于普查有许多优点，因而在实践中具有广泛的应用性。抽样首先区分为随机抽样和非随机抽样。随机抽样包括简单随机抽样、分层随机抽样、整群抽样和系统抽样。非随机抽样包括方便抽样、滚雪球抽样、判断抽样、典型抽样和重点抽样等。

抽样分布是样本统计量所有可能值构成的概率分布，包括样本均值抽样分布和样本比例抽样分布。

参数估计主要是对总体均值和总体比例的估计，包括点估计和区间估计等。

思考与练习题

1. 什么是抽样？试用实际生活或工作中的实例说明抽样的原因。

2. 什么是有放回抽样和无放回抽样？将 0～9 这 10 个号码分别写在 10 张形状相同、厚度相同的纸片上，揉成均匀的纸团放入一个圆形的容器中。试着分别用有放回抽样和无放回抽样从中抽取 4 个纸团，观察并记录每次抽取的号码。这样的抽样各进行 3 次，观察、研究两种不同抽样的结果有何不同。

3. 什么是有限总体和无限总体？试回答下面这些总体各是什么总体。
   （1）某天中午 11:00～13:00 之间有可能到一家餐馆就餐的人数。
   （2）北京市居民的户数。
   （3）某工厂大批量生产曲别针的个数。
   （4）湖南卫视台《我是歌手》节目的收视人数。
   （5）长江水域的支流数。

4. 什么是随机抽样和非随机抽样？二者之间有何联系和区别？

5. 由国家统计局公布的《中国区域经济统计年鉴（2012）》列出了中国 2011 年 413 个地级行政区划的财政收入资料。假定你要做一个全国性的地级财政收入状况研究，将从中抽选 30 个地级行政区划收集资料。利用附录 G，从最左边一列第一行开始，3 个数一组（将表中每组数据的后两位扣掉），确定对应前 30 个地级行政区划的随机数。

6. 中央财经大学 MBA 教育中心的教学管理机构对估计学生赞成或不赞成实行多开选修课政策的比例感兴趣，准备从 2013 级 350 名新生中抽选出 15 名学生作为样本。假如这项工作委托你来做，要求从附录 G 中第一行开始，每 3 个数字一组，指出与被抽选 15 名学生对应的随机数。

7. 如果你对中央财经大学历届MBA不同专业学员毕业论文成绩分布感兴趣，应当采取什么样的随机抽样方式（简单随机抽样、分层随机抽样、整群抽样、系统抽样）抽取一个30人的样本呢？具体说说你的做法。

8. 北京某家市场咨询机构最近承接了一家广告公司的市场调查业务。该广告公司想在北京电视台生活频道（BTV-7）插播一则关于保健品的推销广告。该广告公司对不同区域（城区、近郊和远郊）观众的收视特点（收看生活频道电视节目的时间分布、某栏目节目的收视率等）感兴趣。假如你是该市场咨询机构的一名工作人员，你将怎样设计抽样调查方案呢？（具体说明采用哪种随机抽样方式，其中具体的样本单位如何分配等。）

9. 中央财经大学统计与市场调查研究中心对2010～2013级四个年级在校大学生中佩戴眼镜学生所占的比例感兴趣。如果想用最节省、最方便的办法抽选样本，请你回答最好应当采用哪种随机抽样方式？具体说明如何组织这种抽样。

10. 北京一个居民小区共有5000个住户。2013年年初为响应市政府关于作好居民家庭垃圾分类处理的号召，该社区居委会联合小区物业公司共同发起了这项活动。它们为了了解该小区居民对这一活动的支持程度，想对其中50户居民进行一次抽样调查。但由于总体过大以及其他原因，它们不准备进行简单随机抽样。你认为它们应当采用哪种随机抽样比较合适呢？如果它们委托你去做这项工作，把你的具体抽样方案制定出来。

11. 有一个总体，其总体均值为2000，标准差为500。从中随机抽取一个容量为100的简单随机样本，用样本均值$\bar{x}$估计总体均值μ。

（1）$\bar{x}$的期望值是多少？
（2）$\bar{x}$的抽样分布标准差$\sigma_{\bar{x}}$是多少？
（3）给出$\bar{x}$的抽样分布。
（4）$\bar{x}$的抽样分布说明了什么？
（5）给出$\bar{x}$在总体均值±50范围内的概率。
（6）给出$\bar{x}$在总体均值±100范围内的概率。

12. 某研究人员想从一个概率分布未知的总体中抽取简单随机样本对总体均值进行估计，已知该总体的均值为400，标准差为50。

（1）该研究人员分别抽取了容量为10、20、30和40的4个备选样本。问：其中哪些是可以用正态分布来描述$\bar{x}$的抽样分布？依据是什么？
（2）给出在正态分布比较适用情况下$\bar{x}$的抽样分布。

13. 一家大型国有企业共有6000名员工。该企业人力资源部门想从中抽取60名员工作为简单随机样本，了解全体员工的平均受教育年限。

（1）你会用有限总体抽样公式计算样本均值的抽样分布标准差吗？为什么？
（2）如果总体标准差σ为3.5年，分别用有限总体抽样和无限总体抽样两种公式计算$\sigma_{\bar{x}}$，并观察两种计算结果的差别。
（3）员工平均受教育年限的样本均值落在总体均值±1年范围内的概率是多少？

14. 从一个比例为0.6的总体中抽取一个容量为100的简单随机样本。

（1）样本比例p的期望值是多少？
（2）样本比例p的抽样分布标准差是多少？
（3）给出样本比例p的抽样分布。
（4）解释样本比例p抽样分布的含义。

15. 据新华网报道，有关部门对118个城市的连续监测数据显示，约有33%的城市地下水受到轻度污染（《读者》，2013.7）。某研究机构为了证实这一结论，从这118个城市中随机抽取30个做样本进行监测。

（1）假定上述情况是真实的，即总体比例$P=33\%$，该研究中样本比例p的抽样分布是什么？

(2) 样本比例 p 在 23% ~43% 之间的概率是多少？

16. 什么是区间估计？区间估计应解决的基本问题有哪些？

17. 一个样本容量为 100 的简单随机样本，样本均值为 75，总体标准差为 5。建立以下总体均值的置信区间：

(1) 总体均值 90% 的置信区间。

(2) 总体均值 95% 的置信区间。

(3) 总体均值 95.45% 的置信区间。

(4) 总体均值 99% 的置信区间。

18. 一家研究机构为了估计顾客在北京一家大型超市购物的平均费用，收集了该超市 5 周 64 名顾客的样本数据。

(1) 假定总体标准差为 24 元，样本均值的抽样分布标准差是多少？

(2) 如果给定的置信水平为 95%，用来估计总体均值置信区间的误差边际是多少？

(3) 如果调查的结果是样本均值为 360 元，给出总体均值 95% 的区间估计。

(4) 利用 Excel 对（3）的问题进行推断。

19. 据《工人日报》2013 年 3 月 21 日报道，广州市定编公车总数为 3.6 万余辆。其中，已安装 GPS 终端的公车有 8491 辆，这些车辆平均每月使用里程 1291km，较安装系统前每月平均 1769km 下降了 27%。假如一名研究人员要验证该篇报道中有关数据的真实性，从已安装 GPS 终端的公车中抽取 36 辆组成简单随机样本，测得的样本均值为 1300km。计算总体标准差为 600km 时总体均值 95% 的区间估计。

20. 如果要用小样本对总体均值作出估计，对总体概率分布的要求是什么？

21. 下面的 10 个数据是来自一个正态总体的样本数据：

  10   8   16   12   15   6   5   14   13   9

(1) 总体均值的点估计是多少？

(2) 总体标准差的点估计是多少？

(3) 总体均值 99% 的置信区间是多少？

22. 李先生记录了国内 9 家卫视台晚上黄金时间段在两集电视剧之间插播广告的时间数据（单位：min）：12   10   12   8   9   11   12   10

(1) 建立全国所有卫视台晚上黄金时间段在两集电视剧之间插播广告时间的点估计和 95% 的置信区间。

(2) 利用 Excel 对（1）的问题进行推断。

23. 表 4-8 所列示的数据是来自两个总体的两个独立的随机样本。

表 4-8 相关数据

样本 1	样本 2
$n_1 = 50$	$n_2 = 35$
$\bar{x}_1 = 13.6$	$\bar{x}_2 = 11.6$
$s_1 = 2.2$	$s_2 = 3.0$

(1) 两个总体均值之差的点估计是多少？

(2) 给出两个总体均值之差的 90% 区间估计。

(3) 给出两个总体均值之差的 95% 区间估计。

24. 根据《北京晚报》2013 年 5 月 24 日对北京出租车调价听证会的报道："市发改委有关负责人对有关车份儿（承包费）和企业单车收入的数据差异进行了解释。企业单车收入每辆车每个月是 6172 元，驾驶员承包费是 6201.47 元，这两个数据实际上有了一些出入，这主要是因为样本的不同而产生的。"企业单车收入数据来自全市 25 家企业 16918 辆车，而承包费是 12 家企业 350 辆车 476 名驾驶员填报出来的数据。"

假设两种数据是来自两个不同总体的两个独立样本。根据以上内容，建立有关车份儿和企业单车收入两个平均数据之差的95%的置信区间估计。

25. 天津市一个研究居民收入的课题组对2011年该市河西区和河东区城镇单位就业人员平均工资的差异感兴趣。该课题组从两个区抽取独立随机样本，得到表4-9所示的结果。

表4-9　相关结果

样本1（河西区）	样本2（河东区）
$n_1 = 8$	$n_2 = 12$
$\bar{x}_1 = 70119$	$\bar{x}_2 = 51288$
$s_1 = 700$	$s_2 = 850$

（1）天津市两个区2011年城镇单位就业人员平均工资差异的点估计是多少？
（2）如果要建立两个区城镇单位就业人员平均工资差异的置信区间，事先应当作好哪些假定？
（3）在满足（2）所作的假定情况下，建立两个区城镇单位就业人员平均工资差异的95%的置信区间。
（4）对（3）的结果作出适当的解释。

26. 某项调查的简单随机样本由36个人组成。其中，在一道回答"是"与"否"的选择题中，回答"是"的有27人。
（1）总体中回答"是"所占比例的点估计是多少？
（2）样本比例抽样分布的标准差 σ_p 是多少？
（3）给出总体比例95%的置信区间。
（4）如果总体是一个包含1000人的有限总体，回答"否"的人数区间估计是多少？

27. 一项调查显示，北京市18岁以上常住人口的吸烟率为29.0%（《北京晚报》，2011年9月9日）。假如此次调查的样本容量为1000人。
（1）北京市18岁以上常住人口中，95%的吸烟率的置信区间是多少？
（2）假如按北京市统计局抽样推算的数据，北京市2011年20岁以上常住人口为1730.4万人计算（《北京市统计年鉴（2012）》），北京市20岁以上常住人口中吸烟的人数大约为多少人？
（3）利用Excel对（1）的问题进行推断。

28. L市最近出台了一项在全市范围内限制家庭养狗的政策。为调查市区居民与市郊居民对市政府颁布实施这项政策的态度差别，该市统计局从市区内随机抽取2000人，其中有1200人赞成；从市郊随机抽选5000人，其中2400人赞成。试求市区与市郊居民赞成此项政策人数比例的差异的95%的置信区间。

29. 美味食品加工厂是一家专门生产水果罐头的企业。该厂有一台机器出现故障，经过简单维修重新投入生产。质量检测人员担心这台机器所生产的罐头重量差异太大，随机抽取15个罐头称其重量，经过计算得到的样本均值为500.05g，得样本方差 $s^2 = 1.65^2$。假设总体呈正态分布，试求罐头重量方差的90%的置信区间。

30. 北京一家大型综合三级甲等医院长期从客运公司租赁汽车作为班车运送职工上下班。该医院的后勤部门对过去长期合作的A公司和B公司到达时间方差之比的区间范围感兴趣。他们从A公司（总体1）以往到达时间的记录中随机抽取25个组成样本，得到的样本方差为48；从B公司（总体2）以往到达时间的记录中随机抽取16个组成样本，得到的样本方差为20。
假定两个总体均服从正态分布，在给定置信水平为90%的情况下，两个总体方差之比的区间估计是多少？

31. 据《普通感冒规范诊治专家共识》中提供的数据显示，成年人平均每年感冒2～6次，儿童则达到 6~8 次（《北京晚报》，2013 年 4 月 5 日）。假如使用一个上海市居民的预备简单随机样本得到的总体标准差为 1.5 次。

(1) 如果我们想估计上海市居民的总体年均感冒次数，在可以接受的误差边际为 1 次、给定的置信水平为 95% 的情况下，应当抽取多少上海市居民进行调查？

(2) 利用 Excel 对（1）的问题进行推断。

32. 中央财经大学统计与市场调查研究中心的工作人员经过初步调查发现，该校在校的大学本科生中，大约有 60% 的学生佩戴眼镜（不包括佩戴隐形眼镜的学生）。

(1) 如果将误差边际控制在 3.5% 以内，置信水平为 95%，估计总体比例置信区间的必要样本容量应当为多大？

(2) 如果将误差边际控制在 2.5% 以内，置信水平为 95%，估计总体比例置信区间的必要样本容量又应当为多大？

CHAPTER 5

第 5 章

参数的假设检验

学习目标

1. 掌握假设检验的基本原理。
2. 学会使用大样本对单个总体均值、比例和方差进行假设检验。
3. 当总体服从正态分布、总体方差未知时,学会使用小样本对单个总体均值进行假设检验。
4. 掌握对两个总体均值之差、比例之差和方差之比等进行假设检验的方法。
5. 学会用 Excel 对有关假设检验的内容进行分析。

导入案例

学习各种技能　广西免费培训妇女脱贫

广西八桂女子就业服务中心是一家由广西壮族自治区妇联创办的，专门为广西妇女提供免费培训服务，以帮助下岗失业妇女和农村妇女转移就业的中介服务组织。该中心自 2004 年开办至今已培训 22000 名妇女。据服务中心陈主任透露，一般受训"阿姨"月收入约 2000 元。如果接受完整的陪月训练，月收入最高可达 5500 元，一个月就可抵广西农民近一年的人均收入。

国内一家妇女维权组织为了验证以上信息是否准确，从已经接受过一般培训的妇女中随机抽取 40 人做样本，调查她们的月收入。试问，该组织如何通过调查所得的样本数据来检验所有经过一般培训的妇女月均收入与中心主任所说的收入水平是否有显著差异呢？

假如该组织想作进一步研究，看一下经过培训的妇女和未经过培训的妇女在月均收入方面是否有显著差异，他们又从没有经过培训的妇女中随机抽取 40 名做样本，调查她们的月收入。试问，如何通过这两种样本得到的数据，对两种不同总体的月均收入水平是否存在显著性差异作出假设检验呢？[①]

本章将围绕类似上述问题，讨论对总体参数各种不同的假设检验方法。

5.1　假设检验的基本问题

5.1.1　假设检验

所谓统计假设，就是从数量方面对总体分布特征所作的某种判断。在商务与经济活动中，尽管有时人们对于所研究总体的某个分布特征并不确切了解，但是却往往可以根据经验或某些信息进行一定的判断或推测。例如，对于新一轮中超联赛（中国足球超级联赛），尽管赛前无法确切地知道 8 个赛场到现场观看比赛的平均人数是多少，也无法准确掌握几家转播此轮比赛电视台的收视率，但是根据以往比赛的数据及其发展趋势，完全可以对以上两个数据作出一定的判断或推测。这种判断或推测实际上就是一种统计假设。对于这种假设是否正确，需要通过样本数据对其进行检验，这就是假设检验所要解决的问题了。可见，假设检验就是根据样本所提供的信息，检验对某种总体参数所作的假设正确与否的一种统计推断方法。假设检验与参数估计一样，也是统计推断的重要内容之一。

假设检验建立在小概率事件的统计思想基础上。它的推断类似于反证法，即首先对所要推断的总体某一特征作出一定假设，如果这一假设是正确的，那么与该假设相差很大的事件在一次试验中几乎不可能发生（通常称为小概率事件）。如果根据样本数据得出的结果证明小概率事件竟然发生了，那么就有理由怀疑先前所作假设的正确性，因而拒绝该假设。与此相反，如果抽样结果证明事件发生在大概率范围内，那就不能拒绝先前的假设。

在对统计总体所进行的假设检验中，有些是对总体参数，如总体均值、总体方差和总体比例等假设所进行的检验，有些则涉及对总体分布形式假设的检验。其中，关于总体参数的假设检验是这一部分的核心内容。

5.1.2　零假设和备择假设

要对上面所提到的一些有关参数的假设进行检验，首先需要根据一定的理论和原则建立相应的假设，包括零假设和备择假设。

在假设检验中，通常从对总体的某个参数作出尝试性的假设开始。比如，对于新一轮中超

[①] 该案例根据《联合早报》2013 年 5 月 9 日有关报道和广西八桂女子就业服务中心网站相关内容编写。

联赛的场均观众人数可以假设为 2.8 万人，对于新华社公布的我国 2011 年年底债务率为 37.8% 认为是准确的，等等。这些尝试性的假设称为**零假设**（也称为**原假设**），用 H_0 表示。

接着，为了防止零假设未能通过检验，还要设立另一个与零假设陈述相对立的假设。这个假设称为备择假设（或对立假设），用 H_1 表示。

例如，对于上面提到的我国 2011 年年底的债务率问题，假如用 p 表示债务率，可以作出如下零假设和备择假设：

$$H_0: p = 37.8\%$$
$$H_1: p \neq 37.8\%$$

在通常情况下，把要检验的总体参数记为 θ，把要检验 θ 是否与某一已知数值存在差异的已知数值记为 θ_0。这样，如果要检验 θ 与 θ_0 是否相等，这个问题的零假设和备择假设可以分别设立为：

$$H_0: \theta = \theta_0$$
$$H_1: \theta \neq \theta_0$$

在实际应用中，要想用公式来表示零假设和备择假设并非是件容易的事情。究竟应当将哪个假设作为零假设，哪个假设作为备择假设不是随意决定的，需要遵循一定的规则。有关这方面的内容，将在后面介绍有关假设检验的类型时作详细阐述。

5.1.3 检验统计量

对于总体参数的假设检验，除了要建立零假设和备择假设外，还要确定用什么方法和公式进行检验。

由于待检验的假设是对总体参数设立的，这与对总体参数的估计（包括点估计和区间估计）一样，需要借助于样本统计量。同时，由于是用样本统计量的值对总体参数的零假设作出判断，在存在一些随机因素影响的情况下，根据统计推断的基本原理，在一次假设检验中，样本统计量的值不可能恰好等于总体参数待检验的值⊖。因此，要合理判断样本统计量的值与总体参数待检验的值之间是否存在差异，需要给出一个允许二者之间差异的范围。如果通过样本统计量计算的值与待检验总体参数零假设的值之间的差别处在一个允许的范围内，就不能拒绝零假设，也即意味着通过了假设检验。相反，如果二者之间的差别超出了一定的允许范围，则应该拒绝零假设。

我们在假设检验中用来作为衡量样本统计量的值与零假设是否存在差异的统计量称为**检验统计量**。例如，要检验总体均值的零假设，在大样本和总体方差已知的情形下，就要用到以下检验统计量

$$z = \frac{\bar{x} - \mu_0}{\sigma / \sqrt{n}}$$

根据要检验的实际问题构造检验统计量，是假设检验的核心问题。

5.1.4 显著性水平和拒绝域

正如前面所阐述的，由于假设检验是建立在概率论中小概率事件的思想基础上⊖，检验中

⊖ 二者相等只是一种偶然现象。

⊖ 小概率事件的基本思想是，在一次试验中，小概率事件是不可能发生的。小概率事件一旦发生，其后果将会很严重，必须追究其原因。

必须遵循这一基本原则。这里，需要解决的一个问题就是，应当把发生的概率有多大的事件确定为小概率事件？在通常情况下，假设检验中把发生的概率小于 0.05 的事件定义为小概率事件。发生小概率事件的概率称为**显著性水平**，用符号 α 表示。

在一次假设检验中，由于显著性水平都是事先给出的，所以通常也将 α 称为理论显著性水平，而将根据样本数据计算得到的小概率事件发生的概率称为观测的显著性水平，用 p 值表示。

p 值是用来决定是否拒绝零假设的另外一种方法。将 p 值与显著性水平 α 比较，如果 p 值比 α 小，则证明检验统计量的值就在拒绝域内，得出的统计结论即为拒绝零假设。相反，如果 p 值比 α 大，证明检验统计量的值不在拒绝域内，得出的统计结论即为不能拒绝零假设。

对于假设检验，当给出了显著性水平 α 以后，就可以用 α 所对应的 z 值将检验统计量所有可能的取值集合划分成互不相交的两个区域。如果检验统计量的值由于落在其中某个区域而零假设被拒绝，就称该区域为假设检验的**拒绝域**，另一个区域称为**接受域**。

在商务与经济活动的实际应用中，通常无法根据检验统计量的所有可能取值来确定拒绝域，而是根据给出的显著性水平 α 直接确定拒绝域。例如，如果要对一个正态分布总体进行一项双侧假设检验，当给出的 α 为 0.05 时，与 $\alpha/2$ 对应的 $z_{\alpha/2}$ 分别为 $-z_{0.05/2} = -1.96$ 和 $z_{0.05/2} = 1.96$。由 -1.96 和 1.96 将概率密度函数曲线围成的面积划分成三个部分。其中，由 -1.96 和 1.96 与曲线围成的面积构成了接受域，由小于 -1.96 和曲线围成的面积构成接受域下侧（左边）的拒绝域，由大于 1.96 和曲线围成的面积构成接受域上侧（右边）的拒绝域。这一问题的拒绝域和接受域如图 5-1 所示。

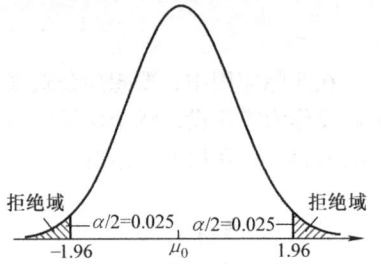

图 5-1 标准正态分布水平 0.05 的双侧临界值及拒绝域图

图 5-1 中由于 -1.96 和 1.96 两个数值将整个区域划分成性质不同的接受域和拒绝域，当某种数值超过这个数值点时，就会由接受域转到拒绝域，或者相反，由拒绝域转到接受域。这里的 -1.96 和 1.96 两个数值统称为**临界值**。将这一问题推而广之，临界值就是假设检验中决定拒绝域与接受域那个临界点所对应的数值，假设检验为单侧检验时，用 z_α 表示；假设检验为双侧检验时用 $z_{\alpha/2}$ 表示。

在实际生活中，有许多临界值决定着不同事物的性质。例如当水的温度低于 0℃ 时就变成了冰，当它的温度高于 100℃ 时就变成了气体；当连续 5 天的平均气温低于 10℃ 时，人们就认为冬天到了，高于这一气温就认为进入了春天。这里的 0℃、100℃ 和 10℃ 都是临界值。

在商务与经济活动中，也可以通过长期的观测研究，寻找出不同事物性质的临界值（数量界限）。比如，人们通常认为如果通货膨胀率高于 5% 即为恶性通货膨胀，而低于这一数值则为温和通货膨胀。又如，国际上在衡量一个国家的偿债能力时，通常将发展中国家的警戒线和危险线分别定为 25% 和 30% 等。商务与经济统计的重要任务之一，就是要通过长期的、大量的统计实践，寻找出这些活动中决定着不同事物之间相互转化的临界值，为研究者和决策者发现问题和解决问题提供帮助。

5.1.5 假设检验的类型

在前面介绍零假设和备择假设时曾提到，如何建立零假设和备择假设应当遵循一定的规则，这些规则与假设检验的类型有关。不同类型的检验所遵循的原则也不同。

假设检验的类型可以根据不同的分类标准作出相应的划分。

数据、模型与决策
Data, Models & Decisions

1. 研究性假设检验、声明性假设检验和决策性假设检验

如果从假设检验的性质角度看，假设检验可以区分为研究性假设检验、声明性假设检验和决策性假设检验三种类型。

顾名思义，研究性假设检验就是对某项调查或研究中建立的假设正确与否所进行的检验。

例如，大众系列某一品牌汽车目前汽油的平均效率为 12.5km/L。该公司为了提高每升汽油的使用效率，专门成立了一个产品研究小组，并设计了一种新型的化油器。为了对该新型的化油器进行评估，便制造一批这种化油器安装在汽车上，在驾驶中对所研究的问题进行检验。研究小组正在寻找证据证明这种新型化油器可以提高每升汽油的效率。在这种情形下，研究小组应该将这种新型化油器的平均效率超过了 12.5km/L 的假设作为备择假设。因此，在这一研究中零假设和备择假设分别设为：

$$H_0: \mu \leq 12.5$$
$$H_1: \mu > 12.5$$

如果样本数据的结果表明不能拒绝零假设，那么研究人员就不能得出新的化油器比旧的化油器更好的结论，也许还要进行更多的研究和随后的检验。相反，如果样本数据的结果表明拒绝零假设，那么就可以认为新的化油器较旧的化油器提高了汽油的使用效率。研究人员由此也就有了必要的统计依据来支持他们开始生产新型化油器的建议。

通过上述的例子，可以给出建立研究中假设的一般原则：在一般情况下，在建立零假设和备择假设时，研究中所用的假设将被表达为备择假设。

声明性假设也是商务与经济活动中常见的。例如，某种食品包装上说明书里关于该产品营养成分的含量、产品的重量和保质期等，都可以将其视为一种声明性假设。声明性假设检验就是对这些声明性假设所进行的检验。建立检验某项声明有效性假设的一般原则是，在涉及对某项声明有效性进行检验的情形下，通常将认为说明为真的假设作为零假设。

例如，超市里出售的某洗衣粉产品包装上表明，袋内的净含量为 1.8kg。如果要检验这一陈述的有效性，则按照上述的一般原则可以设立以下的零假设和备择假设：

$$H_0: \mu \geq 1.8$$
$$H_1: \mu < 1.8$$

对于该项声明性假设进行检验，如果样本结果表明不能拒绝零假设，则不能对该洗衣粉生产厂商的说明提出异议。相反，如果样本结果表明可以拒绝零假设，则可以推断备择假设是真，认为该洗衣粉生产厂商的说明是无效的。

决策性假设检验就是对决策者无论接受还是拒绝零假设，都必须采取一定的措施这种假设所进行的检验。这种情况往往发生在当某个决策者必须从两种措施中挑选一种时。而且，这两种措施中的一种与零假设相联系，另外一种与备择假设相联系。

例如，某签字笔厂刚刚收到一批供应商提供的长度为 11cm 的笔芯。该厂的质量控制检验员就必须通过抽取样本，根据样本结果作出是接受还是向供应商退回这批笔芯的决策。由于技术上的要求；如果这批笔芯的平均长度为 11cm，则它们就可以与笔壳相匹配组装成整支笔；相反，如果平均长度大于或小于 11cm，那么就不符合产品质量要求。可见，无论这批笔芯的平均长度是否达到 11cm 的要求，检验员都要作出相应的决策。在这个例子中，零假设和备择假设分别为：

$$H_0: \mu = 11$$

$$H_1: \mu \neq 11$$

对于这项决策性假设检验,建立零假设和备择假设的一般原则是:在涉及不论是否拒绝都必须采取某种措施的决策性假设检验中,通常将认为说明为真的假设作为零假设。

2. 单侧检验和双侧检验

如果从假设检验方法的角度看,假设检验可以分为双侧检验和单侧检验。其中,单侧检验又可以进一步分为左侧检验和右侧检验。

以对称分布的检验统计量为例,当检验 θ 与 θ_0 是否相等时,由于拒绝域分布在接受域的两侧,因而这种假设检验称为双侧检验。当检验 θ 是否小于 θ_0 或者 θ 是否大于 θ_0 时,由于拒绝域分布在接受域的一侧,所以称为单侧检验。其中,由于检验 θ 是否小于 θ_0 的拒绝域落在接受域的左侧,这种检验即为左侧检验。与此相反,由于检验 θ 是否大于 θ_0 的拒绝域落在接受域的右侧,这种检验即为右侧检验。各种检验的图形如图 5-2 所示。

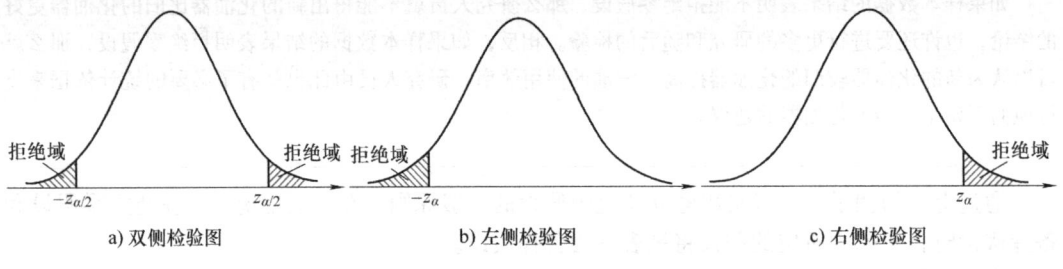

a) 双侧检验图　　　　b) 左侧检验图　　　　c) 右侧检验图

图 5-2　三种检验的拒绝域和接受域图

5.1.6　假设检验应当注意的几个问题

当对假设检验的性质和方法有所了解以后,即可将假设检验的不同类型和如何建立假设,以及如何表述假设检验的结论联系起来,提出应当注意的几个问题。

首先,在建立假设时要注意的一点就是,由于假设检验是建立在小概率事件理论基础上的,而且采用的是反证法,所以备择假设就是试图要检验的假设。这就意味着,对于研究性假设、声明性假设和决策性假设,所要检验的分别是所开展的研究是否达到预期效果、声明者的陈述是否真实,以及决策者的决策依据是否正确等。

其次,所有由假设检验得出的统计结论都要根据零假设进行阐述。阐述的方式是,"不能拒绝零假设"或是"可以拒绝零假设"。这一原则统一规范了对假设检验结果的表述,为人们科学表述假设检验的统计结论建立了标准。

最后,在建立零假设和备择假设时,一律将等号放在零假设上。由此可以将各种检验的零假设和备择假设的表述方式列成表 5-1 的形式。

表 5-1　总体参数不同检验的零假设和备择假设表述方式表

双侧检验	左侧检验	右侧检验
$H_0: \theta = \theta_0$	$H_0: \theta \geq \theta_0$	$H_0: \theta \leq \theta_0$
$H_1: \theta \neq \theta_0$	$H_1: \theta < \theta_0$	$H_1: \theta > \theta_0$

5.1.7　假设检验的两类错误

假设检验中的零假设和备择假设是一对关于总体参数相互矛盾的陈述。这就意味着,要么

零假设 H_0 为真，要么备择假设 H_1 为真，但是两者不可能同时为真。研究者理想的假设检验结论应该是，如果 H_0 为真，则不能拒绝 H_0；如果 H_0 为假，则拒绝 H_0。遗憾的是，由于假设检验的结论是基于样本信息作出的，这种理想的结果不可能总是发生，因此在对检验结果作出解释时，必须考虑发生错误的可能性。

在假设检验中，通常可能出现的错误有两类。其中，一类是当 H_0 为真时，正确的结论本应当是不能拒绝 H_0，可是研究者所得出的结论却是拒绝 H_0，称研究者所犯的这类错误为**第Ⅰ类错误**，也称**弃真错误**。另一类错误是当 H_0 为假，研究者却得出了不能拒绝 H_0 的结论，称这类错误为**第Ⅱ类错误**，也称**取伪错误**。两类错误与零假设之间的关系如表5-2所示。

表5-2　两类错误与零假设之间的关系表

	H_0	真	假
结论	拒绝 H_0	第Ⅰ类错误	正确的结论
	不能拒绝 H_0	正确的结论	第Ⅱ类错误

对于假设检验中的错误，尽管无法消除其发生的可能性，但是完全可以考虑发生的概率，进而控制犯这两类错误的概率。如果用常用的统计符号代表这两类错误发生的概率，可以分别表示如下：

α：犯第Ⅰ类错误的概率

β：犯第Ⅱ类错误的概率

从以上所用来表示犯这两类错误概率的符号可以得知，犯第Ⅰ类错误的概率就是前面所讨论的显著性水平。理想的做法是，能够把犯第Ⅰ类错误的概率（α）和犯第Ⅱ类错误的概率（β）同时控制在很小的范围内。但由于在样本容量一定的情况下，不可能同时降低犯两类错误的概率，降低犯其中一种错误的概率，往往会增加犯另一种错误的概率，因此，只能控制犯一种错误的概率。至于要控制犯第Ⅰ类错误的概率（α）还是控制犯第Ⅱ类错误的概率（β），可以通过以下分析作出选择。

首先，从表5-2中的第一行可以看到，对于拒绝 H_0 的结论，要么是犯了第Ⅰ类错误，要么是结论为正确。如果能够通过选择一个很小的值作为控制犯第Ⅰ类错误的概率，便可以得出一个有很高置信度的结论，即拒绝 H_0 的结论是正确的。此时就有充足的统计证据支持 H_0 为假的结果是显著的结论。这也是为什么将 α 称为显著性水平的原因所在。

其次，从表5-2的第二行看，犯第Ⅱ类错误的概率大小实际上与零假设和真值之间离差的大小有关。如果二者之间的离差很大，那么犯第Ⅱ类错误的概率就会较小；相反，如果二者之间的离差很小，那么犯第Ⅱ类错误的概率就会较大。但是，从另一角度分析，在真值与零假设之间离差不大的情况下，即使犯了第Ⅱ类错误，其损失也不会很大。

通过上述分析可以这样认为，由于控制犯第Ⅰ类错误的重要性远大于控制犯第Ⅱ类错误，所以通常将控制犯第Ⅰ类错误的概率（α）确定为一个很低的水平，一般选择0.05和0.01，而不去控制犯第Ⅱ类错误的概率（β）。

由于绝大多数的假设检验都只对犯第Ⅰ类错误的概率加以控制，有时就很难免犯第Ⅱ类错误，也就是说，虽然决定接受零假设 H_0，但没有多大把握保证不犯第Ⅱ类错误。在犯第Ⅱ类错误存在不确定性的情况下，为避免在作出接受 H_0 判断的同时犯了第Ⅱ类错误，统计学家常常建议不用"接受 H_0"而采用"不能拒绝 H_0"的表述。这就意味着，作出"不能拒绝 H_0"

的判断，并不代表接受了 H_0，从而避免了犯第 II 类错误。

5.1.8 假设检验的程序

一个完整的假设检验过程，通常需要按以下程序进行：

（1）建立零假设（H_0）和备择假设（H_1）。
（2）构造一个检验统计量。
（3）确定一个显著性水平（α）。
（4）确定决策规则。
（5）收集样本数据，并计算检验统计量的值或 p 值。
（6）得出统计结论：①将检验统计量的值与拒绝 H_0 的规则所指定的临界值相比较，确定是否拒绝 H_0。②将 p 值与 α 相比较，确定是否拒绝 H_0。
（7）结合所要检验的实际问题，对所得出的统计结论作出合理的解释。

5.2 单个总体参数的假设检验

上一节着重讨论了假设检验的基本原理，并给出了进行假设检验的一般程序。本节将针对商务与经济活动中常见的单个总体参数，探讨其具体的检验方法，包括总体均值 μ、总体比例 P 和总体的方差 σ^2 等。

5.2.1 总体均值 μ 的检验

均值是商务与经济活动中最常用也是最重要的变量。对单个总体均值的假设检验是假设检验中最基本的内容，需要根据不同的情形分别加以讨论。

在对总体均值进行假设检验时需要构造一个检验统计量，而样本容量的大小以及总体方差是否已知均会对构造一个什么样的检验统计量产生影响。具体可以分为以下几种情况。

1. 大样本情况下单个总体均值的检验

如果是根据大样本对总体均值进行假设检验，基于中心极限定理，不管总体的分布如何，样本的分布都可以视为近似服从正态分布。此时需要考虑的因素只包括两个：一个是总体的方差是否已知；另一个则是对总体均值进行单侧检验还是双侧检验。其中，前一个因素对构造不同的检验统计量有影响，后一个因素则决定着不同的决策规则。

如果在大样本和总体方差已知的情况下对总体均值进行检验，其检验统计量为：

$$z = \frac{\bar{x} - \mu_0}{\sigma/\sqrt{n}} \tag{5-1}$$

式中，$\bar{x}$ 代表样本均值；μ_0 代表在零假设为真时，总体均值待检验的数值；σ 代表总体标准差；n 代表样本容量；z 代表在零假设为真时，z 服从 $N(0,1)$ 的检验统计量。

如果在大样本和总体方差未知的情况下对总体均值进行检验，其检验统计量为

$$z = \frac{\bar{x} - \mu_0}{s/\sqrt{n}} \tag{5-2}$$

式中，s 代表样本均值的标准差。

在大样本情况下，对总体均值进行不同检验的决策规则如表 5-3 所示。

表 5-3　总体均值不同检验的假设和决策规则表

	左侧检验	右侧检验	双侧检验
假设	$H_0: \mu \geq \mu_0$ $H_1: \mu < \mu_0$	$H_0: \mu \leq \mu_0$ $H_1: \mu > \mu_0$	$H_0: \mu = \mu_0$ $H_1: \mu \neq \mu_0$
决策规则	如果 $z < -z_\alpha$，则拒绝 H_0	如果 $z > z_\alpha$，则拒绝 H_0	如果 $\vert z \vert > z_{\alpha/2}$，则拒绝 H_0

例如，一家洗衣粉生产厂商所生产的大袋洗衣粉产品包装上标明：袋内的净含量为1.8kg。工商局的工作人员经过长期的抽查检验发现，该市超市所销售的这种大袋包装洗衣粉平均重量的标准差基本保持不变，为0.18kg，但每次检测的平均重量却有所波动。最近一次通过对36袋洗衣粉的检测，其平均重量为1.79kg。工商局的工作人员想利用假设检验的方法，对全市所有超市所销售的该种洗衣粉平均重量是否达到包装上所标明的那样作出判断。

具体的检验步骤如下：

(1) 建立零假设和备择假设：$H_0: \mu \geq 1.8$，$H_1: \mu < 1.8$。

(2) 构造检验统计量：$z = \dfrac{\bar{x} - \mu_0}{\sigma/\sqrt{n}}$。

(3) 确定显著性水平（α）：$\alpha = 0.05$。

(4) 确定决策规则：由于这项检验为左侧检验，当 $\alpha = 0.05$ 时，相应检验统计量的临界值为 $z_{0.05} = 1.645$。如果 $z < -z_{0.05} = -1.645$，则拒绝零假设。

(5) 计算检验统计量的值和 p 值。

$$z = \frac{\bar{x} - \mu_0}{\sigma/\sqrt{n}} = \frac{1.79 - 1.8}{0.18/\sqrt{36}} = -0.33$$

通过查标准正态分布表，与 $z = -0.33$ 对应的 p 值为 0.3707。[⊖]

(6) 检验的结论为：由于 $z = -0.33 > -z_{0.05} = -1.645$，所以不能拒绝零假设。

从 p 值角度看，由于 p 值 $= 0.3707 > \alpha = 0.05$，所以也证明不能拒绝零假设。

(7) 对检验结论作出简要统计分析。通过对36袋洗衣粉的抽检，在总体标准差为0.18kg的情况下，可以认为该品牌该型号的洗衣粉每袋平均重量符合产品说明书标明的1.8kg要求。

以上讨论的是在大样本和总体标准差已知情况下的总体均值左侧检验。如果要在同样条件下对总体均值进行右侧检验，除了假设的建立和拒绝规则与左侧检验不同外，其他检验步骤完全相同。具体为：

右侧检验的零假设和备择假设：$H_0: \mu \leq \mu_0$，$H_1: \mu > \mu_0$。

右侧检验的拒绝规则：如果 $z > z_\alpha$，则拒绝零假设。

例如，彩色电视机行业通常认为，显像管的平均寿命为1.5~2.0万h左右，标准差为0.5万h。现有一家彩色显像管生产厂商宣称，它生产的显像管其使用寿命远远超过行业认同的标准。现有一家显像管采购商为了验证显像管生产厂商声明的有效性，从该厂批量生产的显像管中随机抽取100只进行检验，测得的平均使用寿命为2.1万h。如果你是采购商的质量检验工作人员，在取显著性水平为0.05的情况下，能否认为该厂的显像管平均使用寿命显著地高于行业所认同的标准呢？（读者可以根据前面介绍的检验步骤和右侧检验决策规则，对这个问题作出判断）。

⊖ 单侧检验 p 值的计算方法为：从标准正态分布表中查出 z 对应的概率值，然后用0.5减去这个概率值即得到 p 值。

在大多数实际应用中，总体方差是未知的，所以在假设检验中式（5-2）比式（5-1）应用得更广泛。

例如，据中国国内最大的网络安全厂商360公司2013年4月17日发布的《2013年第一季度中国互联网上网测速报告》显示，中国网民上网平均带宽为3.14Mbit/s。其中，南京、福州和石家庄三市网速分别达到4.27Mbit/s、3.94Mbit/s和3.4Mbit/s（《贵州都市报》，2013年4月19日，B03版）。假如家住石家庄市的张先生看到这篇报告后，想验证一下石家庄市网民的上网平均带宽是否达到了3.4Mbit/s，他委托一家专业公司选择了该市36家网民的家庭进行测试。测得的结果为上网平均带宽为3.35Mbit/s，标准差为0.3Mbit/s。针对这样一种抽测结果，张先生对《2013年第一季度中国互联网上网测速报告》中提到他所生活的石家庄市上网平均带宽的结论是如何看待的呢？

作为张先生，他如果想用统计检验的方法对石家庄市所有网民的上网平均带宽作出判断，依据抽样调查的结果接下来需要做以下的工作。

首先，设立零假设和备择假设分别为：$H_0: \mu \geq 3.4$，$H_1: \mu < 3.4$。

其次，构造检验统计量并计算其值。

$$z = \frac{\bar{x} - \mu_0}{s/\sqrt{n}} = \frac{3.35 - 3.4}{0.3/\sqrt{36}} = -1.00$$

再次，给出显著性水平，并确定决策规则。假如张先生想采取常用的显著性水平0.05进行检验，则决策规则为：如果$z < -z_{0.05} = -1.645$，则拒绝零假设。

最后，根据样本计算结果和决策规则给出统计结论，并结合实际进行简要的统计分析。具体为：由于$z = -1.00 > -z_{0.05} = -1.645$，所以，根据决策规则不能拒绝零假设。由此张先生可以认为石家庄市所有网民上网的平均带宽达到了3.4Mbit/s，360公司2013年4月17日发布的《2013年第一季度中国互联网上网测速报告》有关石家庄市网民上网平均带宽为3.4Mbit/s的调查结论是有效的。

以上讨论的都是在大样本情况下总体均值的单侧检验问题。如果所检验的不是某一总体均值比其待检验的总体均值越大越好或是越小越好，而是检验二者之间是否相等时，就需要用到双侧检验。

大样本情况下对总体均值的双侧检验，除了假设的建立和拒绝规则与单侧检验不同外（见表5-3），其他步骤和方法与单侧检验完全相同。

例如，某钢丝厂生产的型号为15#（规格为1.829mm）的钢丝抗拉强度服从正态分布。历史统计数据显示，该型号钢丝的平均抗拉强度（以钢丝能承受的平均重量表示）为100kg，标准差为10kg。最近一段时间，原来的供货商想更换原材料。该厂在决定是否同意更换原材料前，试图通过假设检验的方法判断如果更换原材料，会不会对产品的质量产生影响。钢丝厂的质量检验人员经过供货商的同意，从供货商处随机抽取了49个样品做试验。通过对用这种新原料生产的钢丝进行抗拉强度试验，测得的结果是，这批样品的平均抗拉强度为98kg，标准差没有发生变化。试问，钢丝厂的质量检验人员能否认为采用新原料后所生产的同型号钢丝抗拉强度没有显著变化（$\alpha = 0.05$）？

接下来，钢丝厂的质量检验人员需要做的工作如下：

（1）将所研究问题中的已知条件一一列出，分别为：

$$n = 49, \bar{x} = 98, s = 10, \alpha = 0.05$$

（2）分析应当采用单侧检验还是双侧检验。由于所要解决的问题是判断采用新旧原料生产的产品质量有无显著差异，并非研究是比原先越大或比原先越小越好的问题，所以这里应当采用双侧检验方法。

（3）依据题意确定假设检验的问题：$H_0: \mu = 100$，$H_1: \mu \neq 100$。

（4）构造检验统计量并计算具体值。

$$z = \frac{\bar{x} - \mu_0}{s/\sqrt{n}} = \frac{98 - 100}{10/\sqrt{49}} = -1.40$$

查表，对应于 z 的 p 值为 0.1616。

(5) 依据给出的显著性水平确定决策规则，并对计算结果作出判断。由于是双侧检验，当 $\alpha = 0.05$ 时，$z_{0.05/2} = 1.96$，即如果 $|z| > z_{0.05/2} = 1.96$，则拒绝零假设，否则，就不能拒绝零假设。由以上的计算结果可以看出，由于 $|z| = 1.40 < z_{0.05/2} = 1.96$，所以不能拒绝零假设。

(6) 质量检验人员根据假设检验的结果可以认为，更换了原料后所生产的同型号钢丝的平均抗拉强度不会发生变化。据此，该检验人员可以建议厂里的采购部门接受原料供应商更换原料的建议。

从以上讨论中可以看出，对总体均值进行双侧检验，除了需要按一般程序作好各步骤的工作外，还需要注意以下三个问题：

1) 由于双侧假设检验问题的拒绝域分布在零假设的两侧（见图 5-2a），所以查表确定临界值时，两侧的概率水平分别为 $\alpha/2$，临界值的两侧为拒绝域。然后根据检验统计量的值是否落在拒绝域作出拒绝或是不能拒绝零假设的判断。

2) 关于双侧检验的 p 值。从钢丝抗拉强度这个例子中可以看到，当 $\bar{x} = 98$ 时对应的 $z = -1.40$。通过查标准正态分布表得到，在 0 和 -1.4 之间的面积是 0.4192。因此，左侧剩余部分的面积就是 $0.5000 - 0.4192 = 0.0808$。由于双侧检验的 p 值是一侧面积的 2 倍，所以这个面积实际上就是 1/2 的 p 值。这样，这个例子中的 p 值 $= 0.0808 \times 2 = 0.1616$。用 p 值和 α 进行对比得出的结论是：

由于 p 值 $= 0.1616 > \alpha = 0.05$，所以不能拒绝零假设。

这个结论和由检验统计量的值得出的结论是一致的。

3) 双侧假设检验与区间估计之间存在一定的关系。对于双侧假设的问题，如果不作检验，也可以通过区间估计得出相同的结论。如果总体的置信区间不包括 μ_0 的值，那么就应当拒绝零假设。相反，如果包括 μ_0 的值，就不能拒绝零假设。以钢丝抗拉强度的检验问题为例，在给出 $\alpha = 0.05$ 的情况下，相应的 $(1 - \alpha) = 0.95$ 就成为区间估计的置信系数。总体均值 μ 的 0.95 置信系数的区间估计为：

$$\left(98 - \frac{1.96 \times 10}{\sqrt{49}} \leq \mu \leq 98 + \frac{1.96 \times 10}{\sqrt{49}}\right)$$

$$(95.2 \leq \mu \leq 100.8)$$

因为 $\mu_0 = 100$ 包括在 [95.2, 100.8] 的置信区间范围内，所以假设检验的结论是不能拒绝零假设。

下面利用 Excel 进行单个样本总体均值双侧假设检验分析。

下面利用梁烨和柏芳两位作者在《Excel 统计分析与应用》（机械工业出版社，2009 年）中提供的实例，介绍如何利用 Excel 进行单个样本总体均值双侧假设检验的问题。

Manly（1986, p.4）报道了在埃及发现的不同时期人类头骨大小的测量结果。这些数据是由 Thomson 和 Bandall–Maciver 提供的。时间段大约是公元前 4000 多年，根据经验把宽度测量的数据看做是服从均值为 θ[①]、方差为 27 的正态分布的随机变量。科学家收集了 50 个公元前 4000 多年的人类头颅宽度样本数据，测得样本的头颅宽度均值为 136.98mm。问题是如何比较 θ 和人类现在大概是 140mm 的头颅宽度，在 0.05 的显著性水平下，能否认为公元前 4000 多年人类与现在人类头骨无显著性差异。数据如表 5-4 所示。

[①] 原书用 θ 表示均值，应为 μ——本书作者注。

表 5-4　公元前 4000 多年头颅宽度数据　　　　　　　（单位：mm）

136.0	137.0	136.6	135.6	137.8	138.9	138.0	135.0	133.6	138.7
138.8	136.6	136.1	135.9	137.8	139.2	137.7	133.0	137.9	135.0
137.6	134.7	136.8	136.9	133.9	137.8	136.9	138.0	140.0	139.0
133.4	132.0	136.0	137.0	139.0	138.5	137.4	137.0	136.0	137.0
137.0	138.0	138.9	137.9	136.0	139.0	140.0	139.0	138.8	134.3

根据表中数据，利用 Excel 进行相关问题的假设检验分析。

H_0：4000 多年前的人类与现代人类的头骨无显著性差异。

H_α：4000 多年前的人类与现代人类的头骨差异显著。

第一步，进入 Excel 表格界面，选择"数据"。

第二步，选择"分析"组中的"数据分析"，在分析工具中选择"描述统计"，单击"确定"按钮。

第三步，在"输入区域"中输入数据，在"输出区域"中选择 B1，并选中"汇总统计"复选框，如图 5-3 所示。

得到结果如图 5-4 所示。

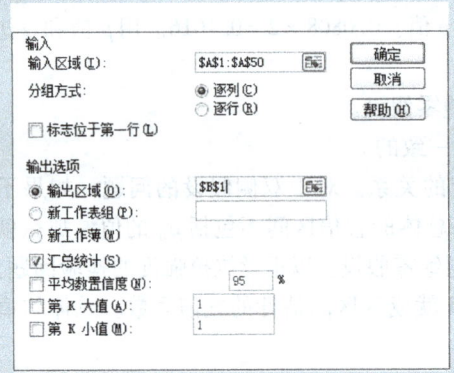

图 5-3　Excel 数据分析对话框　　　　　　图 5-4　Excel 数据分析结果

第四步，在单元格 D3 中输入公式"=（C3－140）/（SQRT（27）/SQRT（50））"。其中，C3 为样本均值，得到 Z 值为 －4.110。

第五步，在 E3 单元格中选择"公式"下的"插入函数"，函数类别选择"统计"，随后选择函数"NORM.S.INV"，因为本例是双侧检验，因此在弹出对话框的"Probability"文本框中输入 0.975，得到如图 5-5 所示的结果。

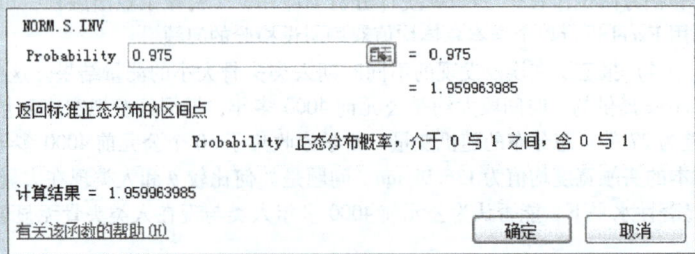

图 5-5　Excel 双侧 Z 检验临界值输出结果

由于 $-4.110 < -1.96$，因此拒绝零假设。

第六步，同样也可以利用 p 值对检验结果进行判断。在单元格 E3 中选择"公式"下的"插入函数"，函数类别选择"统计"，随后选择函数"NORM.S.DIST"，在弹出的对话框中输入计算出的 Z 值 -4.110，在"Cumulative"文本框中输入"TRUE"，单击"确定"按钮，结果约为 0.00002，即 $Z = -4.110$ 左侧的面积为 0.00002（见图5-6），远远小于 0.025，所以拒绝零假设。

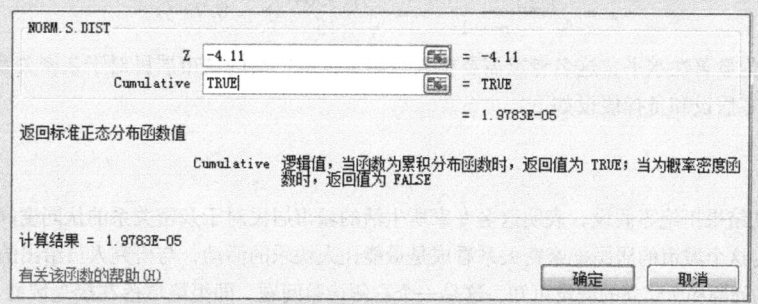

图5-6　Excel双侧z检验p值输出结果

2. 小样本情况下单个总体均值的检验

前文已经提到，在大样本情况下，无论总体服从何种概率分布，都可以分别用检验统计量 $z = \dfrac{\bar{x} - \mu_0}{\sigma/\sqrt{n}}$（总体方差已知）和 $z = \dfrac{\bar{x} - \mu_0}{s/\sqrt{n}}$（总体方差未知）对总体均值进行假设检验。但是，在小样本情况下则有所不同，需要依赖于总体的概率分布。

如果总体服从标准正态分布，在小样本和总体方差已知的情形下，依然可以用检验统计量 $z = \dfrac{\bar{x} - \mu_0}{\sigma/\sqrt{n}}$ 对总体均值进行假设检验。

如果总体服从标准正态分布，在小样本和总体方差未知的情形下，对总体均值作假设检验，就需要采用以下的检验统计量了：

$$t = \dfrac{\bar{x} - \mu_0}{s/\sqrt{n}} \tag{5-3}$$

这个检验统计量服从自由度为 $(n-1)$ 的 t 分布。

利用 t 检验统计量对小样本、总体方差未知的总体均值进行假设检验，其检验程序与前面介绍的内容完全一样，只是在确定显著性水平 α 的临界值时，需要查 t 分布表（见附录D）。

下面举一个用小样本对总体均值进行单侧检验的例子。"德雷克·博克指出，社会联系不仅能够提高长期的生活满意度，而且能够带来最直接的快乐。研究人员发现，当他们询问调查对象的幸福程度时，以下5种活动最能让人快乐（评分等级最低为1分，最高为5分）：亲密关系（4.74分）；下班以后的社交关系（4.12分）；晚餐（3.96分）；放松（3.91分）；工作上的社交关系（3.75分）。"[○] 现有一名幸福研究专家为了验证他所生活的城市居民对于幸福感的认同度是否与这一结论相一致，他专门调查了人们对亲密关系的打分情况，以检验亲密关系作为5种最能让人快乐活动中的得分最高这一结论与这座城市的人们实际感受之间是否存在显著差异。通过对16名询问对象的随机调查，他们对亲密关系的打分如下：

4　5　5　4　3　4　3　5　5　4　5　4　5　3　3　5

[○] 约翰·格拉夫，戴维·巴特克，著、丁莹，译. 经济到底为了什么. 北京：中信出版社, 2012.

根据以上所获取的样本信息,这名专家能否同意德雷克·博克所援引的研究人员的观点呢?

经过计算,16个样本数据的均值和标准差分别如下:

$$\bar{x} = \frac{\sum x}{n} = \frac{70 \text{分}}{16} = 4.38 \text{分}$$

$$s = \sqrt{\frac{\sum(x-\bar{x})^2}{n-1}} = \sqrt{\frac{7.7504}{15}} \text{分} = 0.72 \text{分}$$

用0.01作为显著性水平,这名专家需要检验来确定他所生活的城市居民对于亲密关系的认同度是否高于4.74分。零假设和备择假设如下:

$H_0: \mu \leq 4.74$

$H_1: \mu > 4.74$

如果检验的结果拒绝零假设,表明这名专家所生活的城市居民对于亲密关系的认同度高于4.74分,那么他就可以认为这个城市的居民把亲密关系看成是最能让人快乐的活动,与研究人员给出的结论一致。

由所研究的问题和所建立的假设可知,这是一个右侧检验问题,即拒绝域落在接受域的右侧。查 t 分布表,在自由度为 $(n-1)=16-1=15$、$\alpha=0.01$ 时可得,$t_{0.01}(15)=2.602$。所以,这个问题的拒绝规则是:如果 $t>2.602$,那么就拒绝 H_0。

t 检验统计量的值为:

$$t = \frac{\bar{x}-\mu_0}{s/\sqrt{n}} = \frac{4.38-4.74}{0.72/\sqrt{16}} = -2.00$$

由于 $t = -2.00 < t_{0.01}(15) = 2.602$,所以不能拒绝 H_0。这一结果意味着,该研究人员所在城市的居民对亲密关系的打分不及前面所给出的结论分数那么高。

在进行 t 检验时需要注意的一个问题是,由于目前国内外绝大多数教科书所提供的 t 分布表,都不能根据其确定出准确的 p 值,而且计算过程又复杂烦琐,所以本书主张如果需要用 p 值的方法进行检验,可以借助于计算机统计软件完成此项工作。

下面用Excel进行小样本情况下单个总体均值的检验。

第一步,进入Excel表格界面,选择"数据"。

第二步,选择"分析"组中的"数据分析",在分析工具中选择"描述统计",单击"确定"。

第三步,在"输入区域"中输入数据,在"输出区域"中选择B1,并选中"汇总统计",如图5-7所示。

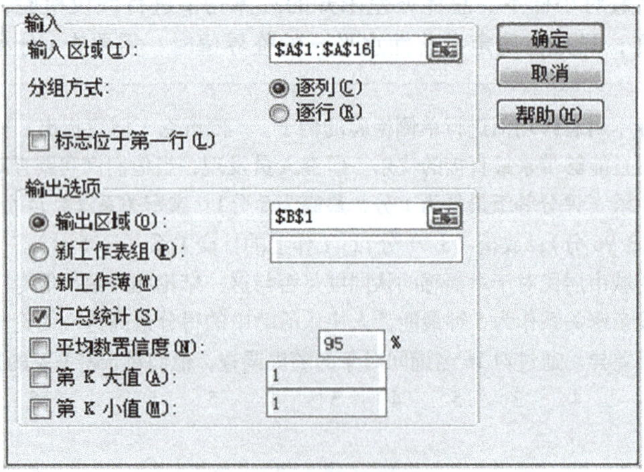

图5-7 Excel数据分析对话框

单击"确定"后得到结果。均值位于单元格 C3 中，样本均值的标准误差位于单元格 C4 中。

第四步，在单元格 D3 中输入公式"=(C3－4.74)/C4"，即可得到检验统计量 t 的值为 －2.00。

第五步，在单元格 E3 中选择"公式"，随后选择"插入函数"，在函数类别中选择"统计"，然后选择函数"T. INV"。因为本例中要去求右侧临界值，所以在弹出的"Probability"文本框中输入 0.99，自由度"Deg_ freedom"中输入 15，单击"确定"，即可得到右侧临界值约为 2.602（见图 5-8）。

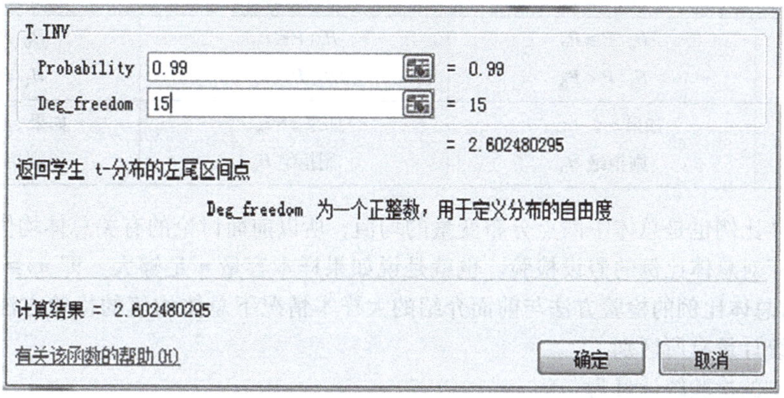

图 5-8　Excel 小样本 t 检验输出结果

因为 $t = －2.00 < 2.602$，所以不能拒绝零假设。

第六步，或者可以通过 p 值进行判断。在单元格 F3 中选择"公式"，随后选择"插入函数"，在函数类别中选择"统计"，然后选择函数"T. DIST. RT"，在弹出的文本框"X"中输入计算出的 t 统计量的值 －2，在自由度"Deg_ freedom"中输入 15，即可得到 p 值约为 0.968。

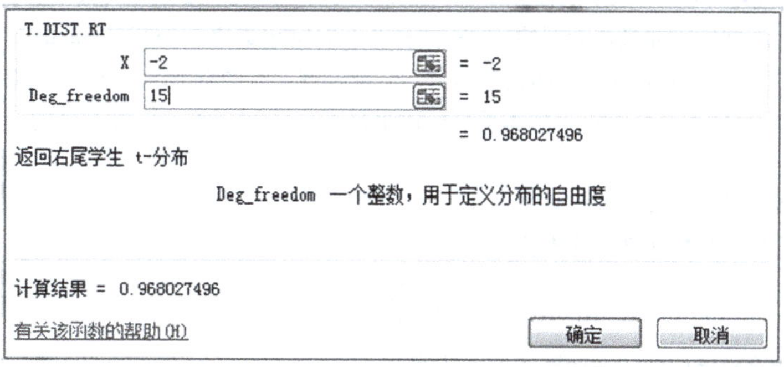

图 5-9　Excel 小样本 t 检验 p 值输出结果

因为 p 值远远大于显著性水平，所以不能拒绝零假设。根据 p 值所得结论和前面的检验结果一致。

5.2.2　总体比例 P 的检验

在商务与经济活动中，人们除了对总体均值十分关心外，通常还希望对总体中具有某种特征的个体数量占总体单位数量的比例作出推断。例如，推断某种产品的合格率，某种品牌商品在同类商品中的市场份额，等等。如果事先对总体比例提出一种假设，然后再根据样本信息对这一假设的真实性进行检验，那么这就构成一个对总体比例 P 进行假设检验的问题了。

有了前面有关总体均值 μ 假设检验讨论的基础，再讨论有关总体比例 P 假设检验的问题就容易得多。

用 P 表示总体比例，P_0 表示总体比例的某一特定假设值。总体比例三种假设检验形式及决策规则如表 5-5 所示。

表 5-5　总体比例不同检验的假设和决策规则表

	左侧检验	右侧检验	双侧检验
假设	$H_0: P \geqslant P_0$ $H_1: P < P_0$	$H_0: P \leqslant P_0$ $H_1: P > P_0$	$H_0: P = P_0$ $H_1: P \neq P_0$
决策规则	如果 $z < -z_\alpha$，则拒绝 H_0	如果 $z > z_\alpha$，则拒绝 H_0	如果 $|z| > z_{\alpha/2}$，则拒绝 H_0

由于总体比例也是总体中两点分布变量的均值，所以前面讨论的有关总体均值假设检验的方法也适用于对总体比例的假设检验。也就是说如果样本容量 n 足够大，即 $np \geqslant 5$，$n(1-p) \geqslant 5$，那么对总体比例的检验方法与前面介绍的大样本情况下总体均值的检验方法类似，只是构造的检验统计量有所区别。

总体比例的检验统计量为

$$z = \frac{p - P_0}{\sqrt{\dfrac{P_0(1-P_0)}{n}}} \tag{5-4}$$

式中，p 代表样本比例。当 n 充分大时，z 近似服从 $N(0, 1)$ 分布。

例如，据 2010 年全国疾病监测地区慢性病及危险因素监测主要结果显示：按照中国成人超重与肥胖判定标准，2010 年，18 岁及以上居民超重率达 30.6%，肥胖率达 12%（《人民日报》，2013 年 02 月 22 日，19 版）。一家健康咨询机构为了检验 18 岁及以上居民超重率是否超过 30.6%，从全国范围内随机抽取了 400 名 18 岁及以上的成年人测量其体重。结果发现，其中有 125 名成年人的体重超过了标准。

为了确定全国 18 岁及以上成年人的体重超标比重是否超过 30.6%，该咨询机构建立了下面的假设：$H_0: P \leqslant 0.306$；$H_1: P > 0.306$。

接下来，该咨询机构所做的工作包括：

第一步，根据抽样数据计算出样本比例。

$$p = \frac{n_1}{n} = \frac{125}{400} = 0.313$$

第二步，构造检验统计量，并计算其具体数值。

$$z = \frac{p - P_0}{\sqrt{\dfrac{P_0(1-P_0)}{n}}} = \frac{0.313 - 0.306}{\sqrt{\dfrac{0.306 \times (1-0.306)}{400}}} = 0.30$$

第三步，给出显著性水平并确定决策规则。用 0.05 作为显著性水平。由于这是一个右侧检验（拒绝域落在接受域的右侧），与 0.05 对应的临界值为 1.645。由此，如果 $z_{0.05} > 1.645$，则拒绝 H_0。

第四步，根据计算结果，作出统计决策。由于 $z = 0.30 < z_{0.05} = 1.645$，所以不能拒绝 H_0。这就意味着，在出显著性水平为 0.05 的情况下，通过对全国 400 名 18 岁及以上成年人的抽样调查和假设检验结果，该健康咨询机构有理由认为全国 18 岁及以上成年人体重超标的比重没有大于 30.6%。

数据、模型与决策
Data, Models & Decisions

如同在对总体均值进行假设检验可以用 p 值的方法一样，该检验的 p 值也可以通过标准正态分布表计算出来。例如，前面已经计算出 $z=0.30$，通过查表，与 $z=0.30$ 对应的概率为 0.1179。因此，该检验的 p 值 $=0.500-0.1179=0.3821$。由于只有 p 值小于显著性水平 α 才能拒绝 H_0，而该检验的 p 值远远大于 α，所以得出的结论与前面一致，不能拒绝 H_0。

应当注意，在这里所讨论的对总体比例 P 的检验是建立在样本容量 n 较大基础上的。因为概率与数理统计已经证明，在小样本情况下，样本比例 p 的抽样分布服从二项分布，不能用于正态分布。有些较高级的统计学教材介绍了在小样本情况下如何进行假设检验。但是，在商务与经济活动的实践中，进行小样本情况下的总体比例假设检验还是非常少见的，所以大多数教科书并没有介绍这方面的内容。

应当注意的另一个问题是，要判断是否能用正态分布对总体比例进行检验，不能单纯看样本容量的大小，还要结合样本比例进行。因为，通常情况下样本比例越接近 0.5，随着样本容量的增加，检验统计量接近正态分布的速度就越快；相反，如果样本比例越接近 0 或 1，检验统计量趋于正态分布的速度就越慢。比如，当样本比例 $p=0.4$ 时，要用正态分布检验总体比例，由 $np \geq 5$ 可知，只要样本容量大于等于 13 即可；但是，如果样本比例 $p=0.01$，需要的样本容量至少为 500。

下面利用 Excel 进行总体比例假设检验分析。

例如，提高北京市出租车市场的"电召"比率，一直是北京市政府力推的一项重要举措。据北京市发改委工作人员介绍，现在本市出租车每天电召 3 万次，不到全部运营总次数的 2%。在发改委委托对 3074 名乘客进行的调查中，乘客不进行电召的主要原因是因为成功率过低，而且 82% 的乘客表示，如果成功率提高，服务费不超过 10 元，还是能够接受的（《北京晚报》，2013 年 5 月 7 日，第 10 版）。

假如将北京市发改委公布的调查结果作为总体数据。北京某大学一名教授想通过调查来检验一下他所调查的结果与北京市发改委公布的结果有无显著差别，在大街上采用拦截访问式调查方法询问了 50 名经常打出租车的人员。在被问到"如果电召费在 10 元以下，你是否愿意采用电召的形式提前预约出租车？"的问题时，回答的结果如表 5-6 所示。

表 5-6 关于是否愿意电召出租车的调查结果表

序号	回答	序号	回答	序号	回答	序号	回答	序号	回答
1	是	11	是	21	否	31	是	41	是
2	是	12	否	22	是	32	是	42	是
3	否	13	是	23	是	33	否	43	是
4	是	14	是	24	是	34	是	44	否
5	否	15	是	25	否	35	否	45	是
6	是	16	是	26	是	36	是	46	是
7	是	17	是	27	是	37	是	47	是
8	否	18	否	28	是	38	是	48	是
9	是	19	是	29	是	39	是	49	是
10	是	20	是	30	是	40	是	50	是

根据表中的调查结果，利用 Excel 进行总体比例假设检验分析。

第一步，将 50 个数据放在单元格 A1 到 A50 中，然后在单元格 A51 中输入公式"=COUNTIF（A1：A50，"是"）/50"，得到结果为 0.8。

第二步，在单元格 A52 中输入公式"=（A51-0.82）/SQRT（0.82*（1-0.82）/50）"，得到结果为 -0.368。

第三步，在单元格 A53 中选择"公式"下的"插入函数"，函数类别选择"统计"，随后选择函数"NORM. S. INV"，因为本例是双侧检验，所以输入 0.975，即得到临界值约为 1.96（见图 5-10）。

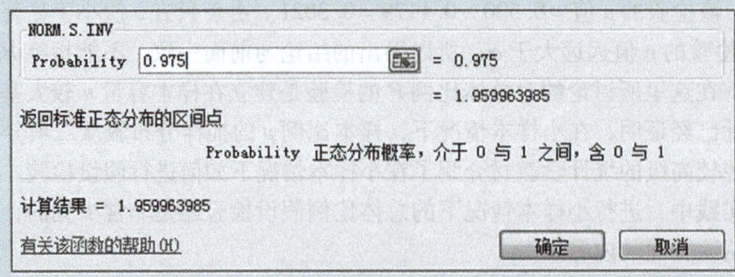

图 5-10　Excel 总体比例检验临界值输出结果

因为 1.96 远远大于 -0.368，所以不能拒绝零假设。

第四步，通过 p 值进行判断。在单元格 A54 中选择"公式"下的"插入函数"，函数类别选择"统计"，随后选择函数"NORM. S. DIST"，在弹出的文本框"Z"中输入计算出的统计量的值 -0.368，逻辑值"Cumulative"中输入"TRUE"，即可得到 p 值约为 0.356（见图 5-11）。

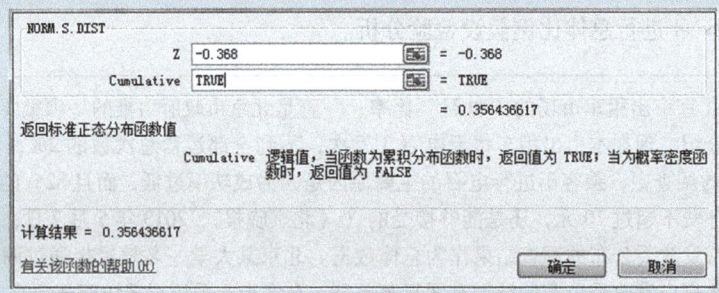

图 5-11　Excel 总体比例检验 p 值输出结果

本例是双侧检验，因为 0.356 远大于显著性水平的一半 0.025，所以不能拒绝零假设。

5.2.3　总体方差 σ^2 的检验

在商务与经济活动中，尽管对总体方差 σ^2 的检验不如对总体均值 μ 和总体比例 P 检验那么常见，但在有些情况下，对总体方差进行检验，即对总体中各个个体之间的差异程度作出判断还是十分必要的。比如，在决定是否接受供货商所提供的一批新产品时，虽然其均值通过了显著性检验，质量符合验货标准，但是如果发现这批新产品均值的方差很大，则照样对这批新产品的质量不敢作出保证。因为均值的方差越大，说明产品的质量越不稳定，各个产品之间的差异就越大，符合产品质量标准的均值可能会掩盖一些不合格的产品。此时就要通过对总体方差是否符合质量标准作出检验，以判断整个产品的质量是否达到质量要求。

用 σ^2 表示总体方差，σ_0^2 表示总体方差的某一特定假设值。总体方差三种假设检验形式及决策规则如表 5-7 所示。

在总体服从正态分布的情形下，可以通过构造 χ^2 检验统计量对总体方差进行假设检验。

$$\chi^2 = \frac{(n-1)s^2}{\sigma_0^2} \tag{5-5}$$

式中，s^2 代表样本方差。

表5-7 总体方差不同检验的假设和决策规则表

	左侧检验	右侧检验	双侧检验
假设	$H_0: \sigma^2 \geq \sigma_0^2$ $H_1: \sigma^2 < \sigma_0^2$	$H_0: \sigma^2 \leq \sigma_0^2$ $H_1: \sigma^2 > \sigma_0^2$	$H_0: \sigma^2 = \sigma_0^2$ $H_1: \sigma^2 \neq \sigma_0^2$
决策规则	如果 $\chi^2 < \chi^2_{1-\alpha}$，则拒绝 H_0	如果 $\chi^2 > \chi^2_{\alpha}$，则拒绝 H_0	如果 $\chi^2_{1-\alpha/2} < \chi^2 < \chi^2_{\alpha/2}$，则拒绝 H_0

在零假设成立时，由式（5-5）定义的检验统计量 χ^2 服从自由度为 $(n-1)$ 的 χ^2 分布。用 χ^2 统计量进行检验的方法称为 χ^2 检验。

χ^2 分布是一种由若干个相互独立的标准正态随机变量平方和的取值及其概率所形成的分布。⊖

χ^2 分布是一种非对称分布，这对于确定拒绝域会产生一定的影响。在给定显著性水平 α 的情况下，如果是双侧检验，就需要根据 χ^2 分布表来确定左右两个并不对称的临界值，以划分拒绝域和接受域。在通常情况下，双侧 χ^2 检验右侧（也称上侧）的临界值为 $\chi^2_{\alpha/2}$，左侧（也称下侧）的临界值为 $\chi^2_{1-\alpha/2}$。如果检验统计量的值位于左侧临界值和右侧临界值之间，即 $\chi^2_{1-\alpha/2} < \chi^2 < \chi^2_{\alpha/2}$，则不能拒绝零假设，否则就拒绝零假设。

对于单侧检验，如果是右侧检验，临界值为 χ^2_{α}。当检验统计量的值大于该临界值，即 $\chi^2 > \chi^2_{\alpha}$ 时，则拒绝零假设。如果是左侧检验，临界值为 $\chi^2_{1-\alpha}$，当 $\chi^2 < \chi^2_{1-\alpha}$ 时就拒绝零假设。三种检验问题的拒绝域和接受域分别如图5-12所示。

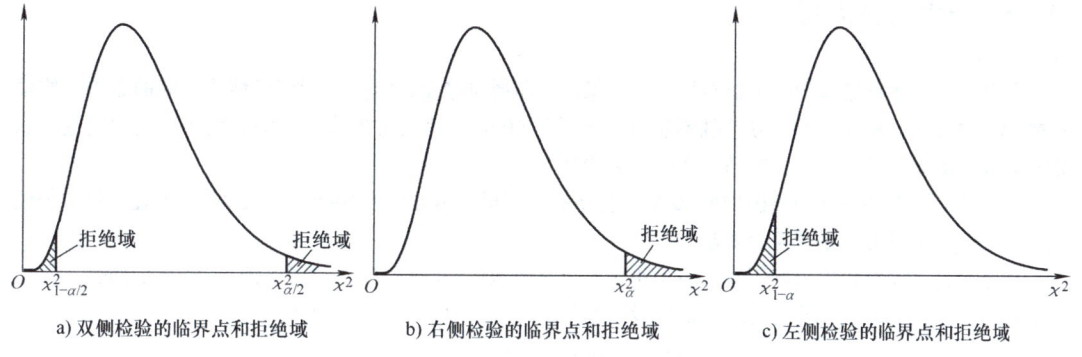

a) 双侧检验的临界点和拒绝域　　b) 右侧检验的临界点和拒绝域　　c) 左侧检验的临界点和拒绝域

图5-12　χ^2 检验的临界点和拒绝域

例如，曙光水泥厂的一台装袋机在正常情况下，给每袋净重为50kg的包装袋灌装水泥时，产品的标准差不超过0.5kg。在一次对该台机器进行维修后，工作人员为了检验其工作是否正常，从装袋生产线上随机抽取了9袋进行检测。称得每袋水泥的净重量分别为（单位：kg）：

49.6　49.1　50.3　50.6　49.1　49.8　49.3　51.1　50.2

如果工作人员想在0.05的显著性水平下进行检验，他能否有把握认为这台机器工作是正常的呢？

评价装袋机工作是否正常，不但要从所灌装的每袋水泥平均重量是否达到了标准来评价，还要看其所灌装的每袋水泥重量之间差异的大小。后者就可以通过方差假设检验来完成。所以，工作人员要做的工作包括：

⊖ 有关 χ^2 分布的概率密度函数及其期望值、方差等有关内容可参见相关统计教科书，本书在此不详述。

首先，根据样本数据计算出样本均值和样本均值的方差。

$$\bar{x} = \frac{\sum x}{n} = \frac{449.1}{9} = 49.9$$

$$s^2 = \frac{\sum(x-\bar{x})^2}{n-1} = \frac{3.92}{8} = 0.49$$

其次，建立零假设和备择假设。

$H_0: \sigma^2 \leq 0.5$

$H_1: \sigma^2 > 0.5$

最后，将样本方差代入 χ^2 检验统计量，得

$$\chi^2 = \frac{(n-1)s^2}{\sigma_0^2} = \frac{(9-1) \times 0.49}{0.5} = 7.84$$

对于给定的显著性水平 $\alpha = 0.05$，查自由度为 (9-1) 的 χ^2 分布表（见附录 E），$\chi_{0.05}^2(8) = 15.507$。由于 $\chi^2 = 7.84 < \chi_{0.05}^2(8) = 15.507$，所以不能拒绝零假设。工作人员可以认为这台机器经过维修重新工作后，每袋水泥重量之间的差异不大，工作属于正常状态。

利用 χ^2 检验方法对总体方差进行假设检验时需要注意的是，对于单侧 χ^2 检验，因为临界值只在检验统计量分布的一侧，其方法与 Z 检验和 t 检验相类似，只是构造的检验统计量和确定临界值所查的表不同而已。但是，对于双侧 χ^2 检验，由于检验统计量 χ^2 所服从的 $\chi^2(n-1)$ 分布是一种非对称分布，这就决定了对临界值的确定不能像 Z 检验和 t 检验那样，只要查出一侧 $\alpha/2$ 的临界值，就可以根据对称关系确定出另一侧的临界值，而是需要对两侧的临界值都查表，然后分别确定出两侧的临界值。

例如，一家生产熔丝的电工器材厂，为了保证产品质量稳定，需要控制熔丝熔化时间的方差。质量监督部门希望熔丝熔化时间的方差既不超过也不低于 60min。因为方差大于 60min 表明产品的质量不稳定；相反，如果方差太小则要求精度太高，会抬高生产成本。

现从该厂生产的熔丝中随机抽取 10 根进行检验，测得样本方差为 104min。试以 0.1 的显著性水平检验熔丝熔化时间的方差是否符合要求。

由于这是一个要求方差既不大于也不小于某个具体数值的问题，这是一个双侧 χ^2 检验的问题。

回答这一问题，首先确定待检验的假设问题是：$H_0: \sigma^2 = 60$，$H_1: \sigma^2 \neq 60$。

计算检验统计量的值：$\chi^2 = \frac{(n-1)S^2}{\sigma_0^2} = \frac{(10-1) \times 104}{60} = 15.6$。

当显著性水平 $\alpha = 0.1$ 时，查自由度 (10-1) = 9 的 χ^2 分布表得 $\chi_{\alpha/2}^2(n-1) = \chi_{0.05}^2(9) = 16.919$，$\chi_{1-\alpha/2}^2(n-1) = \chi_{0.95}^2(9) = 3.325$，接受域为 (3.325, 16.919)。

由于 $3.325 < 15.6 < 16.919$，所以不能拒绝零假设，样本数据没有提供显著证据证明熔丝熔化时间的方差不符合要求。

下面利用 Excel 进行总体方差 σ^2 的检验。

χ^2 分布的临界值可以直接用 Excel 得出，操作步骤为：

第一步，进入 Excel 表格页面，选择"公式"。

第二步，选择"插入函数"。

第三步，在函数类别中选择"统计"，随后，在函数名的菜单下选择字符"CHIINV"，然后单击"确定"。

第四步，在"Probability"一栏中输入概率值 0.05，在"Deg_freedom"一栏中输入自由度 9，得到的右侧临界值约为 16.919，如图 5-13 所示。

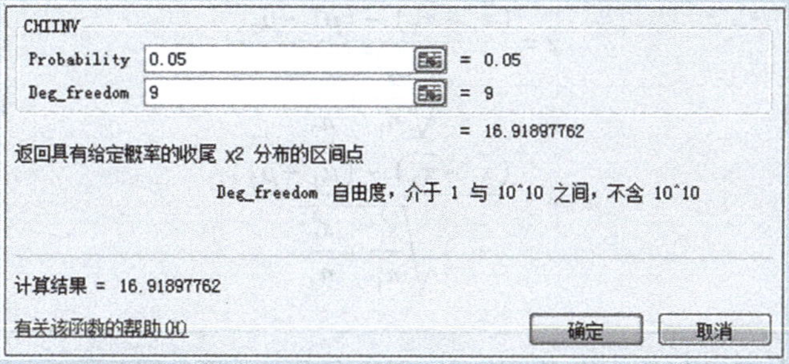

图 5-13　Excel 总体方差 σ^2 检验右侧临界值输出结果

同样可以得到左侧临界值为 3.325，所以接受域为 (3.325, 16.919)。由于检验统计量的值 15.6 位于接受域中，所以不能拒绝。

5.3　两个总体均值、比例和方差的检验

上一节讨论了单个总体均值、比例和方差的假设检验问题。在许多实际应用中，人们所关心的不是单个总体而是两个总体之间有关均值、比例或方差是否存在显著差别。比如，两个规模大致相同城市的居民生活费用指数是否有显著差异，一所大学在招生中是否存在对农村考生的歧视，两个厂家生产的同类商品中哪家的质量更稳定，等等。这一节讨论用来对两个总体某种参数的差异进行假设检验的程序和方法。

5.3.1　独立样本情况下两个总体均值差异的检验

对两个总体均值差异的假设检验不同于单个总体。由于涉及两个总体，需要用到两个样本。而根据两个样本是独立样本还是匹配样本，所采用的检验方法也不同。

所谓**独立样本**，就是在从两个或两个以上总体中抽取样本单位时，其中对一个样本单位的抽取与其他样本单位的抽取是相互独立、没有影响的。由这种抽样方法所组成的样本称为独立样本。

下面先着重讨论在独立样本情况下对两个总体均值差异的检验方法，再着重讨论在匹配样本情况下如何对两个总体均值的差异进行检验。

在独立样本情况下，对两个总体均值差异假设检验的方法同单个总体一样，也可以分为大样本（$n_1 \geq 30$，$n_2 \geq 30$）和小样本（$n_1 < 30$，$n_2 < 30$）两种情况。

1. 大样本情况下两个总体均值差异的假设检验

对于两个总体，分别用 μ_1 表示第一个总体的均值，用 μ_2 表示第二个总体的均值。于是，对两个总体均值差异的三种关系形式的检验，分别建立零假设和备择假设为：

双侧检验：$H_0: \mu_1 - \mu_2 = 0$，$H_1: \mu_1 - \mu_2 \neq 0$。
左侧检验：$H_0: \mu_1 - \mu_2 \geq 0$，$H_1: \mu_1 - \mu_2 < 0$。
右侧检验：$H_0: \mu_1 - \mu_2 \leq 0$，$H_1: \mu_1 - \mu_2 > 0$。

如同对单个总体均值的假设检验一样，对两个总体均值之差检验的关键仍然是如何构造一个恰当的检验统计量。

假如分别从两个总体中随机抽取容量为 n_1 和 n_2 的独立同分布样本，它们的样本均值和方差分别记为 $\bar{x}_1$、$\bar{x}_2$ 和 s_1^2、s_2^2。在大样本情况下，当总体方差已知和未知时的检验统计量分别为

$$z = \frac{(\bar{x}_1 - \bar{x}_2) - (\mu_1 - \mu_2)}{\sqrt{\dfrac{\sigma_1^2}{n_1} + \dfrac{\sigma_2^2}{n_2}}} \quad (5\text{-}6)$$

$$z = \frac{(\bar{x}_1 - \bar{x}_2) - (\mu_1 - \mu_2)}{\sqrt{\dfrac{s_1^2}{n_1} + \dfrac{s_2^2}{n_2}}} \quad (5\text{-}7)$$

例如，360 公司在 2013 年 4 月 17 日发布的《2013 年第一季度中国互联网上网测速报告》中宣称，"比较分析发现，在 27 个省会城市中（暂无台北数据）：59.3% 的省会城市平均上网带宽高于省内其他地区，其中青海省会西宁、山西省会太原、福建省会福州的平均上网带宽高出本省其他地区 20% 以上；另有 37.0% 的省会城市平均上网带宽低于本省其他地区"（《贵州都市报》，2013 年 4 月 19 日，B03 版）。假如国内一家电信运营商想验证一下它们在辽宁省的网民平均上网带宽是否与 360 公司宣称的一致，从该省的省会城市（沈阳）和其他地区分别随机抽取了 100 个用户做测试。测得的结果为，省会城市的平均带宽为 3.45Mbit/s，方差数值为 0.5；其他地区的平均带宽为 3.38Mbit/s，方差数值为 0.9。根据本次调查结果，在给定显著性水平为 0.05 的情况下，该运营商是否可以认为辽宁省会城市网民的上网平均带宽是否明显高于其他地区？

在该问题中，由于电信运营商分别从沈阳市和其他地区抽取样本单位进行测试，所以可以把沈阳市所有网民和其他地区所有网民看做是两个总体，分别抽取的两个样本构成了独立同分布样本。

记沈阳市所有网民上网平均带宽为 μ_1，其他地区所有网民上网平均带宽为 μ_2；沈阳市样本网民上网平均带宽和标准差分别为 $\bar{x}_1$ 和 s_1^2，其他地区样本网民上网平均带宽为 $\bar{x}_2$ 和 s_2^2。

根据抽样调查的结果：$\bar{x}_1 = 3.45$，$s^2 = 0.5$；$\bar{x}_2 = 3.38$，$s^2 = 0.9$。

要回答上述问题，需要进行检验的零假设和备择假设可以分别设为：

$$H_0: \mu_1 - \mu_2 \leq 0$$
$$H_1: \mu_1 - \mu_2 > 0$$

由于这是个右侧检验问题，拒绝域落在接受域的右侧。在 $\alpha = 0.05$ 时，$z_{0.05} = 1.645$。如果 $z > z_{0.05} = 1.645$，则拒绝 H_0。

$$z = \frac{(\bar{x}_1 - \bar{x}_2) - (\mu_1 - \mu_2)}{\sqrt{\dfrac{s_1^2}{n_1} + \dfrac{s_2^2}{n_2}}} = \frac{3.45 - 3.38}{\sqrt{\dfrac{0.5}{100} + \dfrac{0.9}{100}}} = 0.592$$

由于 $z = 0.592 < z_{0.05} = 1.645$，所以不能拒绝 H_0，该电信运营商在显著性水平为 0.05 时，通过分别对沈阳市和其他地区 100 名网民的抽样调查，检验结果可以认为辽宁省沈阳市所有网民上网的平均带宽没有明显高于该省其他地区所有网民上网的平均带宽。

在 $z = 0.592$ 时，也可以通过计算右侧 Z 检验的 p 值来检验沈阳市所有网民上网的平均带宽是否明显高于其他地区。通过查标准正态分布表，在均值和 $z = 0.592$ 之间的面积为 0.2224。则 p 值 = 0.5 - 0.2224 = 0.2776。由于 p 值远远大于 $\alpha = 0.05$，所以得出的结论照样是不能拒绝 H_0。

下面利用 Excel 进行大样本情况下两个总体均值差异的假设检验。

据《北京晚报》2013 年 5 月 8 日第 4 版报道，在北京市出租车行业实行的单双班运营方式中，单班运营平均每公里载客收入约为 3.17 元，双班运营平均每公里载客收入约为 3.23 元。中央财经大学统计与市场调查研究中心为检验两种运营方式平均每公里载客收入之间是否存在显著差异，安排学生分别对实行单班和双班的驾驶员各随机调查了 30 名，表 5-8 给出了具体的调查数值。

利用 Excel 对上述有关问题进行假设检验。

第一步，首先将单班数据放在 A 列，双班数据放在 B 列。在单元格 A31 中输入公式"= VAR.S (A1：A30)"，从而求出单班数据的样本方差 0.0031，同样在 B31 中输入公式"= VAR.S (B1：B30)"，求出双班数据的样本方差 0.0006。

第二步，利用 Excel 数据分析中对两个独立大样本均值差值的检验工具进行假设检验。选择"数据"

中"分析"组下的"数据分析",分析工具选择"Z检验-双样本平均差检验",在弹出的对话框中分别输入两组数据,"假设平均差"为"0","变量1的方差"为计算出的"0.0031","变量2的方差"为计算出的"0.0006",显著性水平为0.05,如图5-14所示。

得到结果如图5-15所示。

表5-8 单班和双班驾驶员平均每公里载客收入 （单位：元）

序号	单班	双班	序号	单班	双班
1	3.15	3.22	16	3.12	3.23
2	3.2	3.23	17	3.16	3.22
3	3.17	3.21	18	3.15	3.24
4	3.4	3.23	19	3.17	3.30
5	3.14	3.25	20	3.14	3.28
6	3.16	3.18	21	3.18	3.21
7	3.2	3.20	22	3.16	3.24
8	3.17	3.24	23	3.12	3.22
9	3.15	3.23	24	3.11	3.23
10	3.3	3.23	25	3.1	3.2
11	3.16	3.27	26	3.15	3.19
12	3.17	3.22	27	3.16	3.23
13	3.17	3.21	28	3.18	3.25
14	3.2	3.24	29	3.17	3.22
15	3.18	3.23	30	3.19	3.22

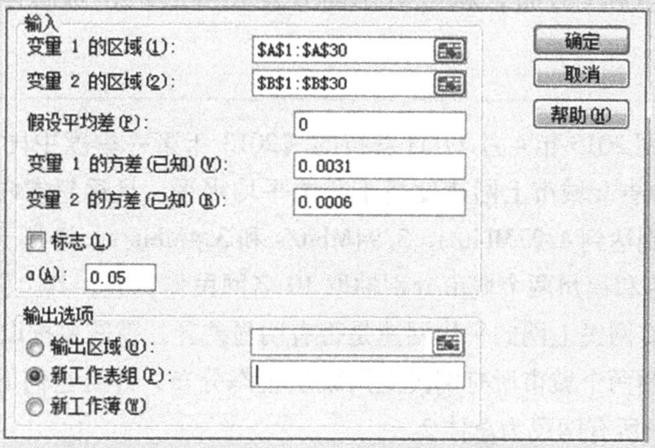

图5-14 Excel数据分析对话框

Z-检验:双样本均值分析		
	变量1	变量2
平均	3.172667	3.229
已知协方差	0.0031	0.0006
观测值	30	30
假设平均值	0	
z	−5.07254	
P(Z≤z) 单尾	1.96E−07	
z单尾临界	1.644854	
P(Z≤z) 双尾	3.93E−07	
z双尾临界	1.959964	

图5-15 Excel双样本总体均值双侧检验输出结果

Z统计量的值约为5.073,双尾临界值为1.96,因为 −5.073 < −1.96,所以拒绝零假设。或者可以通过 p 值来判断,双尾 p 值为0.000000393,远小于显著性水平,所以拒绝零假设。

2. 小样本情况下两个总体均值差异的假设检验

如果从两个总体中分别抽取的两个样本都是小样本，就不能再认为不论两总体分布为何，两样本均值之差仍近似地服从正态分布，上述 Z 检验不可贸然使用。在小样本情况下，只有当两个总体都服从正态分布并且各自总体方差 σ_1^2 和 σ_2^2 都已知时，才能用 Z 检验方法比较两个总体均值之间的差异。

既然在实践中多数情况是总体方差 σ_1^2 和 σ_2^2 都未知，上述 Z 检验法不再适用，那么就需要构造一个新的检验统计量。对于小样本的情况，如果所考察的两个总体都是正态总体并且二者的总体方差虽然未知但却相等，即有 $\sigma_1^2 = \sigma_2^2 = \sigma^2$，则可用来自这两个总体的两个样本的方差 s_1^2 和 s_2^2 来给出总体共同方差 σ^2 的一个点估计，该估计量可记为 s^2，其计算公式为：

$$s^2 = \frac{(n_1-1)s_1^2 + (n_2-1)s_2^2}{n_1 + n_2 - 2} \tag{5-8}$$

利用式（5-8）这一方差估计量将两样本均值之差 $(\bar{x}_1 - \bar{x}_2)$ 标准化，就可以得到一个服从自由度为 $(n_1 + n_2 - 2)$ 的 t 分布检验统计量。

$$t = \frac{(\bar{x}_1 - \bar{x}_2) - (\mu_1 - \mu_2)}{s\sqrt{\frac{1}{n_1} + \frac{1}{n_2}}} \tag{5-9}$$

有了这个检验统计量和 t 分布，就可对总体方差相等的两正态总体均值之差的假设进行小样本检验了。

例如，仍然以360公司2013年4月17日发布的《2013年第一季度中国互联网上网测速报告》为例，《报告》显示，大部分省会城市上网速度高于全国平均水平，且远超省内其他城市。其中南京、福州、石家庄三市，网速分别达到4.27Mbit/s、3.94Mbit/s和3.4Mbit/s，均高于全国平均水平。现在假如用 t 检验方法，通过从南京和福州两个城市分别抽取10名网民作调查，其上网速度的样本数据如表5-9所示。比较这两个城市所有网民上网的平均网速是否有明显差异，就需要按以下程序进行工作：

第一，假定南京和福州两个城市所有网民上网服从正态分布，并且它们的总体方差相等。记南京市所有网民为总体1，福州市所有网民为总体2。

第二，建立零假设和备择假设分别为：$H_0: \mu_1 - \mu_2 = 0$，$H_1: \mu_1 - \mu_2 \neq 0$。

第三，给出显著性水平并确定决策规则。在此 $\alpha = 0.05$，由于这是一个双侧检验问题，$t_{0.025}(10 + 10 - 2) = 2.101$，所以当 $t < -2.101$ 或 $t > 2.101$ 时就拒绝 H_0。

表5-9 南京和福州两个城市网民上网速度的样本数据　　（单位：Mbit/s）

南京市	福州市
4.25	4.25
4.27	3.98
3.98	3.94
4.35	3.87
4.19	4.05
4.28	4.20
3.96	3.95
4.33	3.97
4.48	3.88
4.37	3.96

$$\bar{x}_1 = \frac{\sum_{i=1}^{10} x_{1i}}{n_1} = \frac{42.46}{10} = 4.25$$

$$\bar{x}_2 = \frac{\sum_{i=1}^{10} x_{2i}}{n_2} = \frac{40.05}{10} = 4.01$$

$$s_1^2 = \frac{\sum_{i=1}^{10} (x_{1i} - \bar{x}_1)^2}{n_1 - 1} = \frac{0.2456}{9} = 0.027$$

$$s_2^2 = \frac{\sum_{i=1}^{10} (x_{2i} - \bar{x}_2)^2}{n_2 - 1} = \frac{0.1453}{9} = 0.016$$

第四，计算 s^2 和检验统计量的值。

$$s^2 = \frac{(n_1 - 1)s_1^2 + (n_2 - 1)s_2^2}{n_1 + n_2 - 2} = \frac{(10-1) \times 0.027 + (10-1) \times 0.016}{10 + 10 - 2} = 0.022$$

$$t = \frac{(\bar{x}_1 - \bar{x}_2) - (\mu_1 - \mu_2)}{s\sqrt{\frac{1}{n_1} + \frac{1}{n_2}}} = \frac{4.25 - 4.01}{0.147\sqrt{\frac{1}{10} + \frac{1}{10}}} = 3.65$$

第五，对照 t 和 t_α，作出拒绝或是不能拒绝 H_0 的结论。

由于 $t = 3.65 > t_{0.025}(18) = 2.101$，所以拒绝 H_0，即可以认为，南京和福州两个城市的网民平均上网速度是有显著差异的。

下面用 Excel 对两个独立样本的均值进行 t 检验。

利用 Excel 可以直接对两个独立样本的均值进行 t 检验，操作步骤如下。

第一步，进入 Excel 界面，选择"数据"。

第二步，选择"分析"组中的"数据分析"，在分析工具中选择"t 检验—双样本等方差假设"，如图 5-16 所示。

分别输入两组变量的数据，显著性水平处填入 0.05，则可以得到如图 5-17 所示的结果。

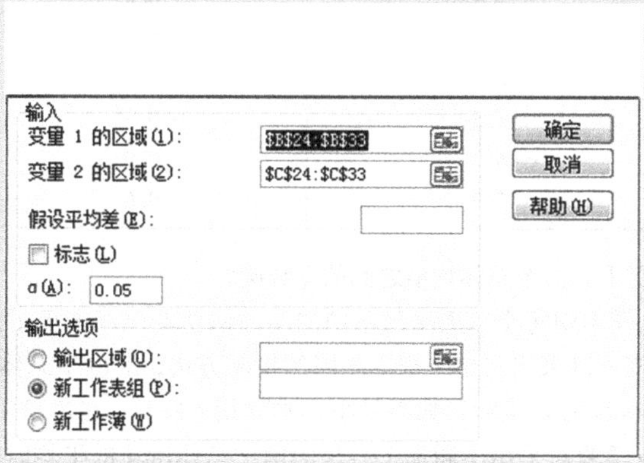

图 5-16　Excel 数据分析对话框

图 5-17　Excel 上样本均值 t 检验输出结果

	变量1	变量2
平均	4.246	4.005
方差	0.027271	0.016117
观测值	10	10
合并方差	0.021694	
假设平均差	0	
df	18	
t Stat	3.658755	
P(T≤t) 单尾	0.000898	
t 单尾临界	1.734064	
P(T≤t) 双尾	0.001796	
t 双尾临界	2.100922	

t 统计的值约为 3.66，本例是双侧检验，t 双尾临界值约为 2.101，由于 3.66 > 2.101，所以拒绝零假设。或者可以通过 p 值来进行判断。双尾 p 值约为 0.002，远小于显著性水平，同样可以拒绝零假设。

5.3.2 匹配样本情况下两个总体均值差异的检验

前面讨论了在独立样本情况下如何检验两个总体均值之差的问题。但在有些情况下，两个（或多个）样本之间并不是相互独立的。在两个样本中，一个样本的每个数据与另外一个样本的每个对应的数值相配对，这种样本称为**匹配样本**。

例如，光华机床厂的刨床车间工人在加工一种零部件时有两种方法。工厂的技术部门人员为了检验两种生产方法在所花时间方面的差异，从该车间随机抽取 7 个工人组成一个简单随机样本。每个工人都首先使用其中的一种方法，然后再使用另外一种方法。分配给每个工人所用方法的顺序是随机的，也就是其中某几个人可能是首先使用第一种方法，另外几个人可能首先使用第二种方法。这样，每个工人在加工零件的过程中都会提供一对数据，其一是使用第一种方法加工一个零部件所需要的时间，其二是使用第二种方法加工一个零部件所需要的时间。这种抽样组成的样本就是一种匹配样本。

如果组成样本的方法不采取匹配而是相互独立的，则抽取样本单位的方案就是，首先抽取 7 个工人组成一个简单随机样本，让这个样本中的每个工人使用第一种方法加工零部件，记录他们所花的时间；然后，再独立抽取 7 个工人组成另外一个简单随机样本，让这个样本中的每个工人使用第二种方法加工零部件，记录他们所花的时间。

对照两种样本方案（匹配样本和独立样本）可以发现，采取匹配样本方案时，由于两种加工方法检验的基本条件相同，即两个样本中的工人相同，这就消除了由于工人不同所引起的抽样误差，抽样误差的大小只取决于不同加工方法之间的差异。因此，采用匹配样本方案所引起的抽样误差通常要比独立随机样本方案的小。

匹配样本中 7 个工人分别用两种不同方法完成加工零部件所花的时间如表 5-10 所示。

表 5-10 光华机床厂刨床车间工人用两种方法加工一种零部件所花的时间表

（单位：min）

工人序号	第一种方法所花的时间	第二种方法所花的时间	两种方法的差异（d）
1	6.5	6.0	0.5
2	6.0	5.4	0.6
3	5.0	5.2	-0.2
4	7.0	6.7	0.3
5	6.2	6.5	-0.3
6	6.0	6.0	0.0
7	6.5	5.9	0.6

如何用假设检验的方法来比较在匹配样本情况下，两个总体均值之间的差异呢？

观察表 5-10 中的数值注意到，所关注的只是样本中每个工人采用不同加工方法所花时间方面的差异，即表中的最后一列数值。有了这一列数值，就可以采用与单个样本相同的检验方法，对两个总体⊖均值之间的差异进行假设检验了，即如果是大样本就用 Z 检验，如果是小样本就用 t 检验。在本例中，由于两个样本容量分别只有 7 个，所以需要采用 t 检验对采用不同加工方法的两个总体所花的平均时间差异进行检验。

有了上面的分析基础，就可以按以下的方法和步骤进行假设检验。

建立零假设和备择假设分别为：

⊖ 这里，可以将所有用第一种方法加工零部件的工人视为一个总体，将所有采用第二种方法加工零部件的工人视为另外一个总体。

$H_0: \mu_d = (\mu_1 - \mu_2) = 0$

$H_1: \mu_d = (\mu_1 - \mu_2) \neq 0$

用符号 d 表示两种方法所花时间之间的差异。计算 $\bar{d}$ 和 s_d ⊖分别如下：

$$\bar{d} = \frac{\sum d}{n} = \frac{1.5}{7} \min = 0.21 \min$$

$$s_d = \sqrt{\frac{\sum(d-\bar{d})^2}{n-1}} = \sqrt{\frac{0.8246}{6}} \min = 0.37 \min$$

构造自由度为 $(n-1)$ 的 t 检验统计量

$$t = \frac{\bar{d} - \mu_d}{s_d/\sqrt{n}} \tag{5-10}$$

$$t = \frac{\bar{d} - \mu_d}{s_d/\sqrt{n}} = \frac{0.21 - 0}{0.37/\sqrt{7}} = 1.5$$

给出显著性水平 $\alpha = 0.05$，查自由度为 $(7-1)$ 的 t 分布表有

$$t_{0.025}(7-1) = 2.447$$

由于这是一个双侧检验问题，所以如果 $t < -2.447$ 或 $t > 2.447$ 则拒绝 H_0。

在这个假设检验中，由于 $-t_{0.025}(7-1) = -2.447 < t = 1.5 < t_{0.025}(7-1) = 2.447$，所以不能拒绝 H_0。光华机床厂的技术部门人员在匹配样本下通过对两组样本各 7 名工人的 t 检验，有充足的理由认为，两个总体的所有工人用不同方法加工同一种零部件所花的平均时间没有明显差异。

下面利用 Excel 对匹配样本均值进行 t 检验分析。

可以直接利用 Excel 对匹配样本均值进行 t 检验，操作步骤如下。

第一步，进入 Excel 界面，选择"数据"。

第二步，选择分析项中的"数据分析"，在分析工具中选择"t 检验－平均值的成对二样本分析"，单击"确定"。

第三步，在弹出的对话框中输入两组变量的数据，显著性水平值输入 0.05，如图 5-18 所示。

可得到如图 5-19 所示的结果。

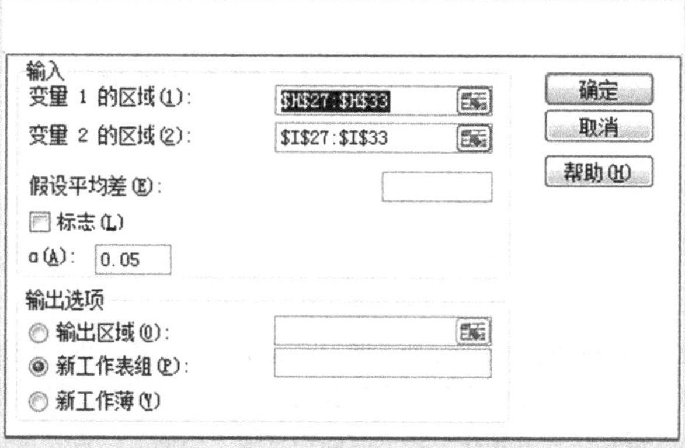

	变量1	变量2
平均	6.171429	5.957143
方差	0.389048	0.289524
观测值	7	7
泊松相关系数	0.795267	
假设平均差	0	
df	6	
t Stat	1.490099	
P(T≤t) 单尾	0.093391	
t 单尾临界	1.94318	
P(T≤t) 双尾	0.186783	
t 双尾临界	2.446912	

图 5-18 Excel 数据分析对话框

图 5-19 Excel 匹配样本均值 t 检验输出结果

t 统计量的值约为 1.5，双尾临界值约为 2.447，由于 1.5 < 2.447，所以不能拒绝零假设。或者可以通过 p 值来判断，由于 p 值 0.187 远大于显著性水平，所以不能拒绝零假设。

⊖ 用符号 $\bar{d}$ 和 s_d 分别代表匹配样本情况下，两样本之间变量值差异的均值和标准差，就是为了强调这个均值是由两组数据之间的差异平均得到的，标准差也是差异均值的标准差。如果不使用 $\bar{d}$ 和 s_d，就不好与前面的 $\bar{x}$ 和 s 相区别了。

5.3.3 两个总体比例之差的检验

在商务与经济活动中，有时人们也关心对两个总比例的比较问题。比如：当一家采购公司在决定从两个供应商中的哪家采购商品时，通常需要对两个供应商所提供商品的合格率是否有显著差异作出判断；需要判断两个不同专业应届本科毕业生的就业率是否有显著差异；等等。

分别用 P_1 和 P_2 代表两个总体中具有某种特征的个体数量占总体单位数量的比例，则三种适合两个总体比例比较的零假设和备择假设可以是：

$$H_0: P_1 - P_2 = 0, \quad H_1: P_1 - P_2 \neq 0$$
$$H_0: P_1 - P_2 \leq 0, \quad H_1: P_1 - P_2 > 0$$
$$H_0: P_1 - P_2 \geq 0, \quad H_1: P_1 - P_2 < 0$$

如果记 n_1 和 n_2 为分别从两个总体中抽取的两个独立同分布样本容量，p_1 和 p_2 分别为第一个总体的样本比例和第二个总体的样本比例。在 n_1 和 n_2 充分大时，即同时满足 $n_1 p_1 \geq 5$、$n_1(1-p_1) \geq 5$，$n_2 p_2 \geq 5$、$n_2(1-p_2) \geq 5$ 时，可构造的检验统计量为

$$z = \frac{(p_1 - p_2) - (P_1 - P_2)}{\sqrt{\frac{P_1(1 - P_1)}{n_1} + \frac{P_2(1 - P_2)}{n_2}}} \tag{5-11}$$

在零假设成立时，z 服从 $N(0,1)$ 分布。

由于式（5-11）分母中两个总体比例 P_1 和 P_2 均未知，还不能直接用这个标准化正态变量 z 对两个总体比例之差的假设进行检验，需要先对两个总体比例 P_1 和 P_2 进行估计，以便求出两样本比例之差的方差。显然，如果零假设成立，表明两个总体的比例相同。由于两个总体都是两点分布总体，两个总体比例相同也就意味着两个总体相同，来自两个总体的两个样本相当于来自同一总体的两个样本。因此，如果用 P 代表两个总体的共同比例，即 $P_1 = P_2 = P$，就可将两个样本合并起来估计其共同的总体比例 P，记这个合并估计量为 p，于是有

$$p = \frac{n_1 p_1 + n_2 p_2}{n_1 + n_2} \tag{5-12}$$

将式（5-12）代入式（5-11），就得到可以实际用来检验两个总体比例之差的 z 检验统计量，即

$$z = \frac{p_1 - p_2}{\sqrt{p(1-p)\left(\frac{1}{n_1} + \frac{1}{n_2}\right)}} \tag{5-13}$$

例如，一家化妆品生产厂商准备在中央电视台电视剧频道黄金档的两集电视剧之间投放广告，对其不久后要推出的一种适合中老年妇女使用的 ML 品牌新产品做宣传。广告公司为这种 ML 新产品设计了两套不同的广告宣传方案，在没有正式投放前，每套广告分别在上述的时间档试播了一周。广告公司想通过对观众的抽样调查了解两套不同广告方案在效果上的差异，以便决定向生产厂家推荐采用其中的哪套宣传广告方案。在对收看过两套广告的人群进行抽样调查时，其中一个问题是"看过 ML 新产品的广告宣传后，你是否打算在近期购买 ML 这种新产品？"从收看了第一套广告的人中随机抽取 100 人，回答"是"的人有 23 人；从收看了第二套广告的人中随机抽取 150 人，回答"是"的人有 30 人。该广告公司能否认为这两套广告的宣传效果有显著的差别呢？（$\alpha = 0.05$）

用 n_{11} 代表第一个样本中回答"是"的人数，用 n_{21} 代表第二个样本中回答"是"的人数。根据上面所提供的信息和相关公式计算得

$$p_1 = \frac{n_{11}}{n_1} = \frac{23}{100} = 0.23, \quad p_2 = \frac{n_{21}}{n_2} = \frac{30}{150} = 0.20$$

$$p = \frac{n_1 p_1 + n_2 p_2}{n_1 + n_2} = \frac{100 \times 0.23 + 150 \times 0.20}{100 + 150} = 0.212$$

建立零假设和备择假设分别为：

$H_0: P_1 - P_2 = 0$

$H_1: P_1 - P_2 \neq 0$

检验统计量的观测值为：

$$z = \frac{p_1 - p_2}{\sqrt{p(1-p)\left(\frac{1}{n_1} + \frac{1}{n_2}\right)}} = \frac{0.23 - 0.20}{\sqrt{0.212 \times 0.788 \times 0.017}} = 0.563$$

当 $\alpha = 0.05$ 时，z 双侧检验的临界点为 $z_{0.025} = 1.96$，当 $z < -z_{0.025} = -1.96$ 或 $z > z_{0.025} = 1.96$ 时拒绝 H_0。

由于 $z = 0.563 < z_{0.025} = 1.96$，所以不能拒绝 H_0，样本数据没有提供显著证据证明两套广告的宣传效果有显著差异。因此，该广告公司在向化妆品生产厂商推荐使用其所设计的两套广告宣传方案时，可以表明两种广告的宣传效果没有显著差异，究竟采用哪种方案可以由厂商决定。

与单个总体比例的检验相同，对检验统计量的分布能否应用标准正态近似并不单纯依赖于两个总体的样本量，还与两个总体的比例有关，具体的关系参考单个总体比例的检验中最后的说明部分。

下面利用 Excel 进行两个总体比例之差的检验分析。

可以直接用 Excel 返回给定显著性水平下的临界值，操作步骤如下。

第一步，进入 Excel 界面，选择"公式"。

第二步，选择"插入函数"。

第三步，在函数类别中选择"统计"，随后选择"NORM. S. INV"，由于本例是双尾检测，因此输入值 0.975，如图 5-20 所示。

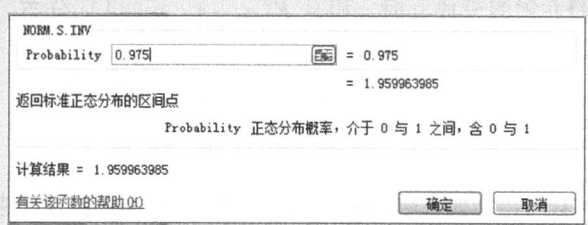

图 5-20　Excel 两个总体比例之差检验临界值输出结果

第四步，得到结果临界值 1.96，由于 $z = 0.563 < 1.96$，所以不能拒绝。

或者可以通过 p 值来得到结论，操作步骤如下。

第一步，进入 Excel 表格界面，选择"公式"。

第二步，选择"插入函数"。

第三步，在函数类别中选择"统计"，随后，在函数名的菜单下选择字符"NORM. S. DIST"，然后单击"确定"。

第四步，输入 z 的绝对值 0.563，得到的函数值为 0.713283，这意味着在标准正态分布条件下，z 值左边的面积为 0.713283。

$z = 0.563$ 右边和 $z = -0.563$ 左边的面积是一样的。例子中是双侧检验，故最后的 p 值为：

$$p = 2 \times (1 - 0.713283) = 0.573435$$

p 值远远大于显著性水平 α，故不能拒绝 H_0，得到与前面相同的结论。

5.3.4 两个总体方差的比较

在很多实际应用中，除了需要对两个总体均值和比例进行比较外，有时还关心两个总体中另一个常见参数，即总体方差的比较问题。通过比较均值和比例可以了解两个总体在平均水平和比例方面的差异，通过比较方差可以知道总体质量稳定性的差异。例如现有两个建筑材料供货商和一家建筑材料采购商，尽管两家供货商的产品平均质量基本相同，但是如果它们产品平均质量的方差相差比较大，建筑材料采购商在决定选购哪家货物时就需要格外慎重。

对两个总体方差进行比较的另一个用途是，在对总体方差未知的小样本情况下两个总体均值进行比较时，所给出的检验方法是建立在假设两个总体方差相等的基础上。至于两个正态总体的方差是否相等，除了凭经验判断，通常还应当对方差相等的假设通过构造某种方法进行检验。这一小节着重讨论如何对两个正态分布总体的方差进行比较的问题。

对两个总体方差进行比较时，有关假设问题的陈述与均值的比较及比例的比较有所不同，它不是通过观察分析两个方差之差是否等于零进行比较，而是通过观察分析两个方差的比值是否等于1来进行比较。所以，两个总体方差的比较通常称为**方差的齐一性检验**。采用这种比较方法主要是基于构造检验统计量的方便性考虑的。

用 σ_1^2 和 σ_2^2 分别代表两个总体的方差，在两个总体分别服从正态分布 $N(\mu_1, \sigma_1^2)$、$N(\mu_2, \sigma_2^2)$ 的情况下，对两个总体方差的比较所建立的三种形式的零假设和备择假设分别如下。

$$H_0: \sigma_1^2/\sigma_2^2 = 1, \quad H_1: \sigma_1^2/\sigma_2^2 \neq 1$$
$$H_0: \sigma_1^2/\sigma_2^2 \leq 1, \quad H_1: \sigma_1^2/\sigma_2^2 > 1$$
$$H_0: \sigma_1^2/\sigma_2^2 \geq 1, \quad H_1: \sigma_1^2/\sigma_2^2 < 1$$

用 n_1 和 n_2 分别表示从两个不同总体抽取的独立同分布样本的容量，s_1^2 和 s_2^2 分别表示各自样本的方差。由此可以构造一个进行两个总体方差比较的检验统计量 F。

$$F = \frac{s_1^2/\sigma_1^2}{s_2^2/\sigma_2^2} \tag{5-14}$$

这个 F 检验统计量在零假设成立时，服从 $F(n_1-1, n_2-1)$ 分布。其中，(n_1-1) 和 (n_2-1) 分别为第一自由度（分子）和第二自由度（分母）。

如果零假设成立，即 $\sigma_1^2 = \sigma_2^2$，式（5-14）的检验统计量便成为

$$F = \frac{s_1^2}{s_2^2} \tag{5-15}$$

从式（5-15）中可以看出，如果来自这两个总体的两个样本无偏方差越相近，二者的比率越接近于1，则证明两个样本各自的总体方差越相近；相反，如果来自这两个总体的两个样本无偏方差相差越远，二者的比率就会较大地偏离1，则证明两个样本各自的总体方差相差越大。

如果用 F 检验方法进行两个总体方差比较属于单侧检验，通常将较大的 s^2 放在分子上，使得 $F>1$，拒绝域在接受域的右侧，临界值为 $F_\alpha(n_1-1, n_2-1)$。如此处理，既做到了含义明确，易于理解，又方便查表。

当用 F 检验方法进行两个总体方差比较属于双侧检验时，拒绝域在接受域的两侧，上侧（右侧）和下侧（左侧）两个临界值分别为 $F_{\alpha/2}(n_1-1, n_2-1)$ 和 $F_{1-\alpha/2}(n_1-1, n_2-1)$。由于 F 分布表通常只给出 $F_{\alpha/2}$，$F_{1-\alpha/2}$ 可通过如下关系式推算得出。

$$F_{1-\alpha/2}(n_1-1, n_2-1) = \frac{1}{F_{\alpha/2}(n_2-1, n_1-1)} \tag{5-16}$$

当给出显著性水平 α 的具体数值后，如果是单侧检验，就可以通过查附录 F 直接确定临界值；如果是双侧检验，在查表的基础上再通过式（5-16）分别确定出两侧的临界值。

下面再回到前面有关南京市网民和福州市网民上网带宽问题的例子上，通过每步操作具体讨论如何进行两个总体方差之比的双侧检验问题。

经过前面的计算已知，$s_1^2 = 0.027$，$s_2^2 = 0.016$，$n_1 = n_2 = 10$。

建立零假设和备择假设分别为：$H_0: \sigma_1^2/\sigma_2^2 = 1$，$H_1: \sigma_1^2/\sigma_2^2 \neq 1$。

给出 $\alpha = 0.05$ 时，查 F 分布表有：$F_{0.025}(9, 9) = 4.03$。

$$F_{1-\alpha/2} = \frac{1}{F_{\alpha/2}(n_2-1, n_1-1)} = \frac{1}{F_{0.025}(9,9)} = \frac{1}{4.03} = 0.25$$

当 $F < 0.25$ 或 $F > 4.03$ 时拒绝 H_0。

F 检验统计量的具体值为

$$F = \frac{s_1^2}{s_2^2} = \frac{0.027}{0.016} = 1.69$$

由于 $F_{1-0.05/2}(9, 9) = 0.25 < F = 1.69 < F_{0.025}(9, 9) = 4.03$，所以不能拒绝 H_0，可以认为，样本数据没有提供足够的证据证明它们在南京和福州两地所有网民上网平均带宽的方差有显著性差异。本例中的拒绝域和临界值如图 5-21 所示。

下面利用 Excel 进行双样本方差的 F 检验分析。

利用 Excel 的"数据分析"工具可以直接对数据进行双样本方差的 F 检验，操作步骤如下。

第一步，进入 Excel 界面，选择"数据"。

第二步，选择"数据"下分析组中的"数据分析"，在分析工具中选择"F - 检验双样本方差"。

第三步，输入两个变量数据所在的位置，由于本例中是双尾检验，因此显著性水平设为 0.025，如图 5-22 所示。

第四步，得到检验结果如图 5-23 所示。

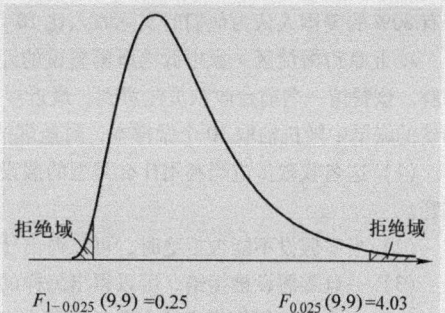

图 5-21 双边 F 检验的拒绝域与临界值

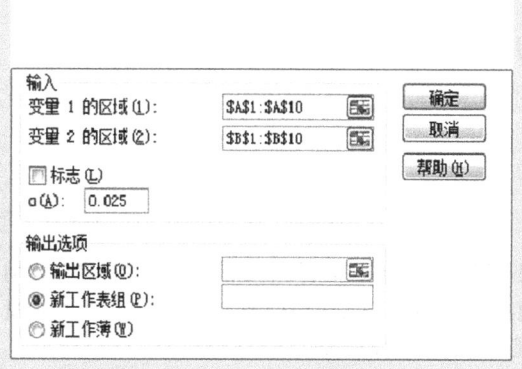

图 5-22 Excel 数据分析对话框

F 检验 双样本方差分析		
	变量1	变量2
平均	4.246	4.005
方差	0.027271	0.016117
观测值	10	10
df	9	9
F	1.692106	
P(F≤f) 单尾	0.222683	
F 单尾临界	4.025994	

图 5-23 Excel 双样本方差的 F 检验结果表

F 检验统计量的值约为 1.69，右侧临界值约为 4.03，则左侧临界值约为 0.25，因为 1.69 位于 0.25 和 4.03 之间，所以不能拒绝零假设。

本章小结

假设检验就是根据样本所提供的信息，检验对某种总体参数所作的假设正确与否的一种统计推断方法。本章首先对假设检验的基本问题，包括假设检验的概念、假设检验的类型、假设检验中的两类错误、假设检验的程序等进行了讨论。在此基础上，分别讨论了单个总体的均值、比例和方差，以及两个总体均值之差、比例之差和方差之比等的假设检验方法。其中，对总体均值又分为大样本、总体方差已知和未知情形下的假设检验，以及小样本总体方差未知情形下的假设检验。每个假设检验实例都辅以用 Excel 进行假设检验分析的方法。

思考与练习题

1. 什么是假设检验？它与参数估计有何关系？
2. 假设检验建立在什么思想基础上？采用的是一种什么样的论证方法？
3. 美国作家约翰·格拉夫和戴维·巴特克在《经济到底为了什么》的前言中指出："尽管工作时间更长了，但是80%的美国人赚取的实际收入甚至比10年前还要少。"假如一家研究机构想要验证一下是否有80%的美国人认为他们的实际收入比10年前还要少，应当如何建立零假设和备择假设？
4. 北京市海淀区一家中低档海鲜餐馆的经理声称，在该餐馆人均消费150元或更少就能吃到上等的海鲜。该餐馆一名前台收款员注意到，最近半年来，顾客就餐的费用一直不断增加。于是，她想从顾客消费的账单中随机抽取30个做样本，对经理的结论进行检验。

   (1) 这名收款员应当利用什么类型的假设来检验经理的结论？分别从检验的性质和检验的方法角度解释。

   (2) 当零假设不能被拒绝时，可以得出什么样的结论？

   (3) 一旦零假设被拒绝，可以得出怎样的结论？

5. 一家生产不锈钢门窗的企业目前正在试图通过采用新方法，以扭转生产周转时间长、成本高的不利局面。生产部经理在决定采用新的生产方法前，必须确信这种新方法的确有效。现行生产方法的成本是 350 元/m²。因此需要建立一项调查研究，检验在使用新方法期间生产样本门窗的成本。

   (1) 建立最适合这一研究的零假设和备择假设。

   (2) 当零假设不能被拒绝时，解释此时所得出的结论。

   (3) 当零假设被拒绝时，解释此时所得出的结论。

6. 简述假设检验的程序。

7. 某一问题的零假设和备择假设分别如下：

   $H_0: \mu \geq 25$

   $H_1: < 25$

   当某个样本容量为100、总体标准差为12时，对下面每一个样本的结果，都采用显著性水平 $\alpha = 0.05$ 计算检验统计量的值，并得出相应的结论。

   (1) $\bar{x}_1 = 22.0$。

   (2) $\bar{x}_2 = 23.5$。

   (3) $\bar{x}_3 = 22.8$。

   (4) $\bar{x}_4 = 24.0$。

8. 一家制糖企业生产的红糖每袋标重为100g。根据以往的统计资料得知，流水线灌装的标准差长期稳定在5g。质量检验人员从正在生产的一批产品中随机抽出50袋样品，经检测，这批产品的平均重量为97g。该检验人员能否根据抽样结果判定这批产品是不符合生产标准的？（$\alpha = 0.05$）

9. 据《北京晚报》2013年5月24日报道，目前在北京乘坐出租车，乘客的次均乘坐距离为8km，次均支出约25.6元。一家研究机构想验证一下乘客的次均支出是否为25.6元，从北京乘坐出租车的乘客中随机抽取100人作调查。调查的结果为，次均支出27.5元，样本标准差为3.5元。在给定显著性水平为0.05的情况下，该研究机构会得出怎样的结论？

10. 东方大型器械销售公司最近几年平均每周能卖出19.2件产品。但在经济衰退期，订单量就会减少。该公司销售经理想明确知道经济不景气是否会给公司的销售业务带来明显的影响,他从经济衰退以来的销售记录中随机选出32周作为样本,发现样本均值为16.6件,标准差为3.3件。该经理经过检验能否确定经济不景气使公司的平均销量明显下降了?($\alpha=0.01$)

11. 根据历史资料显示,在晚上9:00到第二天早晨7:00之间,从外地打进某个特定城市的国内长途电话的时间平均每次是15.2min。自从有了微信以后,电信运营商们担心会影响它们的经营业绩。于是,它们从该市抽选了35次通话作为随机样本,测得的均值是每次14.3min,标准差是5min。用这个样本信息来检验夜间长途电话的平均通话时间是否已经有所变化。采用0.05的显著性水平。用p值检验的结论会怎样?

12. 有一项研究要作的假设检验是:
$H_0: \mu = 20$
$H_1: \mu \neq 20$

某个样本有6个数据。它们分别是:20 18 19 16 17 18。根据这6个数据分别回答以下问题:
(1) 它们的均值和标准差各是多少?
(2) 当显著性水平$\alpha=0.05$时,拒绝规则是什么?
(3) 计算检验统计量t值。
(4) 根据以上信息,你所得出的结论是什么?

13. 一家钢铁企业主要生产一种厚度为25mm的钢板。历史统计资料显示,其中一台设备生产的钢板的厚度服从正态分布。最近,该厂维修部门对这台设备进行了大修。这台设备重新投入生产后,车间生产监管员担心这台设备经过维修后生产的钢板厚度会发生变化。为验证这一担心是否属实,他随机选出20块钢板,对其厚度进行测量。测量结果如表5-11所示。请判断这台设备经过维修后所生产钢板的厚度是否发生了明显的变化($\alpha=0.05$)。

表5-11 20块样本钢板的厚度 (单位:mm)

22.6	22.2	23.2	27.4	24.5
27.1	26.6	28.1	26.9	24.9
26.2	25.3	23.1	24.2	26.1
25.8	30.4	28.6	23.5	23.6

14. 利用Excel对第13题的问题进行检验统计分析。

15. 一家服装批发商2013年3月给客户提供的折扣费是平均每件258元。某个服装零售商想知道这家批发商所给的折扣是否发生了变化,以便决定是否继续从该批发商处进货。于是,他从自己4月的订单中随机抽取了15张作为一个简单随机样本,查看的折扣数据(单位:元)如下:
310 260 265 255 300 310 230 250 265 280 290 240 285 250 260
(1) 该服装批发商4月份给客户提供的平均折扣费用是多少?
(2) 样本标准差是多少?
(3) 显著性水平为0.05,检验4月的折扣费用相比较于3月是否有所增加?
(4) p值是多少?
(5) 根据上面的结果,对所得的结论作一简要的解释。

16. 考虑下面的假设检验:
$H_0: P = 0.20$
$H_1: P \neq 0.20$

现有一个容量为400、比例为0.175的样本。根据这个样本信息,回答以下问题:
(1) 如果给出显著性水平$\alpha=0.05$,这一检验问题的拒绝规则是什么?

(2) 计算检验统计量 z 的数值。
(3) 你可以得出怎样的结论？
(4) 如果用 p 值检验，你所得的结论又是什么？

17. 据媒体报道，"国家食物与营养咨询委员会委员、中国疾病预防控制中心营养与食品安全所副所长马冠生在介绍我国第五次中国居民营养与健康状况监测情况时表示，我国城市居民超重率已逾 30%"（《北京日报》，2013 年 5 月 26 日）。

北京一家营养与食品安全咨询机构看过这篇报道后，想通过假设检验的方法验证北京市城市居民的超重率是否也超过 30%。假设它经过精心设计，从北京市城市居民中随机抽取 500 人作为样本。测得的结果是，其中有 163 人的体重超标，其余人员的体重在正常范围内。根据这一数据回答以下问题。

(1) 北京市城市居民体重超标率的点估计是多少？
(2) 如果采用 0.05 的显著性水平，你认为北京市的样本数据能够支持马冠生的结论吗？

18. 一家快餐连锁店为了吸引更多顾客就餐，推出了一款新式菜品。在参加免费品尝的 100 个人中，有 78 人表示喜欢这款新菜品。在 0.05 的显著性水平下，该快餐连锁店的经理是否敢对外宣称，在所有的顾客中有超过 70% 的顾客喜欢这款新菜品？

19. 康家面粉厂的一台装袋机在正常的情况下，所装每袋面粉的平均净重为 20kg，标准差不超过 0.5kg。在一次对该装袋机维修以后，厂里的质检人员从面粉装袋生产线上随机抽取了 9 袋面粉进行检测，称得每袋面粉的净重（单位：kg）分别为：

19.6　19.1　20.3　20.6　19.1　19.8　19.3　21.1　20.2

问在 0.05 的显著性水平下，是否可以认为这台装袋机的运行属于正常？

20. 某机车加工厂的一台车床所加工的一种零件，技术规定该种零件厚度的方差不能超过 0.5mm。现在车间的检验员怀疑该车床出现了故障，生产的零件厚度的方差可能变大。因此他从中随机抽取了 10 个零件测量其厚度，结果如下（单位：mm）：

49.5　49　50.3　50.7　49　49.6　49.3　51.2　50.3　50.6

在给定显著性水平为 0.05 的情况下：
(1) 判断这台车床是否出现了故障。
(2) 利用 Excel 对这一检验问题进行统计分析。

21. 下面是一个对两个总体均值之差的假设检验问题。零假设和备择假设分别为：

$H_0: \mu_1 - \mu_2 \leq 0$

$H_1: \mu_1 - \mu_2 > 0$

通过对两个总体分别抽取简单随机样本，两个独立样本的有关信息如表 5-12 所示。

表 5-12　两个独立样本的有关信息

样本 1	样本 2
$n_1 = 40$	$n_2 = 50$
$\bar{x}_1 = 25.2$	$\bar{x}_2 = 22.8$
$s_1 = 5.2$	$s_2 = 6.0$

(1) 如果给出显著性水平 $\alpha = 0.05$，这一检验问题的拒绝规则是什么？
(2) 计算检验统计量 z 的数值。
(3) 你可以得出怎样的结论？
(4) 如果用 p 值检验，你所得的结论又是什么？

22. 表 5-13 是分别来自两个总体独立样本的信息。

表5-13 两个总体独立样本的信息

样本1	样本2
$n_1 = 8$	$n_2 = 7$
$\bar{x}_1 = 1.4$	$\bar{x}_2 = 1.0$
$s_1 = 0.4$	$s_2 = 0.6$

根据以上信息回答下列问题：

(1) 要对两个总体均值之差进行双侧假设检验，需要满足哪些假设条件？
(2) 要对两个总体均值之差进行双侧假设检验，如何建立零假设和备择假设？
(3) 在给定显著性水平 $\alpha = 0.05$ 的情况下，你的假设检验结论是什么？
(4) 利用 Excel 对这一检验问题进行统计分析。

23. 一家旅行社对 W 市两家商务酒店的服务质量进行了调查，以决定选择其中一家作为合作伙伴。该旅行社从 A 酒店和 B 酒店各随机抽取了 50 名旅客作为样本，让他（她）们对各自下榻的酒店服务质量进行评分。两个样本数据分别如下（单位：分）：

酒店 A 的样本数据：

6	8	8	9	7	8	5	8	10	5
7	4	5	5	5	2	10	5	5	4
4	9	8	9	6	3	3	8	8	8
9	6	5	5	5	8	5	9	6	4
4	7	4	7	6	4	9	9	4	8

酒店 B 的样本数据：

10	5	1	9	7	8	5	5	6	9
3	3	7	8	10	8	3	7	6	9
5	2	7	7	6	10	10	8	10	7
3	6	8	9	3	10	7	6	8	9
9	6	8	5	9	4	5	5	5	8

(1) 在给定显著性水平 $\alpha = 0.05$ 的情况下，该旅行社是否可以认为它所调查的两家酒店的服务质量平均得分有所不同？
(2) 该旅行社根据所得的评价结论，该作出怎样的抉择呢？
(3) 如果该旅行社的工作人员想在计算机上通过 Excel 完成上述工作，他该怎样做？

24. 某市的一个妇女维权组织认为，其所在的城市存在着男女同工不同酬的现象。它想通过调查寻找证据来证明这一观点。在一次涉及女职员工资的歧视调查中，它从该市从事相同职业的员工中随机抽取了 12 个男员工和 14 个女员工作为样本。调查结果如下（单位：千元）：

男员工：30.6　31.2　28.9　35.2　25.1　33.2　31.3　35.3　31.0　30.1　29.9　24.4
女员工：31.6　26.6　25.5　25.0　25.9　32.9　26.9　25.8　27.8　29.6　23.9　26.9　24.4　25.5

假如该市所有男员工的工资收入和所有女员工的工资收入两个总体都服从正态分布，并且两个总体的方差相等。在给定显著性水平为 0.05 的情况下，该妇女维权组织是否敢冒一定的风险对外宣称，它所在的城市在员工的平均工资方面存在着对女性的歧视呢？

25. 一家保健品厂最近研制出一种新的减肥药品。为了检验这种减肥药的效果，它分别对 10 名志愿者服用减肥药之前的体重和服用减肥药一个疗程后的体重进行测量。测量的数据如下（单位：kg）：

157

| 服药前： | 71 | 75 | 82 | 69 | 82.5 | 76 | 71 | 86 | 78 | 80.5 |
| 服药后： | 66 | 75.5 | 80 | 67 | 79 | 75.5 | 69 | 80 | 75 | 77 |

在 0.05 的显著性水平下判断这种减肥药是否有效。

26. 市场调查公司在进行入户调查时，经常遇到的一个令它们头痛的事情就是被访者的不配合。一家调查公司在最近进行的一次挨家挨户调查中，就因为得到了一些人的配合而完成了问卷调查，同时也因为另一些人的不配合使调查问卷无法完成。公司对在配合调查方面是否存在男女性别上的差异感兴趣。它们首先假设男性和女性的配合调查率相等，然后，通过随机抽样得到了两个样本的有关数据，如表 5-14 所示。

表 5-14 两个样本的有关数据

样本（调查对象）	样本容量（n）	配合调查人数（n_{i1}）
样本 1（男性）	$n_1 = 200$	$n_{11} = 110$
样本 2（女性）	$n_2 = 300$	$n_{21} = 210$

（1）在 0.05 的显著性水平下对"男性和女性的配合调查率相等"的假设进行检验。

（2）利用 Excel 对这一检验问题进行统计分析。

27. 某市政府在对一项公共服务实行提价前首先征求一下民意。在被调查的 505 名老年人和 496 名年轻人中，分别有 19% 和 24% 的人赞成政府提价。能否认为老年人与年轻人对提价的态度是一致的（显著性水平为 0.05）？

28. 顺通汽车轮胎销售公司同时经销两种汽车轮胎。该公司从两种轮胎中各随机抽取了 16 只进行试验，得到一种轮胎的使用寿命的标准差为 6200km，另一种轮胎的使用寿命的标准差为 6400km。假定轮胎使用寿命服从正态分布，试问在 0.05 的显著性水平之下，两种轮胎使用寿命的方差是否相同？

29. 生产工序中的方差是生产工序质量的一个重要度量。在对生产工序（生产线）工作质量的检测中，经常会通过对不同工序（生产线）生产产品方差大小的比较，判断它们之间有无差异。

佳乐仕家装材料有限责任公司是一家专门生产家庭装修油漆的企业。该公司有两条每桶毛重为 3.1kg 的灌装生产线。一天生产车间的检验员分别从两条生产线各抽取了 15 桶产品对其重量进行检验。测得的样本数据如下（单位：kg）：

生产线 1：　3.05　3.13　3.06　3.09　3.10　3.08　3.06　3.11　3.09　3.06
　　　　　　3.08　3.07　3.04　3.08　3.06

生产线 2：　3.11　3.10　3.10　3.07　3.08　3.06　3.08　3.07　3.09　3.06
　　　　　　3.11　3.10　3.09　3.07　3.08

在 0.05 的显著性水平下判断这两条生产线生产的产品的重量的方差是否有差别。

CHAPTER 6

第6章

方差分析

学习目标

1. 掌握方差分析中的基本概念。
2. 掌握方差分析的基本思想和原理。
3. 掌握单因子方差分析的方法及应用。
4. 初步了解多重比较方法的应用。
5. 掌握双因子方差分析的方法及应用。

导入案例

有关最低生活保证金政策的试验

如果一个城市失业者在失业期间可以领取最低生活保证金，那么相对来说他们找工作的积极性可能会低一些，对工作岗位也会更加挑剔。尤其在中国目前地区之间经济发展水平相差很大的情况下，一些收入水平特别高的城市的失业人员，不工作仅靠领取最低生活保证金就能比其他一些城市就业人员的生活水平高。为了减少最低生活保证金制度对就业的这种负面影响，一些研究收入再分配经济学的专家学者提出了领取最低生活保证金的人首先需要参与社会劳动的政策建议。为了保证这一政策的落实，某市相关机构将最低生活保证金水平分为基本、低等、中等和高等四个档次。如果领取最低生活保证金的人没有工作，只能领取最基本的最低生活保证金；然后依据领取最低生活保证金者所从事工作岗位的艰苦程度，依次领取不同档次的金额。为了检验这一政策的有效性，该市在6个区域进行了一次除了领取基本档次的最低生活保证金人员以外，其余三个档次共有936名领取最低生活保证金者参加的社会试验。试验结果得到了领取不同档次最低生活保证金水平的三类人员就业人数的数据（见表6-1）。

表6-1 领取最低生活保证金者就业人数的试验数据

	就业人数/人			
	低 等	中 等	高 等	合 计
区域1	50	53	61	164
区域2	40	46	52	138
区域3	66	55	46	167
区域4	55	49	62	166
区域5	42	56	58	156
区域6	40	51	54	145
合 计	293	310	333	936

试验的目的是想了解领取不同档次最低生活保证金对鼓励人们就业是否有显著影响。

要想得到以上的结果，就需要对各区域领取不同档次最低生活保证金的平均就业人数进行比较。基本思想是，首先假定三种档次最低生活保证金水平的平均就业人数相等，然后通过样本数据计算各种平均就业人数，最后再检验它们之间是否相等。如果相等，说明不同档次的最低生活保证金水平对鼓励就业没有帮助；相反，如果不相等，则需要判定不同平均水平之间的差异是否大到足以拒绝开始的假设。

在这种比较多个均值是否相等的情况下，需要用到一种新的统计推断方法，即方差分析。本章将围绕方差分析的基本概念、单因子方差分析和双因子方差分析的有关内容展开讨论。

6.1 方差分析的基本问题

6.1.1 方差分析的基本概念

在商务与经济活动中，人们常常需要对影响所观测变量的各种主要因素进行分析，以便找出各个因素在什么状态下可以使所观测的变量取得最佳数值，从而指导人们的行动，取得好的经济或社会效益。例如，一家生产企业可能利用这种方法研究广告媒体（报纸、电视和网络）以及定价策略（低、中、高）对企业销售额的影响；医生可能用方差分析的方法研究不同药品疗效的差别；工程师可能用这种方法比较不同生产工艺对产品质量的影响；等等。

为了解决这类问题，首先需要在各种主要影响因素的不同状态下对人们所研究变量的取值进行观测，然后再对观测所得数据进行比较分析。**方差分析**就是分析、推断各种因素状态对所观测变量的影响效应的一种统计分析方法。其主要目的是通过对方差的比较来检验多个均值之间差异的显著性。[①]

"方差分析"一词可能会让人误解,以为这种方法是用来对方差进行比较的,其实不然。这一比较均值的方法之所以被称为方差分析,是因为在这种方法中为了检验均值差异的显著性而采用了对方差进行比较和分析的方法。

在方差分析中,实际测量的、作为结果的变量称为响应变量或因变量。例如,在本章的开篇案例中,领取不同最低生活保证金金额情况下的就业人数就是一个响应变量。此外,像上面提到的企业销售额、药品的疗效、产品的质量等都是响应变量。而作为原因的、把观测结果分成几个组以进行比较的变量称为因子或自变量,例如,不同档次的最低生活保证金水平、不同的广告策略、不同的药品、不同的生产工艺等。

方差分析可以研究一个定量响应变量与一个或多个定性因子的关系,例如大学本科毕业生的年收入与学生的性别、专业、政治面貌之间的关系等。更为复杂的方差分析模型甚至可以分析多个定量响应变量与多个定性和定量因子之间的关系。

前面已经指出,统计研究中的数据主要有两种来源:观察和实验。在实验研究中,可以通过对因子的控制来研究它们对响应变量的影响,例如对销售收入与广告次数关系的研究;而在观察研究中,则不对因子的变化进行控制,例如对吸烟者和非吸烟者的研究。方差分析可以用于对观察数据或者实验数据的分析,但用于实验数据的情况更多一些(例如工业、自然科学领域),因为在实验中常常需要比较不同实验条件对实验结果的影响。

在方差分析中,因子的不同表现,也就是每个因子的不同取值称为因子水平(简称水平)。只有一个因子的方差分析称为**单因子方差分析**;如果要同时研究多个因子对响应变量的影响,则称为**多因子方差分析**。其中最简单的情况是双因子方差分析。

6.1.2 方差分析中的基本假设

运用任何一种统计方法来解决商务与经济活动中的实际问题,都要十分注意这种方法的适用条件,注意这种方法是否适用于得到的数据。其中,了解在采用某种统计方法时都存在着哪些假定条件就是需要注意的一个重要问题。方差分析是对多个总体均值是否相等的比较。比较中需要以下三个假设条件:

(1) 对于每个总体,响应变量都服从正态分布。这就意味着,在本章开篇案例中,不同档次最低生活保证金水平下的就业人数(响应变量)必须服从正态分布。

(2) 所有总体响应变量的方差都相等。这一假设要求,在最低生活保证金的案例中,B市三种档次最低生活保证金水平的就业人数的方差都相同。

(3) 各个观测值之间都相互独立。这就意味着,在最低生活保证金的例子中,每个区之间不同档次的就业人数应该是独立的。

以上给出了方差分析的三个基本假设。需要注意的是,每种假设是否成立还需要对其进行必要的检验。有关检验的方法在此不加以讨论,感兴趣的读者可以参考有关书籍。

6.1.3 方差分析的基本原理

前面已经指出,方差分析的目的是检验各个水平的均值($\mu_1, \mu_2, \cdots, \mu_k$)是否相等,实

[①] 方差分析方法是20世纪20年代由英国统计学家费希尔(R. A. Fisher)最早提出的,开始应用于生物和农业田间试验,后来在许多学科领域得到了广泛应用。

现这个目的的手段则是进行方差比较。由于方差是反映观测值之间差异的，所以在进行方差比较时，弄清差异产生的来源是十分重要的。

通过分析可以发现，观测值之间的差异来自于两个方面：①由因子中不同水平造成的，如在最低生活保证金的案例中，不同档次最低生活保证金水平下的不同就业人数，可以称之为**系统性差异**；②由于选择样本的随机性所产生的差异，如相同最低生活保证金水平下不同地区的不同就业人数，可以称之为**随机性差异**。

两个方面所产生差异的大小，可以分别用两个方差来计量。如果把不同的因子视为不同组，那么可以把反映不同水平之间差异的方差称为组间方差，它既包含系统性差异，也包含随机性差异。例如，不同最低生活保证金水平下的就业人数既与最低生活保证金档次有关，又与不同地区有关。而只反映同种水平下不同样本单位之间差异的方差称为组内方差，它仅包含随机性差异。

如果不同的水平对结果没有影响，那么在组间方差中仅有随机性差异而没有系统性差异。此种情况下的组间方差与组内方差就应该很近似，两个方差的比值就会接近1。相反，如果不同的水平对结果产生影响，那么在组间方差中就不仅有随机性差异，而且还有系统性差异。在这种情况下，组间方差就会大于组内方差，两者的比值就会大于1。不同水平对结果的影响越大，组间方差与组内方差的比值就越大。当这个比值大到一定程度，或者说达到某个临界点时，就可以作出不同水平之间存在着显著性差异的判断。由此可见，方差分析就是通过不同方差的比较，作出拒绝或者不能拒绝零假设（不同水平的均值相等）的判断。例如，在最低生活保证金的例子中，如果不同档次的最低生活保证金水平对促进人们就业没有帮助，那么不管领取哪种档次最低生活保证金的人，他们就业的平均人数都差不多，所不同的可能只是不同区域之间的差别。此时，不同档次最低生活保证金水平下就业人数方差（组间方差）与同档次最低生活保证金水平下不同区域之间就业人数的方差（组内方差）之比就会接近1。反之则反是。当两种方差之比大到一定程度时，即可得出不同档次最低生活保证金政策对促进人们就业有一定效果的结论。

在方差分析中，组间方差和组内方差之比是一个统计量。数理统计已经证明，这个统计量服从 F 分布，即

$$F = \frac{\text{组间方差}}{\text{组内方差}} \tag{6-1}$$

方差分析的基本方法就是利用 F 分布进行假设检验。

6.2 单因子方差分析

6.2.1 单因子方差分析的数据结构和模型

单因子方差分析就是在假设其他条件不变的情况下，对某个特定因子的各个不同水平对响应变量的作用进行考察分析。它所要回答的问题是，根据分别来自 k 个等方差正态总体的数据检验这些总体的均值是否相等。为了表述方便，假设在单因子方差分析中所研究的因子为因子 A，共有 k 个水平，每个水平的样本容量为 $n_j(j=1, 2, \cdots, k)$，共有 n_T 个观察值。根据这些条件，单因子方差分析的数据结构如图 6-1 所示。

在单因子方差分析模型中，任何一个样本数据都包含了三部分因素的影响：总体平均水平的影响；因子水平的影响；随机因素的影响。单因子方差分析模型可以写成式（6-2）。

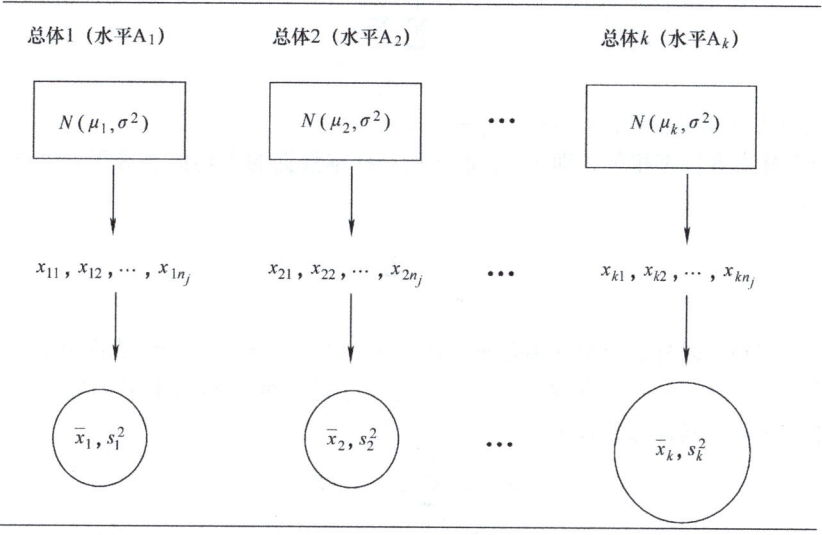

图 6-1 单因子方差分析的数据结构

$$y_{ij} = \mu_i + \varepsilon_{ij}$$
$$= \mu + \alpha_i + \varepsilon_{ij} \tag{6-2}$$

式中，y_{ij}代表响应变量的数值；i代表同一因子水平的不同观测值（$i=1, 2, \cdots, n_j$）；j代表不同因子水平下的不同观测值（$j=1, 2, \cdots, k$）；μ代表根据所有数据计算的总均值；μ_i代表第i组的均值；α_i代表第i组的均值与总均值的差；ε_{ij}代表随机误差项。

对于ε_{ij}，基于理论分析的要求，必须假定它是正态独立同方差的，这就要求随机误差ε_{ij}必须满足下列几点要求。

（1）随机误差ε_{ij}相互独立。这意味着在对所研究变量的试验观测中，各次试验观测之间互不相关。

（2）随机误差ε_{ij}的数学期望为0。这意味着在对所研究变量的每次试验观测中，都不存在系统性差异。

（3）随机误差ε_{ij}具有固定的方差σ^2。这意味着在对所研究的变量进行试验观测时，每次的试验观测方法和观测手段相同，从而使观测结果具有相同的精度。

（4）随机误差ε_{ij}服从正态分布，则必须有ε_{ij}服从于正态$N(0, \sigma^2)$分布。

由于误差项ε_{ij}是随机的，所以响应变量y_{ij}也是一个随机变量。

6.2.2 单因子方差分析的基本方法

单因子方差分析是通过计算并比较数据中的两个不同方差来检验不同总体均值的相等性（零假设）。其中，一个是组间方差，另一个是组内方差。两种方差的含义、作用及其相互间的对比关系上一节已经讨论过了。

为了计算组内方差和组间方差，首先需要讨论有关**总离差平方和（SST）**的分解问题。总离差平方和也称为**总变差**，是所有数据中每个数据与总平均数离差平方之和。其计算公式为

$$\text{SST} = \sum_{j=1}^{k} \sum_{i=1}^{n_j} (x_{ij} - \bar{\bar{x}})^2 \tag{6-3}$$

式中，SST代表总离差平方和；x_{ij}代表每个具体数据；$\bar{\bar{x}}$代表所有数据的总均值。

$$\bar{\bar{x}} = \frac{\sum_{j=1}^{k}\sum_{i=1}^{n_j} x_{ij}}{n_T} \tag{6-4}$$

式中，n_T 代表所有样本容量，$n_T = n_1 + n_2 + \cdots + n_k$。

如果每个样本容量都相等，即为 n，那么所有样本数据的总均值就等于 k 个样本均值的算术平均数，即

$$\bar{\bar{x}} = \frac{\sum_{j=1}^{k} \bar{x}_j}{k} \tag{6-5}$$

总离差平方和可以分解成组间离差平方和与组内离差平方和两个组成部分。

组间离差平方和（SSA） 也称为解释的变差，它是各组（不同水平）均值与所有样本总均值离差平方之和。其计算公式为

$$\text{SSA} = \sum_{j=1}^{k} n_j (\bar{x}_j - \bar{\bar{x}})^2 \tag{6-6}$$

式中，SSA 代表组间离差平方和；n_j 代表第 j 个水平的样本容量；$\bar{x}_j$ 代表第 j 个水平下观测数值的均值。

$$\bar{x}_j = \frac{\sum_{i=1}^{n_j} x_{ij}}{n_j} \tag{6-7}$$

组内离差平方和（SSE） 是由不可控因素（例如不可控的个体差异、随机因素、测量误差等）引起的与自变量无关的变差，计算公式为

$$\text{SSE} = \sum_{j=1}^{k} \sum_{i=1}^{n_j} (x_{ij} - \bar{x}_j)^2 \tag{6-8}$$

SST、SSA 和 SSE 之间有以下关系：

$$\text{SST} = \text{SSA} + \text{SSE} \tag{6-9}$$

根据离差平方和计算组内方差和组间方差，还需要像根据样本的离差平方和估计总体方差时那样，分别对组间离差平方和与组内离差平方和进行平均，即分别用两种平方和除以它们的自由度[⊖]。

对于 SST 来说，因为它只有一个约束条件，即 $\sum_{j=1}^{k}\sum_{i=1}^{n_j} (x_{ij} - \bar{\bar{x}}) = 0$，在 n_T 个 x_{ij} 中有 $(n_T - 1)$ 个可以自由取值，因此它的自由度为 $(n_T - 1)$。

对于 SSA 来说，其约束条件为 $\sum_{j=1}^{k} n_j (\bar{x}_j - \bar{\bar{x}}) = 0$，因而在 $\bar{x}_1, \bar{x}_2, \cdots, \bar{x}_k$ 这 k 个变量中只有 $(k-1)$ 个是可以自由取值的，所有 SSA 的自由度为 $(k-1)$。

对 SSE 来说，由于对每一个水平 j 都要求 $\sum_{i=1}^{n_j} (x_{ij} - \bar{x}_j) = 0$，因此它共有 k 个约束条件，SSE 的自由度为 $(n_T - k)$。

SST、SSA、SSE 的自由度有以下关系：

$$n_T - 1 = (k - 1) + (n_T - k) \tag{6-10}$$

⊖ 可以把"自由度"理解为一个表达式中可以自由变动的变量的个数。例如，如果约束条件为 $x_1 + x_2 + x_3 + x_4 = 0$，那么在 x_1, x_2, x_3 自由取值时，要使条件成立 x_4 就不能自由取值了，而只能取固定的值（$-x_1 - x_2 - x_3$）。这样，在 $\sum x_i^2$ 这个表达式包含的 4 个变量中只有 3 个是可以自由变动的，就说 $\sum x_i^2$ 的自由度为 3。

SSA、SSE 分别被它们的自由度相除便得到组间方差（MSA）和组内方差（MSE），在方差分析中分别称 **MSA** 为**处理均方**，**MSE** 为**误差均方**。

$$MSA = \frac{SSA}{k-1} \tag{6-11}$$

$$MSE = \frac{SSE}{n_T - k} \tag{6-12}$$

如前所述，在零假设成立时组间方差与组内方差的比值服从 F 分布。因此可以设定一个显著性水平 α，通过对这个 F 统计量的检验作出拒绝或不能拒绝零假设（各个总体的均值相等）的决策。

$$F = \frac{MSA}{MSE} \tag{6-13}$$

6.2.3 单因子方差分析的程序

一个完整的方差分析过程需要经过以下程序：

（1）建立零假设和备择假设。无论所研究问题的背景如何，单因子方差分析中的零假设总是相同的：各总体的均值之间没有显著差异，即 $H_0: \mu_1 = \mu_2 = \cdots = \mu_k$；备择假设也相同：至少有两个均值不相等，即 $H_1: \mu_1, \mu_2, \cdots, \mu_k$ 不全相等。

（2）根据样本计算 F 统计量的值和 p 值。

（3）列方差分析表。为了将方差分析的主要过程表现得更加清楚，通常把计算结果列成方差分析表，如表 6-2 所示。方差分析表中包括了方差来源、离差平方和、自由度、均方和 F 值等内容。

表 6-2　单因子方差分析表

方差来源	离差平方和 SS	自由度 df	均方 MS	F 值	p 值
组　间	SSA	$k-1$	MSA	$\dfrac{MSA}{MSE}$	
组　内	SSE	$n_T - k$	MSE		
总离差	SST	$n_T - 1$			

（4）确定决策规则并得出检验结论。方差分析中的决策规则可以用两种方式来表述。一是根据事先确定的显著性水平 α 和自由度计算 F 检验的临界值，当实际值大于临界值时拒绝零假设（见图 6-2）；二是根据样本统计量计算 p 值，当 $p<\alpha$ 值时拒绝零假设。

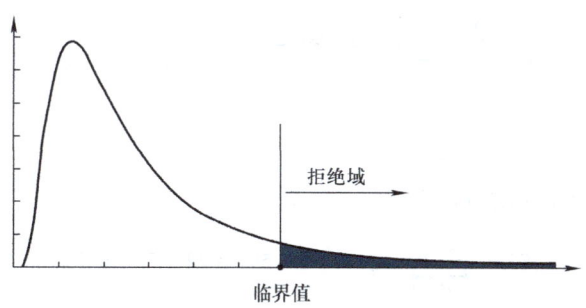

图 6-2　F 检验的临界值和拒绝域

6.2.4 单因子方差分析举例

下面通过两个具体例子说明单因子方差分析的方法和步骤。其中，一个是讨论各个水平下样本容量都相同时如何进行方差分析，另一个则是讨论各个水平下样本容量不都相同时如何进行方差分析的问题。

1. 各个水平下样本容量都相同时的方差分析

首先，通过分析开篇案例中有关不同最低生活保证金政策对就业人数的影响，讨论如何进行各个水平下样本容量都相同时的方差分析问题。

在最低生活保证金的试验中，给出显著性水平 $\alpha = 0.05$，利用表中的数据分析不同最低生活保证金水平对就业人数的影响是否显著（忽略其他因素对就业人数的影响）。

根据案例背景资料，可以作如下分析：

在有关最低生活保证金水平对就业人数影响的案例中，不同的最低生活保证金档次是一个因子，不同的就业人数是一个响应变量，由于只分析不同最低生活保证金档次对就业人数的影响，而忽略其他因素对就业人数的作用，因此，这个问题符合方差分析的要求。

在样本的数据表中，最低生活保证金档次这一因子共有 3 个水平，即 $k = 3$；每个水平下的样本容量为 $n_j = 6$；样本总容量为 $n_T = n_j \times k = 6 \times 3 = 18$，即共有 18 个观测数据。

在以上分析的基础上，可以通过以下的程序完成有关不同最低生活保证金政策对就业人数影响的单因子方差分析工作：

（1）写出零假设和备择假设：$H_0: \mu_1 = \mu_2 = \mu_3$，$H_1: \mu_1$、$\mu_2$ 和 μ_3 不全相等。

（2）计算 F 检验值和 p 值。

1）计算样本平均值。

$$\bar{x}_1 = \frac{\sum_{i=1}^{n_1} x_{ij}}{n_1} = \frac{50 + 40 + 66 + 55 + 42 + 40}{6} 人 = \frac{293}{6} 人 = 48.83 人$$

$$\bar{x}_2 = \frac{\sum_{i=1}^{n_2} x_{ij}}{n_2} = \frac{310}{6} 人 = 51.67 人$$

$$\bar{x}_3 = \frac{\sum_{i=1}^{n_3} x_{ij}}{n_3} = \frac{333}{6} 人 = 55.50 人$$

2）计算样本总均值。

$$\bar{\bar{x}} = \frac{\sum_{j=1}^{k} \bar{x}_j}{k} = \frac{48.83 + 51.67 + 55.50}{3} 人 = 52 人$$

3）计算离差平方和。

SST 的计算过程列表如表 6-3 所示。

SST、SSA、SSE 的计算结果分别如下。

$$SST = \sum_{j=1}^{k} \sum_{i=1}^{n_j} (x_{ij} - \bar{\bar{x}})^2 = 597 + 72 + 257 = 926$$

$$SSA = \sum_{j=1}^{k} n_j (\bar{x}_j - \bar{\bar{x}})^2 = 6 \times (48.83 - 52)^2 + 6 \times (51.67 - 52)^2 + 6 \times (55.50 - 52)^2 = 1344468$$

表6-3 SST 计算过程表

x_{i1}	$(x_{i1}-\bar{\bar{x}})^2$	x_{i2}	$(x_{i2}-\bar{\bar{x}})^2$	x_{i3}	$(x_{i3}-\bar{\bar{x}})^2$
50	4	53	1	61	81
40	144	46	36	52	0
66	196	55	9	46	36
55	9	49	9	62	100
42	100	56	16	58	36
40	144	51	1	54	4
$\sum_{i=1}^{n_1} x_{i1}=293$	$\sum_{i=1}^{n_1}(x_{i1}-\bar{\bar{x}})^2=597$	$\sum_{i=1}^{n_2} x_{i2}=310$	$\sum_{i=1}^{n_2}(x_{i2}-\bar{\bar{x}})^2=72$	$\sum_{i=1}^{n_3} x_{i3}=333$	$\sum_{i=1}^{n_3}(x_{i3}-\bar{\bar{x}})^2=257$

$$SSE = SST - SSA = 926 - 134.4468 = 791.5532$$

4）计算处理均方和误差均方。

$$MSA = \frac{SSA}{k-1} = \frac{134.4468}{2} = 67.2234$$

$$MSE = \frac{SSE}{n_T - k} = \frac{791.5532}{15} = 52.7702$$

$$F = \frac{MSA}{MSE} = \frac{67.2234}{52.7702} = 1.27$$

利用 Excel 计算，与 F 值 1.27 对应的 p 值为 0.307。

（3）列方差分析表，如表 6-4 所示。

表6-4 最低生活保证金例题的方差分析表

方差来源	离差平方和 SS	自由度 df	均方 MS	F 值	p 值
组 间	134.4468	2	67.2234	1.27	0.307
组 内	792.5532	15	52.7702		
总离差	926	17			

（4）确定决策规则并得出检验结论。

当 $\alpha = 0.05$，分子自由度为 2、分母自由度为 15 时，查附录 F 得

$$F_{0.05}(2,15) = 3.68$$

由于 $F = 1.27 < F_{0.05}(2,15) = 3.68$，或，由于 p 值 $= 0.307 > \alpha = 0.05$，所以不能拒绝零假设。

以上的方差分析结果表明，差别最低生活保证金水平政策对促进该市领取最低生活保证金的失业者重新就业没有起到应有的效果。该市面临的抉择是，要么停止该项政策的执行，要么进一步加大不同最低生活保证金水平之间的差距，使其在鼓励人们就业方面起到应有的作用。

从以上的计算过程和结论中可以看出，由于方差分析中涉及大量的计算，即使数据较少时手工计算 F 值也很烦琐而容易出错，因此实际应用中一般要借助于统计软件。对于非专业统计人员来说，可以利用 Excel 进行方差分析。

下面利用 Excel 进行最低生活保证金案例的方差分析。

例如，根据本章开篇案例表中的数据，利用 Excel 对不同最低生活保证金水平对促进就业人数的影响是否有显著差异进行分析。

第一步，进入 Excel 表格界面，把三个最低生活保证金水平下的就业人数数据分别输入到 A、B、C 三列中。

第二步，选择"数据"下的"数据分析"，在"分析工具"中选择"方差分析：单因素方差分析"，在"输入区域"中输入数据，分组方式选中"列"，显著性水平 α 中输入"0.05"，单击"确定"，如图 6-3 所示。

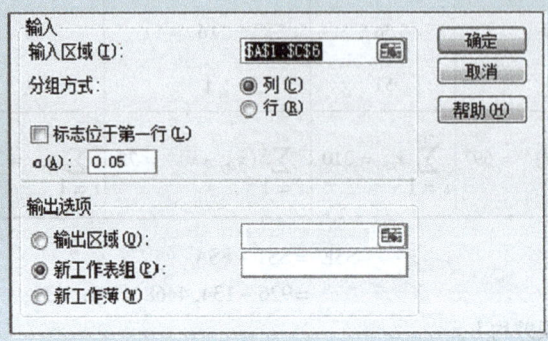

图 6-3　Excel 方差分析对话框

第三步，得到分析结果如图 6-4 所示。

图 6-4　Excel 方差分析结果表

由图 6-4 可知，F 统计量的值约为 1.27，而 F 临界值为 3.68，由于 1.27 < 3.68，所以不能拒绝零假设。结论是不同最低生活保证金水平下的就业人数无显著差异。或者可以通过 p 值来看，p 值约为 0.31，远远大于显著性水平 α，所以不能拒绝零假设。其他的分析结论及应当采取的决策同前面所讨论的，在此不再重复。

2. 各个水平下样本容量不都相同时的方差分析

在前面的讨论中为了表述方便，我们一直假定各个水平下的样本容量都相等。但是，当各个水平下的样本容量不同时，也完全可以利用单因子方差分析的方法检验多个总体均值是否相等的问题，只是公式的形式稍有不同，在使用软件进行分析时几乎看不出这种差别。下面通过有关采伐对树木拥有量是否有显著影响的例子，讨论如何进行各个水平下样本容量不同时的方差分析问题。

数据、模型与决策
Data, Models & Decisions

一份研究伐木业对热带雨林影响的统计研究报告指出，"环保主义者对于林木采伐、开垦和焚烧导致的热带雨林的破坏几近绝望"。这项研究比较了类似地块上树木的数量，这些地块有的从未采伐过，有的一年前采伐过，有的八年前采伐过。根据表6-5中的数据，可以尝试判断采伐对树木数量有无显著影响。（显著性水平 $\alpha = 0.05$）。

表6-5　不同地块的树木数量　　　　　　　　　　　　　　　　　（单位：万棵）

从未采伐过	一年前采伐过	八年前采伐过
27	12	18
22	12	4
29	15	22
21	9	15
19	20	18
33	18	19
16	17	22
20	14	12
24	14	12
27	2	
28	17	
19	19	

方差分析的程序如下：

（1）对方差分析的基本假设进行检验[①]。图6-5表明，在各个水平下树木数量都呈对称分布，没有极端值出现，因此可以认为数据符合正态性假设。

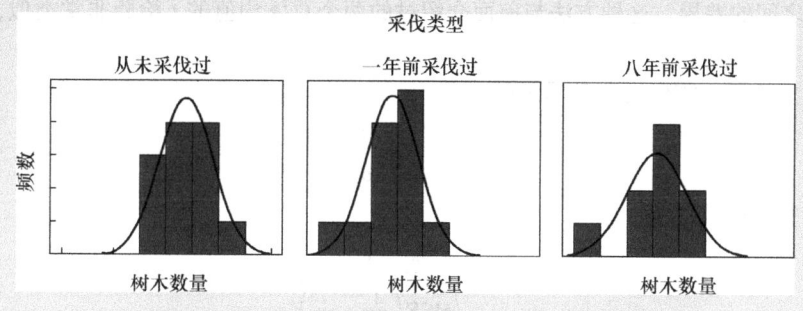

图6-5　不同采伐状况的地块树木数量的直方图

表6-6是各组数据的描述统计资料。结果表明，各组的方差差异不大，最大值与最小值之比等于 33.19/24.81 = 1.34，明显小于4，因此可以认为是等方差的。

表6-6　不同采伐状况地块树木数量的描述统计

组	计数	求和	平均	方差
从未采伐过	12	285	23.75	25.66
一年前采伐过	12	169	14.08	24.81
八年前采伐过	9	142	15.78	33.19

---

① 严格意义上讲，对于任何问题在进行具体方差分析之前，都要对方差分析的基本假设进行检验，看其是否满足方差分析的要求。但在多数情况下都略去了这一环节，假定所研究的问题满足方差分析基本假设的要求。

(2) 用方差分析对热带雨林采伐的影响进行比较。检验的零假设是雨林采伐对树木数量没有显著影响，备择假设是有显著影响。在 $\alpha = 0.05$ 的显著性水平下，用 Excel 计算的方差分析表如表 6-7 所示。计算结果表明，F 值为 11.43，远远大于临界值 3.32，p 值为 0.0002，远远小于 0.05，因此检验的结论是拒绝零假设，这就意味着采伐对树木数量有显著影响。

表 6-7　雨林采伐研究的方差分析表

方差来源	SS	df	MS	F	p – value	F crit.
组间	625.16	2	312.58	11.43	0.0002	3.32
组内	820.72	30	27.36			
总计	1445.88	32				

6.2.5　方差分析中的多重比较

在方差分析中，当零假设被拒绝时可以确定至少有两个总体的均值存在着显著差异，但是它并不表示所考察因子的任意两个水平效应之间都有差异。为了进一步探明哪些均值之间有显著差异，还需要采用多重比较的方法进行分析。这在方差分析中称为**事后检验**。当然，如果在 F 检验中不能拒绝零假设也就不需要做事后检验了。

多重比较是对各个总体均值进行的两两比较。统计中有很多种方法可以用来进行多重比较，如 Fisher 最小显著差异（LSD）方法、Tukey 的诚实显著差异（HSD）方法或 Bonferroni 的方法等。这里只介绍 Fisher 的 LSD 方法。

LSD 方法的特点是对每个关系式分别控制其显著性水平 α，因而与其他检验方法相比更容易发现均值之间的差异。这种方法与前面介绍过的两个总体均值的 t 检验非常类似，其检验步骤如下：

(1) 建立检验的零假设和备择假设。

$$H_0: \mu_i = \mu_j$$
$$H_1: \mu_i \neq \mu_j$$

(2) 计算检验统计量。

$$t = \frac{\bar{x}_i - \bar{x}_j}{\sqrt{\text{MSE}\left(\frac{1}{n_i} + \frac{1}{n_j}\right)}} \tag{6-14}$$

这个公式与两个总体均值 t 检验的公式非常类似，只是将原来的 S^2（根据两个总体估计的总体方差）换成了 MSE（根据多个总体估计的总体方差）。

(3) 决策规则：如果 $t < -t_{\alpha/2}$ 或 $t > t_{\alpha/2}$，则拒绝 H_0；或者，计算 $\bar{x}_i - \bar{x}_j$ 的置信区间

$$\left[(\bar{x}_i - \bar{x}_j) \pm t_{\alpha/2}\sqrt{\text{MSE}\left(\frac{1}{n_i} + \frac{1}{n_j}\right)}\right] \tag{6-15}$$

如果 0 包含在根据式（6-15）计算的置信区间内，则不能拒绝 H_0，否则拒绝 H_0。其中 t 检验的临界值 $t_{\alpha/2}$ 是根据自由度 $(n_T - k)$ 和显著性水平 α 确定的。

例如，在雨林采伐的例子中，根据第一个总体和第三个总体计算的 t 统计量

$$t = \frac{23.75 - 15.78}{\sqrt{27.36\left(\frac{1}{12} + \frac{1}{9}\right)}} = 3.455$$

利用统计软件可以计算出 t 检验的临界值,当 $\alpha = 0.05$ 时,$t_{0.05/2}(30) = 2.042$。由于 $t = 3.455 > t_{0.05/2} = 2.042$,因此可以认为从未采伐过与八年前采伐过的地块上的树木数量之间有显著差异。其他采伐水平效应之间差异的显著性也可以用类似的方法计算。

很多统计软件都可以直接进行多重比较。表 6-8 是 SPSS 对雨林采伐研究的输出结果。计算结果表明,在 0.05 的显著性水平下,从未采伐过的地块与一年前采伐过的地块的树木数量均值之差的置信区间为 [5.31, 14.03],这一区间不包括 0,因此差异是显著的。而一年前采伐过的地块与八年前采伐过的均值之差的置信区间为 [-6.04, 3.02],区间包括了 0,因此二者的差异不显著。

表 6-8　雨林采伐研究中多重比较的 SPSS 输出结果

(I) 采伐类型	(J) 采伐类型	均值差 (I-J)	标准误差	p 值	95% 的置信区间	
					下限	上限
从未采伐过	一年前采伐过	9.67	2.14	0.0001	5.31	14.03
	八年前采伐过	7.97	2.31	0.0017	3.26	12.68
一年前采伐过	从未采伐过	-9.67	2.14	0.0001	-14.03	-5.31
	八年前采伐过	-1.69	2.31	0.4682	-6.40	3.02
八年前采伐过	从未采伐过	-7.97	2.31	0.0017	-12.68	-3.26
	一年前采伐过	1.69	2.31	0.4682	-3.02	6.40

6.3　双因子方差分析

在商务与经济活动中,人们遇到的问题往往是复杂的、多变量的,通过一个变量就能够完全解释一种现象的情况并不多见。例如,在最低生活保证金政策的例子中,要分析不同最低生活保证金水平对促进就业的影响,除了要考虑最低生活保证金水平以外,还要考虑其他因素的影响,如领取最低生活保证金者的年龄、种族、职业、文化程度等。方差分析可以同时分析多个因子对响应变量的影响。如果同时考察的因子有两个,那么就称为双因子方差分析,也称为两向分类的方差分析或两种方式分组的方差分析;如果同时考察的因素有三个,那么就称为三因子方差分析;等等。两个和两个以上因子的方差分析,可统称为多因子方差分析。

与单因子方差分析不同的是,在多因子方差分析中,不仅要考察各个因子单独对响应变量的影响,而且还要考察几个因子的不同搭配对响应变量是否有综合影响,这种几个因子的不同水平搭配所产生的影响称为**交互作用**。例如,在足球比赛中,运动员甲与运动员乙配合可能就会产生很高的进球效率,而运动员甲与其他运动员配合则进球效率可能会很低。这里存在着各个因子(不同运动员)的水平(不同位置)如何搭配才好的问题。各个因子的不同水平搭配是否对响应变量有交互作用,取决于是否有些搭配会产生特殊数值。

由于多因子方差分析中存在交互作用,所以多因子方差分析的计算和分析过程比单因子方差分析复杂了许多。除此之外,多因子方差分析和单因子方差分析之间没有其他差异。

在双因子方差分析中,对各因子的不同水平组合可以只试验观测一次,也可以重复试验观测多次。如果对各因子的不同水平组合只试验观测一次,那么就不可能分析两因子间的交互作用;要分析两因子间的交互作用,就必须至少对各因子的不同水平组合试验观测两次以上。

多因子方差分析比较复杂,这里只分析双因子的情况。双因子方差分析有两种类型:一种是无交互作用的双因子方差分析,它假定因子 A 和因子 B 之间的效应是相互独立的,不存在相互关系；另一种是存在交互作用的方差分析，可以分析两个因子之间的交互作用是否显著。

6.3.1 无交互作用的双因子方差分析模型

设双因子方差分析中要分析的两个因子为 A 和 B，A 因子有 k 个不同水平 A_1, A_2, …, A_k；B 因子有 s 个不同水平 B_1, B_2, …, B_s，并假设每组试验条件的试验重复了 m 次。这样，样本的总容量为 $n_T = ksm$，数据结构如表 6-9 所示。

A 因子的 k 个水平和 B 因子的 s 个水平的组合可以形成 ks 个总体。在双因子方差分析中，基本假设是 ks 个总体都服从正态分布，有相同的方差，并且各个观测值之间相互独立。

表 6-9 双因子方差分析的数据结构

		因素 B			
		B_1	B_2	…	B_s
因素 A	A_1	X_{111}, …, X_{11m}	X_{121}, …, X_{12m}	…	X_{1s1}, …, X_{1sm}
	A_2	X_{211}, …, X_{21m}	X_{221}, …, X_{22m}	…	X_{2s1}, …, X_{2sm}
	⋮	⋮	⋮	…	⋮
	A_k	X_{k11}, …, X_{k1m}	X_{k21}, …, X_{k2m}	…	X_{ks1}, …, X_{ksm}

在无交互作用的双因子方差分析模型中，响应变量的取值受四个因素的影响：总体的平均值、因子 A 导致的差异、因子 B 导致的差异，以及误差项。写成模型的形式就是

$$X_{ijl} = \mu + \alpha_i + \beta_j + \varepsilon_{ijl} \tag{6-16}$$

式中，X_{ijl} 代表响应变量；i 代表因子 A 的不同水平（$i = 1, 2, …, k$）；j 代表因子 B 的不同水平（$j = 1, 2, …, s$）；l 代表在同一试验条件下的试验次数（$l = 1, 2, …, m$）；μ 代表根据所有数据计算的总均值；α_i 代表因素 A 的第 i 个水平对响应变量的效应；β_j 代表因素 B 的第 j 个水平对响应变量的效应；ε_{ijl} 代表随机误差项。

与单因子方差分析相同，在双因子数据结构模型中，为了统计推断的需要，仍然需假定随机误差 ε_{ijl} 的数学期望为 0，方差固定为 σ^2 不变，并且服从正态分布，即 $\varepsilon_{ijl} \sim N(0, \sigma^2)$。

相应地，总离差平方和可以分解为三个来源：因子 A、因子 B 和误差因素导致的变差。根据表 6-9 的数据结构，定义

$$\overline{\overline{X}} = \frac{1}{ksm} \sum \sum \sum X_{ijl} \tag{6-17}$$

$$\overline{X}_{ij} = \frac{1}{m} \sum_{l=1}^{m} X_{ijl} \quad (i = 1, 2, …, k, j = 1, 2, …, s) \tag{6-18}$$

$$\overline{X}_{i\cdot} = \frac{1}{s} \sum_{j=1}^{s} \overline{X}_{ij} \quad (i = 1, 2, …, k) \tag{6-19}$$

$$\overline{X}_{\cdot j} = \frac{1}{k} \sum_{i=1}^{k} \overline{X}_{ij} \quad (j = 1, 2, …, s) \tag{6-20}$$

则离差平方和可以进行如下分解：

$$\begin{aligned} \text{SST} &= \sum_{i=1}^{k} \sum_{j=1}^{s} \sum_{l=1}^{m} (X_{ijl} - \overline{\overline{X}})^2 \\ &= sm \sum_{i=1}^{k} (\overline{X}_{i\cdot} - \overline{\overline{X}})^2 + km \sum_{j=1}^{s} (\overline{X}_{\cdot j} - \overline{\overline{X}})^2 + \sum_{i=1}^{k} \sum_{j=1}^{s} \sum_{l=1}^{m} (X_{ijl} - \overline{X}_{i\cdot} - \overline{X}_{\cdot j} - \overline{\overline{X}})^2 \\ &= \text{SSA} + \text{SSB} + \text{SSE} \end{aligned} \tag{6-21}$$

式中，SST 代表总离差平方和；SSA、SSB 分别代表因子 A 和因子 B 不同水平间的离差平方和；SSE 代表由随机因素导致的离差平方和[○]。

用相应的离差平方和分别除以各自的自由度就可以得到均方 MSA、MSB 和 MSE，从而可以进一步利用 F 分布进行假设检验。将以上计算过程用方差分析表表示见表 6-10。

表6-10 无交互作用双因子方差分析表

方差来源	离差平方和 SS	自由度 df	均方 MS	F 值
A 因素	SSA	$k-1$	MSA = SSA/$(k-1)$	F_A = MSA/MSE
B 因素	SSB	$s-1$	MSB = SSB/$(s-1)$	F_B = MSB/MSE
误　差	SSE	$n_T-k-s+1$	MSE = SSE/$(n_T-k-s+1)$	
合　计	SST	n_T-1		

6.3.2 有交互作用的双因子方差分析模型

如果因子 A 和因子 B 之间有交互作用，则响应变量的取值会受到以下五个因素的影响：总体的平均值；因子 A 导致的差异；因子 B 导致的差异；由因子 A 和因子 B 的交互作用导致的差异；误差项。写成模型的形式即为

$$X_{ijl} = \mu + \alpha_i + \beta_j + (\alpha\beta)_{ij} + \varepsilon_{ijl} \tag{6-22}$$

式中，$(\alpha\beta)_{ij}$ 代表因子 A 的第 i 个水平和因子 B 的第 j 个水平对响应变量的交互效应；其他符号的含义与无交互作用的情况相同。

相应地，总离差平方和可以分解为四个来源：因子 A、B 的主效应、二者的交互作用以及误差因素导致的变异。

$$\begin{aligned}
\text{SST} &= \sum_{i=1}^{k}\sum_{j=1}^{s}\sum_{l=1}^{m}(X_{ijl}-\overline{\overline{X}})^2 \\
&= sm\sum_{i=1}^{k}(\overline{X}_{i\cdot}-\overline{\overline{X}})^2 + km\sum_{j=1}^{s}(\overline{X}_{\cdot j}-\overline{\overline{X}})^2 + m\sum_{i=1}^{k}\sum_{j=1}^{s}(\overline{X}_{ij}-\overline{X}_{i\cdot}-\overline{X}_{\cdot j}+\overline{\overline{X}})^2 + \sum_{i=1}^{k}\sum_{j=1}^{s}\sum_{l=1}^{m}(X_{ijl}-\overline{X}_{ij})^2
\end{aligned}$$

$$= \text{SSA} + \text{SSB} + \text{SSAB} + \text{SSE} \tag{6-23}$$

根据以上分解结果，由离差平方和与自由度可以计算出均方 MSA、MSB、MSAB 和 MSE，从而计算出 F 检验值。注意，要分析两个因素的交互作用，m 的取值必须大于或等于 2。

有交互作用的双因子方差分析表如表 6-11 所示。

表6-11 有交互作用双因子方差分析表

变异来源	离差平方和 SS	自由度 df	均方 MS	F 值
A 因素	SSA	$k-1$	MSA = SSA/$(k-1)$	F_A = MSA/MSE
B 因素	SSB	$s-1$	MSB = SSB/$(s-1)$	F_B = MSB/MSE
AB 交互作用	SSAB	$(k-1)(s-1)$	MSAB = SSAB/$(k-1)(s-1)$	F_{AB} = MSAB/MSE
误　差	SSE	$ks(m-1)$	MSE = SSE/$ks(m-1)$	
合　计	SST	n_T-1		

[○] 注意以上分解中允许 $m=1$。

6.3.3 双因子方差分析的程序

双因子方差分析的程序与单因子方差分析类似，主要包括以下几步：

（1）建立零假设和备择假设。双因子方差分析可以同时检验两组或三组零假设和备择假设。

1）要说明因子 A 有无显著影响，就是检验如下假设。

$H_0: \alpha_1 = \alpha_2 = \cdots = \alpha_k$（A 因子在响应变量没有显著差异）

$H_1: \alpha_1, \alpha_2, \cdots, \alpha_k$ 不全相等（A 因子在响应变量有显著差异）

2）要说明因素 B 有无显著影响，就是检验如下假设。

$H_0: \beta_1 = \beta_2 = \cdots = \beta_s$（B 因子在响应变量没有显著差异）

$H_1: \beta_1, \beta_2, \cdots, \beta_s$ 不全相等（B 因子在响应变量有显著差异）

3）在有交互作用的双因子方差分析中，要说明因子 A 与因子 B 的交互作用有无显著影响，还需要同时检验第三组零假设和备择假设。

① 在每组试验的次数仅为 1 次，即 $m = 1$ 的情况下

$H_0: (\alpha\beta)_{11} = (\alpha\beta)_{12} = \cdots = (\alpha\beta)_{ks}$（因子 A 和因子 B 之间没有交互作用）

$H_1: (\alpha\beta)_{11}, (\alpha\beta)_{12}, \cdots, (\alpha\beta)_{ks}$ 不全相等（因子 A 和因子 B 之间有交互作用）

② 在每组试验的次数为 $l = 1, 2, \cdots, m$ 次的情况下

$H_0: (\alpha\beta)_{111} = (\alpha\beta)_{112} = (\alpha\beta)_{11m} = (\alpha\beta)_{121} = \cdots = (\alpha\beta)_{ksm}$（因子 A 和因子 B 之间没有交互作用）

$H_1: (\alpha\beta)_{111}, (\alpha\beta)_{112}, \cdots, (\alpha\beta)_{11m}, (\alpha\beta)_{121}, \cdots, (\alpha\beta)_{ksm}$ 不全相等（因子 A 和因子 B 之间有交互作用）

（2）计算 F 检验值。

（3）列方差分析表。

（4）用 F 检验值与临界值的比较或者 p 值与 α 的比较得出检验结论。

与单因子方差分析的情况类似，对 F_A、F_B 和 F_{AB}，当 F 的计算值大于临界值 F_α 时就拒绝零假设 H_0，否则，就不能拒绝零假设 H_0。临界值 F_α 可以根据显著性水平 α 以及相应的自由度计算。

6.3.4 双因子方差分析应用举例

华润塑胶厂在生产一种塑胶跑道产品的过程中，需要使用两种添加剂以提高产品的强度，记这两种添加剂分别为 A 和 B。为了寻找到两种添加剂使用数量的最佳组合，该厂生产技术部门的人员选取了 A 种添加剂的 3 个数量水平，并选取了 B 种添加剂的 4 个数量水平，共形成了 $3 \times 4 = 12$ 种组合，对每一组合进行了 2 次试验观测，总共得到了 $3 \times 4 \times 2 = 24$ 个数据，如表 6-12 所示。

表 6-12 两种添加剂不同数量组合的塑胶产品强度

添加剂 A	添加剂 B			
	B_1	B_2	B_3	B_4
A_1	53	69	63	56
	56	71	64	59
A_2	71	77	69	58
	68	78	70	59
A_3	75	72	68	56
	76	71	66	58

该厂技术人员想利用双因子方差分析的方法,在给定显著性水平 $\alpha = 0.05$ 的情况下,检验 A 种添加剂对塑胶的强度是否有显著性影响,B 种添加剂对塑胶的强度是否有显著性影响,以及 A 和 B 两种添加剂有无交互作用。

在华润塑胶厂的例子中,用 α_i 表示 A 种添加剂(因子 A), $i = 1, 2, 3$。用 β_j 表示 B 种添加剂(因子 B), $j = 1, 2, 3, 4$。用 $(\alpha\beta)_{ij}$ 表示 A 种添加剂和 B 种添加剂之间的交互作用。l 表示每组试验的次数,$l = 1, 2$。

根据前面所讨论的内容,要回答上述三个问题,可以按如下步骤进行。

1. 建立零假设和备择假设

(1) 对因子 A。

$H_0: \alpha_1 = \alpha_2 = \alpha_3$(A 种添加剂在塑胶的强度上没有显著差异)

$H_1: \alpha_1, \alpha_2, \alpha_3$ 不全相等(A 种添加剂在塑胶的强度上有显著差异)

(2) 对因子 B。

$H_0: \beta_1 = \beta_2 = \beta_3 = \beta_4$(B 种添加剂在塑胶的强度上没有显著差异)

$H_1: \beta_1, \beta_2, \beta_3, \beta_4$ 不全相等(B 种添加剂在塑胶的强度上有显著差异)

(3) 对因子 A 和 B。

$H_0: (\alpha\beta)_{111} = (\alpha\beta)_{112} = (\alpha\beta)_{121} = (\alpha\beta)_{122} = \cdots = (\alpha\beta)_{342}$(A 种添加剂和 B 种添加剂之间没有交互作用)

$H_1: (\alpha\beta)_{111}, (\alpha\beta)_{112}, (\alpha\beta)_{121}, \cdots, (\alpha\beta)_{342}$ 不全相等(A 种添加剂和 B 种添加剂之间有交互作用)

2. 计算 F 检验值

根据表 6-12 的数据和上面的相应公式,计算的各种离差平方和分别为:SST = 1306.96, SSA = 256.08, SSB = 714.79, SSAB = 313.59, SSE = 22.50。

各种均方分别为:

$$MSA = \frac{SSA}{k-1} = \frac{256.08}{2} = 128.04$$

$$MSB = \frac{SSB}{s-1} = \frac{714.79}{3} = 238.26$$

$$MSAB = \frac{SSAB}{(k-1)(s-1)} = \frac{313.59}{6} = 52.27$$

$$MSE = \frac{SSE}{ks(m-1)} = \frac{22.5}{12} = 1.88$$

各种 F 值分别为:

$$F_A = \frac{MSA}{MSE} = \frac{128.04}{1.88} = 68.11$$

$$F_B = \frac{MSB}{MSE} = \frac{238.26}{1.88} = 126.73$$

$$F_{AB} = \frac{MSAB}{MSE} = \frac{52.27}{1.88} = 27.80$$

3. 将上述计算结果列为方差分析表

计算结果如表 6-13 所示。

表 6-13 塑胶产品强度试验观测数据的方差分析表

方差来源	平方和	自由度	均方	F 值
因子 A 间	256.08	2	128.04	68.11
因子 B 间	714.79	3	238.26	126.73
交互作用	313.59	6	52.27	27.80
误 差	22.50	12	1.88	
合 计	1306.96	23		

4. 用 F 检验值与临界值的比较或者 p 值与 α 的比较得出检验结论

在给定显著性水平 $\alpha = 0.05$ 的情况下,查 F 分布表(见附录 F),可得不同自由度的 F 分布上侧分位数即检验统计量的临界值分别有 $F_{0.05}(2, 12) = 3.89$,$F_{0.05}(3, 12) = 3.49$,$F_{0.05}(6, 12) = 3.00$。

因为 $F_A = 68.11 > F_{0.05}(2, 12) = 3.89$

$F_B = 126.73 > F_{0.05}(3, 12) = 3.49$

$F_{AB} = 27.80 > F_{0.01}(6, 12) = 3.00$

所以三个零假设都应被拒绝,华润塑胶厂的生产技术人员可以认为添加剂 A 和添加剂 B 二者的不同水平以及二者不同水平的交互作用都对该塑胶产品的强度有显著的影响作用。

如果用 p 值与 α 比较,利用 Excel 计算的与三个 F 值对应的 p 值分别为 0.00000028、0.0000000024 和 0.0000023,都明显小于 $\alpha = 0.05$,所以可以得出与前面相同的结论。

下面利用 Excel 进行双因子方差分析。

第一步,进入 Excel 表格界面,将数据输入 Excel 表格中,如图 6-6 所示。

	B1	B2	B3	B4
A1	53	69	63	56
	56	71	64	59
A2	71	77	69	58
	68	78	70	59
A3	75	72	68	56
	76	71	66	58

图 6-6　Excel 表格中的双因子方差分析数据表

第二步,选择"数据"下的"数据分析",在"分析工具"中选择"方差分析:可重复双因素分析"。在弹出的"输入区域"文本框中输入数据范围,"每一样本的行数"中输入"2",显著性水平"α"中输入"0.05",再单击"确定",如图 6-7 所示。

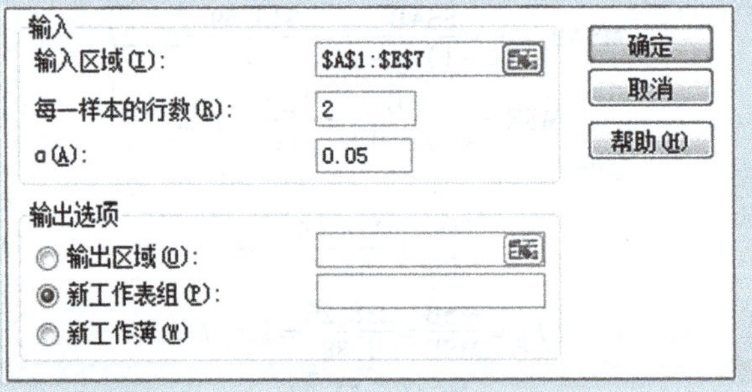

图 6-7　Excel 双因子方差分析对话框

第三步,得到分析结果如图 6-8 所示。

差异源	SS	df	MS	F	P-value	F crit
样本	256.0833	2	128.0417	68.28889	2.78E-07	3.885294
列	714.7917	3	238.2639	127.0741	2.34E-09	3.490295
交互	313.5833	6	52.26389	27.87407	2.24E-06	2.99612
内部	22.5	12	1.875			
总计	1306.958	23				

图 6-8　Excel 双因子方差分析结果表

由图 6-8 可知，MSA ≈ 128.04，MSB ≈ 238.26，MSAB ≈ 52.26，MSE = 1.875，由于添加剂 A、添加剂 B 以及二者的交互作用的 F 统计量的值均大于其临界值，因此全都拒绝零假设。可以认为添加剂 A、添加剂 B 以及二者的交互作用都对塑胶产品的强度有显著影响。同样，也可以通过 p 值进行判断，由于三个检验的 p 值都远远小于显著性水平 α，因此全部拒绝零假设。其他的分析结论及应当采取的决策同前面所讨论的，在此不再赘述。

6.3.5 双因子方差分析的各种效应多重比较

在双因子方差分析中，如果通过方差分析表的检验，拒绝了各因子的不同水平及其组合的效应相同的零假设，那么就同单因子方差分析一样，还需要对双因子的各种不同组合的效应进行相互比较，找出人们所关心的对响应变量影响效果最好的因子水平和水平组合，以便在生产经营中使用最佳的产品配方和工艺组合，以增加产品数量和提高产品质量。

但是，在双因子试验观测中，由于双因子的各种不同水平及其相互组合可能很多，按照其数据结构模型把各种不同水平及其相互组合的效应一一估计出来并两两加以比较，将会十分烦琐。因此，通常的做法是，只估计两个因子不同水平的每一组合的总效应，然后通过对各个因子水平组合的总效应的比较，找出最佳的两因子水平组合。

由双因子试验观测的数据结构模型可知，对于因子 A 的第 i 个水平 A_i 与因子 B 的第 j 个水平 B_j 的组合，其对响应变量的总效应为 $\mu + \alpha_i + \beta_j + (\alpha\beta)_{ij}$，这一总效应的估计量就是在 A_i 和 B_j 的组合下观测变量数值的平均值 $\bar{x}_{ij}$，即有：

$$\hat{\mu} + \hat{\alpha}_i + \hat{\beta}_j + (\widehat{\alpha\beta})_{ij} = \bar{x}_{ij}. \tag{6-24}$$

在双因子方差分析中，为了便于进行各种效应的多重比较，可以借助于平面直角坐标系上的图形来显示各个不同水平组合的总效应。在平面直角坐标系内，用横轴表示双因子中的某一个因子的各个水平，用纵轴表示一个因子的各个水平在各个水平组合下试验观测变量的平均值 $\bar{x}_{ij}$，然后在此坐标系内标出各个水平组合点，并将另一个因子的同一水平的点依次用线段相连，形成多条折线图，通过对各条折线图上各个组合点纵轴数值的比较就可以明确地显示出哪些组合对于观测变量具有较好的效应。

例如，对于表 6-12 中给出的华润塑胶厂对塑胶跑道产品所进行的两种添加剂对产品强度影响的试验观测数据，很容易计算出在两因子不同水平的每一组合下产品强度的平均值，根据这些平均值可以绘出各组合总效应的比较图，如图 6-9 所示。

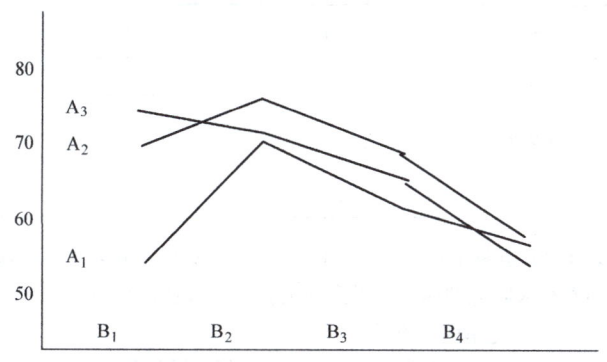

图 6-9 两种添加剂的不同水平组合对塑胶产品强度的总效应

由图 6-9 可以看出，当因子 A 取水平 A_2 和因子 B 取水平 B_2 时，此塑胶产品的强度最高（$\bar{x}_{22.} = (77+78)/2 = 77.5$），其次是，当因子 A 取水平 A_3 且因子 B 取水平 B_1 时，此塑胶产品的强度为第二高（$\bar{x}_{31.} = (75+76)/2 = 75.5$）。因此 A_2 与 B_2 的组合以及 A_3 与 B_1 的组合对于提高产品的强度来说，都是较佳的组合。为了在较佳的组合中找出最佳的组合，就需要对两两组合的总平均效应进行二者是否相等的假设检验，检验的统计量和方法都与单因子及随机完全区组试验观测数据方差分析中的统计量和方法类似。对于此例在图 6-9 中的两个较佳组合来说，虽然从样本平均值来看，在 A_2 与 B_2 组合下塑胶产品的平均强度为 77.5，高于在 A_3 与 B_1 组合下塑胶产品的平均强度 75.5，但是通过对这两个组合的平均强度进行是否相等的假设检验，可以得到二者没有显著性差别的结论，因此该厂生产技术人员可以根据两种添加剂价格的高低或者生产工艺的特点等从这两种组合中任意选择一种。

本章小结

方差分析，一般用来分析一个定量响应变量与一个或几个定性自变量（因子）之间的关系，它可以对多个总体的均值是否相等进行整体检验。根据研究所涉及因素的多少，方差分析可分为单因子方差分析和多因子方差分析。单因子方差分析可以检验一个因子的作用是否显著，双因子方差分析则可以同时检验两个因子以及这两个因子的交互作用是否显著。

方差分析的基本思想是：首先，将因子不同水平对响应变量的影响没有显著差异定为零假设（此时不同水平构成的不同总体均值都相等），然后将观察值之间的总变差分解为由所研究的因素引起的变差和由随机误差项引起的变差，通过对这两类变差的比较（F 检验），作出拒绝或不能拒绝零假设的判断。方差分析的主要步骤包括：建立假设；计算 F 检验值；列方差分析表；根据实际值与临界值的比较作出决策。实际的计算过程可通过计算机完成。

在方差分析中，当拒绝 H_0 时，表明在所有的总体中至少有两个总体的均值存在显著差异。想要知道哪些均值之间有显著差异，还需要进行多重比较。

思考与练习题

1. 试述方差分析的基本原理。
2. 方差分析有哪些基本假设条件？
3. 简述方差分析的基本程序。
4. 对三个不同专业学生的统计学成绩进行比较研究，每个专业随机抽取 6 人。根据数据得到的方差分析表的部分内容如表 6-14 所示。请完成该表格。如果显著性水平 $\alpha = 0.05$，能认为三个专业的考试成绩有显著差异吗？

表 6-14　不同专业考试成绩的方差分析表

差异源	SS	df	MS	F
组间	193.0			
组内	819.5			
总计	1012.5			

5. 为测试 A、B、C、D、E 五种节食方案，一位营养学家选择了 50 名志愿者随机分成五组，每组采用一种方案测量两个月后每个人降低的体重，得到的试验数据如表 6-15 所示。

（1）利用本题的原始数据进行单因子方差分析。

（2）使用 Excel 或其他统计软件对原始数据进行方差分析，设显著性水平 $\alpha = 0.05$。

（3）根据计算结果，拒绝了零假设。试在同样的显著性水平 $\alpha = 0.05$ 的条件下，用 LSD 方法检验方案 B 与其他四种方案差异的显著性。

表6-15　不同节食方案降低的体重　　　　　　　　　　　　　　　　（单位：kg）

序号	方案A	方案B	方案C	方案D	方案E
1	6.5	2.9	8	5.1	11.5
2	11.6	5.5	11.9	2.5	13.2
3	7.7	4.3	8.5	1.5	11
4	8.7	3.6	8.9	2.2	13.1
5	8.4	3.9	9.1	1.4	13.8
6	4.1	6.7	11.4	3.1	12.8
7	8.7	4.5	12.6	5.4	12
8	6.6	1.7	12.4	1.9	11.5
9	7.1	6.5	9.4	4.1	14.6
10	8.9	5.4	10.6	3.6	13.7

6. 在某次调查中得知，在早晨上班高峰期，北京市海淀区五个重要交通路口每次红灯时停下来的汽车数量如表6-16所示。试以 $\alpha=0.05$ 的显著性水平检验这五个交通路口平均每次红灯时等待车辆的数量是否相等。

表6-16　五个重要交通路口红灯时等待的车辆数

序号	东部	北部	中部	南部	西部
1	15	12	20	14	13
2	17	10	24	9	12
3	14	13	13	7	9
4	11	17	15	10	14
5		14	12	8	10
6				7	9

7. 在 $\alpha=0.01$ 的显著性水平下求解第6题。

8. 一家手机制造商生产的某种新型手机可以使用三种类型的电池（类型1，2，3）。为了对三种电池进行比较，在每种电池中各取了10块测试其通话时间，如表6-17所示。由于测试过程中的失误，只取得了27个数据。

表6-17　三种手机电池的通话时间　　　　　　　　　　　　　　　　（单位：h）

序号	类型1	类型2	类型3
1	2.5	2.4	2.0
2	2.1	2.0	2.1
3	2.3	2.2	2.3
4	2.4	2.3	1.9
5	2.5	2.2	2.2
6	2.4	2.0	2.0
7	2.2	2.3	2.1
8	2.4	2.2	2.2
9		2.4	2.0
10		2.3	

(1) 使用 Excel 或其他统计软件对三种手机电池的通话时间表中的数据进行方差分析。写出检验的零假设和备择假设。设显著性水平 $\alpha = 0.05$，检验的结论如何？

(2) 在（1）中拒绝了零假设。试在同样的显著性水平 $\alpha = 0.05$ 的条件下，用 LSD 方法对电池寿命进行多重比较。

9. 某商场准备在商场内安装充电式应急照明灯，通过招标收到四家照明灯生产商的投标。该商场从四家生产商提供的应急照明灯样品中各随机抽取了四个进行检验，测得各个样品充电后持续照明的时间长度数据如表 6-18 所示。

表 6-18　时间长度数据　　　　　　　　　　　　　　　　　（单位：h）

生产商 A	生产商 B	生产商 C	生产商 D
8.5	11.0	9.5	7.5
9.5	11.6	10.9	8.1
11.0	12.6	10.2	9.2
8.5	11.5	9.5	9.5

(1) 给定显著性水平为 0.05，检验四家生产商的各自的应急照明灯的平均持续照明时间有无差异。

(2) 如果各家生产商的应急照明灯的平均持续照明时间有差异，假设各生产商的报价相同，那么该商场应选择哪一家生产商作为中标的供应商？

10. 在一次无交互作用的双因子方差分析试验中，因素 A 有 4 个水平，因素 B 有 6 个水平。得到的方差分析表的部分内容如表 6-19 所示。完成该表格。在 0.05 的显著性水平下因素 A 的影响显著吗？因素 B 的影响是否显著？

表 6-19　无交互双因子方差分析的方差分析表

差异源	SS	df	MS	F
因素 A	77.50	___	___	___
因素 B	123.83	___	___	___
误差	92.50	___	___	
总计	293.83			

11. 一所高校的大学生就业指导中心为了考察三个不同专业本科毕业生以及学生在校期间学习成绩对收入的影响是否显著，设计了以下试验：从三个不同专业的应届毕业生中，按毕业时的平均学习成绩（分为 6 个等级）各选择一名学生，调查他（她）们首次任职的月收入，调查结果如表 6-20 所示。在显著性水平 $\alpha = 0.01$ 的情况下，回答以下问题：

(1) 该校不同专业毕业生的首次任职月收入有显著差异吗？

(2) 该校应届毕业生在校期间的学习成绩对收入有显著影响吗？

表 6-20　不同专业毕业生的月收入　　　　　　　　　　　　（单位：百元）

平均成绩	会计	营销	经济
A+	61	55	51
A	55	48	46
B+	41	43	37
B	45	39	42
C+	42	41	36
C	37	35	33

12. 在一次双因子方差分析试验中，因子A和因子B各有3个水平，在每种试验条件下重复进行了2次试验，得到的方差分析表的部分内容如表6-21所示。
   (1) 完成该表格。
   (2) 在0.05的显著性水平下因子A的影响显著吗？
   (3) 在0.05的显著性水平下因子B的影响显著吗？
   (4) 因子A和因子B之间的交互作用是否显著？

表6-21 有交互作用的双因子方差分析表

变差源	SS	df	MS	F
因素A	6100			
因素B	45300			
AB的交互作用	11200			
误差	19850			
总计	82450			

13. 一家保险公司在华北、东北、华东和中南四个地区销售健康、财产和汽车三种保险产品。公司为了比较不同地区三类专业销售人员的月收入情况，随机收集了如表6-22所示的数据。

表6-22 保险销售人员的月收入数据 （单位：百元）

		地区			
		A	B	C	D
产品	1	39.3	41.6	38.8	42.9
		37.7	42.7	37.2	39.3
		40.6	38.9	39.1	40.5
	2	41.5	38.4	40.2	38.9
		39.7	37.7	41.1	38.1
		38.4	40.1	40.9	39.2
	3	40.6	40.3	37.2	43.6
		39.8	38.8	38.4	42.1
		41.3	39.6	37.0	44.5

假设数据是正态的和等方差的。在 $\alpha = 0.05$ 的显著性水平下，试回答：
   (1) 不同地区之间的月收入差异显著吗？
   (2) 不同险种销售人员的月收入差异显著吗？
   (3) 地区和产品（险种）的交互作用显著吗？

14. 人们通常认为，一个人的学历越高其工资也会越高。同时，性别也可能是影响工资水平的一个因素。为了对这两个因素进行研究，一名研究人员从毕业两年的毕业生中根据学历和性别随机选择了30人，他们的工资、学历和性别资料如表6-23所示。
   假设数据是正态的和等方差的，在 $\alpha = 0.05$ 的显著性水平下，试回答以下问题：
   (1) 学历对工资的影响显著吗？
   (2) 性别对工资的影响显著吗？
   (3) 学历和性别的交互作用显著吗？
   (4) 利用Excel进行方差分析。

表6-23 30名学校毕业生的月工资

序号	性别	学历	工资/元	序号	性别	学历	工资/元
1	1	1	3600	16	2	1	3200
2	1	1	3700	17	2	1	3300
3	1	1	3700	18	2	1	3400
4	1	1	4100	19	2	1	4000
5	1	1	4200	20	2	1	4200
6	1	2	4800	21	2	2	4600
7	1	2	5700	22	2	2	4700
8	1	2	5900	23	2	2	4900
9	1	2	6000	24	2	2	5100
10	1	2	6100	25	2	2	5500
11	1	3	6000	26	2	3	5200
12	1	3	6300	27	2	3	5500
13	1	3	6700	28	2	3	5600
14	1	3	7300	29	2	3	5800
15	1	3	7500	30	2	3	5900

注：性别：1=男性，2=女性；学历：1=中专 2=本科 3=研究生。

CHAPTER 7

第 7 章

数据的相关分析与回归分析

学习目标
1. 熟练掌握数据相关分析的基本问题、具体内容与方法。
2. 熟练掌握简单线性回归分析的基本理论、步骤与方法及结果解读。
3. 熟练掌握多元步骤与方法，及结果解读。
4. 掌握常用的非线性回归模型及适用与处理方法。

导入案例

现象间的关系与规律

相关与回归的研究，源于高尔登早年的生物统计研究。1869 年，高尔登利用豌豆实验来验证不同尺寸的豌豆种子其子代是否有明显的差异。得到的结果是尺寸小的豌豆会得到更大的子代，而尺寸大的豌豆却得到较小的子代。高尔登把这一现象叫做"返祖"（趋向于祖先的某种平均类型），后来又称为"向平均回归"。通过一系列实验观察，高尔登在研究人类身高的遗传时同样发现：子女的身高趋势与父母的身高有着微妙的关系：身材高的父母的子女，其身高有低于父母身高的趋势；身材矮的父母的子女，其身高却往往有高于其父母身高的趋势。儿子的身高介于父亲身高与其种族的一般高度之间，儿子的身高有返归于种族高度的趋势，即回归于种族的平均高度。在 1886 年发表的《在遗传的身高中向中等身高的回归》论文中，高尔登正式提出回归概念。

社会发展到今天，各种现象之间，及现象影响因素之间错综复杂，现实世界中存在着大量类似的问题。用术语讲，即两个或者更多变量之间是否存在相互关联？有什么样的关联？关联是否密切？存在相关关系的变量间又是如何相互影响的？相关分析和回归分析主要解决上述这些问题。两者研究的方法和角度不同，而又密切相关。

7.1 数据的相关分析

7.1.1 数据相关分析的基本问题

在商务与经济活动中，一种现象与另一种现象之间往往存在着相互依存、相互影响的关系，需要对这类关系进行分析，以便找出关系的程度，发现它们间的规律。当用变量来反映这些现象的特征时，便表现为变量之间的关系。其中如果 y 依 x 变化，则称 y 为因变量，称 x 为自变量。

变量之间的关系可以归为两种：一是**函数关系**，是指变量之间保持的严格的、一一对应的确定性数量依存关系。例如某种商品的销售额（y）与销售量（x）之间的关系，可表示为 $y = px$（p 为单价）；二是**相关关系**，是指变量之间存在的不确定性数量依存关系，即一个变量的取值不能由另一个变量唯一确定，当变量 x 取某个值时，变量 y 的取值可能有几个，虽然不确定，但它仍按某种规律在一定的范围内变化。这种关系称为不确定性的相关关系。例如销售额（y）与广告费支出（x）之间的关系，粮食亩产量（y）与施肥量（x_1）、降雨量（x_2）、温度（x_3）之间的关系等。相关与回归分析正是对这类相关关系从不同角度进行分析和研究。

相关分析主要研究两个变量之间（线性）相关的方向和相关的程度，研究内容包括：变量之间是否存在关系？如果存在关系，它们之间是什么样的关系？变量之间的关系强度如何？样本所反映的变量之间的关系能否代表总体变量之间的关系？

7.1.2 数据相关分析的具体内容与方法

1. 变量之间是否存在关系

要回答这一问题，首先要依据研究者的理论知识和实践经验，对客观现象之间是否存在相关关系，以及什么样的关系作出基本判断，同时可以借助相关表进行判断。以一个简单例子说明，10 家房地产企业的管理费用和营业利润如表 7-1 所示。

表 7-1 中，房地产企业管理费用是指房地产企业的管理部门为组织和管理房地产项目的开发经营活动而发生的各项费用。它主要包括管理人员工资、职工福利费、办公费、差旅费等。人们所关心的是，企业管理费用越多，营业利润会不会越高，或者越低？从相关表上能够看出，管理费用越多的企业，似乎营业利润也多。但两者之间是否有比较密切的关系，则需要进一步分析。

表 7-1　房地产企业数据表　　　　　　　　　　　　（单位：万元）

企业名称	管理费用	营业利润
万科	86628.8	500814
保利	33699.5	338584
金地	36701.4	198929
招商	15564.2	236973
中粮	12422.1	15797
金科	489.27	809.81
华远	6107.94	37583.5
万通	8374.18	48898.8
新城	14212.8	18720.7
华侨城	87685.1	220142

资料来源：搜房网，2010 年第 3 季度数据。

2. 变量之间大致存在什么样的关系

可以借助相关图（散点图）进行。散点图是研究相关关系的直观方法。散点图是以直角坐标系的横轴代表变量 x，纵轴代表变量 y，将两个变量间相对应的变量值用坐标点的形式描绘出来，用来反映两变量之间相关关系的图形，从图中可以大概看出变量之间关系的形态和强度。图 7-1 为多种相关关系的示意图。

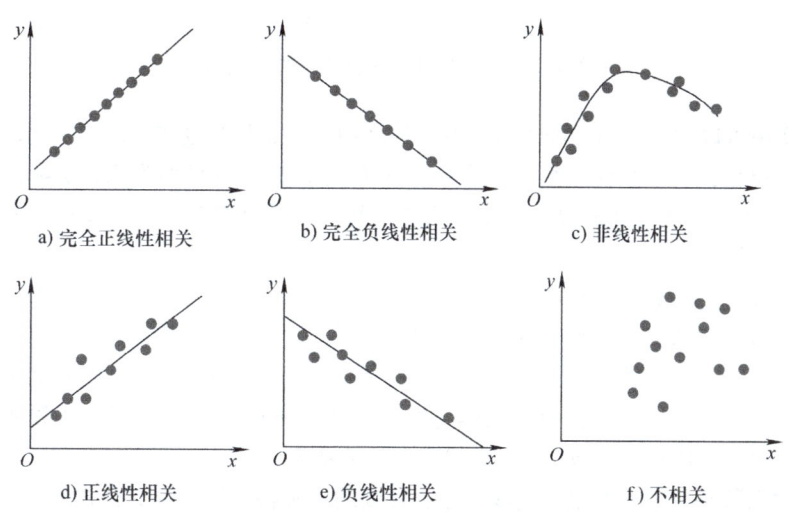

a) 完全正线性相关　　b) 完全负线性相关　　c) 非线性相关

d) 正线性相关　　e) 负线性相关　　f) 不相关

图 7-1　散点图示意图

借助散点图，可以大致判断出数据相关的类型。可以从以下几个角度判别：

（1）从相关方向看，变量间的关系可分为正相关和负相关。当两个变量的变化方向相同时，即当一个变量的数值增加（或减少）时，另一个变量的数值也随之增加（或减少），即同方向变化，称为**正相关**，如收入与消费的关系；当两个变量的变化方向相反时，即当一个变量的数值增加（或减少）时，而另一个变量的数值相反地呈减少（或增加）趋势变化，称为**负相关**，如价格与销售量的关系。

（2）从相关形式看，变量间的关系可分为线性相关和非线性相关。当两个变量的关系大致呈现线性关系时，称为**线性相关**；如果散点图类似于某种曲线，则称为**非线性相关**。

（3）从相关程度看，变量间的关系可分为完全相关、不完全相关和不相关。当一个变量完全由另一个变量的数量变化所确定时，这两个变量之间的关系为**完全相关**。完全相关就是函数关系。当两个变量彼此互不影响、其数量变化各自独立时，称为**不相关**。两个变量之间的关系介于完全相关和不相关之间，称为**不完全相关**，大部分现象之间的相关关系都属于不完全相关。

（4）从变量多少看，变量间的关系可分为单相关、复相关和偏相关。两个变量的相关称为**单相关**；一个变量对应两个以上变量的相关关系，称为**复相关**，如某种商品的需求与其价格水平以及收入水平之间的相关关系；多个变量时假定其他变量不变，其中两个变量的相关关系称为**偏相关**。

根据表 7-1 画出的散点图，如图 7-2 所示。

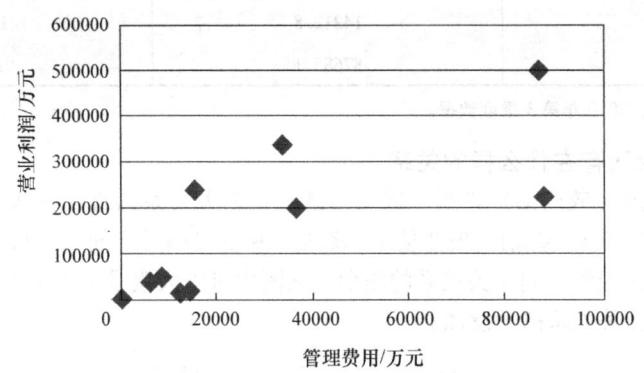

图 7-2　管理费用与营业利润的散点图

从图 7-2 中可以大致看出，随着管理费用的增加，营业利润也在增加。因此，两者之间的关系概括为：单相关（一个变量影响着结果），正线性相关（以线性为例，实际中可考虑非线性对比选择），有一定的相关程度。那么，两者之间的关系是否密切？相关程度究竟如何？这就是关系强度问题。

3. 变量之间的关系强度如何

对两个变量之间的相关关系分析称为单相关分析。对其关系强度的分析，需进行测度，常使用的测量指标就是**单相关系数**（也称简单相关系数，简称相关系数），它是度量两个变量之间线性关系强度的一个统计量，根据总体与样本的数据不同，有总体相关系数和样本相关系数。通常以 ρ 表示总体相关系数，以 r 表示样本相关系数。

总体相关系数是反映两变量之间线性相关程度的一种特征值，定义公式为

$$\rho = \frac{\mathrm{Cov}(X,Y)}{\sqrt{\mathrm{Var}(X)\mathrm{Var}(Y)}} \tag{7-1}$$

式中，$\mathrm{Cov}(X,Y)$ 是变量 X 和 Y 的协方差；$\mathrm{Var}(X)$ 和 $\mathrm{Var}(Y)$ 分别为变量 X 和 Y 的方差。

样本相关系数是根据样本观测值计算的，样本相关系数是总体相关系数的一致估计量。定义公式为

$$r = \frac{\sum (x-\bar{x})(y-\bar{y})}{\sqrt{\sum (x-\bar{x})^2 \sum (y-\bar{y})^2}} \tag{7-2}$$

根据式（7-2）推导的计算样本相关系数的公式为

$$r = \frac{n\sum xy - \sum x \sum y}{\sqrt{n\sum x^2 - (\sum x)^2}\sqrt{n\sum y^2 - (\sum y)^2}} \tag{7-3}$$

式（7-2）和式（7-3）在比较明确的情况下，省略脚标。抽取的样本不同，其计算结果也会有差异。根据获得的数据，可以利用相关系数的计算公式式（7-2）、式（7-3）计算求得相关系数的值，也可以利用软件来得到。表 7-2 是根据 Excel 得到的相关系数结果，是根据样本观测数据进行计算的。

表 7-2 相关系数计算表

	管理费用 x	营业利润 y
管理费用 x	1	
营业利润 y	0.7724096	1

可见，管理费用与营业利润之间的相关系数 $r = 0.7724096$。

那么如何判断变量之间的相关强度呢？这要用相关系数的结果来衡量。

不论数据多少，数值的大小、计量单位如何，相关系数 r 的值都会在 [-1, 1] 之间。

通常，若 $-1 \leq r < 0$，为负数，变量之间关系就是负相关；$0 < r \leq 1$，为正数，变量之间关系正相关；$|r|$ 越趋于 1，表示关系越强；$|r|$ 越趋于 0，表示关系越弱；$|r| = 1$，为完全相关，$r = 1$，为完全正相关，$r = -1$，为完全负相关；$r = 0$，不存在线性相关关系，是否存在曲线关系，需要结合散点图或另选指标进行检验。

在一般判断的基础上，也有一些经验判断可参考：

$|r| \geq 0.8$ 时，可视为两个变量之间高度相关；$0.5 \leq |r| < 0.8$ 时，可视为中度相关；$0.3 \leq |r| < 0.5$ 时，视为低度相关；$|r| < 0.3$ 时，说明两个变量之间的相关程度极弱，可视为不相关。

本例中，相关系数 $r = 0.7724096$，说明管理费用与营业利润之间两个变量间是中等程度正相关。

那么，相关系数计算的结果和判断可信吗？这就需要对相关系数 r 进行检验。

4. 样本所反映的变量之间的关系能否代表总体变量之间的关系？

从计算中可以看到，相关系数一般都是利用样本数据计算的，因而带有一定的随机性，样本容量越小其可信程度就越差。如前所述，抽取的样本不同，r 的计算结果也会有差异。能否根据抽选出的样本相关程度说明总体之间也相关呢？样本相关系数是否可靠？这需要检验说明。

相关系数的显著性检验可分为两类：一是对总体相关系数是否等于 0 进行检验；二是对总体相关系数是否等于某一个给定的不为 0 的数值进行检验。常选择总体相关系数 ρ 是否等于 0 进行检验。

检验时，需要考察 r 的抽样分布，根据抽样分布，才能构造出检验的统计量。比如当样本数据来自正态总体时，随着 n 的增大，r 的抽样分布趋于正态分布，尤其是在总体相关系数 ρ 很小或接近 0 时，趋于正态分布的趋势非常明显。检验时，不论样本容量大小，常常采用 R. A. Fisher 的 t 检验。基本步骤为：

第一步，提出假设：$H_0: \rho = 0$；$H_1: \rho \neq 0$。

（原假设的含义是假定样本是从不相关的总体中抽出的。）

第二步，计算检验的统计量 t 的值。根据数理统计证明公式，有

$$t = \frac{|r|\sqrt{n-2}}{\sqrt{1-r^2}} \sim t(n-2) \tag{7-4}$$

第三步，根据给定的显著性水平 α 和自由度 $(n-2)$，查 t 分布表中相应的临界值 $t_{\alpha/2}$。

第四步，决策。若 $|t| \geq t_{\alpha/2}$，则拒绝 H_0，表明 r 在统计上是显著的。若 $|t| \leq t_{\alpha/2}$，则不能拒绝 H_0，表明 r 在统计上是不显著的。

或者也可以根据 p 值来判断，若 $p < \alpha$，拒绝 H_0。

本例中，检验管理费用与营业利润之间两个变量的相关系数是否显著（取 $\alpha = 0.05$）。

提出假设：$H_0 : \rho = 0$；$H_1 : \rho \neq 0$。

计算检验的统计量 $t = 4.579$，与查表 $t_{\alpha/2} = 2.306$ 的结果相比较，拒绝 H_0，表明 r 在统计上是显著的，管理费用与营业利润之间的确存在相关关系。

也可使用 p 值来检验，用 Excel 中的 T.DIST 函数得双尾 $p = 0.0018 < \alpha = 0.05$，拒绝 H_0，管理费用与营业利润之间的相关关系显著。

需要说明的是：

第一，相关系数对两个变量线性相关关系密切程度的度量值，需要在对相关系数的显著性进行检验的基础上进行判定。

第二，相关系数的检验主要检验两个变量之间是否存在线性相关关系（等价于对回归系数的检验），更为准确的含义需要根据回归分析中的可决系数共同解释。

第三，r 虽然是两个变量之间线性关系的一个度量，却不一定意味着 x 与 y 一定有因果关系。也就是说，相关关系不等于因果关系，有可能会有共变或交叉关系等，但因果关系一定是相关关系。因果关系的含义是，只要改变 x 的值，就可以使 y 的值改变。有些现象之间虽相关程度很高，但可能属于"虚假相关"，这需要根据具体问题，结合定性分析，作出正确的判断。

7.1.3 多变量的相关分析

通常三个或三个以上因素的相关关系叫做复相关（多元相关）。在多变量的情况下，相关分析除了要计算单相关系数外，还要计算复相关系数与偏相关系数。

1. 复相关系数

复相关系数用来度量复相关的程度，是反映一个变量 y 与其他多个变量 $x_1, x_2, \cdots, x_n$ 之间线性相关程度的指标。复相关系数的计算公式为

$$R = \frac{\sum (y_i - \bar{y})(\hat{y}_i - \bar{y})}{\sqrt{\sum (y_i - \bar{y})^2 \sum (\hat{y}_i - \bar{y})^2}} \tag{7-5}$$

式（7-5）类似于式（7-2），不同之处在于用根据 $x_1, x_2, \cdots, x_n$ 等计算的回归估计值 $\hat{y}_i$ 代替了单相关系数定义式中的 x_i。在多元分析中，复相关系数的平方实际上就是多元线性回归方程的可决系数。在一般情况下，若复相关系数的取值在 0 和 1 之间，则表明变量之间存在一定程度的线性相关关系。复相关系数若为 1，则表明 y 与 $x_1, x_2, \cdots, x_n$ 之间存在严密的线性关系。

2. 偏相关系数

多个变量中，在对其他变量的影响进行控制的条件下，专门考察两个特定变量的净相关系，衡量其中某两个变量之间的线性相关程度的指标称为偏相关系数。偏相关系数一般更能说明现象之间真实的联系。

复相关系数、偏相关系数都可以通过软件计算而获得。

7.2 简单线性回归分析

相关分析的主要目的是描述两个变量之间线性关系的方向和密切程度，但无法给出变量间关系的具体形式，也无法从一个变量推测另一个变量。

回归分析不仅可以揭示变量 x 对变量 y 的影响大小、确定变量之间相互关系的具体形式（回归方程）、确定一个变量对另一个变量的影响程度，还可以由回归方程进行预测和控制。下面依次讲述分析中重点解决的问题。

7.2.1 确定变量之间的关系

回归分析中，首先需要确定出因变量和自变量。考察一个特定的变量（因变量），而把其他变量（自变量）看做是影响这一变量的因素，并通过适当的数学模型将变量间的关系表达出来，这种关系一般称为模型，建立这种关系的过程就叫做回归。

如果两个变量中一个变量是另一个变量变化的结果，那么代表原因的变量称为**自变量**，也**称解释变量或协变量**，一般用 X 表示；代表结果的变量称为**因变量**（又称被解释变量或相应变量，一般用 Y 表示。

根据自变量的多少，回归分析可以分为一元回归和多元回归。涉及一个自变量的回归，称为一元回归；涉及多个自变量的回归，称为多元回归。根据自变量和因变量的关系形态，回归分析又可以分为线性和非线性回归。其中，最简单的模型是只有一个因变量和一个自变量的线性回归，即一元线性回归，又称简单线性回归。

7.2.2 建立理论模型及相关的假设要求

1. 理论模型的建立

建立理论模型即对具有相关关系的现象根据其相关关系的具体形态，选择一个适合的数学模型（称为回归方程式），用来近似地表达变量间的平均变化关系。以一元回归为例，当因变量 Y 与一个自变量 X 之间为近似的线性关系时，要用线性方程来表示，那么描述因变量 Y 如何依赖于自变量 X 和误差项 ε 的方程就称为**回归模型**。

一元线性回归模型可表示为

$$Y = \beta_0 + \beta_1 X + \varepsilon \tag{7-6}$$

式（7-6）也称总体回归函数。β_0 和 β_1 称为模型的参数；Y 是由 X 的线性函数（部分）加上误差项构成的，线性部分反映了由于 X 的变化而引起的 Y 的变化；误差项（随机干扰项）ε 是随机变量，反映了除 X 和 Y 之间线性关系之外的随机因素对 Y 的影响，是不能由 X 和 Y 之间的线性关系所解释的变异性。误差项是一个特殊的随机变量。

2. 模型假设

对于模型式（7-6），基本假定主要包括以下几项：

（1）假定因变量 Y 与一个自变量 X 之间为近似的线性关系。

（2）假定自变量 X 的取值是固定的，即假定 X 是非随机的。

（3）误差项 ε 满足：①正态性。ε 是一个服从正态分布的随机变量，且期望值为 0，即 $\varepsilon \sim N(0, \sigma^2)$。对于一个给定的 X 值，Y 的期望值为 $E(Y) = \beta_0 + \beta_1 X$，即假定模型为直线形式，它也称总体回归直线，其方程称为线性回归方程。其中，β_0 是回归直线在 Y 轴上的截距，是当 $X=0$ 时 Y 的期望值；β_1 是直线的斜率，称为回归系数，表示当 X 每变动一个单位时，Y 的平均变动值。②方差齐性。对于所有的 X 值，ε 的方差都相同；对于一个特定的 X 值，Y 的

方差也都等于 σ^2。③独立性。独立性意味着对于一个特定的 X 值，它所对应的 ε 与其他 X 值所对应的 ε 不相关；对于一个特定的 X 值，它所对应的 Y 值与其他 X 所对应的 Y 值也不相关。

7.2.3 利用样本数据建立模型的估计方程

1. 估计的回归方程

总体回归函数事实上是未知的，也就是总体回归参数 β_0 和 β_1 是未知的，必须利用样本数据去估计模型中的参数 β_0 和 β_1。用样本统计量 $\hat{\beta}_0$ 和 $\hat{\beta}_1$ 估计回归方程中的未知参数 β_0 和 β_1（相关理论已证明），就得到了估计的回归方程。一元线性回归中估计的回归方程为

$$\hat{y} = \hat{\beta}_0 + \hat{\beta}_1 x \tag{7-7}$$

式中，$\hat{\beta}_0$ 是估计的回归直线在 y 轴上的截距；$\hat{\beta}_1$ 是直线的斜率，也称回归系数，它表示 x 每变动一个单位时 y 的平均变动值。

2. 方程求解原理

估计的回归方程建立后，在总体参数未知的情况下，如何保证样本回归系数尽可能接近总体参数的真实值？事实上，总体回归直线是未知的，它只有一条；而样本回归直线则是根据样本数据拟合的，每抽取一个样本，便可以拟合一条样本回归直线。因此回归直线中的 $\hat{\beta}_0$ 和 $\hat{\beta}_1$ 是随机变量，其具体数值随所抽取的样本观测值不同而变动。回归分析的主要任务就是采用适当的方法，充分利用样本所提供的信息，使得样本回归函数尽可能地接近于那个真实的总体回归函数。用什么方法呢？德国科学家高斯（Carl Gauss，1777—1855）提出用最小化图中垂直方向的误差平方和来估计参数，也就是目前回归分析最常用的估计方法——**最小二乘法**（或称最小平方法）。这种方法通过使因变量的观察值 y_i 与估计值 $\hat{y}_i$ 之间的误差平方和达到最小来估计 $\hat{\beta}_0$ 和 $\hat{\beta}_1$，即使 $\sum_{i=1}^{n}(y_i - \hat{y})^2 = \sum_{i=1}^{n}(y_i - \hat{\beta}_0 - \hat{\beta}_1 x_i)^2$ 最小，如图 7-3 所示。

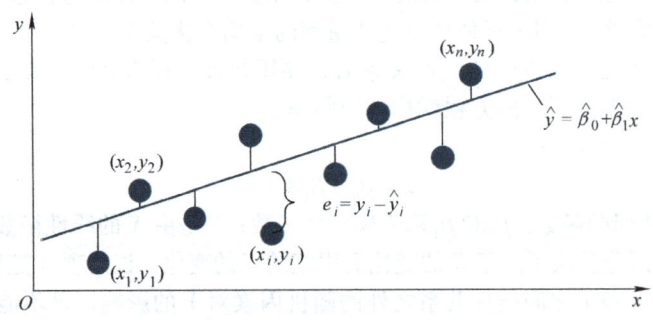

图 7-3 最小二乘法示意图

图 7-3 中，$y - \hat{y}$ 是点到直线的纵向距离，称为残差。根据残差平方和公式，有 $Q = \sum(y - \hat{y})^2 = \sum(y - \hat{\beta}_0 - \hat{\beta}_1 x)^2$，将 Q 分别对 $\hat{\beta}_0$ 和 $\hat{\beta}_1$ 求偏导数，并令其等于零，可以得到方程组

$$\begin{cases} \dfrac{\partial Q}{\partial \hat{\beta}_0} = -2 \sum (y - \hat{\beta}_0 - \hat{\beta}_1 x) = 0 \\ \dfrac{\partial Q}{\partial \hat{\beta}_1} = -2 \sum x(y - \hat{\beta}_0 - \hat{\beta}_1 x) = 0 \end{cases}$$

解这个方程组可得

$$\begin{cases} \hat{\beta}_1 = \dfrac{n\sum xy - \sum x \sum y}{n\sum x^2 - (\sum x)^2} \\ \hat{\beta}_0 = \bar{y} - \hat{\beta}_1 \bar{x} \end{cases} \quad (7\text{-}8)$$

式中，$\bar{x}$ 和 $\bar{y}$ 分别是 x 和 y 的样本均值。根据 n 对样本观测值，便可以得到 $\hat{\beta}_0$ 和 $\hat{\beta}_1$ 的结果了。再把结果代入到式（7-7）中，就得到了具体估计的回归方程。计算时，计算机软件可帮助完成。

至于为何要使用普通最小二乘法来估计一元线性模型，高斯－马尔可夫定理和相关数学已经证明：在满足经典线性回归的假定下，普通最小二乘估计量具有线性、无偏性、最小方差性等优良性质，具有这些优良性质的估计量又称最佳线性无偏估计量。最小二乘估计量 $\hat{\beta}_0$ 和 $\hat{\beta}_1$ 是总体回归系数的最优线性无偏估计量和一致估计量。也就是说，在满足统计假定条件时，普通最小二乘法是一种最佳的估计方法，通俗理解为用最小二乘法拟合的直线来代表 x 与 y 之间的关系与实际数据的误差比其他任何直线都小。但是应当明确，这并不意味着根据这种方法计算的每一个具体的估计值都比根据其他方法计算出的具体估计值更接近回归系数真值，而只是表明如果反复多次进行估计值计算，或是扩大样本容量进行估计值计算，按普通最小二乘法计算出的估计值接近真值的可能性（概率）最大。

7.2.4 对模型进行显著性检验

一元线性估计回归方程 $\hat{y} = \hat{\beta}_0 + \hat{\beta}_1 x$ 只是在一定程度上描述了变量 x 与 y 之间的关系，得到的模型究竟如何呢？这需要进行检验。检验可以分为理论检验和统计检验。理论检验主要从理论的角度检验模型是否有经济意义，比如参数估计值的符号和大小与经济发展以及经济规律是否相符，如果不相符，需要检查数据是否错误、模型是否选择错误等，需要重新构造模型或重新挑选影响因素。如果理论检验通过，还需要进行统计检验。统计检验可以分为一级检验和二级检验，其中一级检验主要针对拟合优度、显著性、相关与解释程度等，而二级检验主要检验模型的一些假定条件是否满足。本部分主要讨论一级检验的内容，二级检验可参见计量经济学相关书籍。

1. 拟合优度检验

回归线拟合得好不好，取决于回归线对观察数据的拟合程度。如图 7-4 所示，不难看出，从对数据观察值的拟合看，图 7-4a 直线拟合的程度好。把回归线与各观测数据点的接近程度称为回归线的拟合优度。

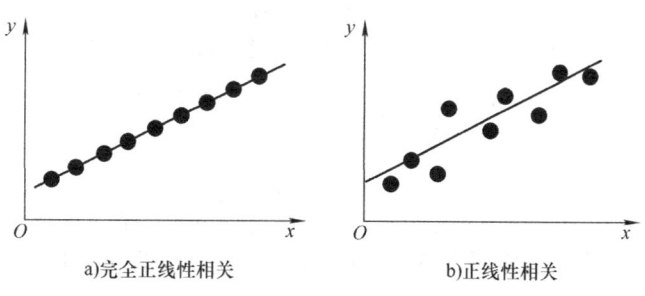

图 7-4 线性相关拟合示意图

用来评价拟合优度的主要指标有：判定系数（可决系数）和估计标准误差。为了更好地理解拟合程度的度量值判定系数和估计标准误差的含义,需要对因变量取值的变差进行分析,理解变差的概念、来源及相互关系。

(1) 变差分解。因变量 y 的取值是不同的,y 取值的这种波动称为变差。而变差主要来源于两个方面:一是由于自变量 x 的取值不同造成的,二是除 x 以外的其他因素(如 x 对 y 的非线性影响、测量误差等)的影响。对一个具体的观测值来说,变差的大小可以通过该实际观测值与其均值之差 $y - \bar{y}$ 来表示,如图7-5所示。

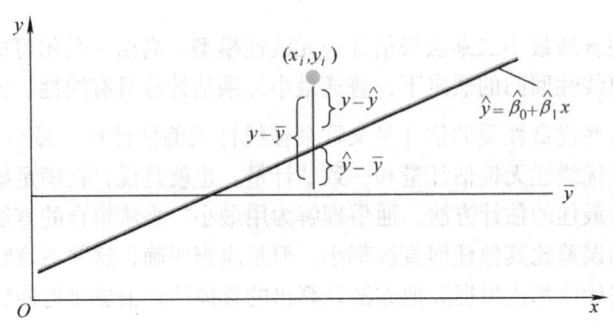

图7-5 变差分解示意图

从图7-5上看有
$$y - \bar{y} = \hat{y} - \bar{y} + (y - \hat{y}) \tag{7-9}$$

也就是说,因变量的实际观测值与其样本均值的离差即总离差可以看出是两部分构成:一部分是能够由回归直线解释的部分,称为可解释离差 $(\hat{y}_i - \bar{y})$;另一部分是实际观测值与理论回归值的离差 $(y_i - \hat{y}_i)$,它是不能由回归直线加以解释的残差。

式 (7-9) 两端平方后求和,经证明有

$$\sum (y_i - \bar{y})^2 = \sum (\hat{y}_i - \bar{y})^2 + \sum (y_i - \hat{y}_i)^2 \tag{7-10}$$
$$\text{SST} \quad = \quad \text{SSR} \quad + \quad \text{SSE}$$

SST 是总离差平方和,反映因变量的 n 个观察值与其均值的总误差;SSR 称为回归平方和,它是由回归直线可以解释的离差平方和,反映自变量 x 的变化对因变量 y 取值变化的影响,也称为可解释的平方和;SSE 称为残差平方和,是用回归直线无法解释的离差平方和,反映除 x 以外的其他因素对 y 取值的影响,也称为不可解释的平方和或剩余平方和。

(2) 拟合优度检验指标——判定系数(可决系数)。将式 (7-10) 的两边同时除以 SST,得

$$1 = \frac{\text{SSR}}{\text{SST}} + \frac{\text{SSE}}{\text{SST}} \tag{7-11}$$

定义回归平方和占总离差平方和的比例为判定系数或可决系数,用 R^2 表示。

$$R^2 = \frac{\text{SSR}}{\text{SST}} = \frac{\sum (\hat{y}_i - \bar{y})^2}{\sum (y_i - \bar{y})^2} = 1 - \frac{\sum (y_i - \hat{y}_i)^2}{\sum (y_i - \bar{y})^2} \tag{7-12}$$

R^2 测度了回归线对观察数据的拟合程度。其取值范围为 $[0, 1]$。$R^2 \to 1$,说明回归方程拟合得越好;$R^2 \to 0$,说明回归方程拟合得越差。R^2 结果表明,在 y 取值的变差中,有百分之多少可以由 x 与 y 之间的线性关系来解释,或者说,在 y 取值的变动中,是百分之多少由 x 所决定的。

实际上,在一元线性回归中,判定系数 R^2 与相关系数 r 有密切关系。相关系数 r 实际上是判定系数的平方根,并且相关系数 r 与回归系数 $\hat{\beta}_1$ 的正负号是相同的。从这个关系看,相关

系数 r 也从另一个角度说明了回归直线的拟合优度。$|r|$ 越接近 1，表明回归直线对观测数据的拟合程度就越高。但因为 r 的值总是大于 R^2 的值（除非 $r=0$ 或 $|r|=1$），用 r 说明回归直线的拟合优度需要慎重。

（3）拟合优度检验指标——估计标准误差。估计标准误差是对各观测数据在回归直线周围分散程度的一个度量值，是实际观察值与回归估计值误差平方和的均方根，它是对误差项 ε 的标准差 σ 的估计，可以看做是在排除了 x 对 y 的线性影响后，y 随机波动大小的一个估计量。其计算公式为

$$S_Y = \sqrt{\frac{\sum(y_i - \hat{y}_i)^2}{n-p-1}} = \sqrt{\frac{SSE}{n-2}} = \sqrt{MSE} \qquad (7\text{-}13)$$

式中，p 为自变量的个数，一元回归中 $p=1$。

估计标准误差的实际意义在于反映了用估计的回归方程预测因变量 y 时预测误差的大小。S_y 越小，回归直线对各观测数据的代表性就越好，根据估计的回归方程进行预测也就越准确。因此 S_y 也从另一个角度说明了回归直线的拟合优度。

2. 显著性检验

建立模型时，假定 x 与 y 之间存在线性关系，这种关系是否存在需要进行检验。显著性检验从两个方面进行。

一是对"各回归系数"的显著性检验，主要检验自变量对因变量的影响是否显著，通常采用 t 检验。

二是对"整个回归方程"的显著性检验，即对整个回归方程（所有自变量回归系数）显著性的整体检验。要检验自变量和因变量之间能否用一个线性模型来表示，也就是对变量间的线性关系进行检验，常采用 F 检验。

在一元线性回归模型中，由于只有一个解释变量 x，因此，对 $\beta_1=0$ 的 t 检验与对整个方程的 F 检验是等价的。

当然，我们也可以对常数项进行 t 检验，但大部分情况下人们并不关心常数项的检验结果。在通常情况下即使常数项在模型中不显著，也会在模型中保留常数项，去掉常数项可能会对模型带来不利影响。

（1）t 检验。它检验 x 与 y 之间是否具有线性关系。因为 $\hat{\beta}_1$ 是 β_1 的一个估计值，通过 $\hat{\beta}_1$ 可以检验 β_1 的值与 0 是否存在显著差异，即检验回归系数 β_1 是否等于 0。若 $\beta_1=0$，说明总体回归模型中无 x 项，y 不随 x 变动，或者相应的自变量对 y 缺乏解释能力，两者之间不存在线性关系，可能需要在回归方程中去掉这个自变量。

由于不同样本会得到不同估计方程，因此，$\hat{\beta}_0$ 和 $\hat{\beta}_1$ 都是随机变量，都会有自己的分布，但重点是关注 $\hat{\beta}_1$ 的抽样分布。根据数理统计及相关的证明，$\hat{\beta}_1$ 服从正态分布，其数学期望为 $E(\hat{\beta}_1)=\beta_1$，标准差为

$$\sigma_{\hat{\beta}_1} = \frac{\sigma}{\sqrt{\sum x_i^2 - \frac{1}{n}(\sum X_i)^2}} \qquad (7\text{-}14)$$

式中，σ 是误差项 ε 的标准差。由于 σ 未知，将 σ 的估计量 S_Y 代入式（7-14），得到 $\hat{\beta}_1$ 的估计的标准差为

$$S_{\hat{\beta}_1} = \frac{S_Y}{\sqrt{\sum x_i^2 - \frac{1}{n}(\sum x_i)^2}} \qquad (7\text{-}15)$$

根据假设检验的原理，可以构造出检验统计量

$$t = \frac{\hat{\beta}_1 - \beta_1}{S_{\hat{\beta}_1}} \sim t(n-2) \tag{7-16}$$

利用构造出的检验统计量就可以进行检验了。回归系数显著性检验的步骤概括如下：

第一步，提出假设：

$H_0 : \beta_1 = 0$

$H_1 : \beta_1 \neq 0$

（对于一些具体问题也可能需要进行单侧检验。）

第二步，计算检验的统计量

$$t = \frac{\hat{\beta}_1 - \beta_1}{S_{\hat{\beta}_1}} \sim t(n-2)$$

如果原假设成立，则 $\beta_1 = 0$，检验的统计量为

$$t = \frac{\hat{\beta}_1}{S_{\hat{\beta}_1}} \sim t(n-2)$$

第三步，确定显著性水平 α，并根据自由度 $df = n-2$ 查 t 分布表，找到相应的临界值 $t_{\alpha/2}$。

第四步，作出决策。若 $|t| > t_{\alpha/2}$，则拒绝 H_0，表明在样本观测值范围内，自变量 x 是因变量 y 的一个显著影响因素，即两个变量之间存在着显著的线性关系；若 $|t| < t_{\alpha/2}$，则不能拒绝 H_0，表明自变量 x 对因变量 y 的影响是不显著的，二者之间不存在显著的线性关系。

或者用 p 值进行检验，若 $p < \alpha$，则拒绝 H_0，表明自变量 x 对因变量 y 的影响是显著的。

（2）F 检验（线性关系检验）。为检验两个变量之间的线性关系是否显著，需要构造检验统计量 F。在方差分析的基础上，得到 F 统计量为

$$F = \frac{SSR/1}{SSE(n-2)} = \frac{MSR}{MSE} \sim F(1, n-2) \tag{7-17}$$

式中，将回归平方和（SSR）除以其相应的自由度（自变量的个数 p，一元线性回归中自由度为 1）后的结果称为均方回归，记为 MSR；将残差平方和（SSE）除以其相应的自由度（$n-p-1$，一元线性回归中自由度为 $n-2$）后的结果称为均方残差，记为 MSE。

当原假设成立时，F 值应接近 1；但如果原假设不成立，F 值将变得无穷大。因此，较大的 F 值将导致拒绝原假设，这样就可以断定变量 x 与 y 之间存在着显著的线性关系。

F 检验具体步骤概括如下：

第一步，提出假设

$H_0 : \beta_1 = 0$（两个变量之间的线性关系不显著）

$H_1 : \beta_1 \neq 0$（两个变量之间的线性关系显著）

第二步，计算检验统计量 F

$$F = \frac{SSR/1}{SSE(n-2)} = \frac{MSR}{MSE} \tag{7-18}$$

第三步，确定显著性水平 α，并根据分子自由度 $df_1 = 1$ 和分母自由度 $df_2 = n-2$ 查 F 分布表，找出相应的临界值 F_α。

第四步，作出决策。若 $F > F_\alpha$，则拒绝 H_0，表明两个变量之间的线性关系是显著的；若 $F < F_\alpha$，则不能拒绝 H_0，表明两个变量之间的线性关系不显著。

或者用 p 值进行检验，若 $p < \alpha$，则拒绝 H_0，表明两个变量之间的线性关系是显著的，或

者回归方程是显著的。很多统计软件的 F 检验都是以一个方差分析表的形式给出的。

7.2.5 预测及精度控制

回归方程通过检验后，就可以根据回归方程来预测因变量的数值。预测可以分为：个值预测及个值预测的置信区间（预测区间）；均值预测与均值预测的置信区间。

1. 个值预测及个值预测的置信区间（预测区间）

（1）个值预测。对于自变量 x 的一个给定值 x_0，根据回归方程，得到因变量 y 的一个估计值 $\hat{y}_0$。若某个企业管理费用为 6107.94 万元，则其利润是多少？代入得到的估计回归方程即可。

（2）个值预测的置信区间（预测区间）。对于自变量 x 的一个给定值 x_0，求出因变量 y 的一个个别值的估计区间，这一区间称为预测区间（Prediction Interval）。$\hat{y}_0$ 在 $1-\alpha$ 置信水平下的预测区间为

$$\left[\hat{y}_0 \pm t_{\alpha/2}(n-2) S_y \sqrt{1 + \frac{1}{n} + \frac{(x_0 - \bar{x})^2}{\sum_{i=1}^{n}(x_i - \bar{x})^2}} \right] \tag{7-19}$$

其中，S_y 为估计标准误差。

例如，某个企业管理费用为 6107.94 万元，代入上式，可以求得利润的区间的具体范围。

2. 均值预测及均值预测的置信区间

对于给定的 x 值，预测 y 的平均值。例如，当管理费用为 6107.94 万元时，平均利润会是多少？在哪个区间范围？

对于一个给定的 x 值 x_0，y 的均值 $E(y_0)$ 有其对应的置信区间（这一区间有时简称为置信区间）。$E(y_0)$ 在 $1-a$ 置信水平下的置信区间为

$$\left[\hat{y}_0 \pm t_{\alpha/2}(n-2) S_y \sqrt{\frac{1}{n} + \frac{(x_0 - \bar{x})^2}{\sum_{i=1}^{n}(x_i - \bar{x})^2}} \right] \tag{7-20}$$

均值预测和个值预测的点估计值相同：对于 x 的一个给定值 x_0，预测值都等于根据回归方程得到 y 的估计值 $\hat{y}_0$。但区间预测时均值预测和个值预测预测区间会不相同，如图 7-6 所示。

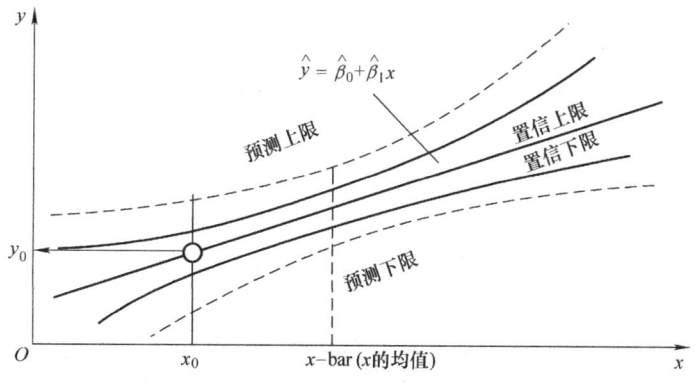

图 7-6 预测区间和置信区间示意图

需要注意的是，需要预测的值越接近 x 的均值，预测误差越小。而用回归模型进行外推预测可能会有较大的误差。

7.3 简单线性回归分析实例

7.3.1 根据理论及相关分析，确定变量之间的具体关系

对于表 7-1 中的数据，用 x 代表管理费用，用 y 代表营业利润。根据图 7-2 的分析，变量间的关系表现为正线性相关。假设方程满足基本假定。

用 Excel 统计分析模块，找到"数据分析"中的"回归"选项，按步骤得到计算的结果，一元线性回归计算结果截图如图 7-7 所示。

SUMMARY OUTPUT 回归统计

Multiple R	0.7724
R Square	0.5966
Adjusted R Square	0.5462
标准误差	112835
观测值	10

方差分析

	df	SS	MS	F	Sig.F
回归分析	1	1.5065E+11	1.5065E+11	11.83225	0.008826359
残差	8	1.0185E+11	1.2732E+10		
总计	9	2.525E+11			

一元回归分析系数及检验

	Coefficients	标准误差	t Stat	P-value	Lower 95%	Upper 95%
Intercept	40019.23619	50249.74	0.79641	0.44878	−75856.86	155895.3
管理费用x	4.031529486	1.172023	3.4398	0.00883	1.3288394	6.73422

图 7-7 计算结果截图

根据图 7-7，可以基本完成整个回归方程的检验。

得到具体的一元线性回归方程为

$$\hat{y} = \hat{\beta}_0 + \hat{\beta}_1 x = 40019.24 + 4.0315x$$

此方程说明了当管理费用每增长 1 万元时，营业利润平均增加 4.0315 万元。

7.3.2 对模型进行检验

1. 进行拟合优度检验

由于 $\hat{\beta}_1$ 为正数，相关系数为 0.7724，说明两者之间的密切程度为 0.7724，是中等程度的正相关。

可决系数为 59.66%，说明在营业利润的变差中，有 59.66% 可以用营业利润和管理费用的关系来解释。或者说，在利润取值的变动中，有 59.66% 是由管理费用决定的，也说明两者关系的程度达到了中等程度相关。

标准误差为 112835，说明根据管理费用对营业利润进行估计，平均的估计误差为 112835 万元。

2. 进行显著性检验

首先，进行 t 检验，提出假设：

$H_0: \beta_1 = 0$

$H_1: \beta_1 \neq 0$

因为 $p = 0.00883$，$\alpha = 0.05$，$p < \alpha$，所以拒绝 H_0，表明自变量 x 对因变量 y 的影响显著。

除进行系数检验外，还可以估计出 β_1 在 $1 - \alpha$ 置信水平下的置信区间 $[1.3288, 6.7342]$，说明管理费用每变动 1 万元，营业利润的平均变动量在 $1.3288 \sim 6.7342$ 万元之间。

其次，进行 F 检验：

$H_0: \beta_1 = 0$ （两个变量之间的线性关系不显著）

$H_1: \beta_1 \neq 0$ （两个变量之间的线性关系显著）

$p = 0.008826359$，"Sig."即为检验的边际概率（p 值），$p < \alpha$，拒绝 H_0，表明两个变量之间的线性关系是显著的。

7.3.3 预测

分别进行个值预测，计算个值预测的置信区间（预测区间）、均值预测的置信区间（包括置信上限和下限），结果如表 7-3 所示。

表 7-3 一元回归预测表

PRE_1	LMCI_1	UMCI_1	LICI_1	UICI_1
点预测值	置信下限	置信上限	预测下限	预测上限
389265.8	215948.4	562583.2	76628.69	701902.9
175879.76	93052.56	258707	-97183.2	448942.7
187982.01	103838.4	272125.6	-85483.1	461447.1
102766.77	11484.07	194049.5	-172979	378512.2
90099.299	-5168.48	185367.1	-186991	367189.5
41991.743	-72957.1	156940.6	-242466	326449.6
64643.576	-40266	169553.1	-215908	345194.9
73779.99	-27443.9	175003.9	-205414	352974
97318.558	4396.036	190241.1	-178974	373611.2
393524.3	217689	569359.6	79484.38	707564.2

可以使用其他软件如 SPSS 等进行回归，得到的结果相同。为了与 Excel 有一个直观比较，截图图 7-8 展现了 SPSS 的结果，其结果、含义与 Excel 相同，但表示形式略有差别。图 7-8 中，第一部分（模型主要统计量）中包含了相关系数、可决系数、调整可决系数、标准误差及 D-W 检验值；第二部分（模型的方差分析）表明了方差来源构成及 F 值、P 值（.Sig）；第三部分（模型参数估计和检验）包含模型的参数（分为非标准化、标准化）、参数的 t 检验值、P 值、参数估计区间。

除以上基本分析外，还可以利用残差对模型的假定进行检验。

模型建立时，误差项 ε 满足正态性、方差齐性、独立性。如果假定不成立，那么模型及检验和预测不能成立。ε 是否成立，检验方法之一就是进行残差分析，用残差检验所建立的方程是否满足方差齐性、选择模型是否合适、检验正态性等。

模型主要统计量 Model Summary[b]

Model	R	R Square	Adjusted R Square	Std.Error of the Estimate	Durbin-Watson
1	.772[a]	.597	.546	112835.040	.957

a. Predictors:(Constant)，管理费用x
b. Dependent Variable：营业利润y

模型的方差分析表 ANOVA[b]

Model		Sum of Squares	df	Mean Square	F	Sig.
1	Regression	1.506E11	1	1.506E11	11.832	.009[a]
	Residual	1.019E11	8	1.273E10		
	Total	2.525E11	9			

a. Predictors:(Constant)，管理费用x
b. Dependent Variable：营业利润y

模型参数估计和检验 Coefficients[a]

Model		Unstandardized Coefficients		Standardized Coefficients	t	Sig.	95.0% Confidence Interval for B	
		B	Sid.Error	Beat			Lower Bound	Upper Bound
1	(Constant)	40019.236	50249.737		.796	.449	−75856.864	155895.336
	管理费用x	4.032	1.172	.772	3.440	.009	1.329	6.734

a. Dependent Variable：营业利润y

图 7-8　SPSS 的结果图

残差就是因变量的观测值与根据估计的回归方程求出的预测值两者之差，通常用 e 表示，即 $e_i = y_i - \hat{y}_i$，反映了用估计的回归方程去预测而引起的误差。可以通过残差图形直观表示出残差的结果。残差图有关于 x 的残差图、关于 y 的残差图、标准化残差图等多种。图 7-9 为残差 e 的示意图。

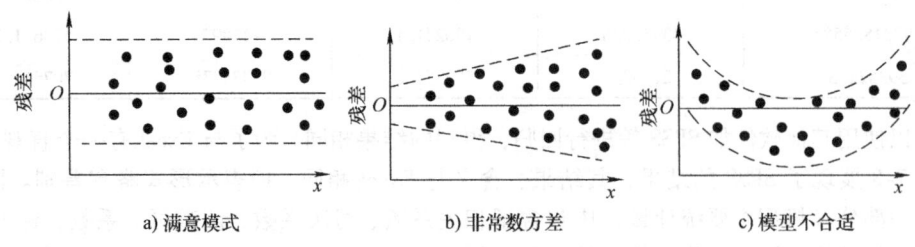

图 7-9　残差形态示意图

图 7-9a 显示所有残差都在一条水平带内，说明模型选择合适；如果残差的图形如图 7-9b 所示，则说明模型违背了方差相等的假设，存在异方差；如果残差的图形如图 7-9c 所示，则说明模型不合适，应考虑选择其他模型，如非线性回归等。

本例中管理费用与营业利润的关系方程中，关于 y 的残差图，残差范围在 −2 和 +2 之间，且基本在一条水平带内，说明模型选择是合适的，如图 7-10 所示。

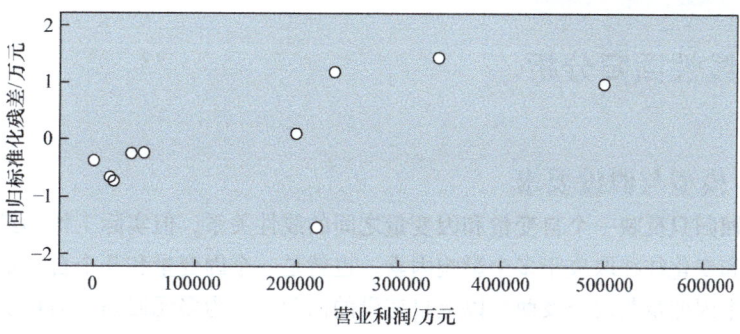

图 7-10　营业利润的标准化残差图

如果检验残差的正态性假定，则可以通过标准化残差的直方图和正态概率图进行，如图 7-11 和图 7-12 所示。

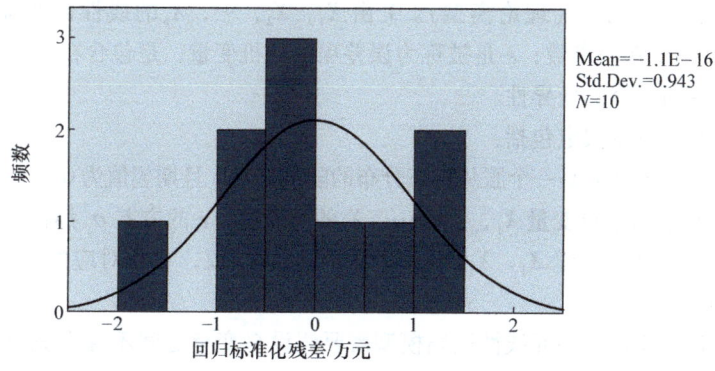

图 7-11　标准化残差的直方图

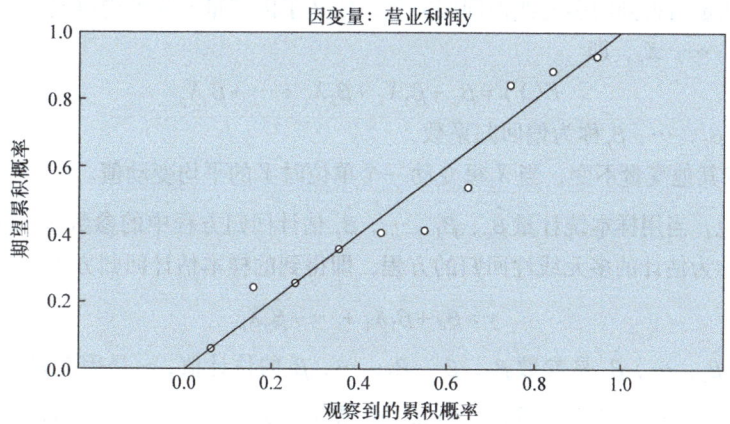

图 7-12　标准化残差的正态概率图

从图 7-11 中可以看到，标准化残差基本呈正态分布，说明模型假定成立。

从图 7-12 中可以看到各点围绕直线波动，可以判断正态性假定成立。

对于残差的独立性的检验，可以通过残差自相关的检验进行。读者可以参阅相关的章节和其他书籍。

7.4 多元线性回归分析

7.4.1 基本模型与假设要求

一元线性回归只反映一个自变量和因变量之间的线性关系，但实际工作和经济活动中，某一现象的发展和变化往往取决于多个影响因素，也就是一个因变量和几个自变量有依存关系或影响关系。一个因变量与两个及两个以上自变量的回归，称为多元回归。当自变量与因变量之间存在线性关系时，称为多元线性回归分析。

描述因变量 Y 如何依赖于自变量 X_1，X_2，$\cdots$，X_p 和误差项 ε 的方程，称为多元回归模型。涉及 p 个自变量的多元线性回归模型可表示为

$$Y = \beta_0 + \beta_1 X_1 + \cdots + \beta_p X_p + \varepsilon \tag{7-21}$$

式（7-21）为总体回归函数（理论模型）。Y 由 X_1，X_2，$\cdots$，X_p 的线性函数加上误差项 ε 构成；β_0，β_1，β_2，$\cdots$，β_p 是参数；ε 是被称为误差项的随机变量，是包含在 y 里面但不能被 k 个自变量的线性关系所解释的变异性。

多元回归模型的基本假定包括：

（1）正态性。误差项 ε 是一个服从正态分布的随机变量，且期望值为 0，即 $\varepsilon \sim N(0, \sigma^2)$。

（2）方差齐性。对于自变量 X_1，X_2，$\cdots$，X_p 的所有值，ε 的方差 σ^2 都相同。

（3）独立性。对于自变量 X_1，X_2，$\cdots$，X_p 的一组特定值，它所对应的 ε 与任意一组其他值所对应的不相关。

与一元线性回归不同，多元线性回归模型需要假设自变量之间不存在完全的多重共线性，否则无法估计回归模型。完全的多重共线性是指一个自变量可以表示为其他自变量和常数项的线性函数，例如 $X_1 = 2X_2 + X_3 + 5$。

满足基本假定后得到的多元线性回归方程，描述了因变量 y 的平均值或期望值如何依赖于自变量 X_1，X_2，$\cdots$，X_p，即

$$E(Y) = \beta_0 + \beta_1 X_1 + \beta_2 X_2 + \cdots + \beta_p X_p$$

式中，β_0，β_1，β_2，$\cdots$，β_p 称为偏回归系数。

β_i 表示假定其他变量不变，当 X_i 每变动一个单位时 Y 的平均变动值。

进一步来说，当用样本统计量 $\hat{\beta}_0$，$\hat{\beta}_1$，$\cdots$，$\hat{\beta}_p$ 估计回归方程中的参数 β_0，β_1，β_2，$\cdots$，β_p 时得到的方程称为估计的多元线性回归的方程，即得到的样本估计回归方程为

$$\hat{y} = \hat{\beta}_0 + \hat{\beta}_1 X_1 + \cdots + \hat{\beta}_p X_p \tag{7-22}$$

式中，$\hat{\beta}_0$，$\hat{\beta}_1$，$\hat{\beta}_2$，$\cdots$，$\hat{\beta}_p$ 是参数 β_0，β_1，β_2，$\cdots$，β_p 的估计值，$\hat{y}$ 是因变量 Y 的估计值。其中，$\hat{\beta}_1$，$\hat{\beta}_2$，$\cdots$，$\hat{\beta}_p$ 称为偏回归系数。例如，$\hat{\beta}_1$ 表示当 x_2，x_3，$\cdots$，x_p 不变时，x_1 每变动一个单位因变量 y 的平均变动量。

7.4.2 模型求解原理

多元线性回归方程的参数估计，其原理是利用与一元回归类似的最小二乘法可以得到总体参数的估计量和估计值，即要使得 $Q(\hat{\beta}_0, \hat{\beta}_1, \hat{\beta}_2, \cdots, \hat{\beta}_p) = \sum_{i=1}^{n}(y_i - \hat{y}_i)^2 = \sum_{i=1}^{n} e_i^2$ 为

最小。

其求解时比一元线性回归的计算过程要复杂，常借助计算机完成。

7.4.3 模型检验

在一元线性回归分析中，首先通过散点图判断变量 x 与 y 之间是否存在线性关系。但在多元线性回归分析中情况略有不同。首先，我们无法用直观的方法帮助判断 y 与 $x_1, x_2, \cdots, x_p$ 之间是否有线性关系，为此必须对回归方程进行显著性检验。其次，在 p 个自变量中，每个自变量对 y 的影响程度是不同的，甚至有的自变量可有可无。这表现在回归系数中有的绝对值很大，有的很小或接近于零，这就需要对回归系数进行显著性检验，同时对模型可信程度进行统计检验，并从影响某一特定变量的诸多变量中找出哪些变量的影响显著，哪些不显著，进而判定估计值是否满意、可靠。

检验时一般须从以下几方面来进行：

1. 经济意义检验

经济意义检验主要检验模型是否有经济意义，例如参数估计值的符号、大小与经济发展及经济判别是否符合。如果不符合，就要检查数据是否有误，检查模型是否正确，或者重新构造模型或重新挑选影响因素。如果经济意义检验不合理，即使其他统计检验达到很高的置信度，进行预测和决策也是没有太大意义的。

2. 拟合优度检验

所谓拟合优度，是指所建立的模型与观察的实际情况轨迹接近的程度。常使用多重判定系数、修正的判定系数、多元线性回归模型的估计标准误差来进行检验。

（1）多重判定系数。多重判定系数或称多重决定系数，是对多元线性回归方程拟合程度的度量，反映了在因变量 y 的变差中被回归方程所解释的比例。它是通过构造统计量 R^2 来量度的，其计算公式为

$$R^2 = \frac{SSR}{SST} = 1 - \frac{SSE}{SST} \tag{7-23}$$

R^2 可由样本数据计算得出。若建立的模型越接近于实际，则 R^2 越接近于 1。

根据 R^2 可以计算复相关系数。复相关系数等于 R^2 的正的平方根，它度量了因变量同 p 个自变量的相关程度。

（2）修正的判定系数。在样本容量一定的条件下，不断向模型中增加自变量，即使新增的变量与 y 不相关，模型的 R^2 也可能上升，至少不会下降。因此，在多元回归分析中，当比较自变量个数不同的方程的拟合效果时，更常用的指标是修正的判定系数，即修正后的 R_a^2，也就是用样本量 n 和自变量的个数 p 去修正 R^2，得到

$$R_a^2 = 1 - (1 - R^2) \times \frac{n-1}{n-p-1} \tag{7-24}$$

式中，$n-1$ 和 $n-p-1$ 分别是总离差平方和与残差平方和的自由度。

（3）多元线性回归模型的估计标准误差。多元线性回归中的估计标准误差也是对误差项 ε 的标准差 σ 的一个估计值，表示根据自变量 $x_1, x_2, \cdots, x_p$ 来预测因变量 y 时的平均预测误差。估计标准误差的基本公式为

$$S_{\hat{y}} = \sqrt{\frac{\sum (y_i - \hat{y}_i)^2}{n-p-1}} = \sqrt{\frac{SSE}{n-p-1}} = \sqrt{MSE} \tag{7-25}$$

3. 显著性检验

多元回归的显著性检验也要进行 t 检验和 F 检验，其步骤与一元回归类似。

（1）t 检验。一元线性回归中，t 检验和 F 检验是等价的。在多元回归中，则要分别进行检验。在处理多元回归的实际问题时，当经过检验认为方程是显著时，即拒绝了 $\beta_1=\beta_2=\cdots=\beta_p=0$ 这一假设，但这并不意味着一切 β_i 都不等于零，即并不意味着每一个自变量 $x_1, x_2, \cdots, x_p$ 对因变量 y 的影响都是显著的。若某一个 β_i 等于零，就意味着 x_i 的变化对 y 无线性影响，称变量 x_i 不显著。为了保证方程有效，要剔除那些不显著变量，重新建立更简单、更精确的线性回归方程，因此必须对回归方程中的每一个回归系数作显著性检验。

1）提出假设：

$H_0 : \beta_i = 0$ （自变量 x_i 与因变量 y 没有线性关系）

$H_1 : \beta_i \neq 0$ （自变量 x_i 与因变量 y 有线性关系）

2）构造检验的 t 统计量：

$$t = \frac{\hat{\beta}_i}{S_{\hat{\beta}}} \sim t(n-p-1) \tag{7-26}$$

3）确定显著性水平 α，并进行决策。

$|t| > t_{\alpha/2}$，拒绝 H_0；$|t| < t_{\alpha/2}$，不能拒绝 H_0。

或者根据 p 值，若 $p<\alpha$，则拒绝 H_0，表明第 i 个变量与 y 之间的线性关系是显著的。

（2）F 检验。F 检验是对方程总体的显著性检验，检验因变量与所有自变量之间的线性关系是否显著。

1）提出假设：

$H_0 : \beta_1 = \beta_2 = \cdots = \beta_p = 0$ （线性关系不显著）

$H_1 : \beta_1, \beta_2, \cdots, \beta_p$ 至少有一个不等于 0

2）构造检验统计量 F

$$F = \frac{SSR/p}{SSE/n-p-1} \sim F(p, n-p-1) \tag{7-27}$$

3）给定显著性水平 α，作出统计决策。根据分子自由度（p）、分母自由度（$n-p-1$）查 F 分布表得 F_α。若 $F > F_\alpha$，则拒绝原假设；若 $F < F_\alpha$，则不能拒绝原假设。

或者直接利用 p 值作出决策：若 $p<\alpha$，拒绝原假设，检验结果显著的，说明因变量与自变量之间存在线性关系；若 $p>\alpha$，则不拒绝原假设，说明因变量与自变量之间不存在线性关系。

7.4.4 多元回归分析举例

对上市公司股价的分析，可以从不同的角度进行。本例中主要从变量之间的关系角度进行一般分析，及对结果进行解读。随机选取了 32 家上市公司的股票代码、每股收益、主营业务收入、净利润的数据，如表 7-4 所示。

根据表 7-4 的数据，经分析建立净利润和每股收益、主营业务收入的二元线性回归方程。运用 SPSS 得到的结果如图 7-13、图 7-14、图 7-15、图 7-16 所示。

图 7-13 的各列为：Model（模型），R Square（相关系数），Adjust R Square（调整的可决系数），Std. Error of the Estimate（估计标准误差）。

图 7-13 结果显示，得到了两个方程（模型采用了逐步回归的方法），第一个方程为净利润对每股收益；第二个方程为净利润对每股收益和主营业务收入。其中第二个二元回归方程中，净利润变差中可以由每股收益和主营业务收入共同解释的比例达到了 72.4%，相关程度为 0.862，属于高度相关。

表7-4　32家上市公司相关数据

股票名称	股票代码	每股收益/元	主营业务收入/亿元	净利润/万元
S深宝安A	9	0.02	14.45	1448.52
S深物业A	11	-0.07	2.28	-3763.49
沙河股份	14	0.34	3.13	4584.48
招商地产	24	0.35	14.41	21330.23
深深房A	29	0.01	5.57	1077.54
深鸿基	40	0.02	4.48	902.86
深南光A	43	0.25	10.56	3482.07
泛海建设	46	0.12	1	4188.24
深国商	56	-0.05	0.34	-1204.8
金融街	402	0.15	14.02	14787.72
S绿景	502	0.01	1.23	224.65
*ST珠江	505	0.05	4.08	2029.22
银基发展	511	0.12	5.49	4045.31
渝开发	514	0.04	0.73	659.68
旭飞投资	526	0.08	0.02	741.39
广宇发展	537	-0.07	0.21	-3626.21
S*ST中天	540	0.04	1.89	1359.03
光华控股	546	0.03	1.03	535.27
莱茵置业	558	0.05	1.4	605.17
海德股份	567	0.09	0.97	1353.51
粤宏远A	573	0.01	2.52	864.8
S*ST昌源	592	-0.05	0.01	-1575.34
阳光股份	608	0.13	3.61	3876.4
亿城股份	616	0.33	8.99	10240.4
高新发展	628	0.01	5.96	220.86
名流置业	667	0.28	4.16	7593.54
阳光发展	671	0.12	2.47	1093.29
公用科技	685	0.06	0.42	1372.19
ST环球	718	0.11	6.01	4273.54
中国武夷	797	0.05	8.92	2048.77
金宇车城	803	-0.02	0.82	-241.56
大连国际	881	0.13	10.69	3967.94

数据来源：和讯网，上市公司主要指标。

		Model Summary^c		
Model	R	R Square	Adjusted R Square	Std. Error of the Estimate
1	.791^a	.625	.613	3083.081
2	.862^b	.742	.724	2599.872

a. Predictors:(Constant), 每股收益
b. Predictors:(Constant), 每股收益, 主营业务收入
c. Dependent Variable: 净利润

图 7-13　回归结果（一）

图 7-14 则说明每股收益和主营业务收入两个自变量之间相关程度不高，相关系数只有 0.488。

	Correlations		
		每股收益	主营业务收入
每股收益	Pearson Correlation	1	.488**
	Sig.(2-tailed)		.005
	N	32	32
主营业务收入	Pearson Correlation	.488**	1
	Sig.(2-tailed)	.005	
	N	32	32

**.Correlation is significant at the 0.01 level(2-tailed).

图 7-14　回归结果（二）

图 7-15 提供了估计回归方程的系数，及系数检验各估计区间的信息。

	Coefficients^a						
	Unstandardized Coefficients		Standardized Coefficients			95.0% Confidence Interval for B	
Model	B	Std.Error	Beta	t	Sig.	Lower Bound	Upper Bound
(Constant)	−146.409	683.089		−.214	.832	−1541.463	1248.646
每股收益	34007.409	4809.176	.791	7.071	.000	24185.761	43829.056
(Constant)	−1384.403	669.347		−2.068	.048	−2753.371	−15.436
每股收益	25771.058	4646.558	.599	5.546	.000	16267.779	35274.336
主营业务收入	438.313	120.697	.392	3.632	.001	191.459	685.166

a.Dependent Variable:净利润

图 7-15　回归结果（三）

根据图 7-15 的结果可以写出回归方程，并进行系数的检验。二元回归方程为：

净利润 = −1384.403 + 25771.058 × 每股收益 + 438.313 × 主营业务收入

方程表明，当主营业务收入不变时，每股收益每增加 1 元，净利润平均增加 25771.058 万元；而当每股收益不变时，主营业务收入每增加 1 亿元，净利润平均增加 438.313 万元。

由于相应的每股收益变量的 p 值 = 0.000，小于 0.05，拒绝原假设，主营业务收入变量的 p 值 = 0.001，小于 0.05，拒绝原假设，说明每股收益、主营业务收入是净利润的两个影响因素。最后两列给出了系数的 95% 的估计区间。

而图 7-16 则从方程整体上进行检验，由于 p 值 = 0.000，说明方程整体上显著，通过检验。

ANOVA^c

Model		Sum of Squares	df	Mean Square	F	Sig.
1	Regression	4.753E8	1	4.753E8	50.004	.000^a
	Residual	2.852E8	30	9505389.583		
	Total	7.605E8	31			
2	Regression	5.644E8	2	2.822E8	41.753	.000^b
	Residual	1.960E8	29	6759332.363		
	Total	7.605E8	31			

a. Predictors:(Constant)，每股收益
b. Predictors:(Constant)，每股收益，主营业务收入
c. Dependent Variable: 净利润

图 7-16　回归结果（四）

当知道主营业务收入与每股收益时，可以对净利润进行预测，给管理者提供一些决策参考。

相关分析与回归分析的方法在人力资源管理中也常有所应用。借鉴相关分析与回归分析方法，人力资源管理者可通过计划生产量或未来项目产量来灵活配置人员，实现增聘人员、安排轮休或者裁减冗员等日常人力资源管理活动的数量管控。随着经济的快速发展，各种体制的改革加速了人力资源的流动，应预防人员流失而导致企业生产或经营困难，适时提前作好预测与决策，这是企业管理者不容忽视的问题。当然，理论源于实际，通过回归方程计算出的数值是理论状态下的临界值，误差不可避免。因此，企业人力资源管理者在进行人员配置时，应结合企业自身实际、人员的流动现状、员工缺勤率等因素对理论值予以合理调整和修正，确保人力资源数量管理是从实际出发，客观、准确。

7.5　非线性回归分析

如果 y 与 x 之间不是线性关系，而是某种非线性（曲线形）关系，则需要建立非线性回归模型。特别是在复杂的现象中，根据实际分析建立的模型往往不符合线性特点，这类模型称为非线性模型。比如柯布－道格拉斯生产函数（即 C－D 函数）$Y = AL^\alpha K^\beta$ 就是典型的非线性模型。与线性回归分析不同，非线性回归函数有多种多样的具体形式，需要根据所要研究问题的性质并结合实际的样本观测值作出恰当的选择。以下仅对常见的非线性回归模型作简要介绍。（为便于理解，仅从样本角度出发，未考虑误差项及严格的符号使用。）

7.5.1　二次曲线（抛物线）模型

二次曲线（抛物线）模型基本形式为

$$y_i = \beta_0 + \beta_1 x_i + \beta_2 x_i^2 \tag{7-28}$$

式中，β_0，β_1，β_2 代表待定参数。

判断某种现象是否适用抛物线模型，可以利用"差分法"，比如首先将样本观测值按 x 的大小顺序排列，然后计算 x 和 y 的一阶差分 Δx、Δy 以及 $\Delta^2 y$ 的二阶差分 $\Delta^2 y$，当 Δx 接近于一常数，而二阶差分 $\Delta^2 y$ 的绝对值接近于常数时，散点图大致呈抛物线变动，y 与 x 之间的关系可以用抛物线方程近似反映。

二次曲线示意图如图 7-17 所示。

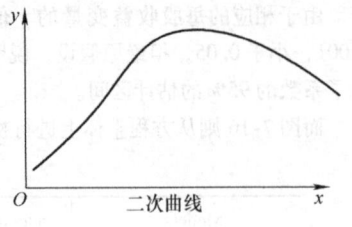

图 7-17　二次曲线示意图

通过线性化方法，主要是变量代换，令 $x_i' = x_i^2$，从而变成多元方程的形式，进而可以通过多元线性回归的方法求解。

7.5.2　指数曲线模型

模型基本形式为

$$y = ab^x \tag{7-29}$$

式中有两个待估计参数 a 和 b。当 $a > 0$，$b > 1$ 时，曲线随 x 值的增加而弯曲上升，趋于 $+\infty$，如产值、产量按一定比率增长；当 $a > 0$，$0 < b < 1$ 时，曲线随 x 值的增长而弯曲下降趋于 0，如单位成本按一定比率降低。指数曲线模型被广泛应用于描述客观现象的变动趋势，特别是在时间序列中。通常判断是否为指数曲线的数量特征是因变量的环比发展速度为一常数或近似相同。

指数曲线模型示意图如图 7-18 所示。

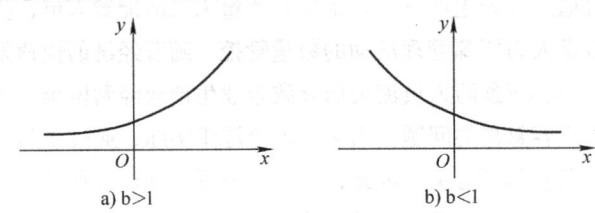

图 7-18　指数曲线示意图

可用线性化方法，两端取对数，如 $\lg y = \lg a + x \lg b$，将其转变成对数线性形式，再进行求解。

7.5.3　幂函数模型

幂函数模型的基本形式为

$$y = ax^b \text{ 或者 } y = ax_1^{b_1} x_2^{b_2} \cdots x_k^{b_k} \tag{7-30}$$

方程中的参数可以直接反映因变量 y 对于某一个自变量的弹性。y 对于 x_j 的弹性是指在其他变量不变的条件下，x_j 变动 1% 时引起 y 变动的百分比。

幂函数曲线示意图如图 7-19 所示。

可用线性化方法，两端取对数，如 $\lg y = \lg a + b \lg x$，将其转变成线性形式，再进行求解。幂函数曲线的特点在生产函数、需求函数等分析中展现明显。

7.5.4　双曲线模型

双曲线模型的基本形式为

$$y = a + b(1/x) \tag{7-31}$$

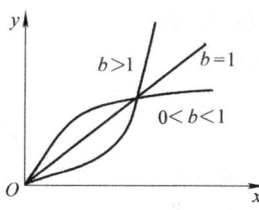 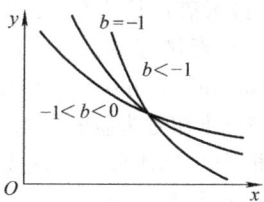

图 7-19 幂函数曲线示意图

双曲线示意图如图 7-20 所示。

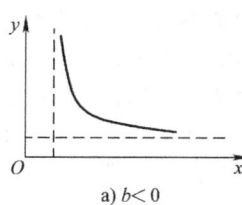 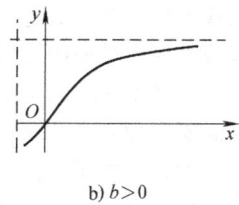

图 7-20 双曲线示意图

可用线性化方法，如变量代换，令 $x_i' = 1/x$，将其转变成线性的形式，再进行求解。

如果 y 随着 x 的增加而增加（或减少），最初增加（或减少）很快，以后逐渐放慢并趋于稳定，则可以选用双曲线来拟合。

7.5.5 对数曲线模型

对数曲线模型的基本形式为

$$y = a + b\lg x \tag{7-32}$$

对数曲线示意图如图 7-21 所示。

可用线性化方法，主要是变量代换，令 $x' = \lg x$，将其转变成线性的形式，再进行求解。

如果随着 x 的增大，x 的单位变动对因变量 y 的影响效果不断递减，或者 y 的对数的一阶差分为一常数时，可以考虑选择该模型。

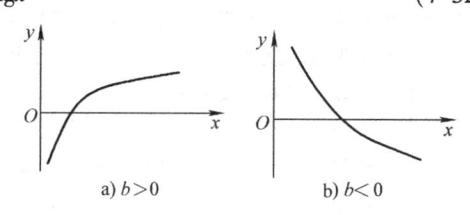

图 7-21 对数曲线示意图

7.5.6 S 形曲线模型

S 形曲线有多种，最常用的 S 形曲线是逻辑曲线。逻辑曲线的方程式如下。

$$y = \frac{L}{1 + a e^{-bx}} \quad (L, a, b > 0) \tag{7-33}$$

逻辑曲线示意图如图 7-22 所示。

逻辑曲线比较复杂，当假定 L 已知或给定时，可用线性化方法，令 $y' = 1/y$，$x' = e^{-x}$，将其转变成线性的形式，再进行求解。

从示意图中可以看到，开始时随着 x 的增加，y 的增长速度也逐渐加快；但是当 y 达到一定水平之后，其增长速度又逐渐放慢，最后无论 x 如何增加，y 只会趋近于 L，而永远不会超过 L。当经济变量的变化特点符合逻辑曲线的特征时，如进行产品需求预测、调研耐用消费品普及率的变化等，可以考虑选择逻辑曲线模型。

非线性回归模型各种各样。比如如果因变量是两个取值的分类变量，如分析公司的经营状况，扭亏为盈记为1，或者破产记为0，那么自变量可以是一些关键的财务指标，或者销售指标等，像这种类型的分析通常用逻辑回归（Logistic Regression）而得到的因变量的结果是在给定自变量情况下扭亏为盈的可能概率。

如何确定非线性模型的具体形式？这需要根据研究经济变量的特征、数据特点和数量特征，同时结合图形、非线性回归模型的特点进行综合判断。模型形式应与有关实质性科学的基本理论相一致，比如，幂函数的形式能够较好地表现生产函数，多项式方程能够较好地反映总成本与总产量之间的关系等。

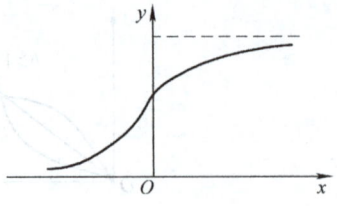

图7-22　逻辑曲线示意图

从以上几种常见的非线性回归模型中可以看到，如何估计模型中的参数，最常用的方法仍然是最小二乘法，但需要根据模型的不同类型作适当的处理，尽可能进行线性变化，如倒数变换、半对数变换等，有时需要多种方法的综合。需要注意的是，非线性回归模型虽可以通过适当的变换转化为线性回归模型，再利用线性回归分析的方法进行估计和检验，但并非所有的非线性模型都可以化为线性模型，有些回归模型是不可线性化的，需通过数值计算等数学方法进行求解。

进行相关与回归分析应注意：变量间关系是否为真实的相关关系；自变量是否进行了筛选；多元回归分析中是否存在多重共线性；模型假定条件是否满足；是否有定性变量（哑变量）引入；是否对不同计量单位进行了标准化处理；模型是否通过了检验；外推预测结果是慎重使用；模型是否符合简洁原则等。

本章小结

本章主要介绍数据相关分析的基本问题、相关的类型、具体内容与方法，简单线性回归分析的基本理论、步骤与方法及结果解读；相应地，介绍了多元回归分析的方法及结果的解读；简要介绍了非线性回归分析的一些模型与处理方法、数据的相关与回归分析应注意的问题。根据介绍的方法，读者应会分析相关的影响因素，建立模型，会对结果进行解读。

对本章内容，需要弄清楚基本体系，包括：主要解决什么问题（变量之间相关关系）；需要什么类型的数据（数值型变量）；如何去分析（相关分析、回归方程）；如何建立回归方程（需要满足的假定条件，有基本的模型）；如何得到具体方程（根据样本数据，用最小二乘法求解）；方程结果如何（各种检验，如拟合优度检验、显著性检验）；对结果如何评价（是否符合理论，检验符号与现实意义是否相符，多元中是否有共线性，残差是否满足假设等）；利用方程进行预测。

思考与练习题

1. 变量之间的依存关系分为哪几种？
2. 什么是相关分析？其主要研究内容是什么？
3. 如何根据散点图判别现象之间的关系？
4. 对变量之间的关系强度采用什么指标进行测量？
5. 什么是样本相关系数？如何根据相关数值判断相关关系的密切程度？
6. 为什么要对相关系数进行检验？如何检验？
7. 复相关系数与偏相关系数有什么区别？
8. 什么是回归分析？
9. 一元线性回归模型及假定条件是什么？
10. 一元线性回归的估计方程是什么？什么是最小二乘法？
11. 对回归方程进行哪些检验？
12. 变差可以分解为哪些？其离差平方和之间有什么关系？
13. 什么是判定系数？判定系数说明了什么？

14. 什么是估计标准误差？它说明了什么？
15. 个值预测与均值预测有什么不同？
16. 什么是残差？利用残差可以作哪些分析？
17. 多元线性回归的样本估计回归方程是什么？要进行哪几个方面的检验？
18. 多元线性回归应关注的问题有哪些？
19. 常用的非线性模型有哪些？
20. 相关分析与回归分析的区别与联系有哪些？应注意什么问题？
21. 根据我国 1961~2010 年的国家财政收入和财政支出的数据（来源于国家统计局网站），利用 Excel 计算得到如图 7-23 所示的结果。

回归统计	
Multiple R	0.997745414
R Square	0.995495911
Adjusted R Square	0.995245683
标准误差	1747.202091
观测值	20

方差分析

	df	SS	MS	F	Significance F
回归分析	1	1.2145E+10	1.21E+10	3978.37	1.41782E−22
残差	18	54948872.6	3052715		
总计	19	1.22E+10			

	Coefficients	标准误差	t Stat	p-value	Lower 95%	Upper 95%
Intercept	455.9779236	567.539239	0.80343	0.43221	−736.37777	1648.33362
财政收入	1.057003379	0.01675807	63.07431	1.4E−22	1.02179599	1.092210768

图 7-23 用 Excel 计算得到的结果

（1）根据得到的结果，写出财政支出对财政收入的一元线性回归方程。
（2）相关系数和可决系数各为多少？具体的含义是什么？
（3）对方程进行各种检验，并说明检验的结论。
（4）收集我国 2011 年、2012 年的财政收入数据，并根据方程进行预测。对预测结果与实际的财政支出进行比较，说明预测结果是否准确。

22. 某公司想了解各年投入的广告费用与销售收入间是否有关，整理了如表 7-5 所示的数据。

表 7-5 相关数据

广告费用/万元	销售收入/百万元
30	12
33	12
33	12
40	13
56	14
58	14

(续)

广告费用/万元	销售收入/百万元
65	20
72	22
80	26
80	26

要求：

(1) 根据表中的数据，画出散点图，并说明两变量间的关系类型。

(2) 根据分析，拟合线性方程，并进行各种检验。

(3) 是否也可以拟合某种曲线形式方程？拟合出具体方程，并与一元线性方程进行比较，说明哪种方程效果更好？

(4) 如果其他情况不变，当投入广告为 100 万元时，预计销售收入会达到多少？

23. 表 7-6 所示是 10 家公司的首次公开发行的原始股票的销售数量和预期价格的数据。

表 7-6　10 家公司的股票数据

公司名称	销售数量/百万股	预期价格/元
A	3	10
B	6.7	14
C	7.7	13
D	4.5	12
E	13.5	19
F	3	11
G	8.8	18
H	6.9	16
I	9	19
J	5	16

要求：

(1) 画出以销售数量为自变量、预期价格为因变量的散点图，并说明两者的关系。

(2) 建立预期价格对股票销售数量的一元线性回归方程。

(3) 对回归方程进行各种检验。

(4) 如果一个公司首次公开发行 700 万股，估计该公司股票的预期价格。

24. 一家销售公司为了更好地销售其饮料产品，收集了本年度 1~9 月的售卖场所广告费用、户外广告费用及相应的月销售收入数据，如表 7-7 所示。

表 7-7　1~9 月的数据

月销售收入 Y/万元	售卖场所广告费用 X_1/万元	户外广告费用 X_2/万元
92	2.5	2.5
95	3	3.3
94	3.5	2.3

(续)

月销售收入 Y/万元	售卖场所广告费用 X_1/万元	户外广告费用 X_2/万元
94	2.5	4.2
94	3	2.5
97	5.5	4.5
96	5	1.5
90	2	2
95	4	1.5

要求:
(1) 建立月销售收入对售卖场所广告费用的一元线性回归方程,对建立的方程进行各种检验。
(2) 图 7-24 所示为一些结果,建立月销售收入对售卖场所广告费用、户外广告费用的二元线性回归方程。

回归统计	
Multiple R	0.896411869
R Square	0.803554239
Adjusted R Square	0.738072318
标准误差	1.068782356
观测值	9

方差分析

	df	SS	MS	F	Significance F
回归分析	2	28.0351145	14.01756	12.2714	0.007581026
残差	6	6.85377434	1.142296		
总计	8	34.8888889			

	Coefficients	标准误差	t Stat	P-value	Lower 95%	Upper 95%
Intercept	87.70558635	1.44050437	60.88533	1.3E-09	84.18079914	91.230374
售卖场所广告费用X_1	1.488124706	0.31989206	4.651959	0.0035	0.705377042	2.2708724
户外广告费用X_2	0.473985885	0.34841538	1.360405	0.22259	-0.37855584	1.3265276

图 7-24 一些结果

(3) 根据以上结果,说明回归方程的解释比例是多少?复相关系数是多少?
(4) 方程是否通过了各种检验?存在什么问题?你将如何解决?

CHAPTER 8

第8章

时间序列的数据分析

学习目标

1. 掌握时间序列数据及构成要素。
2. 掌握时间序列成分及组合形式和时间序列的类型。
3. 掌握时间序列数据的基本描述指标类别及水平指标及速度指标的含义。
4. 掌握时间序列成分组合模型及如何选择。
5. 掌握平稳序列的分析与预测方法。
6. 掌握非平稳序列的分析与预测方法。
7. 了解随机时间序列分析的类型与基本过程。

数据、模型与决策
Data, Models & Decisions

导入案例

"分析经济时间数列"与诺贝尔奖

2003年，瑞典皇家科学院把诺贝尔经济学奖授予美国经济学家罗伯特·恩格尔（Robert Engle）和英国经济学家克莱夫·格兰杰（Clive W. J. Granger），以表彰他们在"分析经济时间数列"研究领域所作出的突破性贡献。他们改进了对包括经济增长指标、价格和利率的时间序列的分析。而"格兰杰检验"的提出者、经济时间序列分析大师克莱夫·格兰杰，在不平稳时间序列分析领域作出了杰出贡献。他在利用数学模型分析时间序列数据方面的实证研究，给全世界打开了一扇窥探经济运行规律，特别是金融市场运行规律的大门。正因如此，人们可以对股市和汇市浩如烟海的数据进行分析整理，并预测今后的走势。格兰杰的工作改变了经济学家处理时间序列数据的方法，对研究财富与消费、汇率与价格以及短期利率与长期利率之间的关系具有非常重要意义。美国联邦储备委员会和许多国家的中央银行都使用这一方法来进行评估和预测。在实际中，许多经济指标的时间序列都是非平稳的，并不具有固定的期望值，并且呈现出明显的趋势性和周期性。没有格兰杰的分析方法，进行时间序列计量方面的实证分析几乎是不可能的。而2011年诺贝尔经济学奖获得者之一克里斯托弗·西姆斯（Christopher Sims）提出的时间序列中"西姆斯检验"在时间序列统计理论和经验宏观经济学方面同样作出了重要贡献。

本章通过讨论各种时间序列的数据分析方法，探索经济时间序列数的动态结构，研究它们的统计性质，理解这些经济数据的生成特点和性质，从而能更有效地利用经济数据构造和建立模型，用以进行经济预测。

8.1 时间序列数据

8.1.1 时间序列数据及构成要素

时间序列数据是数据中最常见的一种数据类型。通常它是将某一个研究的变量或指标在不同时间上的数值，按照时间的先后顺序排列而成，也称时间序列（动态数列、时间数列）。表8-1为一具体示例。

表8-1 我国国内生产总值和主要农产品生产价格指数

时间	国内生产总值/亿元	全国主要农产品生产价格指数
2007.1①	54756	107.34
2007.2	61243	110.18
2007.3	64102	120.72
2007.4	85709	122.22
2008.1	66284	125.54
2008.2	74194	121.15
2008.3	76548	112.56
2008.4	97019	101.61
2009.1	69817	94.14
2009.2	78387	93.39
2009.3	83099	97.33
2009.4	109600	103.2

(续)

时间	国内生产总值/亿元	全国主要农产品生产价格指数
2010.1	82613.4	106.74
2010.2	92265.4	108.95
2010.3	97747.9	110.57
2010.4	128886.1	115.87
2011.1	97418	115.63
2011.2	108950.6	118.03
2011.3	115756	120.52
2011.4	150757	111.9
2012.1	108417.9	109.16
2012.2	119487.1	—
2012.3	125575	—

数据来源：国家统计局网站，经过整理而得。

① 2007.1 表示 2007 年第 1 季度，以下同。

可以看到，时间数列一般由两个基本要素组成，一个是观测值所属的时间，一个是反映客观现象特征的数值（观测值）。其中，观测的时间可以是年份、季度、月份或其他任何时间形式，观测时间一般用 t 表示；观测值用 y_t ($t = 1, 2, \cdots, n$) 表示。观测值具体可以表现为总量或总值，也可以表现为相对数和平均数的形式。

对于获得的时间序列，数据表明了社会经济现象的发展变化过程及其趋势，能够准确反映当前宏观经济的运行情况和企业的生产经营状况及其发展变化过程。不仅如此，人们需要根据时间序列信息，找出相应系统的内在规律性，尽可能多地从中提取出所需要的信息，并利用历史数据，对未来宏观经济的走势和企业未来的盈利等情况作出预测，为此要对时间序列进行分析。

对时间序列进行分析可以采用描述方法和模型分析方法：描述方法包括图形、一些常用的分析指标等；模型分析方法主要根据时间序列的成分分析，选择适合的模型，包括各种平滑公式，乘法、加法模型及分解，平稳随机时间序列 ARMA 模型和非平稳随机序列 ARIMA 模型等各种技术。

8.1.2　时间序列成分及构成形式

时间序列的变化是多种因素综合作用的结果。根据时间序列的影响因素，通常将时间序列的构成成分区分为长期趋势、季节变动、循环变动和不规则变动四种。一个时间序列往往是这几个成分的叠加或混合。

1. 长期趋势（T）

长期趋势也称**趋势**，是时间序列在较长时期内朝着一定的方向持续上升或下降或停留在某一水平上的倾向，它反映了客观事物的主要变化趋势，通常是长期的主要因素影响的结果，如人口总数的增加或减少等。如图 8-1 所示，我国国内生产总值观测值（2007.1 ~ 2011.4）的变动趋势就是波动中上升。SAS_1 表示不含季节变动的序列的长期趋势。

2. 季节变动（S）

季节变动是指一年或更短的时间之内，由于受季节因素的影响而呈现出有规律的周期性波动。

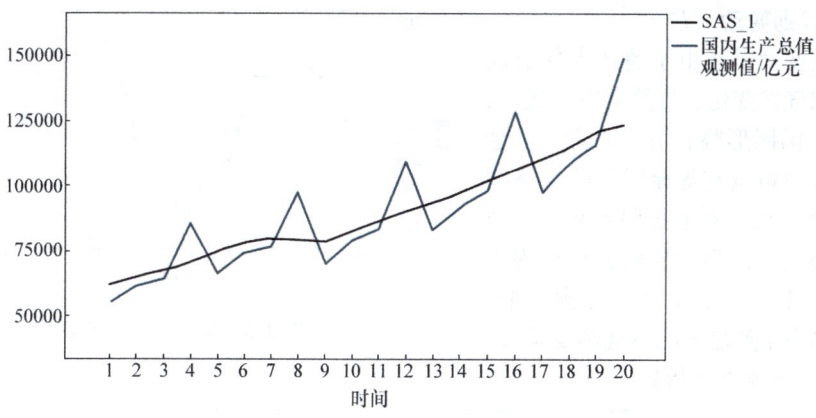

图 8-1 我国国内生产总值的变动趋势图

季节变动产生的原因主要包括自然因素,如春夏秋冬季节的交替;同时也包括人为因素,如法律规定、习俗和一些制度规定,如春节、端午、中秋、十一长假等假期,都会使一些现象产生周期性变化,也就是通常所说的假日效应,如销售收入增加。季节变动也用来指更短的时间的规则变动,比如 24 小时内的交通流量的变动等。根据表 8-1 我国国内生产总值的数据得到的季节变动趋势图如图 8-2 所示。

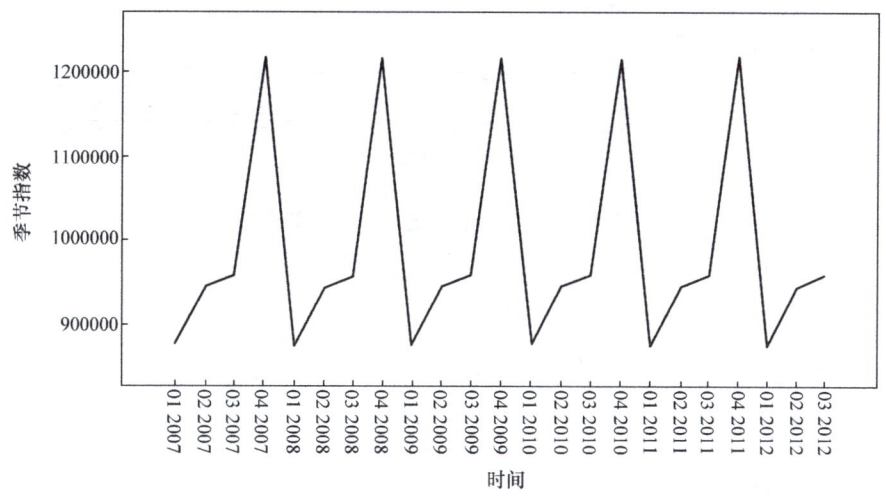

图 8-2 我国国内生产总值的季节变动趋势图

3. 循环变动（C）

循环变动是指通常以若干年为周期（持续时间超过一年）、不具有严格规则的周期性连续变动。与季节变动不同,它的波动周期较长,周期的长短不一,是非固定长度的周期性变动。循环变动的规则性和稳定性较差。区别于长期趋势,循环变动不是朝着单一方向的持续运动,而是涨落相间的波浪式起伏变化。一般时间序列的循环变动归因于经济周期。由于经济周期预测的复杂和困难,通常循环常常与长期趋势影响合并,统称为趋势循环影响。循环变动示意图如图 8-3 所示,图 8-4 所示为我国国内生产总值的趋势循环变动图,由于数据有限,循环显示并不明显,或者也可能不存在循环波劲。

4. 不规则变动（I）

不规则变动是指由于偶然事件引起的变动，如气候变化、自然灾害、战争、政治事件、国际形势、消费心理、社会舆论、经济政策调整等原因影响经济的变动。也就是说，除去长期趋势、季节变动和循环变动之后的随机波动称为不规则波动。不规则变动是不可预测的。图 8-5 为国内生产总值的不规则变动图，ERR_1 为不规则波动指数。

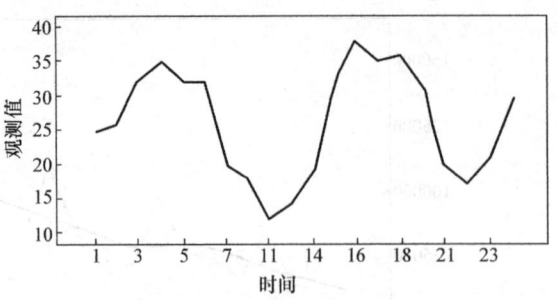

图 8-3　循环变动示意图

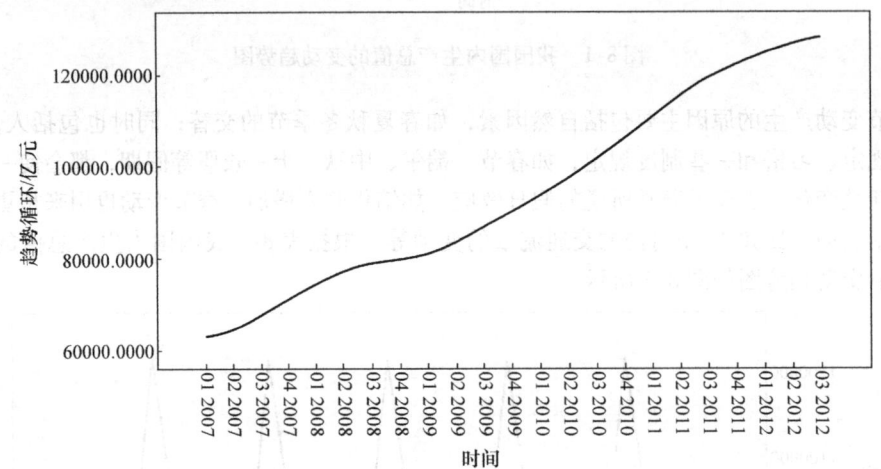

图 8-4　国内生产总值的趋势循环变动图

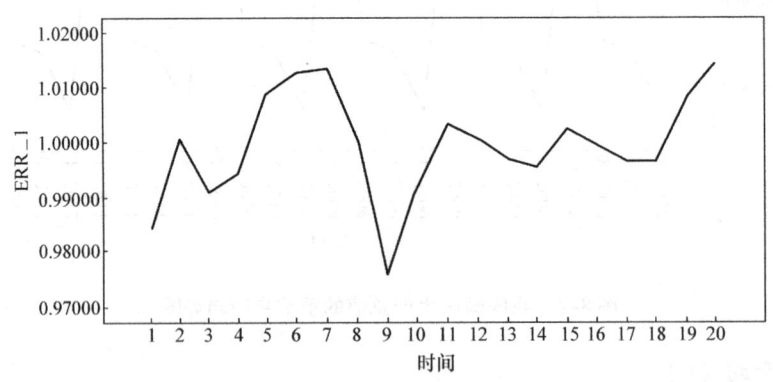

图 8-5　国内生产总值的不规则变动图

时间序列的四种成分是如何混合在一起得出时间序列的数值呢？通常认为四种成分与序列的关系为

$$Y_i = T_i \times S_i \times C_i \times I_i \tag{8-1}$$

或者

$$Y_i = T_i + S_i + C_i + I_i \tag{8-2}$$

式（8-1）称为乘法模型，式（8-2）称为加法模型。此外还有加乘混合模型。模型的选取需要考虑到现象变化的规律和数据本身的特征：如果季节变动（循环变动、不规则变动）

依赖于长期趋势的变化,则宜选用乘法模型或加乘混合模型;如果四种成分之间是相互独立的,某种成分的变动并不影响其他成分的变动,则可以考虑加法模型。

乘法模型为较常用的形式。在乘法模型中,四种成分之间保持着相互依存的关系。一般而言,长期趋势成分用绝对量表示,具有和时间序列本身相同的量纲,其他成分则用相对量表示。如要测定某种成分的变动,须从原时间序列中除去其他影响成分的变动。

一个时间序列可能由其中的一种成分组成,也可能同时包含几种成分,因此,在分析之前,需要根据时间序列的图形对时间序列包含的成分作出判断,再根据判断的结果选择适合的分析方法。

8.1.3 时间序列的类型

根据时间序列包含成分的分析,可以判断时间序列的基本类型。

从基本分类看,时间序列分为平稳序列和非平稳序列。

如果时间序列由不规则变动导致,即不含趋势、季节和循环变动,那么该时间序列称为平稳序列。其序列变动只包含随机成分,序列中的观测值基本上在某个固定的水平上下波动。

如果时间序列包含有趋势、季节和循环变动,那么该时间序列称为非平稳序列。非平稳可能由其中的一个成分或几个成分的组合构成。比如,可能有长期趋势,或者趋势和季节的组合,或者趋势、季节和循环的组合等。图 8-1 中我国国内生产总值观测值的图形就是含有趋势和季节的变动。明确时间序列的组成成分,可对时间序列进行分解分析,分析各个成分的作用大小,更好地把握时间序列的变化规律,进而预测现象未来的变化。

8.2 时间序列数据的描述分析

对时间序列的分析,首先从基本分析入手,对其进行基本描述,包括图形、基本分析指标等。

图形描述为最基本的手段,通常为线图或时序图。时间一般绘制在横轴,观测值在纵轴。图形大致反映现象的变动趋势和成分的组成。图形虽简单、直观,但获取信息少且较粗略,分析结果的主观性较大,实践中常与其他方法结合使用。

指标分析通过计算一系列核心指标来反映所研究现象的动态特征,包括水平指标和速度指标。

8.2.1 时间序列水平指标

1. 发展水平

时间序列中每一个观测值都可以称为发展水平。

通常把要研究的那个时间的发展水平称为报告期水平或计算期水平,把用来作为比较基础的时间的发展水平称为基期水平。例如要研究 2012 年第 2 季度的数据,2012 年第 2 季度的观测值即为报告期水平;2012 年第 2 季度观测值和哪个时期哪个季度的数值相对比,那个季度的数值即为基期水平。

2. 平均发展水平

将不同时期的发展水平加以平均得到的平均数称为平均发展水平,也称序时平均数或动态平均数。

数据根据反映的时间状况不同,分为时期数据和时点数据(类似经济变量中的流量和存量),其各自的动态平均数计算方法也相应不同。

(1) 基于时期数据计算。表8-1中国内生产总值的季度数据为**时期数据**,反映研究的现象在某一段时期内累计的总量。例如,66284亿元说明的是我国2008年第1季度国内生产总值。各期数值可以相加,表示现象在更长时期内发生的总量。例如把2008年第1、第2、第3、第4季度的国内生产总值相加,就得到了2008年全年的国内生产总值。可以看到,时期数据的时间越长,时期数据数值越大。像社会商品零售总额、固定资产投资总额均属于时期数据。

根据表8-1可以计算平均每个季度的国内生产总值平均数,结果为:2148632.4亿元/23 = 93418.8亿元。

如果用 y_i ($i=1, 2, 3, \cdots, n$) 表示时间序列各期观测值,则有

$$\bar{y} = \frac{y_1 + y_2 + \cdots + y_n}{n} = \frac{\sum_{i=1}^{n} y_i}{n} \tag{8-3}$$

再如,2002—2011年我国国内生产总值和年末总人口年份数据如表8-2所示。

表8-2 2002—2011年我国国内生产总值和总人口

年份	国内生产总值/亿元	总人口/万人
2002	102398	128453
2003	116694	129227
2004	136515	129988
2005	182321	130756
2006	209407	131448
2007	246619	132129
2008	300670	132802
2009	335353	133450
2010	397983	134091
2011	471564	134735

资料来源:统计局网站,国内生产总值均来自《国民经济和社会发展统计公报》。

根据表8-2中的数据,可计算出2002—2011年我国的年平均GDP。

$$\bar{y} = \frac{102398 + 116694 + \cdots + 471564}{10} \text{亿元} = 249952.4 \text{亿元}$$

(2) 基于时点数据计算。对有些现象,人们在记录和登记观测值时,不是连续进行,而是每隔一段时间进行,其结果形成的时间序列为时点数据。**时点数据**反映研究现象在某一时刻状态下的总量水平。比如表8-2中的总人口数为年末总人口,反映年末时点上登记和记录的结果。像期末物资库存量、企业固定资产数等均属于时点数据。时点数据的数值大小与时点间的间隔长短(登记和记录时间)无直接关系。时点数据数值直接相加得到的结果没有实际意义。因此,时点数据平均数的计算,需要采用先求两点间的平均、再求总平均的方法进行。例如,如果想获得2003—2011年的平均人口,则可以先计算每一年的平均人口,再计算整个期间(2003—2011年)的平均人口。根据表8-2中的总人口计算的2003—2011年的平均人口为

$$\bar{y} = \frac{\frac{128453}{2} + 129227 + 129988 + 130756 + 131448 + 132129 + 132802 + 133450 + 134091 + \frac{134735}{2}}{10-1} \text{万人}$$

$$= 131720.6 \text{万人}$$

将过程归纳为一般形式，得到

$$\bar{y} = \frac{\frac{y_1+y_2}{2} + \frac{y_2+y_3}{2} + \cdots + \frac{y_{n-1}+y_n}{2}}{n-1} \tag{8-4}$$

$$\bar{y} = \frac{\frac{y_1}{2} + y_2 + y_3 + \cdots + \frac{y_n}{2}}{n-1} \tag{8-5}$$

式（8-4）整理后即为式（8-5）。

在表8-2中，总人口数登记时间是每一年的年末，2002—2011年，登记间隔均是一年，属于间隔相等的时间数据。如果观测值的记录或登记时间间隔不同，比如有些时候每期登记或记录，有些时候间隔2期或3期，这时计算整个期间的观测值的平均数就需要考虑间隔。可以采用下面的公式进行计算。

$$\bar{y} = \frac{\frac{y_1+y_2}{2}f_1 + \frac{y_2+y_3}{2}f_2 + \cdots + \frac{y_{n-1}+y_n}{2}f_{n-1}}{f_1 + f_2 + \cdots + f_{n-1}} \tag{8-6}$$

式中，f为相邻两个观测值记录或登记时间的间隔。如果间隔相等，式（8-6）即变成式(8-4)。

分析中常常也会选择使用人均GDP这个指标。如果计算每一年的人均GDP，可用本年的GDP除以本年的平均人口数。如果再进一步分析，想得到2003—2011年这段时期我国的年人均GDP，则不能直接加总再相除。人均GDP属于GDP和人口两个数值对比的结果，要计算某一段时期人均GDP的平均数，应分别计算这段时期GDP的平均数、人口的平均数，再将GDP的平均、人口的平均两个平均数进行对比。表8-2中，2003—2011年的年平均GDP = 266347.3333亿元，同期年平均人口131720.6万人，则2003—2011年的人均GDP为

266347.3333亿元/131720.6万人 = 2.022063544万元/人 = 20220.63544元/人

3. 增长量

在时间数据分析中，也常常使用**增长量**。它是现象在一定时期内增长的绝对数量，用报告期发展水平减基期发展水平而得到。进行比较的基期有多种选择，通常是报告期的前一期、某一个固定基期、上年同期等。这时增长量分别为

逐期增长量 = 报告期水平 − 报告期的前一期水平

累计增长量 = 报告期水平 − 固定基期水平（通常为数据中的第一期）

同比增长量 = 报告期水平 − 上年同期水平

表8-3是根据GDP计算的逐期增长量和累计增长量。

表8-3　GDP相关计算　　　　　　　　　　　　　　　　　（单位：亿元）

时间	GDP	逐期增长量	累计增长量
2002	102398	—	—
2003	116694	14296	14296
2004	136515	19821	34117
2005	182321	45806	79923
2006	209407	27086	107009
2007	246619	37212	144221
2008	300670	54051	198272

(续)

时间	GDP	逐期增长量	累计增长量
2009	335353	34683	232955
2010	397983	62630	295585
2011	471564	73581	369166

4. 平均增长量

根据逐期增长量或累计增长量，可以计算出一段时期内的平均增长量，以说明研究现象在一段时期内平均每期的增长变化情况。其计算公式为

$$\text{平均增长量} = \frac{\text{逐期增长量之和}}{\text{逐期增长量个数}} = \frac{\text{相应累计增长量}}{\text{项数} - 1} \quad (8\text{-}7)$$

本例中，2002—2011 年每一年平均增长的数量为

$$\frac{369166}{10-1} \text{亿元} = 41018.44 \text{亿元}$$

8.2.2 时间序列速度指标

速度指标在时间序列数据中应用较普遍，如增长速度。其具体可分为发展速度、增长速度、平均发展速度和平均增长速度等。

1. 发展速度

发展速度是表明被研究现象发展程度的相对指标，它是序列中两个不同时间发展水平相对比的结果。其表达式为

$$\text{发展速度} = \frac{\text{报告期水平}}{\text{基期水平}} \quad (8\text{-}8)$$

由于选择的基期不同，发展速度有定基发展速度和环比发展速度之分。

如果基期选择为某一固定期水平（通常为数据的第一期），对比的结果称为**定基发展速度**，表明所研究现象在一定时间内总的发展情况。实际中，定基发展速度也称**总速度**。

如果基期选择为各报告期的前一期水平，对比的结果称为**环比发展速度**，表明研究现象逐期发展变化的情况。

环比发展速度和定基发展速度的表达式为

$$\text{环比发展速度} = \frac{y_i}{y_{i-1}}$$

$$\text{定基发展速度} = \frac{y_i}{y_0} \quad (8\text{-}9)$$

例如：

2011 年 GDP 的环比发展速度 = 471564 亿元/397983 亿元 = 1.1849 或 118.49%，说明 2011 年的 GDP 为（是）2010 年的 118.49%。

2011 年 GDP 的定基发展速度 = 471564 亿元/102398 亿元 = 4.6052 或 460.52%，说明 2011 年的 GDP 为（是）2002 年的 460.52%，也说明这几年总的发展变化的程度达到 460.52%。

2. 增长速度

增长速度，也称增长率，表明现象的增长程度，由增长量与其基期水平对比而得。其表达式为

$$\text{增长速度} = \frac{\text{增长量}}{\text{基期水平}} = \frac{\text{报告期水平} - \text{基期水平}}{\text{基期水平}} \quad (8\text{-}10)$$
$$= \text{发展速度} - 100\%$$

同发展速度类似,根据基期选择不同,相应的也有**定基增长率**与**环比增长率**。

环比增长率 = 环比发展速度 − 1(100%)

定基增长率 = 定基发展速度 − 1(100%)

增长率也可能为负,说明报告期比基期降低的程度,即降低率。

GDP 速度指标计算表如表 8-4 所示。

表 8-4 国内生产总值速度指标计算表

时间	国内生产总值/亿元	环比发展速度	定基发展速度	环比增长率	定基增长率
2002	102398	—	—	—	—
2003	116694	1.1396	1.1396	0.1396	0.1396
2004	136515	1.1699	1.3332	0.1699	0.3332
2005	182321	1.3355	1.7805	0.3355	0.7805
2006	209407	1.1486	2.0450	0.1486	1.0450
2007	246619	1.1777	2.4084	0.1777	1.4084
2008	300670	1.2192	2.9363	0.2192	1.9363
2009	335353	1.1154	3.2750	0.1154	2.2750
2010	397983	1.1868	3.8866	0.1868	2.8866
2011	471564	1.1849	4.6052	0.1849	3.6052

2011 年 GDP 的定基增长率为 360.52% = 471564 亿元/102398 亿元 − 100%,说明从 2002 年到 2011 年,这些年 GDP 总共增长了 360.52%。

不考虑价格因素,2011 年 GDP 的环比增长率为 18.49% = 471564 亿元/397983 亿元 − 100%,说明 2011 年 GDP 比 2010 年增长了 18.49%。

我国政府公布的许多指标经常采用"同比"的方式,即用当年的发展水平与上年同期的发展水平进行比较。比如,2013 年第 2 季度的销售额数据与 2012 年第 2 季度的销售额数据相比,2013 年 5 月的价格数据与 2012 年 5 月的价格数据相比。相比的直接结果为同比发展速度;同比发展速度再减 1 或 100%,即为同比增长速度。采用"同比"有利于消除季度因素,从而较为科学地反映现象的变化。

3. 平均速度

平均速度是速度分析中的一种,包括平均发展速度与平均增长速度(平均增长率)。平均发展速度说明现象在一段较长时期内逐期平均发展变化的程度,平均增长速度说明现象逐期平均增长变化的程度,也称平均增长率。

平均速度有两种计算方法:几何平均法(或水平法)和高次方程法(或累计法)。实际中常用几何平均法。

几何平均法表示为平均增长速度。

$$\begin{aligned} \overline{G} &= \sqrt[n]{\frac{y_1}{y_0} \frac{y_2}{y_1} \cdots \frac{y_n}{y_{n-1}}} - 1 = \sqrt[n]{\prod \frac{y_i}{y_{i-1}}} - 1 \\ &= \sqrt[n]{\frac{y_n}{y_0}} - 1 \\ &= \sqrt[n]{R} - 1 \end{aligned} \quad (8\text{-}11)$$

式中，R 代表的是总速度。减 1 之前的结果均为平均发展速度。

本例中我国 2002—2011 年平均增长率

$$\overline{G} = \sqrt[9]{1.1396 \times 1.1699 \times 1.3355 \times \cdots \times 1.1849} - 1$$

$$= \sqrt[9]{\frac{471564}{102398}} - 1$$

$$= \sqrt[9]{4.6052} - 1$$

$$= 1.1849 - 1 = 0.1849 \text{ 或 } 18.49\%$$

根据《国民经济和社会发展统计公报》的初步统计数据，不考虑价格等因素，说明我国 GDP 这 9 年平均增长率达到 18.49%。

在分析有关速度指标时应当注意的一个问题就是，不能单纯就速度论速度，需要结合水平指标进行分析。假如，甲乙两个公司规模相差不大，甲公司利润增长 30%，乙公司利润增长 40%，哪个企业更好呢？如表 8-5 所示，单纯从速度看，肯定是乙更好些。但不能忽视的是，甲乙实际利润的多少，即实际的效果。

表 8-5　甲乙企业利润表

	甲企业利润/万元	甲企业增长率（%）	乙企业利润/万元	乙企业增长率（%）
2011 年	10000	—	500	—
2012 年	13000	30	700	40

如何进行评判？要综合考虑。在考虑速度的同时，也要考虑每增长 1% 增长的利润是多少，这就需要使用另外一个指标——**每增长 1% 的绝对量**，也就是增长率每增长一个百分点而增加的绝对数量。

$$\text{增长 1\% 的绝对值} = \frac{\text{逐期增长量}}{\text{环比增长速度} \times 100} = \frac{\text{前一期水平}}{100} \tag{8-12}$$

甲企业每增长 1% 增长的利润是 10000 万元/100 = 100 万元，乙企业每增长 1% 增长的利润是 500 万元/100 = 5 万元。因此，从目前看，虽然甲企业增长速度略低，但甲企业效益更好些。

每增长 1% 的绝对数量这个指标，主要用于弥补增长率分析中的局限，使人们能够较为全面地认识所要研究的问题。

8.3　时间序列数据的成分分析

8.3.1　时间序列成分及构成模型与评价方法

1. 时间序列成分构成模型的选择

由于时间序列可能受长期趋势、季节变动、循环变动和不规则变动影响，因此，对时间序列进行分析和预测时，时间序列的基本构成成分是选择预测方法要考虑的重要因素。

如果时间序列呈现水平变化的趋势，那么这个时间序列可能只有不规则变动，只受随机因素这一个成分的影响，这时就要选择适合这类趋势的分析模型与方法。

如果时间序列有趋势，那么就是非平稳的序列，这时要进一步考虑：趋势是线性的还是非线性的？非线性具体是哪一种？在趋势变动中，有没有季节变动规律出现？如果没有季节规律，那就是进行单纯的趋势分析，就要选择与上升、下降或某种曲线趋势相吻合的趋势模型；如果有季节变动规律出现，那就要考虑趋势与季节的影响，就应选择同时包含存在趋势和季节影响的模型和方法。也就是说，要通过图形特点分析，分析出数据的构成成分，寻找适合的模型与分析方法。

2. 模型预测效果的评价方法

选择了相应的模型与分析方法，接下来的问题就是评价模型及方法选择得好不好，即要评价模型是否能很好地再现历史数据或预测时间序列数据。这主要通过预测精度和预测结果的评价来反映。

预测精度是通过测量与分析预测误差来判断的。预测误差是预测值同实际值之间的差异大小，由于选择模型只是时间序列数量变化规律的近似反映，同时也不可能将所有影响因素都纳入模型中，因此误差存在是必然的。也就是说一种预测方法的好坏取决于预测误差的大小。根据误差的含义，预测误差 = 实际值 − 预测值。如果用字母表示，预测误差就是

$$e_i = y_i - \hat{y}_i \tag{8-13}$$

式中，e_i（$i = 1, 2, \cdots, t$）代表第 t 期的预测值与实际值的误差。

除式（8-13）外，考虑误差值大小、误差值正负及可比性等问题，在绝对误差基础上，进行了相关的处理或扩展，产生了误差不同的表现形式，分别如下。

百分误差——绝对误差与其相应的实际观测值之比，用 R_i 表示。

$$R_i = \frac{e_i}{y_i} \times 100 \tag{8-14}$$

平均百分误差：

$$\text{MPE} = \frac{\sum R_i}{n} \tag{8-15}$$

平均绝对百分误差：

$$\text{MAPE} = \frac{\sum |R_i|}{n} \tag{8-16}$$

平均误差：

$$\bar{e} = \frac{1}{n} \sum_{i=1}^{n} e_i \tag{8-17}$$

平均绝对误差：

$$\text{MAE} = \frac{1}{n} \sum_{i=1}^{n} |e_i| \tag{8-18}$$

均方误差：

$$\text{MSE} = \frac{1}{n} \sum_{i=1}^{n} e_i^2 \tag{8-19}$$

均方根误差：

$$\text{RMSE} = \sqrt{\frac{1}{n} \sum_{i=1}^{n} e_i^2} \tag{8-20}$$

在实际应用时，可从以上误差中选择。各种误差各自的特点、处理方法不同，选择哪一种误差用于预测精度检测需要慎重考虑。按照模型要求，均方误差具有良好的数学特征，衡量误

差时广为使用,且具有最小均方误差的模型被认为是最好的预测方法,从这个角度讲,MSE 和 MAPE 是评价预测精度最常用的两个指标,但其缺点是本身没有明确的标准,因而有时也使用平均百分误差,认为当其小于 10 时,模型的预测精度是较高的。有时,也可以根据预测误差绘制控制图,或求得一个区间,用来判断预测模型是否适用。

预测模型效果的另一种评价就是预测结果的评价。它是凭借对预测对象未来发展变化的认识,评价模型预测结果的可靠性。将实际观测值与其预测值相比较,如果实际观测值均位于允许的置信区间内,则模型的可靠性强,该模型可以接受;如果实际观测值落在允许的置信区间之外,则应分析原因,并采取相应措施直至模型可以被接受。一般来讲,预测误差大、预测模型可靠性差可能是由于设定的模型不精确,使用了陈旧的、不准确的数据,影响因素较复杂,模型的方法不合适或者计算上出现了差错,主观判断出现失误等原因所造成。

需要说明的是,预测精度是评价和选择预测模型与方法的一个重要因素,但不是唯一的因素,或者说不能完全依赖它。进行效果评价时,对经济现状的判断、理论知识和未来预期走势等,都是应该考虑的,也就是必须与定性分析相结合,特别是在外部环境诸多动态因素的变化和时间序列在未来有可能发生改变时。

8.3.2 时间序列成分及分析预测方法

在分析时间序列成分以及进行预测时,可以通过画图大致判断时间序列趋势和影响成分,以选择具体的预测方法。

1. 平稳序列的分析与预测方法

平稳序列是不含有趋势成分的序列,其数据波动主要是随机成分所致,因此可以通过对时间序列进行平滑处理,消除其随机波动。常用的主要方法包括简单平均法、移动平均法和指数平滑法等。

(1) 简单平均法。简单平均就是用已有的 t 期观察值计算平均值作为下一期预测值。

如果用趋势值 F_{t+1} 表示第 $t+1$ 期的预测值 $\hat{Y}_{t+1}$,即 $\hat{Y}_{t+1} = F_{t+1}$,根据时间序列已有的观察值为 Y_1,Y_2,…,Y_t,则

$$F_{t+1} = \frac{1}{t}(Y_1 + Y_2 + \cdots + Y_t) = \frac{1}{t}\sum_{i=1}^{t} Y_i \qquad (8-21)$$

例如将 2007 年第 1 季度~2012 年第 1 季度的各期全国主要农产品生产价格指数进行平均,得到 110.7976,即为 2012 年第 2 季度的预测值。

简单平均适合对较为平稳的时间序列进行预测,当时间序列有趋势或有季节变动时,预测结果不够准确。根据式(8-13),当有第 $t+1$ 的实际值,可以算出第 $t+1$ 的预测误差为 $e_{t+1} = Y_{t+1} - F_{t+1}$,以此类推。

(2) 移动平均法。移动平均是对时间序列数据通过逐期移动,计算一系列扩大时间间隔后的序时平均数形成一个新的、派生的时间序列。经过移动平均对原序列起到了修匀的作用,短期偶然因素引起的变动、不规则变动等被削弱,从而更清晰地呈现出现象的变动趋势。这一方法仅适合于没有长期趋势的数据。使用移动平均法需要注意以下几点:

1) 每次计算移动平均值时,需要选择移动的间隔(移动步长)。移动间隔的选取应根据现象的特点和数据的情况来决定。对于同一个时间序列,采用不同的移动步长预测的准确性是不同的。间隔多少移动平均结果能更好地反映趋势,可通过试验的办法,选择一个使误差

（比如均方误差）达到最小的间隔；当时间序列有周期时，移动平均的期数一般取序列的某种周期长度，比如 4（季节）、12（月份）或周期长度的倍数等，可以消除季节成分或循环变动的影响。（由于区分长期趋势和循环变动比较困难，有时对二者不作区分，而是把两项合在一起称为"趋势循环"成分。）

2）计算方法有简单移动平均法和加权移动平均法。简单移动平均法将每个观察值都给予相同的权数，如果选择移动间隔为 k（$1<k<t$），也就是每 k 期进行移动平均，则 t 期的移动平均值为

$$\overline{Y}_t = \frac{Y_{t-k+1} + Y_{t-k+2} + \cdots + Y_{t-1} + Y_t}{k} \quad (8-22)$$

将 t 期的移动平均值作为第 $t+1$ 期的简单移动平均预测值，有

$$F_{t+1} = \overline{Y}_t = \frac{Y_{t-k+1} + Y_{t-k+2} + \cdots + Y_{t-1} + Y_t}{k} \quad (8-23)$$

如果将每个观察值都给予不同的权数，比如距离第 t 期即预测期较近的数据给予较大的权数，而离预测期较远的数据给予较小的权数，也就是对式（8-22）进行加权平均，此时的方法就为加权移动平均法。

如果序列具有趋势，用一次移动平均往往会使预测值偏低或偏高。这时，应采用线性二次移动平均，即在计算一次移动平均的基础上，再进行一次移动平均，通过修正一次和二次移动平均值差，使预测值更接近实际值。有兴趣的读者可以参考有关的书籍。

3）对移动平均结果的使用。计算出的移动平均值，其一是可以直接作为最近一期（第 $t+1$ 期）的趋势值（预测值）；其二是作为 k 期的中间一期的趋势值（即中心化移动平均）。作为中心化移动平均时，如果选择的移动期数 k 为奇数，进行移动平均时，计算的结果应放在 k 期中间所对应的位置上，k 期平均结果正好对应某期；当 k 为偶数时，第一次移动平均结果也应放在 k 期中间所对应的位置上，这时对应的时期介于某两个时间之间，不能构成时间序列，须将移动平均数再进行一次两项移动平均，以调整趋势值的位置，使趋势值能对准某一时期，这一过程称为移正（中心化移动平均）。中心化移动平均需要再进行 $k+1$ 项移动平均（移正），首末两个数据的权重为 0.5，中间数据权重为 1，即

$$F_{t-k/2} = \frac{1}{k}(0.5Y_t + Y_{t-1} + \cdots + Y_{t-k+1} + 0.5Y_{t-k}) \quad （k\text{ 为偶数时}） \quad (8-24)$$

时间序列分解季节成分时，常常使用偶数移动。移动平均后得到的时间序列值也称趋势值序列，其形成的新数列的项数比原数列要少。

4）移动平均在实际中的应用。应用比较多的是在股市技术分析中，即将一段时期内的股票价格平均值连成曲线（最近 n 天收市价格的算术移动平均线），通过移动平均线，消除股价的偶然变动，可观察股价总的走势，选择出入市的时机。常用的如短期均线，3 日、5 日、10 日均线，常把 10 日均线作为短线买卖的依据；中期均线，如 20 日（月线）、30 日、40 日、60 日（季线）均线，中期均线走势不太敏感，平滑效果优于短期均线，因此最常被投资人使用；长期均线，如 120 日（半年线）、250 日（年线）均线，长期均线走势趋于平缓，适合趋势判断。短期均线安全性较差，长期均线安全性相对好一些。投资者如果倾向短期投机，选择使用短期或短中期均线。表 8-6 为 Excel 计算的全国主要农产品生产价格指数的 4 期和 3 期移动平均的计算表，用计算出的移动平均值，直接作为最近一期（第 $t+1$ 期）的趋势值（预测值）。最后一列为中心化移动平均结果。

表8-6 移动平均计算表

时间	全国主要农产品生产价格指数	4期移动平均	3期移动平均	4期（绝对）预测误差	3期（绝对）预测误差	4期移动的2期平均
2007.1	107.34					
2007.2	110.18					
2007.3	120.72						117.39
2007.4	122.22		112.7467			121.04
2008.1	125.54	115.1150	117.7067	10.4250	7.8333	121.39
2008.2	121.15	119.6650	122.8267	1.4850	1.6767	117.79
2008.3	112.56	122.4075	122.9700	9.8475	10.4100	111.29
2008.4	101.61	120.3675	119.7500	18.7575	18.1400	103.9
2009.1	94.14	115.2150	111.7733	21.0750	17.6333	98.52
2009.2	93.39	107.3650	102.7700	13.9750	9.3800	96.82
2009.3	97.33	100.4250	96.3800	3.0950	0.9500	98.59
2009.4	103.2	96.6175	94.9533	6.5825	8.2467	102.11
2010.1	106.74	97.0150	97.9733	9.7250	8.7667	105.71
2010.2	108.95	100.1650	102.4233	8.7850	6.5267	108.95
2010.3	110.57	104.0550	106.2967	6.5150	4.2733	111.64
2010.4	115.87	107.3650	108.7533	8.5050	7.1167	113.89
2011.1	115.63	110.5325	111.7967	5.0975	3.8333	116.27
2011.2	118.03	112.7550	114.0233	5.2750	4.0067	117.02
2011.3	120.52	115.0250	116.5100	5.4950	4.0100	115.71
2011.4	111.9	117.5125	118.0600	5.6125	6.1600	
2012.1	109.16	116.5200	116.8167	7.3600	7.6567	
		114.9025	113.86			

根据平均绝对误差公式计算，4期（绝对）预测误差、3期平均绝对误差分别为8.6831和7.4482，相差不大。考虑到消除季节影响，还应选择4期移动平均。

根据4期、3期移动平均计算的2012年第2季度的预测值为114.9025、113.86，实际值与预测值图形如图8-6所示。

从图8-6中可以看出，消除偶然因素后，预测值比实际值趋势更明显。

（3）指数平滑法。指数平滑法用过去的时间序列值的加权平均作为预测值，是加权移动平均一种特例。它既可以用来描述时间序列的变化趋势，也可以实现时间序列的预测。简单指

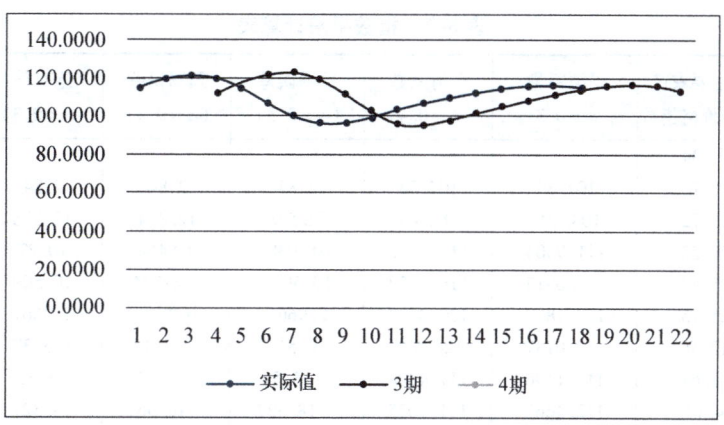

图 8-6　全国主要农产品生产价格指数的 4 期、3 期移动平均曲线图

数平滑时，只需用 2 个数据值。通常，离预测期越近的值，对预测结果影响就大，其权重也越大；观测值时间越远，其权数也随着呈现指数的下降，因而称为指数平滑。

指数平滑法较多，主要有单参数（一次）指数平滑、双参数（Holt）指数平滑和三参数（Winter）指数平滑。选择时应注意适用的时间序列。其中：单参数（一次）指数平滑一般用于不包含长期趋势和季节成分的平稳时间序列预测。双参数指数平滑通常用于只包含长期趋势不包含季节成分的数据的非平稳时间序列预测。三参数指数平滑常适用于包含长期趋势和季节成分的非平稳时间序列预测。

下面介绍一次指数平滑——简单模型预测方法。

一次指数平滑适用于既无趋势也无季节成分的时间序列，用于对时间序列进行修匀，以消除随机波动，找出序列的变化趋势。其基本公式为

$$\hat{Y}_{t+1} = \alpha Y_t + (1-\alpha)\hat{Y}_t$$
$$= \alpha Y_t + \alpha(1-\alpha)Y_{t-1} + \alpha(1-\alpha)^2 Y_{t-2} + \cdots + \alpha(1-\alpha)^{t-1}Y_1 + (1-\alpha)^t \hat{Y}_1$$

(8-25)

式中，$\hat{Y}_{t+1}$ 表示时间序列第 $t+1$ 期的预测值；Y_t 表示时间序列第 t 期的实际观测值；$\hat{Y}_t$ 表示时间序列第 t 期的预测值；α 表示平滑系数，$0<\alpha<1$。

从式（8-25）中可以看出，一旦选定了 α 值，仅仅需要两项信息就可以预测下一期的值。比如第 2 期的预测值

$$\hat{Y}_2 = \alpha Y_1 + (1-\alpha)\hat{Y}_1 = \alpha Y_1 + (1-\alpha)Y_1$$

在开始计算时，没有第 1 期的预测值，通常可以设其等于第 1 期的实际观测值，即 $\hat{Y}_1 = Y_1$，或等于前 k 个观测值的均值。

另一个需要解决的问题就是 α。不同的 α 会对预测结果产生不同的影响。通常，当时间序列有较大的随机波动、注重于近期的实际值时，宜选较大的 α，以便能尽快反映近期的变化；当时间序列比较平稳时，宜选较小的 α。同时，还应考虑预测误差大小。比较难以确定时，可选择几个 α 取值，分别进行预测，然后找出预测误差最小的，选择对应的 α 值。当然，也可结合模型对比方法来进行，即将数据分成两个部分，第一部分数据用于建立预测模型，第二部分数据用于事后预测检验，以实际数据和预测结果误差平方和作为评价标准，确定出最佳的 α

值。表8-7和图8-7是Excel计算和展现的指数平滑结果。

表8-7 指数平滑计算表

时间	全国主要农产品生产价格指数	平滑系数 $\alpha=0.3$	平滑系数 $\alpha=0.4$	预测误差 ($\alpha=0.3$)	预测误差 ($\alpha=0.4$)	绝对值 ($\alpha=0.3$)	绝对值 ($\alpha=0.4$)
2007.1	107.34						
2007.2	110.18	107.34	107.34	2.84	2.84	2.84	2.84
2007.3	120.72	108.192	108.476	12.528	12.244	12.528	12.53
2007.4	122.22	111.9504	113.3736	10.2696	8.8464	10.27	10.27
2008.1	125.54	115.0313	116.9122	10.5087	8.62784	10.509	10.51
2008.2	121.15	118.1839	120.3633	2.9661	0.7867	2.9661	2.966
2008.3	112.56	119.0737	120.678	-6.5137	-8.118	6.5137	8.118
2008.4	101.61	117.1196	117.4308	-15.51	-15.821	15.51	15.82
2009.1	94.14	112.4667	111.1025	-18.327	-16.962	18.327	16.96
2009.2	93.39	106.9687	104.3175	-13.579	-10.927	13.579	10.93
2009.3	97.33	102.8951	99.94649	-5.5651	-2.6165	5.5651	2.616
2009.4	103.2	101.2256	98.89989	1.97443	4.30011	1.9744	4.3
2010.1	106.74	101.8179	100.6199	4.9221	6.12006	4.9221	6.12
2010.2	108.95	103.2945	103.068	5.65547	5.88204	5.6555	5.882
2010.3	110.57	104.9912	105.4208	5.57883	5.14922	5.5788	5.149
2010.4	115.87	106.6648	107.4805	9.20518	8.38953	9.2052	8.39
2011.1	115.63	109.4264	110.8363	6.20363	4.79372	6.2036	4.794
2011.2	118.03	111.2875	112.7538	6.74254	5.27623	6.7425	5.276
2011.3	120.52	113.3102	114.8643	7.20978	5.65574	7.2098	5.656
2011.4	111.9	115.4732	117.1266	-3.5732	-5.2266	3.5732	5.227
2012.1	109.16	114.4012	115.0359	-5.2412	-5.8759	5.8759	5.876
						7.7774	7.511

根据平滑结果计算的平均绝对误差可以看出，平滑系数为0.4时，误差为7.511，较平滑系数为0.3时7.7774略小，说明平滑系数为0.4效果略好。从图8-7中也可大概看出效果。其中，图标"平滑系数1"代表平滑系数等于0.3，图标"平滑系数2"代表平滑系数等于0.4。因此，有些现象的平滑系数难以确定时，可以多选择几个，进行比较，确定出更为合适的系数。

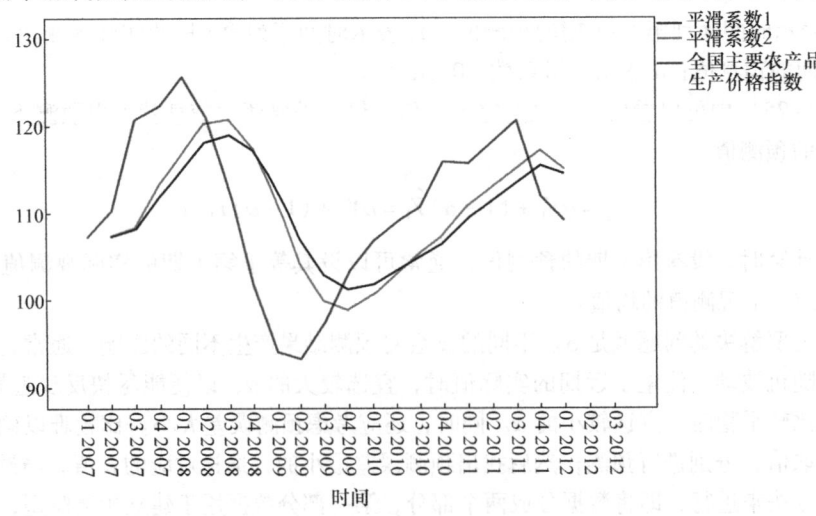

图8-7 原始数据与不同平滑系数平滑值对比图

进行指数平滑时,可以利用软件来完成。例如 SPSS19.0,可按下面的步骤,在"分析"→"预测"→"创建模型"的选项中依步骤进行操作,如图 8-8 和图 8-9 所示。

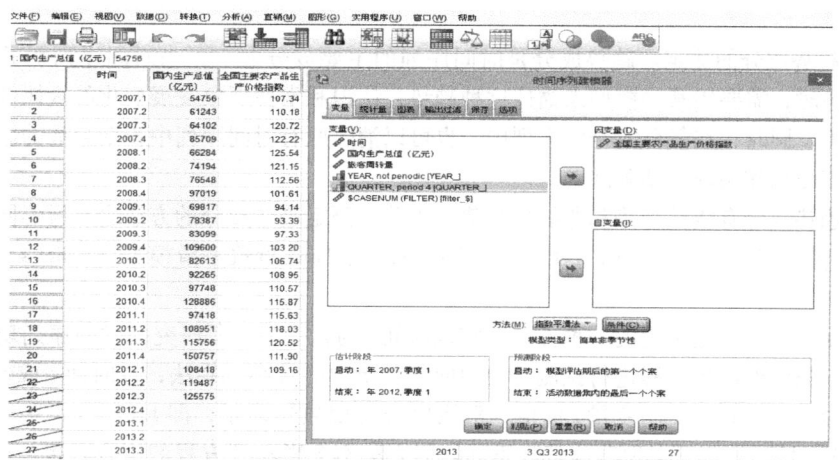

图 8-8 "时间序列建模器"主要选项操作图

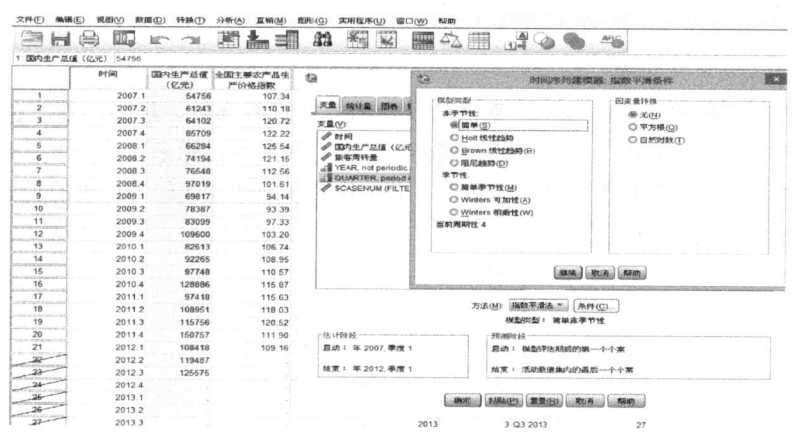

图 8-9 指数平滑法选项操作图

2. 非平稳序列的分析与预测方法

除平稳序列外,均为非平稳序列。非平稳序列的构成有多种,可能由其中的一个成分或几个成分的组合构成。例如,可能会是有趋势的序列,或者有趋势、季节性和周期性循环的复合型序列等。

如果是仅有趋势的序列,进一步区分是线性趋势还是非线性趋势,非线性是哪种形态的曲线。其中,需要注意的是,如果是线性趋势,可选择的预测模型包括回归分析模型、Holt 指数平滑模型;如果是非线性趋势,如指数曲线、二次曲线、修正指数曲线、多项式等,则要选择适合的曲线拟合和预测。

如果是有季节变动的序列,按照季节变动的模型,可选用简单移动平均或移动平均剔除法求解季节指数。

如果是有复合成分的序列,有趋势和季节性成分,可以选择采用 Winter 指数平滑模型,及多元回归(引入季节哑变量)预测。

如果是有复合成分的序列,有趋势、季节性成分和周期循环变动的复合型序列,也可采用分解预测的方法。如前所述，由于区分长期趋势和循环变动比较困难，且循环变动往往不存在，有时对二者不作区分，而是把两项合在一起称为"趋势循环"成分。下面分别介绍主要成分的测定。

（1）趋势成分的测定。趋势成分是时间序列的主要成分之一，当时间序列明显包含某种确定性趋势时，需要用某种模型来描述这种趋势，认识和掌握现象发展变化的规律性，并利用它进行预测。同时，在复合成分的序列中，也可以消除原有时间序列中长期趋势的影响，更好地研究季节变动和循环变动等问题。

由于趋势成分有线性趋势和非线性趋势，因此，测定趋势成分的方法也有所不同。

1）线性趋势。线性趋势通常用时间回归方程法、Holt 指数平滑模型（Holt's Model）来描述。

时间回归方程法是常用的一种方法。它以时间 t 为自变量，所研究的时间序列现象为因变量，拟合一条线性趋势方程进行预测。使用回归分析中的最小二乘法，以时间 t 或 t 的函数为自变量拟合趋势方程。时间变量 t 取值一般用序号（期数）表示，即 $t=1, 2, 3\cdots$。习惯上 t 的取值为从 1 到 n，也可以取其他值，不同取值方法不会影响到方程的拟合效果。如果用 t 表示时间变量（一般为时间标号），a 表示趋势线在 y 轴上的截距，b 表示斜率，即时间 t 变动一个单位时观测值的平均变动量，则线性趋势方程简单表示为

$$\hat{y} = a + bt \tag{8-26}$$

式中，a、b 表示截距和斜率。

根据时间序列数据，采用最小二乘法的原理和公式求解参数。最小二乘法也称最小平方法，它是以各期观测值与模型的估计值之间的离差平方和作为目标函数，寻求并确定使得此目标函数达到最小值时预测模型中的各参数值，并由这些参数建立起较为理想的趋势线模型的方法。得到的求解参数 a、b 的方程为

$$\begin{cases} \sum y = na + b\sum t \\ \sum ty = a\sum t - b\sum t^2 \end{cases}$$

$$b = \frac{n\sum ty - (\sum t)(\sum y)}{n\sum t^2 - (\sum t)^2} \tag{8-27}$$

$$a = \bar{y} - b\bar{t}$$

可以手工求解方程但比较费力，更方便的是利用计算机软件来完成。

图 8-10 是根据表 8-1 的国内生产总值的数据，利用 Excel 数据分析模块得到的结果。

由以上结果得到的具体方程为

$$\hat{Y} = 55730.23 + 3140.71t$$

当预测下一期时，t 按顺序排序到多少，将其代入方程中计算即可。例如预测 2012 年第 4 季度，则预测值为：$(55730.23 + 3140.71 \times 24)$ 亿元 $= 131107.27$ 亿元。

图 8-10 中的"回归统计"表示方程的相关系数（Multiple R）为 0.864，可决系数（R Square）为 0.746，调整的可决系数（Adjusted R Square）达到了 0.73，说明时间与观察值之间的关系密切。

图 8-10 中"方差分析"的结果是对方程的检验，因为检验统计量的 p 值为 $1.1053E-07$（即 1.1053×10^{-7}），小于 0.05，说明方程通过检验，是显著的。同样对回归系数进行检验，主要是 t 的系数，p 值（即图中的"P-value"）为 1.11×10^{-7}，说明国内生产总值与时间变化有关。

回归统计	
Multiple R	0.863723739
R Square	0.746018698
Adjusted R Square	0.73392435
标准误差	12721.40488
观测值	23

方差分析

	df	SS	MS	F	Significance F
回归分析	1	9982456157	9982456157	61.683	1.1053E-07
残差	21	3398516986	161834142.2		
总计	22	1.3381E+10			

	Coefficients	标准误差	t Stat	P-value
Intercept	55730.22688	5483.069	10.16406	1.46E-09
时间t	3140.714427	399.8939	7.853869	1.11E-07

图 8-10 利用 Excel 数据分析模块得到的结果

如果用 SPSS 计算,同样的数据结果是相同的,只是结果表现形式与 Excel 略有不同。为了能清楚地说明,图 8-11、图 8-12 和图 8-13 展现了 SPSS 的结果。

Model Summary[b]

Model	R	R Square	Adjusted R Square	Std.Error of the Estimate
1	.864[a]	.746	.734	12721.405

a. Predictors: (Constant),时间
b. Dependent Variable: 国内生产总值(亿元)

图 8-11 SPSS 的结果(一)

图 8-11 显示的为一些检验指标,主要包括:相关系数 $R = 0.864$,可决系数 $R^2 = 0.746$;调整的可决系数为 0.734,估计标准误差为 12721.405。

ANOVA[b]

Model		Sum of Squares	df	Mean Square	F	Sig.
1	Regression	9.982E9	1	9.982E9	61.683	.000[a]
	Residual	3.399E9	21	1.618E8		
	Total	1.338E10	22			

a. Predictors: (Constant),时间
b. Dependent Variable: 国内生产总值(亿元)

图 8-12 SPSS 的结果(二)

图 8-12 显示的为方差分析表,类同图 8-10 的"方差分析"。其中 p 值(Sig.)为 0.000,通过检验说明方程显著。

Coefficients[a]

Model		Unstandardized Coefficients		Standardized Coefficients	t	Sig.	95.0%Confidence Interval for B	
		B	Std.Error	Beta			Lower Bound	Upper Bound
1	(Constant)	55730.227	5483.069		10.164	.000	44327.560	67132.894
	时间	3140.714	399.894	.864	7.854	.000	2309.089	3972.339

a.Dependent Variable：国内生产总值(亿元)

图 8-13　SPSS 的结果（三）

图 8-13 为系数估计和检验表。利用它可以写出方程 $\hat{y} = 55730.23 + 3140.71t$，并进行系数检验。模型系数，特别是时间系数的检验统计量的 p 值都为 0.000，说明系数通过检验，时间 t 与国内生产总值之间存在线性关系。

Holt 指数平滑模型是描述线性趋势的另一种常用方法。[⊖]

Holt 模型使用两个参数（平滑系数）α 和 β（取值均在 0 和 1 之间）和以下三个方程：

$$L_t = \alpha Y_t + (1-\alpha)(L_{t-1} + b_{t-1})$$
$$b_t = \beta(L_t - L_{t-1}) + (1-\beta)b_{t-1} \quad (8-28)$$
$$F_{t+k} = L_t + b_t k$$

式中，L_t 是 t 期时间序列水平的估计值或平滑值；b_t 是时间序列斜率的估计值；α 为时间序列水平的平滑系数；β 为时间序列斜率的平滑系数；F_{t+k} 是向前 k 期的预测值；k 是向前预测的期数。

实际求解使用 Holt 模型时，需要有初始值。一般处理方法是：令 $L_1 = Y_1$，$b_1 = Y_2 - Y_1$，若预测下一期，则有 $k = 1$，$F_2 = L_1 + b_1 \times 1$，即可得到下一期预测值。重复使用上面三个公式，可以得到各期的预测值。α、β 的数值如何确定呢？通常方法尝试用不同的 α 和 β 的取值组合，找到可以使误差平方和的均值（均方误差）最小的一个 α 和 β 的取值。目前可以使用 SPSS 软件得到最佳的结果。表 8-8 为 2012 年 1~12 月 3G 用户的数据，由于该数据呈直线趋势，利用 Holt 模型可以直接得到拟合值及预测值和预测区间。

表 8-8　3G 用户数据及计算表　　　　　　　　　　（单位：万户）

MONTH_	DATE_	@3G 用户	pre_ @3G 用户_模型_1	LCL_ @3G 用户_模型_1	UCL_ @3G 用户_模型_1
1	Jan 2012	13660	13677	13409	13944
2	Feb 2012	14392	14399	14131	14666
3	Mar 2012	15206	15122	14855	15390
4	Apr 2012	15897	15933	15665	16201
5	May 2012	16668	16666	16398	16933
6	Jun 2012	17575	17419	17151	17686
7	Jul 2012	18376	18327	18059	18594
8	Aug 2012	19256	19206	18938	19474
9	Sep 2012	20264	20110	19843	20378
10	Oct 2012	21242	21143	20876	21411
11	Nov 2012	22049	22198	21931	22466
12	Dec 2012	23280	23055	22787	23322
1	Jan 2013		24211	23943	24478
2	Feb 2013		25254	24876	25633
3	Mar 2013		26298	25747	26849

数据来源：国家统计局网站。

⊖ 查尔斯·霍尔特（Charles Holt）建立了预测具有线性趋势的时间序列的指数平滑形式，一般简称为 Holt 模型（Holt's Model），适合于含有趋势成分或有一定的周期成分序列的预测。

如图 8-14 所示，图形拟合效果不错。

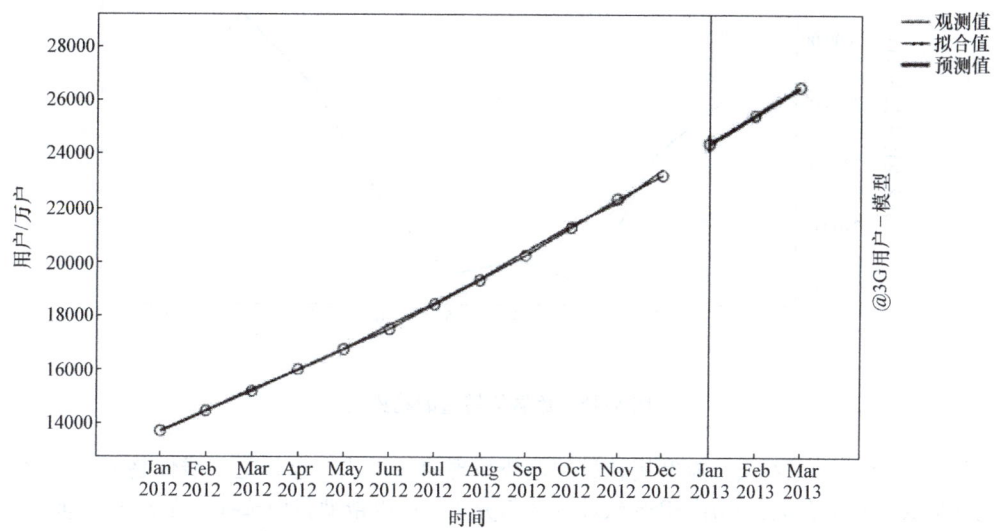

图 8-14　3G 用户实际观测值、拟合值和预测值趋势图

线性趋势除图形判断外，可以使用一阶差分进行。如果一阶差分大致相等，说明现象的趋势呈直线形式。

实际中使用线性回归方程还是 Holt 模型，除了考虑数据本身的特点，如是否含有季节等因素外，还取决于选择哪种误差作为衡量模型的精度，如使用 MAPE 还是 MSE 可能的结果会不同。

2）非线性趋势。虽然线性回归在实际中比较常用，但是时间序列的趋势也常常会呈现非线性趋势。表 8-9 展现的是 2012 年 1~9 月我国旅客周转量的数据。

表 8-9　旅客周转量　　　　　　　　　　（单位：亿人·km）

月份	旅客周转量
1	2903.26
2	2815.06
3	2605.69
4	2642.47
5	2621.05
6	2742.45
7	2929.44
8	3041.95
9	2892.55

数据来源：国家统计局网站。

将数据趋势用线图描绘，如图 8-15 所示。

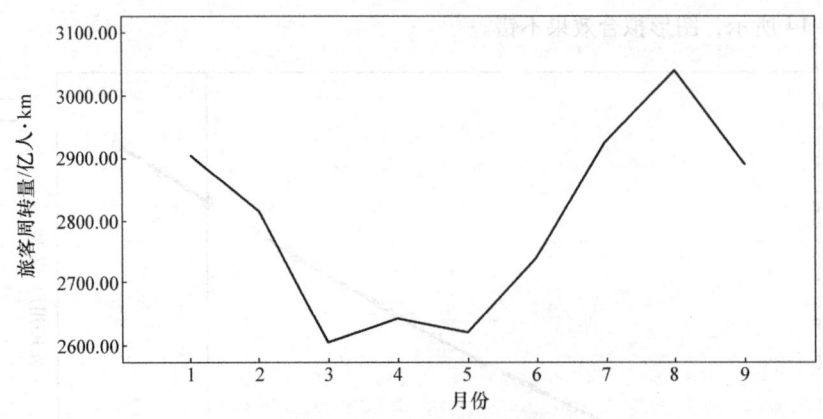

图 8-15　旅客周转量的趋势图

从图 8-15 中可以看出，旅客周转量的趋势呈现曲线形式，也就是非线性趋势。究竟是哪种曲线形式比较适合呢？利用 SPSS 软件的回归分析，可以帮助我们选择。在 SPSS 工具中，单击"分析"→"回归"→"曲线估计"，在提供的各种曲线类型中选择。图 8-16 为针对图 8-15 选择的几种曲线，分别为二次曲线、三次曲线、复合曲线、指数曲线。经过结果的分析，可以选择出哪种曲线更适合分析旅客周转量的变动趋势。

Model Description		
Model Name		MOD_1
Dependent Variable	1	旅客周转量
Equation	1	Quadratic（二次曲线）
	2	Cubic（三次曲线）
	3	Compound[a]（复合曲线）
	4	Exponential[a]（指数曲线）
Independent Variable		Case sequence
Constant		Included
Variable Whose Values Label Observations in Plots		Unspecified
Tolerance for Entering Terms in Equations		.0001

a. The model requires all non-missing values to be positive.

图 8-16　选择的几种曲线

因复合曲线和指数曲线的可决系数很低，即对方程的解释程度很低，且方程没有通过检验，所以首先被筛掉。以下为二次曲线和三次曲线的对比结果，从对比的结果看，三次曲线的效果更适合。

二次曲线的主要结果如图 8-17 和图 8-18 所示。

Model Summary			
R	R Square	Adjusted R Square	Std.Error of the Estimate
.768	.589	.452	114.825

图 8-17　二次曲线的主要结果（一）

Coefficients

	Unstandardized Coefficients		Standardized Coefficients	t	Sig.
	B	Std. Error	Beta		
Case Sequence	−139.640	67.086	−2.464	−2.082	.083
Case Sequence**2	16.273	6.543	2.945	2.487	.047
(Constant)	2982.217	146.105		20.411	.000

图 8-18　二次曲线的主要结果（二）

三次曲线的结果如图 8-19、图 8-20 和图 8-21 所示。

Model Summary

R	R Square	Adjusted R Square	Std.Error of the Estimate
.914	.835	.736	79.695

图 8-19　三次曲线的结果（一）

三次曲线的可决系数达到 83.5%，说明在旅客周转量变化中，有 83.5% 可以归因于时间的变化。

ANOVA

	Sum of Squares	df	Mean Square	F	Sig.
Regression	160895.761	3	53631.920	8.444	.021
Residual	31756.764	5	6351.353		
Total	192652.524	8			

图 8-20　三次曲线的结果（二）

图 8-20 为方差分析表，对方程检验，由于 $p = 0.021$ 小于 0.05，方程检验通过。

Coefficients

	Unstandardized Coefficients		Standardized Coefficients	t	Sig.
	B	Std.Error	Beta		
Case Sequence	−503.877	141.291	−8.892	−3.566	.016
Case Sequence**2	102.722	31.985	18.587	3.212	.024
Case Sequence**3	−5.763	2.111	−9.494	−2.730	.041
(Constant)	3362.591	172.308		19.515	.000

图 8-21　三次曲线的结果（三）

由以上结果,选择非标准化系数(Unstandardized Coefficients),可以写出方程:$\hat{y} = 3362.591 - 503.877t + 102.722 \times t^2 - 5.763 \times t^3$

通过最后一列的 p 值,可以看到,方程系数均通过了检验。

将实际值与拟合三次曲线的预测值或拟合值,用图形表示出来(见图8-22),可见拟合效果还是不错的。

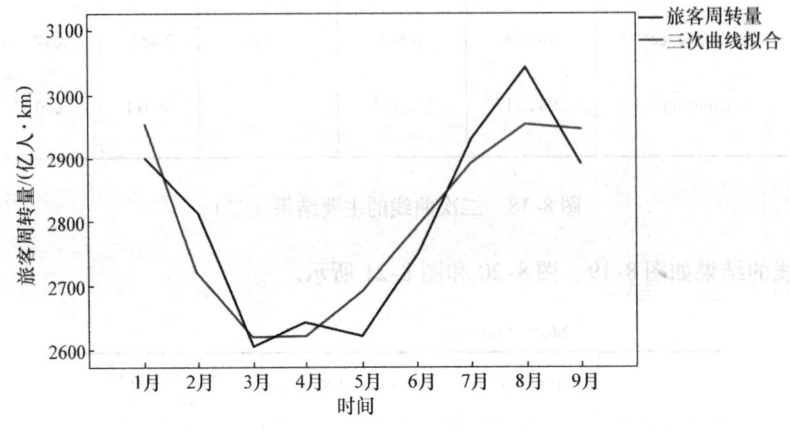

图 8-22　三次曲线的拟合曲线

在实际应用中,非线性趋势有多种,其中有的非线性趋势可以通过变量代换,通过取对数等处理转换为线性的关系,可以使用如最小平方法等原理进行求解;也有的非线性趋势是不能转换的,如修正指数曲线、逻辑曲线等,需要用其他方法(如三和法)求解。

以下是一些常用的趋势曲线模型的简单表达式。

二次曲线模型:

$$\hat{Y}_t = b_0 + b_1 t + b_2 t^2 \tag{8-29}$$

三次曲线模型:

$$\hat{Y}_t = b_0 + b_1 t + b_2 t^2 + b_3 t^3 \tag{8-30}$$

n 次抛物线(曲线)预测模型:

$$\hat{Y}_t = b_0 + b_1 t + b_2 t^2 + \cdots + b_n t^n \tag{8-31}$$

指数曲线模型:

$$\hat{Y}_t = b_0 e^{b_1 t} \text{ 或 } \ln Y_t = \ln b_0 + b_1 t \tag{8-32}$$

复合曲线模型:

$$\hat{Y}_t = b_0 b_1^t \text{ 或 } \ln Y_t = \ln b_0 + t \ln b_1 \tag{8-33}$$

对数曲线模型:

$$\hat{Y}_t = b_0 + b_1 \ln t \tag{8-34}$$

增长曲线模型:

$$\hat{Y}_t = e^{(b_0 + b_1 t)} \text{ 或 } \ln Y_t = b_0 + b_1 t \tag{8-35}$$

$S(s)$ 曲线模型:

$$\hat{Y}_t = e^{(b_0 + b_1 t)} \text{ 或 } \ln Y_t = b_0 + \frac{b_1}{t} \tag{8-36}$$

幂指数曲线模型:

$$\hat{Y}_t = b_0 t^{b_1} \text{ 或 } \ln Y_t = \ln b_0 + b_1 \ln t \qquad (8\text{-}37)$$

逆函数模型：

$$\hat{Y}_t = b_0 + \frac{b_1}{t} \qquad (8\text{-}38)$$

逻辑函数模型：

$$\hat{Y}_t = \frac{1}{1/\mu + b_0 b_1^t} \qquad (8\text{-}39)$$

修正指数曲线模型：

$$\hat{Y}_t = k + ab^t \qquad (8\text{-}40)$$

龚珀兹曲线模型：

$$\hat{Y}_t = ka^{b^t} \qquad (8\text{-}41)$$

式中，a，b，k 为参数。

现象变动趋势多种多样，模型也很多，所得到的数据适合哪种模型呢？常用的判断方法有：图形和经验判断；借助一些相关指标或数据的特征来判断；根据趋势，模拟几种模型，进行比较和检验，看哪种模型更适合。

如果一些现象的变化形态不是有某种固定的形态变化规律，而是有升有降，变化过程中可能有几个拐点，这时就需要拟合多项式函数。当只有一个拐点时，可以拟合二阶曲线，即抛物线；当有两个拐点时，需要拟合三阶曲线；当有 $n-1$ 个拐点时，需要拟合 n 阶曲线，比如旅客周转量的数据，就呈现了这个特点。

除图形外，有时可计算一些相应的指标来帮助判断，比如在通常情况下：数据一阶差分为一常数（大致相等），宜配合直线；二阶差分为一常数（大致相等），宜配合二次曲线；三阶差分为一常数（大致相等），宜配合三次曲线；当时间序列各期数值的环比值为一常数（大致相等）时，宜配合指数曲线模型；当时间序列各期数值的一阶差分的环比值为一常数（大致相等）时，宜配合修正指数曲线模型；当时间序列各期数值的对数的一阶差分的环比为一常数（大致相等）时，宜配合龚珀兹曲线模型。

如果使用以上两种办法还没有判断清楚，则可以选择与曲线相近的多个模型，通过检验指标，如可决系数、估计标准误差、残差平方和最小等，综合进行比较后，最后决定选择的模型。假如某变量数据的趋势线如图 8-23 所示。

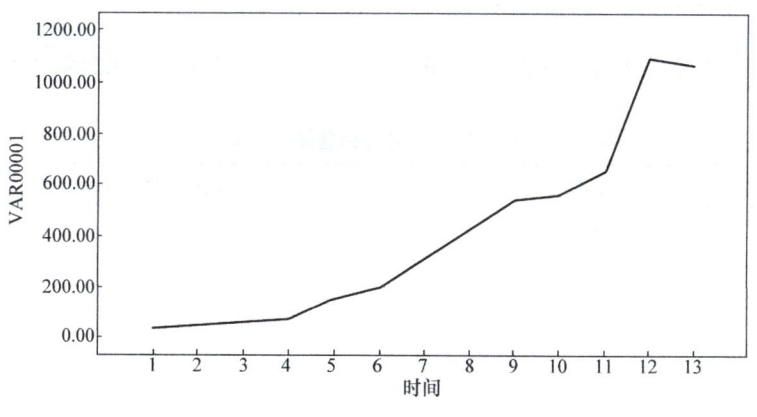

图 8-23　某变量曲线示意图

该种曲线趋势有些像二次曲线，也有些像三次曲线、复合函数、幂函数、指数曲线。对于选择哪一种,需要根据做出的曲线的各种指标进行检验,并结合具体问题和现象特点分析来最后确定。在计算机和软件发展如此迅速的今天,这个问题不难解决。

在实际分析时,有些趋势曲线模型不能用最小平方方法进行估计,如修正指数曲线、逻辑曲线等,这时就要用三和法或三段和法。它是把时间序列平均分成三等段,每段含有 m 个数据,假定每期数据均在所求趋势线上,分段求和建立方程组,求得模型参数估计值。

(2) 季节成分的测定。季节成分也是时间序列的主要成分之一。季节成分测定一般通过季节指数(季节比率)来反映,通常用符号 $S(\%)$ 表示,其结果大于 100% 为旺季,小于 100% 为淡季,没有季节成分影响,指数应为 100%。**季节指数**是将时间序列各不同年份的同季(或同月)平均数与所有数据总平均数对比而得到的相对数。季节指数说明各月(或季)水平比全期平均水平高或低的程度,反映季节变动的一般规律。根据季节变动规律,可以提前安排生产和生活。对于受季节影响较大的工作,便于合理评价工作状况。

季节成分测定时,需根据数据所含成分不同,选择不同的方法。一般分为不包含趋势时季节变动的测定和包含长期趋势时季节变动及不规则变动的测定两种情况。

1) 对于**不包含趋势时季节变动的测定**,可以用采用按季(月)平均法,或者在多元回归方程中选用哑变量的方法。

如果时间序列不包含长期趋势和循环变动,则采用按季(月)平均法计算季节指数来测定季节变动。具体步骤为:

第一步,计算各年同月(或同季)的平均数。

第二步,计算全部数据的总月(总季)平均数。

第三步,计算季节指数(S)。

第四步,如果季节指数之和不等于 400% 或月季节指数不等于 1200%,就需要调整。调整时,先计算调整系数。

$$调整系数 = \frac{1200}{各月季节指数之和}$$

或

$$调整系数 = \frac{400}{各季季节指数之和} \tag{8-42}$$

之后,用调整系数分别乘以各月(或季)季节指数,即得调整后的季节指数。根据季节指数的最终结果可以进行判断和分析。

例如,一家 T 恤衫专卖店的店主记录了最近 5 年各季度所售 T 恤衫销售量的数据,如表 8-10 所示。

表 8-10　T 恤衫销售量的数据

	季度	T 恤衫销售量/件
第一年	1	1250
	2	1530
	3	1060
	4	880
第二年	1	1180
	2	1610
	3	1330
	4	1020

（续）

	季度	T恤衫销售量/件
第三年	1	1380
	2	1440
	3	1130
	4	800
第四年	1	1090
	2	1370
	3	1250
	4	1090
第五年	1	1300
	2	1650
	3	1280
	4	960

其图形如图 8-24 所示。

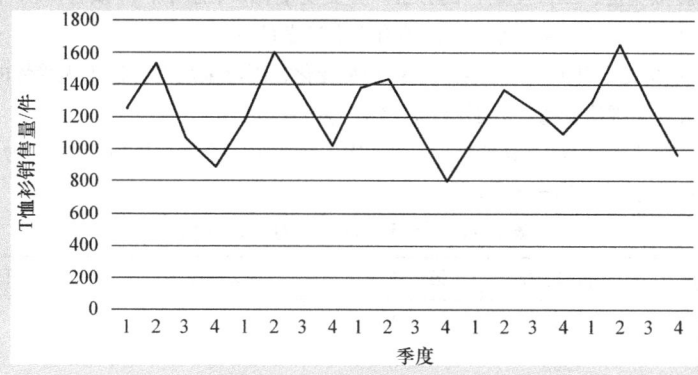

图 8-24 T恤衫销售趋势图

根据表 8-10 的数据和图 8-24，直观上看，数据趋势为平稳的趋势。但仔细观察会发现，在水平的变动中有规律，应该有季节影响成分，因此要在水平变动中分解出季节变动影响。采用的方法是按季（月）平均法，计算结果如表 8-11 所示。

表 8-11 季节指数计算表

年份	1 季度	2 季度	3 季度	4 季度	合计
1	1250	1530	1060	880	4720
2	1180	1610	1330	1020	5140
3	1380	1440	1130	800	4750
4	1090	1370	1250	1090	4800
5	1300	1650	1280	960	5190
合计	6200	7600	6050	4750	24600
同季平均	1240	1520	1210	950	1230
季节指数	100.813%	123.5772%	98.374%	77.2358%	400%

因为本例中季节指数之和正好等于400%，所以不需要进行调整。从季节指数中可以看到，第2季度的季节指数为123.5772%，大于100%，每一年的第2季度为旺季，第4季度季节指数为77.2358%，小于100%，每一年的第4季度为淡季。距离100%越远，季节影响程度就越大。根据这种季节模式，要及时安排调整销售计划和货源等。季节指数变动模式如图8-25所示。

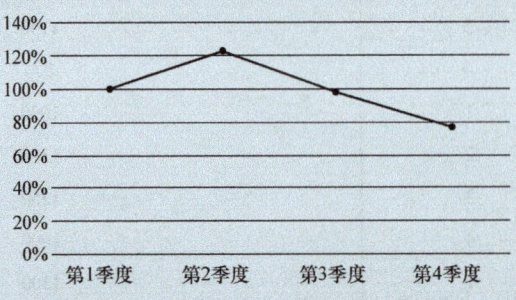

图8-25　季节指数模式图

也可以选择多元回归方程选用哑变量的分析方法，进行季节测定。

以季节分类变量作为自变量，销售量为因变量，建立多元回归方程。这时，由于季节为分类变量，应采用哑变量（或虚拟变量、二分变量）的方法。分类变量有 k 个水平，应该有 $k-1$ 个哑变量，有一个应作为对比的基础时期。比如有4个季度，应该有3个哑变量。

由于图8-24的数据无上升或下降或某种曲线趋势变化，因此采用的方法为无趋势的季节模型。使用季节模型，首先定义3个虚拟变量，分别用 Q_1、Q_2、Q_3 表示。

其中，Q_1 表示：第1季度=1，其他季度为0；Q_2 表示：第2季度=1，其他季度为0；Q_3 表示：第3季度=1，其他季度为0。结果如表8-12所示。

表8-12　季节与虚拟变量及定义值

	季度	销售量 y/件	第1季度 Q_1	第2季度 Q_2	第3季度 Q_3
第一年	1	1250	1	0	0
	2	1530	0	1	0
	3	1060	0	0	1
	4	880	0	0	0
第二年	1	1180	1	0	0
	2	1610	0	1	0
	3	1330	0	0	1
	4	1020	0	0	0
第三年	1	1380	1	0	0
	2	1440	0	1	0
	3	1130	0	0	1
	4	800	0	0	0
第四年	1	1090	1	0	0
	2	1370	0	1	0
	3	1250	0	0	1
	4	1090	0	0	0

(续)

	季度	销售量 y/件	第1季度 Q_1	第2季度 Q_2	第3季度 Q_3
第五年	1	1300	1	0	0
	2	1650	0	1	0
	3	1280	0	0	1
	4	960	0	0	0

用 $\hat{y}$ 代表估计值或预测值,则销售量与季度的回归方程可以表示为

$$\hat{y} = b_0 + b_1 Q_1 + b_2 Q_2 + b_3 Q_3 \tag{8-43}$$

用 SPSS 软件算出的结果如图 8-26 所示。

Variables Entered/Removed[b]

Model	Variables Entered	Variables Removed	Method
1	第3季度Q_3 第2季度Q_2 第1季度Q_1		Enter

a. All requested variables entered.
b. Dependent Variable：销售量y

Model Summary[b]

Model	R	R Square	Adjusted R Square	Std. Error of the Estimate
1	.894[a]	.799	.761	113.24752

a. Predictors: (Constant), 第三季度Q_3, 第二季度Q_2, 第一季度Q_1
b. Dependent Variable：销售量y

ANOVA[b]

Model		Sum of Squares	df	Mean Square	F	Sig.
1	Regression	815000.000	3	271666.667	21.183	.000[a]
	Residual	205200.000	16	12825.000		
	Total	1020200.000	19			

a. Predictors: (Constant), 第三季度Q_3, 第二季度Q_2, 第一季度Q_1
b. Dependent Variable：销售量y

Coefficients[a]

Model		Unstandardized Coefficients		Standardized Coefficients	t	Sig.
		B	Std. Error	Beta		
1	(Constant)	950.000	50.646		18.758	.000
	第一季度Q_1	290.000	71.624	.556	4.049	.001
	第二季度Q_2	570.000	71.624	1.093	7.958	.000
	第三季度Q_3	260.000	71.624	.498	3.630	.002

a. Dependent Variable：销售量y

图 8-26 用 SPSS 软件算出的结果

图 8-26 中，Variables Entered/Removed 说明数据变量的进入方式，哪个先进入，哪个后进入。Model Summary 说明模型的检验指标中，相关系数为 0.894，可决系数为 0.799，调整可决系数为 0.761，说明用季度因素解释销售量，解释程度很高。ANOVA 为方差分析表，其中的 p 值（Sig.）为 0.000，说明模型通过检验。

由以上结果，可以写出具体的模型，并进行系数的检验。

$$\hat{y} = 950 + 290Q_1 + 570Q_2 + 260Q_3$$

本例采用非标准化系数构造模型，方程中系数的 p 值均小于 0.05，通过检验。

通过图形描绘实际值与预测值或估计值结果，如图 8-27 所示。其中，Unstandardized Predicted Value 代表非标准化（模型）的预测值，模型拟合效果还是不错的。

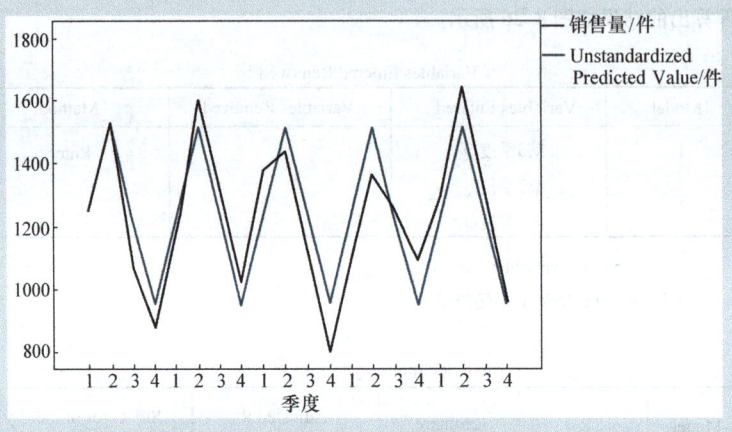

图 8-27　实际值与季节模型预测值对比图

2）对于**包含长期趋势时季节变动的测定**，可以选择采用趋势剔除法和模型分析法。

① **趋势剔除法**。当时间序列包含有长期趋势时测定季节变动，简单地按季或月平均法计算季节指数就不够准确。因此必须从原时间序列中除去长期趋势及循环变动和不规则变动，得到季节指数，反映时间序列的季节变动规律。这种分析方法称为趋势剔除法。使用时需要在一定的模型下进行（以下分析假定序列满足乘法模型 $Y = TSCI$。基本分析步骤为：

第一步，对原时间序列（Y）进行 N 期（周期长度，通常为 12 月或 4 个季度）中心化移动平均，得到反映长期趋势的移动平均序列 MA。如果原时间序列不包含循环变动，移动平均数所表示的就是长期趋势了。

第二步，将原时间序列各观测值除以相应的中心化移动平均值（y/MA），从乘法模型中剔除 TC，从而得到不存在长期趋势的 SI，即

$$SI = \frac{Y}{TC}$$

在国内生产总值的例子中，以上两步的计算如表 8-13 所示。

表 8-13　移动平均计算表

时间	国内生产总值 y/亿元	4 期移动平均/亿元	4 期移动平均的中心化移动 MA/亿元	y/MA
	(1)	(2)	(3)	(4) = (1) ÷ (3)
2007.1	54756	—		—

(续)

时间	国内生产总值 y/亿元	4期移动平均/亿元	4期移动平均的中心化移动 MA/亿元	y/MA
2007.2	61243	—	—	—
		66452.5		
2007.3	64102		67893.5	0.944155
		69334.5		
2007.4	85709		70953.375	1.207962
		72572.25		
2008.1	66284		74128	0.894183
		75683.75		
2008.2	74194		77097.5	0.96234
		78511.25		
2008.3	76548		78952.875	0.96954
		79394.5		
2008.4	97019		79918.625	1.213972
		80442.75		
2009.1	69817		81261.625	0.859163
		82080.5		
2009.2	78387		83653.125	0.937048
		85225.75		
2009.3	83099		86825.3	0.957083
		88424.85		
2009.4	109600		90159.65	1.215621
		91894.45		
2010.1	82613.4		93725.5625	0.881439
		95556.675		
2010.2	92265.4		97967.4375	0.941797
		100378.2		
2010.3	97747.9		102228.775	0.956168
		104079.35		
2010.4	128886.1		106165	1.214017
		108250.65		
2011.1	97418		110501.6625	0.881598
		112752.675		
2011.2	108950.6		115486.5375	0.943405
		118220.4		
2011.3	115756		—	—
		—		
2011.4	150757		—	—

243

第三步，计算剔除长期趋势后的时间序列的同期（同月或季度等）平均值，得到未调整的季节指数 S，见表 8-14。如果各季节指数之和不等于 400%（按季计算）或 1200%（按月计算），应当予以调整。调整时先计算调整系数。

$$\text{调整系数} = \frac{400 \text{（或 1200）}}{\text{季节指数之和}}$$

第四步，用调整系数依次乘各季（或月）的季节指数 S，求出的季节指数之和应为 400% 或 1200%。

本例中，各季度的季节指数之和等于 399.49%，所以各季节指数必须经过调整，即各季节指数需要乘以调整系数 400%/399.49%，得到调整后的季节指数。如果没有季节变动，则各期的季节指数应等于 1 或 100%。计算结果如表 8-14 所示。为清楚起见，季节指数用小数形式表示。

表 8-14 季节指数计算表

年＼季度	1	2	3	4	合计
2007	—	—	0.9442	1.2080	
2008	0.8942	0.9623	0.9695	1.21397	
2009	0.8592	0.9371	0.95708	1.2156	
2010	0.8814	0.9418	0.9562	1.2140	
2011	0.8816	0.9434	—	—	
合计	3.5164	3.7846	3.8270	4.8516	
季节指数 S	0.8791	0.9462	0.9567	1.2129	3.99487
调整后的季节指数	0.8802	0.9474	0.9580	1.2144	4.00000

从季节指数看出，明显的旺季出现在第 4 季度。第 1 季度为明显淡季。

测定季节变动所得的季节指数，除了可以用于分析季节变化规律，进行预测，便于安排生产和生活外，还可以用来调整原始序列，对时间序列季节变动影响进行消除使其成为不含有季节变动的时间序列。方法是：将原序列实际数值除以季节指数。

$$\frac{Y}{S} = \frac{TSCI}{S} = TCI$$

假如 Y 中包含长期趋势、季节变动、循环变动和不规则变动，经过这种处理，剔除了季节影响，形成了由长期趋势、循环变动和不规则变动三种成分组成的数列。表 8-15 和图 8-28 为上例中原始数据 GDP 与剔除季节影响后的 GDP 的比较，可以看到，剔除季节影响，GDP 线性上升的趋势比较明显。

表 8-15 消除季节影响计算表

时间	国内生产总值 Y/亿元	季节指数 S	Y/S/亿元
2007.1	54756	0.8802	62206.8920
2007.2	61243	0.9474	64645.8473
2007.3	64102	0.9580	66914.7987
2007.4	85709	1.2144	70574.3451

（续）

时间	国内生产总值 Y/亿元	季节指数 S	Y/S/亿元
2008.1	66284	0.8802	75303.5581
2008.2	74194	0.9474	78316.4443
2008.3	76548	0.9580	79906.9297
2008.4	97019	1.2144	79887.2042
2009.1	69817	0.8802	79317.3091
2009.2	78387	0.9474	82742.4201
2009.3	83099	0.9580	86745.3879
2009.4	109600	1.2144	90246.6278
2010.1	82613.4	0.8802	93854.9720
2010.2	92265.4	0.9474	97391.9462
2010.3	97747.9	0.9580	102037.0823
2010.4	128886.1	1.2144	106127.1523
2011.1	97418	0.8802	110674.0997
2011.2	108950.6	0.9474	115004.2266
2011.3	115756	0.9580	120835.3785
2011.4	150757	1.2144	124136.0481

注：为清楚起见，季节指数只是保留了小数点后的四位，但实际位数较多，比如第一个数为0.8802，原始数据为0.880224，最后一列数是按照原始季节指数计算的。

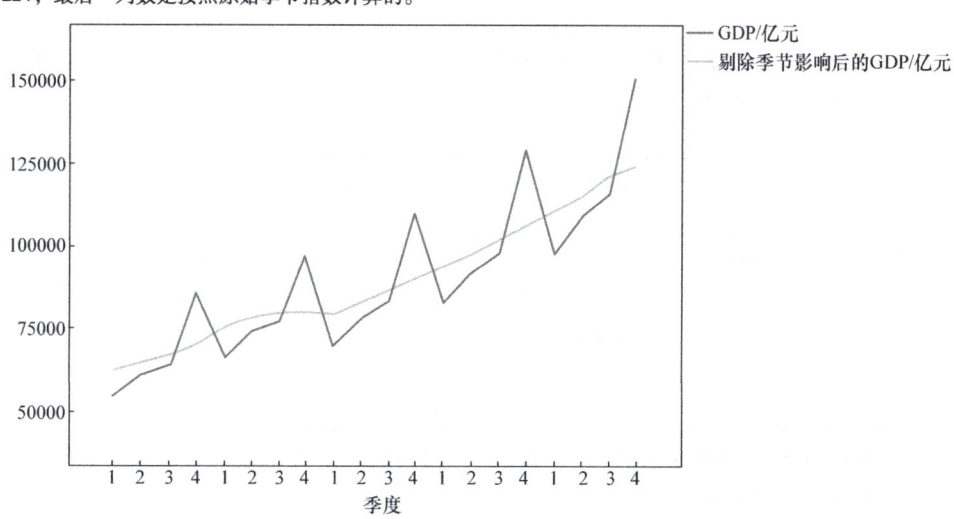

图 8-28　原始数据 GDP 与剔除季节影响后的 GDP 的比较

进一步地,可以对调整前和调整后的时间序列进行比较分析。例如2011年4季度,其调整前的数据为150757亿元,剔除季节影响后应为124136.0481亿元,由于该季度为旺季,因此很有可能是由于季节影响而使国内生产总值在该季度有大幅增长。在实际工作中,如冷饮销售量、啤酒销售量、旅游收入等都会受到季节影响,因此利用季节指数也能客观地评价员工工作积极性和表现。

目前许多经济发达国家编制的经济统计月报或季报,经常对同一种经济指标发表两种数据,一是未调整季节变动的数据,二是调整了季节变动后的数据,这样更有利于研究对比和动态分析。

当然也可以进行预测。在对时间序列的季节成分分析的基础上,可以利用季节模式或剔除季节变动后的趋势进行预测。分别考虑无季节影响的预测值和考虑季节影响的预测值对比分析,对未来的判断和估计会更加准确。

② **模型分析法**。如果时间序列数据同时存在趋势和季节的影响,也可以采用另外一种方式进行预测,这就是利用直接的模型分析法。

一种是将趋势和季节(采用虚拟变量)结合起来。不同于式(8-43)单纯的季节模型,与趋势结合后的模型形式为

$$\hat{y} = b_0 + b_1 t + b_2 Q_1 + b_3 Q_2 + b_4 Q_3 \tag{8-44}$$

其中 t 为时期标号;Q_1、Q_2、Q_3 分别为第1季度、第2季度、第3季度的虚拟值。

根据表8-15国内生产总值的数据,运用式(8-44)得到结果如图8-29、图8-30和图8-31所示。

Model Summary[b]

Model	R	R Square	Adjusted R Square	Std.Error of the Estimate
1	.983[a]	.966	.957	5040.60874

a.Predictors: (Constant), 时期t, 第3季度Q_3, 第2季度Q_2, 第1季度Q_1
b.Dependent Variable: 国内生产总值

图 8-29 结果(一)

可决系数为96.6%,调整的可决系数为95.7%,即季度和时间的变量对方程的解释程度达到了95.7%,说明季节和时间对国内生产总值的影响显著。

ANOVA[b]

Model		Sum of Squares	df	Mean Square	F	Sig.
1	Regression	1.079E10	4	2.698E9	106.200	.000[a]
	Residual	3.811E8	15	25407736.469		
	Total	1.117E10	19			

a.Predictors: (Constant), 时期t, 第3季度Q_3, 第2季度Q_2, 第1季度Q_1
b.Dependent Variable: 国内生产总值

图 8-30 结果(二)

图 8-30 的结果 Sig. =0.000 表明，方程总体上通过检验，说明模型是显著的。

图 8-31 中，选择非标准化系数，具体方程可以表述为

$$\hat{y} = 76773.395 + 3135.069t - 30811.334Q_1 - 25116.083Q_2 - 23808.571Q_3$$

其各季度的回归系数分别是与第 4 季度国内生产总值之差的估计值。比如 30811.334 表明第 1 季度的国内生产总值比第 4 季度少 30811.334 亿元，以此类推。

Coefficients^a

Model		Unstandardized Coefficients		Standardized Coefficients	t	Sig.
		B	Std. Error	Beta		
1	(Constant)	76773.395	3286.075		23.363	.000
	第1季度Q_1	−30811.334	3243.515	−.564	−9.499	.000
	第2季度Q_2	−25116.083	3212.770	−.460	−7.818	.000
	第3季度Q_3	−23808.571	3194.181	−.436	−7.454	.000
	时期t	3135.069	199.248	−.765	15.735	.000

a. Dependent Variable：国内生产总值

图 8-31　结果（三）

可以预测：

2012 年第 1 季度预测值 = （76773.395 + 3135.069 × 21 − 30811.334 × 1 − 25116.083 × 0 − 23808.571 × 0）亿元 = 111798.51 亿元

2012 年第 2 季度预测值 = （76773.395 + 3135.069 × 22 − 30811.334 × 0 − 25116.083 × 1 − 23808.571 × 0）亿元 = 120628.83 亿元

2012 年第 3 季度预测值 = （76773.395 + 3135.069 × 23 − 30811.334 × 0 − 25116.083 × 0 − 23808.571 × 1）亿元 = 125071.411 亿元

2012 年第 4 季度预测值 = （76773.395 + 3135.069 × 24 − 30811.334 × 0 − 25116.083 × 0 − 23808.571 × 0）亿元 = 152015.051 亿元

另一种是温特（Winter）指数平滑法，也称三参数指数平滑模型。在 SPSS 中选择分析→创建模型→季节性模型中的 Winter（冬季）乘法模型可以直接得到预测结果，如图 8-32 所示。

Forecast		
Model		Q4 2012
国内生产总值(亿元)-模型_1	Forecast	161630
	UCL	165898
	LCL	157362

图 8-32　预测结果

该方法同时可以得到各期的拟合值及预测的区间。根据实际观测值与预测值的结果，可以计算出预测误差。通过不同模型的预测误差比较，选择出较优模型。

图 8-33 展现了实际值和预测值的比较，从图形看，数据基本吻合，预测结果很不错。

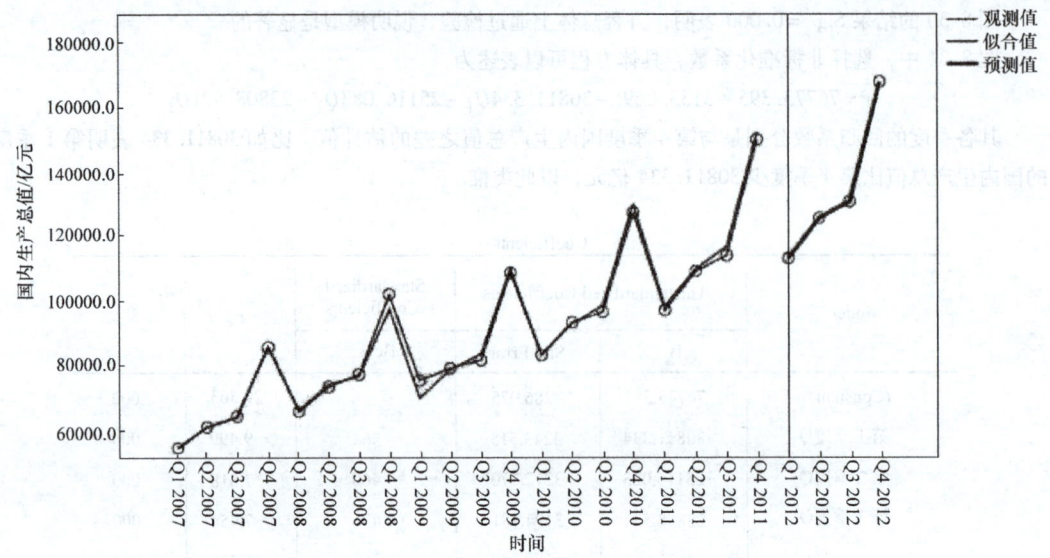

图 8-33 Winter 指数平滑预测值与实际值对比图

如果时间序列数据是月度数据，其分析思路与方法类同季度数据。

(3) **循环变动的测定**。循环变动也是时间序列成分之一。以上分别介绍了趋势和季节的测定方法，在此基础上，可对循环变动进行测定。仍假定时间序列各影响成分满足乘法模型 $Y=TSCI$，则循环变动的基本分析步骤是：

第一步，计算出季节指数（S）。

第二步，用原始数据 Y 除以季节指数 S，得无季节变动数据。

第三步，根据无季节变动数据测定出长期趋势 T（即 $\hat{y}$）。

如在国内生产总值时间序列的例子中，最终得到的结果如图 8-34 所示。

Coefficients^a

Model		Unstandardized Coefficients		Standardized Coefficients	t	Sig.
		B	Std.Error	Beta		
1	(Constant)	56532.241	1550.764		36.454	.000
	时期t	3124.875	129.455	.985	24.139	.000

a.Dependent Variable：剔除季节影响后的GDP

图 8-34 软件计算结果

选择非标准化系数，趋势方程模型为

$$\hat{y}=56532.241+3124.875t$$

通过方程计算出各期的趋势值 T（即 $\hat{y}$）。方法是将 $t=1, 2, \cdots, 20$ 分别代入趋势方程，得到长期趋势值或估计值 T，见表 8-16 的第五列。

第四步，用 $(T \times C \times I)$ 除以 T，得到无季节、无长期趋势的数据（CI），一般用百分数表示，即：

$$CI=\frac{Y}{TS} \times 100\%$$

或者分别求出长期趋势 T、季节指数 S，再用原始数据 Y 除以 T 和 S，得到数据 CI。

第五步，用移动平均法来消除 I，得循环变动趋势，即循环变动指数 $C\%$。

根据表8-14计算出的季节指数,剔除季节变动后的国内生产总值如表8-16所示,表8-16也表明了进行趋势、季节和循环变动分解的步骤和过程。

表8-16 趋势、季节和循环变动计算表

时间	国内生产总值 Y/亿元	季节指数 S	$Y/S = TCI$	$T = 56532.241 + 3124.875t$	TCI/T	4期移动平均的2期移动平均
2007.1	54756	0.8802	62206.892	59657.116	1.0427	—
2007.2	61243	0.9474	64645.8473	62781.991	1.0297	—
2007.3	64102	0.958	66914.7987	65906.866	1.0153	1.0276
2007.4	85709	1.2144	70574.3451	69031.741	1.0223	1.0291
2008.1	66284	0.8802	75303.5581	72156.616	1.0436	1.0309
2008.2	74194	0.9474	78316.4443	75281.491	1.0403	1.0260
2008.3	76548	0.958	79906.9297	78406.366	1.0191	1.0074
2008.4	97019	1.2144	79887.2042	81531.241	0.9798	0.9818
2009.1	69817	0.8802	79317.3091	84656.116	0.9369	0.9615
2009.2	78387	0.9474	82742.4201	87780.991	0.9426	0.9509
2009.3	83099	0.958	86745.3879	90905.866	0.9542	0.9520
2009.4	109600	1.2144	90246.6278	94030.741	0.9598	0.9592
2010.1	82613.4	0.8802	93854.972	97155.616	0.9660	0.9669
2010.2	92265.4	0.9474	97391.9462	100280.491	0.9712	0.9755
2010.3	97747.9	0.958	102037.0823	103405.366	0.9868	0.9855
2010.4	128886.1	1.2144	106127.1523	106530.241	0.9962	0.9969
2011.1	97418	0.8802	110674.0997	109655.116	1.0093	1.0100
2011.2	108950.6	0.9474	115004.2266	112779.991	1.0197	1.0228
2011.3	115756	0.958	120835.3785	115904.866	1.0425	—
2011.4	150757	1.2144	124136.0481	119029.741	1.0429	—

实际上,SPSS的"分析→预测→季节性分解"可以直接进行趋势、季节成分的分解,分解为季节成分、趋势循环成分和误差成分,表8-17为2007年第1季度~2012年第3季度的数据,假定为乘法模型情况下的分解结果,季节分解图如图8-35所示。

表8-17 季节分解结果

日期	国内生产总值 Y	ERR_1	SAS_1	SAF_1	STC_1	PRE_1	ZRE_1	Prel
Q1 2007	54756	0.98791	62410.85	0.87735	63174.76	59771.05	1.2374	52440
Q2 2007	61243	1.00069	64708.25	0.94645	64663.7	62900.62	0.6409	59532
Q3 2007	64102	0.98862	66871.98	0.95858	67641.58	66030.19	0.5858	63295
Q4 2007	85709	0.99123	70390.21	1.21763	71012.87	69159.75	0.6737	84211
Q1 2008	66284	1.01343	75550.45	0.87735	74549.3	72289.32	0.8216	63423
Q2 2008	74194	1.01361	78392.05	0.94645	77339.74	75418.89	0.6983	71380
Q3 2008	76548	1.01106	79855.8	0.95858	78981.87	78548.46	0.1576	75295
Q4 2008	97019	0.99721	79678.77	1.21763	79901.89	81678.02	−0.646	99453

(续)

日期	国内生产总值 Y	ERR_1	SAS_1	SAF_1	STC_1	PRE_1	ZRE_1	Prel
Q1 2009	69817	0.98071	79577.36	0.87735	81142.21	84807.59	-1.333	74406
Q2 2009	78387	0.99295	82822.3	0.94645	83410.15	87937.16	-1.646	83228
Q3 2009	83099	1.00094	86689.89	0.95858	86608.52	91066.72	-1.621	87295
Q4 2009	109600	0.9976	90011.17	1.21763	90227.44	94196.29	-1.443	114696
Q1 2010	82613.4	1.00156	94162.69	0.87735	94016	97325.86	-1.203	85389
Q2 2010	92265.4	0.99635	97485.97	0.94645	97843.14	100455.4	-0.95	95076
Q3 2010	97747.9	0.99995	101971.8	0.95858	101976.4	103585	-0.585	99294
Q4 2010	128886.1	0.99632	105850.3	1.21763	106241.1	106714.6	-0.172	129939
Q1 2011	97418	1.00156	111037	0.87735	110863.5	109844.1	0.3706	96371
Q2 2011	108950.6	0.99753	115115.2	0.94645	115399.8	112973.7	0.882	106924
Q3 2011	115756	1.01124	120758.1	0.95858	119415.6	116103.3	1.2042	111294
Q4 2011	150757	1.01166	123812.2	1.21763	122385	119232.8	1.1459	145181
Q1 2012	108417.9	0.99071	123574.6	0.87735	124733.7	122362.4	0.8621	107354
Q2 2012	119487.1	0.99454	126247.9	0.94645	126941.3	125492	0.5269	118772
Q3 2012	125575	1.02309	131001.4	0.95858	128045.1	128621.5	-0.21	123294
Q4 2012				1.21763		131751.1		160424

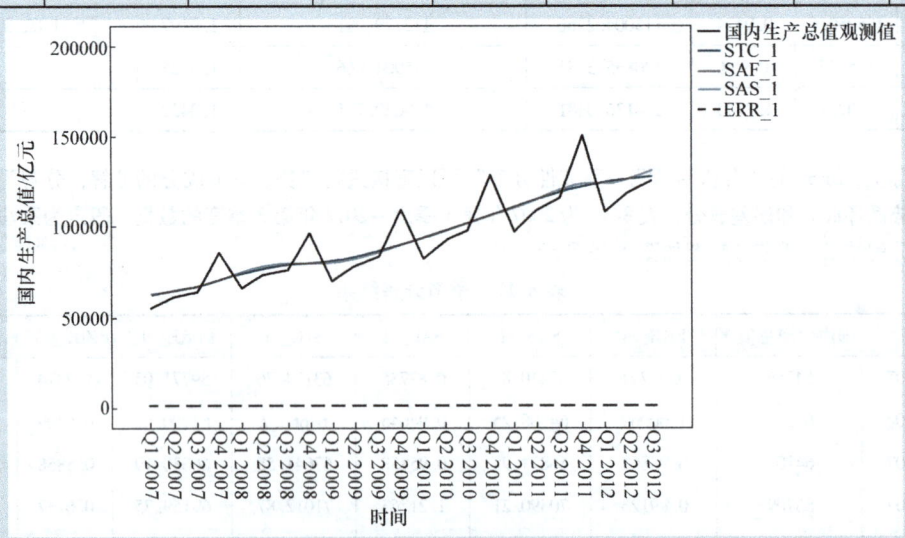

图 8-35 季节分解图

其中，ERR_1 表示分解出的随机误差成分，SAS_1 表示季节调整后的序列，SAF_1 表示季节因素或季节指数，STC_1 表述趋势循环成分，PRE_1 为根据 STC_1 数据得到的趋势方程预测值，ZRE

_1 为预测的标准残差，Prel 为最终的预测值，是在预测值基础上，考虑了季节成分影响（预测值乘以季节指数）。

根据 STC_1 得到的趋势方程结果如图 8-36、图 8-37 所示。

Model Summary[b]

Model	R	R Square	Adjusted R Square	Std. Error of the Estimate
1	.992[a]	.984	.983	2750.76076042

a.Predictors：(Constant)，时间
b.Dependent Variable：STC_1

图 8-36　趋势方程结果（一）

相关系数为 0.992，可决系数及调整后的可决系数分别为 0.984、0.983，说明自变量解释的程度很高。

Coefficients[a]

Model		Unstandardized Coefficients		Srandardized Coefficients	t	Sig.
		B	Std.Error	Beta		
1	(Constant)	56641.484	1185.609		47.774	.000
	时间	3129.567	86.469	.992	36.193	.000

a.Dependent Variable：STC_1

图 8-37　趋势方程结果（二）

图 8-37 中，选择非标准化系数，可以写出模型为：$\hat{y} = 56641.484 + 3129.567 \times$ 时间（需说明的是，也可以根据 SAS_1 数据得到的趋势方程。）

实际值及成分分解与预测值图形如图 8-38 所示。

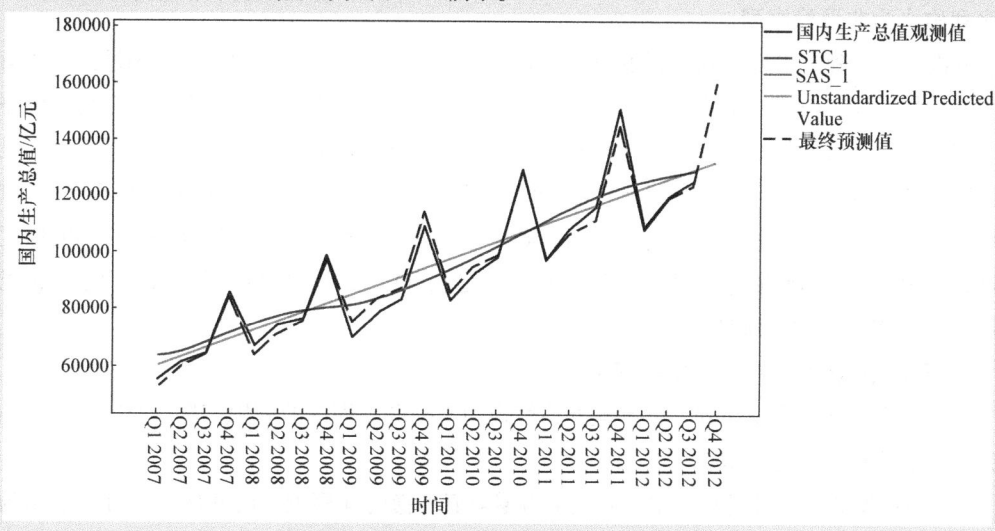

图 8-38　实际值及成分分解与预测值图形

从图中可以看到，最终拟合效果较为理想。

如果时间序列是按月度数据，其方法类同季度分析方法。

按年排列的时间序列没有季节变动,仅含长期趋势、循环变动和不规则变动,从而 $Y = TCI$,分析的步骤就简化了。

8.4 随机时间序列分析简介

随机时间序列模型分析主要根据随机理论研究时间序列的变化规律性。由于经济系统惯性的作用,经济时间序列往往存在着前后依存关系,利用时间序列过去的观测值进行预测的这种方法,不同于惯常使用的一些回归预测模型,即通过解释变量(自变量)来预测被解释变量(因变量)。随机时间序列的分析方法中,分析者也许并不知道影响预测变量的因素有哪些,它主要通过实际观测到的时间序列(前后期的相关性)进行研究,由观察值时间序列的性质来推断随机时间序列的性质。

时间序列可以分为平稳序列和非平稳序列。其中非平稳序列又可分解为确定性时序(可以采用前面的线性或非线性模型、成分分解等方法反映规律)和随机时序。由于时间序列的特点不同,因此分析方法也不同。

对一个随机时间序列分析,首先判断序列是否平稳,即是平稳随机时间序列还是非平稳随机序列。这可以通过时间序列图(即时序图)和自相关图来判断。通常,平稳序列时序图始终在一个常数值附近随机波动。自相关图是根据自相关系数绘制的,一个 k 期自相关图也称为自相关函数图。平稳序列的自相关图中的系数很快地衰减至零。当然,也可以通过序列的统计性质来判断。比如,如果序列的一、二阶矩存在,而且对任意时刻满足均值为常数且协方差仅与时间间隔有关,则称该序列为宽平稳时间序列,也叫做广义平稳时间序列。直观理解是这种时间序列没有明显的长期趋势、循环变动和季节变动,其观测值的平均数不随时间的变化而变化。反之,不具有平稳性(即序列均值或协方差与时间有关)的序列称之为非平稳序列。

其次,为了确定平稳序列是否值得继续研究,需要进行纯随机性检验。如果过去行为结果对将来的发展没有任何的影响,则这种序列称为**纯随机序列**,也称为白噪声序列。纯随机序列的序列值之间没有任何相关关系,研究它也是没有任何分析价值的。一旦某个观察值序列呈现出纯随机性的特征,表明了该随机事件已经没有值得提取的有用信息,应终止对其进行分析。检验的方法是通过自相关系数及自相关图。如果自相关系数都非常小,且以一个很小的幅度随机波动,则可以基本判断序列具有纯随机性。同时也可以通过检验统计量进行,比如 Q 统计量和 Ljung – Box(LB)统计量等。

1. 平稳随机时间序列 ARMA 模型

如果一个序列为平稳序列,通常建立线性模型来提取序列中的有用信息。ARMA 模型是最常用的拟合平稳序列的模型。它又细分为以下几种模型。

(1) AR 模型——自回归模型。假定 y_t 为零均值平稳时间序列。时间序列 y_t 可以表示为其过去值和一个随机干扰 a_t 的线性函数,即

$$y_t = \varphi_1 y_{t-1} + \varphi_2 y_{t-2} + \cdots + \varphi_p y_{t-p} + a_t \tag{8-45}$$

则式(8-45)称为 p 阶自回归模型,简记为 AR(p)模型。其中 a_t 是互不相关的序列,

且均值为零、方差为 σ_a^2（即 a_t 为白噪声序列，也即随机误差），一般假定 a_t 服从正态分布。

如果式（8-45）右边只有一项，即 $y_t = \varphi_1 y_{t-1} + a_t$，则为一阶自回归，记为 AR（1）。

如果式（8-45）右边有两项，$y_t = \varphi_1 y_{t-1} + \varphi_2 y_{t-2} + a_t$，则为二阶自回归，记为 AR（2）。

同理类推 p 阶自回归。

如前述，由于经济系统惯性的作用，经济时间序列往往存在着前后依存关系，AR 模型实际上反映的就是这种关系。最简单的一种前后依存关系就是变量当前的取值（观测值）主要与其前一时期的取值有关。用数学模型来描述这种关系就是一阶自回归模型。由于时间序列前后可能存在的依存关系，因此 AR 模型判断的一个重要依据就是利用自相关系数和偏自相关系数。

自相关函数（ACF）描述时间序列观测值与其过去的观测值之间的线性相关性，相关程度用自相关系数表示，简单地说，就是度量过去的行为对现在的影响程度；**偏自相关函数（PACF）**描述在给定中间观测值的情况下，时间序列观测值与其过去的观测值之间的线性相关性，相关程度用偏自相关系数表示。两种系数都可以直接通过计算机软件算出，并通过图形表现出来，就是自相关（函数）图和偏自相关（函数）图，图形会呈现出拖尾状或截尾状。根据图形，可以大致判断出模型的类型。AR 模型的图形特征是自相关系数拖尾和偏自相关系数截尾。

（2）MA 模型——滑动平均模型。如果时间序列 y_t 可以表示为当期与过去的随机干扰 a_t 的线性函数，即

$$y_t = a_t - \theta_1 a_{t-1} - \theta_2 a_{t-2} - \cdots - \theta_q a_{t-q} \tag{8-46}$$

则式（8-46）称为 q 阶滑动（移动）平均模型，简记为 MA（q）模型。

如果式（8-46）右边只有一项，即

$$y_t = a_t - \theta_1 a_{t-1}$$

则称为一阶滑动平均模型，记为 MA（1）。如果式（8-46）右边有两项，即

$$y_t = a_t - \theta_1 a_{t-1} - \theta_2 a_{t-2}$$

则称为二阶滑动平均模型，记为 MA（2）。同理类推 q 阶自回归模型。

可以用自相关系数和偏自相关系数的图形判断是否为 MA 模型。MA 模型的图形特征是自相关系数截尾和偏自相关系数拖尾。

（3）ARMA 模型——自回归滑动平均模型。ARMA 模型是由 AR（p）模型和 MA（q）模型混合而成的，简记为 ARMA（p, q），表示为

$$y_t = \varphi_1 y_{t-1} + \varphi_2 y_{t-2} + \cdots + \varphi_p y_{t-p} + a_t - \theta_1 a_{t-1} - \cdots - \theta_q a_{t-q} \tag{8-47}$$

不难看出，当 $p=0$ 时，ARMA（p, q）为 MA（q）；当 $q=0$ 时，ARMA（p, q）为 AR（p）。即 AR 模型、MA 模型为 ARMA 模型的特例。

ARMA 模型的图形特征是：自相关系数拖尾和偏自相关系数拖尾。

ARMA 模型建模与分析的基本步骤如下。

下面以表 8-18 中 2013 年 1 月 1 日 ~ 2013 年 5 月 27 日之间的沪深 300 行情中市盈率 TTM（股价/最近四个季度摊薄每股收益之和）的数据，说明建模的基本分析与操作过程。

表 8-18 沪深 300 行情中的市盈率

日期序号	市盈率 TTM/倍	日期序号	市盈率 TTM/倍	日期序号	市盈率 TTM/倍	日期序号	市盈率 TTM/倍
1	10.62	24	11.35	47	10.44	70	10
2	10.63	25	11.41	48	10.71	71	10.14
3	10.5	26	11.31	49	10.73	72	10.09
4	10.53	27	11.05	50	10.75	73	10.04
5	10.55	28	11.09	51	10.65	74	9.87
6	10.41	29	10.8	52	10.53	75	10.01
7	10.75	30	10.7	53	10.43	76	10.12
8	10.8	31	10.73	54	10.13	77	10.12
9	10.7	32	10.62	55	10.23	78	10.18
10	10.72	33	10.72	56	10.26	79	10.1
11	10.78	34	10.96	57	10.24	80	10.15
12	10.78	35	10.9	58	10.22	81	10.1
13	10.8	36	10.47	59	10.11	82	9.96
14	10.75	37	10.73	60	10.21	83	10
15	10.68	38	10.81	61	10.21	84	10.13
16	10.95	39	10.71	62	10.19	85	10.25
17	10.57	40	10.68	63	10.14	86	10.31
18	11.12	41	10.36	64	10.05	87	10.31
19	11.15	42	10.55	65	10.09	88	10.29
20	11.34	43	10.45	66	10.07	89	10.18
21	11.39	44	10.48	67	10.07	90	10.21
22	11.39	45	10.54	68	10.3	91	10.14
23	11.39	46	10.35	69	10.31		

数据来源：新浪财经沪深 300 行情。

第一步，分析时间序列的平稳性。使用 ARMA 模型进行分析预测时，首先要求时间序列必须是平稳的，这可以通过图形进行判断。比较图 8-39a 和图 8-39b，可见图 8-39b 时序图更为平稳。

下面介绍时序图的画法。首先，将数据导入 SPSS 中。要对时间序列分析，必须先定义日期。在

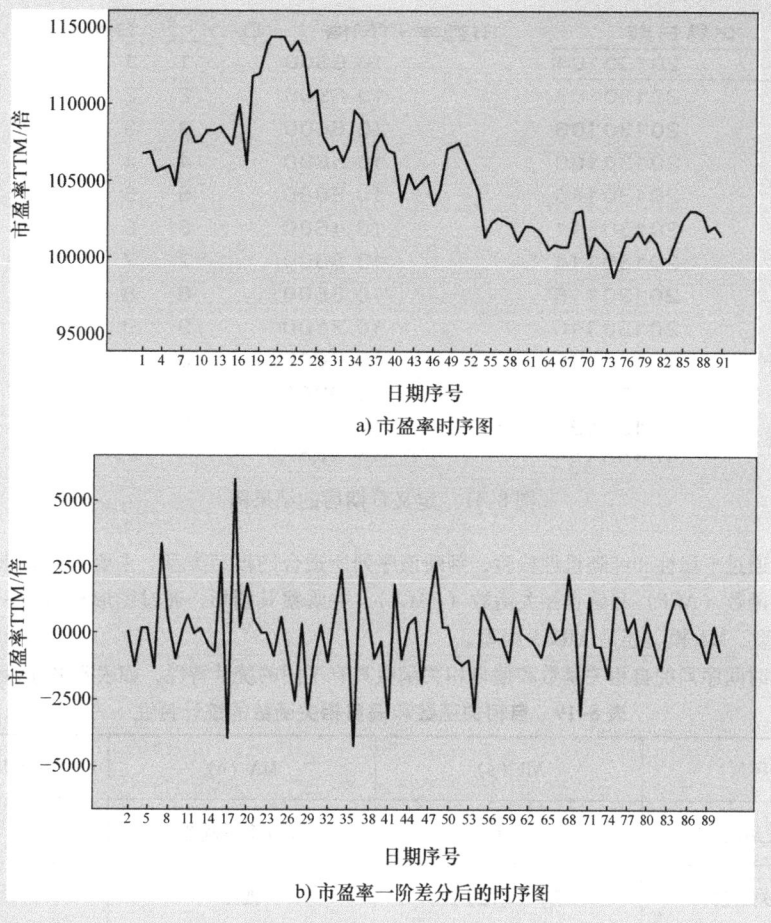

图 8-39 时序图

"数据"菜单下选择"定义日期",在出现的"定义日期"对话框中的左侧"个案为"中,按照要分析的数据的日期类型进行选择,比如,是年月数据,还是年份或年季度等,在右侧的"第一个个案为"的文本框填入所研究数据的开始的日期,如图 8-40 所示。

图 8-40 定义日期的操作图

然后在数据表中会出现日期数据列(见图 8-41)。以后分析就要使用定义后的日期进行。
对一个平稳时间序列,分析将进入下一个步骤。

交易日期	市盈率TTM倍	DAY_	DATE_
20130104	10.6800	1	1
20130107	10.6900	2	2
20130108	10.5600	3	3
20130109	10.5800	4	4
20130110	10.6000	5	5
20130111	10.4600	6	6
20130114	10.8000	7	7
20130115	10.8500	8	8
20130116	10.7500	9	9
20130118	10.7600	10	10
20130121	10.8300	11	11
20130122	10.8300	12	12
20130123	10.8600	13	13

图 8-41 定义日期后的结果图

第二步，通过平稳性和纯随机性检验，判断该序列所适合的模型类型。主要是计算求出该时间序列的样本自相关函数（ACF）和偏自相关函数（PACF），并观察其图形，通过图形显示的一些特性来判断应构建 AR 模型、MA 模型还是 ARMA 模型。

三类平稳时间序列的自相关函数和偏自相关函数具有不同的统计特性，如表 8-19 所示。

表 8-19 自相关函数和偏自相关函数的统计特性

模型（序列）	AR（p）	MA（q）	ARMA（p, q）
自相关函数	拖尾	第 q 个后截尾	拖尾
偏自相关函数	第 p 个后截尾	拖尾	拖尾

拖尾是指模型自相关函数或偏自相关函数随着时滞 k（滞后的时期数）的增加呈现指数振荡衰减并趋于零，一般如果超过 5% 的自相关系数或偏相关系数在最初的 k 阶明显超过 2 倍标准差范围，之后，由非零自相关系数衰减为小值的过程非常缓慢或连续，通常视为不截尾，即拖尾，如图 8-42a 所示。

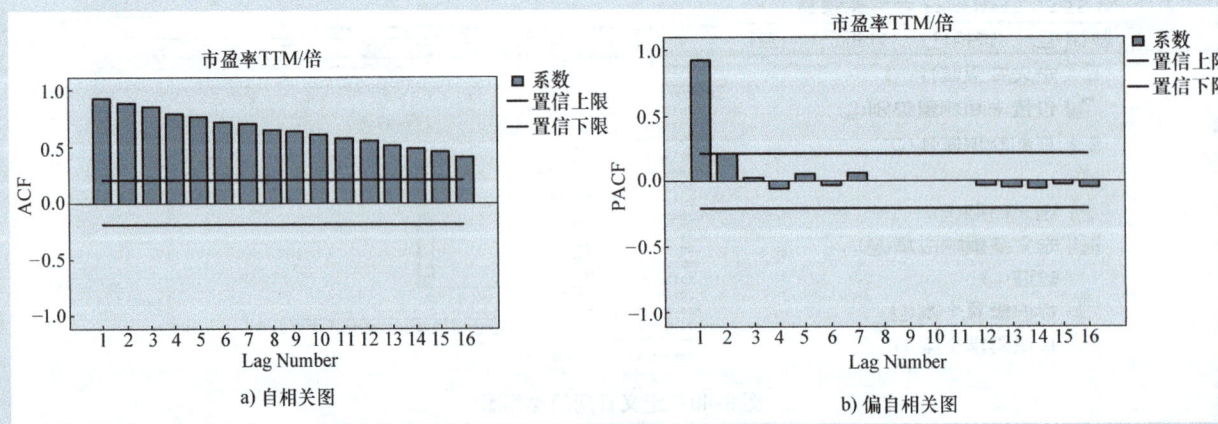

图 8-42 自相关图和偏自相关图

而截尾是指模型的自相关函数或偏自相关函数在某步之后几乎全部为零（不显著非零）。一般如果自相关系数或偏相关系数在最初的 k 阶明显超过 2 倍标准差范围，之后，95% 或以上自相关系数几乎都在 2 倍标准差范围之内，由非零自相关系数衰减为小值的过程非常突然，则通常视为截尾，如图 8-42b 所示。第 p 个后截尾也称 p 阶截尾，第 q 个后截尾也称 q 阶截尾。

其中，横轴代表滞后的时期数，纵轴代表自相关函数 ACF 或偏自相关函数 PACF。

可以看出，图 8-42a 为自相关图（呈拖尾状），图 8-42b 为偏自相关图（呈截尾状）。

自相关图与偏自相关图可以通过 SPSS 软件中的"分析"→"预测"→"自相关"选项设定，在需要的输出项前面打"√"，单击"确定"，如图 8-43 所示。

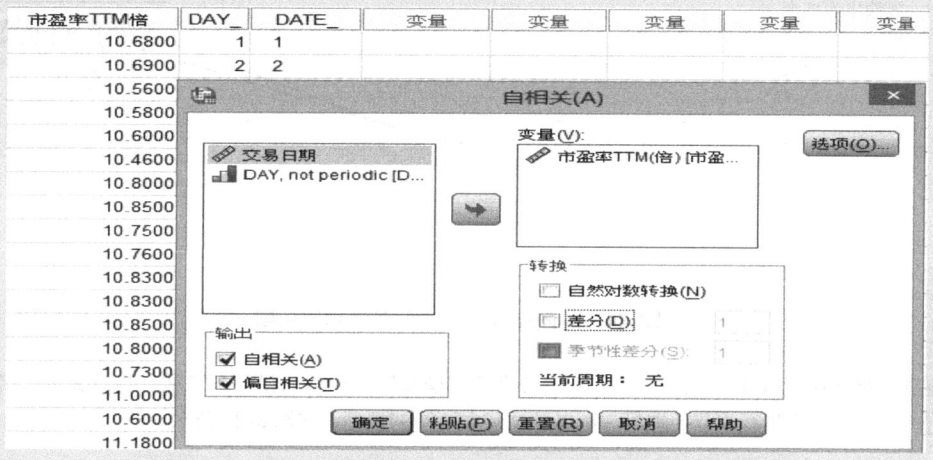

图 8-43　绘制自相关图时的选项操作图

通常，序列的自相关函数和偏自相关函数所呈现出的这些性质可帮助我们识别模型。即如果平稳序列的自相关函数是拖尾的，而偏相关函数是截尾的（偏自相关 1 项或几项显著不为零，有峰值），可基本判定序列适合 AR 模型（见图 8-42）；若平稳序列的自相关函数是截尾的，而偏相关函数是拖尾的，则可判定序列适合 MA 模型；若平稳序列的偏自相关函数和自相关函数均是拖尾的，则序列适合 ARMA 模型。理论上通过图形判断 AR、MA、ARMA 一般都是这样进行的，但这不是绝对的标准，也需结合研究者的经验来判断。

实际分析和判断时，如果某个时间序列的自相关函数和偏自相关函数序列没有呈现上述特征，即无论是自相关图还是偏自相关图表现出缓慢衰减到零（类似拖尾性）或周期性衰减等情况，该序列实际上基本都是非平稳的。所以，当自相关图或偏自相关图表现出缓慢衰减时，应判断为非平稳；而平稳序列往往两者都是截尾的，即自相关和偏自相关函数衰减到零的速度相当快。而当两者都截尾时，对 AR、MA 或 ARMA 进行模型选择需结合一些准则函数，常用 AIC 信息准则和 BIC 信息准则结合判断。按照准则函数的取值大小确定模型的优劣，使准则函数达到极小的是最佳模型。

模型选择之后，就是确定模型的阶数 p 和 q。主要是计算自相关系数和偏自相关系数显著不为零的项（也就是峰值的个数），通过自相关图或偏自相关图更为直观地看出，从而大致确定出模型的阶数。AR 的阶数主要由偏相关函数中的显著不为零的项数（即峰值的个数）代表，MA 的阶数主要由自相关函数中的显著不为零的项数（即峰值的个数）代表。对于一个时间序列，模型的选择及阶数的确定开始时不一定非常明确，也不知哪种更适合，需要在 AR、MA、ARMA 基本模型中选择，并不断去试，选择各项检验指标中最优的。

第三步，估计出其中的参数。主要的参数估计方法有矩估计法、最小二乘估计法和极大似然估计法等,一般都由计算机软件完成。

在 SPSS 中的基本操作方法为:单击"分析"→"预测"→"创建模型",如图 8-44 所示。

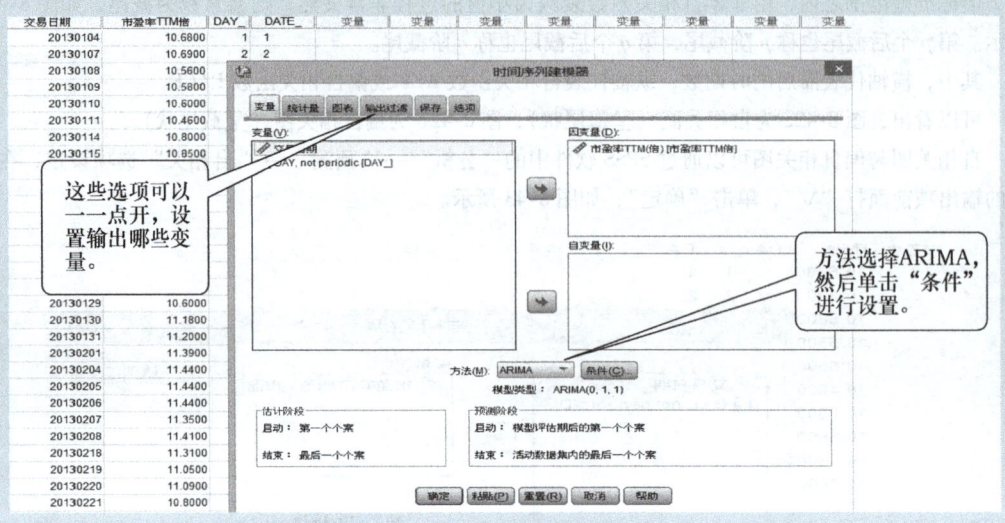

图 8-44 时间序列建模器的各选项展示图

再进一步选择。单击"条件",在"非季节性""季节性"中填入模型的阶数,也就是 p、q 值,及是否进行差分、是否进行季节处理等,可以尝试建立不同的模型,如图 8-45 所示。

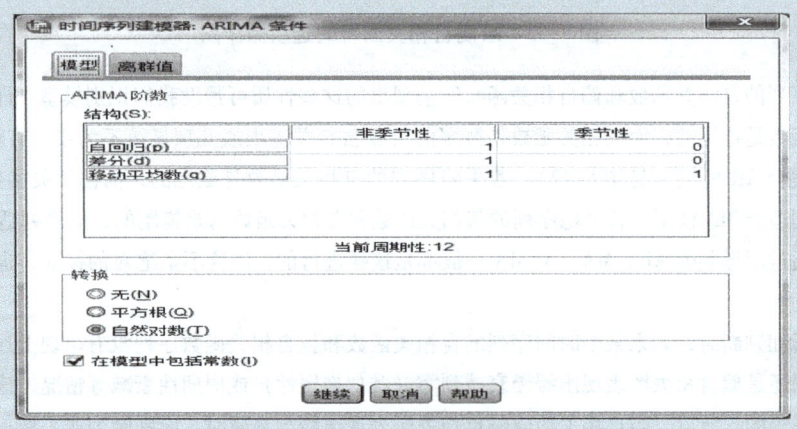

图 8-45 ARIMA 模型的条件设定选项图

图 8-45 中可以看到有不同的选项,主要是 ARIMA 的阶数。第一列主要是非季节性的,即没有季节变动的影响,表达为 ARIMA (p, d, q)。对于 ARIMA (p, d, q),只在第一列"非季节性"下面选择阶数即可。即 p 代表非季节性的自回归,q 代表非季节性移动平均数,d 代表非季节性差分;第二列带有"季节性",其模型为非平稳的 ARIMA $(p, d, q)(P, D, Q)^s$。其中,P 代表季节性自回归,Q 代表季节性移动平均数,D 代表季节性差分。比如,根据图 8-45 填入的数字,拟建立的模型为 ARIMA $(1, 1, 1)(0, 0, 1)$,其他模型类似。之后分别单击"时间序列建模器"的每个选项进行选择,如图 8-46、图 8-47、图 8-48 和图 8-49 所示。

图 8-46　时间序列建模器下的"统计量"选项展示图

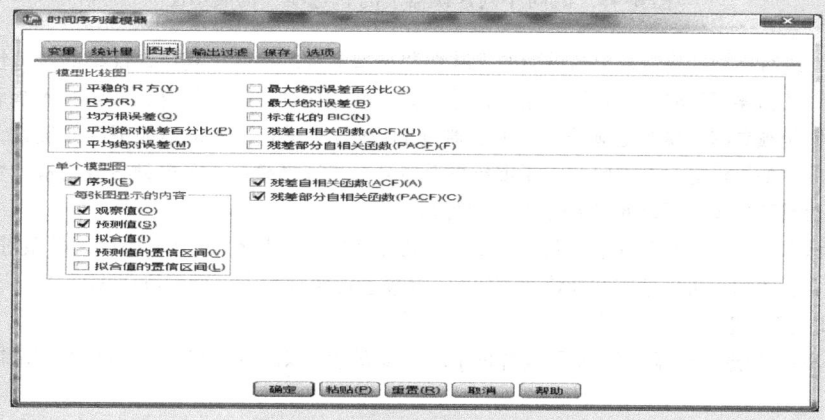

图 8-47　时间序列建模器下的"图表"选项展示图

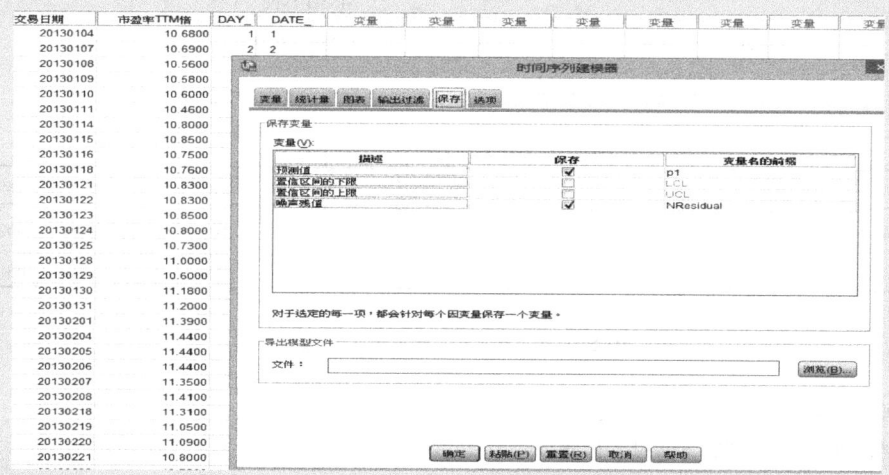

图 8-48　时间序列建模器下的"保存"选项展示图

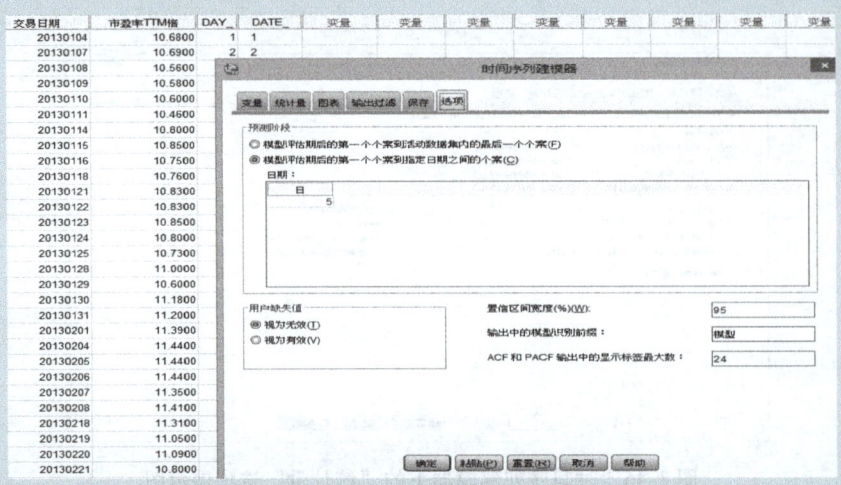

图 8-49 时间序列建模器下的"选项"的展示图

第四步,进行模型的检验,包括模型的显著性和模型参数的检验。其中,模型的显著性主要是残差序列 $\{a_t\}$ 的白噪声检验,或者说独立性检验。如果残差序列 $\{a_t\}$ 的自相关函数不显著非零,可以认为 $\{a_t\}$ 是独立的,模型是显著的。可以通过 LB 统计量进行。如果不能拒绝原假设,说明拟合模型是有效的。如果没有通过检验,需要重新再返回第二步选择模型。而模型参数的检验主要检验模型的参数是否显著非零,可以通过 t 检验统计量进行。

假如沪深 300 行情中的市盈率按照平稳序列来处理(主要是与不平稳的 ARIMA 模型对比),根据自相关和偏自相关图,可以基本判断该数据符合 AR 模型的统计特点,考虑拟合 AR(1)。当然也可以同时拟合 AR(2)进行比较和选择。

按照图 8-45 的选项要求,填入要拟合的 p、d、q 的值,则 AR(1)模型及相关结果如图 8-50 所示。

Model Description			Model Type
Model ID	市盈率TTM(倍)	模型_1	ARIMA(1,0,0)

ARIMA Model Parameters				Estimate	SE	t	Sig.
市盈率TTM(倍)–模型_1	市盈率TTM(倍) No Transformation		Constant	10.503	.186	56.504	.000
			AR Lag 1	.924	.040	23.319	.000

图 8-50 AR(1)模型及相关结果

根据模型结果,可以写出基本模型:$y_t = 10.503 + 0.924 y_{t-1} + a_t$

模型系数 p 值为 0.000,通过了检验。

如图 8-51 所示,LB 值为 0.907,模型通过了残差项检验(原假设:残差序列为白噪声序列),不拒绝原假设,说明残差序列为白噪声序列,序列值之间没有任何相关关系,也说明模型显著有效。如图 8-52 所示,其中左图和右图纵向表示延迟期数,横向分别表示残差的自相关和偏自相关系数。图形显示,残差序列的自相关和偏自相关都没有固定模式,说明残差序列为白噪声序列。其他检验指标,

Model Statistics								
Model	Number of Predictors	Model Fit statistics			Ljung-Box Q(18)			Number of Outliers
		Stationary R-squared	R-squared	Normalized BIC	Statistics	DF	Sig.	
市盈率 TTM(倍)-模型_1	1	.864	.864	-3.641	9.927	17	.907	0

图 8-51　模型统计结果

如平稳的 R^2 统计量，是序列中由模型解释的总变异所占比例的估计值，该值越高（最大值为 1.0），则模型拟合会越好。

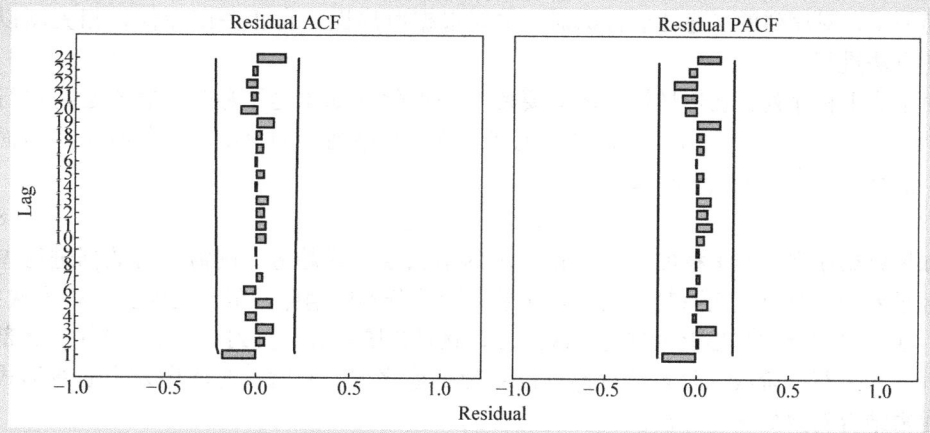

图 8-52　残差的自相关和偏自相关函数图

模型的拟合效果通过图形也能直观显示出来，如图 8-53 所示。

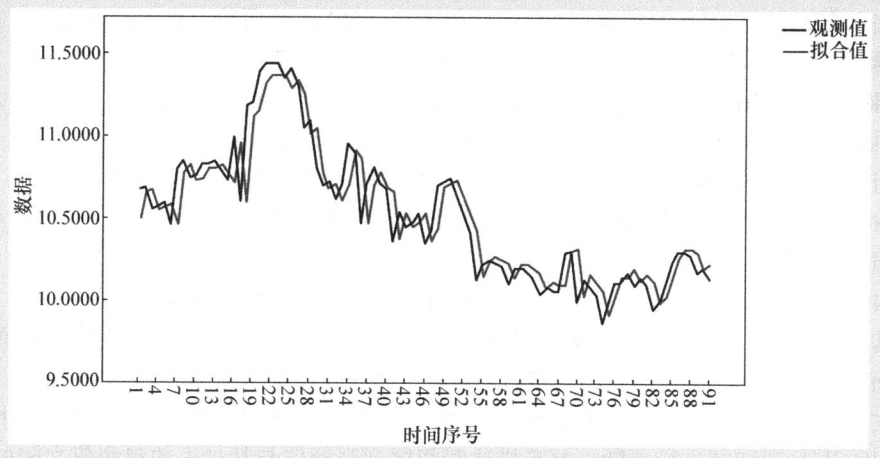

图 8-53　实际值和拟合值的时序图

实际中对于一个时间序列的建模过程，应根据时序图，尝试建立不同的模型，进行比较，不断尝试和改进，最后从中选择最优或最满意的模型。

第五步，进行预测，一般可以由计算机完成。

一般来说，经济时间序列不满足平稳性，其均值是随时间变化的，如股票数据、GDP 数据、CPI 数据等。平稳时间序列更多存在于能够严格控制条件的工程中。当时间序列不满足平稳性时，通常可以通过对数变换或差分变换来把时间序列平稳化，具体操作见非平稳随机序列 ARIMA 模型的介绍。

2. 非平稳随机序列 ARIMA 模型

现实中的很多序列都是非平稳的，呈现出明显的趋势性。这时需采用 ARIMA 模型进行分析。

ARIMA 模型的基本思想是，将预测对象随时间推移而形成的数据序列视为一个随机序列，用一定的数学模型来近似描述这个序列。这个模型一旦被识别后就可以从时间序列的过去值及现在值来预测未来值。ARIMA 模型可以按照以下步骤和方法进行分析预测。

第一步，对序列的平稳性进行识别。主要根据时序图、自相关图和偏自相关图以一些检验等方法进行。

对于非平稳序列，在选择模型之前要使其平稳化（如果是平稳的，就不必再进行平稳化）。办法之一就是**差分**（Difference），也就是将时间序列中的每期观测值减去其前面的观测值，这称为一阶差分（First Difference）。

$$\Delta y_t = y_t - y_{t-1} \tag{8-48}$$

如果数据序列是非平稳的，并存在一定的增长或下降趋势，则需要对数据进行差分处理，经过差分后就可以消除趋势成分。如果一阶差分不能消除趋势，就需要进行多次差分。比如，在一阶差分的基础上再进行一次差分，就是二阶差分，直到 d 阶差分 $\Delta^d y_t$。大部分经济时间序列进行一阶或二阶差分后都可以变为平稳序列。有时，时间序列为曲线形式趋势时，也需结合对数处理等方法。

经过差分将序列变成平稳后，通常将模型称为单整自回归滑动平均模型，记为 ARIMA (p, d, q) 模型。其中，字母"I"代表整合项（Integrated）或差分项；d 表示差分的阶数；p 表示自回归（AR）的项数；q 表示滑动平均（MA）的项数。也不难看出：

如果模型为 ARIMA $(p, 0, 0)$，则它就是 p 阶自回归模型 AR (p)。

如果模型为 ARIMA $(0, 0, q)$，则它就是 q 阶滑动（移动）平均模型 MA (q)。

如果模型为 ARIMA $(p, 0, q)$，则它就是自回归滑动平均模型 ARMA (p, q)。

对于包含季节成分的非平稳序列，需要将季节因素予以消除，采用季节差分。即用季节周期的长度作为差分的滞后期的长度。例如对于季度数据，一阶季节差分的 $S = 4$；对于月份数据，$S = 12$。

如果季节差分后序列是平稳的，这时使用的模型表示为 ARIMA (p, d, q) $(P, D, Q)^S$。其中的 (p, d, q) 表示非季节部分；$(P, D, Q)^S$ 表示季节部分，即季节自回归和季节移动平均部分，S 为季节周期的长度，d 和 D 的差分阶数就是 d 和 D 的取值。

第二步，识别模型的阶数。对时间序列所适合的 ARIMA 模型进行初步识别，主要通过 ACF 和 PACF 呈现特征进行判断，ACF 描述时间序列观测值与其过去的观测值之间的线性相关性，PACF 描述在给定中间观测值的条件下时间序列观测值与其过去的观测值之间的线性相关性。呈现特征主要表现为截尾或拖尾。

第三步，估计参数。主要的参数估计方法有矩估计法、最小二乘估计法和极大似然估计法等。

第四步，对选择的模型进行诊断。一种方法是：通过残差的自相关图，对残差序列进行独立性检验。如果模型是正确的，那么该模型预测产生的误差应该是白噪声序列，残差序列的自相关图应该没有固定的模式。

另一种方法采用是 BL（Box–Ljung）统计量。它主要用来检验残差的自相关系数是否为 0（原假设是残差的自相关系数为 0，即残差不存在自相关）。

第五步，进行预测。在实际应用中，只有通过检验后的模型才可以选择使用。

ARIMA 模型在经济预测过程中既考虑了经济现象在时间序列上的依存性，又考虑了随机波动的干扰性，对于经济运行短期趋势的预测准确率较高，是近年应用比较广泛的方法之一。其基本过程主要通过计算机软件完成。

仍以表 8-18 沪深 300 行情中的市盈率为例，说明操作过程。

从图 8-26a 自相关图看，是缓慢衰减的（呈拖尾状），所以可以将该序列判断为非平稳序列。对于图 8-50 中建立的 AR（1）模型，也可以从 y_{t-1} 项的系数 φ_1 来判断模型的平稳性：当 $\varphi_1 \geq 1$ 时，序列是非平稳的；当 $\varphi_1 < 1$ 时，序列是平稳的。在图 8-50 中已建立的平稳模型中，$\varphi_1 = 0.924$，接近于平稳的边界，而在实际问题中，一般当 $\varphi_1 > 0.9$ 时，通常就将序列判断为非平稳的。因此市盈率也可以建立 ARIMA 模型。

首先平稳化处理，进行一阶差分。过程见图 8-43 ~ 图 8-49，本例中，要选中"差分"，填入差分次数"1"。其自相关图与偏自相关图如图 8-54 所示。

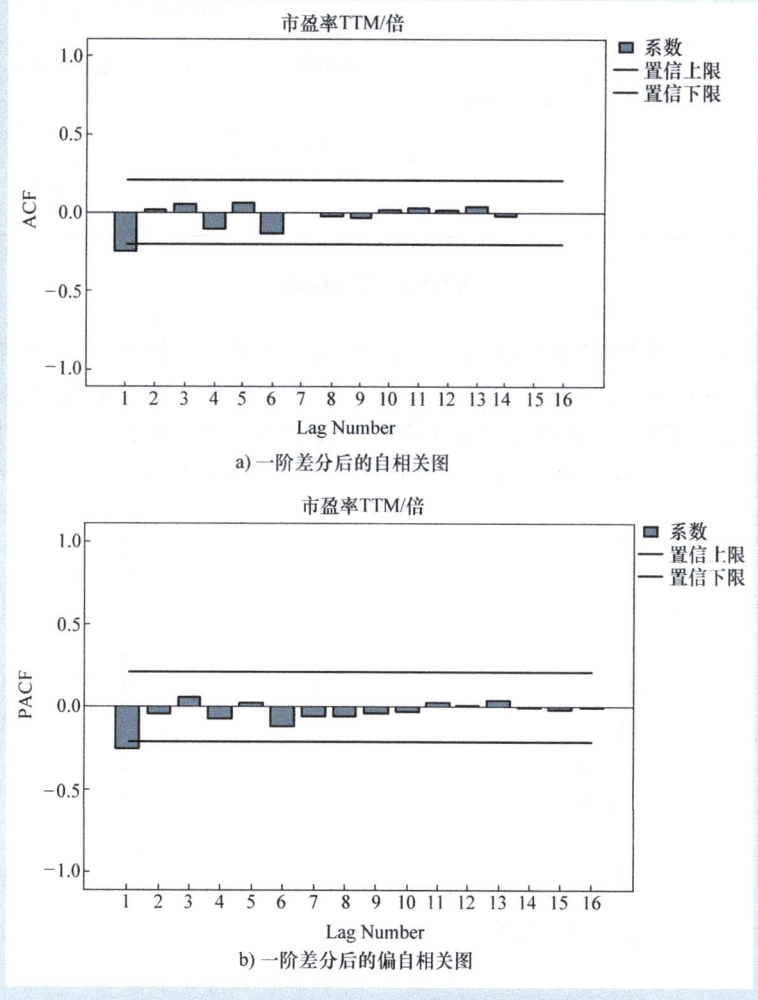

图 8-54　一阶差分后的自相关图与偏自相关图

观察图 8-54，ACF 和 PACF 已经截尾，序列已经平稳。

接下来可以对变量进行建模了，由 ACF 图和 PACF 图可判断模型的滞后阶数，尝试可能适合的模型可能为 ARIMA（1，1，1）（0，0，0）、ARIMA（1，1，0）（0，0，0）、ARIMA（0，1，1）（0，0，0）等，分别进行建模。图 8-55 为其中的一个 ARIMA（0，1，1）（0，0，0）的建模结果。

Model Statistics

Model	Number of Predictors	Model Fit statistics				Ljung–Box Q(18)			Number of Outliers
		Stationary R-squared	R-squared	RMSE	Normalized BIC	Statistics	F	Sig.	
市盈率 TTM(倍)-模型_1	0	.063	.866	.149	−3.706	4.523	7	.999	0

ARIMA Model Parameters

					Estimate	SE	t	Sig.
市盈率 TTM(倍)-模型_1	市盈率 TTM(倍)	No Transformation	Constant		−.006	.012	−.489	.626
			Difference					
			MA	Lag 1	1.249	.103	2.408	.018

图 8-55　建模结果

LB 值为 0.999，模型通过了残差项检验（原假设：残差序列为白噪声序列），不拒绝原假设，说明残差序列为白噪声序列，序列值之间没有任何相关关系，也说明模型显著有效。其他检验指标，如平稳的 R^2 统计量，是序列中由模型解释的总变异所占比例的估计值，该值越高（最大值为 1.0），则模型拟合会越好。模型的拟合效果通过图形也能直观显示出来，如图 8-56 和图 8-57 所示。

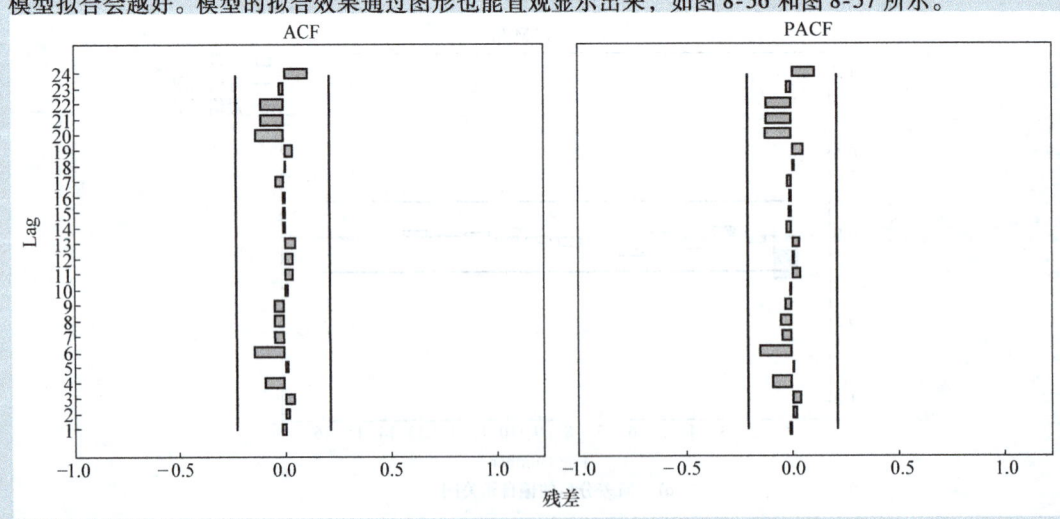

图 8-56　差分后模型残差序列图

图 8-56 显示，残差序列的自相关和偏自相关没有固定模式，说明残差序列为白噪声序列。

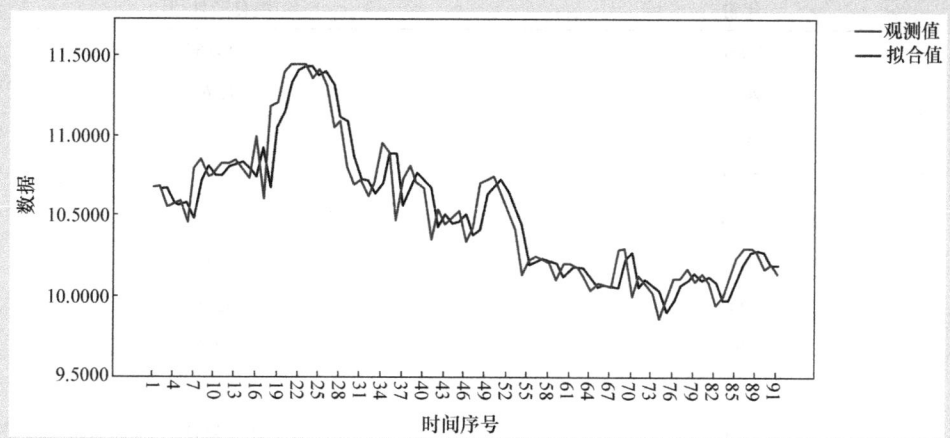

图 8-57　实际值和差分后模型拟合值的时序图

根据图 8-57 可知，拟合效果不错。

本章小结

本章主要针对时间序列数据而展开，介绍了时间序列成分及组合形式、基本描述方法，如增长率等，进一步介绍了时间序列成分组合模型、时间序列组成成分及分析预测方法。其中平稳序列的分析与预测方法主要介绍了简单平均法、移动平均法、指数平滑法；非平稳序列的分析与预测方法主要介绍了趋势成分的测定、季节成分的测定、循环变动的测定方法。由于随机时间序列模型分析比较复杂，本章仅作了简介，包括平稳随机时间序列 ARMA 模型、非平稳随机序列 ARIMA 模型及分析步骤等。通过学习，要掌握用时间序列的基本分析方法分析经济问题。

思考与练习题

1. 什么是时间序列数据？其构成要素包括哪些？
2. 时间序列由哪些成分构成？组合形式是什么？
3. 如何区分平稳序列和非平稳序列？
4. 基本描述指标有哪些？基本描述应注意的问题是什么？
5. 增长率的含义是什么？分为几种？
6. 预测精度如何反映？
7. 使用移动平均法时需要注意哪些问题？
8. 指数平滑法有几种？各适用于什么数据？
9. 趋势成分的测定中，线性趋势常用什么方法测定？
10. 现象变动趋势多种多样，常用的一些判断方法是什么？
11. 季节成分测定时，根据数据所含成分不同，可选择哪些方法？
12. 季节指数计算的基本步骤是什么？季节指数的用处有哪些？
13. 循环变动的测定的基本分析步骤有哪些？
14. 对一个随机时间序列分析，首先需要进行哪些处理或判断？
15. 平稳和非平稳随机时间序列分别可用什么模型进行分析？
16. 三类平稳时间序列模型的自相关函数和偏自相关函数具有哪些不同的统计特性？
17. ARMA 模型建模与分析的基本步骤是什么？
18. 对非平稳序列分析为什么要进行差分？非平稳随机序列模型的基本分析步骤是什么？
19. 表 8-20 为我国粮食产量数据。

表 8-20　我国粮食产量数据

年份	粮食产量/万 t
2001	45264
2002	45706
2003	43070
2004	46947
2005	48401
2006	49804
2007	50160
2008	52871
2009	53082
2010	54641
2011	57121
2012	58957

资料来源：各年《国民经济和社会发展统计公报》。

要求：

(1) 对粮食产量时间序列进行基本描述。(提示：画图，计算 2001～2012 年平均粮食产量、粮食平均增长量、粮食产量的逐年增长率和总增长率、平均增长率，说明我国粮食产量的发展基本状况。

(2) 建立线性趋势方程。不考虑其他因素，预测 2013 年的粮食产量。

20. 我国 2001～2012 年固定电话年末用户的数据如表 8-21 所示。

表 8-21　我国 2001～2012 年固定电话年末用户数据

年份	固定电话年末用户/万户
2001	18037
2002	21422
2003	26275
2004	31176
2005	35043
2006	36779
2007	36564
2008	34036
2009	31373
2010	29438
2011	28512
2012	27815

资料来源：《国民经济和社会发展统计公报》

Quadratic（二次曲线）的主要拟合结果如图 8-58 所示。

Cubic（三次曲线）的主要拟合结果如图 8-59 所示。

Model Summary

R	R Square	Adjusted R Square	Std.Error of the Estimate
.952	.906	.885	1968.417

ANOVA

	Sum of Squares	df	Mean Square	F	Sig.
Regression	3.360E8	2	1.680E8	43.358	.000
Residual	34871976.736	9	3874664.082		
Total	3.709E8	11			

Coefficients

	Unstandardized Coefficients		Standardized Coefficients	t	Sig.
	B	Std.Error	Beta		
Case Sequence	6537.910	719.527	4.060	9.086	.000
Case Sequence**2	−451.475	53.880	−3.744	−8.379	.000
(Constant)	11664.318	2034.415		5.733	.000

图 8-58　二次曲线的主要拟合结果

Model Summary

R	R Square	Adjusted R Square	Std.Error of the Estimate
.969	.939	.916	1683.146

ANOVA

	Sum of Squares	df	Mean Square	F	Sig.
Regression	3.482E8	3	1.161E8	40.970	.000
Residual	22663841.220	8	2832980.153		
Total	3.709E8	11			

Coefficients

	Unstandardized Coefficients		Standardized Coefficients	t	Sig.
	B	Std.Error	Beta		
Case Sequence	9962.957	1760.903	6.187	5.658	.000
Case Sequence**2	−1084.541	308.423	−8.993	−3.516	.008
Case Sequence**3	32.465	15.639	3.221	2.076	.072
(Constant)	7232.859	2753.766		2.627	.030

图 8-59　三次曲线的主要拟合结果

拟合的图形如图 8-60 所示。

要求：根据上面的拟合图形与结果，说明哪种拟合效果更好，主要依据是什么？写出拟合的方程，并对 2013 年的固定电话年末用户进行预测。

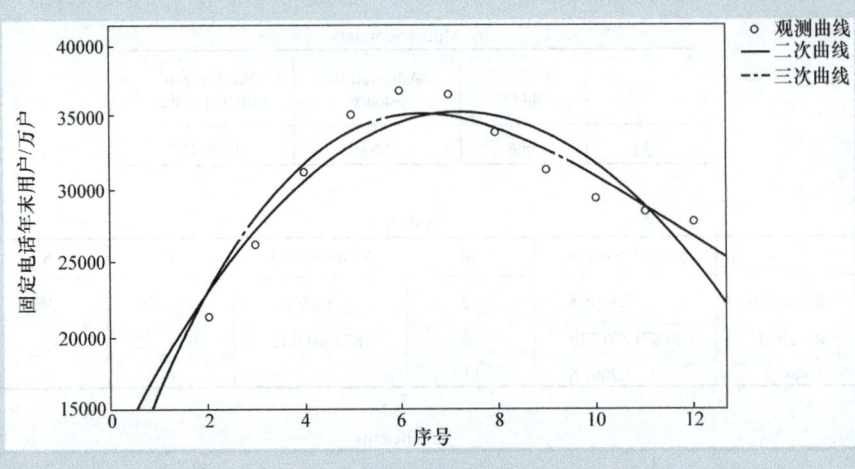

图 8-60 拟合图

21. 表 8-22 和图 8-61 为我国城镇居民人均可支配收入的数据和拟合直线的相关结果。

表 8-22 我国城镇居民人均可支配收入

年份	城镇居民人均可支配收入/元
2001	6860
2002	7703
2003	8472
2004	9422
2005	10493
2006	11759
2007	13786
2008	15781
2009	17175
2010	19109
2011	21810
2012	24565

SUMMARY OUTPUT

回归统计	
Multiple R	0.98248163
R Square	0.965270153
Adjusted R Square	0.961797168
标准误差	1135.708962
观测值	12

方差分析

	df	SS	MS	F	Significance F
回归分析	1	358492527.8	358492527.8	277.9368	1.26182E−08
残差	10	12898348.47	1289834.847		
总计	11	371390876.3			

	Coefficients	标准误差	t Stat	p−value	Lower 95%	Upper 95%
Intercept	3619.590909	698.980547	5.178385754	0.000414	2062.165	5177.01662
年份	1583.332168	94.9727545	16.67143567	1.26E−08	1371.72	1794.94465

图 8-61 拟合结果

要求：画出我国城镇居民人均可支配收入的图形；根据图形说明可拟合哪种趋势线；根据给出的相关结果，写出线性趋势方程，并进行各种检验；如果拟合其他趋势线，请进行比较。

22. 表 8-23 为我国民航客运量的数据。

表 8-23 我国民航客运量的数据

时间	民航客运量/亿人	时间	民航客运量/亿人
2009.1	0.17	2011.1	0.23
2009.2	0.17	2011.2	0.22
2009.3	0.18	2011.3	0.23
2009.4	0.19	2011.4	0.24
2009.5	0.19	2011.5	0.24
2009.6	0.18	2011.6	0.23
2009.7	0.21	2011.7	0.27
2009.8	0.23	2011.8	0.28
2009.9	0.19	2011.9	0.25
2009.10	0.22	2011.10	0.26
2009.11	0.2	2011.11	0.24
2009.12	0.19	2011.12	0.23
2010.1	0.19	2012.1	0.26
2010.2	0.2	2012.2	0.23
2010.3	0.22	2012.3	0.25
2010.4	0.22	2012.4	0.26
2010.5	0.22	2012.5	0.25
2010.6	0.22	2012.6	0.25
2010.7	0.25	2012.7	0.3
2010.8	0.26	2012.8	0.31
2010.9	0.23	2012.9	0.27
2010.10	0.24	2012.10	0.28
2010.11	0.21	2012.11	0.26
2010.12	0.21	2012.12	0.26

要求：
（1）用趋势剔除法进行季节成分的测定。
（2）用剔除趋势后的序列，建立线性趋势方程，并预测 2013 年 1、2、3 月的民航客运量。
（3）查阅实际的 2013 年 1、2、3 月的民航客运量，对预测的结果进行分析。
（4）画图，尝试建立 ARIMA 模型。

CHAPTER 9

第 9 章

指 数 分 析

学习目标

1. 掌握指数的定义、指数的分类、指数研究涉及的几个方面。
2. 掌握单一统计指数的研究方法。
3. 熟练掌握总指数的研究方法，把握总指数的加权形式，即加权综合指数、加权平均指数及其关系。
4. 掌握指数模型分析的基本方法，基本的总量（值）指数模型、平均指数模型与平均指标指数模型及应用。
5. 掌握居民消费价格指数的应用，了解其他一些常用指数。

数据、模型与决策
Data, Models & Decisions

导入案例

指数，你关注过吗？

在商务与经济活动中，我们经常会使用到"指数"，不管是宏观研究还是微观经济分析，如中国经济景气指数、CPI 指数、PMI（采购经理人）指数、PPI（工业品出厂价格指数）、股票价格指数、基金指数、民生指数、绿色发展指数、全国城市文明程度指数、道琼斯指数、纳斯达克指数、富时 100 指数、波罗的海干散货指数、美元指数等；也不管是各个行业协会还是研究机构，也都纷纷发布相关指数，如房地产价格指数、中小企业发展指数、基金会透明指数、央视财经 50 指数、流通指数、百度指数、淘宝指数等。同时更直观地用图形表示，如图 9-1、图 9-2 所示。

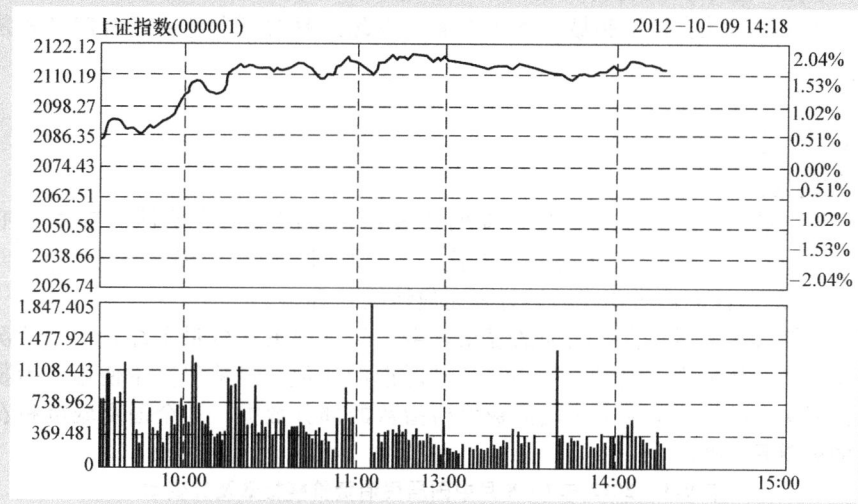

图 9-1　上证指数走势图
来源：中国经济网

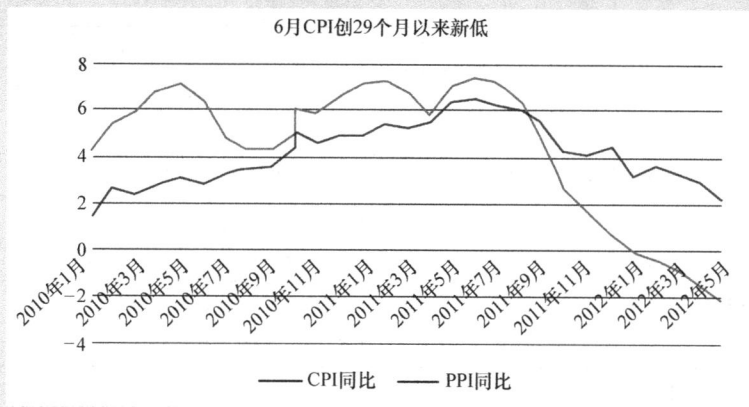

图 9-2　CPI 和 PPI 的对比图
来源：网易财经

日常生活中衣食住行等各方面都有指数作参考，如幸福指数、生活指数系列中的如感冒指数、穿衣指数、紫外线指数、运动指数、洗车指数、吸入颗粒物指数、天气指数等，这些指数决定人们是否带雨具及穿衣的厚重轻薄，和如何防晒等。有些指数，如居民消费价格指数、房价指数等，同人们的日常生活息息相关；有些指数，如股票价格指数、消费者信心指数、企业景气及企业家信心指数等，影响人们的投资活动，成为社会经济的晴雨表。

不知不觉中，人们已置身于一个充斥着指数的时代，似乎指数无处不在。人们也习惯了关注各种指数，习惯被各种指数指导，以衡量、判断、改变自己的生活。因此，我们非常有必要弄清楚指数的基本含义及使用中的一些问题。

9.1 指数的基本问题

指数的编制与研究最早是从物价的变动开始的。18 世纪中叶，欧洲的物价飞涨，引起社会不安，于是产生了反映物价变动的要求，这就是物价指数产生的根源。发展到今天，指数几乎广泛应用于社会经济领域的各个方面。因此指数的概念也普遍有广义和狭义的不同理解。

9.1.1 指数定义与分析的作用

1. 指数的定义

广义指数泛指社会经济现象数量变动的比较指标，即用来表明同类现象在不同空间（如不同国家、地区、部门、企业等）的对比、不同时间的对比（表明研究现象在时间上的变动情况）、实际与计划的对比（说明计划完成情况）等。

狭义指数仅指反映不能直接相加的复杂社会、经济现象在数量上综合变动情况的相对数。也就是价格、数量或价值对比某一个基础时期的比值。经济研究中使用多为狭义的指数。例如，表 9-1 反映的是中国居民消费价格指数的部分数据，其全国及城市和农村"当月"对应的列就是 CPI。

表 9-1 2012 年 1~8 月中国居民消费价格指数及其变动

月份	全国				城市				农村			
	当月	同比增长	环比增长	累计	当月	同比增长	环比增长	累计	当月	同比增长	环比增长	累计
2012 年 8 月	102.0	2.0%	0.6%	102.9	102.1	2.1%	0.6%	103.0	101.8	1.8%	0.6%	102.8
2012 年 7 月	101.8	1.8%	0.1%	103.1	101.9	1.9%	0.1%	103.1	101.5	1.5%	0.0%	103.0
2012 年 6 月	102.2	2.2%	-0.6%	103.3	102.2	2.2%	-0.6%	103.3	102.0	2.0%	-0.5%	103.3
2012 年 5 月	103.0	3.0%	-0.3%	103.5	103.0	3.0%	-0.3%	103.5	102.9	2.9%	-0.3%	103.5
2012 年 4 月	103.4	3.4%	-0.1%	103.7	103.4	3.4%	0.0%	103.7	103.3	3.3%	-0.2%	103.7
2012 年 3 月	103.6	3.6%	0.2%	103.8	103.6	3.6%	0.2%	103.8	103.6	3.6%	0.1%	103.8
2012 年 2 月	103.2	3.2%	-0.1%	103.9	103.2	3.2%	-0.1%	103.8	103.2	3.2%	-0.1%	103.9
2012 年 1 月	104.5	4.5%	1.5%	104.5	104.5	4.5%	1.5%	104.5	104.6	4.6%	1.5%	104.6

数据来源：东方财富网。

表 9-1 中，例如 2012 年 8 月全国的 CPI 为 102.0，比上一年同期增长 2.0%，同 7 月份相比增长了 0.6%。作为一种对比性的统计指标，指数具有相对数的形式，一般用百分数表示；同时指数所表示的变动是多种事物的平均变动。例如构成 CPI 所有类别的消费品和服务的价格平均上涨 2%，也是多种因素构成的现象的总体变动，从这个角度讲，它是一种特殊的相对数。

2. 指数分析的作用

指数在经济分析上具有广阔的应用领域，在社会经济生活中起着重要的作用，经常作为商业或经济活动变化的指示值，是投资、管理和决策的重要参考依据。

（1）指数分析的基本作用是综合反映社会经济现象总变动方向及变动幅度。实践中，为什么把基础的调查数据转化为指数分析？通俗上讲，指数实际上就是数据对比形成的百分数，为研究包含多种事物或多个项目量的变化提供了方便。比如，经常要研究多种商品或产品的价格综合变动情况，如居民消费价格指数CPI，它是衡量家庭生活消费水平受价格变动影响的另一个重要指标。其所包含的统计内容，是居民日常消费的全部商品和服务项目。在日常生活中，我国城乡居民消费的商品和服务项目种类繁多，小到针头线脑，大到彩电汽车，有数百万种之多，涵盖了食品、烟酒及用品、衣着、家庭设备用品及服务、医疗保健及个人用品、交通和通信、娱乐教育文化用品及服务、居住八大类262个基本分类。由于各种商品的使用价值不同，价格不同，各个个体也不能简单直接相加，指数法的首要任务，就是把不能直接相加总的现象过渡到可以加总对比，从而反映复杂经济现象的总变动方向及变动幅度。CPI反映了"有代表性的"一篮子消费品的价格变动状态。

（2）利用指数模型进行因素分析。指数分析不仅能反映复杂经济现象的总变动方向及变动幅度，而且可以利用指数模型或体系理论，分析现象总变动中各构成因素变动对现象总变动的影响方向及影响程度，并对经济现象变化作综合评价。比如2012年8月全国的CPI为102.0，说明从总体上讲，比去年同期增长2.0%，进一步分析在CPI的构成中食品、烟酒及用品、衣着、家庭设备用品及服务、医疗保健及个人用品、交通和通信、娱乐教育文化用品及服务、居住八大类分别的变动及对总指数的贡献和影响。例如，食品价格在CPI中所占权重较大，像肉禽蛋价格、叶菜价格、猪肉和水产品的价格、非叶菜及鲜瓜果价格等的变化，都会影响CPI的变动，油价回落带动交通及居住价格走势等，对于这些，可以作细项的分析，也可以做小类、中类和大类的分析，并根据变化关系研究变动。当然，也可以利用指数模型作因素分析，最基本和简单的一个模型就是销售额=价格×销售量，运用指数法编制销售额指数、商品销售价格指数和销售量指数，并分别对它们进行测定，根据销售价格和零售量两个因素的变动影响，可综合评价销售额变动中每个因素对其的影响方向和影响程度。

（3）通过指数数列反映同类现象变动的趋势。编制一系列反映同类现象变动情况的指数就形成了指数数列，反映被研究现象的变动趋势。例如按时间顺序的环比价格指数构成价格指数数列，如表9-1所示。这样就可以揭示价格的变动趋势，研究物价变动对经济建设和居民生活水平的影响程度。同时可对不同总体的指数数列进行比较分析，见图9-2中CPI和PPI对比，以及表9-1中的城市和农村价格指数的对比。

（4）能及时反映现象的某些变量在不同时间、不同空间的变化程度，例如时间性指数、地区性指数及计划完成指数等。表9-2所示为一具体示例。

表9-2 北京、上海新房价指数的部分数据

日期	城市	新建住宅价格指数			新建商品住宅价格指数			二手住宅价格指数		
		环比（%）	同比（%）	定基（%）	环比（%）	同比（%）	定基（%）	环比（%）	同比（%）	定基（%）
2012年8月1日	北京	100.1	99.4	102.5	100.2	99.2	103.1	100.3	97.7	99.0
	上海	100.0	98.5	101.0	100.0	98.2	101.1	100.3	98.5	101.4
2012年7月1日	北京	100.3	99.3	102.3	100.1	99.0	102.9	100.3	97.5	98.8
	上海	100.0	98.5	101.0	100.1	98.2	101.2	100.2	98.4	101.1
2012年6月1日	北京	100.3	99.0	102.1	100.2	98.7	102.5	100.2	97.2	98.5
	上海	100.2	98.5	101.0	100.2	98.1	101.1	100.2	98.5	100.9

(续)

日期	城市	新建住宅价格指数			新建商品住宅价格指数			二手住宅价格指数		
		环比(%)	同比(%)	定基(%)	环比(%)	同比(%)	定基(%)	环比(%)	同比(%)	定基(%)
2012年5月1日	北京	100.0	98.8	101.8	99.9	98.4	102.2	99.9	96.9	98.3
	上海	99.9	98.4	100.8	99.8	98.0	100.9	100.3	98.5	100.7
2012年4月1日	北京	99.9	99.0	101.8	99.8	98.7	102.3	100.4	96.8	98.3
	上海	99.8	98.7	100.9	99.8	98.4	101.0	100.1	98.5	100.4

资料来源：东方财富网。

同时，利用指数还可以进行地区经济综合评价和对比。通过指数对比，可以使比较大的不同数值间的对比转化为都使用百分比对比，从而使数据分析变得容易。

有些指数，如 CPI 或者零售物价指数，虽是一个滞后性的数据，但作为经济指数的一种，它决定着消费者花费多少来购买商品和服务，反映货币购买力的强弱，左右着商业经营的成本。同时作为研究价格动态变化的一种工具，CPI 往往是市场经济活动与政府货币政策的一个重要参考指标，也作为金融市场的一个热门的经济指标，影响政府制定财政政策、金融政策。此外，由于 CPI 稳定、就业充分及 GDP 增长都是最重要的社会经济目标，因此 CDP 平减指数也是经济学家用来监测经济中平均物价水平、监测通货膨胀率的一个衡量指标。

只有把各种商品的价格转化为指数，才能知道价格的总体变动，人们才能把它作为观察通货膨胀水平的重要指标。

9.1.2 常用的指数分类

指数有很多，各种各样，研究角度也不相同，但对社会经济现象研究通常从以下角度对指数归类：

1. 个体指数和总指数

指数按所研究对象的范围不同，可分为个体指数和总指数。

个体指数是反映某一种商品价格水平升降程度的指数，即反映社会经济个别现象或个别项目的数量变动，例如只反映猪肉价格变动的指数。**总指数**是反映全部商品价格总水平升降程度的指数，即综合反映包括若干个别现象或项目的总变动，如综合反映猪肉、大米、蔬菜等若干种商品总的物价变动。有时还编制介于个体指数与总指数之间的类指数，即反映某一类商品价格水平升降程度的指数，方法与总指数相同。

2. 数量指标指数和质量指标指数

按反映的社会经济现象数量特征不同，指数可分为数量指标指数和质量指标指数。**数量指标指数**（简称数量指数、物量指数）是指反映现象的规模、水平变化的指数，如商品销售量指数、工业产品产量指数等；**质量指标指数**（简称质量指数）是指综合反映总体质量、内涵变动的相对数，如物价指数、产品成本指数等。

3. 简单指数和加权指数

按计算时是否考虑权数，指数可分为简单指数和加权指数。

简单指数是指计算时不考虑权数，将各个项目视为同等重要、不加权的指数。例如，直接用报告期与基期的商品平均价格相比所得到的价格指数是简单指数。**加权指数**是指计算时考虑权数，按各个项目重要性赋予不同的权数而计算出来的指数。比如，计算价格指数时，考虑销售量的影响。加权指数按计算过程和形式可以分为综合指数和平均指数。综合指数是采用综合形式（解决不能直接相加的社会经济现象的量）而编制的加权指数。平均指数是以个体指数为基础，采取平均形式编制的总指数，二者在编制程序上不同。

4. 定基指数和环比指数

按其采用基期的不同，指数分为定基指数和环比指数。

指数的表现形式为动态对比得到的相对数，就涉及对比基期。不同要素基期的选择也成为指数方法需要讨论的问题。如果将不同时期的某种指数按时间先后顺序排列，就形成指数数列。同一个指数数列中，如果各个指数都以某一个固定时期作为基期，就称为定基指数；如果各个指数都是依次以前一期作为基期，则称之为环比指数。比如，从2011年1月起，我国CPI开始计算以2010年为对比基期的价格指数序列。这是自2001年计算定基价格指数以来，第二次进行例行基期更换，首轮基期为2000年，每五年更换一次，第二轮基期为2005年。调整基期是为了更容易比较。因为对比基期越久，价格规格品变化就越大，可比性就会下降。选择逢0、逢5年度作为计算CPI的对比基期，目的是为了与我国国民经济和社会发展五年规划保持相同周期，便于数据分析与使用。

9.1.3 指数研究概述

指数研究需经过一定的程序和步骤，涉及与指数计算有关的很多方面，通常考虑的几个主要方面包括：

（1）必须明确确定指数研究或编制的目的。例如"中国购房者信心指数研究"的目的为：第一，关注民生，为房地产市场决策提供参考信息；第二，帮助开发企业、策划代理企业增强在以消费者需求为核心的经营过程中的预见性、主动性，从而提高企业的比较竞争优势，降低企业运营风险；第三，为政府对房地产市场的调控提供依据，同时为房地产行业研究开辟一个重要的视角。

（2）指数研究或编制必须依据相应的原则。比如"中国购房者信心指数研究"依据科学原则、代表原则、权威原则等。

（3）在原则的指导下，构建指标体系，建立一套实操性较强的研究方法体系。例如"中国购房者信心指数研究"分别从经济走向、消费环境、购买力、供应水平四个维度，现状和预期两个角度，客观、全面地评价购房者信心。而央视财经50指数以"成长、创新、回报、治理、责任"五个维度为考察基础，共22类大项、数百个分项指标。

其中，指标选择的原则有：①重要性，即主要考虑指标变化对现象发展有重要作用；②可操作性，即选择现行核算制度中可以取得的指标，而不是单纯的理论探讨指标；③有些指数的研究中指标的选择同时也要考虑稳定性和灵敏性，即对所选指标变化幅度进行不同状态划分后，划分的标准能够保持相对稳定，同时对经济波动的反应比较灵敏；④选择时需经过专家的讨论，不断优化指标，并使其更加通俗化，更利于调研实施，使后期数据统计及分析更具专业性、权威性。

（4）拟定各类分类标准、选取代表样本。例如对于央视财经50指数，该过程为：确定评选对象→确定候选样本公司→样本公司初评→样本公司终评。也就是说，根据各类别标准，确定哪些可以进入样本中。当然也可以研究某一类别的对象的变化，如全部股票、工业股、房地产股等。

（5）选择指数计算公式。指数研究需要通过一定的计算得到，计算的公式也较多，如根据前面的分类，有不加权、加权，有综合或平均指标指数等，还有研究数量指标指数，还是质量指标指数。当然必须要考虑指数的研究目的及指标之间的关系等综合确定。每一种方法都有自己的特点,适用于不同的场合和不同的研究目的。例如研究股票指数至少要考虑:什么股票纳入到计算范围中?是加权(按单价或总值)还是不加权?采用的计算方法是简单平均、还是几何平均?是计算综合指数还是平均指数?基期选择在什么时间?等等。

(6) 确定权数。指数研究通常都是对研究项目进行加权。权数也称权重,是指各级指标对于总指数的贡献程度,也就是通常所说的加权或不加权。可以从以下不同角度理解权数。

1) 权数可以有主观权数,也可以利用已有的信息构造权数。主观权数需在广泛征求意见和专家研讨的基础上确定,通常用于感知方面的指数研究,如幸福指数等;利用已有的信息构造权数应尽量说明信息的相关情况。例如央视财经50指数的编制方法兼顾了市场代表性和可投资性,编制方采取的五个维度初始权重均为20%,在每个维度内,编制方按照样本股的自由流通市值分配权重,个股权重不超过30%。有时,可以将定量分析和专家定性评估相结合,既能克服评估方法的主观性,又能够对整个指数体系的合理性进行检验,更加客观、实事求是。

2) 从表现形式看,权数一般有两种:一是用绝对数(频数)表示,另一个是用相对数(频率)表示。相对数是用绝对数计算出来的百分数(%)或千分数(‰)表示的,又称比重。

3) 从变化情况看,权数又可分为固定权数和变动权数两种。固定权数是指确定后在较长时期内不变的权数;变动权数是指随报告期变动而调整变动的权数。权数根据需求可以进行调整。例如,根据2010年全国城乡居民消费支出调查数据以及有关部门的统计数据,自2011年1月起,按照制度规定对CPI权数构成进行了例行调整。其中居住提高4.22个百分点,食品降低2.21个百分点,烟酒及用品降低0.51个百分点,衣着降低0.49个百分点,家庭设备用品及服务降低0.36个百分点,医疗保健及个人用品降低0.36个百分点,交通和通信降低0.05个百分点,娱乐教育文化用品及服务降低0.25个百分点。

(7) 选择指数基期,即确定以哪个时期为基准。例如央视财经50指数,简称"央视50",代码为"399550",基日为2010年6月30日,基点为2563.07点(沪深300指数2010年6月30日收盘点位)。通常为某一指数选择基期时,最好选择经济状况较为稳定的时期,及相对较近的时期,这样才能较好地比较,并反映变化的状态。

(8) 搜集数据。大型指数研究的数据除来自二手资料外,需采用问卷调查、实地观察、访谈、电话调查、专家调查等各种调查方法收集数据。科学、客观的数据是非常关键的,需要严谨的数据采集程序和科学的采集方法。

例如,我国CPI的数据来源于全国500个市县、6.3万家价格调查网点,它根据各选中调查市县的商业业态、农贸市场以及服务消费单位状况,按照国家统一规定的原则和方法,比原来增加了1.3万个调查网点。采集全国CPI价格的调查网点包括食杂店、百货店、超市、便利店、专业市场、专卖店、购物中心以及农贸市场与服务消费单位等,CPI原始数据调查方法是"定人、定点、定时",直接派人到调查网点采集。各选中调查市县根据当地居民的消费水平、消费习惯按照国家统一规定的原则和方法,对部分代表规格品及时进行了更新。

(9) 数据审核,指数计算,测评分析及修正。数据收集后,进行审查核实,再选择相应的计算公式进行计算,并进行分析及修正。例如"央视50"指数每年8月份进行样本股调整,每年1月份进行权重调整。由于指数,特别是狭义指数,仅反映不能直接相加的复杂社会、经济现象在数量上综合变动情况的相对数,因此,从研究思路上讲,其目的主要是反映现象的综合变动程度和经济运行中的一些问题,为研究现象的变动、制定政策提供依据。从研究计算方法看,主要有考虑权数和不考虑权数两种方式。由于现象之间的关联与影响,如价格变动常常会引起销售量的变化,在实际的研究计算中,常常采用考虑权数的相关公式进行计算。从研究范围看,有些重点考察研究某个指标的变动程度与方向,即单一指数;有些研究是建立各种指数或模型来描述现象的运行状况或预测未来走势等,即指数体系或指数模型。这取决于研究的目的,但研究的程序、研究的内容大致相同。

9.2 单一指数研究方法

这里所说的**单一指数**,是指重点考察研究某个指标的变动程度与方向的相对数,即通常所说的**个体指数**。比如,IDC(国际数据公司)公布了2011年的全球手机销售数字,令人惊讶的是苹果公司在2011年一共卖出9320万台iPhone,市场占有率为6.0%,比起2010年的4750万台提升了96.2%。对比的结果196.2%就是单一指数。工作中,可以根据目的,选择感兴趣的现象或者指标进行研究,如玉米价格指数、现货黄金价格指数、宝马汽车销售量变动指数等都是单一指数。

根据前面所述的指数的分类和研究的一般程序和方法,进行单一指数研究,除需考虑满足研究目的、符合原则及数据收集等问题外,同时要考虑单一指数计算是采用不考虑权数的简单指数,还是考虑权数的加权指数,所研究的单一指数是数量指数还是质量指数。如果采用不加权方法,可选简单算术平均指数、简单调和平均指数、简单几何平均指数等方法;如果采用加权方法进行,根据其权数的性质不同,权数选择不同,加权的方法也不同。本节主要介绍单一指数分析涉及的基本内容。

由于单一指数重点研究某个指标的变动程度与方向,或者反映单一项目的简单总体变动状况,因此从广泛上意义上说,它可以研究现象在不同时间上、不同空间上,及实际与计划的对比等。但较常使用的是不同时间的对比。

指数计算中通常用 I 或 k 代表指数,q 代表数量指标,p 代表质量指标,下标 1 代表报告期或计算期,下标 0 代表基期,也就是对比基础时期,因此就有了 q_0,q_1,p_0,p_0,根据具体问题,代表不同的含义。

单一指数的计算比较简单,最基本的计算是将研究现象的报告期值与基期值直接对比,通常用百分数表示。其计算公式为

$$I_p = \frac{p_1}{p_0}, I_p = \frac{q_1}{q_0} \tag{9-1}$$

表9-3选取了2012年9月30日~10月5日的全国生猪价格,描述单一价格指数的计算。

表9-3 全国生猪价格及计算

日期	生猪价格 /(元/kg)	价格指数(与9月30日对比)	价格指数(与前一期对比)
9月30日	14.79	—	—
10月1日	14.67	0.991886	0.991886

(续)

日期	生猪价格/（元/kg）	价格指数（与9月30日对比）	价格指数（与前一期对比）
10月2日	14.69	0.993239	1.001363
10月3日	14.83	1.002705	1.00953
10月4日	14.69	0.993239	0.99056
10月5日	14.71	0.994591	1.001361

资料来源：猪价格网。

表9-3中的价格指数，以9月30日为对比基期，为定基指数，反映了每天与9月30日那天的价格相比较的变化情况，即报告期（如10月5日）相对于基期的总变动程度；与前一期对比的结果为环比指数，反映了每期与前一期的变化情况。

9.3 总指数研究方法

9.3.1 简单指数研究方法——总指数的简单形式

简单指数研究方法在编制指数时，不考虑各种商品的经济重要性，即不进行加权处理。

1. 简单综合指数

把不同时期的价格或物量直接求和，再进行平均所得到的指数即为简单综合指数。设 I_p 表示简单综合物价指数，p_{i0} 和 p_{i1}（$i=1,2,3,\cdots,n$）分别表示第 i 种商品在基期和报告期的单位价格，则简单综合物价指数为

$$I_p = \frac{\frac{1}{n}(p_{11}+p_{21}+p_{31}+\cdots+p_{i1})}{\frac{1}{n}(p_{10}+p_{20}+p_{30}+\cdots+p_{i0})} = \frac{\sum p_1}{\sum p_0} \tag{9-2}$$

同理

$$I_q = \frac{\sum q_1}{\sum q_0}$$

简单综合指数易于计算，但它的结果没有考虑各种商品的经济重要性。同时这种方法也会受到计量单位的影响，实际中并不常用。

2. 简单平均指数

把不同时期的价格或物量的简单个体指数进行平均即为简单平均指数。其中，简单平均指数的算术平均数的计算形式为

$$I_p = \frac{1}{n}\sum\left(\frac{p_1}{p_0}\right) \tag{9-3}$$

同理有

$$I_q = \frac{1}{n}\sum\frac{q_1}{q_0}$$

可以看出，简单综合指数先对量加总再平均，简单平均指数先求比率（个体指数）再平均。简单平均指数也难以准确地反映物价变动的一般水平，因此实际中常采用加权指数研究方法编制指数来反映现象的变化情况。

9.3.2 加权指数研究方法——总指数的加权形式

加权指数是总指数编制的一种更为常用的方式。加权指数用权数来反映指数中所包含商品的经济重要性大小。权数就是指数中权衡各种商品相对重要性的那个因素或指标。权数既可以是量权，也可以是值权，因此将加权指数区分为加权综合指数和加权平均指数两种。

1. 加权综合指数

加权综合指数是总指数的基本形式，根据研究指标的性质，可以分为数量指数和质量指数，其权数通常是量权。

下面以某批发市场报告期（2012年10月）和基期（2012年9月）的几种蔬菜和水果的单价和成交量（见表9-4）为例，说明加权综合指数的编制方法。

表9-4 几种蔬菜和水果的单价和成交量

商品名称	规格或等级	单价/元		成交量/斤	
		基期	报告期	基期	报告期
胡萝卜	普通	0.63	0.3	5500	50000
黄瓜	普通	1.1	1	58000	30000
山药	普通	2.5	4.5	37500	40000
蜜橘	普通	1.45	1.8	46000	50000

由于各种商品的使用价值不同，计量单位不同，其产品价格和成交量不能直接相加和对比，即使相加和对比，也没有实际意义，也没有考虑到由于价格的变动对成交量变化的影响。编制总指数的目的是想得到一篮子商品的价格总变动或成交量总变动，这就需要解决编制中的问题。首先要解决不能够相加的问题，虽然单价和成交量本身不能直接相加，但是，根据它们之间的关系，两者的乘积结果——成交额是可以相加的，即成交量×价格=成交额。因此在研究价格时，可以通过成交量过渡到成交额；反过来，当研究价格时，可以通过成交量过渡到成交额，通过过渡因素得到的价格总指数和成交量总指数应为

$$I_p = \frac{\sum p_1 q}{\sum p_0 q}, I_q = \frac{\sum q_1 p}{\sum q_0 p}$$

其中，在研究价格 p 时，成交量 q 为过渡因素，也称媒介因素或**同度量因素**，由于媒介因素使原来不能直接相加的量过渡到可以相加，同时它在指数的计算中也起到权衡轻重的作用，因此也称为**权数**。同样，在研究成交量时，价格即为媒介因素。

在解决了能够相加的问题之后，在成交额这个指标下，再分别研究成交量和价格的变动。由于成交量×价格=成交额，也就是说成交额含有两个因素，这就需要在研究其中一个因素时，固定另外一个媒介因素。例如单纯反映价格报告期与基期变动时，应该消除成交量因素变动，需要把成交量固定；或者研究成交量报告期与基期变动时，需把价格固定。固定在什么时期？可以是基期，也可以是报告期，还可以是某一固定时期。因此在研究一个因素、固定另外的因素时，可以产生下面几个公式。

$$I_p = \frac{\sum p_1 q_1}{\sum p_0 q_1} \tag{9-4}$$

式（9-4）表示媒介因素 q 固定在报告期，此时计算得出的是帕氏价格指数。

$$I_p = \frac{\sum p_1 q_0}{\sum p_0 q_0} \tag{9-5}$$

式(9-5)表示媒介因素 q 固定在基期,此时计算得出的是拉氏价格指数。

$$I_p = \frac{\sum p_1 q_n}{\sum p_0 q_n} \tag{9-6}$$

式(9-6)表示媒介因素 q 固定在某一特定时期。

$$I_q = \frac{\sum q_1 p_1}{\sum q_0 p_1} \tag{9-7}$$

式(9-7)表示媒介因素 p 固定在报告期,此时计算得出的是帕氏物量指数。

$$I_q = \frac{\sum q_1 p_0}{\sum q_0 p_0} \tag{9-8}$$

式(9-8)表示媒介因素 p 固定在基期,此时计算得出的是拉氏物量指数。

$$I_q = \frac{\sum q_1 p_n}{\sum q_0 p_n} \tag{9-9}$$

式(9-9)表示媒介因素 p 固定在某一特定时期。

需要说明的是,以上公式都可以使用,需根据目的进行选择。

从以上的分析过程和形式看,分子和分母分别通过同度量因素过渡到可以加总,然后再将公式中分子的总和与分母的总和进行对比,从而得到了所研究的指数,它反映复杂总体、综合变动,这种指数称为综合指数,由于同时考虑了媒介因素(也称权数)的作用,因此称为**加权综合指数**,它比简单指数更为科学。

从上面的公式中可以看到,媒介因素(权数)可以固定在不同的时期,从指数发展来看,最早产生的就是著名的拉氏指数和帕氏指数。

(1)**拉氏指数**。拉氏指数是由德国经济统计学家埃蒂恩·拉斯贝尔(E·Laspeyres)在1864年首创的。其主要特点是将媒介因素固定在基期。式(9-5)、式(9-8)即为拉氏价格指数和拉氏物量指数的两个公式。

(2)**帕氏指数**。帕氏指数也称派氏指数,是德国经济学家哈曼·派许(H·Passche)在1874年提出的,计算过程与拉氏指数相似,其主要特点是将媒介因素固定在报告期,利用了更为接近现实的数量信息。式(9-4)、式(9-7)即为帕氏价格指数和帕氏物量指数的两个公式。

拉氏指数与帕氏指数的结果有多大不同?如何选择计算公式?以表9-5的数据说明。

表9-5 几种蔬菜和水果的单价和成交量及计算表

商品名称	规格与等级	单价/(元/斤)		成交量/斤		成交额/元			
		基期 p_0	报告期 p_1	基期 q_0	报告期 q_1	$p_0 q_0$	$p_1 q_1$	$p_0 q_1$	$p_1 q_0$
胡萝卜	普通	0.63	0.3	5500	50000	3465	15000	31500	1650
黄瓜	普通	1.1	1	58000	30000	63800	30000	33000	58000
山药	普通	2.5	4.5	37500	40000	93750	180000	100000	168750
蜜橘	普通	1.45	1.8	46000	50000	66700	90000	72500	82800
合计	—	—	—			227715	315000	237000	311200

根据表中的数据和拉氏指数、帕氏指数的公式，计算得到：

拉氏价格指数

$$I_p = \frac{\sum p_1 q_0}{\sum p_0 q_0} = \frac{311200 \text{元}}{227715 \text{元}} = 1.36662$$

帕氏价格指数

$$I_p = \frac{\sum p_1 q_1}{\sum p_0 q_1} = \frac{315000 \text{元}}{237000 \text{元}} = 1.32911$$

从计算结果看出，价格指数由于采用了不同时期的成交量作为媒介因素，因而两个计算结果略有不同，其经济内容也不尽相同。四种商品的价格各有不同程度的变动，但综合观察，价格平均来讲上涨了。

拉氏价格指数的意义是假定成交量维持在基期水准，四种商品的价格平均上涨了36.66%。其分子与分母的差额说明由于价格的变化而使成交额增加或减少的数额。本例中，$\sum p_1 q_0 - \sum p_0 q_0$ = 311200元 - 227715元 = 83485元，即由于价格的变化，而使成交额增加了83485元。

帕氏价格指数的意义是以报告期成交量作为权数，考察的是报告期即现期所销售的商品，四种商品的价格平均上涨了32.91%。其分子与分母的差额说明由于价格的变化而使成交额增加或减少的数额。本例中，两者之差 $\sum p_1 q_1 - \sum p_0 q_1$ = 315000元 - 237000元 = 78000元，即由于价格的变化，而使成交额增加了78000元。

物量（成交量）指数分别为：

拉氏物量（成交量）指数

$$I_q = \frac{\sum q_1 p_0}{\sum q_0 p_0} = \frac{237000 \text{元}}{227715 \text{元}} = 1.04077$$

帕氏物量（成交量）指数

$$I_q = \frac{\sum q_1 p_1}{\sum q_0 p_1} = \frac{315000 \text{元}}{311200 \text{元}} = 1.01221$$

从计算结果看出，由于采用了不同时期的价格作为媒介因素，因而物量（成交量）指数的两个计算结果略有不同，其经济内容也不尽相同。四种商品的成交量各有不同程度的变动，但综合观察，成交量平均来讲上涨了。

拉氏物量（成交量）指数以基期价格作为权数，说明在价格水平不变的前提下，成交量综合变动的程度。四种商品的成交量平均上涨4.077%，其分子与分母的差额表明因成交量的变动而使成交额增长（或减少）的金额，本例中 $\sum p_0 q_1 - \sum p_0 q_0$ = 237000元 - 227715元 = 9285元，即单纯由于成交量的变化，而使成交额增加了9285元。

帕氏物量（成交量）指数以报告期价格作为权数，说明在报告期价格的条件下，商品成交量综合变动程度，考虑到了现实的经济意义。四种商品的成交量平均上涨1.22%，其分子与分母的差额表明因成交量的变动而使成交额增长（或减少）的金额。本例中，$\sum p_1 q_1 - \sum p_1 q_0$ = 315000元 - 311200元 = 3800元，即在报告期价格水平下，由于成交量的变化而使成交额增加了3800元。

可以看到，加权综合指数不仅可以综合地表明复杂总体变动的相对程度，而且可以从绝对量上分析所研究的因素的变动带来的实际效果。

拉氏指数、帕氏指数选择固定的时期不同，总指数的结果略有不同，两者也无优劣好坏之分。

拉氏主张以基期权数计算综合指数,单纯反映所研究因素的综合变动,不足之处在于使用基期水平作权数,与实际的经济运行结果有些脱节。帕氏主张以报告期权数计算综合指数,在报告期媒介因素的条件下,反映所研究的因素综合变动,不足之处在于由于使用报告期的权数,资料往往不能迅速取得,工作量较大。如果在指数数列中各期权数有较大不同,则指数数值比较变得比较复杂。实际中究竟应当使用哪个公式,需要经过具体分析,根据实际情况和研究目的来确定。通常,如果单纯考虑价格或者成交量的变动,选择拉氏指数好些;如果考虑与现实情况联系更密切,在现在价格水平或成交量的情况下考察,则选帕氏指数好些。

在编制价格综合指数时,通常不仅要反映市场物价水平变动的方向和程度,而且要反映由于价格变动给社会、经济生活带来的实际影响,即考虑到价格的变动对消费者影响的现实意义,所以一般选择将媒介因素固定在报告期,也就是选择帕氏价格指数。帕氏价格指数也适用于其他质量指数的编制。

而在编制物量(成交量)综合指数时,其目的一般是主要单纯考察物量的综合变动,因此常常选择拉氏物量综合指数。拉氏物量综合指数也适用于一切物量(数量)总指数的编制。

除拉氏综合指数、帕氏综合指数外,历史上研究者们对指数进行了很多研究,也就产生了多种形式的编制指数的方法。下面介绍三种。

(3) **马埃公式**。马埃公式由英国著名经济学家马歇尔(A·Marshall)和埃奇沃斯(F·Y·Edgeworth)等人提出。该指数特点是对媒介因素进行简单平均,采用交叉加权法编制,公式如下。

$$I_p = \frac{\sum p_1 \left(\frac{q_0 + q_1}{2}\right)}{\sum p_0 \left(\frac{q_0 + q_1}{2}\right)} = \frac{\sum p_1(q_0 + q_1)}{\sum p_0(q_0 + q_1)} = \frac{\sum p_1 q_0 + \sum p_1 q_1}{\sum p_0 q_0 + \sum p_0 q_1} \quad (9\text{-}10)$$

$$I_q = \frac{\sum q_1 \left(\frac{p_0 + p_1}{2}\right)}{\sum q_0 \left(\frac{p_0 + p_1}{2}\right)} = \frac{\sum q_1(p_0 + p_1)}{\sum q_0(p_0 + p_1)} = \frac{\sum q_1 p_0 + \sum q_1 p_1}{\sum q_0 p_0 + \sum q_0 p_1} \quad (9\text{-}11)$$

(4) **杨格公式**。杨格公式由英国经济学家杨格(A·Young)提出,该指数公式中的媒介因素既不固定在报告期也不固定在基期,而是固定在一个特定的水平上,采用固定权数编制,也就是式(9-6)和式(9-9)。如果采用固定权数编制,便于观察现象长期发展变化的趋势。

(5) **理想公式**。理想公式也称为费暄指数,由美国经济学家沃尔什(G·M·Walsh)和庇古(P·C·Pigou)等人先后提出,后来美国统计学家费暄(Irving Fisher)提出了检验指数公式优劣的标准,该公式通过了其中的一些检验,因而被命名为理想公式。理想公式是在拉氏指数和帕氏指数的基础上采用了几何平均法进行编制的,是拉氏和帕氏指数的一种折中方法,公式如下。

$$I_p = \sqrt{\frac{\sum p_1 q_0}{\sum p_0 q_0} \times \frac{\sum p_1 q_1}{\sum p_0 q_1}} \quad (9\text{-}12)$$

$$I_q = \sqrt{\frac{\sum q_1 p_0}{\sum q_0 p_0} \times \frac{\sum q_1 p_1}{\sum q_0 p_1}} \quad (9\text{-}13)$$

上面介绍的这些指数和计算公式,都需要根据目的和需要选择。拉氏指数和帕氏指数使用更为普遍一些。比如股票价格指数的编制方法有多种,综合指数编制就是其中的一种重要方法。我国的上证指数、香港恒生股票指数、美国标准普尔指数等，都是采用综合指数公式编制的。其他如我国生产指数采用的是不变价格（又称固定价格、固定权数）的综合指数公式，它能简化指数计算，可以得到经济发展趋势的生产指数时间序列，进而观察现象长期变化发展的趋势。当然，不变价格也随着时间和现象的变化及时修正和调整。而空间价格指数也称区域价格指数，主要概括反映同一时间、不同国家或地区各种商品价格水平的差异，是进行国际对比或地区对比的重要指标。例如甲地区和乙地区之间价格水平的比较，用拉氏指数和帕氏指数计算都不大合适，因为它们在互换基准后指数计算结果不能保持一致，因此采用马埃公式或理想公式。极少数国家在编制进出口商品价格指数时、联合国在编制地域差别生活费指数时选择了理想指数公式。

2. 加权平均指数

加权综合指数的结果既可以说明现象变动的方向和程度，又可以通过分子和分母的相减说明现象变动所产生的实际效果。但从编制指数的过程和方法看，不管是哪个加权综合指数计算公式，都需要有全面的资料，如基期或报告期的价格或物量的数据。在实际工作中不断搜集和保存这些种类繁多的原始资料是较困难的，当然，在研究商品种类较少、原始资料易于取得的情况下直接采用加权综合指数编制总指数是可行的。但在多数情况下加权指数编制容易受到数据限制，这时需要采用加权平均指数来编制总指数。

加权平均指数是总指数的另一种计算形式，它是对个体指数的加权平均，根据掌握的数据和计算的形式，有加权算术平均指数、加权调和平均指数两种基本形式，及派生的固定权数的平均指数。加权平均指数的权数是值权。

（1）加权算术平均指数。

加权算术平均指数是指以单一（个体）指数作为变量，对单一指数进行加权算术平均计算的总指数。一般用基期价值或总值（q_0p_0）为权数。

设个体指数为 k，则有

$$K_q = \frac{q_1}{q_0} \quad \text{或} \quad K_p = \frac{p_1}{p_0}$$

根据条件，对数量个体指数进行加权平均，有

$$I_q = \frac{\sum \frac{q_1}{q_0} q_0 p_0}{\sum q_0 p_0} = \sum K_q \frac{q_0 p_0}{\sum q_0 p_0} \tag{9-14}$$

或者对价格个体指数进行平均，有

$$I_p = \frac{\sum \frac{p_1}{p_0} q_0 p_0}{\sum q_0 p_0} \tag{9-15}$$

形式上，加权算术平均指数类似加权算术平均数。当有单一指数的数据和基期的价值指标时，可以采用式（9-14）和式（9-15）进行计算分析。其中式（9-14）更为常用，主要用来计算物量指数。从公式中可以看到，当采用 q_0p_0 为权数时，加权算术平均指数可以作为综合指数的一种变形，见式（9-16）。

$$I_q = \frac{\sum \frac{q_1}{q_0} q_0 p_0}{\sum q_0 p_0} = \frac{\sum q_1 p_0}{\sum q_0 p_0} \tag{9-16}$$

假如表 9-5 数据以表 9-6 的形式收集到。

表 9-6　几种蔬菜和水果的成交量、基期成交额及计算表

商品名称	规格与等级	成交量/斤		成交额/元	相关计算	
		基期 q_0	报告期 q_1	$q_0 p_0$	$\dfrac{q_1}{q_0}$	$\dfrac{q_1}{q_0} q_0 p_0$
胡萝卜	普通	5500	50000	3465	9.09091	31500
黄瓜	普通	58000	30000	63800	0.51724	33000
山药	普通	37500	40000	93750	1.06667	100000
蜜橘	普通	46000	50000	66700	1.08696	72500
合计	—	—	—	227715	—	237000

那么四种商品的成交量总指数编制方法为

$$I_q = \frac{\sum \dfrac{q_1}{q_0} q_0 p_0}{\sum q_0 p_0} = \frac{237000\ 元}{227715\ 元} = 1.04077$$

该结果和拉氏物量（成交量）综合指数 $I_q = \dfrac{\sum q_1 p_0}{\sum q_0 p_0} = 237000\ 元/227715\ 元 = 1.04077$ 的结果是一致的，其经济含义也相同。分子与分母之差（237000 元 − 227715 元）说明了因为成交量的变动而使成交额增加的数值。

（2）加权调和平均指数。

加权调和平均指数是指以单一（个体）指数为变量，对单一指数加权调和平均计算的总指数。一般用报告期价值或总值 $q_1 p_1$ 为权数。设单一指数为 k，则有

$$K_q = \frac{q_1}{q_0} \quad 或 \quad K_p = \frac{p_1}{p_0}$$

对这两个个体指数分别进行加权，则分别得到

$$I_p = \frac{\sum p_1 q_1}{\sum \dfrac{p_1 q_1}{\dfrac{p_1}{p_0}}} = \frac{\sum p_1 q_1}{\sum \dfrac{1}{\dfrac{p_1}{p_0}} \times p_1 q_1} \tag{9-17}$$

$$I_q = \frac{\sum p_1 q_1}{\sum \dfrac{p_1 q_1}{\dfrac{q_1}{q_0}}} = \frac{\sum p_1 q_1}{\sum \dfrac{1}{\dfrac{q_1}{q_0}} \times p_1 q_1} \tag{9-18}$$

形式上，加权调和平均指数类似加权调和平均数。

当有单一指数的数据和报告期的价值指标时，可以采用式（9-17）和式（9-18）进行计算分析。其中式（9-17）更为常用，主要用来计算质量指数。从公式中可以看到，当采用 $q_1 p_1$ 为权数时，加权调和平均指数可以作为综合指数的一种变形。

$$I_p = \frac{\sum p_1 q_1}{\sum \dfrac{p_1 q_1}{\dfrac{p_1}{p_0}}} = \frac{\sum p_1 q_1}{\sum \dfrac{1}{\dfrac{p_1}{p_0}} \times p_1 q_1} = \frac{\sum p_1 q_1}{\sum p_0 q_1} \tag{9-19}$$

假如表9-5的数据以表9-7的形式获得。

表9-7 几种蔬菜和水果的价格、报告期成交额及计算表

商品名称	规格与等级	单价/（元/斤）		成交额/元	相关计算	
		基期 p_0	报告期 p_1	$p_1 q_1$	$\dfrac{p_1}{p_0}$	$\dfrac{\sum p_1 q_1}{\sum \dfrac{1}{\dfrac{p_1}{p_0}} \times p_1 q_1}$
胡萝卜	普通	0.63	0.3	15000	0.47619	31500
黄瓜	普通	1.1	1	30000	0.909091	33000
山药	普通	2.5	4.5	180000	1.8	100000
蜜橘	普通	1.45	1.8	90000	1.241379	72500
合计		—	—	315000	—	237000

那么四种商品的价格总指数编制方法为

$$I_p = \frac{\sum p_1 q_1}{\sum \dfrac{1}{\dfrac{p_1}{p_0}} \times p_1 q_1} = \frac{315000 \text{ 元}}{237000 \text{ 元}} = 1.32911$$

该结果和帕氏价格综合指数 $I_p = \dfrac{\sum p_1 q_1}{\sum p_0 q_1} = 315000 \text{ 元}/237000 \text{ 元} = 1.32911$ 的结果是一致的，其经济含义也相同。分子与分母的差额（315000 元 - 237000 元）表明由于价格的变动，而使成交额增加的数值。

（3）固定权数的平均指数。如果将加权算术平均指数的式（9-14）、式（9-15）和加权调和平均指数的式（9-17）和式（9-18）中的权数相对固定（使用某一固定值），对单一（个体）指数进行加权平均，得到的指数即为固定权数的平均指数。其中，固定权数一般用 w 表示，它是指经过调整计算后在一定时期（1年、5年甚至10年）内保持不变的权数。实际中可以根据有关的普查、抽样调查或全面统计报表资料调整计算来确定 w。

根据计算形式，固定权数的平均指数也分为固定加权算术平均指数、固定加权调和平均指数。

首先，关于固定加权算术平均指数，其价格及物量总指数分别为

$$I_p = \frac{\sum \dfrac{p_1}{p_0} w}{\sum w} \tag{9-20}$$

$$I_q = \frac{\sum \dfrac{q_1}{q_0} w}{\sum w} \tag{9-21}$$

其次，固定加权调和平均指数，其价格及物量总指数分别为

$$I_p = \frac{\sum w}{\sum \dfrac{1}{\dfrac{p_1}{p_0}} w} \qquad (9\text{-}22)$$

$$I_p = \frac{\sum w}{\sum \dfrac{1}{\dfrac{q_1}{q_0}} w} \qquad (9\text{-}23)$$

固定权数的平均指数形式在国内外实践中有着广泛的应用,如西方国家的工业生产指数,采用的就是加权算术平均指数,即式(9-14)的形式,但为了简化指数的编制,常常以各种工业品的增加值比重作为权数,并且将这些比重权数相对固定起来,实际采用的就是式(9-21),之后分小类、中类和大类及总指数等进行计算,并可以连续地编制各个时期的工业生产指数并进行比较。我国的商品零售价格指数、CPI 等都是用固定权数如式(9-20)的平均指数形式编制的。

固定加权算术平均指数的编制方法实践中应用居多。

9.4 指数模型分析

9.4.1 指数模型的含义与研究内容

前面介绍的统计指数分析,不管是单一指数还是总指数,只是分析的方法不同,如加权或不加权,但都主要考察单个物价或量的变动。然而现实中许多现象之间都存在着相互联系和相互影响的客观关系,而现象之间的这种联系可以从数量上加以测定,指数模型分析主要解决的就是这个问题。

1. 指数模型的含义

指数模型也称指数体系,是指在经济上有联系、在数量上保持一定关系的若干指数所形成的整体。例如,最为基础和常用的经济关系模型如下。

商品销售额 = 商品销售量 × 商品销售价格

如果把每个指标指数化,这种关系模型就可以表示为

商品销售额指数 = 商品销售量指数 × 商品销售价格指数

像这样的三个(或三个以上)指数,经济上有联系,在数量上保持一定关系(通常为等式),这样的整体就为指数模型。再如,总成本是由总产量和单位产品成本两个因素构成的,总成本的变动必然要受其构成因素变动的影响,将其指数化后,也构成了指数模型。当然,如果范围再扩大,如反映工业经济总体的变动情况,可利用一系列经济指数来说明,如工业劳动生产率指数、工业产品质量指数、工业销售指数、工业品出厂价格指数、产品库存指数等,这一系列指数组成了一个工业经济指数体系,这是广义的含义。

2. 指数模型的研究内容

指数模型至少要由三个指数构成,因此,在研究上,可以从每个影响因素的变动和指数模型整体角度分别进行。

(1)可以对构成模型中的每个因素进行指数分析,这也称为指数因素分析。指数因素分析重点研究现象总变动中各个因素变动对其影响方向和程度,及影响的实际效果。比如在

"商品销售额指数 = 商品销售量指数 × 商品销售价格指数"这一模型中,可以研究销售量变动对销售额的影响方向和程度,及影响的实际效果,研究销售价格变动对销售额的影响方向和程度,及影响的实际效果。

(2) 从指数模型整体角度进行综合分析。例如从指数模型内部各指数之间的数量关系、在变动程度即相对数上的关系表现和在实际效果即绝对数额之间的数量关系,分析出各个因素的影响。

(3) 根据指数模型,依各指数之间的联系进行推算。例如商品销售量指数往往就是用商品销售额指数除以商品销售价格指数推算出来的,这为提高工作效率打下了基础。

9.4.2 指数模型的研究方法

指数模型分析研究,从范围上讲,有单一指数模型,有总指数模型。实际中常使用总指数模型。总指数的计算形式又有具体的不同,常用的分别有总量(值)指数模型、平均指数模型、平均指标指数模型等,分别进行介绍。

1. 总量(值)指数模型

总量(或为总值)指数模型主要考察总指数编制方法中以加权综合指数计算的这类形式的指数关系。由于现象之间影响因素多少不同,可分为两因素指数模型和多因素指数模型等。

一般来说,在模型及各指数的计算中,根据因素的性质不同,经对比和分析后,将因素按照从数量因素到质量因素的顺序进行排列。例如:商品销售额指数 = 商品销售量指数 × 商品销售价格指数。在这个模型中,销售量指数为 $I_q = \dfrac{\sum q_1 p_0}{\sum q_0 p_0}$,其中两个影响因素 q、p,理论上应按照从数量因素到质量因素的顺序进行排列,即 q 排在 p 的前面。在多因素分析中,应特别注意。

(1) 两因素指数模型。下面仍以表 9-5 的数据为例,说明两因素指数模型的分析方法。

1) 从经济关系上看,因为成交额 = 成交量 × 价格,那么成交量和价格就是成交额的两个影响因素。对于成交量和价格分别进行分析,称为因素分析。根据总指数加权形式的计算公式,选择了常用的两个指数公式帕氏价格指数和拉氏成交量指数(实际分析时,也可根据目的和考虑体系,决定选择哪个公式)。按照选择公式的一般原则,有

$$I_p = \frac{\sum q_1 p_1}{\sum q_1 p_0} = \frac{315000 \text{元}}{237000 \text{元}} = 1.32911 \text{ 或 } 132.911\%$$

$$\sum q_1 p_1 - \sum q_1 p_0 = 315000 \text{元} - 237000 \text{元} = 78000 \text{元}$$

即四种商品的价格平均上涨了 32.91%,由于价格的上涨,使成交额增加了 78000 元。

$$\text{拉氏成交量指数 } I_q = \frac{\sum q_1 p_0}{\sum q_0 p_0} = \frac{237000 \text{元}}{227715 \text{元}} = 1.04077 \text{ 或 } 104.077\%$$

$$\sum q_1 p_0 - \sum q_0 p_0 = 237000 \text{元} - 227715 \text{元} = 9285 \text{元}$$

四种商品的成交量平均上涨了 4.077%,由于成交量的上涨,使成交额增加了 9285 元。成交额指数反映成交额的变动程度和方向及实际效果,由于成交额 = 成交量 × 价格,是成交量和价格二者乘积,因此,成交额指数也称为总值指数。

$$成交额指数\ I_{qp} = \frac{\sum q_1 p_1}{\sum q_0 p_0} = \frac{315000\ 元}{227715\ 元} = 1.3833\ 或\ 138.33\%$$

$$\sum q_1 p_1 - \sum q_0 p_0 = 315000\ 元 - 227715\ 元 = 87285\ 元$$

2）从指数模型整体角度进行综合分析。由于成交额 = 成交量 × 价格，指数化后，得到指数模型：成交额指数 = 成交量指数 × 价格指数，即

$$\frac{\sum p_1 q_1}{\sum p_0 q_0} = \frac{\sum q_1 p_0}{\sum q_0 p_0} \times \frac{\sum q_1 p_1}{\sum q_1 p_0} \tag{9-24}$$

同时，指数模型各指数之间的数量关系不仅表现在相对数上，在实际效果或绝对数额影响上也具有一定的数量关系，即

$$\sum p_1 q_1 - \sum p_0 q_0 = \left(\sum q_1 p_0 - \sum q_0 p_0\right) + \left(\sum q_1 p_1 - \sum q_1 p_0\right) \tag{9-25}$$

本例为：138.33% = 104.077% × 132.911%

$$87285\ 元 = 9285\ 元 + 78000\ 元$$

这表明，四种商品报告期的成交额比基期成交额总体上涨了 38.33%；由于成交量的变动，使成交额上涨了 4.077%；由于价格变化，使成交额上涨了 32.91%。从实际效果看，单纯由于成交量的变动，成交额增加了 9285 元，由于价格的变动，成交额增加了 78000 元，两者的共同作用，使四种商品的成交额报告期比基期增加了 87285 元。

从模型关系看，成交量和价格分别是成交额的两个影响因素，所以，成交量指数和价格指数也分别称为因素指数。

3）可依据指数模型，进行推算。例如成交额指数 = 成交量指数 × 价格指数，那么当掌握价格指数和成交额指数的相关信息时，就可以推算出成交量指数，即成交量指数 = 成交额指数 ÷ 价格指数，三者中知道了两个的相关信息，就可以推算出第三个。

前面介绍中的另两个公式，式（9-5）和式（9-7）也形成了一个指数模型。

（2）多因素指数模型。指数模型最基础、典型的表现形式就是：一个总值指数等于若干个因素指数的乘积。上面介绍的是三个指数之间形成的模型，其中两个是影响因素，另一个是总值。在两个因素的指数模型中（见式（9-24）），两个因素指数通常一个是数量指数，另一个是质量指数，而且必须一个是拉氏指数，另一个是帕氏指数。（这就涉及公式选择，根据目的和模型需要等选择）。最常用的模型分解式为

总值指数 = 拉氏数量指数 × 帕氏价格指数

实际应用中，有可能会有多个因素影响，形成的指数模型就复杂一些。比如常见的在征收增值税时销项税额的确定：销项税额 = 产品销售量 × 产品销售价格 × 税率，涉及三个因素。

多因素影响分析时，要特别注意：

1）必须对各影响因素进行合理排序。在各因素的排序上，应根据现象的经济内容作具体分析，依据现象中各因素之间的内在联系，一般从数量因素到质量因素依次展开，要基本符合从外延到内涵、从基础因素到派生因素的顺次要求。本例中由于销售量和销售价格的乘积等于产品销售收入，而产品销售收入再乘以税率才是销项税额。因此，比较分析，销售量是数量因素，排在首位，其次应是销售价格，最后是税率。如果各因素的前后顺序不同，计算结果将会不同。

2）多因素指数模型分析时，每次只能分析一个因素变动的影响，将其他因素固定。也就是假定其他因素保持不变，以测定其中某一个因素的变动。采用的方法是连锁替代法，它是实际工作中经常应用的因素分析方法。简单理解，就是将各因素的基期数据顺次以报告期数据替

代，有多少因素就替代多少次；每次替代后与替代前的结果进行对比，就是该因素的影响程度，二者的差额就是被替代因素的变动对总值或总量影响的绝对额。

例如： 销项税额 = 产品销售量 × 产品销售价格 × 税率

用字母表示： $qmp = q \times m \times p$

指数化后，销项税额指数 = 产品销售量指数 × 产品销售价格指数 × 税率指数，分别有

$$销项税额指数 = \frac{\sum q_1 m_1 p_1}{\sum q_0 m_0 p_0}$$

$$产品销售量指数 = \frac{\sum q_1 m_0 p_0}{\sum q_0 m_0 p_0}$$

$$产品销售价格指数 = \frac{\sum q_1 m_1 p_0}{\sum q_1 m_0 p_0}$$

$$税率指数 = \frac{\sum q_1 m_1 p_1}{\sum q_1 m_1 p_0}$$

指数模型为

$$\frac{\sum q_1 m_1 p_1}{\sum q_0 m_0 p_0} = \frac{\sum q_1 m_0 p_0}{\sum q_0 m_0 p_0} \times \frac{\sum q_1 m_1 p_0}{\sum q_1 m_0 p_0} \times \frac{\sum q_1 m_1 p_1}{\sum q_1 m_1 p_0} \tag{9-26}$$

实际效果上

$$\sum q_1 m_1 p_1 - \sum q_0 m_0 p_0 = \left(\sum q_1 m_0 p_0 - \sum q_0 m_0 p_0\right) + \left(\sum q_1 m_1 p_0 - \sum q_1 m_0 p_0\right) + \left(\sum q_1 m_1 p_1 - \sum q_1 m_1 p_0\right)$$

多因素指数分析的程序和方法类似于两个因素的分析，可以从指数和影响的实际效果及推算上进行。在确定同度量因素的固定时期时，也要遵循指数编制的一般原则，考虑研究的目的，同时还必须注意保持指数体系的科学性。

2. 平均指数模型

总量（或为总值）指数模型主要考察总指数编制方法中以加权综合指数计算的这类形式的指数关系。总指数除加权综合总指数的计算形式外，还有它的变形即加权平均指数，由加权平均指数计算的指数之间也存在相互关系，也同样形成指数体系或模型，称为平均指数模型。

由于加权平均指数根据掌握的数据和计算的形式，有加权算术平均指数、加权调和平均指数两种基本形式，可以形成不同的指数模型。现以常用的式（9-14）和式（9-16）为例进行说明。

首先，回顾一下基本的总量或总值指数模型：

$$\frac{\sum p_1 q_1}{\sum p_0 q_0} = \frac{\sum q_1 p_0}{\sum q_0 p_0} \times \frac{\sum q_1 p_1}{\sum q_1 p_0}$$

$$\sum p_1 q_1 - \sum p_0 q_0 = \left(\sum q_1 p_0 - \sum q_0 p_0\right) + \left(\sum q_1 p_1 - \sum q_1 p_0\right)$$

其次，以加权平均形式计算物量指数和价格指数，得到如下指数模型：

$$\frac{\sum q_1 p_1}{\sum q_0 p_0} = \frac{\sum \frac{q_1}{q_0} q_0 p_0}{\sum q_0 p_0} \times \frac{\sum p_1 q_1}{\sum \frac{1}{p_1} \times p_1 q_1}$$

$$\sum p_1 q_1 - \sum p_1 q_0 = \left(\sum \frac{q_1}{q_0} \times q_0 p_0 - \sum q_0 p_0 \right) + \left(\sum q_1 p_1 - \frac{\sum p_1 q_1}{\sum \frac{p_1 q_1}{p_1/p_0}} \right) \quad (9\text{-}27)$$

其分析的程序和思路类同两因素的总量或总值指数模型，主要是获取的已知数据不同。另两个公式式（9-15）和式（9-17）也形成了指数模型。

3. 平均指标指数模型

对研究现象所获得的数据，有时以单一量的形式表现，如 q_0, q_1, p_0, p_0，这时在计算总指数时，多采用加权综合指数计算方法；有些是掌握了单一指数，如 $K_q = \frac{q_1}{q_0}$，或 $K_p = \frac{p_1}{p_0}$ 及 $q_0 p_0$，$q_1 p_1$ 等相关数据，这时应采用加权平均指数；而还有些时候，所获得的数据经过分组，要研究其总体的平均变动情况，也就是报告期的平均值与基期平均值的对比，这时，采用的方法就应该是计算平均指标指数。由于平均指标变动也会受到影响因素的影响，因此，平均指标指数与其影响因素指数构成的体系或模型，称为平均指标指数模型。例如研究集团全部职工平均工资的变动、某种产品总平均成本的变动等需要考虑使用平均指标指数及其模型。

根据平均指标（或称平均数、均值）的计算方法，分组数据计算平均数的基本公式如下：

$$\bar{x} = \frac{\sum xf}{\sum f} = \sum x \frac{f}{\sum f}$$

从这个基本公式中看出，平均数受两个因素影响，一个是 x，一个是 $\frac{f}{\sum f}$。

进一步来说，根据指数的基本定义，平均指标指数就是报告期的平均指标与基期平均指标对比，即

$$\frac{\bar{x}_1}{\bar{x}_0} = \frac{\dfrac{\sum x_1 f_1}{\sum f_1}}{\dfrac{\sum x_0 f_0}{\sum f_0}} = \frac{\sum x_1 \dfrac{f_1}{\sum f_1}}{\sum x_0 \dfrac{f_0}{\sum f_0}} \quad (9\text{-}28)$$

式（9-28）为平均指标指数，也称**可变构成指数**，简称可变指数。它受两个因素影响，一个是 x（通常为分组数据各组的平均水平），一个是 $\frac{f}{\sum f}$（通常为权数结构或总体的结构），形式上视同公式 $\frac{\sum p_1 q_1}{\sum p_0 q_0}$ 中的两个因素，也按照大致相同的分析思路进行。

根据式（9-28），分别对两个影响因素进行分析。

首先，对 x 这个因素进行分析，需要将 $\frac{f}{\sum f}$ 进行固定。固定时，将 $\frac{f}{\sum f}$ 视为数量因素，而将各组平均水平视为质量因素，按两个影响因素的分析方法和一般原则进行。即编制质量指数时，把它的媒介因素固定在报告期；编制物量指数时，把它的媒介因素固定在基期。由此得到

$$\frac{\dfrac{\sum x_1 f_1}{\sum f_1}}{\dfrac{\sum x_0 f_1}{\sum f_1}} = \frac{\sum x_1 \dfrac{f_1}{\sum f_1}}{\sum x_0 \dfrac{f_1}{\sum f_1}} \quad (9\text{-}29)$$

式（9-29）也称为**固定构成指数**。

其次，对 $\dfrac{f}{\sum f}$ 因素进行分析，需要将 x 进行固定，要将其固定在基期，得到

$$\frac{\dfrac{\sum x_0 f_1}{\sum f_1}}{\dfrac{\sum x_0 f_0}{\sum f_0}} = \frac{\sum x_0 \dfrac{f_1}{\sum f_1}}{\sum x_0 \dfrac{f_0}{\sum f_0}} \tag{9-30}$$

式（9-30）也称为**结构影响指数**。

最后，根据平均指标的影响因素和指数体系关系，得到以下平均指标指数模型。

$$\frac{\dfrac{\sum x_1 f_1}{\sum f_1}}{\dfrac{\sum x_0 f_0}{\sum f_0}} = \frac{\dfrac{\sum x_1 f_1}{\sum f_1}}{\dfrac{\sum x_0 f_1}{\sum f_1}} \times \frac{\dfrac{\sum x_0 f_1}{\sum f_1}}{\dfrac{\sum x_0 f_0}{\sum f_0}} \tag{9-31}$$

或

$$\frac{\sum x_1 \dfrac{f_1}{\sum f_1}}{\sum x_0 \dfrac{f_0}{\sum f_0}} = \frac{\sum x_1 \dfrac{f_1}{\sum f_1}}{\sum x_0 \dfrac{f_1}{\sum f_1}} \times \frac{\sum x_0 \dfrac{f_1}{\sum f_1}}{\sum x_0 \dfrac{f_0}{\sum f_0}}$$

在模型中，影响关系的实际效果表现为

$$\frac{\sum x_1 f_1}{\sum f_1} - \frac{\sum x_0 f_0}{\sum f_0} = \left(\frac{\sum x_1 f_1}{\sum f_1} - \frac{\sum x_0 f_1}{\sum f_1} \right) + \left(\frac{\sum x_0 f_1}{\sum f_1} - \frac{\sum x_0 f_0}{\sum f_0} \right) \tag{9-32}$$

例如，一个销售团队销售某种产品，分两个销售小组，记录下他们在不同时间某天的销售数据，得到表 9-8。

表 9-8 销售人数及销售额

组别	基期		报告期	
	人数/人	总销售额/元	人数/人	总销售额/元
一组	20	6400	19	7220
二组	30	18600	7	4480
合计	50	25000	26	11700

这些数据告诉了哪些信息？如何作分析呢？

首先看到，团队总销售额变化明显，基期的总销售额明显高于报告期的总销售额。也就是说，总销售额比原来减少了。其直接的一个原因就是总人数的变化。报告期总人数比基期减少了 24 人，而总销售额和总人数有直接关系。除人数变动之外，为了深入探究总销售额的变化，需要进一步分析。

考虑因人数不同对总销售额所造成的直接影响，选择用代表性指标来反映每个组及团队总销售额的情况，因此需要计算两组及团队的平均销售额。同时为方便理解，用字母分别代表了各个指标，如表 9-9 所示。

表 9-9　平均销售额及计算

组别	基期			报告期		
	人数 f_0/人	总销售额 $x_0 f_0$/元	平均销售额 x_0/（元/人） 基期总销售额/基期人数	人数 f_1/人	总销售额 $x_1 f_1$/元	平均销售额 x_1/（元/人） 报告期总销售额/报告期人数
一组	20	6400	320	19	7220	380
二组	30	18600	620	7	4480	640
合计	50	25000	$\bar{x}_0 = 500$	26	11700	$\bar{x}_1 = 450$

表 9-9 中的结果说明：团队平均销售额报告期比基期减少了 50 元（450 元 - 500 元），减少了 10%；而第一组平均销售额和第二组平均销售额报告期比基期都增加了，分别增加了 60 元和 20 元。这似乎比较矛盾，两个小组平均销售额都增长了，为什么团队的平均销售额却下降了？这需要就此作深入分解与分析。

第一，分析团队总的平均销售额变动。根据式（9-28），得到平均指标指数为：$\bar{x}_1/\bar{x}_0 = 0.9$ 或 90%，说明团队总平均销售额报告期比基期降低了 10%，平均降低的数额为 50 元。

团队总平均销售额下降这种变动，受两个因素影响，一是各组平均销售额，二是人数变动影响。两个影响因素影响程度如何？下面进一步分析。

第二，分析各组平均销售额对团队总平均销售额变动的影响。根据式（9-29），得到固定构成指数，结果为

$$\frac{11700 \text{元}/26 \text{人}}{(320 \times 19 + 620 \times 7) \text{元}/26 \text{人}} = \frac{450}{400.8} = 1.1218 \text{（或 112.18\%）}$$

各组平均销售额变动对团队总平均销售额影响的绝对数额 = 450 元 - 400.8 元 = 49.2 元

结果说明：各组平均销售额变动使团队平均销售额平均增长了 12.18%，平均增加的数额为 49.2 元。

第三，分析人数结构变化对总平均销售额变动的影响。根据式（9-31），得到结构影响指数，结果为

$$\frac{(320 \times 19 + 620 \times 7)/26}{25000/50} = 400.8/500 = 0.8016 \text{（或 80.16\%）}$$

人数结构变动对团队总平均销售额影响的绝对数额 = 400.8 元 - 500 元 = -99.2 元。

结果说明，人数结构变动使团队平均销售额下降了 19.84%，平均减少的数额为 99.2 元。

第四，综合分析，根据式（9-31）、式（9-32），得到

$$90\% = 112.18\% \times 80.16\%$$
$$-50 = 49.2 + (-99.2)$$

其综合结果表明，团队总平均销售额报告期比基期降低了 10%，它是由各组平均销售额变动使其增长 12.18% 与人数结构变动使团队总平均销售额下降 19.84% 共同作用产生的结果。从变动数额看，团队总平均销售额降低 50 元，是各组平均销售额变动使其增加了 49.2 元与人数结构变动使团队平均销售额平均减少 99.2 元共同的结果。

此外，可以根据团队情况或者产品情况，进一步分析人数变动的具体原因，找出原因所在，才能有针对性地解决问题，使销售有更大的提高。

9.5 常用指数简介

从前面例子中可以看到,指数综合反映了所研究现象总变动方向及变动幅度,并且根据现象之间的关系,用指数模型进行因素分析,分别确定出影响的程度与绝对数额,如果将其按照时间的顺序排列,可以观察现象的变动趋势。而指数在人们的日常工作和生活中应用也极为普遍,常用的有以下几种。

9.5.1 居民消费价格指数

1. 居民消费价格指数的定义及计算方法

居民消费价格指数（CPI）是反映一定时期内城乡居民所购买的生活消费品价格和服务项目价格变动趋势和程度的相对数,是对城市居民消费价格指数和农村居民消费价格指数进行综合汇总计算的结果。表 9-10 为具体示例。

表 9-10 居民消费价格分类指数（2012 年 9 月）

项目名称	上年同月 =100			上年同期 =100		
	全国	城市	农村	全国	城市	农村
居民消费价格指数	101.9	102.0	101.7	102.8	102.9	102.7
一、食品	102.5	102.8	101.4	105.5	105.8	104.5
粮食	103.7	103.8	103.6	104.0	104.2	103.5
肉禽及其制品	94.0	94.9	91.9	103.4	104.3	101.4
蛋	100.1	100.2	99.8	94.8	95.0	94.4
水产品	104.5	104.2	105.6	108.9	108.7	109.7
鲜菜	111.1	110.5	112.9	118.0	117.8	118.5
鲜果	107.2	107.3	106.8	99.1	99.1	99.1
二、烟酒及用品	102.4	102.3	102.5	103.3	103.4	102.9
三、衣着	103.4	103.2	104.1	103.4	103.2	104.1
四、家庭设备用品及服务	101.6	101.7	101.4	102.1	102.2	101.5
五、医疗保健及个人用品	101.4	101.4	101.6	102.1	102.0	102.3
六、交通和通信	99.8	99.5	100.4	99.8	99.6	100.5
七、娱乐教育文化用品及服务	101.0	100.9	101.5	100.3	100.2	100.8
八、居住	102.3	102.5	101.9	102.0	102.0	101.9

资料来源：国家统计局网站。

我国 CPI 有 8 个大类、39 个中类、262 个基本分类,涉及经济、社会生活的各个方面。

需说明的是,CPI 不是某种商品的价格,CPI 是一个平均的综合指标,是在居民消费品价格和服务价格统计的基础上编制计算出来的一个平均综合指标。对比期分别为上年、上月,形成同比、环比指数。比如猪肉每千克 38 元、苹果每千克 12 元等,这些是每种商品的价格。人们对物价上涨的感受往往是针对单一商品价格的变化,而 CPI 是通过每种商品的价格,得到的一组商品和服务项目价格变动的相对数,反映的是众多的消费品和服务项目的价格变动程度。CPI 反映的是价格变动,其中有的增长,有的会降低。同时由于个人的消费结构不同,对某一个人或某一群体来说,对经常性的消费项目价格的涨跌感受强烈,对非经常性的消费项目价格的涨跌感受不深。而 CPI 权数的确定也是由一个地方总体消费结构所决定的,和个人的消费结构可能很不一致。与自身感受可能不同,当然个人承受能力也是不能忽视的。

据统计调查制度的规定,计算 CPI 时采用拉氏公式。其中代表规格品的月度平均价格采用简单算术平均法计算。各种类指数和总指数的计算采用链式拉氏公式,逐级加权平均。CPI 所用的权数是每一种商品或服务项目在居民所有消费商品和服务项目总支出中所占的比重,反映各调查项目的价格变动对总指数变动的影响程度。权数根据居民家庭住户调查资料及相关统计资料整理得出,必要时辅以典型调查或专家评估来补充和完善。

2. CPI 的主要作用

(1) 作为度量通货膨胀(通货紧缩)的一个经济指标,为国家宏观调控提供决策依据。通货膨胀(或紧缩)的特征表现之一就是物价水平的持续并普遍上涨(或下降),这个物价水平的变动一般通过 CPI 来描述。实践中,一般不直接也不可能计算通货膨胀率,而是通过价格指数的年增长率来间接表示。

$$通货膨胀率 = \frac{报告 CPI - 基期 CPI}{基期 CPI} \times 100\%$$

目前,世界各国基本上均用 CPI 来反映通货膨胀的程度。但要说明的是,并不是 CPI 涨得较快就是通货膨胀。在不同的国家和地区,利用 CPI 判断通货膨胀的标准不同,通常发达国家的容忍度要低些,发展中国家要高些。

(2) 反映购买力水平。货币购买力(或称币值)是单位货币购买到的消费品和服务的数量。在实际测算中,往往是采用货币购买力指数来反映不同时期货币购买力的变动。由于物价和货币购买力呈反方向变动,可以根据两者的关系进行计算。

$$货币购买力指数(\%) = \frac{1}{居民消费价格指数}$$

(3) 用相应的价格指数来"缩减"现价指标。为剔除价格因素的影响,用 CPI 指数对现价指标进行缩减。比如,用来缩减按现价计算的支出或货币收入,以衡量实际消费和实际收入等情况。其基本表达式为

$$\frac{名义收入}{CPI(\%)} = 实际收入$$

利用它可以真实反映居民的实际工资或可支配收入水平,观察价格变动对职工货币工资、农村居民生活消费支出的影响,为研究职工生活和确定工资政策、研究农村居民生活问题提供依据。管理中,如各种支出,也要考虑到价格指数的影响。借助 CPI,可以对工资、租金、利息或税收等货币流量进行调整,也可对某些货币资产及负债的资本价值进行调整。

又如,从统计年鉴中直接得到的宏观经济总量数据,如 GDP、总消费、总投资等都是以当年价格计算的,如果要剔除价格因素的影响,就需要用相应的价格指数来"缩减"现价指标,得到以可比价格计算的实际指标,即

$$实际指标(可比价格) = \frac{名义指标(当年价格)}{相应的定基价格指数(\%)}$$

当然,实际中应根据各个行业的特点近似地采用有关价格指数为参考进行缩减。例如,商业、餐饮业使用商品零售价格指数缩减;建筑业利用固定资产投资价格指数和施工企业产值价格指数缩减;金融业采用商品零售价格指数缩减,居民服务业、公用事业使用 CPI 中的服务项目价格分类指数缩减,卫生、体育、社会福利、教育文艺、广播电视事业等其他行业也利用有关消费品的价格指数和服务项目价格指数进行缩减,工业采用 PPI 缩减。

(4) 用于国民经济核算分析中。GDP 反映国民经济生产总量，GDP 的变动（主要用增长率）则反映经济的增长情况。而 CPI 的变动是反映经济运行过程中物价变动的情况。研究 GDP 与 CPI 的变动关系，可以分析经济运行状况。例如经济增长与通货膨胀的关系一般表现为高增长低通胀、高增长高通胀、低增长低通胀、低增长高通胀等几种不同情况。

再如，通过 GDP 平减指数全面反映价格水平，并测算 GDP 实际增长。

政府统计部门公布的多为名义 GDP，用当年的市场价格计算。而在经济分析时大多使用实际 GDP，它选取基年的价格水平进行计算而得。为反映两者之间的内在联系，消除价格变动的影响，会使用 GDP 价格调整指数（平减指数、缩减指数），它是指名义 GDP 与实际 GDP 之间的百分比值。即

$$\text{GDP 价格调整指数} = \text{名义 GDP}/\text{实际 GDP}$$

GDP 平减指数也是衡量一个国家通货膨胀程度的指标之一，反映的是 GDP 中隐含的价格因素，能够更加准确地反映一般物价水平走向。因为 GDP 核算无论从生产角度，还是从使用角度都是全面的，因此 GDP 平减指数比 CPI 对价格水平的测量更全面。很多国家就是根据 GDP 平减指数百分比的变化来判断一个经济中总体物价水平的变动状况的。

实际中采用不同含义的名义数值对比相应的实际数值，便可得到不同的平减指数，如国民生产总值（GNP）平减指数、工业增加值平减指数等。GDP 平减指数是平减指数的一种，根据 GDP 平减指数，可以测算 GDP 实际增长速度。其关系为

$$\text{GDP 实际增长速度} = \frac{\text{名义发展速度}}{\text{GDP 平减指数}} - 100\%$$

$$= \frac{\text{报告期 GDP}/\text{基年 GDP}}{\text{GDP 平减指数}} - 100\%$$

(5) 通过 CPI 进一步研究和观测其他的经济变量。比如，利率水平与 CPI 具有同向变化的趋势，物价水平上升，意味着实际利率下降，物价水平的变动成为影响利率水平的因素之一。比如当银行利率（一般指一年期的利率）高于 CPI 时，存钱到银行就会增值；当银行利率低于 CPI 时，存钱到银行就会贬值，因为在银行存入的钱一年后获得的利息不能抵消物价上涨的部分。

又如股指和房价的变化与 CPI 关系：在宽松的货币政策下，银行存贷利率都较低，银行对社会流动性资金吸引力就会降低，而股市和房地产等高回报投资市场领域就会吸引流动性资金进入，继而拉高房价和股指。但股指不可能保持持续上涨，市场流动资金过多后，CPI 也会持续上涨，CPI 的持续上涨无疑会对股票市场产生重大影响。国家也必将适时加大货币、财政政策调整的力度，此影响势必传导至股市，资金就会从房市和股市中流出，导致股指和房价的变化。

实际上，CPI 也并不是越低越好。价格持续走低会使企业效益下降、产品积压上升，从而造成就业机会减少、居民收入下降、市场消费不足，进而使整个国民经济体系陷入一种互相牵制的恶性循环中，因此要客观看待和评价 CPI。

综上所述，CPI 的高低与居民生收入水平和消费状况、固定资产投资规模、进出口贸易，与企业的产品成本、经济效益、资金运作有着密切联系；与国家金融货币政策（如银行利率、存款准备金率等）、国民经济的生产与发展（GDP 和 GDP 增长率）、人民币汇率、期货和股票市场价格走势、财政收支的确定也有直接联系。目前，各级人民政府调整的最低工资、社会保障和社会救助标准等也将 CPI 作为重要的参考依据。CPI 是各级政府和部门掌握消费品价格状况，研究和制定价格、工资、货币和消费等政策，进行宏观经济分析、价格总水平监测以及制

定货币政策、价格政策等宏观经济调控的依据，也是进行国民经济核算的重要指标和根据。

9.5.2 股票价格指数

股票价格指数简称为股票指数，就是用以反映整个市场上各种股票市场价格的总体水平及其变动情况的指标。它通常是选取有代表性的一组股票，把它们的价格加权平均，通过一定的计算得到。在股票市场上，成百上千种股票同时交易，股票价格的涨落各不相同，因此需要有一个总的尺度标准，即股票价格指数来衡量整个市场的价格水平，观察股票市场的变化情况。股票价格指数是反映不同时点上或不同时期股价变动情况的相对指标。通常是将报告期的股票价格与确定的基期价格相比，并将两者的比值乘以基期的指数值，即为该报告期的股票指数。其结果反映了计算期的股价比基期的股价上升或下降的百分比率。编制方法主要有算术平均法、几何平均法和加权平均法。要计算不同指数，具体的股票选取和计算方法是不同的。

股票价格指数一般是由一些有影响的机构编制，并定期及时公布。国际市场上比较著名的指数有道琼斯工业股价平均指数、标准普尔500指数、伦敦金融时报指数等。

需要注意的是，股票价格指数区别于股票价格平均数。股票价格平均数反映一定时点上多种股票价格变动的一般水平，通常以算术平均数计算，可分为简单算术股价平均数、修正的股价平均数、加权股价平均数等。人们通过对不同时点股价平均数的比较，可以看出股票价格的变动情况及趋势。但就一个较长的时期来说，股票价格指数比股票价格平均数能更为精确地衡量股价的变动。

9.5.3 生产者物价指数

生产者物价指数（PPI）在我国称为工业品出厂价格指数，是反映某一时期生产领域价格变动情况的重要经济指标，可以衡量工业企业产品出厂价格变动的趋势和程度，它是制定有关经济政策、进行国民经济核算和计算工业发展速度的一个重要参考指标。目前，我国PPI的调查产品有4000多种（含规格品9500多种），覆盖全部39个工业行业大类，有191个中类行业，涉及调查企业55000多家。

其他指数还有商品零售价格指数（RPI）、农业生产资料价格指数（AMPI）、原材料、燃料、动力购进价格指数，固定资产投资价格指数，房地产价格指数，农产品出售价格指数等。还有部分行业结合实际，编制相关价格指数，如海关编制进出口价格指数等。

本章小结 本章主要介绍有关指数的一些问题，主要包括指数的定义、作用、常用分类，指数研究涉及的几个方面；对于单一指数，介绍了其研究方法；对于总指数，介绍了其研究方法及如何选择不同的方法；并阐述了指数模型的研究内容与研究方法；也简要介绍了居民消费价格指数及其他指数在实际中的应用。

思考与练习题

1. 什么是狭义指数？
2. 指数分析有哪些作用？
3. 指数常用分类有哪些？具体分为哪些种类？
4. 指数研究通常涉及哪些方面？
5. 什么是单一指数？单一指数同期比、累计比如何理解？
6. 总指数研究方法有几种？
7. 加权综合指数的拉氏指数、帕氏指数的主要区别是什么？

8. 什么是加权平均指数？分为几种？
9. 加权算术平均指数与加权调和平均指数的权数有什么不同？
10. 什么是固定权数？
11. 什么是指数模型？写出总量（值）指数模型、平均指标指数模型的基本表达式。
12. 什么是居民消费价格指数？根据你的了解，说出它有哪些应用。
13. 根据掌握的知识，收集两种常用的指数，并思考它们的编制方法。
14. 某企业生产甲、乙、丙三种产品，其产量和单位成本分别如表9-11所示。

表9-11　产量和单位成本

产品名称	计量单位	产量/件		单位成本/元	
		基期	报告期	基期	报告期
甲	件	13000	15000	20	30
乙	台	11000	10000	1500	2000
丙	个	4000	4800	80	100

要求：
（1）分别计算产量与成本的单一指数。
（2）计算三种产品的产量总指数，说明由于产量的变动而增加或减少的生产费用。
（3）计算三种产品的单位成本总指数，说明由于单位成本的变动而增加或减少的生产费用。
（4）计算三种产品的生产费用总指数，说明生产费用的变动程度与变动数额。
15. 某店销售四种商品，数据如表9-12所示。

表9-12　四种商品的销售量和单价

产品名称	计量单位	销售量		单价/元	
		基期	报告期	基期	报告期
甲	双	200	315	8.5	12
乙	件	820	880	55	70
丙	个	400	680	120	150
丁	支	300	360	38	40

要求：
（1）计算四种商品的销售额总指数。
（2）根据指数体系关系，分析销售量和销售价格变动对销售额的影响程度和影响的绝对额。
16. 某水果批发公司的成交额及成交价格如表9-13所示。

表9-13　三种水果的成交额和成交价格

品种	成交额/元		成交价格/（元/kg）	
	基期	报告期	基期	报告期
香蕉	12000	18000	5.2	5.8
西瓜	8000	11000	4.9	4.9
苹果	16000	14000	3.2	4.4

要求：计算三种水果的成交价格总指数，分析由于价格变动对成交额的影响。
17. 假设某证券市场有4只股票，其基期和报告期的价格与发行量数据如表9-14所示。

表9-14　4只股票的价格和发行量数据

股票名称	基期价格/元	基期发行量/万股	报告期价格/元	报告期发行量/万股
A	11	150	14.55	200
B	8.66	48	48.32	75
C	27.85	42	28.93	50
D	8.33	25	28.46	30

要求：计算该市场的股票价格总指数。

18. 若某公司下辖两个分厂，单位成本及产量的相关数据如表9-15所示。

表9-15　单位成本及产量的相关数据

名称	单位成本/（元/件）		产量/件	
	基期	报告期	基期	报告期
一分厂	120	150	3000	3600
二分厂	100	122	700	700

分析总公司生产产品的平均单位成本变动受分厂单位成本水平以及分厂产量结构的影响程度。

第 10 章

最优化模型

学习目标

1. 掌握最优化模型中的目标函数、决策变量、约束条件、最优解等基本概念。
2. 了解最优化问题的分类,掌握线性规划建模的基本方法、基本步骤。可以根据实际问题,建立线性规划问题数学模型。
3. 掌握使用图解法、单纯形法和 Excel 电子表格方法解决线性规划问题。学会利用 Excel 电子表格生成线性规划问题敏感度分析报告,并分析模型的敏感度。
4. 掌握整数线性规划问题的建模方法,学会使用 Excel 电子表格解决整数线性规划问题。
5. 了解非线性最优化问题的建模方法,并对最优化结果进行风险分析。

导入案例

JC 公司销售收入最优化问题

JC 公司是一家生产小型家用音响设备的厂商。它们所生产的一款产品价格变动范围在 500~1000 元之间。2012 年年底，公司希望通过为该款产品定价实现在 2013 年度收入最大。

JC 公司为了通过制定最优价格以实现销售收入最大化，组织相关部门的工作人员一起开展了如下工作：

首先，工作人员从定义问题和收集数据入手。该公司的市场销售部门通过市场调查得到了一组不同定价水平所预期的年度销售数据（见表 10-1）。

表 10-1　JC 公司产品市场调查数据

价格/元	年销售量/千台	价格/元	年销售量/千台
500	1787	800	945
550	1573	825	955
600	1168	850	801
625	1312	875	838
650	1331	900	520
675	1090	925	253
700	1027	950	566
725	1226	975	311
750	1058	1000	421
775	1222		

其次，通过构建数学模型，求解不同答案。

最后，从各种备选答案中选出较为可行的方案，并建议公司采纳。

显然，JC 公司有关工作人员所做的上述工作就是一项优化模型的工作。这是一种在若干约束条件下，通过选择决策变量值，寻求实现目标最大或最小的技术工作。

本书前面的内容已经讨论了数据及其常用的统计分析方法在商务与经济管理决策中的重要作用。尽管很多决策只涉及是与否或有限的选择方案，而且可以通过统计分析、简单决策模型等加以解决，但是，在有些情况下常常需要用到最优化技术解决诸如上面的这类问题。本章将围绕最优化模型的有关内容进行讨论。

最优化是一个十分广泛和复杂的问题。本章主要讨论一些最优化的基本概念，介绍一些它在商务与经济活动中的主要应用，以及在解决最优化问题时需要关注和掌握的重要内容。

10.1　约束条件下最优化的基本问题

10.1.1　最优化的一些基本概念

最优化是一种在约束条件下，通过选择决策变量值，寻求实现目标最大化或最小化的过程。通过最优化来寻求的最大或最小的值的表达式称为**目标函数**；每个需要求解的变量称为**决策变量**；每个决策变量必须满足的限制和要求称为**约束条件**；一系列使目标函数达到最大或最小的决策变量值称为**最优解**。

在商务与经济活动的管理决策中，大多数的最优化问题都有约束条件，常见的一些例子包括：

① 生产总费用不能超过 1000 万元。

② 广告的受众人数必须超过 10 万人。
③ 产品的产量不能为负。
④ 可口可乐汽水每份含钠量必须等于 30mg。
……

在解决最优化问题时，通常将约束条件用等式或不等式的数学式来表达。比如，对于上面的例子，如果用数学式表达，则可以分别写为：
① 生产总费用 ≤ 1000 万元。
② 广告受众人数 ≥ 10 万人。
③ 产品的产量 ≥ 0 件。
④ 每份含钠量 = 30mg。
……

把上述每个表达式 ≤、≥ 或 = 左侧的变量称为**约束函数**。当用数学表达式来描述约束条件时，约束函数就成为决策变量的方程。例如，在第一种情况中，假如一个生产企业同时生产三种产品，每种产品的单位产品费用分别为 2.5 元、4.0 元和 8.2 元。如果用 x、y 和 z 分别代表三种产品的产量，则生产总费用的约束方程就可以写成如下形式：

$$2.5x + 4.0y + 8.2z \leq 1000 \text{ 万元}$$

任何满足所有约束条件的解都可称为**可行解**。一个没有可行解的最优化问题被称为**无可行解问题**。

在解决最优化问题的过程中，约束条件往往使寻找最优解变得十分困难。事实上，寻找有约束条件的可行解本身就十分困难，而寻找有约束条件的最优解就更加困难。在通常情况下，为解决最优化问题需要使用一些特殊的方法。

10.1.2 最优化问题的类型

最优化问题可以从不同角度、依据不同的分类标准作出各种划分。从数学结构看，最常见的最优化问题包括线性最优化问题、整数最优化问题和非线性最优化问题三种类型。

线性最优化问题也称为**线性规划**，是用线性数学模型来表示活动计划的一种管理决策技术。任何一个约束条件下的线性规划问题都同时具备如下两个基本特征：

（1）目标函数和所有约束条件都是决策变量的线性函数。这一特征就意味着，每个方程都是一个简单多项式。其中，约束条件的每一项是常数与决策变量的乘积。例如，在上面关于生产总费用的约束条件 $2.5x + 4.0y + 8.2z \leq 1000$ 万元中，每项费用都是由三种产品各自的价格（常数项）和各自的产量（决策变量）的乘积决定的。

（2）所有的变量都是连续变量，可以假定它们能够代表任何实际值。

整数最优化问题也称**整数规划**，是规划中的变量（全部或部分）限制为整数的规划。若在线性模型中，变量限制为整数，则称为整数线性规划。目前所流行的求解整数规划的方法往往只适用于整数线性规划。

在整数规划中，如果所有变量都限制为整数，则称为**纯整数规划**；如果仅一部分变量限制为整数，则称为**混合整数规划**。此外，整数规划中还有一种特殊情形，即 **0 - 1 整数规划**，它的所有变量都只能是 0 或 1。这种规划可以帮助人们建立一种逻辑模型，解决决策中的"是"与"否"的问题。[○]

[○] 不同于线性规划问题，整数和 0 - 1 规划问题至今尚未找到一般的多项式解法。

非线性最优化也称非线性规划，**非线性规划**是具有非线性约束条件或目标函数的最优化问题。其特点是，它不像线性规划有一个固定的结构，各项约束条件不能写成常数与决策变量的乘积，因此，它往往需要用较复杂的其他的求解方法寻找最优解。

10.2 线性最优化模型

正如本书 10.1 中介绍的那样，线性最优化模型常常被称为线性规划。其中的"线性"是指模型中数学的表达形式，"规划"则是计划的同义语，表明一种行动的计划。

10.2.1 线性最优化模型的应用

线性规划是管理科学的重要组成部分，它在商务与经济活动中有着广泛的应用。表 10-2 列出了在实际应用中常见的一些线性规划模型。

表 10-2 常见的线性规划模型

类型	目标函数	决策变量	约束条件
产品组合	利润最大化	生产或销售产品的数量	资源约束、最大销售潜力、合同约束
生产计划	生产和库存成本最小	产品数量、库存数量	生产率、工人数、原材料
多阶段性投资组合	收益最大化	每年投资在不同金融资产上的数量	可用资金、资金平衡
市场营销调查	调查成本最小	每种类型调查访问的次数	要求调查访问的总次数
广告媒体选择	成本最小	媒体种类、媒体数量	预算约束
运输问题	总运输成本最小	生产地或目的地的运输数量	供应约束或需求约束
指派问题	成本最小	任务数、任务种类	每个被指派者只完成一项任务，每项任务只能由一个被指派者完成

10.2.2 线性最优化模型中的约束条件

建立线性最优化模型的一项重要工作，就是要正确确定模型中的约束条件。在线性规划中，约束条件大致有以下几种类型。

1. 简单约束条件

简单约束条件就是只限制一个单变量的值的约束条件。例如，"某门课程至少要开设 54 课时以上，以满足学生全面掌握相关知识的需求"，"投资在单只股票的资金不能超过 100000 元"，等等。这些例子用数学表达式表示，即

某门课程课时 ≥ 54 课时。

单只股票投资金额 ≤ 100000 元。

2. 限制性约束条件

限制性约束条件通常与有限的资源配置有关。例如，"高校的招生规模不能超过学校的教

学资源"，"当日用于生产的原料用量不能超过前一日的库存量"，等等。这些约束条件的数学表达式为：

高校招生规模 ≤ 学校教学资源

当日生产用原料数量 ≤ 前一日的库存量

限制性约束条件由于规定了某一条件的最高界限，所以在采用数学表达式时，在一种约束函数与另一种约束函数之间总是要用到"≤"，即通用的限制性约束条件数学表达式为：

约束函数 ≤ 另一种约束函数

3. 必要性约束条件

必要性约束条件是指那些涉及完成某项任务最低水平要求的条件。例如，"某商业银行规定一个业务员每个月必须拉到的存款数量"，"一个生产厂家每月必须生产足够多的产品才能满足顾客需要"，等等。

由于必要性约束条件规定了某一条件的最低标准，所以在采用数学表达式时，在一种约束函数与另一种约束函数之间总是要用到"≥"，即通用的限制性约束条件数学表达式为

约束函数 ≥ 另一种约束函数

4. 平衡性约束条件

平衡性约束条件是指那些一种约束函数与另一种约束函数之间总是保持相等关系的约束条件。例如，"期末库存量必须等于期初库存量加本期生产量，再减去本期销售量"，"本期的总投入 = 本期的总产出"，等等。其数学表达式为

约束函数 = 另一种约束函数

以上只是列出了一些常见的约束条件类型。在线性规划中，约束条件通常是各种不同类型约束条件的组合。究竟一种约束属于哪种类型，可以通过对问题的陈述来确定。一个好的线性最优化模型，必须将所有约束条件都精确地表达出来。

10.2.3　线性规划问题的数学建模

所谓**数学建模**，就是将用语言文字表述的问题转化成用数学方式来表达。下面通过一家生产排球的小型公司的利润最大化案例，说明如何建立线性规划的最优化模型。

益康公司是一家专门生产排球的小型公司。该公司的全部生产过程可以划分为以下四个过程（部门）：切割和印染；缝合；成型；检查和包装。

该公司目前主要生产练习用球和比赛用球两种类型的排球。

该公司在长期的生产过程中，生产一个练习用球各个生产过程所需时间分别为：切割和印染：0.7h；缝合：0.5h；成型：1.0h；检查和包装：0.1h。由于比赛用球要求的质量标准高一些，所以有些生产过程所需的时间也多一些。上述四个生产过程所用时间分别为1.0h、0.83h、0.67h和0.25h。

益康公司于2013年2月与一家出口经销商签订了一份订单，经销商愿意买进其第2季度生产的全部产品（合同中规定，必须提供练习和比赛两种用球）。

益康公司生产计划部门在制订生产计划时经过测算发现，第2季度每个生产部门最大可能的生产时间分别是：切割和印染：630h；缝合：600h；成型：708h；检查和包装：135h。

公司的会计部门根据过去的核算资料，提供了生产一个练习用球的利润是10美元、生产一个比赛用球的利润是9美元的信息。

根据以上所有信息，公司的生产计划部门想通过建立线性最优化模型，来作出究竟各生产多少个练习用球和比赛用球可以使公司利润达到最大化的决策。假如你是益康公司生产计划部门的工作人员，该

如何做好此项工作呢？

在通常情况下，线性规划的数学建模需要按以下步骤进行：

第一步，全面地了解、分析所要解决的问题。比如，对于益康公司生产的例子来说，需要解决的问题就是在现有生产时间的约束条件和利润水平下，确定各种产品如何组合才能实现利润最大化。这是一个比较简单的例子，对于所要解决的问题容易理解。如果在实际中遇到更为复杂的一些问题，应当首先快速浏览一下整个问题，以了解问题所包含的内容。然后再将重点和关键问题列举出来加以仔细思考和分析，以帮助寻找准确的模型。

第二步，整理解决问题所需要（提供）的信息。对于本案例来说，所提供的信息包括三个方面：一是销售合同中的信息（经销商要求同时采购练习和比赛两种用球，假设没有具体数量方面的要求）；二是生产企业时间方面的信息，包括生产每个球所需的时间和各生产部门的全部生产时间；三是各种产品的利润水平的信息。为了便于建立模型和求解，可以将上述有关时间方面的信息事先整理出来，见表10-3。

表10-3　益康公司生产的时间信息

部　门	生产每个排球所需时间/h		第2季度最大生产时间/h
	练习用球	比赛用球	
切割和印染	0.7	1.0	630
缝合	0.5	0.83	600
成型	1.0	0.67	708
检查和包装	0.1	0.25	135

第三步，准确描述目标。例如，案例中问题的目标就是实现利润最大化。

第四步，描述全部约束条件。对于生产时间来说，一共有四个约束条件，它们制约着两种排球的生产，具体条件如下：

约束条件1：用于切割和印染的总时间必须小于切割和印染部门所能承受的最长工作时间。

约束条件2：用于缝合的总时间必须小于缝合部门所能承受的最长工作时间。

约束条件3：用于成型的总时间必须小于成型部门所能承受的最长工作时间。

约束条件4：用于检查和包装的总时间必须小于检查和包装等部门所能承受的最长工作时间。

此外，还有一个产量方面的约束条件，即

约束条件5：练习用球的产量和比赛用球的产量均大于0。此条件要求决策变量为非负，所以称之为非负约束。

第五步，定义决策变量。益康公司的决策变量有两个：练习用球的产量；比赛用球的产量。设其数学表示为：P = 练习用球的产量；Q = 比赛用球的产量。

第六步，根据决策变量，写出模型数学表达式。

模型目标：最大化　　$10P + 9Q$

约束条件：切割和印染时间约束　　$0.7P + Q \leqslant 630$

　　　　　缝合时间约束　　$0.5P + 0.83Q \leqslant 600$

　　　　　成型时间约束　　$P + 0.67Q \leqslant 708$

　　　　　检查和包装时间约束　　$0.1P + 0.25Q \leqslant 135$

　　　　　非负约束　　$P, Q \geqslant 0$

10.2.4 线性最优化模型的求解方法

传统的求解线性最优化模型的方法主要有图解法和单纯形法。随着计算机科学技术的不断发展,很多计算机软件公司都开发了专门用于线性规划的计算机应用软件。因此,这一部分将讨论如何应用图解法、单纯形法和 Excel 电子表格等方法来求解线性规划模型。

1. 图解法

如果线性规划问题只包含两个变量,即在一个问题中需要对两项决策内容作出抉择,就可以通过画图对其求解。

图解法比较简捷、直观,适合于较为简单的线性规划问题,具体步骤如下:

第一步,建立平面直角坐标系,并在平面直角坐标系中画出满足每个约束条件的可行解的区域。该区域是由满足约束条件的全部解所组成的区域。

第二步,确定满足所有约束条件的可行解的范围。

第三步,通过目标函数,找到可以表示决策变量的目标函数线。

第四步,通过平移目标函数线,使目标函数达到最大(最小),直到可行域全在直线的一侧。

第五步,通过目标函数线,找到最优解。

下面利用图解法解答 10.2.3 中提出的益康公司如何确定两种排球的生产量,以实现利润最大化的问题。

如图 10-1 所示,用平面直角坐标系中的 x 轴代表练习用球的产量(P),y 轴代表比赛用球的产量(Q)。图中任意一点都对应一个确定的 P 和 Q 的值,每一个点都是一个可能的解,所以图形上的点称为解点。因为 P 和 Q 都是非负的,所以只画出了 $P \geqslant 0$ 且 $Q \geqslant 0$ 的部分。

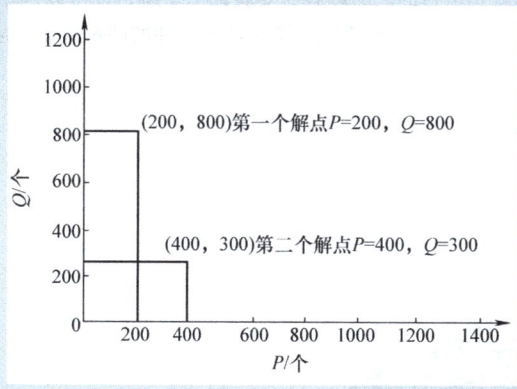

图 10-1 平面直角坐标系中的解点

对于切割和印染时间的约束函数 $0.7P+Q \leqslant 630$,为了找到所有满足该约束条件的点,首先将不等式改写为等式,即求出满足 $0.7P+Q=630$ 的点。因为该图形是一条线,所以只要在平面直角坐标系中画出这条线,就可以找到所有满足该约束条件的点。这条直线被称为切割和印染的约束线,如图 10-2 所示。

对于不等式 $0.7P+Q \leqslant 630$,约束线 $0.7P+Q=630$ 上的任意一点都能满足,下面主要寻找不等式 $0.7P+Q<630$ 的解点。观察一下两个解($P=200$,$Q=200$)和($P=600$,$Q=500$)。从图 10-2 中可以看到,一个解点在约束线的下方,一个解点在约束线的上方。

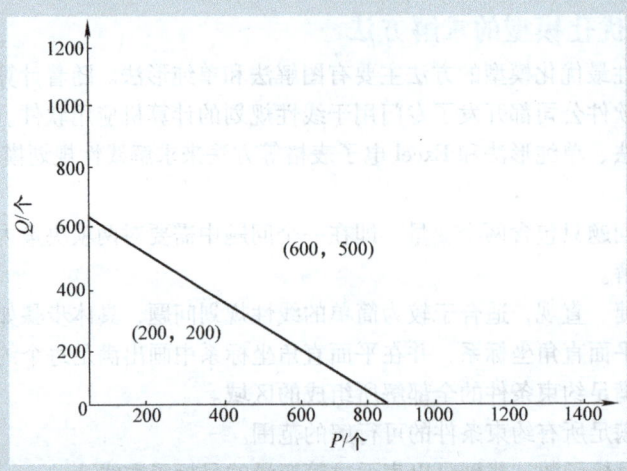

图 10-2 切割和印染的约束线

将解点（$P=200$，$Q=200$）代入方程得到
$$0.7P + Q = 0.7 \times 200 + 1 \times 200 = 340$$
由于 340h 小于工作部门最大工作时间，所以满足生产约束条件。

将解点（$P=600$，$Q=500$）代入方程得到
$$0.7P + Q = 0.7 \times 600 + 1 \times 500 = 920$$
由于 920h 大于工作部门最大工作时间，所以不满足约束条件，因此是不可行解。

如果一个解点所对应的解是不可行的，那么它所在直线的这一侧就是不可行的；如果这个解是可行的，那么它所在直线这一侧就是可行的。所以只需要验证一个解，便可以确定约束直线的哪一边是可行解，哪一边是不可行解。通过图 10-3 可以看到，满足约束条件的解都在蓝色区域。

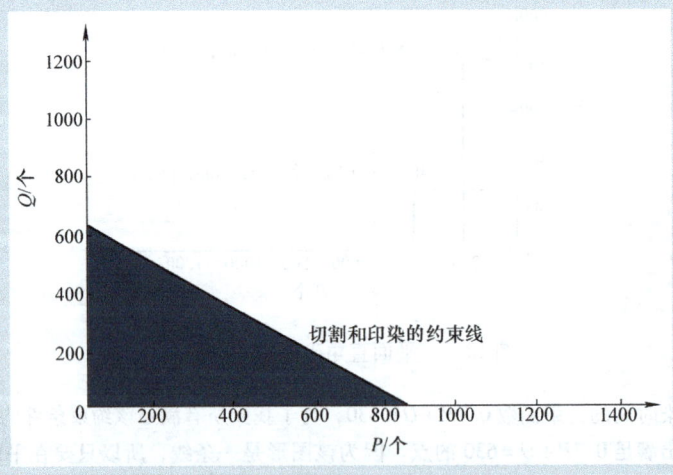

图 10-3 阴影区域代表切割和印染约束条件的可行解范围

同理，可以得到满足其他三个有关时间方面约束条件解的范围如图 10-4 所示。

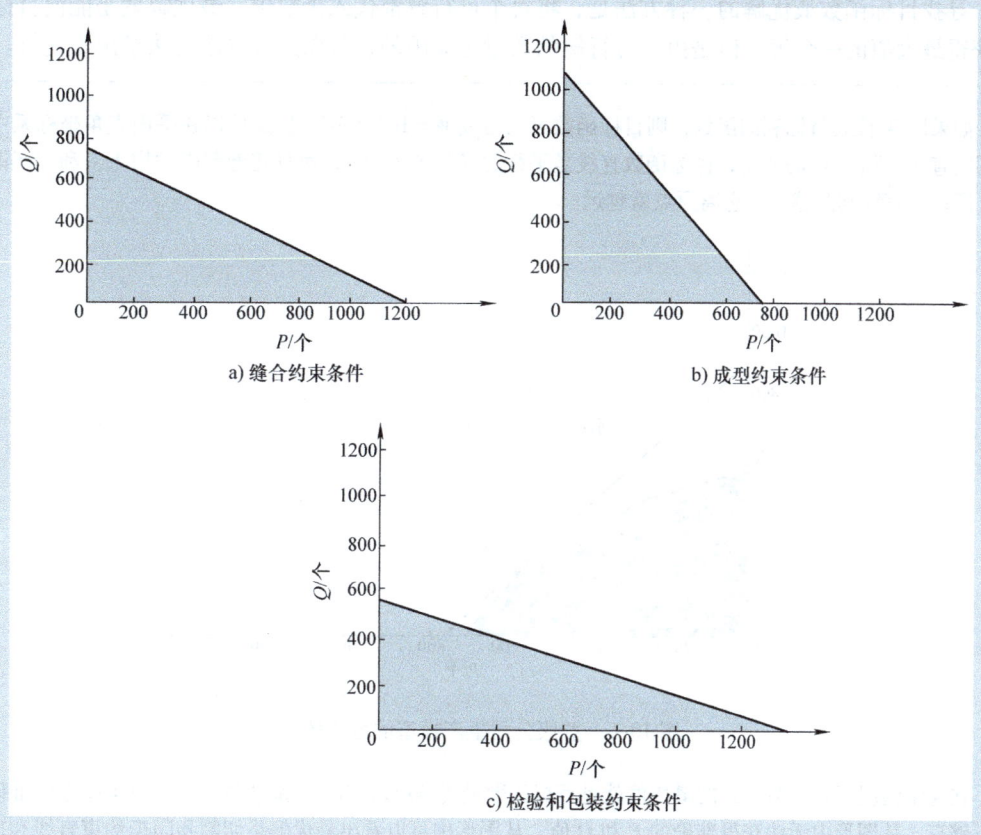

图 10-4 其他三个约束条件的可行域

以上得到了每个时间约束条件可行解的范围。接下来，还需要在此基础上找到可以满足所有约束条件的解。我们称能够满足所有约束条件的解为**可行解**，可行解所在的阴影区域称为可行域。图 10-5 所示的即为益康公司利润最大化问题的可行域。

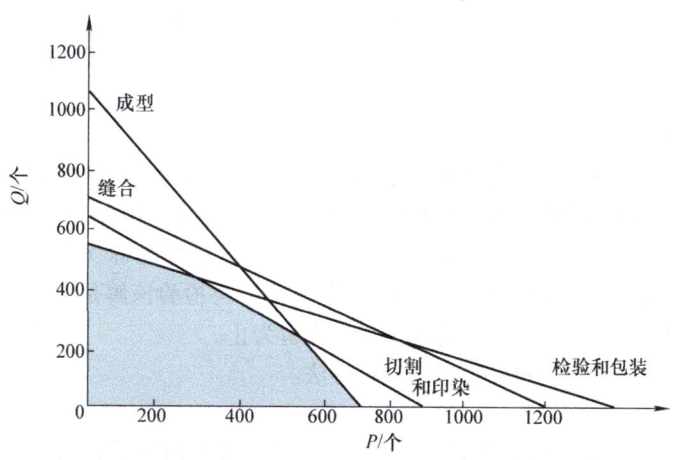

图 10-5 所有的约束条件组合起来所表示出的可行域

307

寻找目标函数最优解的一种方法是，将每个可行解都代入函数中，最优解就是能使目标函数获得最大值的一个解。但是由于可行解的数量是无限的，所以此种方法无法求出最优解。

如果用 W 代表目标利润函数，则目标函数可以写成 $W=10P+9Q$。据此可以在平面直角坐标系中画出利润直线，随着 W 的变化，目标函数直线是平行的（见图10-6），而且随着截距的增大，利润逐渐增加。所以，直线利润越高，它离原点就越远。

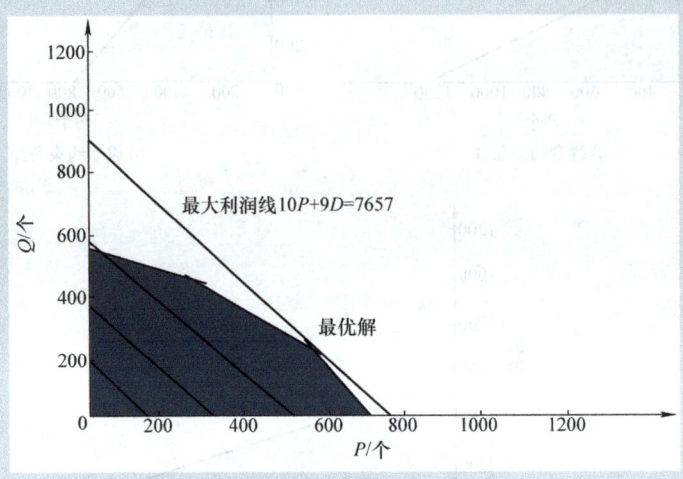

图 10-6　益康公司生产模型的最优解

在通常情况下，决策变量的最优值就是目标函数最优解所对应的 P 和 Q 值。但是由于图形的准确程度不够高，从图形中无法获得准确的 P 和 Q 值。从图形中可以看出最优解是切割和印染约束直线和成型约束直线的交点。也就是说，最优解点既满足切割和印染约束直线

$$0.7P+Q=630 \tag{10-1}$$

又同时满足成型约束直线

$$P+0.67Q=708 \tag{10-2}$$

联立式（10-1）和式（10-2），可以得到方程的解 $P=538$ 个，$Q=253$ 个。

由此可以较为全面地解答有关益康公司如何通过确定两种排球的生产量，以实现利润最大化的问题。益康公司在生产过程中全部满足生产时间约束条件的情况下，最佳的生产组合是生产 538 个练习用球和 253 个比赛用球，此时的利润达到最大：(10×538) 美元 $+(9\times253)$ 美元 $=7657$ 美元。

2. 单纯形法[一]

单纯形法是求解线性规划问题比较有效的方法之一。它是根据约束条件，找到一个满足约束条件的可行解，并用一种检验方法判断这个解是不是最优的。如果已是最优解，那么求解过程到此结束。如果不是最优解，那么就再找一个比这个解更好的解（所谓更好，就是指可以使目标函数值比之前解对应的目标函数值更大），然后，再检验该解是否是最优解。如果不是最优，就用相同的方法再作改进，一直到获得最优解为止。

下面通过具体例子来说明单纯形法的具体方法。

[一]　单纯形法最早由现代管理科学创始人美国乔治·丹齐克在美国空军工作时提出，于 1949 年首次发表。

例如，要解的方程为 $\max f = 3x_1 + 4x_2$。

其约束条件为
$$\begin{cases} x_1 + 2x_2 \leq 6 \\ 3x_1 + 2x_2 \leq 12 \\ x_2 \leq 2 \\ x_1 \geq 0, x_2 \geq 0 \end{cases}$$

对线性规划问题的研究是基于标准形式进行的。所谓线性规划的标准形式，是指将每个约束条件中加入一个松弛变量，使每一个约束条件变为等式。引入松弛变量的目的是为了便于在更大的可行域内求解。若松弛变量为0，则收敛到原有状态；若松弛变量大于0，则约束松弛。因此对于给定的非标准形式的线性规划问题的数学模型，需要将其转化为标准形式。一般来说，对于不同形式的线性规划模型，可以采用一些方法将其化为标准形式。其中，当约束条件为"≤"（"≥"）类型的线性规划问题时，可在不等式左边加上（或者减去）一个非负的新变量，即可化为等式。这个新增的非负变量称为松弛变量（或剩余变量）。

显然，要解这个方程，首先需要将它转化为线性规划问题的标准形式，具体形式如下。

$$\max f = 3x_1 + 4x_2 \tag{10-3}$$

约束条件为

$$\begin{cases} x_1 + 2x_2 + x_3 = 6 & (10\text{-}4) \\ 3x_1 + 2x_2 + x_4 = 12 & (10\text{-}5) \\ x_2 + x_5 = 2 & (10\text{-}6) \\ x_1 \geq 0, x_2 \geq 0, x_3 \geq 0, x_4 \geq 0, x_5 \geq 0 & (10\text{-}7) \end{cases}$$

由式（10-4）、式（10-5）和式（10-6）三个条件等式共同组成了一个包含5个变量的3个同步线性等式体系。

如果用 n 表示一个同步线性等式体系中变量的个数，用 m 表示线性等式的个数，则在任何情况下，当一个同步线性等式体系中的变量个数（n）多于等式个数（m）时，这个同步线性等式体系就会有无数的解。例如，在上面的同步线性等式体系中，$n = 5 > m = 3$，所以它会有无数的解。单纯形法就是为这种同步线性等式体系寻找最优解的代数过程。它通过将 m 个等式中 $(n-m)$ 个变量设为0值，然后通过同步解这 m 个等式，求出同步线性等式体系的基本解⊖。其中，被设定为0的 $(n-m)$ 个变量称为非基本变量，剩余的 m 个变量称为基本变量。

在上面线性规划问题的标准形式中，如果将变量 x_3，x_4，x_5 作为基本变量，将变量 x_1，x_2 作为非基本变量（即令 $x_1 = 0$，$x_2 = 0$），就得到 $x_3 = 6$，$x_4 = 12$，$x_5 = 2$，这显然是线性规划的一个解，这个解对应的目标函数值 $f = 3 \times 0 + 4 \times 0 = 0$。

但是由于 $f = 3x_1 + 4x_2$，显然 x_1 或 x_2 取正数时可以使目标函数值进一步增大。例如，使系数最大的4对应的变量 x_2 取尽可能大的正数，由约束方程可得

$$\begin{cases} x_3 = 6 - x_1 - 2x_2 \\ x_4 = 12 - 3x_1 - 2x_2 \\ x_5 = 2 - x_2 \end{cases}$$

⊖ 基本解就是当一个线性规划在标准形式下有 n 个变量和 m 个约束条件时，通过设定 $(n-m)$ 个变量为0，并且求另外 m 个变量的条件等式所得到的唯一的解。

如果令 $x_1=0$，且 $x_3 \geq 0$, $x_4 \geq 0$, $x_5 \geq 0$，则 x_2 的最大值可以取 2，于是就得到另一组可行解，$x_1=0$, $x_2=2$, $x_3=2$, $x_4=8$, $x_5=0$，对应目标函数值为 $f=3\times 0+4\times 2=8$。

这一结果也可以通过另外一种方法获得，即由式 (10-6) 得到 $x_2=2-x_5$，把这个公式代入式 (10-3)、式 (10-4) 和式 (10-5) 中，得到这个线性规划问题的另一种标准形式

$$\max f = 8 + 3x_1 - 4x_5$$

约束条件为 $\begin{cases} x_1 + x_3 - 2x_5 = 2 \\ 3x_1 + x_4 - 2x_5 = 8 \\ x_2 + x_5 = 2 \\ x_1 \geq 0, x_2 \geq 0, x_3 \geq 0, x_4 \geq 0, x_5 \geq 0 \end{cases}$

这时，变量 x_2, x_3, x_4 变为基本变量，x_1, x_5 为非基本变量。在目标函数中 x_1 对应的系数为 3，所以可以令 x_1 取尽可能大的正数，通过约束方程可得另一组线性规划的解 $x_1=2$, $x_2=2$, $x_3=0$, $x_4=2$, $x_5=0$，对应的目标函数值为 $f=3\times 2+4\times 2=14$。

类似于前面的分析，这一结果也可以得到下面有关该线性规划问题的另一等价形式：

$$\max f = 14 - 3x_3 + 2x_5$$

约束条件为 $\begin{cases} x_1 + x_3 - 2x_5 = 2 \\ -3x_3 + x_4 - 4x_5 = 2 \\ x_2 + x_5 = 2 \\ x_1 \geq 0, x_2 \geq 0, x_3 \geq 0, x_4 \geq 0, x_5 \geq 0 \end{cases}$

这时，变量 x_1, x_2, x_4 又变为基本变量，x_3, x_5 为非基本变量。在目标函数中 x_5 对应的系数为 2，所以可以令 x_5 取尽可能大的正数，通过约束方程可得另一组线性规划的解 $x_1=3$, $x_2=3/2$, $x_3=0$, $x_4=0$, $x_5=1/2$，对应的目标函数值为 $f=3\times 3+4\times 3/2=15$。

类似于前面的分析，这一结果还可以得到下面有关该线性规划问题的另一种等价形式：

$$\max f = 15 - \frac{3}{2}x_3 - \frac{1}{2}x_4$$

约束条件为 $\begin{cases} x_1 - \frac{1}{2}x_3 + \frac{1}{2}x_4 = 3 \\ -\frac{3}{4}x_3 + \frac{1}{4}x_4 + x_5 = 1/2 \\ x_2 + \frac{3}{4}x_3 - \frac{1}{4}x_4 = 3/2 \\ x_1 \geq 0, x_2 \geq 0, x_3 \geq 0, x_4 \geq 0, x_5 \geq 0 \end{cases}$

在这个线性规划中，非基变量 x_3, x_4 对应的系数均为负，因此 x_3, x_4 取非零正数只能使目标函数值减少，所以对应的基本可行解 $x_1=3$, $x_2=3/2$, $x_3=0$, $x_4=0$, $x_5=1/2$ 就是最优解，得到最大函数值 $f=3\times 3+4\times 3/2=15$。

综上所述，单纯形法就是利用基本变量与非基本变量的不断迭代，找出问题的最优解，求出目标函数值。也可以利用单纯形表计算单纯形法，鉴于篇幅有限，本书不再展开，感兴趣的读者可以参阅相关教材。

3. 利用 Excel 解线性规划问题

除了图形法和单纯形法外，也可以使用 Excel 或其他统计软件中的规划求解功能来求解线性规划问题。Excel 的应用十分普遍，其中的"规划求解"功能使用起来也非常方便，免去了专业软件对使用者专业知识的要求，可以使普通管理者轻松、方便、快捷、准确地解决多个决策变量的线性规划问题的求解，大大提高了计算效率。本节将利用 Excel 中的"规划求解"功

能对第 10.2.3 小节中益康公司的生产问题进行解答。

首先，如果是第一次使用 Excel 的线性规划求解功能，那么在"工具"菜单中是找不到"规划求解"的（如果是使用 Excel 2007 版本，则需要在"数据"菜单的"分析"中查找），那么就需要先进行"规划求解"宏的加载。加载方法如下：

① 打开 Excel 后，在"工具"菜单中单击"加载宏"。
② 在"加载宏"框中单击"规划求解"然后单击确定。
③ 单击"工具"菜单，就可以看到"规划求解"项目了。

如果你在"加载宏"中找不到"规划求解"，那么需要使用包含规划求解功能的 Office 安装盘重新安装 Excel，一般选择完全安装即可。

其次，将模型中的数据输入 Excel 表中，在 Excel 中定义如下单元格：
① 可变单元格：记录决策变量的值（见图 10-7 中的 B9：C9）。
② 目标单元格：记录目标函数的计算值（见图 10-7 中的 D9）。
③ 约束条件单元格：记录约束条件左端项的计算值（见图 10-7 中的 D4：D7）。

	A	B	C	D	E	F	G
1							
2		生产时间					
3	生产部门	练习用球	比赛用球	约束条件		时间限制	
4	切割和印染	0.7	1	B4*B9+C4*C9	<=	630	
5	缝合	0.5	0.83	B5*B9+C5*C9	<=	600	
6	成型	1	0.67	B6*B9+C6*C9	<=	708	
7	检查和包装	0.1	0.25	B7*B9+C7*C9	<=	135	
8	单个利润	10	9	目标函数			
9	生产数量	P	Q	B8*B9+C8*C9			
10							

图 10-7　将模型中的数据输入 Excel 中

一般将可变单元格初始值设为 0（理论上任何大于 0 的数都可以），最后这些单元格的数值都会被变量的最优解替代。目标单元格和约束条件单元格的公式输入可以在 Excel 的"f_x"中输入"="及所需计算的公式。

最后得到如图 10-8 所示的电子表格模型。

	A	B	C	D	E	F	G
1							
2		生产时间					
3	生产部门	练习用球	比赛用球	约束条件		时间限制	
4	切割和印染	0.7	1	0	<=	630	
5	缝合	0.5	0.83	0	<=	600	
6	成型	1	0.67	0	<=	708	
7	检查和包装	0.1	0.25	0	<=	135	
8	单个利润	10	9	目标函数			
9	生产数量	0	0	0			
10							

图 10-8　完整的电子表格模型

完成输入数据的工作后,接下来就可以使用"规划求解"功能对线性规划问题求解。

第一步,在"工具"菜单中选择"规划求解"选项,弹出"规划求解"对话框,如图10-9所示。该对话框用于输入线性规划模型的目标函数、决策变量和约束条件。

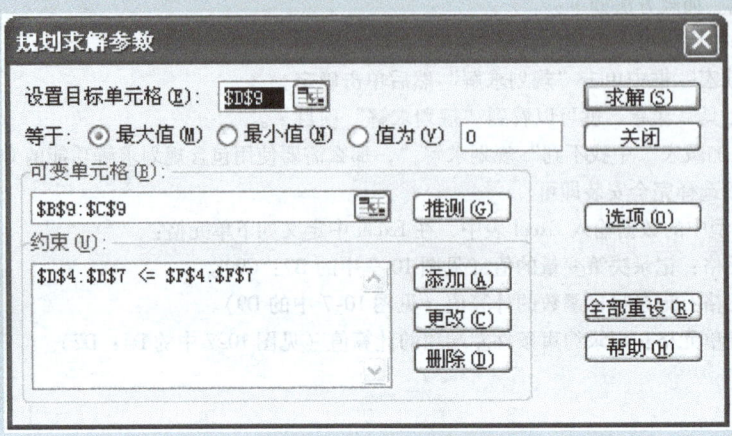

图10-9 "规划求解"对话框

第二步,输入各参数值。在"设置目标单元格(E)"里输入单元格地址D9,也可以直接单击D9单元格自动输入"＄D＄9"。由于要求目标函数值最大,所以选中"最大值"。在"可变单元格(B)"输入决策变量单元格地址,连续的单元格可用":"简化表示,如B9:C9,当然也可以直接使用鼠标选中B9到C9。如果可变单元格是不连续的,那么不连续部分之间需要用","连接形成完整的可变单元格。接下来在"约束(U)"文本框内输入约束条件,可通过单击右侧"添加"按钮,在弹出的"添加约束"对话框中添加约束条件(见图10-8)。"单元格引用位置"上可直接输入左侧计算值的单元格位置,中间选择约束条件"<=",右边的"约束值"输入与约束条件左侧计算值对应的限制值。最后单击"确定",完成约束条件的添加。

第三步,单击"规划求解参数"对话框中的"选项"按钮。在弹出的"规划求解选项"对话框中,可以设定规划求解运算的有关参数。这些参数一般选择"采用线性模型"和"假定非负"两个选项就可以了,如图10-11所示。

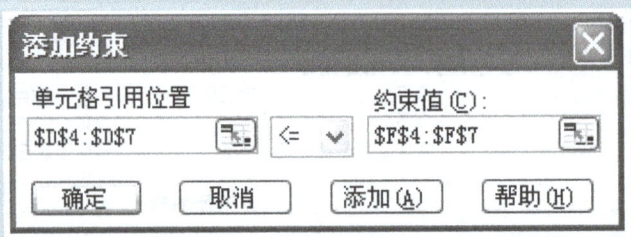

图10-10 "添加约束"对话框

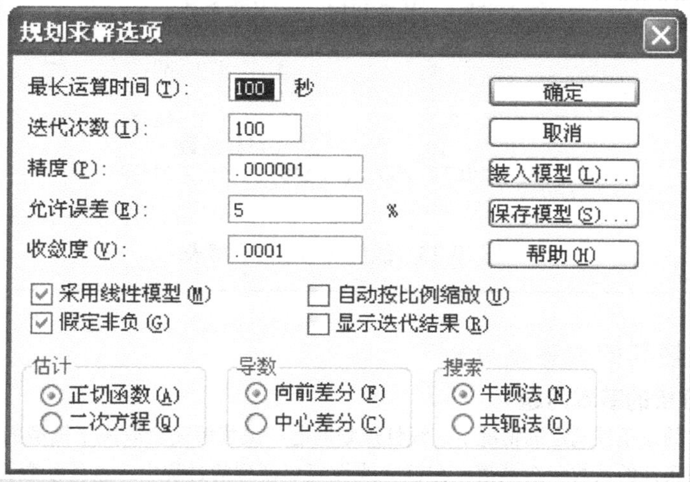

数据、模型与决策
Data, Models & Decisions

图 10-11　"规划求解选项"对话框

第四步，在"规划求解参数"对话框中单击"求解"按钮。开始进行规划求解。计算结果结束后将弹出"规划求解结果"对话框，如图 10-12 所示。如果线性规划模型有解（包括唯一解和无穷解），则在可变单元格中将会保留一组解。因此如果模型计算结果有无穷多个解，显示结果还是与唯一解相同，这一点是 Excel 的不足，在使用时也应当注意。在"规划求解结果"对话框中单击"确定"按钮，就可以得到该线性规划的最优解，如图 10-13 所示。也可以单击"规划求解结果"对话框右侧的"报告"栏，可以生成模型的运算结果报告、敏感度报告和极限值报告。

从图 10-13 中可以得到该模型的最优解为生产练习用球 538 个，生产比赛用球 253 个。这和使用图解法得到的结果是一样的。

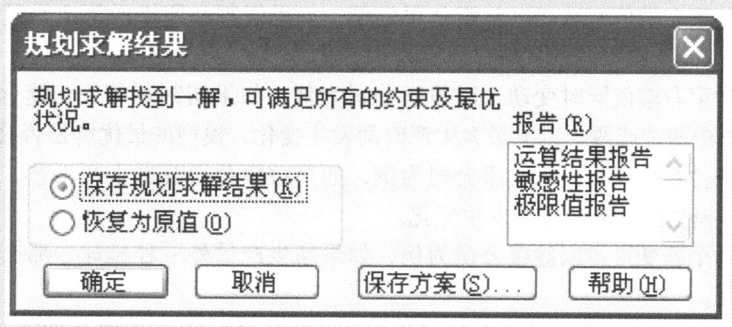

图 10-12　"规划求解结果"对话框

	A	B	C	D	E	F	G
1							
2		生产时间					
3	生产部门	练习用球	比赛用球	约束条件		时间限制	
4	切割和印染	0.7	1	630	<=	630	
5	缝合	0.5	0.83	479.2881356	<=	600	
6	成型	1	0.67	708	<=	708	
7	检查和包装	0.1	0.25	117.1186441	<=	135	
8	单个利润	10	9	目标函数			
9	生产数量	538.418079	253.1073446	7662.146893			
10							

图 10-13　线性规划最终求解表

10.2.5　线性规划的敏感度分析

1. 敏感度分析的基本问题

在决策变量和约束条件既定的情况下,线性规划问题的最优解完全取决于模型的各项参数,包括目标函数系数、约束条件的系数和右端值。在建立线性规划模型的过程中,这些参数都只是一个估计值,并不能保证绝对精确和可靠。对于决策者来讲,一个很重要的问题就摆在了面前,如果这些参数发生了变化,模型的最优结果是否会改变？所谓线性规划问题的敏感度分析,就是研究当一个线性规划问题中的系数或未来决策环境发生变化时,对目标函数最优解的影响程度,也称为 what – if 分析。

敏感度分析是在求得线性规划模型的最优解之后进行的,这些分析可以为决策者提供非常有价值的信息,帮助决策者作出更科学的决策。

敏感度分析主要分为以下几种情况:

(1) 单个目标函数系数变动：以益康公司为例,如果比赛用球利润由 9 元上升为 11 元,模型的最优解是否会发生变化。

(2) 多个目标函数系数同时变动：以益康公司为例,如果比赛用球和练习用球利润均发生变化,模型最优解是否会发生变化。

(3) 单个约束右端值变动：以益康公司为例,如果切割和印染的第 2 季度最大生产时间由 630h 改变为 620h,模型的最优解是否会发生变化。

(4) 多个约束右端值同时变动：以益康公司为例,如果切割和印染、缝合、成型、检查和包装四个环节中两个或两个以上最大生产时间发生变化,模型的最优解是否会发生变化。

(5) 约束条件系数变化：以益康公司为例,如果益康公司改进生产工艺,缩短了生产练习用球的时间,模型的最优解是否发生变化。

(6) 增加一个新变量：以益康公司为例,如果新生产另外一种排球,那么模型的最优解将发生什么变化。

(7) 增加一个约束条件：以益康公司为例,如果生产过程由原来的四个过程变为五个,那么模型的最优解将发生什么变化。

要对模型进行敏感度分析,首先应当明确模型中何种参数或者约束条件发生了变化,再根据图解法或者 Excel 中的敏感度分析报告对参数变化进行分析。下面以益康公司为例,具体解释如何进行敏感度分析。

2. 利用 Excel 进行敏感度分析

首先使用 Excel 对益康公司生产排球的模型进行最优化求解（具体过程见第 10.2.4 小节），在"规划求解结果"的对话框右侧选择"运算结果报告"和"敏感性报告"（见图 10-14）。单击"确定"后，Excel 将会自动生成敏感性报告，具体报告如图 10-15 所示。

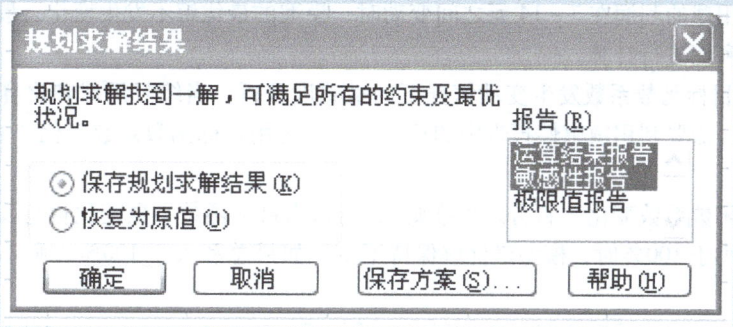

图 10-14 最终求解图

	A	B	C	D	E	F	G	H	I
1	Microsoft Excel 11.0 敏感性报告								
2	工作表 [益康公司生产用球求解.xls]Sheet1								
3	报告的建立：2013-6-8 15:58:11								
4									
5									
6	可变单元格								
7				终	递减	目标式	允许的	允许的	
8		单元格	名字	值	成本	系数	增量	减量	
9		B9	生产数量 练习用球	538	0	10	3	4	
10		C9	生产数量 比赛用球	253	0	9	5	2	
11									
12	约束								
13				终	影子	约束	允许的	允许的	
14		单元格	名字	值	价格	限制值	增量	减量	
15		D4	切割和印染 约束条件	630	4	630	52	134	
16		D5	缝合 约束条件	479	0	600	1E+30	121	
17		D6	成型 约束条件	708	7	708	192	127	
18		D7	检查和包装 约束条件	117	0	135	1E+30	18	
19									

图 10-15 敏感性报告

具体分析如下：

（1）单个目标函数系数发生变动情况下的敏感度分析。

由图 10-15 可以看出，在最优解中取得非零的决策变量，其递减成本为零。所谓"递减成本"，是指在最优解中取值为零的决策变量的值每增加一个单位而引起的目标函数的增量。在最大化问题中，由于该增量为一负值（或零），因此实际上表示目标函数值的减量。从经济学意义上讲，这也就是机会成本。换言之，如果决策者放弃最佳选择，决定开展在最优解中取值为零的活动，则必然会为开展每一单位的活动而付出"递减成本"的代价。本例中练习用球和比赛用球最优解均不为零，所以其对应的递减成本为零。

在敏感性报告中，列出了模型中各决策变量目标函数系数的当前值，即"目标式系数"，并列出了各自"允许的增量"和"允许的减量"。其含义是相对于目前的"目标式系数",使得最优解保持不变的单个目标函数的系数允许变化的范围。例如练习用球,其目标函数系数允许的增量为3个单位,允许的减量为4个单位,其目标函数系数当前值为10个单位。这就意味着,在其他条件不变的情况下,练习用球的利润在6~13元之间变化,将不会影响到最优解,即最优解不变,最大利润将按照变动后的单位利润进行计算。同理,在其他条件不变的情况下,当比赛用球的利润在7~14元之间变动时,模型的最优解不发生变化,最大利润将按照变动后的单位利润进行计算。

(2) 多个目标函数系数发生变动情况下的敏感度分析。当练习用球和比赛用球的利润同时发生变化时,需要利用敏感性报告中的相关数据,运用目标函数系数变化"百分之百准则"来进行判断。

所谓目标函数系数变化"百分之百准则",是指当目标函数系数变化量与其各自允许变化量的比值总和小于100%时,模型最优解保持不变;如果总和大于100%,则不可确定最优解是否发生变化。

例如,如果练习用球和比赛用球的利润被低估了,现在调整为练习用球单位利润为11元,比赛用球单位利润为10元,因为

$$\frac{11元-10元}{3元}\times 100\% + \frac{10元-9元}{5元}\times 100\% = 53\% \leq 100\%$$

所以最优解不变。最大利润变为(11×538)元+(10×253)元=8448元。

值得注意的是,"百分之百准则"只能对目标函数系数变化量与其各自允许变化量的比值总和小于100%时、最优解是否保持不变作出明确的判断;而对于总和大于100%、最优解是否发生变化的情况不能作出明确的判断。也就是说,总和大于100%是最优解发生变化的必要条件,但不是充分条件。

(3) 单个约束右端值发生变动情况下的敏感度分析。图10-15中显示了约束条件的影子价格,即当资源每增加(或节约)1个单位时所引起的目标函数值的增加量。它可以反映资源的稀缺程度和潜在价值。影子价格对决策者来说具有重要的信息价值。如果一种资源的影子价格为零,则意味着该种资源尚有剩余,只要租金不为零,就可以通过有偿转让剩余资源而获得额外的经济利益;如果一种资源的影子价格不为零,则意味着该种资源属于稀缺资源,只要获得该种资源的成本低于影子价格,就可以采取购买或者租赁的方式增加资源可用量,并获得额外的经济利益。

影子价格不是永远不变的。随着资源可用量的减少(表现为约束条件右端值的下降),在到达一定限度后,影子价格就会上升,非稀缺资源将会变为稀缺资源,从而具有非零的影子价格;而原本就稀缺的资源,将会由于其稀缺程度的增大,从而使其影子价格进一步上升。反之,随着资源可用量的增加(表现为约束条件右端值的上升),在达到一定限度后,影子价格将会下降,原本稀缺的资源其稀缺程度将会降低,其影子价格也随之变低,甚至变为零;而原本就有剩余的非稀缺资源,其影子价格自然会继续保持为零。

图10-15敏感性报告中关于约束部分所列的"约束限制值"是指约束条件的右端值,"允许的增量"和"允许的减量"就是指使影子价格保持不变的右端值的变化幅度没有超出其允许的变化范围。例如图10-15中,成型的约束条件中"约束限制值"为708h,允许的增量为192h,允许的减量为127h,因此,只要该约束条件右端值在581~900h之间,该约束条件的影子价格将保持不变。

(4) 多个约束右端值发生变动情况下的敏感度分析。如果有几个约束条件的右端值同时

发生变动，那么就可用约束条件右端值变动的"百分之百准则"来判断这些变动是否会导致影子价格发生变化。当约束条件右端值的变化量与其各自允许变化量的比值总和小于100%时，影子价格将保持不变；当总和大于100%时，对影子价格到底是否会发生变化不能作出判断。

当约束条件的变化为约束条件系数变化、增加一个新变量、增加一个约束条件情况时，不能从图10-15的敏感性报告中得到解答。对于这样的情况，可以通过改变约束条件，重新对模型进行求解，判断约束条件的变化对模型结果是否有影响。

10.3 整数线性最优化模型

整数规划是指一种部分或者全部决策变量都限制为整数的线性规划。在许多实际应用中，不必非要把决策变量化为整数。比如本书10.2中生产排球的例子，其最优结果练习用球为538.418个，通过四舍五入的方法计算最优值为538个，对最终结果影响很小。然而，在计划生产像飞机这样数量少、成本高的产品时，对最优解的四舍五入会对最终结果产生很大的影响，这时就需要使用整数线性最优化模型进行建模和求解。

整数线性规划模型根据对决策变量的约束不同又分为纯整数线性规划、0-1整数线性规划和混合整数线性规划。

10.3.1 整数线性规划模型的建立

1. 纯整数线性规划

纯整数线性规划就是在线性规划模型中，所有的决策变量均为整数的规划。这种规划要求在建立模型时加入决策变量为整数的约束条件。下面以"水果篮子问题"为例，说明如何建立纯整数线性规划模型。

假设有一个水果篮子，篮子的最大载重量为5kg，容量为7L。现有苹果、橘子、香蕉三种水果，每种水果数量不限。假设每个苹果重0.25kg，体积为0.3L，价值为2元；每个橘子重0.1kg，体积为0.2L，价值为1.5元；每个香蕉重0.15kg，体积为0.3L，价值为2元。问三种水果各取多少装入篮子，会使篮子中水果的总价值最高？

根据第10.2.3节中的建模步骤，可以分以下几步对水果篮子问题进行建模：

第一步，分析要解决的问题。本例中需要解决的问题较为清楚，就是要保证在不超过水果篮子的重量和容量的前提下，使组合水果的价值最高。

第二步，整理问题中的已有条件。将问题中的已有条件整理列表如表10-4所示。

表10-4 水果篮子问题的有关信息

	苹果	橘子	香蕉	篮子的限制
重量/kg	0.25	0.10	0.15	5.00
体积/L	0.30	0.20	0.30	7.00
价值/元	2.50	1.50	2.00	

第三步，定义决策变量。本例中决策变量为苹果、橘子、香蕉的数量。可以假设苹果数量为x，橘子数量为y，香蕉的数量为z。

第四步，描述所有约束条件。根据题目，可以得到以下约束条件：

$$\begin{cases} 0.25x + 0.1y + 0.15z \leq 5 \\ 0.3x + 0.2y + 0.3z \leq 7 \\ x, y, z \geq 0 \text{ 且为整数} \end{cases}$$

在约束条件里,可以看到,纯整数线性规划问题中约束条件增加了所有决策变量为整数的约束。

第五步,描述目标函数。本例是一个最大化问题,即需要篮子中水果的价值最大。

$$\max 2.5x + 1.5y + 2z$$

最终得到该问题的数学表达式为:

目标函数 $\max 2.5x + 1.5y + 2z$

约束条件 $0.25x + 0.1y + 0.15z \leq 5$

$$\begin{cases} 0.3x + 0.2y + 0.3z \leq 7 \\ x, y, z \geq 0 \text{ 且为整数} \end{cases}$$

2. 0-1 整数线性规划

在许多模型中,要求决策变量是二元变量,即把决策变量值限制为 0 或者 1。这种整数规划称为 **0-1 整数规划**。

例如,一家公司的研发部门同时研制了五个新的颇具潜力的工程项目和发展计划,每个项目都会带来一定的回报。但由于人力和资金有限,不能同时上马全部项目。一旦被选中的项目上马,就不能半途而废,必须全部完成。有关 5 个新研发项目的数据信息如表 10-5 所示。假如该公司为了使公司收益最大化而咨询你,你该如何选择项目呢?

表 10-5 项目数据表

	项目1	项目2	项目3	项目4	项目5	可用资源
所需资金/百元	55000	83000	24000	49000	61000	150000
所需人力/百人	5	3	2	5	3	12
期望收益/百元	180000	220000	150000	140000	200000	

这个问题就是典型的 0-1 整数规划。决策变量为项目选择,定义第 i 个项目选择 $x_i = 1$ ($i = 1, 2, 3, 4, 5$),否则变量值为 0。

目标函数为

$\max 180000x_1 + 220000x_2 + 150000x_3 + 140000x_4 + 200000x_5$

由于存在资金约束和人力约束,得到如下约束条件

资金约束 $55000x_1 + 83000x_2 + 24000x_3 + 49000x_4 + 61000x_5 \leq 150000$

人力约束 $5x_1 + 3x_2 + 2x_3 + 5x_4 + 3x_5 \leq 12$

所以可以得到完整的模型为

$\max 180000x_1 + 220000x_2 + 150000x_3 + 140000x_4 + 200000x_5$

约束条件

$$\begin{cases} 55000x_1 + 83000x_2 + 24000x_3 + 49000x_4 + 61000x_5 \leq 150000 \\ 5x_1 + 3x_2 + 2x_3 + 5x_4 + 3x_5 \leq 12 \\ x_1, x_2, x_3, x_4, x_5 = 0, 1 \end{cases}$$

3. 混合整数线性规划

在很多复杂的决策中,决策变量可以是连续变量、整数变量、0-1变量的混合,形成混合整数规划问题。因此,混合整数线性规划就是在规划模型中,仅将一部分变量限制为整数规划。

例如,美琪袖珍装饰品公司是一家专门生产年轻女性挂饰物的企业。该公司在沈阳、济南设有生产厂,生产的产品运往主要分销中心 A、B、C、D 四个城市。现在因为产品市场销售情况良好,需求不断增大,公司决定在兰州或成都新建一个生产厂(设定工厂生产能力一样),并且只能选择一个城市建立工厂。财务、生产和营销部门提供的有关供应能力、市场需求和每件产品运输成本的信息如表 10-6 所示。

表 10-6 美琪袖珍装饰品公司财务、生产和营销部门提供的信息表

	A	B	C	D	供应能力/百件
沈阳/元	12.6	14.35	11.52	17.58	1200
济南/元	9.75	12.63	8.11	15.88	800
兰州/元	10.41	11.54	9.87	8.32	1500
成都/元	13.88	16.95	12.51	11.64	1500
需求/百件	300	500	700	1800	

现在的问题是,一旦确定在什么地方建立新工厂后,如何分配各工厂到分销中心的运量,使得从各工厂到各分销中心总运费最少,并且既不超过工厂生产能力又能较好地满足市场需求呢?

首先,这个案例涉及两个问题,第一需要确定各工厂到分销中心的运量,第二需要确定在哪里建立工厂。可以定义如下决策变量:定义 x_{ij} = 第 i 个工厂到第 j 个分销中心的运输量,如 $i=1$ 代表沈阳工厂,$j=1$ 代表 A 分销中心,依次类推;定义二元决策变量 $Y_1=1$ 代表将工厂建在兰州,$Y_2=1$ 代表将工厂建在成都。

运输总成本等于单位成本乘以运量,考虑了所有工厂和分销中心进行加总,所以使总成本最小的目标函数是:

min $12.6x_{11} + 14.35x_{12} + 11.52x_{13} + 17.58x_{14} + 9.75x_{21} + 12.63x_{22} + 8.11x_{23} + 15.88x_{24} + 10.41x_{31} + 11.54x_{32} + 9.87x_{33} + 8.32x_{34} + 13.88x_{41} + 16.95x_{42} + 12.51x_{43} + 11.64x_{44}$

因为从各工厂到各分销中心生产的运输总量不能超过其供应能力,所以有如下约束条件:

$$\begin{cases} x_{11} + x_{12} + x_{13} + x_{14} \leqslant 1200 \\ x_{21} + x_{22} + x_{23} + x_{24} \leqslant 800 \\ x_{31} + x_{32} + x_{33} + x_{34} \leqslant 1500Y_1 \\ x_{41} + x_{42} + x_{43} + x_{44} \leqslant 1500Y_2 \end{cases}$$

如果二元变量取 0,那么约束条件的右边为 0,所有运输量也为 0。然而,如果一个特定的 Y 取 1,那么运输量不能超过工厂的产量。

因为工厂运输到各分销中心的量一定要满足各分销中心的需求,所以有如下约束条件:

$$\begin{cases} x_{11} + x_{21} + x_{31} + x_{41} = 300 \\ x_{12} + x_{22} + x_{32} + x_{42} = 500 \\ x_{13} + x_{23} + x_{33} + x_{43} = 700 \\ x_{14} + x_{24} + x_{34} + x_{44} = 1800 \end{cases}$$

为保证有一个新厂,所以有 $Y_1 + Y_2 = 1$,最后要保证连续变量非负 $x_{ij} \geq 0$。

完整模型如下:

$\min 12.6x_{11} + 14.35x_{12} + 11.52x_{13} + 17.58x_{14} + 9.75x_{21} + 12.63x_{22} + 8.11x_{23} + 15.88x_{24} + 10.41x_{31} + 11.54x_{32} + 9.87x_{33} + 8.32x_{34} + 13.88x_{41} + 16.95x_{42} + 12.51x_{43} + 11.64x_{44}$

约束条件为
$$\begin{cases} x_{11} + x_{12} + x_{13} + x_{14} \leq 1200 \\ x_{21} + x_{22} + x_{23} + x_{24} \leq 800 \\ x_{31} + x_{32} + x_{33} + x_{34} \leq 1500\ Y_1 \\ x_{41} + x_{42} + x_{43} + x_{44} \leq 1500\ Y_2 \\ x_{11} + x_{21} + x_{31} + x_{41} = 300 \\ x_{12} + x_{22} + x_{32} + x_{42} = 500 \\ x_{13} + x_{23} + x_{33} + x_{43} = 700 \\ x_{14} + x_{24} + x_{34} + x_{44} = 1800 \\ Y_1 + Y_2 = 1 \\ x_{ij} \geq 0,\ i, j = 1, 2, 3, \cdots \\ Y_1, Y_2 = 0, 1 \end{cases}$$

10.3.2 整数线性规划的 Excel 解法

整数线性规划是对一般线性规划的决策变量增加了整数约束或者二元变量约束。所以使用 Excel 求解整数规划问题时,只需要在约束条件一栏增加整数约束或者二元变量约束即可。下面以第 10.3.1 节中的"水果篮子问题"为例,说明如何使用 Excel 对整数规划问题求解。

首先在 Excel 中建立数据表(见图 10-16)。

	A	B	C	D	E	F	G	H
1		水果种类						
2		苹果	橘子	香蕉	约束条件		限制条件	
3	重量	0.25	0.1	0.15	0	<=	5	
4	容量	0.3	0.2	0.3	0	<=	7	
5	价值	2.5	1.5	2	目标函数			
6	个数				0			
7								

图 10-16 "水果篮子问题"数据

单击"工具"中的"规划求解参数",弹出对话框,如图 10-17 所示。

按照一般线性规划问题填写"设置目标单元格""可变单元格"的内容;单击"规划求解参数"对话框右侧的"添加"按钮,打开"添加约束"对话框(见图 10-18)。在此对话框中,"单元格引用位置"填写约束条件左侧内容,如果添加整数约束,在中间的下拉列表中选择"int",右侧"约束值"文本框将自动填充"整数";如果添加 0-1 约束,在中间的下拉列表中选择"bin",右侧"约束值"文本框将自动填充"二进制"。本例中选择"int",约束决策变量为整数。然后单击"确定"按钮,回到"规划求解参数"对话框(见图 10-19)。对话框中的"约束"栏就出现了整数约束条件。

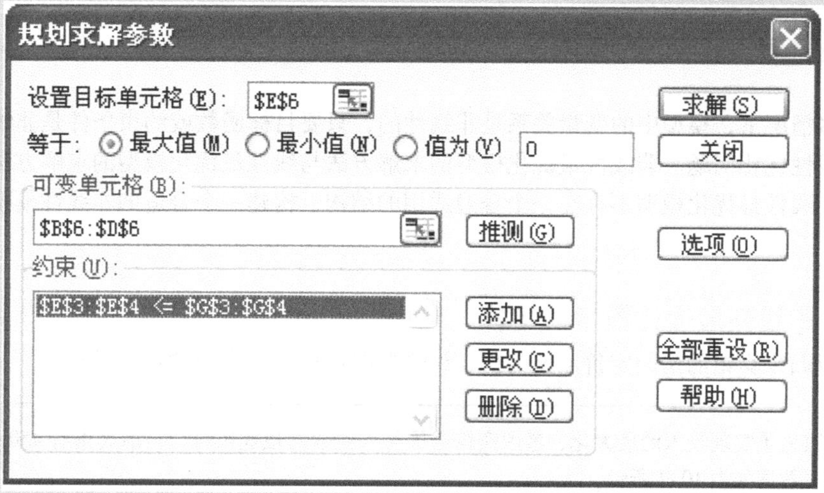

图 10-17 "规划求解参数"对话框

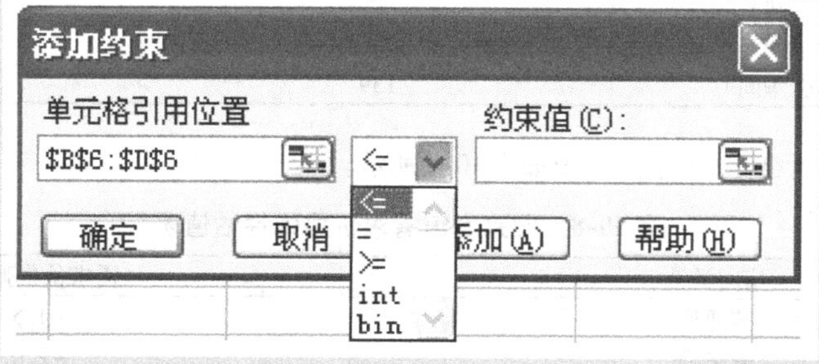

图 10-18 "添加约束"对话框

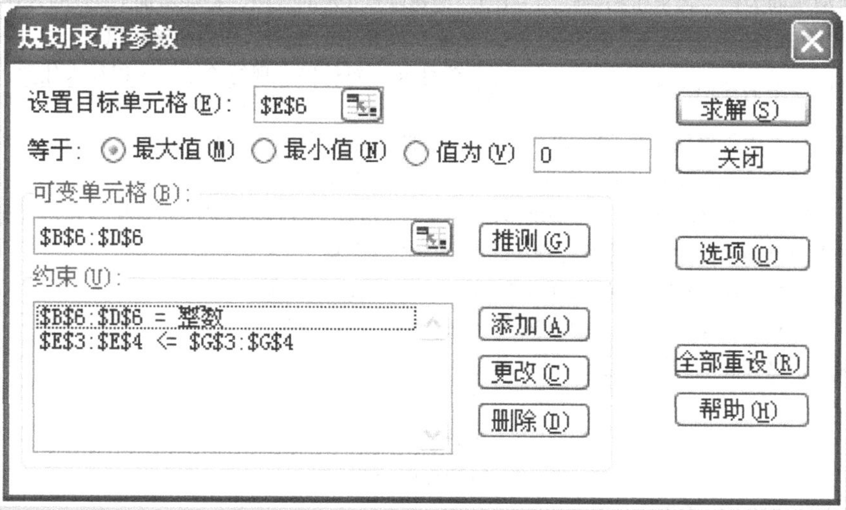

图 10-19 "规划求解参数"对话框

然后单击"选项"按钮。选择"采用线性模型"和"假定非负"两个选项。

最后单击"求解",就可以得到整数规划的最优解了。

321

10.4 非线性最优化模型

在很多情况下,模型中的变量关系是非线性的,只要目标函数或约束条件是非线性的,模型就是非线性优化问题。非线性最优化模型的求解方法与线性最优化模型的求解方法是不一样的,而且非线性最优化模型不存在一个普遍适用的结构,构建一个合适的非线性模型就显得更为困难。

10.4.1 非线性最优化模型的建模

下面以归来宾馆的房间定价问题为例,讨论非线性最优化模型的构造过程。

归来宾馆为了实现收入的最大化,考虑宾馆定价与入住数的最优组合。目前宾馆有450个房间,宾馆的往年历史数据如表10-7所示。

表10-7 归来宾馆的房间类型、价格及入住人数表

房间类型	价格/(元/天)	每天平均入住数/(人/天)
普通型(标准间)	85	250
豪华型(豪华间)	98	100
超豪华型(超豪华间)	139	50

每个房间都有其价格需求弹性。估值如表10-8所示。

表10-8 归来宾馆需求价格弹性估值表

房间类型	需求价格弹性
普通型	-1.5
豪华型	-2.0
超豪华型	-1.0

以普通型房间为例,需求价格弹性为-1.5,即每降低1%的价格,将会增加1.5%的入住数;同样,增加1%的房间价格将会降低1.5%的入住数。给定房间类型的预期入住数能够用以下公式求得。

$$给定房间类型的预期入住数 = 以往入住数 + \frac{弹性 \times (新价格 - 现行价格) \times 以往入住数}{现行价格}$$

宾馆想把标准间价格保持在 70~90 元,豪华间的价格保持在 90~110 元;超豪华间的价格保持在 120~149 元。定义 S 为标准间价格,G 为豪华间价格,P 为超豪华间价格。因此,对于标准间而言,预期入住数 $= 250 - 1.5 \times (S - 85) \times 250/85 = 625 - 4.41176S$。目标是制定房间价格使总收益最大。总收益等于价格乘以预期入住数量,并将三种房间类型的收益求和。

$$总收益 = S(625 - 4.41176S) + G(300 - 2.04082G) + P(100 - 0.35971P)$$
$$= 625S + 300G + 100P - 4.41176S^2 - 2.04082G^2 - 0.35971P^2$$

为了保持价格在相应的固定范围内,约束条件为

$$\begin{cases} 70 \leq S \leq 90 \\ 90 \leq G \leq 110 \\ 120 \leq P \leq 149 \end{cases}$$

并且房间总数是450间,所以

$$(625 - 4.41176S) + (300 - 2.04082G) + (100 - 0.35971P) \leq 450$$

即

$$1025 - 4.41176S - 2.04082G - 0.35971P \leq 450$$

完整的非线性模型为

$$\max 625S + 300G + 100P - 4.41176S^2 - 2.04082G^2 - 0.35971P^2$$

约束条件

$$\begin{cases} 70 \leqslant S \leqslant 90 \\ 90 \leqslant G \leqslant 110 \\ 120 \leqslant P \leqslant 149 \\ 1025 - 4.41176S - 2.04082G - 0.35971P \leqslant 450 \end{cases}$$

从本例中可以看出，非线性最优化模型的建立需要根据所研究问题的实际情况，构造模型的目标函数，寻找约束条件，最终将实际问题用数学模型加以描述。

10.4.2 利用 Excel 解决非线性最优化模型

使用 Excel 解决非线性最优化模型与使用 Excel 解决非线性问题类似，只是在使用"规划求解"时，不能选择"选项"里的"采用线性模型"。下面将以归来宾馆为例具体说明如何使用 Excel 解决非线性最优化模型。

首先，需要在 Excel 电子表格中写出模型所需数据，如图 10-20 所示。

	A	B	C	D	E	F
1	归来宾馆模型					
2		原价格	原入住数	弹性	房间总数	
3	普通型	85	250	−1.5	450	
4	豪华型	98	100	−2		
5	超豪华型	139	50	−1		
6						
7		新价格	价格区间		新入住数	分类总价
8	普通型	76.87476	70	90	285.8466	21974.39
9	豪华型	90	90	110	116.3265	10469.39
10	超豪华型	145.0414	120	149	47.82682	6936.871
11				总数	450	39380.65
12						

图 10-20　模型数据

然后选择"工具"中的"规划求解"功能，在规划求解功能中填写"设置目标单元格""可变单元格"以及"约束"，如图 10-21 所示。

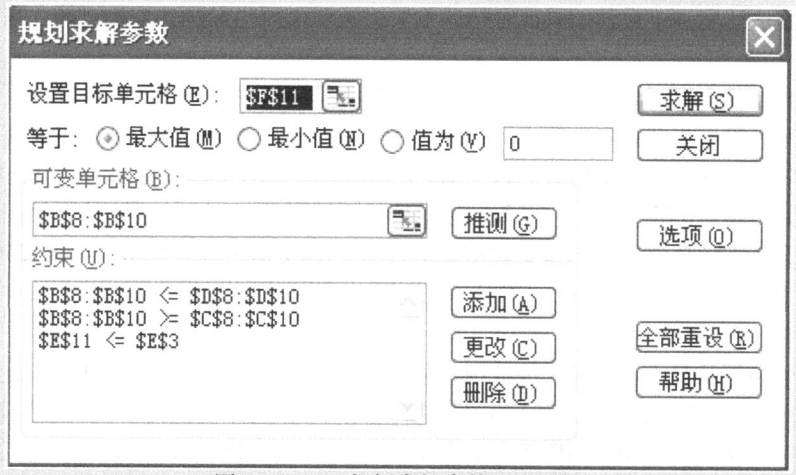

图 10-21　"规划求解参数"对话框

在"规划求解参数"对话框中单击"选项"按钮,选择"假定非负"选项,与线性规划模型不同,在此不选择"采用线性模型",模型将按照非线性规划模型进行求解,如图 10-22 所示。

单击"确定"后,最后单击"规划求解"参数对话框中的"求解"按钮,模型将会求解出结果。具体结果如图 10-20 所示。

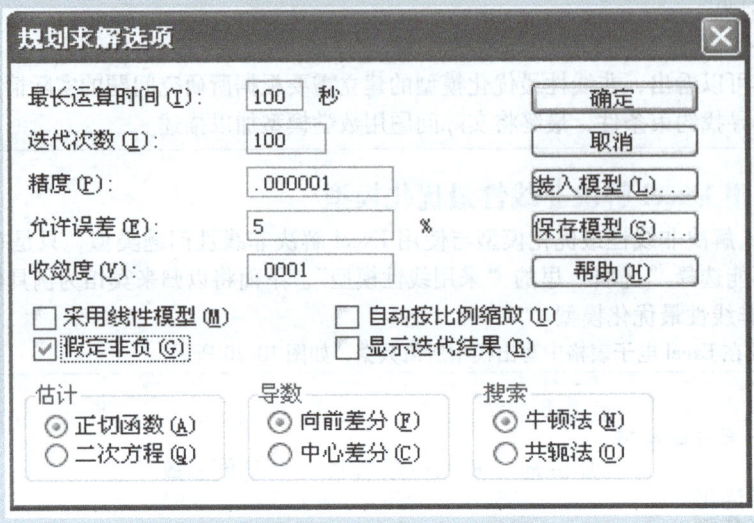

图 10-22 "选项"对话框

10.4.3 非线性最优化结果的风险分析

风险就是不确定性,是指发生损失、危害和其他事件的可能性。大多数人都是偏好低风险的,期待项目收益或其他形式的获利有较高概率。

在最优化模型中,我们习惯将那些本来不确定的变量用其平均值或其最佳估计值来代替。这也造成了最优化模型的数据存在不确定性,所以最优化结果就有可能不是完全确定的,运用最优化模型得到的最优解存在一定的风险。管理者经常需要知道那些不确定变量分别取什么值的时候,方案会达到一个最佳效果或者最差效果,这就需要对最优化结果可能存在的风险进行分析。

那些包含不确定性因素的实际问题,绝大部分都是复杂的,为了计算每一种可能发生的结果,需要将所有输入变量的可选值进行组合。这种组合数量是十分庞大的,需要使用计算机软件进行模拟实现。比如可以使用 Crystal Ball 之类的软件进行最优化结果的风险分析。

为了更好地描述风险分析,可以用宾馆定价模型来说明这一点。在宾馆定价问题中,需求价格弹性只是一个估计值,而不是确定值。假设弹性真实值可能在估计值上下 25% 范围内波动,因此可以用均匀分布模拟弹性。在此假设下,运用 Crystal Ball 软件来观察入住率的预测将发生什么变化。

假设弹性值服从最小值与最大值分别为估计值的 75% 和 125% 的均匀分布,对入住数进行预测,将模型运行模型 1000 次。从结果中可以得到入住数的平均值为 450,但是因为弹性为均匀分布,所以入住数高于 450 的概率近似为 0.5。这就表示如果不确定弹性假设正确,那宾馆可能售出房间大于房间容量的概率在 50% 左右,这将导致很多顾客的不满,也可能给宾馆带来不良影响。

数据、模型与决策
Data, Models & Decisions

当然也可以利用弹性值的均匀分布确定适当的宾馆容量，以确保需求超过容量的情况只有10%的概率发生。经过试验发现，当宾馆容量是大约457或者458个房间的时候，需求超过容量的情况最多只有10%的概率。所以如果将容量限制降低7个房间，到443间，用这个约束寻找最优价格，可以预计需求超过450个房间的概率最多为10%。所以可以改变总房间的约束条件，变为

$$1025 - 4.41176S - 2.04082G - 0.35971P \leqslant 443$$

本章小结

本章从最优化问题出发，介绍了最优化模型中目标函数、约束条件、可行解、最优解等相关概念；对最优化模型的线性规划模型、整数规划模型和非线性规划模型三种模型的建模方法、模型解法等内容进行了讨论。其中，线性规划模型可以使用图解法、单纯形法和Excel电子表格方法等求出最优解。其他两种规划模型也可以通过使用简便易行的Excel电子表格方法求出最优解。此外，本章还讨论了线性规划问题的敏感度分析问题。

思考与练习题

1. 请解释并理解最优化问题中出现的以下概念：
   目标函数　决策变量　约束条件　最优解　可行解
2. 请列出最优化问题的分类，并解释它们之间的不同。
3. 将本章中的每个例题按以下约束条件类型分类，并讨论有没有其他类型的约束条件没有涵盖在这些类别中。
   （1）简单约束条件。
   （2）限制性约束条件。
   （3）必要性约束条件。
   （4）平衡约束条件。
4. 对于线性规划问题有3个目标函数：$7x_1 + 10x_2$，$6x_1 + 4x_2$ 和 $-4x_1 + 7x_2$。确定它们的斜率。当它们的值都是420时，画出其图形。
5. 运用图解法对以下线性规划问题求解。

   目标函数　$\max 5x_1 + 5x_2$

   约束条件 $\begin{cases} x_1 \leqslant 100 \\ x_2 \leqslant 80 \\ 2x_1 + 4x_2 \leqslant 400 \\ x_1, x_2 \geqslant 0 \end{cases}$

6. 思考以下线性规划模型

   目标函数　$\max 3x_1 + 3x_2$

   约束条件 $\begin{cases} 2x_1 + 4x_2 \leqslant 12 \\ 6x_1 + 4x_2 \leqslant 24 \\ x_1, x_2 \geqslant 0 \end{cases}$

   （1）运用图解法求最优解。
   （2）如果目标函数变为 $\max 2x_1 + 6x_2$，求最优解。
   （3）本题有多少个解点？在每个解点处 x_1，x_2 的值是多少？
7. 思考以下线性规划模型

   目标函数　$\max 3x_1 + 2x_2$

   约束条件 $\begin{cases} 2x_1 + 2x_2 \leqslant 8 \\ 3x_1 + 2x_2 \leqslant 12 \\ x_1 + 0.5x_2 \leqslant 3 \\ x_1, x_2 \geqslant 0 \end{cases}$

（1）运用图解法求最优解，这时目标函数值是多少？
（2）利用 Excel 电子表格法求最优解。

8. 思考以下线性规划模型

目标函数　　　$\max 60x_1 + 90x_2$

约束条件　　　$\begin{cases} 15x_1 + 45x_2 \leq 90 \\ 5x_1 + 5x_2 \leq 20 \\ x_1, x_2 \geq 0 \end{cases}$

（1）将问题写成标准形式。
（2）使用单纯形法解答本题。

9. 捷豹摩托车公司为了满足客户安全和便捷等方面的需求，准备生产骑士型和运动女士型两种轻型摩托车。其中，骑士型摩托车配制了新发动机，底盘比较低，容易掌握平衡。而运动女士型稍微大一些，使用了传统的发动机，它的独特设计适合女性使用。为摩托车生产发动机的工厂制造每个骑士型发动机需要 6h，而制造每个运动女士型发动机需要 3h。该工厂在下一个生产周期的生产总时间是 2100h。为摩托车提供外壳的供应商可以保证骑士型摩托车的任何数量外壳生产，而对于比较复杂的运动女士型摩托车外壳，每个生产周期只能提供 280 件。最后的组装和检测工序，骑士型摩托车需要 2h，运动女士型摩托车需要 2.5h。在下一个生产周期内总共有 1000h 可用于对摩托车的组装和检测。公司会计部门预测出每个骑士型摩托车所带来的利润是 2400 元，而每个运动女士型摩托车所带来的利润是 1800 元。根据以上信息回答以下问题。

（1）建立该优化问题的优化模型。
（2）用 Excel 电子表格解答该模型，找出模型最优解和公司最大利润。
（3）用 Excel 电子表格生成敏感性报告，并分析骑士型摩托车和运动女士型摩托车利润在什么范围内变化，不会改变模型的最优解。

10. 宏利投资公司的金融分析员得知有两家公司在近期有并购计划。西部电缆公司是制造建筑光缆方面的优秀公司，而益达交换公司是一家数字交换系统方面的新公司。西部电缆公司现在每股交易价是 40 元，而益达交换公司的每股交易价是 25 元。如果发生了并购，分析员预测西部电缆公司每股价格将上涨到 55 元，益达交换公司每股价格将上涨到 43 元。分析员确认投资益达交换公司的风险较高。假设投资在两种股票上的资金最大值为 50000 千元。分析员希望向西部电缆公司投资 15000 千元，至少向益达交换公司投资 10000 千元，又因为益达交换公司的风险比较高，所以金融分析人员建议向益达交换公司的最大投资不超过 25000 千元。

（1）建立线性规划模型，用来决定宏利投资公司在西部电缆公司与益达交换公司两只股票上各投资多少才能使资金回报率最大。
（2）分别使用图解法和 Excel 电子表格法求解该模型。
（3）使用 Excel 表格得到模型敏感性报告，并对报告内容进行解释。

11. 使用 Excel 电子表格求解下列纯整数线性规划。

目标函数　　　$\max 10x_1 + 3x_2$

约束条件　　　$\begin{cases} 6x_1 + 7x_2 \leq 40 \\ 3x_1 + x_2 \leq 11 \\ x_1, x_2 \geq 0, \text{取整} \end{cases}$

12. 有一家公司最近计划生产一种新产品。它们希望从一系列新投资方案中选择最优的投资方案。表 10-9 列出了几个可供选择投资方案有关将来回报的净现值、需求资金和三年中的可用资金的数据。

表 10-9 相关数据

可能选择	净现值/元	需求资金/元		
		一年	两年	三年
小规模扩建仓库	4000	3000	1000	4000
大规模扩建仓库	6000	2500	3500	3500
测试新产品市场	10500	6000	4000	5000
广告活动	4000	2000	1500	1800
基础研究	8000	5000	1000	4000
买入新设备	3000	1000	500	900
可用资金		10500	7000	8750

(1) 列出一个整数规划模型，并求解能得到的最大净现值。
(2) 如果只能有一个仓库扩建方案可以实行，请修改（1）中的模型。
(3) 如果将新产品试投放市场，就必须开展必要的广告宣传活动。据此修改（2）中的模型。

13. 某运输公司向 A、B、C 三个城市运输货物。该公司有三辆货车，其中两辆载重 15t，另一辆载重 30t。分派者正在安排明天对 A、B、C 三个城市的运输量。根据货车的载重量，两个城市将各收到 15t 货物，另一个城市将收到 30t 货物。分派者要决定往三个城市各运多少货物。令

x_1 = 运往 A 的吨数
x_2 = 运往 B 的吨数
x_3 = 运往 C 的吨数

并且

$$y_i = \begin{cases} 1, & \text{如果 30t 的货车派往第 } i \text{ 个城市} \\ 0, & \text{其他选择} \end{cases}$$

(1) 利用这些变量的定义，写出正确约束运到各城市的吨数条件。
(2) 30t 的货车到此三个城市的派遣成本是：到 A 城市 1000 元，到 B 城市 800 元，到 C 城市 500 元。列出一个混合整数线性规划以决定向各城市运送多少货物。
(3) 运用 Excel 电子表格方法解答问题（2）。

14. 矫健制鞋有限公司是一家专门生产运动鞋的厂家。该厂通过技术改革创新，最近研发了一种新型跑鞋，每双跑鞋的成本为 60 元。为了开拓新产品的市场，该厂家需要了解新型跑鞋的定价为多少时，可以得到最大利润。通过市场调查发现，跑鞋的价格与销量之间呈现如下关系：

销量 = 10000 − 20 × 价格

销售跑鞋时，还有一些固定费用，平均每双为 50 元。请建立一个最优化模型，确定该厂商应该将跑鞋定价为多少时，可以获得最大利润。

CHAPTER 11

第 11 章

决策分析

学习目标

1. 理解决策的含义，掌握决策的基本步骤。
2. 了解决策问题的基本类型。
3. 掌握无概率下的决策分析常用的决策准则。
4. 掌握先验概率型决策准则。
5. 掌握期望损益决策分析方法。
6. 掌握决策树决策分析法。
7. 理解敏感性分析的含义，掌握敏感性分析的基本步骤。

数据、模型与决策
Data, Models & Decisions

导入案例

管理的实质就是决策

赫伯特·西蒙是经济组织决策管理大师，因终生从事经济组织的管理行为和决策的研究而获第十届诺贝尔经济学奖。

西蒙从有限理性出发，提出了满意型决策的概念。任何作业开始之前都要先作决策。制订计划就是决策，组织、领导和控制也都离不开决策。但现实生活中作为管理者或决策者的人，是介于完全理性与非理性之间的"有限理性"的"管理人"。从逻辑上讲，完全理性会导致人们寻求最优型决策，有限理性则导致人们寻求满意型决策。

以往的人们研究决策，总是立足于最优型决策。在理论上和逻辑上，最优型决策是成立的，然而在现实中或者是受人类行为的非理性方面的限制，或者是最优选择的信息条件不可能得到满足。如"管理人"的价值取向和目标往往是多元的，不仅受到多方面因素的制约，而且处于变动之中，乃至彼此矛盾，"管理人"的知识、信息、经验和能力都是有限的，未来含有很多的不确定性，信息不完全，人们就不可能对未来无所不知，决策者也不可能拟定出全部方案，也无法完全预测全部备选方案的后果，或者是在无限接近最优的过程中极大地增加决策成本而得不偿失等，最优决策难以实现。在决策的准则上，只能用满意性准则代替最优化准则，如达到"适当利润""公平价格"等。

在决策方式上，西蒙主张群体决策。他认为管理者的职责不仅包括本人制定决策，也包括负责使他所领导的组织或组织的某个部门能有效地制定决策。他所负责的大量决策制定活动并非仅仅是他个人的活动，同时也是他下属人员的活动。同时他也非常强调信息联系在决策中的作用，认为今天关键性的任务不是去产生、储存或分配信息，而是对信息进行过滤，将信息加工、处理成有效的组成部分。今天的稀有资源已不是信息，而是处理信息的能力。

对于一个组织而言，决策的质量是成败的关键。对于决策者个人而言，决策的质量是水平的标志。从这个意义上讲，无论是政府部门、企事业组织还是个人，决策是管理的核心，决策是管理的灵魂，决策贯穿管理的全过程。在触及管理灵魂的话题上，西蒙的决策理论不仅是开创性的，而且是理解人类行为的一把钥匙。

11.1 决策分析的基本问题

11.1.1 决策的含义、基本步骤及基本类型

1. 决策的含义

决策就是对未来的行动作出的决定，即为了实现特定的目标，根据客观的可能性，在占有一定信息和经验的基础上，借助一定的工具、技巧和方法，对影响未来目标实现的诸因素进行准确的计算和判断选优后，对未来行动作出决定。决策分析则是指人们在决策过程中，为解决当前或未来可能出现的问题，选择最佳方案的一种过程。也就是从多个可以互相替代的可行方案中选择一个理想的或满意的方案的过程。决策具有未来性、选择性和实践性。

从科学性讲，决策包括决策的数量化研究、决策心理、决策评价及决策支持系统等，它是一门科学。因此，决策从不同的角度有不同的理解与定义，比如狭义决策、广义决策，也可以有经济决策、统计决策等。有些决策问题，管理者可根据经验和判断力进行决断，为定性决策；但许多管理决策问题需要决策者从与决策目标有关联的事物和现象状态、效益等数值出发，找出方案的评价值，或者运用数学模型来辅助决策，再进行方案的选择，为定量决策。又如，按照决策时所掌握信息的完备程度（条件）决策，可分为确定型决策、完全不确定型决

策、风险型决策或对抗型决策;按照决策方法的形式可分为表格作业决策、图形作业决策和数学模型决策;考虑决策目标是否单一,可分为单目标决策、多目标决策;还可从决策方法角度分类;等等。由于角度不同,类别很多,本章不再进行更多的区分与定义,着重从最基本的知识如决策信息的类型、数量模型与方法、决策规则的角度进行有关的探讨,侧重于定量决策。

2. 决策的基本步骤

决策在市场、经济、管理等诸多领域中有广泛的用途。在企业管理中,无论是上层、中层、还是基层,无论是企业生产运作、营销、人力资源管理、财务管理,都需要决策。决策的一般原则应包括可行性原则、经济性原则、合理性原则等。科学的决策提供有事实根据的最佳行动方案,避免盲目性、减少风险。在决策一般原则框架下,决策的基本步骤包括以下四个:

(1) 形成决策问题。这包括提出方案和确定决策目标。决策目标是指在一定条件约束下决策者希望达到的结果。决策目标往往是针对某些问题而提出的,它是制定各种方案的出发点。决策者的决策目标既可以是定性的目标,也可以是定量的目标。目标应尽可能简单明确,越具体越好,并要以具体、明确的数量指标或模型来表现。比如决策者试图通过扩大生产规模获得更多的利润,这里获得更多的利润就是决策目标。按照决策目标的数量,决策分为单目标决策和多目标决策。单目标决策指的是决策的目标只有一个,多目标决策则指决策所要实现的目标多于一个。在定量决策分析中,反映决策目标的变量称为决策变量。

(2) 拟订备选方案。决策目标确定之后,接下来就需要分析实现决策目标都有哪些可能的途径,并根据对各种可能途径的分析拟订出多个可行的行动方案,即备选方案,也就是供决策者选择的方案。决策者必须将所有可能的行动方案都纳入考虑范围,以保证潜在的"最优方案"不被遗漏。为了拟订合理、可行的备选方案,需要广泛收集信息,对许多重大问题的决策,不仅要考虑到各种行动方案在技术上的可行性和经济上的合理性,而且应考虑政治、道德以及生态等方面的可能性和风险性。

(3) 方案评价与抉择。对于拟定出的各种行动方案,需要进一步对其进行比较分析,以选出对决策者来说最佳的行动方案。在决策过程中,决策者可以采取的行动方案有多个,所面临的客观环境也是多种可能的状态(一般称为自然状态,是指各种可行方案可能遇到的客观情况和状态),不仅不同的行动方案可能会产生不同的结果,而且即使是同一行动方案对于客观环境的不同状态也会产生不同的结果。在这个过程中,通常需要列出全部各种自然状态,也就是在实施行动方案时可能面临的客观条件和外部环境。比如,扩大生产可能面临产品销量好、销量一般、销量差三种可能情况,哪种状态出现,事先一般是无法确定的,但各种状态不会同时出现。为了提高决策的科学性,决策者想办法去估计各种状态下可能出现的概率,并对各种可能的结果进行测度,并进行比较。

为了对不同行动方案的结果加以比较,需要有一个统一的量度,比如收益或损失。实践中,常常从决策者获得收益的角度或者从决策者损失的角度衡量,即采用决策函数。决策函数可看做是在取得一定的自然状态信息下采取的一种方案。如果从决策者获得收益的角度进行量度,则表示决策行动结果的函数就称为收益函数;如果从决策者损失的角度进行量度,则表示决策行动结果的函数就称为损失函数。也就是说决策准则是力争使收益或社会效益最大化或使成本或损失最小。一般来说,利润、产量、销售收入等属于正的收益,成本、亏损额属于负收益。由于收益可以被看做是负的损失,所以收益函数也完全可以用损失函数来表示。分析时,决策行动的收益函数或损失函数也可以用一个收益函数表或损失函数表来表示,分别称为收益矩阵表和损失矩阵表,概括地说,就是损益矩阵表。损益矩阵表一般由几个部分组成:可行的行动方案、自然状态及其发生的概率、各种行动方案的可能结果。

然后，根据相应的标准选择行动方案。对不同方案在各种状态下可能实现的目标变量值，即对各种可行的行动方案的收益或损失进行综合的分析比较，选择"最佳"或"满意"的方案。

（4）方案实施。所选择的方案是否真正合适，还需要通过实践的检验。同时，还应将实施过程中的信息及时反馈给决策者，并及时修正方案。

3. 决策问题的基本类型

决策的目的是为了解决实际中的问题，决策是围绕着目标而展开的。决策者所面临的决策问题按照所处的客观环境，一般可以概括为两类：确定型决策和非确定型决策。

确定型决策是指在决策环境完全确定的情况下所作的决策。决策者对供决策选择的各备选方案所处的客观条件完全了解，每一个备选方案只有一种结果，这类问题在企业生产、设备更新、企业如何生产能获利最大等产品的优化组合决策方面的应用更为常见。只要比较其结果的优劣就可作出决策。比如，某公司准备开发一种新的电子产品，其生产该产品的固定成本、可变成本、预售价格等已知，公司是否要生产这种电子产品？如果生产，应该生产多少？对这类问题的客观条件已完全了解，各种方案的总成本可以被确定，决策者希望实现的一个明确的目标，就是选择总成本最低或利润最大的方案。决策者需要分析各种可行方案所得的结果，从中选择最佳方案。这种决策，约束条件明确，能用数学模型表示，系统的各种变量及其相互关系是可计量的。实践中常采用的决策分析包括单纯选优决策法、模型选优决策法等。其中，模型选优决策法常用的如线性盈亏分析（C.P.V）决策法、非线性盈亏分析决策法、线性规划决策法、多目标决策法等。总之，应用确定型决策分析，需要：有决策者期望实现的一个决策目标；存在两个或两个以上的备选方案供决策者选择；未来的状况只存在一个确定的自然状态，或者说，未来发展只有一种确定的结果；每一个备选方案在确定状态下的损益值可以计算出来；决策者可以依某种科学方法作出决策。

非确定型决策是指在有关条件不能确定的情况下所作的决策。现实中的许多决策问题，不是只存在确定型自然状态，决策对象的未来状态实际上是不确定的，而每一种方案未来会有两种或两种以上的可能结果，如一项投资，未来可能收益好、收益一般、收益差，这种情况下的决策通常称为非确定型决策。

非确定型决策，根据决策者对未来事件可能发生结果的概率是完全未知或已知（可估计出来）划分为无概率下的决策分析（完全不确定型决策）和有概率下的决策分析（风险型决策）。因此，决策分析也进一步分为确定型决策分析、风险型决策分析和完全不确定型决策分析等。本章重点就非确定型决策的有关问题进行讨论。

11.2 无概率下的决策分析

11.2.1 无概率下的决策分析简述

无概率下的决策分析也称不确定型决策、完全不确定型决策，或称概率未知情况下的决策，是决策者只能知道可能出现的各种状态，但不能确定或估计各状态发生的概率的情况下所作的决策。

例如，某食品企业生产新的饮料要投向市场，有三种广告方案可供选择，根据以往经验估计出在不同市场需求状态下不同方案的销售利润，如表 11-1 所示。

表 11-1 不同方案利润表 （单位：万元）

决策方案	自然状态		
	销路好	销路一般	销路差
方案 1：电视广告	600	300	100
方案 2：车身广告	500	250	200
方案 3：路牌广告	400	300	150

这是一个不确定型决策问题，对于这类问题，各种方案在未来将出现哪一种结果的概率不能预测，因而结果不确定。

由于各种决策环境是不确定的，各种可能事件，无论是可量化的还是定性的，决策者在评估分析时都应该考虑进去。同时由于决策者处理相同问题的原则和方法也不相同，所以没有更好的决策方法，只能依靠衡量方案的优劣，及采用的一些准则进行决策。由于决策者偏好不同，其决策的结果也不一定相同。

无概率下的决策分析常采用的评价标准是收益值或损失值，可采用的基本决策准则有："好中求好"决策准则；"坏中求好"决策准则；α 系数决策准则；后悔值决策准则；等可能性准则。

11.2.2 无概率下的决策准则及适用情况

1. "好中求好"的决策准则

"好中求好"决策准则又叫乐观决策准则，或称"最大最大"决策准则，这种决策准则就是充分考虑各种可能情况下的最大收益，再在各最大收益中选取最大者，将其对应的方案作为最优方案。

"好中求好"的决策准则的决策步骤如下：

(1) 确定各种可行方案。

(2) 确定决策问题将面临的各种自然状态。

(3) 将各种方案在各种自然状态下的损益值列于决策矩阵表中，如表 11-2 所示。

表 11-2 决策矩阵（损益矩阵）

决策方案	θ 状态				
	θ_1	θ_2	θ_3	$\cdots$	θ_n
d_1	L_{11}	L_{12}	L_{13}	$\cdots$	L_{1n}
d_2	L_{21}	L_{22}	L_{23}	$\cdots$	L_{2n}
d_3	L_{31}	L_{32}	L_{33}	$\cdots$	L_{3n}
$\vdots$	$\vdots$	$\vdots$	$\vdots$		$\vdots$
d_m	L_{m1}	L_{m2}	L_{m3}	$\cdots$	L_{mn}

表 11-2 中，L_{mn} 代表损益值（收益或损失需根据实际问题，写出收益函数或损失函数计算

而得)。

(4) 求出每一方案在各自然状态下的最大损益值(可填写在决策矩阵表的最后一列)。

(5) 在这些最大损益值即决策矩阵表的最后一列中取最大值 $\max\limits_{d_i}\{\max\limits_{\theta_j} L_{ij}\}$,所对应的方案 d_i 为最佳决策方案。

如果损益矩阵是损失矩阵,则采取"最小最小"决策准则,即取 $\min\limits_{d_i}\{\min\limits_{\theta_j} L_{ij}\}$ 对应的方案 d_i 为最佳决策方案。

例如,根据表11-1的数据,得到结果如表11-3所示。

表11-3 乐观决策准则收益计算表 (单位:万元)

决策方案	自然状态			max
	销路好	销路一般	销路差	
方案1:电视广告	600	300	100	600
方案2:车身广告	500	250	200	500
方案3:路牌广告	400	300	150	400
最大最大值				600

最后决策,应该选择方案1,即投放电视广告。

"好中求好"决策准则,不会放弃任何一个可获得最好结果的机会。该准则主要是由那些对有利情况的估计比较有信心的决策者所采用,即对前景充满信心、实力雄厚的企业往往采取这个准则。有时为了摆脱面临的困境,激励人们的积极性,也会采用"最大最大"的高收益值进行诱导。决策者采用较高的决策目标,可以激励、调动人们努力向上的积极性。在有些情况下,目标的最后结果可能并不重要,关键是重视决策目标的激励作用。该决策准则也代表了决策者可能为了取得最大的收益敢于冒险、乐于冒险,因而它也被称为冒险投机的准则。

2. "坏中求好"决策准则

"坏中求好"决策准则又叫小中取大准则,或称悲观决策准则或瓦尔德(Wald)法则,也是一种保守决策法则。这种决策准则充分考虑可能出现的最坏情况,从每个方案的最坏结果中再选择一个最佳值,将其对应的方案作为最优方案。

"坏中求好"决策准则的决策步骤如下:

(1) 确定各种可行方案。

(2) 确定决策问题将面临的各种自然状态。

(3) 将各种方案在各种自然状态下的损益值列于决策矩阵表中。

(4) 求出每一方案在各自然状态下的最小收益值。

(5) 在这些最小收益值中取最大值 $\max\limits_{d_i}\{\min\limits_{\theta_j} L_{ij}\}$,所对应的方案 d_i 为最佳决策方案。

如果损益矩阵是损失矩阵,则采取"最大最小"决策准则,即取 $\min\limits_{d_i}\{\max\limits_{\theta_j} L_{ij}\}$ 对应的方案 d_i 为最佳决策方案。

例如根据表 11-1 的数据，计算结果如表 11-4 所示。

表 11-4　悲观决策准则收益计算表　　　　　　（单位：万元）

决策方案	自然状态			min
	销路好	销路一般	销路差	
方案1：电视广告	600	300	100	100
方案2：车身广告	500	250	200	200
方案3：路牌广告	400	300	150	150
最小最大值				200

最后决策，应该选择方案2，即投放车身广告。

"坏中求好"决策准则主要由那些比较保守、稳妥并害怕承担较大风险的决策者所采用。他们从最不利的角度去考虑问题，较多地考虑是否能承受得住失败带来的打击，或者认为最坏状态发生的可能性很大，对好的状态缺乏足够的信心。他们分析各种情况下的最坏结果，然后再从中选择最好的。这样选取的方案，虽不承担太大风险，但也会丢掉一些机会，适用于实力不太强，如企业规模较小、资金薄弱、经不起冲击的企业。

3. α 系数决策准则

α 系数决策准则也称赫威兹决策法，或折中法、实用主义准则，是对"坏中求好"和"好中求好"决策准则进行折中的一种决策准则。其基本思想是应保持一定的乐观，乐观程度的大小用一个乐观系数 α 表示（$0 \leq \alpha \leq 1$）。α 越接近于1，表明越乐观，若 $\alpha = 1$，则认定情况完全乐观，也就是乐观决策准则；α 越接近于0，表明越悲观，$\alpha = 0$，则认定情况完全悲观，也就是悲观决策准则。

α 系数依决策者认定情况是乐观还是悲观而取不同的值。它是主观选择的一个值，可根据经验选取。

α 系数决策准则的决策步骤如下：

（1）确定各种可行方案。

（2）确定决策问题将面临的各种自然状态。

（3）将各种方案在各种自然状态下的收益值列于决策矩阵表中。

（4）求出每一方案在各自然状态下的最大收益值和最小收益值。

（5）选择 α（$0 \leq \alpha \leq 1$），计算出每种方案的期望收益 = $\alpha \times$ 最高收益 + $(1-\alpha) \times$ 最低收益。

（6）在每种方案的期望收益中选择最大的期望收益，其对应的方案为最佳决策方案。

运用 α 系数决策准则，上例决策相关计算如表 11-5 所示。

表 11-5　α 系数决策准则收益计算表（设 $\alpha = 0.7$）　　　（单位：万元）

决策方案	自然状态			期望收益 = $\alpha \times$ 最高收益 + $(1-\alpha) \times$ 最低收益
	销路好	销路一般	销路差	
方案1：电视广告	600	300	100	$0.7 \times 600 + 0.3 \times 100 = 450$
方案2：车身广告	500	250	200	$0.7 \times 500 + 0.3 \times 200 = 410$
方案3：路牌广告	400	300	150	$= 0.7 \times 400 + 0.3 \times 150 = 325$
期望收益最大值				450

最后决策，应该选择方案1，即投放电视广告。

如果损益矩阵是损失矩阵,则每种方案的期望损失 = α × 最小损失 + (1 − α) × 最大损失,在每种方案的期望损失中选择最小的期望损失,其对应的方案为最佳决策方案。

需注意,乐观系数的值选择不同,可能会得到不同的方案。如果决策者比较乐观,则乐观系数可选得大一些;反之,选得小一些。折中法介于乐观和悲观之间,主要由那些对形势判断既不乐观也不太悲观的决策者所采用,是一种既稳妥又积极的决策方法。

4. 后悔值决策准则

后悔值决策准则也叫做萨维奇方法或遗憾法,是由萨维奇(Savage)提出的,是决策者以后悔值作为依据进行决策的方法。当决策之后,若情况未能符合理想或失策,决策者必将产生一种后悔的感觉,所造成的损失价值即为后悔值。由于决策者不知道各种自然状态发生的概率,决策目标就是确保避免较大的"机会损失"。通常在决策时,应当选择收益值最大或者损失值最小的方案作为最优方案,所以也称最小最大后悔值准则。

后悔值决策准则决策步骤如下:

(1) 确定各种可行方案。

(2) 确定决策问题将面临的各种自然状态,并将收益值列于决策矩阵表中。

(3) 列出各自然状态下的最大收益。具体过程可借助 Excel 软件进行,如图 11-1 所示,第 6 行中列出了各自然状态下的最大收益,分别为 600 元、300 元、200 元,作为每一种状态下的理想值。

	A	B	C	D
1	决策方案	自然状态		
2		销路好	销路一般	销路差
3	方案1:电视广告	600	300	100
4	方案2:车身广告	500	250	200
5	方案3:路牌广告	400	300	150
6		600	300	=MAX(D3:D5)

图 11-1 后悔值决策准则计算表——最大收益值

(4) 计算每一种方案在不同自然状态下的后悔值,即每种自然状态下的最大收益值与该自然状态下的其他收益之差,如图 11-2 所示。

	A	B	C	D
1	决策方案	自然状态		
2		销路好	销路一般	销路差
3	方案1:电视广告	600	300	100
4	方案2:车身广告	500	250	200
5	方案3:路牌广告	400	300	150
6		600	300	200
7		不同状态下的后悔值		
8		销路好	销路一般	销路差
9	方案1:电视广告	0	0	100
10	方案2:车身广告	100	50	0
11	方案3:路牌广告	=B6-B5	0	50

图 11-2 后悔值决策准则计算表——后悔值

这一步就是将决策矩阵从利润矩阵转变为机会损失矩阵（也可通过列出损失函数直接计算）。

（5）每一种方案在每个自然状态下都有一个后悔值。找出每一种方案每个自然状态下的后悔值中最大的一个，就是每个方案的最大后悔值，如图 11-3 所示。

	A	B	C	D	E
1		销路好	销路一般	销路差	最大后悔值
2	方案1：电视广告	0	0	100	100
3	方案2：车身广告	100	50	0	100
4	方案3：路牌广告	200	0	50	=MAX(B4:D4)

图 11-3 后悔值决策准则计算表——最大后悔值

（6）从每个方案的最大后悔值中再找出最小的一个后悔值，其对应的方案就是决策的最优方案。本例中各方案的最大后悔值分别为 100 万元、100 万元、200 万元，因此，选择最小的后悔值 100，对应的方案是方案 1，选择电视广告，或者也可以选择方案 2。最后到底选择哪个方案，需要再考虑成本，及广告策划、人员及合作方等相关情况决定。

可以看到，后悔值决策准则的基本思想是，根据自然状态可以找出最优方案，然而决策者没有采取最优方案，却采取其他方案，这样事后会感到后悔。把最优方案的收益值减去各方案在每种状态下的收益值，得到的差就是后悔值。该决策方法主要由那些对决策失误的后果看得较重的决策者所采用，也适用于能承担一定风险、又不能抵挡大的灾难、不过于冒进的稳中求发展的企业。

5. 等可能性准则

等可能性准则也称拉普拉斯（Laplace）决策准则，由 19 世纪数学家 Laplace 提出。决策者面临着不确定性的问题，不能肯定哪种状态容易出现，哪种状态不容易出现，在缺乏各状态发生概率的情况下，把其看做是相等的，即每种自然状态发生的概率都是 1 除以自然状态总数，以相等的概率来计算各方案的期望收益值。在利益最大化目标下，选择平均收益最大的方案作为最优方案；在成本最小化目标下，选择平均成本最小的方案作为最优方案。

按等可能性准则决策的基本步骤如下：

（1）根据每种方案中的每种状态，计算出等概率值。如果一共有 m 种状态，则等概率为 $1/m$。

（2）根据等概率 $1/m$，计算出各个方案的期望值，也就是平均值。

（3）比较各个方案的期望值，选择期望值最大的方案，即为最优方案。

由于本例中有三个自然状态，因此，等概率值为 1/3，计算过程如图 11-4 所示。

	A	B	C	D	E
1	决策方案	自然状态			等概率下的期望值
2		销路好	销路一般	销路差	
3	方案1：电视广告	600	300	100	333.3333333
4	方案2：车身广告	500	250	200	316.6666667
5	方案3：路牌广告	400	300	150	=1/3*(B5+C5+D5)

图 11-4 等可能性准则期望值计算表

三种方案中，期望值分别为 333.33 万元、313.67 万元、283.33 万元，选择其中最大的期望值，就是 333.33 万元，即选择方案 1，电视广告。

等可能性准则全面考虑了一个行动方案在不同自然状态下可能取得的不同结果,并把概率引入了决策问题,把不确定型问题演变成风险型问题来处理。该准则适用于对未来各种自然状态出现可能性无法判断的情况。虽然现实中每种状态都以相等机会出现的可能性比较小,与事实发展不太吻合,但这也不失为一种积极稳妥的决策办法。

11.3 有概率下的决策分析

11.3.1 有概率下的决策分析基本问题

无概率下的决策分析,决策者对客观环境的信息了解甚少,决策者仅仅知道客观环境都有哪几种可能的状态,而对各种状态出现的可能性大小完全不知,其决策准则是人为制定的原则,带有某种程度上的主观性。虽然在"等可能性准则"中引入了概率,但是其基本准则是决策人对未来各个事件的可能性不具有任何信息,认为各种状态下出现的概率是相等的。为了提高决策的科学性和可靠性,决策者应该进一步搜集、掌握有关客观环境的各种可能状态的信息,比如掌握客观环境各种可能状态出现的概率分布,使用概率进行决策分析,从而对问题的决策分析更进一步精确化。在对各种自然状态发生的概率有一定了解和掌握的基础上进行决策分析,这时称为先验概率型决策分析;在此基础上,如果有更多的附加信息,利用附加信息比如市场需求、市场调研等对先验概率修正后的后验概率进行风险决策分析即为后验分析。本部分主要介绍在先验概率基础上的决策分析。

11.3.2 先验概率型决策分析准则及适用

先验概率型决策,决策者无法控制哪种自然状态会发生,但对于每种自然状态出现的概率可以大体上估计和推测,决策者根据客观环境下几种自然状态可能发生的概率计算期望损益值,选择期望收益效果最好的方案作为最优决策方案。这种决策称为先验概率型决策。其中,先验概率是根据过去经验或主观判断而形成的对各自然状态风险程度的测算值。决策者需根据预测各种事件可能发生的先验概率,进行相关的计算并比较、选择。不管决策者选择哪种行动方案,都要承担一定的风险,因此先验概率型决策也称为风险型决策。

与无概率下的决策方法类似,进行先验概率型决策也需要有其相应的决策准则,以作为选择最佳行动方案的规则。先验概率型决策分析中,常用的决策准则主要有期望收益或期望损益决策准则、最大可能准则、渴望水平准则等。

1. 期望损益决策分析

期望损益决策分析是以收益或损失矩阵为依据,分别计算各可行方案的期望值,将不同方案的期望值进行比较,选择期望收益值最大或期望损失值最小的方案为最优方案。决策中常用的准则有最大期望收益决策准则和最小期望损失决策准则。

(1) 最大期望收益决策准则。最大期望收益决策准则又称为效益期望值(EMV)准则,即根据每种自然状态的概率分布和每种方案在不同自然状态下的收益,计算各种方案的期望收益,并从中选最大的期望收益。

假如根据表 11-1，其相应的概率（括号内的数字）和收益值如表 11-6 所示。

表 11-6　不同方案的概率和收益值　　　　　　　　　　（单位：万元）

决策方案	自然状态及相应概率		
	销路好（0.3）	销路一般（0.6）	销路差（0.1）
方案 1：电视广告	600	300	100
方案 2：车身广告	500	250	200
方案 3：路牌广告	400	300	150

则最大期望收益决策准则基本步骤为：

第一步，根据不同的状态可能出现的概率及收益值，分别计算各可行方案的期望值。其基本公式为

期望收益值 = 条件收益值 × 相应概率

期望收益值的计算公式实际上是采用了以概率为权数的加权算术平均法。

第二步，比较各个方案期望收益值的大小，选择最大期望收益值。其对应的方案为决策方案。

根据表 11-6 的数据，得到的计算结果如图 11-5 所示。

	A	B	C	D	E	F
1	决策方案	自然状态及相应概率			期望收益	
2		销路好（0.3）	销路一般（0.6）	销路差（0.1）		
3	方案1：电视广告	600	300	100	370	
4	方案2：车身广告	500	250	200	320	
5	方案3：路牌广告	400	300	150	=B5*0.3+C5*0.6+D5*0.1	

图 11-5　期望收益值计算

第三步，三个方案的期望收益分别为 370 万元、320 万元、315 万元，选择其中最大的，就是 370 万元，决策结果为：选择方案 1。

最大期望收益决策准则是根据各可行方案在各自然状态下收益值的概率平均值的大小，决定各方案的取舍。由于概率具有明显的客观性质，相对比较稳定，因此，决策的结果不会严重失误。

（2）最小期望损失决策准则。最小期望损失（EOL）决策准则是基于各个方案在不同状态下的概率，及不同状态下的机会损失数据，对各方案计算加权平均机会损失，即期望损失，选择期望损失最小的，对应方案为选择的方案。

下面用实例来说明最小期望损失决策准则的基本步骤。

第一步，先根据有关的数据，构造或计算出一个机会损失矩阵（如果原始数据为收益数据，则需要分别找出不同的自然状态下的最大收益值；之后分别用最大收益值分别减去其状态下各方案的收益值）。

根据表 11-6 的数据，计算的机会损失矩阵如图 11-6 所示。

第二步，分别计算出各种方案在不同状态下的期望机会损失值，如图 11-7 中的第 E 列所示。

第三，从中选择最小的期望机会损失值，其对应的方案为决策方案。三种方案的期望机会损失分别为 10 万元、60 万元、65 万元，应选择最小的期望机会损失值 10 万元，对应方案为方案 1，决策结果是选择方案 1。

	A	B	C	D
1	决策方案	自然状态及相应概率		
2		销路好（0.3）	销路一般（0.6）	销路差（0.1）
3	方案1：电视广告	600	300	100
4	方案2：车身广告	500	250	200
5	方案3：路牌广告	400	300	150
6		600	300	200
7		机会损失		
8		销路好（0.3）	销路一般（0.6）	销路差（0.1）
9	方案1：电视广告	0	0	100
10	方案2：车身广告	100	50	0
11	方案3：路牌广告	=B6-B5	0	50

图 11-6 机会损失矩阵

	A	B	C	D	E
1	决策方案	自然状态及相应概率			
2		销路好（0.3）	销路一般（0.6）	销路差（0.1）	
3	方案1：电视广告	600	300	100	
4	方案2：车身广告	500	250	200	
5	方案3：路牌广告	400	300	150	
6		600	300	200	
7		机会损失			
8		销路好（0.3）	销路一般（0.6）	销路差（0.1）	期望机会损失
9	方案1：电视广告	0	0	100	10
10	方案2：车身广告	100	50	0	60
11	方案3：路牌广告	200	0	50	=B11*0.3+C11*0.6+D11*0.1

图 11-7 期望机会损失计算

实际上，最大期望收益决策准则与最小期望损失决策准则其最后的决策结果相同。因为最大的期望收益必然具有最小的期望损失。究竟采用哪一种方法，主要看是收益矩阵还是损失矩阵，哪种计算更为便捷。当几个方案的预期收益值大致相近时，需要考虑其他相关的因素。比如如果能获得或计算标准差，标准差就成为衡量风险的重要指标，标准差越大，其风险也就越大。或者也可以用变异系数进行多个项目的比较、衡量，变异系数越小越好。变异系数的倒数，也就是风险收益率，其值越大越好。对于一个稳健的投资者来说，应该在较低的风险下，取得较高的期望收益。因此，实践中期望收益决策和风险分析的方法，多用于投资组合分析，目的就是降低总的投资风险，获取最大的收益。

2. 决策树决策分析

决策树（Decision Tree）又称为决策图、树状图，是一种特殊的树结构。它是以方框和圆圈为节点，由直线连接而成的一种树形结构。决策树是对决策局面的一种图解，它是把各种备选方案、可能出现的自然状态及各种损益值简明地绘制在一张图表上，利用像树一样的图形或决策模型作为决策支持工具，这样可以使决策问题形象和清晰。在决策分析中，决策树能帮助决策者确定一个最可能实现目标的策略，也就是找到最优的决策方案。图 11-8 为 Excel 中的决策树模型截图以供参考。

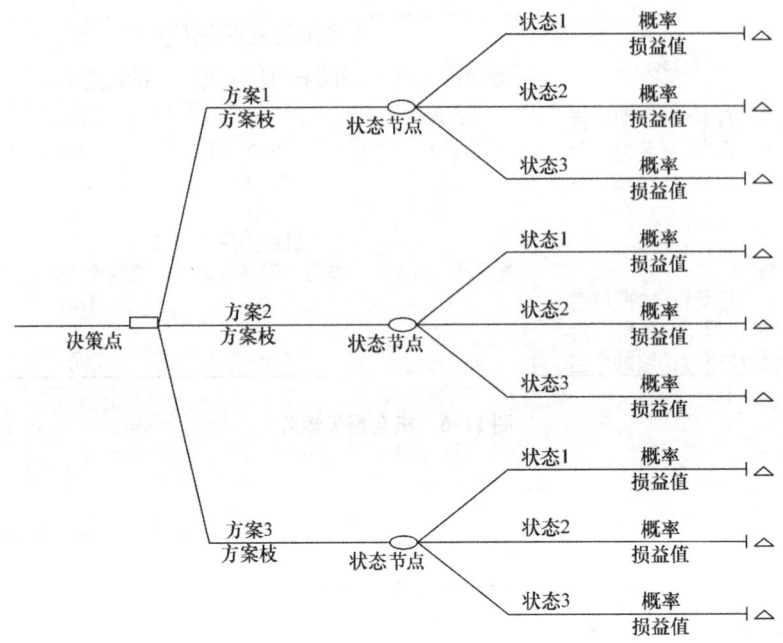

图 11-8　决策树模型示意图

决策树一般由方块节点、圆形节点、方案枝、概率枝等组成，由左向右，由简到繁展开，组成一个树状网络图。其中：

□——方块节点称为决策节点，表示各行动方案由此点引出。由节点引出若干条细枝，每条细枝代表一个方案，称为方案枝，表示决策者对几种可能方案可作出的选择。如果决策属于多级决策，则决策树的中间可以有多个决策点，以决策树根部的决策点为最终决策方案，即最后选择的最佳方案。

○——圆形节点称为状态节点，每个方案枝的末端都画有一个圆圈，称为状态节点，意指每种客观状态从此点引出。状态节点的值也代表备选方案的经济效果（期望值），其值由各个自然状态出现的概率与损益值加权平均而算出。通过各状态节点的期望值的对比，按照一定的决策标准就可以选出最佳方案。

由状态节点引出若干条细枝，表示不同的自然状态，称为概率枝。每条概率枝代表一种自然状态。概率枝的数目表示可能出现的自然状态数目，在每条细枝上标明客观状态的内容和其出现概率。

△——结果节点，将每个方案在各种自然状态下所达到的结果（收益值或损失值）标注于结果节点的右端，即在各概率枝的末梢标出相应的损益值。

（1）决策树决策分析基本步骤。

第一步，画决策树。首先，对基本情况进行分析。包括分析决策点的起点、备选方案、各方案所面临的自然状态及其概率，以及各方案在不同自然状态下的损益值。先画一个方框作为出发点，从出发点向右引出若干条直线（方案枝），在方案枝上标出对应的备选方案。接着在每个方案枝的末端画一个圆圈（自然状态节点），由于每个方案对应着一个状态节点，所以可以把各方案的代号写在相应的状态节点的圆圈内；然后从自然状态节点引出代表各自然状态的分枝,在概率枝上标出对应的自然状态出现的概率值。

在概率枝末端画三角形,表示终点。需要在各概率枝的末梢标出相应的损益值。这样由各状态节点所引出的各概率枝上的损益值和概率就可计算出某种方案的期望损益值。

第二步,计算期望损益值。一般从右向左,按反向逐步计算。将各方案的几种可能结果的数值和它们各自的概率相乘,即加权平均,其结果就是该方案的期望损益值。将计算出的各方案的期望损益值标在相应的方案枝上,则通过比较各状态节点上的期望损益值就可找出最优行动方案。

第三步:确定决策方案。比较不同方案的期望损益值。如果方案考虑的是收益值时,则取最大期望收益值;若考虑的是损失时,则取最小期望损失值。舍弃的方案可在方案枝上画"∥或×"符号,称为剪枝。最后决策节点只留下一根方案枝,即为最优方案枝。

(2) 决策树决策的具体程序。下面以表11-6的相关数据为例,说明利用决策树进行决策分析。

1) 绘制决策树,通过 Excel 的"加载宏"加载"treePlan"进行。因为决策树从左向右展开,一般在 Excel 工作表的左上角输入问题的数据,然后按 <Ctrl+T>,单击"new tree"按照相关提示完成。需要增加方案枝时,将光标放在节点位置,再次键入 <Ctrl+T>;需要增加概率枝时,将光标放在某个概率枝的终点位置,再次键入 <Ctrl+T>,根据需要在出现的对话框中进行选择,单击"确定"即可。同时,在出现的决策树中,根据已知条件排列出各个方案(电视广告、车身广告、路牌广告)每一方案的各种自然状态(销路好、销路一般、销路差)。图11-9 为此过程的一个截图,可供参考。

2) 将各状态概率及损益值标于概率枝上(如:销路好,概率0.3,损益值600,等等)。直接单击单元格,输入相关数据。

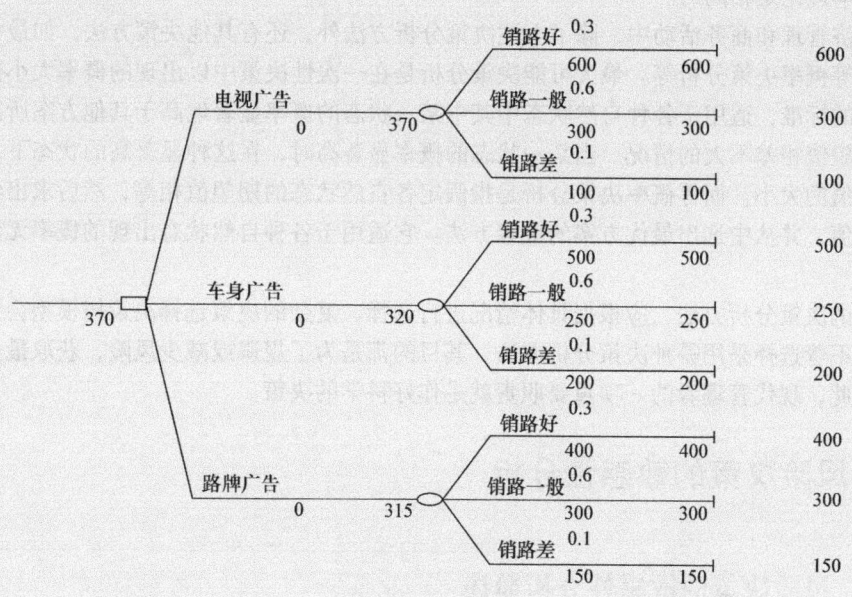

图 11-9 决策树

3) 计算各个方案的期望值并将其标于该方案对应的状态节点上(如370、320、315)。可通过输入计算公式算出。

4) 进行剪枝。计算完毕后,开始对决策树进行剪枝。将各个方案的期望值标于方案枝上("枝繁叶茂"的决策树标明后可更清楚),将期望值小的即劣等方案剪掉,所剩的最后方案为最佳方案。

需要注意的是，不要在决策树区域内执行添加或删除单元行或列的操作。决策树的建立是从左到右，但是利用决策树分析决策，是一个从右到左的过程。应从决策树末端起，从后向前、由右向左推导，按照枝上表明的损益值及概率开始步步推进到决策树的始端。在向前推进的过程中，应在每一阶段计算事件发生的期望值，最后选定最优的决策方案，这也称为反推决策树法。

根据图 11-9 中的数据和计算的结果，选择收益最大的，即选择方案 1。

11.3.3 决策准则选择时的注意事项

与期望损益决策分析相比，决策树并不仅仅是决策分析的一种较形象、简明的方法，更重要的是它在一些比较复杂的决策问题中有着独特的作用。

从以上分析过程可以看到，决策树有利于决策人员使决策问题变得形象、直观，便于管理人员审度决策局面，分析决策过程。例如，当采取不同的行动方案时，若决策者面临的客观状态互不相同，则就难以用损益表来进行计算。现实企业管理实践中，常遇到一些复杂的决策，每个方案的执行都可能出现几种结果，各种结果的出现有一定的概率，企业决策有一定的成功把握，也存在着一定的风险。也就是说选择某种行动方案会面临不同的客观状态，而在不同的状态下又要作下一步的行动决策，以至又有下一阶段的各种客观状态和决策等。使用决策树分析，可把各种用于更换的方案、可能出现的状态、可能性大小及产生的后果等，简单地绘制在一张图上，随时补充，方便计算、研究与分析。对于决策树的进一步应用，可以使用 Microsoft 决策树创建关系数据挖掘模型，如创建揭示客户模式的数据挖掘模型、应用效用概率决策方法等，其基本理论是相同的。

在经济管理和商务活动中，除了上述决策分析方法外，还有其他决策方法，如最大可能决策分析和等概率决策分析等。最大可能决策分析是在一次性决策中以出现的概率大小作为选择最优方案的标准，适用于各种自然状态中其中某一状态的概率显著地高于其他方案所出现的概率、而期望值相差不大的情况。当某一状态的概率显著高时，在这种显著高的状态下，再考虑损益期望值的大小。而等概率决策分析是指假定各自然状态的期望值相等，然后求出各方案的期望损益值，并从中选出最优方案的决策方法。它适用于各种自然状态出现的概率无法得到的情况。

不同的决策分析方法，应根据具体情况进行选择。复杂的决策选择决策树模型会更加直观和清晰。不管选择采用哪种决策分析方法，其目的都是为了规避或减少风险，获取最大的经济利益，因此，现代管理者的一项重要职责就是作好科学的决策。

11.4 风险决策的敏感性分析

11.4.1 风险决策的敏感性分析简述

敏感性分析也叫做灵敏度分析。在风险决策中，未来的可能状态不止一种，究竟出现哪种状态，不能事先肯定，但知道各种状态出现的可能性大小。在实施决策过程中，也主要考虑两方面的因素：一是各行动方案在各种状态下的损益值，二是各种客观状态出现的概率值。因此，自然状态出现的概率值变化会对最优方案的选择存在影响。也就是说，概率值发生变化可能会改变选择的最优方案。概率值变化到什么程度才引起方案的变化，这一临界点的概率称为**转折概率**。敏感性分析就是寻找转折概率的值，以确定最优方案不变条件下的变量允许变动的范围，判断所作决策的可靠性，对最优方案的稳定性或可靠性进行分析。如果客观状态出现概率即使有较大变化也不会引起最优方案的改变，那么这一最优方案就是相当稳定的，对客观状态概率是不敏感的；如果客观状态出现概率的轻微变化会引起最优方案的改变，那么这一最优方案就是不稳定的，对客观状态出现概率是敏感的。

11.4.2 敏感性分析的基本步骤

敏感性分析就是分析客观状态出现概率的变化对最优方案的影响。分析中通常是先根据客观状态的损益值计算出引起最优行动方案改选的转折概率，然后再将实际估计的概率与此转折概率比较，通过二者差距的大小来判断所选最优行动方案的稳定性。

比如，某企业根据目前的经济形势和生产现状，正在考虑是否扩大生产规模。由于市场变化比较快，需求在不断变化，预期利润当然也就不同。假如市场需求好的概率为 0.7，市场需求不好的概率为 0.3，根据以前的生产和销售情况，估计出不同方案下的收益如表 11-7 所示。

表 11-7　生产方案与需求状况及收益值　　　　　　　　　　（单位：万元）

方案	需求好（概率 0.7）	需求不好（概率 0.3）
扩大生产规模	300	−80
不扩大生产规模	200	90

那么，到底是应该扩大还是不扩大生产规模呢？什么时候应该扩大？分析如下：

第一步，计算出各个方案的期望收益值（也可使用决策树进行）。

扩大生产规模：期望收益值 = 300 万元 × 0.7 + (−80) 万元 × 0.3 = 186 万元

不扩大生产规模：期望收益值 = 200 万元 × 0.7 + 90 万元 × 0.3 = 167 万元

根据期望收益最大准则，应选择方案 1，扩大生产规模。

第二步，假定需求好的概率由 0.7 降低为 0.6，需求不好的概率为 0.4，此时，

扩大生产规模：期望收益值 = 300 万元 × 0.6 + (−80) 万元 × 0.4 = 148 万元

不扩大生产规模：期望收益值 = 200 万元 × 0.6 + 90 万元 × 0.4 = 156 万元

根据期望收益最大准则，应选择方案 2，不扩大生产规模。

可见，自然状态概率的变化引起了最优方案的改变，一个方案从最优方案转变为非优方案。

第三步，进一步，假设市场两种自然状态中需求好的概率为 P，市场需求不好的概率则为 $1-P$，那么扩大生产规模和不扩大生产规模的期望收益可分别表示为：

扩大生产规模期望收益值：$300P + (-80)(1-P)$

不扩大生产规模期望收益值：$200P + 90(1-P)$

令当两种决策方案的期望收益值相等

$$300P + (-80) \times (1-P) = 200P + 90 \times (1-P)$$

解得 $P = 0.63$

或者，要想"扩大生产规模"成为最优方案，必须有

$$300P + (-80) \times (1-P) > 200P + 90(1-P)$$

解得 $P > 0.63$

这个概率会引起方案的转变，当市场需求好的概率大于 0.63 时，应选择"扩大生产规模"；当市场需求好的概率小于 0.63 时，应选择"不扩大生产规模"。

0.63 就是引起最优方案改选的概率,称为转折概率,它是多个决策方案的期望效益值相等时的概率。由此可见,P 在 [0.63, 1] 内变动时,最优方案是不变的。转折概率 0.63 也表明,与市场需求好的先验概率估计值 0.7 相比,两者只相差 0.07,这说明如果稍微低估了 0.07,那么所选行动方案就不是最优方案,因此,该决策中最优行动方案的选择对客观状态出现概率的变动是相当敏感的,是不稳定的。

由于决策分析中各行动方案的取舍取决于两方面的因素,一是各行动方案在各种状态下的损益值,二是各种客观状态出现的概率值。同样也可以选择用收益值的变化来观察是否引起最优方案的变动。

设 a 为某一方案状态下的收益值,比如为扩大生产规模且需求好的状态下的收益值,假如其他条件不变,那么

扩大生产规模的期望收益值 $= a \times 0.7 + (-80) \times 0.3$

不扩大生产规模的期望收益值 $= 200 \times 0.7 + 90 \times 0.3 = 167$

令当两种决策方案的期望收益值相等时

$$a \times 0.7 + (-80) \times 0.3 = 167$$

解得
$$a = 272.86$$

当 $a > 272.86$ 时,扩大生产规模为最优方案;当 $a < 272.86$ 时,不扩大生产规模为最优方案。这也就是说,收益值在 272.86 万元以上时,扩大规模的最优方案是不变的,因此,a 就是两种方案决策盈亏平衡下的收益值。可以看到,敏感性分析的基本分析方法采用的就是盈亏平衡分析。

11.4.3 敏感性分析应当注意的问题

在不同的决策问题中,根据各种事件发生的先验概率进行决策可能具有较大的风险。先验概率值往往是根据过去的经验和主观判断以及抽样观测估计得到的,换句话说,一般的决策方法大多用的是不完备的信息或主观概率。客观环境可能状态的概率值准确与否对方案取舍的影响是不同的,有时概率值对方案取舍影响不大,有时却影响很大,因此在最优化决策中经常利用灵敏度分析来研究数据发生变化时最优方案的稳定性。最优行动方案对客观状态的概率变化越敏感,其稳定性越差,可靠性也就越低。在最优方案不稳定的情况中,决策者对各种行动方案的取舍必须特别谨慎。

如果要降低所选最优方案的敏感性,增强其稳定性,就需要对所面临的客观环境进一步研究,对信息的价值或是否需要采集新的信息作出科学的判断。可通过调查、分析,获得样本的补充信息,从而对过去估计的先验概率分布进行修正。补充样本信息会有助于降低决策的风险。利用附加信息对先验概率进行修正后,得到后验概率。使用先验信息、样本信息,根据贝叶斯定理求得后验概率,据以进行决策的方法,称为贝叶斯决策方法,也称后验概率型决策。它可以在决策过程中根据具体情况下不断地使用,使决策逐步完善和更加科学,这一过程为贝叶斯决策过程。先进行市场调查,然后再根据调查结果用后验概率分布进行方案的决策分析,这样可以计算出其条件收益的标准差。通过标准差这个反映风险的度量值也可以帮助决策者进行决策。

实践中,灵敏度分析应用也非常广泛。它可以用来确定评价条件发生变化时备选方案的价值是否会发生变化或变化多少;可以用来研究采取某一项重大经济政策后将会对国民经济的各个部门产生怎样的影响;可以进行订货批量的灵敏度分析;可以研究在原有的分析基础上如果投资环境发生变化,如原材料价格变化或者土地价格变化等,那会引起最终利润多大的变

化等。

　　决策是在思维上作出决定的过程。在现实的决策过程中，决策者遇到的问题多种多样，决策者如何作出有效决策值得探讨。概括讲，不管选择或采用何种准则、方法，对决策问题都应全面、具体地分析，同时也应确定决策问题的重要程度。对重要程度较低的决策问题采取简单方法决策，对重要程度较高的决策问题，就要在明确决策目标并估计或搜集到一定的信息后，依据一些准则或模型，选择出最佳的决策方案。

　　当然，决策中需要有决策者都能接受或承认的一些基本原理，它可以是很多决策者长期决策实践经验的总结。但对于具体决策者来讲，对于每一行动方案的选择，都会受到决策者自己兴趣、爱好等价值标准的影响，有自己的评价或"效用"。决策者要做到理性决策，需要按照必要的程序，如识别问题、设定目标、设定可用来实现目标的所有备选方案，根据目标评估备选方案，选择最优方案并加以实施。只有做到科学分析、理性判别，才能避免决策失误。

　　从管理上讲，决策贯穿整个管理活动，是管理的基础和起点，是任何有目的的活动发生之前必不可少的一步。决策的优劣直接关系到管理的好坏，是管理工作成败的关键。管理是一个过程，是一个计划、组织、协调、控制的过程，而计划、组织、协调、控制的每一个步骤，都离不开决策。整个管理活动就是一个决策→执行→反馈→再决策→再执行→再反馈的过程。可见，管理离不开决策，决策中有管理，管理的实质就是决策。

本章小结

本章主要介绍了决策中的基本问题，包括：决策的基本含义与基本步骤、决策问题的基本类型；无概率下的决策准则及其方法和适用情况；有概率情况下先验概率型决策分析准则及适用情况，决策树决策分析；风险决策敏感性分析的基本步骤；决策准则选择时应注意的一些问题。通过学习，读者要掌握决策分析的基本方法与应用。

思考与练习题

1. 什么是决策？决策问题的基本类型有哪些？
2. 决策的基本步骤是什么？
3. 无概率下的决策分析的基本决策准则有哪几个？
4. 什么是乐观决策准则？一般在什么情况下选择？
5. 什么是悲观决策准则？一般在什么情况下选择？
6. α 系数决策准则的基本思想是什么？
7. 后悔值决策准则的基本思想是什么？决策依据是什么？
8. 等可能性准则的主要优点是什么？不足之处在哪里？
9. 什么是先验概率和先验概率型决策？先验概率型决策分析中常用的决策准则有哪些？
10. 什么是期望损益决策分析？
11. 什么是最大期望收益决策准则？
12. 什么是最小期望损失决策准则？
13. 什么是决策树？决策树一般由哪几部分组成？
14. 利用决策树进行决策分析的基本步骤是什么？
15. 什么是转折概率？什么是敏感性分析？
16. 某洗衣粉生产企业开发一种新产品，有三个方案可供选择，通过整理，得到如表 11-8 所示的收益矩阵。

表 11-8 收益矩阵　　　　　　　　　　　　　　（单位：万元）

决策方案	自然状态		
	需求大	需求一般	需求小
方案 1	1000	800	−200
方案 2	1400	500	−400
方案 3	1100	600	100

要求：根据无概率下的决策分析五种准则（"好中求好"决策准则、"坏中求好"决策准则、α 系数（α＝0.7）决策准则、后悔值决策准则、等可能性准则）选择决策方案。

17. 在第 16 题的基础上，假设需求大的概率为 0.4，需求一般的概率为 0.4，需求小的概率为 0.2。请分别用最大期望收益决策准则和最小期望损失决策准则选择决策方案。画出该决策问题的决策树。

18. 一家食品公司考虑向市场增加食品供应品种。销售部门研究得到如表 11-9 所示的收益数据。

表 11-9 收益　　　　　　　　　　　　　　（单位：万元）

行动方案	自然状态及其概率	
	销量好（0.65）	销量不好（0.35）
增加	560	−280
不增加	350	−130

要求：画出该决策问题的决策树。并用最大期望收益决策准则选择决策方案。对此决策问题进行敏感性分析（提示：增加供应品种还是不增加供应品种？什么时候应该增加供应品种？）。

19. 手机已经渐渐脱离了单纯通信工具的身份，逐渐转变为一个多媒体和信息的终端设备，更新换代非常快。为了适应市场的需求，某公司在对用户调研的基础上，经市场分析形成了两个方案，A 方案是进行新的结构设计，需要投资 200 万元，B 方案是基本维持现状，部分作调整，需要投资 100 万元。两个方案的每年的损益值如表 11-10 所示。

表 11-10 每年的损益值　　　　　　　　　　　　（单位：万元）

	销路好（概率0.6）	销路不好（概率0.4）
方案 A	900	−300
方案 B	500	100

要求：画出决策树。不考虑其他因素，根据最大期望收益决策准则选择决策方案。

附录

常用统计数表

附录 A 二项分布表

表中值给出了在一个 n 重二项试验中有 x 次成功的概率,其中 p 是在一次试验中成功的概率。例如,当 $n=6$ 和 $p=0.05$ 时,有两次成功的概率是 0.0305。

						p				
n	x	0.01	0.02	0.03	0.04	0.05	0.06	0.07	0.08	0.09
2	0	0.9801	0.9604	0.9409	0.9216	0.9025	0.8836	0.8649	0.8464	0.8281
	1	0.0198	0.0392	0.0582	0.0768	0.0950	0.1128	0.1302	0.1472	0.1638
	2	0.0001	0.0004	0.0009	0.0016	0.0025	0.0036	0.0049	0.0064	0.0081
3	0	0.9703	0.9412	0.9127	0.8847	0.8574	0.8306	0.8044	0.7787	0.7536
	1	0.0294	0.0576	0.0847	0.1106	0.1354	0.1590	0.1816	0.2031	0.2236
	2	0.0003	0.0012	0.0026	0.0046	0.0071	0.0102	0.0137	0.0177	0.0221
	3	0.0000	0.0000	0.0000	0.0001	0.0001	0.0002	0.0003	0.0005	0.0007
4	0	0.9606	0.9224	0.8853	0.8493	0.8145	0.7807	0.7481	0.7164	0.6857
	1	0.0388	0.0753	0.1095	0.1416	0.1715	0.1993	0.2252	0.2492	0.2713
	2	0.0006	0.0023	0.0051	0.0088	0.0135	0.0191	0.0254	0.0325	0.0402
	3	0.0000	0.0000	0.0001	0.0002	0.0005	0.0008	0.0013	0.0019	0.0027
	4	0.0000	0.0000	0.0000	0.0000	0.0000	0.0000	0.0000	0.0000	0.0001
5	0	0.9510	0.9039	0.8587	0.8154	0.7738	0.7339	0.6957	0.6591	0.6240
	1	0.0480	0.0922	0.1328	0.1699	0.2036	0.2342	0.2618	0.2866	0.3086
	2	0.0010	0.0038	0.0082	0.0142	0.0214	0.0299	0.0394	0.0498	0.0610
	3	0.0000	0.0001	0.0003	0.0006	0.0011	0.0019	0.0030	0.0043	0.0060
	4	0.0000	0.0000	0.0000	0.0000	0.0000	0.0001	0.0001	0.0002	0.0003
	5	0.0000	0.0000	0.0000	0.0000	0.0000	0.0000	0.0000	0.0000	0.0000

(续)

n	x	p								
		0.01	0.02	0.03	0.04	0.05	0.06	0.07	0.08	0.09
6	0	0.9415	0.8858	0.8330	0.7828	0.7351	0.6899	0.6470	0.6064	0.5679
	1	0.0571	0.1085	0.1546	0.1957	0.2321	0.2642	0.2922	0.3164	0.3370
	2	0.0014	0.0055	0.0120	0.0204	0.0305	0.0422	0.0550	0.0688	0.0833
	3	0.0000	0.0002	0.0005	0.0011	0.0021	0.0036	0.0055	0.0080	0.0110
	4	0.0000	0.0000	0.0000	0.0000	0.0001	0.0002	0.0003	0.0005	0.0008
	5	0.0000	0.0000	0.0000	0.0000	0.0000	0.0000	0.0000	0.0000	0.0000
	6	0.0000	0.0000	0.0000	0.0000	0.0000	0.0000	0.0000	0.0000	0.0000
7	0	0.9321	0.8681	0.8080	0.7514	0.6983	0.6485	0.6017	0.5578	0.5168
	1	0.0659	0.1240	0.1749	0.2192	0.2573	0.2897	0.3170	0.3396	0.3578
	2	0.0020	0.0076	0.0162	0.0274	0.0406	0.0555	0.0716	0.0886	0.1061
	3	0.0000	0.0003	0.0008	0.0019	0.0036	0.0059	0.0090	0.0128	0.0175
	4	0.0000	0.0000	0.0000	0.0001	0.0002	0.0004	0.0007	0.0011	0.0017
	5	0.0000	0.0000	0.0000	0.0000	0.0000	0.0000	0.0000	0.0001	0.0001
	6	0.0000	0.0000	0.0000	0.0000	0.0000	0.0000	0.0000	0.0000	0.0000
	7	0.0000	0.0000	0.0000	0.0000	0.0000	0.0000	0.0000	0.0000	0.0000
8	0	0.9227	0.8508	0.7837	0.7214	0.6634	0.6096	0.5596	0.5132	0.4703
	1	0.0746	0.1389	0.1939	0.2405	0.2793	0.3113	0.3370	0.3570	0.3721
	2	0.0026	0.0099	0.0210	0.0351	0.0515	0.0695	0.0888	0.1087	0.1288
	3	0.0001	0.0004	0.0013	0.0029	0.0054	0.0089	0.0134	0.0189	0.0255
	4	0.0000	0.0000	0.0001	0.0002	0.0004	0.0007	0.0013	0.0021	0.0031
	5	0.0000	0.0000	0.0000	0.0000	0.0000	0.0000	0.0001	0.0001	0.0002
	6	0.0000	0.0000	0.0000	0.0000	0.0000	0.0000	0.0000	0.0000	0.0000
	7	0.0000	0.0000	0.0000	0.0000	0.0000	0.0000	0.0000	0.0000	0.0000
	8	0.0000	0.0000	0.0000	0.0000	0.0000	0.0000	0.0000	0.0000	0.0000
9	0	0.9135	0.8337	0.7602	0.6925	0.6302	0.5730	0.5204	0.4722	0.4279
	1	0.0830	0.1531	0.2116	0.2597	0.2985	0.3292	0.3525	0.3695	0.3809
	2	0.0034	0.0125	0.0262	0.0433	0.0629	0.0840	0.1061	0.1285	0.1507
	3	0.0001	0.0006	0.0019	0.0042	0.0077	0.0125	0.0186	0.0261	0.0348
	4	0.0000	0.0000	0.0001	0.0003	0.0006	0.0012	0.0021	0.0034	0.0052
	5	0.0000	0.0000	0.0000	0.0000	0.0000	0.0001	0.0002	0.0003	0.0005
	6	0.0000	0.0000	0.0000	0.0000	0.0000	0.0000	0.0000	0.0000	0.0000
	7	0.0000	0.0000	0.0000	0.0000	0.0000	0.0000	0.0000	0.0000	0.0000
	8	0.0000	0.0000	0.0000	0.0000	0.0000	0.0000	0.0000	0.0000	0.0000
	9	0.0000	0.0000	0.0000	0.0000	0.0000	0.0000	0.0000	0.0000	0.0000
10	0	0.9044	0.8171	0.7374	0.6648	0.5987	0.5386	0.4840	0.4344	0.3894
	1	0.0914	0.1667	0.2281	0.2770	0.3151	0.3438	0.3643	0.3777	0.3851
	2	0.0042	0.0153	0.0317	0.0519	0.0746	0.0988	0.1234	0.1478	0.1714
	3	0.0001	0.0008	0.0026	0.0058	0.0105	0.0168	0.0248	0.0343	0.0452
	4	0.0000	0.0000	0.0001	0.0004	0.0010	0.0019	0.0033	0.0052	0.0078
	5	0.0000	0.0000	0.0000	0.0000	0.0001	0.0001	0.0003	0.0005	0.0009
	6	0.0000	0.0000	0.0000	0.0000	0.0000	0.0000	0.0000	0.0000	0.0001
	7	0.0000	0.0000	0.0000	0.0000	0.0000	0.0000	0.0000	0.0000	0.0000
	8	0.0000	0.0000	0.0000	0.0000	0.0000	0.0000	0.0000	0.0000	0.0000
	9	0.0000	0.0000	0.0000	0.0000	0.0000	0.0000	0.0000	0.0000	0.0000
	10	0.0000	0.0000	0.0000	0.0000	0.0000	0.0000	0.0000	0.0000	0.0000
12	0	0.8864	0.7847	0.6938	0.6127	0.5404	0.4759	0.4186	0.3677	0.3225
	1	0.1074	0.1922	0.2575	0.3064	0.3413	0.3645	0.3781	0.3837	0.3827

(续)

n	x	p								
		0.01	0.02	0.03	0.04	0.05	0.06	0.07	0.08	0.09
	2	0.0060	0.0216	0.0438	0.0702	0.0988	0.1280	0.1565	0.1835	0.2082
	3	0.0002	0.0015	0.0045	0.0098	0.0173	0.0272	0.0393	0.0532	0.0686
	4	0.0000	0.0001	0.0003	0.0009	0.0021	0.0039	0.0067	0.0104	0.0153
	5	0.0000	0.0000	0.0000	0.0001	0.0002	0.0004	0.0008	0.0014	0.0024
	6	0.0000	0.0000	0.0000	0.0000	0.0000	0.0000	0.0001	0.0001	0.0003
	7	0.0000	0.0000	0.0000	0.0000	0.0000	0.0000	0.0000	0.0000	0.0000
	8	0.0000	0.0000	0.0000	0.0000	0.0000	0.0000	0.0000	0.0000	0.0000
	9	0.0000	0.0000	0.0000	0.0000	0.0000	0.0000	0.0000	0.0000	0.0000
	10	0.0000	0.0000	0.0000	0.0000	0.0000	0.0000	0.0000	0.0000	0.0000
	11	0.0000	0.0000	0.0000	0.0000	0.0000	0.0000	0.0000	0.0000	0.0000
	12	0.0000	0.0000	0.0000	0.0000	0.0000	0.0000	0.0000	0.0000	0.0000
15	0	0.8601	0.7386	0.6333	0.5421	0.4633	0.3953	0.3367	0.2863	0.2430
	1	0.1303	0.2261	0.2938	0.3388	0.3658	0.3785	0.3801	0.3734	0.3605
	2	0.0092	0.0323	0.0636	0.0988	0.1348	0.1691	0.2003	0.2273	0.2496
	3	0.0004	0.0029	0.0085	0.0178	0.0307	0.0468	0.0653	0.0857	0.1070
	4	0.0000	0.0002	0.0008	0.0022	0.0049	0.0090	0.0148	0.0223	0.0317
	5	0.0000	0.0000	0.0001	0.0002	0.0006	0.0013	0.0024	0.0043	0.0069
	6	0.0000	0.0000	0.0000	0.0000	0.0000	0.0001	0.0003	0.0006	0.0011
	7	0.0000	0.0000	0.0000	0.0000	0.0000	0.0000	0.0000	0.0001	0.0001
	8	0.0000	0.0000	0.0000	0.0000	0.0000	0.0000	0.0000	0.0000	0.0000
	9	0.0000	0.0000	0.0000	0.0000	0.0000	0.0000	0.0000	0.0000	0.0000
	10	0.0000	0.0000	0.0000	0.0000	0.0000	0.0000	0.0000	0.0000	0.0000
	11	0.0000	0.0000	0.0000	0.0000	0.0000	0.0000	0.0000	0.0000	0.0000
	12	0.0000	0.0000	0.0000	0.0000	0.0000	0.0000	0.0000	0.0000	0.0000
	13	0.0000	0.0000	0.0000	0.0000	0.0000	0.0000	0.0000	0.0000	0.0000
	14	0.0000	0.0000	0.0000	0.0000	0.0000	0.0000	0.0000	0.0000	0.0000
	15	0.0000	0.0000	0.0000	0.0000	0.0000	0.0000	0.0000	0.0000	0.0000
18	0	0.8345	0.6951	0.5780	0.4796	0.3972	0.3283	0.2708	0.2229	0.1831
	1	0.1517	0.2554	0.3217	0.3597	0.3763	0.3772	0.3669	0.3489	0.3260
	2	0.0130	0.0443	0.0846	0.1274	0.1683	0.2047	0.2348	0.2579	0.2741
	3	0.0007	0.0048	0.0140	0.0283	0.0473	0.0697	0.0942	0.1196	0.1446
	4	0.0000	0.0004	0.0016	0.0044	0.0093	0.0167	0.0266	0.0390	0.0536
	5	0.0000	0.0000	0.0001	0.0005	0.0014	0.0030	0.0056	0.0095	0.0148
	6	0.0000	0.0000	0.0000	0.0000	0.0002	0.0004	0.0009	0.0018	0.0032
	7	0.0000	0.0000	0.0000	0.0000	0.0000	0.0000	0.0001	0.0003	0.0005
	8	0.0000	0.0000	0.0000	0.0000	0.0000	0.0000	0.0000	0.0000	0.0001
	9	0.0000	0.0000	0.0000	0.0000	0.0000	0.0000	0.0000	0.0000	0.0000
	10	0.0000	0.0000	0.0000	0.0000	0.0000	0.0000	0.0000	0.0000	0.0000
	11	0.0000	0.0000	0.0000	0.0000	0.0000	0.0000	0.0000	0.0000	0.0000
	12	0.0000	0.0000	0.0000	0.0000	0.0000	0.0000	0.0000	0.0000	0.0000
	13	0.0000	0.0000	0.0000	0.0000	0.0000	0.0000	0.0000	0.0000	0.0000
	14	0.0000	0.0000	0.0000	0.0000	0.0000	0.0000	0.0000	0.0000	0.0000
	15	0.0000	0.0000	0.0000	0.0000	0.0000	0.0000	0.0000	0.0000	0.0000
	16	0.0000	0.0000	0.0000	0.0000	0.0000	0.0000	0.0000	0.0000	0.0000
	17	0.0000	0.0000	0.0000	0.0000	0.0000	0.0000	0.0000	0.0000	0.0000
	18	0.0000	0.0000	0.0000	0.0000	0.0000	0.0000	0.0000	0.0000	0.0000
20	0	0.8179	0.6676	0.5438	0.4420	0.3585	0.2901	0.2342	0.1887	0.1516
	1	0.1652	0.2725	0.3364	0.3683	0.3774	0.3703	0.3526	0.3282	0.3000
	2	0.0159	0.0528	0.0988	0.1458	0.1887	0.2246	0.2521	0.2711	0.2818

(续)

						p				
n	x	0.01	0.02	0.03	0.04	0.05	0.06	0.07	0.08	0.09
	3	0.0010	0.0065	0.0183	0.0364	0.0596	0.0860	0.1139	0.1414	0.1672
	4	0.0000	0.0006	0.0024	0.0065	0.0133	0.0233	0.0364	0.0523	0.0703
	5	0.0000	0.0000	0.0002	0.0009	0.0022	0.0048	0.0088	0.0145	0.0222
	6	0.0000	0.0000	0.0000	0.0001	0.0003	0.0008	0.0017	0.0032	0.0055
	7	0.0000	0.0000	0.0000	0.0000	0.0000	0.0001	0.0002	0.0005	0.0011
	8	0.0000	0.0000	0.0000	0.0000	0.0000	0.0000	0.0000	0.0001	0.0002
	9	0.0000	0.0000	0.0000	0.0000	0.0000	0.0000	0.0000	0.0000	0.0000
	10	0.0000	0.0000	0.0000	0.0000	0.0000	0.0000	0.0000	0.0000	0.0000
	11	0.0000	0.0000	0.0000	0.0000	0.0000	0.0000	0.0000	0.0000	0.0000
	12	0.0000	0.0000	0.0000	0.0000	0.0000	0.0000	0.0000	0.0000	0.0000
	13	0.0000	0.0000	0.0000	0.0000	0.0000	0.0000	0.0000	0.0000	0.0000
	14	0.0000	0.0000	0.0000	0.0000	0.0000	0.0000	0.0000	0.0000	0.0000
	15	0.0000	0.0000	0.0000	0.0000	0.0000	0.0000	0.0000	0.0000	0.0000
	16	0.0000	0.0000	0.0000	0.0000	0.0000	0.0000	0.0000	0.0000	0.0000
	17	0.0000	0.0000	0.0000	0.0000	0.0000	0.0000	0.0000	0.0000	0.0000
	18	0.0000	0.0000	0.0000	0.0000	0.0000	0.0000	0.0000	0.0000	0.0000
	19	0.0000	0.0000	0.0000	0.0000	0.0000	0.0000	0.0000	0.0000	0.0000
	19	0.0000	0.0000	0.0000	0.0000	0.0000	0.0000	0.0000	0.0000	0.0000
	20	0.0000	0.0000	0.0000	0.0000	0.0000	0.0000	0.0000	0.0000	0.0000

						p				
n	x	0.10	0.15	0.20	0.25	0.30	0.35	0.40	0.45	0.50
2	0	0.8100	0.7225	0.6400	0.5625	0.4900	0.4225	0.3600	0.3025	0.2500
	1	0.1800	0.2550	0.3200	0.3750	0.4200	0.4550	0.4800	0.4950	0.5000
	2	0.0100	0.0225	0.0400	0.0625	0.0900	0.1225	0.1600	0.2025	0.2500
3	0	0.7290	0.6141	0.5120	0.4219	0.3430	0.2746	0.2160	0.1664	0.1250
	1	0.2430	0.3251	0.3840	0.4219	0.4410	0.4436	0.4320	0.4084	0.3750
	2	0.0270	0.0574	0.0960	0.1406	0.1890	0.2389	0.2880	0.3341	0.3750
	3	0.0010	0.0034	0.0080	0.0156	0.0270	0.0429	0.0640	0.0911	0.1250
4	0	0.6561	0.5220	0.4096	0.3164	0.2401	0.1785	0.1296	0.0915	0.0625
	1	0.2916	0.3685	0.4096	0.4219	0.4116	0.3845	0.3456	0.2995	0.2500
	2	0.0486	0.0975	0.1536	0.2109	0.2646	0.3105	0.3456	0.3675	0.3750
	3	0.0036	0.0115	0.0256	0.0469	0.0756	0.1115	0.1536	0.2005	0.2500
	4	0.0001	0.0005	0.0016	0.0039	0.0081	0.0150	0.0256	0.0410	0.0625
5	0	0.5905	0.4437	0.3277	0.2373	0.1681	0.1160	0.0778	0.0503	0.0312
	1	0.3280	0.3915	0.4096	0.3955	0.3602	0.3124	0.2592	0.2059	0.1562
	2	0.0729	0.1382	0.2048	0.2637	0.3087	0.3364	0.3456	0.3369	0.3125
	3	0.0081	0.0244	0.0512	0.0879	0.1323	0.1811	0.2304	0.2757	0.3125
	4	0.0004	0.0022	0.0064	0.0146	0.0284	0.0488	0.0768	0.1128	0.1562
	5	0.0000	0.0001	0.0003	0.0010	0.0024	0.0053	0.0102	0.0185	0.0312
6	0	0.5314	0.3771	0.2621	0.1780	0.1176	0.0754	0.0467	0.0277	0.0156
	1	0.3543	0.3993	0.3932	0.3560	0.3025	0.2437	0.1866	0.1359	0.0938
	2	0.0984	0.1762	0.2458	0.2966	0.3241	0.3280	0.3110	0.2780	0.2344
	3	0.0146	0.0415	0.0819	0.1318	0.1852	0.2355	0.2765	0.3032	0.3125
	4	0.0012	0.0055	0.0154	0.0330	0.0595	0.0951	0.1382	0.1861	0.2344
	5	0.0001	0.0004	0.0015	0.0044	0.0102	0.0205	0.0369	0.0609	0.0938
	6	0.0000	0.0000	0.0001	0.0002	0.0007	0.0018	0.0041	0.0083	0.0156

（续）

		\multicolumn{9}{c}{p}								
n	x	0.10	0.15	0.20	0.25	0.30	0.35	0.40	0.45	0.50
7	0	0.4783	0.3206	0.2097	0.1335	0.0824	0.0490	0.0280	0.0152	0.0078
	1	0.3720	0.3960	0.3670	0.3115	0.2471	0.1848	0.1306	0.0872	0.0547
	2	0.1240	0.2097	0.2753	0.3115	0.3177	0.2985	0.2613	0.2140	0.1641
	3	0.0230	0.0617	0.1147	0.1730	0.2269	0.2679	0.2903	0.2918	0.2734
	4	0.0026	0.0109	0.0287	0.0577	0.0972	0.1442	0.1935	0.2388	0.2734
	5	0.0002	0.0012	0.0043	0.0115	0.0250	0.0466	0.0774	0.1172	0.1641
	6	0.0000	0.0001	0.0004	0.0013	0.0036	0.0084	0.0172	0.0320	0.0547
	7	0.0000	0.0000	0.0000	0.0001	0.0002	0.0006	0.0016	0.0037	0.0078
8	0	0.4305	0.2725	0.1678	0.1001	0.0576	0.0319	0.0168	0.0084	0.0039
	1	0.3826	0.3847	0.3355	0.2670	0.1977	0.1373	0.0896	0.0548	0.0312
	2	0.1488	0.2376	0.2936	0.3115	0.2965	0.2587	0.2090	0.1569	0.1094
	3	0.0331	0.0839	0.1468	0.2076	0.2541	0.2786	0.2787	0.2568	0.2188
	4	0.0046	0.0185	0.0459	0.0865	0.1361	0.1875	0.2322	0.2627	0.2734
	5	0.0004	0.0026	0.0092	0.0231	0.0467	0.0808	0.1239	0.1719	0.2188
	6	0.0000	0.0002	0.0011	0.0038	0.0100	0.0217	0.0413	0.0703	0.1094
	7	0.0000	0.0000	0.0001	0.0004	0.0012	0.0033	0.0079	0.0164	0.0313
	8	0.0000	0.0000	0.0000	0.0000	0.0001	0.0002	0.0007	0.0017	0.0039
9	0	0.3874	0.2316	0.1342	0.0751	0.0404	0.0207	0.0101	0.0046	0.0020
	1	0.3874	0.3679	0.3020	0.2253	0.1556	0.1004	0.0605	0.0339	0.0176
	2	0.1722	0.2597	0.3020	0.3003	0.2668	0.2162	0.1612	0.1110	0.0703
	3	0.0446	0.1069	0.1762	0.2336	0.2668	0.2716	0.2508	0.2119	0.1641
	4	0.0074	0.0283	0.0661	0.1168	0.1715	0.2194	0.2508	0.2600	0.2461
	5	0.0008	0.0050	0.0165	0.0389	0.0735	0.1181	0.1672	0.2128	0.2461
	6	0.0001	0.0006	0.0028	0.0087	0.0210	0.0424	0.0743	0.1160	0.1641
	7	0.0000	0.0000	0.0003	0.0012	0.0039	0.0098	0.0212	0.0407	0.0703
	8	0.0000	0.0000	0.0000	0.0001	0.0004	0.0013	0.0035	0.0083	0.0176
	9	0.0000	0.0000	0.0000	0.0000	0.0000	0.0001	0.0003	0.0008	0.0020
10	0	0.3487	0.1969	0.1074	0.0563	0.0282	0.0135	0.0060	0.0025	0.0010
	1	0.3874	0.3474	0.2684	0.1877	0.1211	0.0725	0.0403	0.0207	0.0098
	2	0.1937	0.2759	0.3020	0.2816	0.2335	0.1757	0.1209	0.0763	0.0439
	3	0.0574	0.1298	0.2013	0.2503	0.2668	0.2522	0.2150	0.1665	0.1172
	4	0.0112	0.0401	0.0881	0.1460	0.2001	0.2377	0.2508	0.2384	0.2051
	5	0.0015	0.0085	0.0264	0.0584	0.1029	0.1536	0.2007	0.2340	0.2461
	6	0.0001	0.0012	0.0055	0.0162	0.0368	0.0689	0.1115	0.1596	0.2051
	7	0.0000	0.0001	0.0008	0.0031	0.0090	0.0212	0.0425	0.0746	0.1172
	8	0.0000	0.0000	0.0001	0.0004	0.0014	0.0043	0.0106	0.0229	0.0439
	9	0.0000	0.0000	0.0000	0.0000	0.0001	0.0005	0.0016	0.0042	0.0098
	10	0.0000	0.0000	0.0000	0.0000	0.0000	0.0000	0.0001	0.0003	0.0010
12	0	0.2824	0.1422	0.0687	0.0317	0.0138	0.0057	0.0022	0.0008	0.0002
	1	0.3766	0.3012	0.2062	0.1267	0.0712	0.0368	0.0174	0.0075	0.0029
	2	0.2301	0.2924	0.2835	0.2323	0.1678	0.1088	0.0639	0.0339	0.0161
	3	0.0853	0.1720	0.2362	0.2581	0.2397	0.1954	0.1419	0.0923	0.0537
	4	0.0213	0.0683	0.1329	0.1936	0.2311	0.2367	0.2128	0.1700	0.1208
	5	0.0038	0.0193	0.0532	0.1032	0.1585	0.2039	0.2270	0.2225	0.1934
	6	0.0005	0.0040	0.0155	0.0401	0.0792	0.1281	0.1766	0.2124	0.2256
	7	0.0000	0.0006	0.0033	0.0115	0.0291	0.0591	0.1009	0.1489	0.1934
	8	0.0000	0.0001	0.0005	0.0024	0.0078	0.0199	0.0420	0.0762	0.1208
	9	0.0000	0.0000	0.0001	0.0004	0.0015	0.0048	0.0125	0.0277	0.0537

(续)

n	x	p								
		0.10	0.15	0.20	0.25	0.30	0.35	0.40	0.45	0.50
	10	0.0000	0.0000	0.0000	0.0000	0.0002	0.0008	0.0025	0.0068	0.0161
	11	0.0000	0.0000	0.0000	0.0000	0.0000	0.0001	0.0003	0.0010	0.0029
	12	0.0000	0.0000	0.0000	0.0000	0.0000	0.0000	0.0000	0.0001	0.0002
15	0	0.2059	0.0874	0.0352	0.0134	0.0047	0.0016	0.0005	0.0001	0.0000
	1	0.3432	0.2312	0.1319	0.0688	0.0305	0.0126	0.0047	0.0016	0.0005
	2	0.2669	0.2856	0.2309	0.1559	0.0916	0.0476	0.0219	0.0090	0.0032
	3	0.1285	0.2184	0.2501	0.2252	0.1700	0.1110	0.0634	0.0318	0.0139
	4	0.0428	0.1156	0.1876	0.2252	0.2186	0.1792	0.1268	0.0780	0.0417
	5	0.0105	0.0449	0.1032	0.1651	0.2061	0.2123	0.1859	0.1404	0.0916
	6	0.0019	0.0132	0.0430	0.0917	0.1472	0.1906	0.2066	0.1914	0.1527
	7	0.0003	0.0030	0.0138	0.0393	0.0811	0.1319	0.1771	0.2013	0.1964
	8	0.0000	0.0005	0.0035	0.0131	0.0348	0.0710	0.1181	0.1647	0.1964
	9	0.0000	0.0001	0.0007	0.0034	0.0116	0.0298	0.0612	0.1048	0.1527
	10	0.0000	0.0000	0.0001	0.0007	0.0030	0.0096	0.0245	0.0515	0.0916
	11	0.0000	0.0000	0.0000	0.0001	0.0006	0.0024	0.0074	0.0191	0.0417
	12	0.0000	0.0000	0.0000	0.0000	0.0001	0.0004	0.0016	0.0052	0.0139
	13	0.0000	0.0000	0.0000	0.0000	0.0000	0.0001	0.0003	0.0010	0.0032
	14	0.0000	0.0000	0.0000	0.0000	0.0000	0.0000	0.0000	0.0001	0.0005
	15	0.0000	0.0000	0.0000	0.0000	0.0000	0.0000	0.0000	0.0000	0.0000
18	0	0.1501	0.0536	0.0180	0.0056	0.0016	0.0004	0.0001	0.0000	0.0000
	1	0.3002	0.1704	0.0811	0.0338	0.0126	0.0042	0.0012	0.0003	0.0001
	2	0.2835	0.2556	0.1723	0.0958	0.0458	0.0190	0.0069	0.0022	0.0006
	3	0.1680	0.2406	0.2297	0.1704	0.1046	0.0547	0.0246	0.0095	0.0031
	4	0.0700	0.1592	0.2153	0.2130	0.1681	0.1104	0.0614	0.0291	0.0117
	5	0.0218	0.0787	0.1507	0.1988	0.2017	0.1664	0.1146	0.0666	0.0327
	6	0.0052	0.0301	0.0816	0.1436	0.1873	0.1941	0.1655	0.1181	0.0708
	7	0.0010	0.0091	0.0350	0.0820	0.1376	0.1792	0.1892	0.1657	0.1214
	8	0.0002	0.0022	0.0120	0.0376	0.0811	0.1327	0.1734	0.1864	0.1669
	9	0.0000	0.0004	0.0033	0.0139	0.0386	0.0794	0.1284	0.1694	0.1855
	10	0.0000	0.0001	0.0008	0.0042	0.0149	0.0385	0.0771	0.1248	0.1669
	11	0.0000	0.0000	0.0000	0.0010	0.0046	0.0151	0.0374	0.0742	0.1214
	12	0.0000	0.0000	0.0000	0.0002	0.0012	0.0047	0.0145	0.0354	0.0708
	13	0.0000	0.0000	0.0000	0.0000	0.0002	0.0012	0.0045	0.0134	0.0327
	14	0.0000	0.0000	0.0000	0.0000	0.0000	0.0002	0.0011	0.0039	0.0117
	15	0.0000	0.0000	0.0000	0.0000	0.0000	0.0000	0.0002	0.0009	0.0031
	16	0.0000	0.0000	0.0000	0.0000	0.0000	0.0000	0.0001	0.0000	0.0006
	17	0.0000	0.0000	0.0000	0.0000	0.0000	0.0000	0.0000	0.0000	0.0001
	18	0.0000	0.0000	0.0000	0.0000	0.0000	0.0000	0.0000	0.0000	0.0000
20	0	0.1216	0.0388	0.0115	0.0032	0.0008	0.0002	0.0000	0.0000	0.0000
	1	0.2702	0.1368	0.0576	0.0211	0.0068	0.0020	0.0005	0.0001	0.0000
	2	0.2852	0.2293	0.1369	0.0669	0.0278	0.0100	0.0031	0.0008	0.0002
	3	0.1901	0.2428	0.2054	0.1339	0.0716	0.0323	0.0123	0.0040	0.0011
	4	0.0898	0.1821	0.2182	0.1897	0.1304	0.0738	0.0350	0.0139	0.0046
	5	0.0319	0.1028	0.1746	0.2023	0.1789	0.1272	0.0746	0.0365	0.0148
	6	0.0089	0.0454	0.1091	0.1686	0.1916	0.1712	0.1244	0.0746	0.0370
	7	0.0020	0.0160	0.0545	0.1124	0.1643	0.1844	0.1659	0.1221	0.0739
	8	0.0004	0.0046	0.0222	0.0609	0.1144	0.1614	0.1797	0.1623	0.1201
	9	0.0001	0.0011	0.0074	0.0271	0.0654	0.1158	0.1597	0.1771	0.1602
	10	0.0000	0.0002	0.0020	0.0090	0.0308	0.0686	0.1171	0.1593	0.1762

（续）

n	x	p								
		0.10	0.15	0.20	0.25	0.30	0.35	0.40	0.45	0.50
	11	0.0000	0.0000	0.0005	0.0030	0.0120	0.0336	0.0710	0.1185	0.1602
	12	0.0000	0.0000	0.0001	0.0008	0.0039	0.0136	0.0355	0.0727	0.1201
	13	0.0000	0.0000	0.0000	0.0002	0.0010	0.0045	0.0146	0.0366	0.0739
	14	0.0000	0.0000	0.0000	0.0000	0.0002	0.0012	0.0049	0.0150	0.0370
	15	0.0000	0.0000	0.0000	0.0000	0.0000	0.0003	0.0013	0.0049	0.0148
	16	0.0000	0.0000	0.0000	0.0000	0.0000	0.0000	0.0003	0.0013	0.0046
	17	0.0000	0.0000	0.0000	0.0000	0.0000	0.0000	0.0000	0.0002	0.0011
	18	0.0000	0.0000	0.0000	0.0000	0.0000	0.0000	0.0000	0.0000	0.0002
	19	0.0000	0.0000	0.0000	0.0000	0.0000	0.0000	0.0000	0.0000	0.0000
	20	0.0000	0.0000	0.0000	0.0000	0.0000	0.0000	0.0000	0.0000	0.0000

n	x	p								
		0.55	0.60	0.65	0.70	0.75	0.80	0.85	0.90	0.95
2	0	0.2025	0.1600	0.1225	0.0900	0.0625	0.0400	0.0225	0.0100	0.0025
	1	0.4950	0.4800	0.4550	0.4200	0.3750	0.3200	0.2550	0.1800	0.0950
	2	0.3025	0.3600	0.4225	0.4900	0.5625	0.6400	0.7225	0.8100	0.9025
3	0	0.0911	0.0640	0.0429	0.0270	0.0156	0.0080	0.0034	0.0010	0.0001
	1	0.3341	0.2880	0.2389	0.1890	0.1406	0.0960	0.0574	0.0270	0.0071
	2	0.4084	0.4320	0.4436	0.4410	0.4219	0.3840	0.3251	0.2430	0.1354
	3	0.1664	0.2160	0.2746	0.3430	0.4219	0.5120	0.6141	0.7290	0.8574
4	0	0.0410	0.0256	0.0150	0.0081	0.0039	0.0016	0.0005	0.0001	0.0000
	1	0.2005	0.1536	0.1115	0.0756	0.0469	0.0256	0.0115	0.0036	0.0005
	2	0.3675	0.3456	0.3105	0.2646	0.2109	0.1536	0.0975	0.0486	0.0135
	3	0.2995	0.3456	0.3845	0.4116	0.4219	0.4096	0.3685	0.2916	0.1715
	4	0.0915	0.1296	0.1785	0.2401	0.3164	0.4096	0.5220	0.6561	0.8145
5	0	0.0185	0.0102	0.0053	0.0024	0.0010	0.0003	0.0001	0.0000	0.0000
	1	0.1128	0.0768	0.0488	0.0284	0.0146	0.0064	0.0022	0.0005	0.0000
	2	0.2757	0.2304	0.1811	0.1323	0.0879	0.0512	0.0244	0.0081	0.0011
	3	0.3369	0.3456	0.3364	0.3087	0.2637	0.2048	0.1382	0.0729	0.0214
	4	0.2059	0.2592	0.3124	0.3601	0.3955	0.4096	0.3915	0.3281	0.2036
	5	0.0503	0.0778	0.1160	0.1681	0.2373	0.3277	0.4437	0.5905	0.7738
6	0	0.0083	0.0041	0.0018	0.0007	0.0002	0.0001	0.0000	0.0000	0.0000
	1	0.0609	0.0369	0.0205	0.0102	0.0044	0.0015	0.0004	0.0001	0.0000
	2	0.1861	0.1382	0.0951	0.0595	0.0330	0.0154	0.0055	0.0012	0.0001
	3	0.3032	0.2765	0.2355	0.1852	0.1318	0.0819	0.0415	0.0146	0.0021
	4	0.2780	0.3110	0.3280	0.3241	0.2966	0.2458	0.1762	0.0984	0.0305
	5	0.1359	0.1866	0.2437	0.3025	0.3560	0.3932	0.3993	0.3543	0.2321
	6	0.0277	0.0467	0.0754	0.1176	0.1780	0.2621	0.3771	0.5314	0.7351
7	0	0.0037	0.0016	0.0006	0.0002	0.0001	0.0000	0.0000	0.0000	0.0000
	1	0.0320	0.0172	0.0084	0.0036	0.0013	0.0004	0.0001	0.0000	0.0000
	2	0.1172	0.0774	0.0466	0.0250	0.0115	0.0043	0.0012	0.0002	0.0000
	3	0.2388	0.1935	0.1442	0.0972	0.0577	0.0287	0.0109	0.0026	0.0002
	4	0.2918	0.2903	0.2679	0.2269	0.1730	0.1147	0.0617	0.0230	0.0036
	5	0.2140	0.2613	0.2985	0.3177	0.3115	0.2753	0.2097	0.1240	0.0406
	6	0.0872	0.1306	0.1848	0.2471	0.3115	0.3670	0.3960	0.3720	0.2573
	7	0.0152	0.0280	0.0490	0.0824	0.1335	0.2097	0.3206	0.4783	0.6983

(续)

n	x	p								
		0.55	0.60	0.65	0.70	0.75	0.80	0.85	0.90	0.95
8	0	0.0017	0.0007	0.0002	0.0001	0.0000	0.0000	0.0000	0.0000	0.0000
	1	0.0164	0.0079	0.0033	0.0012	0.0004	0.0001	0.0000	0.0000	0.0000
	2	0.0703	0.0413	0.0217	0.0100	0.0038	0.0011	0.0002	0.0000	0.0000
	3	0.1719	0.1239	0.0808	0.0467	0.0231	0.0092	0.0026	0.0004	0.0000
	4	0.2627	0.2322	0.1875	0.1361	0.0865	0.0459	0.0185	0.0046	0.0004
	5	0.2568	0.2787	0.2786	0.2541	0.2076	0.1468	0.0839	0.0331	0.0054
	6	0.1569	0.2090	0.2587	0.2965	0.3115	0.2936	0.2376	0.1488	0.0515
	7	0.0548	0.0896	0.1373	0.1977	0.2670	0.3355	0.3847	0.3826	0.2793
	8	0.0084	0.0168	0.0319	0.0576	0.1001	0.1678	0.2725	0.4305	0.6634
9	0	0.0008	0.0003	0.0001	0.0000	0.0000	0.0000	0.0000	0.0000	0.0000
	1	0.0083	0.0035	0.0013	0.0004	0.0001	0.0000	0.0000	0.0000	0.0000
	2	0.0407	0.0212	0.0098	0.0039	0.0012	0.0003	0.0000	0.0000	0.0000
	3	0.1160	0.0743	0.0424	0.0210	0.0087	0.0028	0.0006	0.0001	0.0000
	4	0.2128	0.1672	0.1181	0.0735	0.0389	0.0165	0.0050	0.0008	0.0000
	5	0.2600	0.2508	0.2194	0.1715	0.1168	0.0661	0.0283	0.0074	0.0006
	6	0.2119	0.2508	0.2716	0.2668	0.2336	0.1762	0.1069	0.0446	0.0077
	7	0.1110	0.1612	0.2162	0.2668	0.3003	0.3020	0.2597	0.1722	0.0629
	8	0.0339	0.0605	0.1004	0.1556	0.2253	0.3020	0.3679	0.3874	0.2985
	9	0.0046	0.0101	0.0207	0.0404	0.0751	0.1342	0.2316	0.3874	0.6302
10	0	0.0003	0.0001	0.0000	0.0000	0.0000	0.0000	0.0000	0.0000	0.0000
	1	0.0042	0.0016	0.0005	0.0001	0.0000	0.0000	0.0000	0.0000	0.0000
	2	0.0229	0.0106	0.0043	0.0014	0.0004	0.0001	0.0000	0.0000	0.0000
	3	0.0746	0.0425	0.0212	0.0090	0.0031	0.0008	0.0001	0.0000	0.0000
	4	0.1596	0.1115	0.0689	0.0368	0.0162	0.0055	0.0012	0.0001	0.0000
	5	0.2340	0.2007	0.1536	0.1029	0.0584	0.0264	0.0085	0.0015	0.0001
	6	0.2384	0.2508	0.2377	0.2001	0.1460	0.0881	0.0401	0.0112	0.0010
	7	0.1665	0.2150	0.2522	0.2668	0.2503	0.2013	0.1298	0.0574	0.0105
	8	0.0763	0.1209	0.1757	0.2335	0.2816	0.3020	0.2759	0.1937	0.0746
	9	0.0207	0.0403	0.0725	0.1211	0.1877	0.2684	0.3474	0.3874	0.3151
	10	0.0025	0.0060	0.0135	0.0282	0.0563	0.1074	0.1969	0.3487	0.5987
12	0	0.0001	0.0000	0.0000	0.0000	0.0000	0.0000	0.0000	0.0000	0.0000
	1	0.0010	0.0003	0.0001	0.0000	0.0000	0.0000	0.0000	0.0000	0.0000
	2	0.0068	0.0025	0.0008	0.0002	0.0000	0.0000	0.0000	0.0000	0.0000
	3	0.0277	0.0125	0.0048	0.0015	0.0004	0.0001	0.0000	0.0000	0.0000
	4	0.0762	0.0420	0.0199	0.0078	0.0024	0.0005	0.0001	0.0000	0.0000
	5	0.1489	0.1009	0.0591	0.0291	0.0115	0.0033	0.0006	0.0000	0.0000
	6	0.2124	0.1766	0.1281	0.0792	0.0401	0.0155	0.0040	0.0005	0.0000
	7	0.2225	0.2270	0.2039	0.1585	0.1032	0.0532	0.0193	0.0038	0.0002
	8	0.1700	0.2128	0.2367	0.2311	0.1936	0.1329	0.0683	0.0213	0.0021
	9	0.0923	0.1419	0.1954	0.2397	0.2581	0.2362	0.1720	0.0852	0.0173
	10	0.0339	0.0639	0.1088	0.1678	0.2323	0.2835	0.2924	0.2301	0.0988
	11	0.0075	0.0174	0.0368	0.0712	0.1267	0.2062	0.3012	0.3766	0.3413
	12	0.0008	0.0022	0.0057	0.0138	0.0317	0.0687	0.1422	0.2824	0.5404
15	0	0.0000	0.0000	0.0000	0.0000	0.0000	0.0000	0.0000	0.0000	0.0000
	1	0.0001	0.0000	0.0000	0.0000	0.0000	0.0000	0.0000	0.0000	0.0000
	2	0.0010	0.0003	0.0001	0.0000	0.0000	0.0000	0.0000	0.0000	0.0000
	3	0.0052	0.0016	0.0004	0.0001	0.0000	0.0000	0.0000	0.0000	0.0000
	4	0.0191	0.0074	0.0024	0.0006	0.0001	0.0000	0.0000	0.0000	0.0000

(续)

| n | x | \multicolumn{9}{c}{p} |
		0.55	0.60	0.65	0.70	0.75	0.80	0.85	0.90	0.95
	5	0.0515	0.0245	0.0096	0.0030	0.0007	0.0001	0.0000	0.0000	0.0000
	6	0.1048	0.0612	0.0298	0.0116	0.0034	0.0007	0.0001	0.0000	0.0000
	7	0.1647	0.1181	0.0710	0.0348	0.0131	0.0035	0.0005	0.0000	0.0000
	8	0.2013	0.1771	0.1319	0.0811	0.0393	0.0138	0.0030	0.0003	0.0000
	9	0.1914	0.2066	0.1906	0.1472	0.0917	0.0430	0.0132	0.0019	0.0000
	10	0.1404	0.1859	0.2123	0.2061	0.1651	0.1032	0.0449	0.0105	0.0006
	11	0.0780	0.1268	0.1792	0.2186	0.2252	0.1876	0.1156	0.0428	0.0049
	12	0.0318	0.0634	0.1110	0.1700	0.2252	0.2501	0.2184	0.1285	0.0307
	13	0.0090	0.0219	0.0476	0.0916	0.1559	0.2309	0.2856	0.2669	0.1348
	14	0.0016	0.0047	0.0126	0.0305	0.0668	0.1319	0.2312	0.3432	0.3658
	15	0.0001	0.0005	0.0016	0.0047	0.0134	0.0352	0.0874	0.2059	0.4633
18	0	0.0000	0.0000	0.0000	0.0000	0.0000	0.0000	0.0000	0.0000	0.0000
	1	0.0000	0.0000	0.0000	0.0000	0.0000	0.0000	0.0000	0.0000	0.0000
	2	0.0001	0.0000	0.0000	0.0000	0.0000	0.0000	0.0000	0.0000	0.0000
	3	0.0009	0.0002	0.0000	0.0000	0.0000	0.0000	0.0000	0.0000	0.0000
	4	0.0039	0.0011	0.0002	0.0000	0.0000	0.0000	0.0000	0.0000	0.0000
	5	0.0134	0.0045	0.0012	0.0002	0.0000	0.0000	0.0000	0.0000	0.0000
	6	0.0354	0.0145	0.0047	0.0012	0.0002	0.0000	0.0000	0.0000	0.0000
	7	0.0742	0.0374	0.0151	0.0046	0.0010	0.0001	0.0000	0.0000	0.0000
	8	0.1248	0.0771	0.0385	0.0149	0.0042	0.0008	0.0001	0.0000	0.0000
	9	0.1694	0.1284	0.0794	0.0386	0.0139	0.0033	0.0004	0.0000	0.0000
	10	0.1864	0.1734	0.1327	0.0811	0.0376	0.0120	0.0022	0.0002	0.0000
	11	0.1657	0.1892	0.1792	0.1376	0.0820	0.0350	0.0091	0.0010	0.0000
	12	0.1181	0.1655	0.1941	0.1873	0.1436	0.0816	0.0301	0.0052	0.0002
	13	0.0666	0.1146	0.1664	0.2017	0.1988	0.1507	0.0787	0.0218	0.0014
	14	0.0291	0.0614	0.1104	0.1681	0.2130	0.2153	0.1592	0.0700	0.0093
	15	0.0095	0.0246	0.0547	0.1046	0.1704	0.2297	0.2406	0.1680	0.0473
	16	0.0022	0.0069	0.0190	0.0458	0.0958	0.1723	0.2556	0.2835	0.1683
	17	0.0003	0.0012	0.0042	0.0126	0.0338	0.0811	0.1704	0.3002	0.3763
	18	0.0000	0.0001	0.0004	0.0016	0.0056	0.0180	0.0536	0.1501	0.3972
20	0	0.0000	0.0000	0.0000	0.0000	0.0000	0.0000	0.0000	0.0000	0.0000
	1	0.0000	0.0000	0.0000	0.0000	0.0000	0.0000	0.0000	0.0000	0.0000
	2	0.0000	0.0000	0.0000	0.0000	0.0000	0.0000	0.0000	0.0000	0.0000
	3	0.0002	0.0000	0.0000	0.0000	0.0000	0.0000	0.0000	0.0000	0.0000
	4	0.0013	0.0003	0.0000	0.0000	0.0000	0.0000	0.0000	0.0000	0.0000
	5	0.0049	0.0013	0.0003	0.0000	0.0000	0.0000	0.0000	0.0000	0.0000
	6	0.0150	0.0049	0.0012	0.0002	0.0000	0.0000	0.0000	0.0000	0.0000
	7	0.0366	0.0146	0.0045	0.0010	0.0002	0.0000	0.0000	0.0000	0.0000
	8	0.0727	0.0355	0.0136	0.0039	0.0008	0.0001	0.0000	0.0000	0.0000
	9	0.1185	0.0710	0.0336	0.0120	0.0030	0.0005	0.0000	0.0000	0.0000
	10	0.1593	0.1171	0.0686	0.0308	0.0099	0.0020	0.0002	0.0000	0.0000
	11	0.1771	0.1597	0.1158	0.0654	0.0271	0.0074	0.0011	0.0001	0.0000
	12	0.1623	0.1797	0.1614	0.1144	0.0609	0.0222	0.0046	0.0004	0.0000
	13	0.1221	0.1659	0.1844	0.1643	0.1124	0.0545	0.0160	0.0020	0.0000
	14	0.0746	0.1244	0.1712	0.1916	0.1686	0.1091	0.0454	0.0089	0.0003
	15	0.0365	0.0746	0.1272	0.1789	0.2023	0.1746	0.1028	0.0319	0.0022
	16	0.0139	0.0350	0.0738	0.1304	0.1897	0.2182	0.1821	0.0898	0.0133
	17	0.0040	0.0123	0.0323	0.0716	0.1339	0.2054	0.2428	0.1901	0.0596
	18	0.0008	0.0031	0.0100	0.0278	0.0669	0.1369	0.2293	0.2852	0.1887
	19	0.0001	0.0005	0.0020	0.0068	0.0211	0.0576	0.1368	0.2702	0.3774
	20	0.0000	0.0000	0.0002	0.0008	0.0032	0.0115	0.0388	0.1216	0.3585

附录 B 泊松分布表

表中值给出了在均值为 λ 的一个泊松过程中，有 x 次发生的概率。例如，当 $\lambda=2.5$，有 4 次发生的概率是 0.1336。

x	λ									
	0.1	0.2	0.3	0.4	0.5	0.6	0.7	0.8	0.9	1.0
0	0.9048	0.8187	0.7408	0.6703	0.6065	0.5488	0.4966	0.4493	0.4066	0.3679
1	0.0905	0.1637	0.2222	0.2681	0.3033	0.3293	0.3476	0.3595	0.3659	0.3679
2	0.0045	0.0164	0.0333	0.0536	0.0758	0.0988	0.1217	0.1438	0.1647	0.1839
3	0.0002	0.0011	0.0033	0.0072	0.0126	0.0198	0.0284	0.0383	0.0494	0.0613
4	0.0000	0.0001	0.0002	0.0007	0.0016	0.0030	0.0050	0.0077	0.0111	0.0153
5	0.0000	0.0000	0.0000	0.0001	0.0002	0.0004	0.0007	0.0012	0.0020	0.0031
6	0.0000	0.0000	0.0000	0.0000	0.0000	0.0000	0.0001	0.0002	0.0003	0.0005
7	0.0000	0.0000	0.0000	0.0000	0.0000	0.0000	0.0000	0.0000	0.0000	0.0001

x	λ									
	1.1	1.2	1.3	1.4	1.5	1.6	1.7	1.8	1.9	2.0
0	0.3329	0.3012	0.2725	0.2466	0.2231	0.2019	0.1827	0.1653	0.1496	0.1353
1	0.3662	0.3614	0.3543	0.3452	0.3347	0.3230	0.3106	0.2975	0.2842	0.2707
2	0.2014	0.2169	0.2303	0.2417	0.2510	0.2584	0.2640	0.2678	0.2700	0.2707
3	0.0738	0.0867	0.0998	0.1128	0.1255	0.1378	0.1496	0.1607	0.1710	0.1804
4	0.0203	0.0260	0.0324	0.0395	0.0471	0.0551	0.0636	0.0723	0.0812	0.0902
5	0.0045	0.0062	0.0084	0.0111	0.0141	0.0176	0.0216	0.0260	0.0309	0.0361
6	0.0008	0.0012	0.0018	0.0026	0.0035	0.0047	0.0061	0.0078	0.0098	0.0120
7	0.0001	0.0002	0.0003	0.0005	0.0008	0.0011	0.0015	0.0020	0.0027	0.0034
8	0.0000	0.0000	0.0001	0.0001	0.0001	0.0002	0.0003	0.0005	0.0006	0.0009
9	0.0000	0.0000	0.0000	0.0000	0.0000	0.0000	0.0001	0.0001	0.0001	0.0002

x	λ									
	2.1	2.2	2.3	2.4	2.5	2.6	2.7	2.8	2.9	3.0
0	0.1225	0.1108	0.1003	0.0907	0.0821	0.0743	0.0672	0.0608	0.0550	0.0498
1	0.2572	0.2438	0.2306	0.2177	0.2052	0.1931	0.1815	0.1703	0.1596	0.1494
2	0.2700	0.2681	0.2652	0.2613	0.2565	0.2510	0.2450	0.2384	0.2314	0.2240
3	0.1890	0.1966	0.2033	0.2090	0.2138	0.2176	0.2205	0.2225	0.2237	0.2240
4	0.0992	0.1082	0.1169	0.1254	0.1336	0.1414	0.1488	0.1557	0.1622	0.1680
5	0.0417	0.0476	0.0538	0.0602	0.0668	0.0735	0.0804	0.0872	0.0940	0.1008
6	0.0146	0.0174	0.0206	0.0241	0.0278	0.0319	0.0362	0.0407	0.0455	0.0504
7	0.0044	0.0055	0.0068	0.0083	0.0099	0.0118	0.0139	0.0163	0.0188	0.0216
8	0.0011	0.0015	0.0019	0.0025	0.0031	0.0038	0.0047	0.0057	0.0068	0.0081
9	0.0003	0.0004	0.0005	0.0007	0.0009	0.0011	0.0014	0.0018	0.0022	0.0027
10	0.0001	0.0001	0.0001	0.0002	0.0002	0.0003	0.0004	0.0005	0.0006	0.0008
11	0.0000	0.0000	0.0000	0.0000	0.0000	0.0001	0.0001	0.0001	0.0002	0.0002
12	0.0000	0.0000	0.0000	0.0000	0.0000	0.0000	0.0000	0.0000	0.0000	0.0001

(续)

					λ					
x	3.1	3.2	3.3	3.4	3.5	3.6	3.7	3.8	3.9	4.0
0	0.0450	0.0408	0.0369	0.0344	0.0302	0.0273	0.0247	0.0224	0.0202	0.0183
1	0.1397	0.1304	0.1217	0.1135	0.1057	0.0984	0.0915	0.0850	0.0789	0.0733
2	0.2165	0.2087	0.2008	0.1929	0.1850	0.1771	0.1692	0.1615	0.1539	0.1465
3	0.2237	0.2226	0.2209	0.2186	0.2158	0.2125	0.2087	0.2046	0.2001	0.1954
4	0.1734	0.1781	0.1823	0.1858	0.1888	0.1912	0.1931	0.1944	0.1951	0.1954
5	0.1075	0.1140	0.1203	0.1264	0.1322	0.1377	0.1429	0.1477	0.1522	0.1563
6	0.5555	0.0608	0.0662	0.0716	0.0771	0.0826	0.0881	0.0936	0.0989	0.1042
7	0.0246	0.0278	0.0312	0.0348	0.0385	0.0425	0.0466	0.0508	0.0551	0.0595
8	0.0095	0.0111	0.0129	0.0148	0.0169	0.0191	0.0215	0.0241	0.0269	0.0298
9	0.0033	0.0040	0.0047	0.0056	0.0066	0.0076	0.0089	0.0102	0.0116	0.0132
10	0.0010	0.0013	0.0016	0.0019	0.0023	0.0028	0.0033	0.0039	0.0045	0.0053
11	0.0003	0.0004	0.0005	0.0006	0.0007	0.0009	0.0011	0.0013	0.0016	0.0019
12	0.0001	0.0001	0.0001	0.0002	0.0002	0.0003	0.0003	0.0004	0.0005	0.0006
13	0.0000	0.0000	0.0000	0.0000	0.0001	0.0001	0.0001	0.0001	0.0002	0.0002
14	0.0000	0.0000	0.0000	0.0000	0.0000	0.0000	0.0000	0.0000	0.0000	0.0001

					λ					
x	4.1	4.2	4.3	4.4	4.5	4.6	4.7	4.8	4.9	5.0
0	0.0166	0.0150	0.0136	0.0123	0.0111	0.0101	0.0091	0.0082	0.0074	0.0067
1	0.0679	0.0630	0.0583	0.0540	0.0500	0.0462	0.0427	0.0395	0.0365	0.0337
2	0.1393	0.1323	0.1254	0.1188	0.1125	0.1063	0.1005	0.0948	0.0894	0.0842
3	0.1904	0.1852	0.1798	0.1743	0.1687	0.1631	0.1574	0.1517	0.1460	0.1404
4	0.1951	0.1944	0.1933	0.1917	0.1898	0.1875	0.1849	0.1820	0.1789	0.1755
5	0.1600	0.1633	0.1662	0.1687	0.1708	0.1725	0.1738	0.1747	0.1753	0.1755
6	0.1093	0.1143	0.1191	0.1237	0.1281	0.1323	0.1362	0.1398	0.1432	0.1462
7	0.0640	0.0686	0.0732	0.0778	0.0824	0.0869	0.0914	0.0959	0.1002	0.1044
8	0.0328	0.0360	0.0393	0.0428	0.0463	0.0500	0.0537	0.0575	0.0614	0.0653
9	0.0150	0.0168	0.0188	0.0209	0.0232	0.0255	0.0280	0.0307	0.0334	0.0363
10	0.0061	0.0071	0.0081	0.0092	0.0104	0.0118	0.0132	0.0147	0.0164	0.0181
11	0.0023	0.0027	0.0032	0.0037	0.0043	0.0049	0.0056	0.0064	0.0073	0.0082
12	0.0008	0.0009	0.0011	0.0014	0.0016	0.0019	0.0022	0.0026	0.0030	0.0034
13	0.0002	0.0003	0.0004	0.0005	0.0006	0.0007	0.0008	0.0009	0.0011	0.0013
14	0.0001	0.0001	0.0001	0.0001	0.0002	0.0002	0.0003	0.0003	0.0004	0.0005
15	0.0000	0.0000	0.0000	0.0000	0.0001	0.0001	0.0001	0.0001	0.0001	0.0002

					λ					
x	5.1	5.2	5.3	5.4	5.5	5.6	5.7	5.8	5.9	6.0
0	0.0061	0.0055	0.0050	0.0045	0.0041	0.0037	0.0033	0.0030	0.0027	0.0025
1	0.0311	0.0287	0.0265	0.0244	0.0225	0.0207	0.0191	0.0176	0.0162	0.0149
2	0.0793	0.0746	0.0701	0.0659	0.0618	0.0580	0.0544	0.0509	0.0477	0.0446
3	0.1348	0.1293	0.1239	0.1185	0.1133	0.1082	0.1033	0.0985	0.0938	0.0892
4	0.1719	0.1681	0.1641	0.1600	0.1558	0.1515	0.1472	0.1428	0.1383	0.1339

(续)

	λ									
x	5.1	5.2	5.3	5.4	5.5	5.6	5.7	5.8	5.9	6.0
5	0.1753	0.1748	0.1740	0.1728	0.1714	0.1697	0.1678	0.1656	0.1632	0.1606
6	0.1490	0.1515	0.1537	0.1555	0.1571	0.1587	0.1594	0.1601	0.1605	0.1606
7	0.1086	0.1125	0.1163	0.1200	0.1234	0.1267	0.1298	0.1326	0.1353	0.1377
8	0.0692	0.0731	0.0771	0.0810	0.0849	0.0887	0.0925	0.0962	0.0998	0.1033
9	0.0392	0.0423	0.0454	0.0486	0.0519	0.0552	0.0586	0.0620	0.0654	0.0688
10	0.0200	0.0220	0.0241	0.0262	0.0285	0.0309	0.0334	0.0359	0.0386	0.0413
11	0.0093	0.0104	0.0116	0.0129	0.0143	0.0157	0.0173	0.0190	0.0207	0.0225
12	0.0039	0.0045	0.0051	0.0058	0.0065	0.0073	0.0082	0.0092	0.0102	0.0113
13	0.0015	0.0018	0.0021	0.0024	0.0028	0.0032	0.0036	0.0041	0.0046	0.0052
14	0.0006	0.0007	0.0008	0.0009	0.0011	0.0013	0.0015	0.0017	0.0019	0.0022
15	0.0002	0.0002	0.0003	0.0003	0.0004	0.0005	0.0006	0.0007	0.0008	0.0009
16	0.0001	0.0001	0.0001	0.0001	0.0001	0.0002	0.0002	0.0002	0.0003	0.0003
17	0.0000	0.0000	0.0000	0.0000	0.0000	0.0001	0.0001	0.0001	0.0001	0.0001

	λ									
x	6.1	6.2	6.3	6.4	6.5	6.6	6.7	6.8	6.9	7.0
0	0.0022	0.0020	0.0018	0.0017	0.0015	0.0014	0.0012	0.0011	0.0010	0.0009
1	0.0137	0.0126	0.0116	0.0106	0.0098	0.0090	0.0082	0.0076	0.0070	0.0064
2	0.0417	0.0390	0.0364	0.0340	0.0318	0.0296	0.0276	0.0258	0.0240	0.0223
3	0.0848	0.0806	0.0765	0.0726	0.0688	0.0652	0.0617	0.0584	0.0552	0.0521
4	0.1294	0.1249	0.1205	0.1162	0.1118	0.1076	0.1034	0.0992	0.0952	0.0912
5	0.1579	0.1549	0.1519	0.1487	0.1454	0.1420	0.1385	0.1349	0.1314	0.1277
6	0.1605	0.1601	0.1595	0.1586	0.1575	0.1562	0.1546	0.1529	0.1511	0.1490
7	0.1399	0.1418	0.1435	0.1450	0.1462	0.1472	0.1480	0.1486	0.1489	0.1490
8	0.1066	0.1099	0.1130	0.1160	0.1188	0.1215	0.1240	0.1263	0.1284	0.1304
9	0.0723	0.0757	0.0791	0.0825	0.0858	0.0891	0.0923	0.0954	0.0985	0.1014
10	0.0441	0.0469	0.0498	0.0528	0.0558	0.0588	0.0618	0.0649	0.0679	0.0710
11	0.0245	0.0265	0.0285	0.0307	0.0330	0.0353	0.0377	0.0401	0.0426	0.0452
12	0.0124	0.0137	0.0150	0.0164	0.0179	0.0194	0.0210	0.0227	0.0245	0.0264
13	0.0058	0.0065	0.0073	0.0081	0.0089	0.0098	0.0108	0.0119	0.0130	0.0142
14	0.0025	0.0029	0.0033	0.0037	0.0041	0.0046	0.0052	0.0058	0.0064	0.0071
15	0.0010	0.0012	0.0014	0.0016	0.0018	0.0020	0.0023	0.0026	0.0029	0.0033
16	0.0004	0.0005	0.0005	0.0006	0.0007	0.0008	0.0010	0.0011	0.0013	0.0014
17	0.0001	0.0002	0.0002	0.0002	0.0003	0.0003	0.0004	0.0004	0.0005	0.0006
18	0.0000	0.0001	0.0001	0.0001	0.0001	0.0001	0.0001	0.0002	0.0002	0.0002
19	0.0000	0.0000	0.0000	0.0000	0.0000	0.0000	0.0000	0.0001	0.0001	0.0001

	λ									
x	7.1	7.2	7.3	7.4	7.5	7.6	7.7	7.8	7.9	8.0
0	0.0008	0.0007	0.0007	0.0006	0.0006	0.0005	0.0005	0.0004	0.0004	0.0003
1	0.0059	0.0054	0.0049	0.0045	0.0041	0.0038	0.0035	0.0032	0.0029	0.0027
2	0.0208	0.0194	0.0180	0.0167	0.0156	0.0145	0.0134	0.0125	0.0116	0.0107
3	0.0492	0.0464	0.0438	0.0413	0.0389	0.0366	0.0345	0.0324	0.0305	0.0286
4	0.0874	0.0836	0.0799	0.0764	0.0729	0.0696	0.0663	0.0632	0.0602	0.0573

（续）

x	λ									
	7.1	7.2	7.3	7.4	7.5	7.6	7.7	7.8	7.9	8.0
5	0.1241	0.1204	0.1167	0.1130	0.1094	0.1057	0.1021	0.0986	0.0951	0.0916
6	0.1468	0.1445	0.1420	0.1394	0.1367	0.1339	0.1311	0.1282	0.1252	0.1221
7	0.1489	0.1486	0.1481	0.1474	0.1465	0.1454	0.1442	0.1428	0.1413	0.1396
8	0.1321	0.1337	0.1351	0.1363	0.1373	0.1382	0.1388	0.1392	0.1395	0.1396
9	0.1042	0.1070	0.1096	0.1121	0.1144	0.1167	0.1187	0.1207	0.1224	0.1241
10	0.0740	0.0770	0.0800	0.0829	0.0858	0.0887	0.0914	0.0941	0.0967	0.0993
11	0.0478	0.0504	0.0531	0.0558	0.0585	0.0613	0.0640	0.0667	0.0695	0.0722
12	0.0283	0.0303	0.0323	0.0344	0.0366	0.0388	0.0411	0.0434	0.0457	0.0481
13	0.0154	0.0168	0.0181	0.0196	0.0211	0.0227	0.0243	0.0260	0.0278	0.0296
14	0.0078	0.0086	0.0095	0.0104	0.0113	0.0123	0.0134	0.0145	0.0157	0.0169
15	0.0037	0.0041	0.0046	0.0051	0.0057	0.0062	0.0069	0.0075	0.0083	0.0090
16	0.0016	0.0019	0.0021	0.0024	0.0026	0.0030	0.0033	0.0037	0.0041	0.0045
17	0.0007	0.0008	0.0009	0.0010	0.0012	0.0013	0.0015	0.0017	0.0019	0.0021
18	0.0003	0.0003	0.0004	0.0004	0.0005	0.0006	0.0006	0.0007	0.0008	0.0009
19	0.0001	0.0001	0.0001	0.0002	0.0002	0.0002	0.0003	0.0003	0.0003	0.0004
20	0.0000	0.0000	0.0001	0.0001	0.0001	0.0001	0.0001	0.0001	0.0001	0.0002
21	0.0000	0.0000	0.0000	0.0000	0.0000	0.0000	0.0000	0.0000	0.0001	0.0001

x	λ									
	8.1	8.2	8.3	8.4	8.5	8.6	8.7	8.8	8.9	9.0
0	0.0003	0.0003	0.0002	0.0002	0.0002	0.0002	0.0002	0.0002	0.0001	0.0001
1	0.0025	0.0023	0.0021	0.0019	0.0017	0.0016	0.0014	0.0013	0.0012	0.0011
2	0.0100	0.0092	0.0086	0.0079	0.0074	0.0068	0.0063	0.0058	0.0054	0.0050
3	0.0269	0.0252	0.0237	0.0222	0.0208	0.0195	0.0183	0.0171	0.0160	0.0150
4	0.0544	0.0517	0.0491	0.0466	0.0443	0.0420	0.0398	0.0377	0.0357	0.0337
5	0.0882	0.0849	0.0816	0.0784	0.0752	0.0722	0.0692	0.0663	0.0635	0.0607
6	0.1191	0.1160	0.1128	0.1097	0.1066	0.1034	0.1003	0.0972	0.0941	0.0911
7	0.1378	0.1358	0.1338	0.1317	0.1294	0.1271	0.1247	0.1222	0.1197	0.1171
8	0.1395	0.1392	0.1388	0.1382	0.1375	0.1366	0.1356	0.1344	0.1332	0.1318
9	0.1256	0.1269	0.1280	0.1290	0.1299	0.1306	0.1311	0.1315	0.1317	0.1318
10	0.1017	0.1040	0.1063	0.1084	0.1104	0.1123	0.1140	0.1157	0.1172	0.1186
11	0.0749	0.0776	0.0802	0.0828	0.0853	0.0878	0.0902	0.0925	0.0948	0.0970
12	0.0505	0.0530	0.0555	0.0579	0.0604	0.0629	0.0654	0.0679	0.0703	0.0728
13	0.0315	0.0334	0.0354	0.0374	0.0395	0.0416	0.0438	0.0459	0.0481	0.0504
14	0.0182	0.0196	0.0210	0.0225	0.0240	0.0256	0.0272	0.0289	0.0306	0.0324
15	0.0098	0.0107	0.0116	0.0126	0.0136	0.0147	0.0158	0.0169	0.0182	0.1094
16	0.0050	0.0055	0.0060	0.0066	0.0072	0.0079	0.0086	0.0093	0.0101	0.0109
17	0.0024	0.0026	0.0029	0.0033	0.0036	0.0040	0.0044	0.0048	0.0053	0.0058
18	0.0011	0.0012	0.0014	0.0015	0.0017	0.0019	0.0021	0.0024	0.0026	0.0029
19	0.0005	0.0005	0.0006	0.0007	0.0008	0.0009	0.0010	0.0011	0.0012	0.0014
20	0.0002	0.0002	0.0002	0.0003	0.0003	0.0004	0.0004	0.0005	0.0005	0.0006
21	0.0001	0.0001	0.0001	0.0001	0.0001	0.0002	0.0002	0.0002	0.0002	0.0003
22	0.0000	0.0000	0.0000	0.0000	0.0001	0.0001	0.0001	0.0001	0.0001	0.0001

(续)

					λ					
x	9.1	9.2	9.3	9.4	9.5	9.6	9.7	9.8	9.9	10
0	0.0001	0.0001	0.0001	0.0001	0.0001	0.0001	0.0001	0.0001	0.0001	0.0000
1	0.0010	0.0009	0.0009	0.0008	0.0007	0.0007	0.0006	0.0005	0.0005	0.0005
2	0.0046	0.0043	0.0040	0.0037	0.0034	0.0031	0.0029	0.0027	0.0025	0.0023
3	0.0140	0.0131	0.0123	0.0115	0.0107	0.0100	0.0093	0.0087	0.0081	0.0076
4	0.0319	0.0302	0.0285	0.0269	0.0254	0.0240	0.0226	0.0213	0.0201	0.0189
5	0.0581	0.0555	0.0530	0.0506	0.0483	0.0460	0.0439	0.0418	0.0398	0.0378
6	0.0881	0.0851	0.0822	0.0793	0.0764	0.0736	0.0709	0.0682	0.0656	0.0631
7	0.1145	0.1118	0.1091	0.1064	0.1037	0.1010	0.0982	0.0955	0.0928	0.0901
8	0.1302	0.1286	0.1269	0.1251	0.1232	0.1212	0.1191	0.1170	0.1148	0.1126
9	0.1317	0.1315	0.1311	0.1306	0.1300	0.1293	0.1284	0.1274	0.1263	0.1251
10	0.1198	0.1210	0.1219	0.1228	0.1235	0.1241	0.1245	0.1249	0.1250	0.1251
11	0.0991	0.1012	0.1031	0.1049	0.1067	0.1083	0.1098	0.1112	0.1125	0.1137
12	0.0752	0.0776	0.0799	0.0822	0.0844	0.0866	0.0888	0.0908	0.0928	0.0948
13	0.0526	0.0549	0.0572	0.0594	0.0617	0.0640	0.0662	0.0685	0.0707	0.0729
14	0.0342	0.0361	0.0380	0.0399	0.0419	0.0439	0.0459	0.0479	0.0500	0.0521
15	0.0208	0.0221	0.0235	0.0250	0.0265	0.0281	0.0297	0.0313	0.0330	0.0347
16	0.0118	0.0127	0.0137	0.0147	0.0157	0.0168	0.0180	0.0192	0.0204	0.0217
17	0.0063	0.0069	0.0075	0.0081	0.0088	0.0095	0.0103	0.0111	0.0119	0.0128
18	0.0032	0.0035	0.0039	0.0042	0.0046	0.0051	0.0055	0.0060	0.0065	0.0071
19	0.0015	0.0017	0.0019	0.0021	0.0023	0.0026	0.0028	0.0031	0.0034	0.0037
20	0.0007	0.0008	0.0009	0.0010	0.0011	0.0012	0.0014	0.0015	0.0017	0.0019
21	0.0003	0.0003	0.0004	0.0004	0.0005	0.0006	0.0006	0.0007	0.0008	0.0009
22	0.0001	0.0001	0.0002	0.0002	0.0002	0.0002	0.0003	0.0003	0.0004	0.0004
23	0.0000	0.0001	0.0001	0.0001	0.0001	0.0001	0.0001	0.0001	0.0002	0.0002
24	0.0000	0.0000	0.0000	0.0000	0.0000	0.0000	0.0000	0.0001	0.0001	0.0001

					λ					
x	11	12	13	14	15	16	17	18	19	20
0	0.0000	0.0000	0.0000	0.0000	0.0000	0.0000	0.0000	0.0000	0.0000	0.0000
1	0.0002	0.0001	0.0000	0.0000	0.0000	0.0000	0.0000	0.0000	0.0000	0.0000
2	0.0010	0.0004	0.0002	0.0001	0.0000	0.0000	0.0000	0.0000	0.0000	0.0000
3	0.0037	0.0018	0.0008	0.0004	0.0002	0.0001	0.0000	0.0000	0.0000	0.0000
4	0.0102	0.0053	0.0027	0.0013	0.0006	0.0003	0.0001	0.0001	0.0000	0.0000
5	0.0224	0.0127	0.0070	0.0037	0.0019	0.0010	0.0005	0.0002	0.0001	0.0001
6	0.0411	0.0255	0.0152	0.0087	0.0048	0.0026	0.0014	0.0007	0.0004	0.0002
7	0.0646	0.0437	0.0281	0.0174	0.0104	0.0060	0.0034	0.0018	0.0010	0.0005
8	0.0888	0.0655	0.0457	0.0304	0.0194	0.0120	0.0072	0.0042	0.0024	0.0013
9	0.1085	0.0874	0.0661	0.0473	0.0324	0.0213	0.0135	0.0083	0.0050	0.0029
10	0.1194	0.1048	0.0859	0.0663	0.0486	0.0341	0.0230	0.0150	0.0095	0.0058
11	0.1194	0.1144	0.1015	0.0844	0.0663	0.0496	0.0355	0.0245	0.0164	0.0106
12	0.1094	0.1144	0.1099	0.0984	0.0829	0.0661	0.0504	0.0368	0.0259	0.0176
13	0.0926	0.1056	0.1099	0.1060	0.0956	0.0814	0.0658	0.0509	0.0378	0.0271
14	0.0728	0.0905	0.1021	0.1060	0.1024	0.0930	0.0800	0.0655	0.0514	0.0387
15	0.0534	0.0724	0.0885	0.0989	0.1024	0.0992	0.0906	0.0786	0.0650	0.0516

（续）

x	λ									
	11	12	13	14	15	16	17	18	19	20
16	0.0367	0.0543	0.0719	0.0866	0.0960	0.0992	0.0963	0.0884	0.0772	0.0646
17	0.0237	0.0383	0.0550	0.0713	0.0847	0.0934	0.0963	0.0936	0.0863	0.0760
18	0.0145	0.0256	0.0397	0.0554	0.0706	0.0830	0.0909	0.0936	0.0911	0.0844
19	0.0084	0.0161	0.0272	0.0409	0.0557	0.0699	0.0814	0.0887	0.0911	0.0888
20	0.0046	0.0097	0.0177	0.0286	0.0418	0.0559	0.0692	0.0798	0.0866	0.0888
21	0.0024	0.0055	0.0109	0.0191	0.0299	0.0426	0.0560	0.0684	0.0783	0.0846
22	0.0012	0.0030	0.0065	0.0121	0.0204	0.0310	0.0433	0.0560	0.0676	0.0769
23	0.0006	0.0016	0.0037	0.0074	0.0133	0.0216	0.0320	0.0438	0.0559	0.0669
24	0.0003	0.0008	0.0020	0.0043	0.0083	0.0144	0.0226	0.0328	0.0442	0.0557
25	0.0001	0.0004	0.0010	0.0024	0.0050	0.0092	0.0154	0.0237	0.0336	0.0446
26	0.0000	0.0002	0.0005	0.0013	0.0029	0.0057	0.0101	0.0164	0.0246	0.0343
27	0.0000	0.0001	0.0002	0.0007	0.0016	0.0034	0.0063	0.0109	0.0173	0.0254
28	0.0000	0.0000	0.0001	0.0003	0.0009	0.0019	0.0038	0.0070	0.0117	0.0181
29	0.0000	0.0000	0.0001	0.0002	0.0004	0.0011	0.0023	0.0044	0.0077	0.0125
30	0.0000	0.0000	0.0000	0.0001	0.0002	0.0006	0.0013	0.0026	0.0049	0.0083
31	0.0000	0.0000	0.0000	0.0000	0.0001	0.0003	0.0007	0.0015	0.0030	0.0054
32	0.0000	0.0000	0.0000	0.0000	0.0001	0.0001	0.0004	0.0009	0.0018	0.0034
33	0.0000	0.0000	0.0000	0.0000	0.0000	0.0001	0.0002	0.0005	0.0010	0.0020
34	0.0000	0.0000	0.0000	0.0000	0.0000	0.0000	0.0001	0.0002	0.0006	0.0012
35	0.0000	0.0000	0.0000	0.0000	0.0000	0.0000	0.0000	0.0001	0.0003	0.0007
36	0.0000	0.0000	0.0000	0.0000	0.0000	0.0000	0.0000	0.0001	0.0002	0.0004
37	0.0000	0.0000	0.0000	0.0000	0.0000	0.0000	0.0000	0.0000	0.0001	0.0002
38	0.0000	0.0000	0.0000	0.0000	0.0000	0.0000	0.0000	0.0000	0.0000	0.0001
39	0.0000	0.0000	0.0000	0.0000	0.0000	0.0000	0.0000	0.0000	0.0000	0.0001

附录 C 标准正态分布表

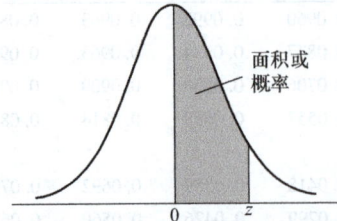

表中的数字表示标准正态分布曲线下均值与标准偏差 z 值之间的面积。例如，当 z=1.25 时，曲线下均值和 z 值之间的面积为 0.3944。

z	0.00	0.01	0.02	0.03	0.04	0.05	0.06	0.07	0.08	0.09
0.0	0.0000	0.0040	0.0080	0.0120	0.0160	0.0199	0.0239	0.0279	0.0319	0.0359
0.1	0.0398	0.0438	0.0478	0.0517	0.0557	0.0596	0.0636	0.0675	0.0714	0.0753
0.2	0.0793	0.0832	0.0871	0.0910	0.0948	0.0987	0.1026	0.1064	0.1103	0.1141
0.3	0.1179	0.1217	0.1255	0.1293	0.1331	0.1368	0.1406	0.1443	0.1480	0.1517
0.4	0.1554	0.1591	0.1628	0.1664	0.1700	0.1736	0.1772	0.1808	0.1844	0.1879
0.5	0.1915	0.1950	0.1985	0.2019	0.2054	0.2088	0.2123	0.2157	0.2190	0.2224
0.6	0.2257	0.2291	0.2324	0.2357	0.2389	0.2422	0.2454	0.2486	0.2518	0.2549
0.7	0.2580	0.2612	0.2642	0.2673	0.2704	0.2734	0.2764	0.2794	0.2823	0.2852
0.8	0.2881	0.2910	0.2939	0.2967	0.2995	0.3023	0.3051	0.3078	0.3106	0.3133
0.9	0.3159	0.3186	0.3212	0.3238	0.3264	0.3289	0.3315	0.3340	0.3365	0.3389
1.0	0.3413	0.3438	0.3461	0.3485	0.3508	0.3531	0.3554	0.3577	0.3599	0.3621
1.1	0.3643	0.3665	0.3686	0.3708	0.3729	0.3749	0.3770	0.3790	0.3810	0.3830
1.2	0.3849	0.3869	0.3888	0.3907	0.3925	0.3944	0.3962	0.3980	0.3997	0.4015
1.3	0.4032	0.4049	0.4066	0.4082	0.4099	0.4115	0.4131	0.4147	0.4162	0.4177
1.4	0.4192	0.4207	0.4222	0.4236	0.4251	0.4265	0.4279	0.4292	0.4306	0.4319
1.5	0.4332	0.4345	0.4357	0.4370	0.4382	0.4394	0.4406	0.4418	0.4429	0.4441
1.6	0.4452	0.4463	0.4474	0.4484	0.4495	0.4505	0.4515	0.4525	0.4535	0.4545
1.7	0.4554	0.4564	0.4573	0.4582	0.4591	0.4599	0.4608	0.4616	0.4625	0.4633
1.8	0.4641	0.4649	0.4656	0.4664	0.4671	0.4678	0.4686	0.4693	0.4699	0.4706
1.9	0.4713	0.4719	0.4726	0.4732	0.4738	0.4744	0.4750	0.4756	0.4761	0.4767
2.0	0.4772	0.4778	0.4783	0.4788	0.4793	0.4798	0.4803	0.4808	0.4812	0.4817
2.1	0.4821	0.4826	0.4830	0.4834	0.4838	0.4842	0.4846	0.4850	0.4854	0.4857
2.2	0.4861	0.4864	0.4868	0.4871	0.4875	0.4878	0.4881	0.4884	0.4887	0.4890
2.3	0.4893	0.4896	0.4898	0.4901	0.4904	0.4906	0.4909	0.4911	0.4913	0.4916
2.4	0.4918	0.4920	0.4922	0.4925	0.4927	0.4929	0.4931	0.4932	0.4934	0.4936
2.5	0.4938	0.4940	0.4941	0.4943	0.4945	0.4946	0.4948	0.4949	0.4951	0.4952
2.6	0.4953	0.4955	0.4956	0.4957	0.4959	0.4960	0.4961	0.4962	0.4963	0.4964
2.7	0.4965	0.4966	0.4967	0.4968	0.4969	0.4970	0.4971	0.4972	0.4973	0.4974
2.8	0.4974	0.4975	0.4976	0.4977	0.4977	0.4978	0.4979	0.4979	0.4980	0.4981
2.9	0.4981	0.4982	0.4982	0.4983	0.4984	0.4984	0.4985	0.4985	0.4986	0.4986
3.0	0.4986	0.4987	0.4987	0.4988	0.4988	0.4989	0.4989	0.4989	0.4990	0.4990

附录 D t 分布表

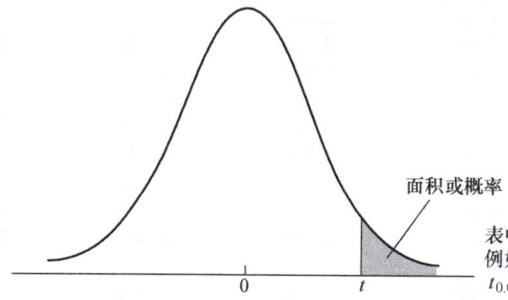

表中值给出了 t 分布上侧的面积或概率的 t 值。
例如，当自由度为 10、上侧的面积为 0.05 时，$t_{0.05}=1.812$。

自由度	上侧面积					
	0.20	0.10	0.05	0.025	0.01	0.005
1	1.376	3.078	6.314	12.706	31.821	63.656
2	1.061	1.886	2.920	4.303	6.965	9.925
3	0.978	1.638	2.353	3.182	4.541	5.841
4	0.941	1.533	2.132	2.776	3.747	4.604
5	0.920	1.476	2.015	2.571	3.365	4.032
6	0.906	1.440	1.943	2.447	3.143	3.707
7	0.896	1.415	1.895	2.365	2.998	3.499
8	0.889	1.397	1.860	2.306	2.896	3.355
9	0.883	1.383	1.833	2.262	2.821	3.250
10	0.879	1.372	1.812	2.228	2.764	3.169
11	0.876	1.363	1.796	2.201	2.718	3.106
12	0.873	1.356	1.782	2.179	2.681	3.055
13	0.870	1.350	1.771	2.160	2.650	3.012
14	0.868	1.345	1.761	2.145	2.624	2.977
15	0.866	1.341	1.753	2.131	2.602	2.947
16	0.865	1.337	1.746	2.120	2.583	2.921
17	0.863	1.333	1.740	2.110	2.567	2.898
18	0.862	1.330	1.734	2.101	2.552	2.878
19	0.861	1.328	1.729	2.093	2.539	2.861
20	0.860	1.325	1.725	2.086	2.528	2.845
21	0.859	1.323	1.721	2.080	2.518	2.831
22	0.858	1.321	1.717	2.074	2.508	2.819
23	0.858	1.319	1.714	2.069	2.500	2.807
24	0.857	1.318	1.711	2.064	2.492	2.797
25	0.856	1.316	1.708	2.060	2.485	2.787
26	0.856	1.315	1.706	2.056	2.479	2.779
27	0.855	1.314	1.703	2.052	2.473	2.771
28	0.855	1.313	1.701	2.048	2.467	2.763
29	0.854	1.311	1.699	2.045	2.462	2.756
30	0.854	1.310	1.697	2.042	2.457	2.750
31	0.853	1.309	1.696	2.040	2.453	2.744

(续)

自由度	上侧面积					
	0.20	0.10	0.05	0.025	0.01	0.005
32	0.853	1.309	1.694	2.037	2.449	2.738
33	0.853	1.308	1.692	2.035	2.445	2.733
34	0.852	1.307	1.691	2.032	2.441	2.728
35	0.852	1.306	1.690	2.030	2.438	2.724
36	0.852	1.306	1.688	2.028	2.434	2.719
37	0.851	1.305	1.687	2.026	2.431	2.715
38	0.851	1.304	1.686	2.024	2.429	2.712
39	0.851	1.304	1.685	2.023	2.426	2.708
40	0.851	1.303	1.684	2.021	2.423	2.704
41	0.850	1.303	1.683	2.020	2.421	2.701
42	0.850	1.302	1.682	2.018	2.418	2.698
43	0.850	1.302	1.681	2.017	2.416	2.695
44	0.850	1.301	1.680	2.015	2.414	2.692
45	0.850	1.301	1.679	2.014	2.412	2.690
46	0.850	1.300	1.679	2.013	2.410	2.687
47	0.849	1.300	1.678	2.012	2.408	2.685
48	0.849	1.299	1.677	2.011	2.407	2.682
49	0.849	1.299	1.677	2.010	2.405	2.680
50	0.849	1.299	1.676	2.009	2.403	2.678
51	0.849	1.298	1.675	2.008	2.402	2.676
52	0.849	1.298	1.675	2.007	2.400	2.674
53	0.848	1.298	1.674	2.006	2.399	2.672
54	0.848	1.297	1.674	2.005	2.397	2.670
55	0.848	1.297	1.673	2.004	2.396	2.668
56	0.848	1.297	1.673	2.003	2.396	2.667
57	0.848	1.297	1.672	2.002	2.394	2.665
58	0.848	1.296	1.672	2.002	2.392	2.663
59	0.848	1.296	1.671	2.001	2.391	2.662
60	0.848	1.296	1.671	2.000	2.390	2.660
61	0.848	1.296	1.670	2.000	2.389	2.659
62	0.847	1.295	1.670	1.999	2.388	2.657
63	0.847	1.295	1.669	1.998	2.387	2.656
64	0.847	1.295	1.669	1.998	2.386	2.655
65	0.847	1.295	1.669	1.997	2.385	2.654
66	0.847	1.295	1.668	1.997	2.384	2.652
67	0.847	1.294	1.668	1.996	2.383	2.651
68	0.847	1.294	1.668	1.995	2.382	2.650
69	0.847	1.294	1.667	1.995	2.382	2.649
70	0.847	1.294	1.667	1.994	2.381	2.648
71	0.847	1.294	1.667	1.994	2.380	2.647
72	0.847	1.293	1.666	1.993	2.379	2.646
73	0.847	1.293	1.666	1.993	2.379	2.645
74	0.847	1.293	1.666	1.993	2.378	2.644
75	0.846	1.293	1.665	1.992	2.377	2.643
76	0.846	1.293	1.665	1.992	2.376	2.642

（续）

自由度	上侧面积					
	0.20	0.10	0.05	0.025	0.01	0.005
77	0.846	1.293	1.665	1.991	2.376	2.641
78	0.846	1.292	1.665	1.991	2.375	2.640
79	0.846	1.292	1.664	1.990	2.374	2.639
80	0.846	1.292	1.664	1.990	2.374	2.639
81	0.846	1.292	1.664	1.990	2.373	2.638
82	0.846	1.292	1.664	1.989	2.373	2.637
83	0.846	1.292	1.663	1.989	2.372	2.636
84	0.846	1.292	1.663	1.989	2.372	2.636
85	0.846	1.292	1.663	1.988	2.371	2.635
86	0.846	1.291	1.663	1.988	2.370	2.634
87	0.846	1.291	1.663	1.988	2.370	2.634
88	0.846	1.291	1.662	1.987	2.369	2.633
89	0.846	1.291	1.662	1.987	2.369	2.632
90	0.846	1.291	1.662	1.987	2.368	2.632
91	0.846	1.291	1.662	1.986	2.368	2.631
92	0.846	1.291	1.662	1.986	2.368	2.630
93	0.846	1.291	1.661	1.986	2.367	2.630
94	0.845	1.291	1.661	1.986	2.367	2.629
95	0.845	1.291	1.661	1.985	2.366	2.629
96	0.845	1.290	1.661	1.985	2.366	2.628
97	0.845	1.290	1.661	1.985	2.365	2.627
98	0.845	1.290	1.661	1.984	2.365	2.627
99	0.845	1.290	1.660	1.984	2.364	2.626
100	0.845	1.290	1.660	1.984	2.364	2.626
∞	0.842	1.282	1.645	1.960	2.326	2.576

附录 E　χ^2 分布表

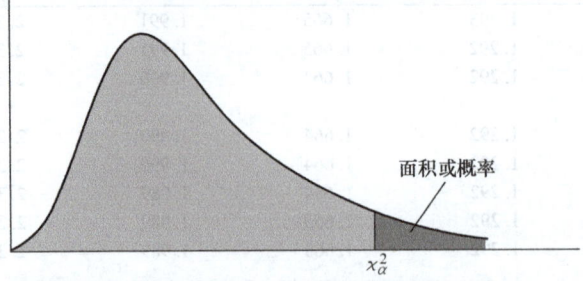

面积或概率

表中值给出了 χ_α^2 值,其中 α 是 χ^2 分布上侧的面积或概率。例如,当自由度为10和上侧的面积为0.01时,$\chi_{0.01}^2 = 23.209$。

自由度	上侧面积									
	0.995	0.99	0.975	0.95	0.90	0.10	0.05	0.025	0.01	0.005
1	0.000	0.000	0.001	0.004	0.016	2.706	3.841	5.024	6.635	7.879
2	0.010	0.020	0.051	0.103	0.211	4.605	5.991	7.378	9.210	10.597
3	0.072	0.115	0.216	0.352	0.584	6.251	7.815	9.348	11.345	12.838
4	0.207	0.297	0.484	0.711	1.064	7.779	9.488	11.143	13.277	14.860
5	0.412	0.554	0.831	1.145	1.610	9.236	11.070	12.832	15.086	16.750
6	0.676	0.872	1.237	1.635	2.204	10.645	12.592	14.449	16.812	18.548
7	0.989	1.239	1.690	2.167	2.833	12.017	14.067	16.013	18.475	20.278
8	1.344	1.647	2.180	2.733	3.490	13.362	15.507	17.535	20.090	21.955
9	1.735	2.088	2.700	3.325	4.168	14.684	16.919	19.023	21.666	23.589
10	2.156	2.558	3.247	3.940	4.865	15.987	18.307	20.483	23.209	25.188
11	2.603	3.053	3.816	4.575	5.578	17.275	19.675	21.920	24.725	26.757
12	3.074	3.571	4.404	5.226	6.304	18.549	21.026	23.337	26.217	28.300
13	3.565	4.107	5.009	5.892	7.041	19.812	22.362	24.736	27.688	29.819
14	4.075	4.660	5.629	6.571	7.790	21.064	23.685	26.119	29.141	31.319
15	4.601	5.229	6.262	7.261	8.547	22.307	24.996	27.488	30.578	32.801
16	5.142	5.812	6.908	7.962	9.312	23.542	26.296	28.845	32.000	34.267
17	5.697	6.408	7.564	8.672	10.085	24.769	27.587	30.191	33.409	35.718
18	6.265	7.015	8.231	9.390	10.865	25.989	28.869	31.526	34.805	37.156
19	6.844	7.633	8.907	10.117	11.651	27.204	30.144	32.852	36.191	38.582
20	7.434	8.260	9.591	10.851	12.443	28.412	31.410	34.170	37.566	39.997
21	8.034	8.897	10.283	11.591	13.240	29.615	32.671	35.479	38.932	41.401
22	8.643	9.542	10.982	12.338	14.041	30.813	33.924	36.781	40.289	42.796
23	9.260	10.196	11.689	13.091	14.848	32.007	35.172	38.076	41.638	44.181

（续）

自由度	上侧面积									
	0.995	0.99	0.975	0.95	0.90	0.10	0.05	0.025	0.01	0.005
24	9.886	10.856	12.401	13.848	15.659	33.196	36.415	39.364	42.980	45.558
25	10.520	11.524	13.120	14.611	16.473	34.382	37.652	40.646	44.314	46.928
26	11.160	12.198	13.844	15.379	17.292	35.563	38.885	41.923	45.642	48.290
27	11.808	12.878	14.573	16.151	18.114	36.741	40.113	43.195	46.963	49.645
28	12.461	13.565	15.308	16.928	18.939	37.916	41.337	44.461	48.278	50.994
29	13.121	14.256	16.047	17.708	19.768	39.087	42.557	45.722	49.588	52.335
30	13.787	14.953	16.791	18.493	20.599	40.256	43.773	46.979	50.892	53.672
35	17.192	18.509	20.569	22.465	24.797	46.059	49.802	53.203	57.342	60.275
40	20.707	22.164	22.433	26.509	29.051	51.805	55.758	59.342	63.691	66.766
45	24.311	25.901	28.366	30.612	33.350	57.505	61.656	65.410	69.957	73.166
50	27.991	29.707	32.357	34.764	37.689	63.167	67.505	71.420	76.154	79.490
55	31.735	33.571	36.398	38.958	42.060	68.796	73.311	77.380	82.292	85.749
60	35.534	37.485	40.482	43.188	46.459	74.397	79.082	83.298	88.379	91.952
65	39.383	41.444	44.603	47.450	50.883	79.973	84.821	89.177	94.422	98.105
70	43.275	45.442	48.758	51.739	55.329	85.527	90.531	95.023	100.425	104.215
75	47.206	49.475	52.942	56.054	59.795	91.061	96.217	100.839	106.393	110.285
80	51.172	53.540	57.153	60.391	64.278	96.578	101.879	106.629	112.329	116.321
85	55.170	57.634	61.389	64.749	68.777	102.079	107.522	112.393	118.236	122.324
90	59.196	61.754	65.647	69.126	73.291	107.565	113.145	118.136	124.116	128.299
95	63.250	65.898	69.925	73.520	77.818	113.038	118.752	123.858	129.973	134.247
100	67.328	70.065	74.222	77.929	82.358	118.498	124.342	129.561	135.807	140.170

附录 F F 分布表

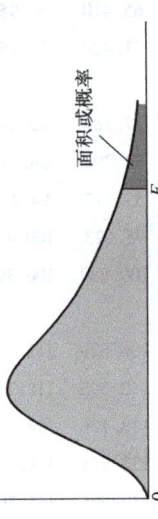

表中值给出了 F_α 值，其中 α 是 F 分布上侧的面积或概率。例如，当分子的自由度为4，分母的自由度为8，上侧的面积为0.05时，$F_{0.05} = 3.84$。

分母自由度	上侧面积	\multicolumn{16}{c}{分子自由度}															
		1	2	3	4	5	6	7	8	9	10	15	20	25	30	40	60	100	1000
1	0.10	39.86	49.50	53.59	55.83	57.24	58.20	58.91	59.44	59.86	60.19	61.22	61.74	62.05	62.26	62.53	62.79	63.01	63.30
	0.05	161.45	199.50	215.71	224.58	230.16	233.99	236.77	238.88	240.54	241.88	245.95	248.02	249.26	250.10	251.14	252.20	253.04	254.19
	0.025	647.79	799.48	864.15	899.60	921.83	937.11	948.20	956.64	963.28	968.63	984.87	993.08	998.09	1001.40	1005.60	1009.79	1013.16	1017.76
	0.01	4052.18	4999.34	5403.53	5624.26	5763.96	5858.95	5928.33	5980.95	6022.40	6055.93	6156.97	6208.66	6239.86	6260.35	6286.43	6312.97	6333.92	6362.80
2	0.10	8.53	9.00	9.16	9.24	9.29	9.33	9.35	9.37	9.38	9.39	9.42	9.44	9.45	9.46	9.47	9.47	9.48	9.49
	0.05	18.51	19.00	19.16	19.25	19.30	19.33	19.35	19.37	19.38	19.40	19.43	19.45	19.46	19.46	19.47	19.48	19.49	19.49
	0.025	38.51	39.00	39.17	39.25	39.30	39.33	39.36	39.37	39.39	39.40	39.43	39.45	39.46	39.46	39.47	39.48	39.49	39.50
	0.01	98.50	99.00	99.16	99.25	99.30	99.33	99.36	99.38	99.39	99.40	99.43	99.45	99.46	99.47	99.48	99.48	99.49	99.50
3	0.10	5.54	5.46	5.39	5.34	5.31	5.28	5.27	5.25	5.24	5.23	5.20	5.18	5.17	5.17	5.16	5.15	5.14	5.13
	0.05	10.13	9.55	9.28	9.12	9.01	8.94	8.89	8.85	8.81	8.79	8.70	8.66	8.63	8.62	8.59	8.57	8.55	8.53
	0.025	17.44	16.04	15.44	15.10	14.88	14.73	14.62	14.54	14.47	14.42	14.25	14.17	14.12	14.08	14.04	13.99	13.96	13.91
	0.01	34.12	30.82	29.46	28.71	28.24	27.91	27.67	27.49	27.34	27.23	26.87	26.69	26.58	26.50	26.41	26.32	26.24	26.14
4	0.10	4.54	4.32	4.19	4.11	4.05	4.01	3.98	3.95	3.94	3.92	3.87	3.84	3.83	3.82	3.80	3.79	3.78	3.76
	0.05	7.71	6.94	6.59	6.39	6.26	6.16	6.09	6.04	6.00	5.96	5.86	5.80	5.77	5.75	5.72	5.69	5.66	5.63
	0.025	12.22	10.65	9.98	9.60	9.36	9.20	9.07	8.98	8.90	8.84	8.66	8.56	8.50	8.46	8.41	8.36	8.32	8.26
	0.01	21.20	18.00	16.69	15.98	15.52	15.21	14.98	14.80	14.66	14.55	14.20	14.02	13.91	13.84	13.75	13.65	13.58	13.47

数据、模型与决策
Data, Models & Decisions

（续）

分母自由度	上侧面积	分子自由度															
		1	2	3	4	5	6	7	8	9	10	15	20	25	30	40	60	100	1000
5	0.10	4.06	3.78	3.62	3.52	3.45	3.40	3.37	3.34	3.32	3.30	3.324	3.21	3.19	3.17	3.16	3.14	3.13	3.11
	0.05	6.61	5.79	5.41	5.19	5.05	4.95	4.88	4.82	4.77	4.74	4.62	4.56	4.52	4.50	4.46	4.43	4.41	4.37
	0.025	10.01	8.43	7.76	7.39	7.15	6.98	6.85	6.76	6.68	6.62	6.43	6.33	6.27	6.23	6.18	6.12	6.08	6.02
	0.01	16.26	13.27	12.06	11.39	10.97	10.67	10.46	10.29	10.16	10.05	9.72	9.55	9.45	9.38	9.29	9.20	9.13	9.03
6	0.10	3.78	3.46	3.29	3.18	3.11	3.05	3.01	2.98	2.96	2.94	2.87	2.84	2.81	2.80	2.78	2.76	2.75	2.72
	0.05	5.99	5.14	4.76	4.53	4.39	4.28	4.21	4.15	4.10	4.06	3.94	3.87	3.83	3.81	3.77	3.74	3.71	3.67
	0.025	8.81	7.26	6.60	6.23	5.99	5.82	5.70	5.60	5.52	5.46	5.27	5.17	5.11	5.07	5.01	4.96	4.92	4.86
	0.01	13.75	10.92	9.78	9.15	8.75	8.47	8.26	8.10	7.98	7.87	7.56	7.40	7.30	7.23	7.14	7.06	6.99	6.89
7	0.10	3.59	3.26	3.07	2.96	2.88	2.83	2.78	2.75	2.72	2.70	2.63	2.59	2.57	2.56	2.54	2.51	2.50	2.47
	0.05	5.59	4.74	4.35	4.12	3.97	3.87	3.79	3.73	3.68	3.64	3.51	3.44	3.40	3.38	3.34	3.30	3.27	3.23
	0.025	8.07	6.54	5.89	5.52	5.29	5.12	4.99	4.90	4.82	4.76	4.57	4.47	4.40	4.36	4.31	4.25	4.21	4.15
	0.10	12.25	9.55	8.45	7.85	7.46	7.19	6.99	6.84	6.72	6.62	6.31	6.16	6.06	5.99	5.91	5.82	5.75	5.66
8	0.10	3.46	3.11	2.92	2.81	2.73	2.67	2.62	2.59	2.56	2.54	2.46	2.42	2.40	2.38	2.36	2.34	2.32	2.30
	0.05	5.32	4.46	4.07	3.84	3.69	3.58	3.50	3.44	3.39	3.35	3.22	3.15	3.11	3.08	3.04	3.01	2.97	2.93
	0.025	7.57	6.06	5.42	5.05	4.82	4.65	4.53	4.43	4.36	4.30	4.10	4.00	3.94	3.89	3.84	3.78	3.74	3.68
	0.01	11.26	8.65	7.59	7.01	6.63	6.37	6.18	6.03	5.91	5.81	5.52	5.36	5.26	5.20	5.12	5.03	4.96	4.87
9	0.10	3.36	3.01	2.81	2.69	2.61	2.55	2.51	2.47	2.44	2.42	2.34	2.30	2.27	2.25	2.23	2.21	2.19	2.16
	0.05	5.12	4.26	3.86	3.63	3.48	3.37	3.29	3.23	3.18	3.14	3.01	2.94	2.89	2.86	2.83	2.79	2.76	2.71
	0.025	7.21	5.71	5.08	4.72	4.48	4.32	4.20	4.10	4.03	3.96	3.77	3.67	3.60	3.56	3.51	3.45	3.40	3.34
	0.01	10.56	8.02	6.99	6.42	6.06	5.80	5.61	5.47	5.35	5.26	4.96	4.81	4.71	4.65	4.57	4.48	4.41	4.32
10	0.10	3.29	2.92	2.73	2.61	2.52	2.46	2.41	2.38	2.35	2.32	2.24	2.20	2.17	2.16	2.13	2.11	2.09	2.06
	0.05	4.96	4.10	3.71	3.48	3.33	3.22	3.14	3.07	3.02	2.98	2.85	2.77	2.73	2.70	2.66	2.62	2.59	2.54
	0.025	6.94	5.46	4.83	4.47	4.24	4.07	3.95	3.85	3.78	3.72	3.52	3.42	3.35	3.31	3.26	3.20	3.15	3.09
	0.01	10.04	7.56	6.55	5.99	5.64	5.39	5.20	5.06	4.94	4.85	4.56	4.41	4.31	4.25	4.17	4.08	4.01	3.92
11	0.10	3.23	2.86	2.66	2.54	2.45	2.39	2.34	2.30	2.27	2.25	2.17	2.12	2.10	2.08	2.05	2.03	2.01	1.98
	0.05	4.84	3.98	3.59	3.36	3.20	3.09	3.01	2.95	2.90	2.85	2.72	2.65	2.60	2.57	2.53	2.49	2.46	2.41
	0.025	6.72	5.26	4.63	4.28	4.04	3.88	3.76	3.66	3.59	3.53	3.33	3.23	3.16	3.12	3.06	3.00	2.96	2.89
	0.01	9.65	7.21	6.22	5.67	5.32	5.07	4.89	4.74	4.63	4.54	4.25	4.10	4.01	3.94	3.86	3.78	3.71	3.61

(续)

分母自由度	上侧面积	分子自由度															
		1	2	3	4	5	6	7	8	9	10	15	20	25	30	40	60	100	1000
12	0.10	3.18	2.81	2.61	2.48	2.39	2.33	2.28	2.24	2.21	2.19	2.10	2.06	2.03	2.01	1.99	1.96	1.94	1.91
	0.05	4.75	3.89	3.49	3.26	3.11	3.00	2.91	2.85	2.80	2.75	2.62	2.54	2.50	2.47	2.43	2.38	2.35	2.30
	0.025	6.55	5.10	4.47	4.12	3.89	3.73	3.61	3.51	3.44	3.37	3.18	3.07	3.01	2.96	2.91	2.85	2.80	2.73
	0.01	9.33	6.93	5.95	5.41	5.06	4.82	4.64	4.50	4.39	4.30	4.01	3.86	3.76	3.70	3.62	3.54	3.47	3.37
13	0.10	3.14	2.76	2.56	2.43	2.35	2.28	2.23	2.20	2.16	2.14	2.05	2.01	1.98	1.96	1.93	1.90	1.88	1.85
	0.05	4.67	3.81	3.41	3.18	3.03	2.92	2.83	2.77	2.71	2.67	2.53	2.46	2.41	2.38	2.34	2.30	2.26	2.21
	0.025	6.41	4.97	4.35	4.00	3.77	3.60	3.48	3.39	3.31	3.25	3.05	2.95	2.88	2.84	2.78	2.72	2.67	2.60
	0.01	9.07	6.70	5.74	5.21	4.86	4.62	4.44	4.30	4.19	4.10	3.82	3.66	3.57	3.51	3.43	3.34	3.27	3.18
14	0.10	3.10	2.73	2.52	2.39	2.31	2.24	2.19	2.15	2.12	2.10	2.01	1.96	1.93	1.91	1.89	1.86	1.83	1.80
	0.05	4.60	3.74	3.34	3.11	2.96	2.85	2.76	2.70	2.65	2.60	2.46	2.39	2.34	2.31	2.27	2.22	2.19	2.14
	0.025	6.30	4.86	4.24	3.89	3.66	3.50	3.38	3.29	3.21	3.15	2.95	2.84	2.78	2.73	2.67	2.61	2.56	2.50
	0.01	8.86	6.51	5.56	5.04	4.69	4.46	4.28	4.14	4.03	3.94	3.66	3.51	3.41	3.35	3.27	3.18	3.11	3.02
15	0.10	3.07	2.70	2.49	2.36	2.27	2.21	2.16	2.12	2.09	2.06	1.97	1.92	1.89	1.87	1.85	1.82	1.79	1.76
	0.05	4.54	3.68	3.29	3.06	2.90	2.79	2.71	2.64	2.59	2.54	2.40	2.33	2.28	2.25	2.20	2.16	2.12	2.07
	0.025	6.20	4.77	4.15	3.80	3.58	3.41	3.29	3.20	3.12	3.06	2.86	2.76	2.69	2.64	2.59	2.52	2.47	2.40
	0.01	8.68	6.36	5.42	4.89	4.56	4.32	4.14	4.00	3.89	3.80	3.52	3.37	3.28	3.21	3.13	3.05	2.98	2.88
16	0.10	3.05	2.67	2.46	2.33	2.24	2.18	2.13	2.09	2.06	2.03	1.94	1.89	1.86	1.84	1.81	1.78	1.76	1.72
	0.05	4.49	3.63	3.24	3.01	2.85	2.74	2.66	2.59	2.54	2.49	2.35	2.28	2.23	2.19	2.15	2.11	2.07	2.02
	0.025	6.12	4.69	4.08	3.73	3.50	3.34	3.22	3.12	3.05	2.99	2.79	2.68	2.61	2.57	2.51	2.45	2.40	2.32
	0.01	8.53	6.23	5.29	4.77	4.44	4.20	4.03	3.89	3.78	3.69	3.41	3.26	3.16	3.10	3.02	2.93	2.86	2.76
17	0.10	3.03	2.64	2.44	2.31	2.22	2.15	2.10	2.06	2.03	2.00	1.91	1.86	1.83	1.81	1.78	1.75	1.73	1.69
	0.05	4.45	3.59	3.20	2.96	2.81	2.70	2.61	2.55	2.49	2.45	2.31	2.23	2.18	2.15	2.10	2.06	2.02	1.97
	0.025	6.04	4.62	4.01	3.66	3.44	3.28	3.16	3.06	2.98	2.92	2.72	2.62	2.55	2.50	2.44	2.38	2.33	2.26
	0.01	8.40	6.11	5.19	4.67	4.34	4.10	3.93	3.79	3.68	3.59	3.31	3.16	3.07	3.00	2.92	2.83	2.76	2.66
18	0.10	3.01	2.62	2.42	2.29	2.20	2.13	2.08	2.04	2.00	1.98	1.89	1.84	1.80	1.78	1.75	1.72	1.70	1.66
	0.05	4.41	3.55	3.16	2.93	2.77	2.66	2.58	2.51	2.46	2.41	2.27	2.19	2.14	2.11	2.06	2.02	1.98	1.92
	0.025	5.98	4.56	3.95	3.61	3.38	3.22	3.10	3.01	2.93	2.87	2.67	2.56	2.49	2.44	2.38	2.32	2.27	2.20
	0.01	8.29	6.01	5.09	4.58	4.25	4.01	3.84	3.71	3.60	3.51	3.23	3.08	2.98	2.92	2.84	2.75	2.68	2.58

(续)

分母自由度	上侧面积	分子自由度																
		1	2	3	4	5	6	7	8	9	10	15	20	25	30	40	60	100	1000
19	0.10	2.99	2.61	2.40	2.27	2.18	2.11	2.06	2.02	1.98	1.96	1.86	1.81	1.78	1.76	1.73	1.70	1.67	1.64
	0.05	4.38	3.52	3.13	2.90	2.74	2.63	2.54	2.48	2.42	2.38	2.23	2.16	2.11	2.07	2.03	1.98	1.94	1.88
	0.025	5.92	4.51	3.90	3.56	3.33	3.17	3.05	2.96	2.88	2.82	2.62	2.51	2.44	2.39	2.33	2.27	2.22	2.14
	0.01	8.18	5.93	5.01	4.50	4.17	3.94	3.77	3.63	3.52	3.43	3.15	3.00	2.91	2.84	2.76	2.67	2.60	2.50
20	0.10	2.97	2.59	2.38	2.25	2.16	2.09	2.04	2.00	1.96	1.94	1.84	1.79	1.76	1.74	1.71	1.68	1.65	1.61
	0.05	4.35	3.49	3.10	2.87	2.71	2.60	2.51	2.45	2.39	2.35	2.20	2.12	2.07	2.04	1.99	1.95	1.91	1.85
	0.025	5.87	4.46	3.86	3.51	3.29	3.13	3.01	2.91	2.84	2.77	2.57	2.46	2.40	2.35	2.29	2.22	2.17	2.09
	0.01	8.10	5.85	4.94	4.43	4.10	3.87	3.70	3.56	3.46	3.37	3.09	2.94	2.84	2.78	2.69	2.61	2.54	2.43
21	0.10	2.96	2.57	2.36	2.23	2.14	2.08	2.02	1.98	1.95	1.92	1.83	1.78	1.74	1.72	1.69	1.66	1.63	1.59
	0.05	4.32	3.47	3.07	2.84	2.68	2.57	2.49	2.42	2.37	2.32	2.18	2.10	2.05	2.01	1.96	1.92	1.88	1.82
	0.025	5.83	4.42	3.82	3.48	3.25	3.09	2.97	2.87	2.80	2.73	2.53	2.42	2.36	2.31	2.25	2.18	2.13	2.05
	0.01	8.02	5.78	4.87	4.37	4.04	3.81	3.64	3.51	3.40	3.31	3.03	2.88	2.79	2.72	2.64	2.55	2.48	2.37
22	0.10	2.95	2.56	2.35	2.22	2.13	2.06	2.01	1.97	1.93	1.90	1.81	1.76	1.73	1.70	1.67	1.64	1.61	1.57
	0.05	4.30	3.44	3.05	2.82	2.66	2.55	2.46	2.40	2.34	2.30	2.15	2.07	2.02	1.98	1.94	1.89	1.85	1.79
	0.025	5.79	4.38	3.78	3.44	3.22	3.05	2.93	2.84	2.76	2.70	2.50	2.39	2.32	2.27	2.21	2.14	2.09	2.01
	0.01	7.95	5.72	4.82	4.31	3.99	3.76	3.59	3.45	3.35	3.26	2.98	2.83	2.73	2.67	2.58	2.50	2.42	2.32
23	0.10	2.94	2.55	2.34	2.21	2.11	2.05	1.99	1.95	1.92	1.89	1.80	1.74	1.71	1.69	1.66	1.62	1.59	1.55
	0.05	4.28	3.42	3.03	2.80	2.64	2.53	2.44	2.37	2.32	2.27	2.13	2.05	2.00	1.96	1.91	1.86	1.82	1.76
	0.025	5.75	4.35	3.75	3.41	3.18	3.02	2.90	2.81	2.73	2.67	2.47	2.36	2.29	2.24	2.18	2.11	2.06	1.98
	0.01	7.88	5.66	4.76	4.26	3.94	3.71	3.54	3.41	3.30	3.21	2.93	2.78	2.69	2.62	2.54	2.45	2.37	2.27
24	0.10	2.93	2.54	2.33	2.19	2.10	2.04	1.98	1.94	1.91	1.88	1.78	1.73	1.70	1.67	1.64	1.61	1.58	1.54
	0.05	4.26	3.40	3.01	2.78	2.62	2.51	2.42	2.36	2.30	2.25	2.11	2.03	1.97	1.94	1.89	1.84	1.80	1.74
	0.025	5.72	4.32	3.72	3.38	3.15	2.99	2.87	2.78	2.70	2.64	2.44	2.33	2.26	2.21	2.15	2.08	2.02	1.94
	0.01	7.82	5.61	4.72	4.22	3.90	3.67	3.50	3.36	3.26	3.17	2.89	2.74	2.64	2.58	2.49	2.40	2.33	2.22
25	0.10	2.92	2.53	2.32	2.18	2.09	2.02	1.97	1.93	1.89	1.87	1.77	1.72	1.68	1.66	1.63	1.59	1.56	1.52
	0.05	4.24	3.39	2.99	2.76	2.60	2.49	2.40	2.34	2.28	2.24	2.09	2.01	1.96	1.92	1.87	1.82	1.78	1.72
	0.025	5.69	4.29	3.69	3.35	3.13	2.97	2.85	2.75	2.68	2.61	2.41	2.30	2.23	2.18	2.12	2.05	2.00	1.91
	0.01	7.77	5.57	4.68	4.18	3.85	3.63	3.46	3.32	3.22	3.13	2.85	2.70	2.60	2.54	2.45	2.36	2.29	2.18
26	0.10	2.91	2.52	2.31	2.17	2.08	2.01	1.96	1.92	1.88	1.86	1.76	1.71	1.67	1.65	1.61	1.58	1.55	1.51
	0.05	4.23	3.37	2.98	2.74	2.59	2.47	2.39	2.32	2.27	2.22	2.07	1.99	1.94	1.90	1.85	1.80	1.76	1.70
	0.025	5.66	4.27	3.67	3.33	3.10	2.94	2.82	2.73	2.65	2.59	2.39	2.28	2.21	2.16	2.09	2.03	1.97	1.89
	0.01	7.72	5.53	4.64	4.14	3.82	3.59	3.42	3.29	3.18	3.09	2.81	2.66	2.57	2.50	2.42	2.33	2.25	2.14

(续)

分母自由度	上侧面积	分子自由度															
		1	2	3	4	5	6	7	8	9	10	15	20	25	30	40	60	100	1000
27	0.10	2.90	2.51	2.30	2.17	2.07	2.00	1.95	1.91	1.87	1.85	1.75	1.70	1.66	1.64	1.60	1.57	1.54	1.50
	0.05	4.21	3.35	2.96	2.73	2.57	2.46	2.37	2.31	2.25	2.20	2.06	1.97	1.92	1.88	1.84	1.79	1.74	1.68
	0.025	5.63	4.24	3.65	3.31	3.08	2.92	2.80	2.71	2.63	2.57	2.36	2.25	2.18	2.13	2.07	2.00	1.94	1.86
	0.01	7.68	5.49	4.60	4.11	3.78	3.56	3.39	3.26	3.15	3.06	2.78	2.63	2.54	2.47	2.38	2.29	2.22	2.11
28	0.10	2.89	2.50	2.29	2.16	2.06	2.00	1.94	1.90	1.87	1.84	1.74	1.69	1.65	1.63	1.59	1.56	1.53	1.48
	0.05	4.20	3.34	2.95	2.71	2.56	2.45	2.36	2.29	2.24	2.19	2.04	1.96	1.91	1.87	1.82	1.77	1.73	1.66
	0.025	5.61	4.22	3.63	3.29	3.06	2.90	2.78	2.69	2.61	2.55	2.34	2.23	2.16	2.11	2.05	1.98	1.92	1.84
	0.01	7.64	5.45	4.57	4.07	3.75	3.53	3.36	3.23	3.12	3.03	2.75	2.60	2.51	2.44	2.35	2.26	2.19	2.08
29	0.10	2.89	2.50	2.28	2.15	2.06	1.99	1.93	1.89	1.86	1.83	1.73	1.68	1.64	1.62	1.58	1.55	1.52	1.47
	0.05	4.18	3.33	2.93	2.70	2.55	2.43	2.35	2.28	2.22	2.18	2.03	1.94	1.89	1.85	1.81	1.75	1.71	1.65
	0.025	5.59	4.20	3.61	3.27	3.04	2.88	2.76	2.67	2.59	2.53	2.32	2.21	2.14	2.09	2.03	1.96	1.90	1.82
	0.01	7.60	5.42	4.54	4.04	3.73	3.50	3.33	3.20	3.09	3.00	2.73	2.57	2.48	2.41	2.33	2.23	2.16	2.05
30	0.10	2.88	2.49	2.28	2.14	2.05	1.98	1.93	1.88	1.85	1.82	1.72	1.67	1.63	1.61	1.57	1.54	1.51	1.46
	0.05	4.17	3.32	2.92	2.69	2.53	2.42	2.33	2.27	2.21	2.16	2.01	1.93	1.88	1.84	1.79	1.74	1.70	1.63
	0.025	5.57	4.18	3.59	3.25	3.03	2.87	2.75	2.65	2.57	2.51	2.31	2.20	2.12	2.07	2.01	1.94	1.88	1.80
	0.01	7.56	5.39	4.51	4.02	3.70	3.47	3.30	3.17	3.07	2.98	2.70	2.55	2.45	2.39	2.30	2.21	2.13	2.02
40	0.10	2.84	2.44	2.23	2.09	2.00	1.93	1.87	1.83	1.79	1.76	1.66	1.61	1.57	1.54	1.51	1.47	1.43	1.38
	0.05	4.08	3.23	2.84	2.61	2.45	2.34	2.25	2.18	2.12	2.08	1.92	1.84	1.78	1.74	1.69	1.64	1.59	1.52
	0.025	5.42	4.05	3.46	3.13	2.90	2.74	2.62	2.53	2.45	2.39	2.18	2.07	1.99	1.94	1.88	1.80	1.74	1.65
	0.01	7.31	5.18	4.31	3.83	3.51	3.29	3.12	2.99	2.89	2.80	2.52	2.37	2.27	2.20	2.11	2.02	1.94	1.82
60	0.10	2.79	2.39	2.18	2.04	1.95	1.87	1.82	1.77	1.74	1.71	1.60	1.54	1.50	1.48	1.44	1.40	1.36	1.30
	0.05	4.00	3.15	2.76	2.53	2.37	2.25	2.17	2.10	2.04	1.99	1.84	1.75	1.69	1.65	1.59	1.53	1.48	1.40
	0.025	5.29	3.93	3.34	3.01	2.79	2.63	2.51	2.41	2.33	2.27	2.06	1.94	1.87	1.82	1.74	1.67	1.60	1.49
	0.01	7.08	4.98	4.13	3.65	3.34	3.12	2.95	2.82	2.72	2.63	2.35	2.20	2.10	2.03	1.94	1.84	1.75	1.62
100	0.10	2.76	2.36	2.14	2.00	1.91	1.83	1.78	1.73	1.69	1.66	1.56	1.49	1.45	1.42	1.38	1.34	1.29	1.22
	0.05	3.94	3.09	2.70	2.46	2.31	2.19	2.10	2.03	1.97	1.93	1.77	1.68	1.62	1.57	1.52	1.45	1.39	1.30
	0.025	5.18	3.83	3.25	2.92	2.70	2.54	2.42	2.32	2.24	2.18	1.97	1.85	1.77	1.71	1.64	1.56	1.48	1.36
	0.01	6.90	4.82	3.98	3.51	3.21	2.99	2.82	2.69	2.59	2.50	2.22	2.07	1.97	1.89	1.80	1.69	1.60	1.45
1000	0.10	2.71	2.31	2.09	1.95	1.85	1.78	1.72	1.68	1.64	1.61	1.49	1.43	1.38	1.35	1.30	1.25	1.20	1.08
	0.05	3.85	3.00	2.61	2.38	2.22	2.11	2.02	1.95	1.89	1.84	1.68	1.58	1.52	1.47	1.41	1.33	1.26	1.11
	0.025	5.04	3.70	3.13	2.80	2.58	2.42	2.30	2.20	2.13	2.06	1.85	1.72	1.64	1.58	1.50	1.41	1.32	1.13
	0.01	6.66	4.63	3.80	3.34	3.04	2.82	2.66	2.53	2.43	2.34	2.06	1.90	1.79	1.72	1.61	1.50	1.38	1.16

附录 G　随 机 数 表

63271	59986	71744	51102	15141	80714	58683	93108	13554	79945
88547	09896	95436	79115	08303	01041	20030	63754	08459	28364
55957	57243	83865	09911	19761	66535	40102	26646	60147	15702
46276	87453	44790	67122	45573	84358	21625	16999	13385	22782
55363	07449	34835	15290	76616	67191	12777	21861	68689	03263
69393	92785	49902	58447	42048	30378	87618	26933	40640	16281
13186	29431	88190	04588	38733	81290	89541	70290	40113	08243
17726	28652	56836	78351	47327	18518	92222	55201	27340	10493
36520	64465	05550	30157	82242	29520	69753	72602	23756	54935
81628	36100	39254	56835	37636	02421	98063	89641	64953	99337
84649	48968	75215	75498	49539	74240	03466	49292	36401	45525
63291	11618	12613	75055	43915	26488	41116	64531	56827	30825
70502	53225	03655	05915	37140	57051	48393	91322	25653	06543
06426	24771	59935	49801	11082	66762	94477	02494	88215	27191
20711	55609	29430	70165	45406	78484	31639	52009	18873	96927
41990	70538	77191	25860	55204	73417	83920	69468	74972	38712
72452	36618	76298	26678	89334	33938	95567	29380	75906	91807
37042	40318	57099	10528	09925	89773	41335	96244	29002	46453
53766	52875	15987	46962	67342	77592	57651	95508	80033	69828
90585	58955	53122	16025	84299	53310	67380	84249	25348	04332
32001	96293	37203	64516	51530	37069	40261	61374	05815	06714
62606	64324	46354	72157	67248	20135	49804	09226	64419	29457
10078	28073	85389	50324	14500	15562	64165	06125	71353	77669
91561	46145	24177	15294	10061	98124	75732	00815	83452	97355
13091	98112	53959	79607	52244	63303	10413	63839	74762	50289
73864	83014	72457	22682	03033	61714	88173	90835	00634	85169
66668	25467	48894	51043	02365	91726	09365	63167	95264	45643
84745	41042	29493	08136	09044	51926	43630	63470	76508	14194
48068	26805	94595	47907	13357	38412	33318	26098	82782	42851
54310	96175	97594	88616	42035	38093	36745	56702	40644	83514
14877	33095	10924	58013	61439	21882	42059	24177	58739	60170
78295	23179	02771	43464	59061	71411	05697	67194	30495	21157
67524	02865	39593	54278	04237	92441	26602	63835	38032	94770
58268	57219	68124	73455	83236	08710	04284	55005	84171	42596
97158	28672	50685	01181	24262	19427	52106	34308	73685	74246
04230	16831	69085	30802	65559	09205	71829	06489	85650	38707
94879	56606	30401	02602	57658	70091	54986	41394	60437	03195
71446	15232	66715	26385	91518	70566	02888	79941	39684	54315
32886	05644	79316	09819	00813	88407	17461	73925	53037	91904
62048	33711	25290	21526	02223	75947	66466	06232	10913	75336
84534	42351	21628	53669	81352	95152	08107	98814	72743	12849
84707	15885	84710	35866	06446	86311	32648	88141	73902	69981
19409	40868	64220	80861	13860	68493	52908	26374	63297	45052
57978	48015	25973	66777	45924	56144	24742	96702	88200	66162
57295	98298	11199	96510	75228	41600	47192	43267	35973	23152
94044	83785	93388	07833	38216	31413	70555	03023	54147	06647
30014	25879	71763	96679	90603	99396	74557	74224	18211	91637
07265	69563	64268	88802	72264	66540	01782	08396	19251	83613
84404	88642	30263	80310	11522	57810	27627	78376	36240	48952
21778	02085	27762	46097	43324	34354	09369	14966	10158	76089

参 考 文 献

[1] 李连友. 商务与经济活动中的统计学 [M]. 北京：中国财政经济出版社，2005.
[2] 戴维 R. 安德森，等. 商务与经济统计（原书第 11 版）[M]. 张建华，等译. 北京：机械工业出版社，2012.
[3] 戴维·莱文，等. 以 Excel 为决策工具的商务统计 [M]. 张剑同，等译. 北京：机械工业出版社，2009.
[4] 杨超. 数据、模型与决策 [M]. 武汉：武汉理工大学出版社，2010.
[5] 贾怀勤. 数据、模型与决策 [M]. 2 版. 北京：对外经济贸易大学出版社，2007.
[6] 王维国. 预测与决策 [M]. 北京：中国财政经济出版社，2006.
[7] 贾俊平，等. 统计学 [M]. 5 版. 北京：中国人民大学出版社，2012.
[8] 王燕. 应用时间序列分析 [M]. 北京：中国人民大学出版社，2012.
[9] 张颖，等. 管理统计学 [M]. 武汉：武汉理工大学出版社，2010.
[10] 薛薇. 基于 SPSS 的数据分析 [M]. 2 版. 北京：中国人民大学出版社，2011.
[11] 袁卫，等. 统计学——思想、方法与应用 [M]. 北京：中国人民大学出版社，2011.
[12] 詹姆斯. R. 埃文斯，等. 数据、模型与决策 [M]. 杜本峰，译. 2 版. 北京：中国人民大学出版社，2006.
[13] 苏志鹏. 商业统计学 [M]. 北京：清华大学出版社，2009.
[14] 杜子芳. 市场调查实务 [M]. 北京：中国财政经济出版社，2004.
[15] 王汉生. 应用商务统计分析 [M]. 北京：北京大学出版社，2008.
[16] 杨建梅. 数据、模型与决策 [M]. 广州：华南理工大学出版社，2008.
[17] 雷钦礼. 商务统计 [M]. 北京：中国财政经济出版社，2005.
[18] 梁烨，柏芳. Excel 统计分析与应用 [M]. 北京：机械工业出版社，2009.
[19] 戴维 R. 安德森，等. 数据、模型与决策 [M]. 张建华，等译. 北京：机械工业出版社，2003.
[20] 弗里德里克. S. 希利尔，等. 数据、模型与决策 [M]. 任建标，译. 2 版. 北京：中国财政经济出版社，2004.